U0043344

中央研究院叢書

台灣戰後經濟發展的源起

後進發展的為何與如何

瞿宛文

中央研究院
聯經出版公司

目次

圖目次

表目次

謝詞

從美國回台工作後，我在1990年代主要是研究台灣近數十年的經濟發展經驗，尤其是產業發展與產業政策的演變。同時，在1990年代後期開始與美國學者安士敦教授（Alice H. Amsden）合作，一起研究了台灣產業升級的經驗，並於2003年將研究成果出版成書《超越後進發展》。在完成合著之後，我卻轉而開始探討台灣戰後最初時期的經濟發展，開啟了與現在這本書相關的研究。這一方面是因為認識到事情總是開頭最困難，因此想要理解戰後發展是如何啟動的，而這部分向來乏人研究；另一方面是不滿於近年來台灣社會就此問題所流行的論述，因而想要探尋答案。於是開始了長達十多年的探索，逐步釐清台灣戰後經濟發展為何成功的原因，包括評估日本殖民、美國戰後援助以及國民政府作為的影響。

這是一組龐大且複雜的議題，牽涉到後進國家如何推動經濟發展的根本問題，也涉及研究方法與歷史觀。在探索過程中，因我工作單位中央研究院人社中心及其前身是一進行跨學科研究的機構，同時我持續參與的台灣社會研究季刊社也是一個獨立的跨領域學者的知識性社團，這讓我有機會得以與其他人文與社會科學領域學者經常地互動，這對於我進行跨越不同學科領域、結合歷史與社會科學的研究方法上的嘗試，有甚大的助益。

而在我從事經濟學研究的生涯中，亦師亦友的安士敦教授對我影響甚大，可惜她於四年多前過世，已無法與她分享這些心得。此外也要感謝已逝

的陳昭南老師對我的照顧。在這本書寫作過程中，要感謝兩位評審及萬又煊老師、Gregory Noble、陳添枝、陳永發、徐進鈺、洪紹洋、趙剛、陳光興、甯應斌、何春蕤等教授的寶貴意見，助理孫雅瑄、范雅鈞、廖彥豪、高金鈴、王信惠、楊書菲與薛亦駿的協助，其他諸多曾提供幫助的同仁，以及曾提供協助的包括郭岱君教授、主計處與經濟部等相關政府部門人員。

此外，我特別要感謝我先生鄭鴻生，他不止一次從頭到尾地詳讀了所有的章節，從一位非專業讀者的角度，對書的結構、內容的一致性、概念說明的清晰度及文字的表達，給出了犀利又具建設性的意見，大幅提升了本書的品質與可讀性。

本書的準備與寫作過程超過十年，其實是一個摸索的過程，途中曾陸續將探索的階段性成果寫就成幾篇論文。然而，最終因感於此議題最好還是以一本書的方式處理才能較為完整地呈現出問題的全貌，因此這五年來即著手寫作本書。在撰寫書稿時設法對問題作較全面開展式的討論，且以歷史的視野為之，並運用中研院近史所的相關檔案資料。因而相對於已發表的論文，本書稿可說是全新的寫作，尤其是本書的最主要部分——第四、第五與第六章，而其他章節則是在重新書寫中將既有論文的部分內容改寫後融入書稿之中。因為本書寫作也是一個持續學習並不斷進行歸納綜合的過程，因此論點其實也會隨之改變，最後書稿中的論點不免會與原先論文有些出入。

本書第一章改寫自〈戰後台灣經濟成長原因之回顧——論殖民統治之影響與其他〉，《台灣社會研究季刊》（第65期，2007年3月，頁1-33）。第二章部分內容源自〈台灣戰後工業化是殖民時期的延續嗎？——兼論戰後第一代企業家的起源〉，《台灣史研究》（17（2）:39-84，2010年6月）。而第三章的摘要版本刊登於〈戰後台灣農村土地改革的前因後果〉，《台灣社會研究季刊》（第98期，2015年3月）。如前述，第四與第五章是全新的寫作，僅第五章第五節改寫自〈台灣經濟奇蹟的中國背景——超克分斷體制經濟史的盲點〉，《台灣社會研究季刊》（第74期，2009年6月，頁49-93）。第六章為全新寫作，第七章前半為新寫，後半部分改寫自〈台灣戰後工業化是殖民時期的延續嗎？——兼論戰後第一代企業家的起源〉，《台灣史研究》（17

（2）:39-84，2010年6月）。第八章改寫自〈重看台灣棉紡織業早期的發展〉，《新史學》（19（1），2008年3月，頁167-227）。導言與第九章則專為此書而撰寫。

　　本書再刷時改正了一些錯誤，感謝葉萬安先生的指正。

　　此次三刷時補上了索引部分。

導言

一

　　二戰結束後，殖民地紛紛爭取並多得到了政治上的獨立，因此各經濟落後國家隨即踏上了推動現代化與發展經濟以爭取經濟獨立的路途，而整體經濟發展的成果則顯示這道路比取得政治獨立要來得艱難的多。戰後至今已過七十年，我們比較各後進國家經濟發展的成績，會發現各國及區域之間的差異非常的顯著，而包括台灣在內的東亞諸國戰後發展的成果則明顯的優於其他的後進國家，是極少數能夠縮短與先進國家距離的後進地區。

　　首先可從人均所得成長幅度的跨國比較來衡量台灣發展的成果。若採用Maddison（2010）的估計，台灣在戰後工業化起點1950年的實質人均所得只有916美元[1]，低於鄰居菲律賓的水準（1070美元），分別是拉丁美洲與世界平均值的36%與43%，並且不到當時美國水準的一成，無疑仍是個相對貧窮的經濟體。而在半個多世紀之後的2008年，台灣人均所得成長了22.8倍達到20926美元，成為拉丁美洲與世界平均值的3倍及2.75倍（表I）。依據

1　這是Maddison（2010）將各國所得分別用物價指數平減之後得到的計值單位，即1990年International Geary-Khamis dollars。Angus Maddison這位經濟史學者憑一生之力，收集整理並估算了過去兩千年全球各地的人口與經濟的數值，並放置於網上，他於2010年去世之前已整理資料至2008年。來源見表I之說明。

Maddison的估計來計算全球所有國家在1950到2008年間人均所得的成長倍數，並依此來排序，南韓的23倍與台灣的22.8倍幾乎不相上下，分別排名第二與第三。若排除純依靠石油名列第一名且人口不及百萬的小國赤道幾內亞，則南韓與台灣可說是同列榜首，並且成長倍數遠高於排名緊隨其後的中國大陸的15倍，無疑可稱是戰後後進國家中成績最優異的兩個經濟體。而另依據IMF的最新估計，2013年台灣的實質人均所得已增至美國水準的75%，在全球可躋身前20大而列為16名[2]，同時，台灣經濟的實質總產值在2013年列名全球第20大經濟體[3]。

　　若歷史性回顧戰後初期台灣經濟發展的歷程，則更能凸顯當時台灣經濟改善的速度與幅度。二戰結束時台灣經濟除了日本人主導的工業之外[4]，基本上仍是一個以米糖為主體的典型殖民經濟，其所高度依賴的日本市場隨著日本戰敗而消失，戰後四年間雖得有大陸市場為之替代，但又因國府敗守台灣後兩岸隔絕而再度失去市場，當時的台灣必須從米糖殖民經濟轉型尋找其他發展途徑。幸好台灣戰後成功地啟動了本地工業化，使得台灣能夠很快就脫離對米糖經濟的依賴，米糖在台灣出口中所占比例由1952年的74%，在1960年降到47%，1965年更降至22%，1970年則僅有3.2%[5]，呈現的是戰後二十年工業化的成果。

　　在1945到1949年之間，戰爭的破壞、國府接收上的缺失與國共內戰的影響等因素，造成台灣經濟的動盪與混亂。在國府於1949年遷台前後，台灣經濟情況更為困難，大陸市場逐步消失，百萬人口的流入為糧食與物資供

2　根據IMF World Economic Outlook（April, 2014）的估計，在2013年台灣實質人均所得為39767美元，已是美國水準（53101美元）的75%。這實質估計是指經過物價平減之後的購買力均等、可進行跨國比較的數值（per capita GDP based on purchasing-power-parity（PPP））。引自http://www.imf.org/external/pubs/ft/weo/2014/01/weodata/weoselgr.aspx。

3　來源同上附註。

4　在發展經濟學中，外來投資是否會對後進國家帶來益處，是一重要但有爭論的議題。當外資在資本、技術與管理人力上甚少用到本地資源，外資企業整體而言與本地經濟的聯繫甚為薄弱時，則以「飛地」（enclave）稱之。

5　資料來源參見本書第2章圖2.2的說明。

給帶來龐大壓力，外匯與物資極度缺乏，財政赤字擴大而物價上漲壓力猶存，能否立即穩定經濟乃是嚴肅的挑戰。陳誠於1949年任台灣省主席時，在經濟方面施行了多項重要政策，包括實施耕地三七五減租以及設立生產管理委員會總管物資及經濟事務等，並以剛從大陸運台的黃金儲備作為後盾發行了新台幣，大幅降低了通膨壓力。隨後幾年間國府利用美國的經濟援助，並採行了合宜的經濟與產業政策，數年內即穩定了經濟恢復了生產，並開啟了戰後快速的工業化。

　　因此，台灣經濟1950年代的工業生產、出口值及實質GDP的年平均成長率已分別達到11.9%、22.1%與8.1%，到了1960年代則三者分別增為16.5%、26%與9.7%；物價年增率在1950年代平均為9.8%，至下個十年則已降為3.4%，顯示長期物價走勢已得到控制，此後數十年內維持物價穩定也一直是戒慎恐懼的國府所盡力要達到的目標。這時期人口的增長率則仍維持在較高的水準，1950年代人口平均年增率為3.6%，而1960年代只降至3.1%，然而因為經濟增長的速度夠快，因而實質人均所得在這兩個十年中仍能夠分別平均增長4.5%與6.8%[6]。這些數字所呈現的是台灣經濟逐步脫離戰後初期的危機狀態後，順利地踏上了現代工業化的道路，因而1965年美國政府終止對台美援時，即宣布台灣是有效運用美援的模範後進國。在此後數十年中台灣維持著高速度的經濟成長，發展成績遂與南韓同列於後進國之榜首。

　　簡言之，若以實質人均所得的成長率為標準，也就是以人均生產力及生活水準的改善程度而言，台韓戰後的經濟績效遠優於其他後進國家，其他東亞地區則跟隨其後。第三世界其他地區的績效較差且差異很大，拉丁美洲起點較高但卻顯得停滯不前，非洲則在戰後近六十年中人均所得平均只增了一倍。要如何解釋不同後進地區之間績效上如此大的差異？東亞經濟發展為何能夠比較優越？從1970年代東亞經濟發展成績嶄露頭角後，這就成為各種經濟發展理論所必須回答的重要課題。這問題在國際學界中持續的被討論，

6　詳細數據列表於本書文後附錄附表A1。

也一直充滿爭議，並且爭論的問題意識不斷變化，也反應出國際經濟學界整體思潮的變化。

　　論爭的主要一方是自由市場論（free market theory，或稱新自由主義，neo-liberalism）者。從1970年代後期開始，自由市場論逐漸取代凱恩斯主義，成為現今國際經濟學的主流。他們認為自由市場無疑是最有效率的，是促進增長的最佳或唯一處方，而東亞成長則是歸功於其對外開放的政策，因此認為東亞的成功是對於自由市場理論的肯定。論爭的另一方則是結構學派（尤其是其中的修正學派）[7]，他們強調經濟發展中國家的角色，尤其是產業政策（industrial policy）的重要性。結構學派學者指出東亞諸國絕非依賴自由放任的模式發展經濟，在其發展過程中國家確實扮演了主導性的角色。自由市場論者最反對的則是國家代替市場去做出選擇，認為政府非不得已要採行管制政策的話，也以不牽涉主觀選擇的功能性政策（functional policy）為佳（如補貼研發等功能），絕對要避免主事官僚必須做出判斷的選擇性政策（selective or discretionary policy），而「產業政策」的定義就是指「國家選擇性地優先推動某些產業」，正是自由市場論者最為反對的一種政策模式。

　　近年來東亞經濟發展緣由的爭論焦點也部分涵蓋到所謂制度的因素上，包括建立私有財產權之必要性及殖民統治遺產的影響等。不過，自由市場理論的有效性以及國家的角色自始至終一直是論爭的焦點，這論爭到後來則幾乎成為公共政策抑或自由市場孰優孰劣（state vs. market）的問題，即新自由主義者強調國家干預之惡並倡導自由放任政策，而結構學派則強調公共政策尤其是產業政策的必要性[8]。這其中牽涉的關鍵問題是，後進國家是否要

7　從戰後初期以來，經濟發展領域中的結構學派涵蓋範圍廣泛，主要是強調後進國家結構因素，多認為需要國家來彌補現代市場制度之不完善所導致的私人投資之缺乏。近年來圍繞著東亞相關爭論的結構學派，如Amsden（1989, 2001）與Wade（1990）等，則被稱為修正學派（revisionists），意指其修正主流的自由市場論。不過，因為「修正學派」意指或不如「結構學派」清楚，因此本書仍將採用結構學派之稱謂。就如林毅夫在2012年從世銀首席經濟學者職位卸任後，當年即推出的新書即名為《新結構經濟學》。

8　對此文獻之檢討可參考瞿宛文（2003），尤其第一、七及八章。

用國家集體的力量來「主動」促進工業化，還是就「被動」等待市場帶來發展。結構學派學者張夏準（Chang, 2002）因此認為先進國家之主張後進國家應該遵循自由市場論而不要有所作為，是「已攀登者將梯子踢開」的自利行為[9]。

從1990年代後期以來，新自由主義因其標竿處方——華盛頓共識——在拉丁美洲及其他後進國家實施效果不佳，而受到諸多批評[10]。更重要的，2008年以來的全球性金融危機，其潛在危險可比擬1930年代的經濟大恐慌，而主流經濟學界[11]卻無法預見此危機的到來，事後也難以提出解釋，因而帶來了對主流經濟學的全面挑戰。知名學者紛紛趕著出版批判性著作[12]，並且也多能登上暢銷書榜。連一向推崇自由放任的芝加哥學派大將Posner（2009）都以《資本主義的失敗》為題出書，認為當初對金融市場實應多加管制[13]。再則，在此次危機中仍相對貧窮的中國大陸，卻取代美國擔任起拉動全球經濟火車頭的角色，而中國自改革開放以來，顯然是以國家高度主導、多方違背自由放任原則的方式達到了快速的經濟發展，因此新興的中國發展模式以其「實績」成為其他後進國家可能學習的對象，也對主流社會科

9　Ha-Joon Chang（2002）書名是 *Kicking away the Ladder: Development Strategy in Historical Perspective*，張夏準是在劍橋大學任教的南韓出身的學者。

10　參見Stiglitz（2002）對此之批評。華盛頓共識內容主要包括：自由化、私有化及財政緊縮。從1980年代以來，當世界銀行與IMF對後進國家提出經濟改革（reform）要求時，即是以此共識為既定方針。

11　因為近三四十年來占國際經濟學界主導地位的新古典經濟學派中，推崇自由市場的新自由主義成為主流，因此本書中將交替使用主流經濟學、自由市場論與新自由主義。

12　如Stiglitz（2010）及 Johnson and Kwak（2010）等。

13　再如，英國女王在2008年11月訪問倫敦政經學院時問說，為何經濟學者多未能預見此危機的到來？其後10名英國知名經濟學者就發表公開回應信函，指稱「經濟學者的訓練太過狹窄，對數學技能的重視不應超過對現實議題的關切」（譯自Sheila C. Dow, et al., 2009, Letter to Her Majesty the Queen, http://www.feed-charity.org/user/image/queen2009b.pdf）。Paul Krugman 也以「經濟學者怎麼錯到如此地步？」為題發表評論文章（New York Times, 2009/9/2）。

學帶來了嚴肅的挑戰[14]。

　　為了回應對華盛頓共識成效不佳的批評，有些主流經濟學者因而轉向探討「制度」的重要性，並特別強調建立私有財產權制度與「治理結構」（governance structure）對經濟發展的因果關係，希望用靜態的「制度」來對抗結構學派所強調的政府產業政策，由此角度來捍衛受到挑戰的自由放任的經濟理論[15]。在這新一波圍繞著制度的討論中，因後進國家多曾經淪為殖民地，因此不可避免的也觸及了殖民統治影響的問題。新自由主義者的推論方向多為：成長績效較好的後進國是因為原就有較好的制度，而較好的制度（主要指私有財產權制度）很可能來自於較好的殖民統治[16]。當然，這說法很有爭議性，引發不少學者的批評。

二

　　上述這些理論論爭主要是由先進國的學界所主導，而在各個後進經濟體內部，尤其如台韓等發展成績優異者，這理論上的論爭卻與當地政治經濟社會情勢相糾結，而呈現出不同的面貌。例如在南韓，很多當地學者針對殖民統治是否有助於戰後經濟發展曾展開激烈的爭辯，這些豐富精采的相關討論，只有極少數得以呈現於英文文獻之中，而得為外人所知[17]。然而比較弔詭的現象是，台灣學界卻幾乎不曾出現如此論爭，也未參與國際學界的相關討論。

---

14 參見如Fukuyama（2012），他認為現在對西方自由民主最大的挑戰來自中國，其模式成功地結合了威權政府和局部市場化的經濟。

15 參見 Rodrik（2004）等。Acemoglu and Robinson（2012）這本眾所矚目的書提出的主要論點即是制度為關鍵因素，同時制度的攫取或包容的程度可決定績效，包容性的政治制度才會支持包容性的經濟制度，因而帶來經濟成長，而經濟上包容但政治上攫取的政權則難以持久，作者們也以此來否定中國大陸近年的發展。如Sachs（2012）的書評中所指出，該書高度簡化的理論無法解釋東亞及中國大陸經濟成長的成績。

16 參見Acemoglu, Johnson and Robinson（2001）等。

17 本書第一章將介紹這些討論。

　　台灣雖然戰後經濟成長成績優異，但無論是一般輿論或是經濟學界，對此論爭——即如何解釋台灣的經濟成長，以及日本殖民統治的影響等——並未給予太多關注，對國際學界的相關論爭甚少評介，同時台灣經濟學界本身也很少有學者進行這方面的研究。在有關經濟發展的英文文獻中，近年來就台灣經濟成長的議題而言，幾乎一定被引用的經典之作是 Wade（1990）的《管理市場》一書，但此書在台灣經濟學及社會科學界卻並未得到太多的注意。這現象背後的原因值得探討。

　　近來台灣社會強調本土主義，台灣史也成為顯學，從事者眾。不過，或許因國際上經濟史學門地位下降，從事相關台灣戰後經濟史研究的歷史學者為數不多，而經濟學者則人數更少。因此台灣學界整體對於上述問題很少涉獵[18]，除了少數學者正面評價殖民統治之影響，或是批評國民政府的統治之外[19]，台灣學術界對此議題的正面討論並不多，未將此議題「問題化」。

　　然而，這「不問題化」的狀態或許是源於大家認為問題已有清楚的答案了。從1980年代後期開始，伴隨著台灣民主化運動的進展，發展出的相關論述很自然地以反對國民政府威權統治為目標，對於國府統治採取幾近全面否定的態度。至今這種說法雖然並沒有正式的學術性著作來支持，但卻是深入人心，已經成為解嚴以來台灣社會流行的論述。在這論述中，過去的威權統治近乎一無是處，在每個方面都應是被「改革」的對象，雖說「改革」的具體內容並未被清楚說明，但無礙於「改革」本身就可得到很高的正當性。

　　這流行的論述將國民政府本質性地定位為「外來的獨裁政權」。在經濟發展方面，國民政府在其中的角色不受肯定，亦即當時國府在推動發展上採用的產業政策的作用被忽略甚或否定[20]。而台灣戰後經濟成長則多被歸功於

18　可參考林玉茹、李毓中（2004）所做的戰後文獻檢討。

19　如吳聰敏（1997, 2003）就是台灣經濟學界極少數直接面對此問題者，他很肯定日本統治並極力批評國民政府的治理。

20　解嚴初期，陳師孟等（1991）提出了「黨國資本主義」概念，藉由自由市場理論提出國民黨以特權壟斷經濟的說法，為台灣民主化運動提供經濟學角度的支持。本書第一章將再論及。

以下因素：或是日本殖民統治，即認為高效率的日本殖民政府奠立了現代化
發展基礎；或是美國的協助，即美國軍事及經濟援助使得台灣得以發展；或
者抽象地說是人民的努力。

　　上述這論述雖並未正式完整提出，且並無後繼的相關學術研究來支持，
但從1990年代以來卻已成功地成為台灣社會流行的論述。既然這論述以否
定國府統治的成績與正當性為目標，因而戰後台灣經濟發展的成績就難免先
驗性地被歸因於「除了國府以外的任何因素」了，因此難以真正的「問題
化」這全球性的理論議題，遑論參與國際學界對此理論議題的討論。

　　如前述，在國際學界中，贊成自由放任的自由市場派與強調國家角色的
結構學派，不單壁壘分明，並且對東亞經濟成果也有截然不同的解釋，這對
東亞解釋上的爭辯也涉及到基本經濟理論的論爭，即牽涉到市場與國家角色
的問題。而在戰後經濟發展成績全球居冠的台灣，則因民主化運動發展了前
述流行的論述，因而不單無法肯定自身戰後經濟發展的成績，甚至以自由市
場理論來否定這段成績，如此就無法展開後進國家（尤其是台灣自身）如何
發展經濟的討論，也難以對國家發展政策進行有意義的討論。這遂使得台灣
在21世紀逐步陷入經濟困局之後，社會缺乏對經濟政策進行有效討論的準
備，也就難以進行集體共同尋找解決問題方案的計畫。台灣目前的困局也顯
示出理解自身過去歷史的重要性，不能了解過去即難以面對未來。此項理念
也是推動本書這知識計畫的之一動力。

三

　　國際學界的自由市場論者對於東亞的發展因為難以用自由市場論提出解
釋，而多訴諸非政策因素如啟始條件，或者試圖證明產業政策並無效果等。
而台灣持流行的論述者除了以「黨國資本說」否定國府統治外，多採取與自
由市場論一致的立場，或力陳國府產業政策無效，或訴諸非政策因素如啟始
條件，尤其是日本殖民統治影響，與國際學界自由市場論者近年來強調殖民
遺產作用的論點相一致。

　　本書將以歷史性角度探討台灣戰後經濟發展成因，延續結構學派在此方面的探討來反駁上述論點，並且以台灣經驗對結構學派理論予以補充。一方面希望能超越當前台灣社會流行的論述，另一方面則要回到前述經濟發展理論的相關論爭，藉由檢討相關理論來開展對台灣戰後發展成因的探索，借用既有理論的同時也要用自身的經驗來對既有理論提出修正，並對上述論爭做出回應。

　　這探討必須要從自身歷史發展的脈絡著眼，同時也要面對並檢討自身的被殖民經驗。因此本書將立足於結構學派架構，並擬以歷史性角度來呈現台灣戰後早期產業政策的形成過程，包括官僚組織及政策制度的形成，並據此在對結構學派理論予以肯定之餘也提出部分的補充。結構學派認為後進國家需要國家干預來替代尚未建立完善的現代市場制度，強調適宜的產業政策可以促進工業化，並致力探討產業政策「成功的要素」為何，如保護有期限、對資本既扶植又規範等。這些是本書將採用的理論分析架構。

　　然而正如Greenfeld（2001: 21）所指出，上述議題只是關於「如何做到」（How and What）經濟發展，而另一常被忽視但至為重要的是「為何發展」（Why）的層面。因此本書將進一步探討另一層面的問題——即推動發展的「動力」因素。前述「如何發展」的問題可歸納為相關經濟官僚體制的「能力」因素，即其有能力擬定與執行適宜且有效的產業政策。但本書從對台灣戰後發展的歷史性的探討中發現，討論若停留在「能力」層次顯然有不足之處，一則能力雖部分來自經驗的累積，然更與主事者學習的動力有關，再則政策過程其實呈現出「摸著石頭過河」的狀態，主事者必須有強大的動力才能夠持續不斷尋求新的方案來克服困難，亦即能力的建立及其得以發揮作用，實有賴其「動力」因素，「能力」並不是一個會無端存在並可以自行的因素。

　　動力因素牽涉到相關人士的主觀意向，是一個現代社會科學盡量避免處理的面向，但並不表示這不重要，只是社會科學日漸以議題的「可處理性」來自我設限，因此趨向將議題進行無限的切割，並且避免處理較大而難處理的議題。再則，主觀心理因素若處理不當，可能會陷入自圓其說的困局。本

書將以歷史化的分析來說明主觀動力因素的形成，以避免任意性的問題。具體而言，本書依據歷史性探討，認為台灣戰後初期負責推動經濟發展的主事者，其強大的動力源自他們繼承了中華民族救亡圖存的動機，鴉片戰爭以降至抗日戰爭帶來亡國的危機感，以及國府在國共鬥爭中之慘敗經驗，都為他們帶來了強大的推動發展的動力。他們不是為發展而發展，而是為了救亡圖存而發展，這是那一代人的共識與時代精神。

現代社會科學日趨「去歷史化」，企圖推導出放諸四海皆準的普世性的因果法則，如自由市場論認為自由市場機制最能促進成長等。同時在實證主義的影響下，研究方法日益偏向不直接處理結構問題，而進行單一變數因果關係的檢驗。非歷史化的因果關係的探討在既定時空地點下當然有其必要性，然而歷史與經濟結構也必然決定了當時當地的既有條件。因此本書將試圖嘗試同時運用歷史化與結構性因果關係兩種方式，既在歷史脈絡下進行探討，也在各個歷史時點探究結構性與其他因素的影響，並據此檢驗相關說法。

回到如何解釋戰後落後國家經濟發展成績差異的問題。結構學派主張應聚焦於後進國當時之情況、國家政策之作為與社會的反應，這是因為該派論者認為後進國的市場經濟制度尚未完善，要追趕西方並進行現代工業化，必須依賴國家集體的力量來推動發展。而持相反意見的自由市場派，則試圖證明產業政策不可能有效，也認為不需要聚焦於此領域，因此在解釋各國發展成績差異上，此派就必須引進非政策因素，尤其是以啟始條件上的差異作為解釋。所以，立論之不同也意味著研究對象的差異。

就如何解釋台灣發展成因而言，以日本殖民遺產這樣的啟始條件或美國援助這樣的外在條件作為主要解釋因素的研究取向，即意味著認為台灣在當時的政策作為並不重要，即不重視政策的作用。再則，這取向也假設同樣的啟始與外在條件對不同經濟體會產生相似的結果，然而這常未必是事實，例如美援的作用在各地即有相當的差異。本書在探討台灣戰後經濟發展的歷史過程時，也將探究啟始條件與外在條件的影響，並將指出它們只是起了輔助性的作用，而非關鍵性因素。

　　簡言之，本書在探討台灣戰後發展成因的研究路徑上，就「如何發展」的部分，將主要立足於結構學派的架構，再則就「為何發展」的部分，則將此架構予以延伸並在歷史的脈絡下來探究「動力」因素的形成與影響。將詳細探討台灣當時的經濟情況與產業政策的實際作為，並由此檢驗相關理論，並反駁自由市場論及其將日本殖民遺產作為關鍵因素的論點。

　　對於台灣戰後經濟發展成績之所以優異的原因，本書要提出的看法如下。如結構學派論者所言，戰後後進國與先進國於生產力水準上有相當大的距離，後進國自身尚缺乏完善的現代市場制度，要發展經濟必須依賴國家干預，尤其是透過產業政策來主動推進工業化；同時在西方先進經濟力量威脅下，必須採取適宜的政策來扶植自身的產業。再則，後進國要能成功地推動這些政策，必須建立一個有效力的經建官僚體制，其主事者不單具有能力也具有推動發展自身經濟的「動力」，而後進國家在抵抗帝國主義政經力量的過程中凝聚力量發展出來的「民族主義」（nationalism）或民族獨立運動，會是這動力的表現；亦即這動力必須超越只是對經濟利益的追求，而是追求國家整體的生存與發展。

　　Greenfeld（2001）依據她對成功發展經濟的案例之研究，指出民族主義是推動現代經濟成長的動力，她的書名即意指「資本主義的精神」是民族主義，而不是一般認為韋伯提出的基督新教倫理。Johnson（1982: 24-25）在他這本討論日本戰後經濟奇蹟的名著中率先界定了發展型國家（developmental state），並指出這概念就是源於後進國為了追趕上先進國的民族主義，推動經濟發展是為了能夠躋身於現代國際社會[21]，而不是經濟動機。依據Greenfeld（2001）與Gellner（2008）等研究，民族主義與民族國家（nation state）是英國為首而西歐隨之發展出來的，是它們在開展資本主義體制的同時所發展出來的相應的政治制度與意識形態，與當時世界其他地區的政治組織型態並不相同。然而在西方強勢軍事與政經壓力下，其他地區也被迫設法

21　Johnson（1999: 52）進一步指出發展型國家是以革命性的現代化計畫來召喚人民，並以經濟發展的成績來取得統治的正當性。

建立民族國家以為因應。殖民地在尋求政治獨立過程，多會發展出民族獨立運動及某種形式的「民族主義」，但與原先的西歐模式多有所不同，雖說近來民族主義被認為容易具有排外性質而受到批評，然而後進地區試圖建立民族國家多半出於防衛動機。例如，中國的國家體制存在有悠久的歷史，要如何界定過去中國國家性質有不同說法，包括中華帝國、文明國家與天下體系等，而當今中國是否已成為西方式民族國家也是有爭議的。在此背景下，對於中國在近代以來為了救亡圖存而興起的自救運動，是應被稱為「民族主義」抑或是「愛國主義」或其他仍是可討論的議題[22]。本書下文將強調戰後台灣國府經建體制主事者的動力[23]，是源自中國近代以來為抵禦外侮尋求自救的動力，而是否要稱之為「中華民族主義」雖值得商榷，但未能尋得更適當的用語，故仍將援用之。

在此將結構學派對於產業政策「如何成功」所累積的豐富討論，簡化為「能力」因素。而關於「為何發展」的動力因素，則借用 Dore（1990）與 Eckert（2000）的用語，將其稱為「發展的意志」。總之，落後國家發展途徑上充滿荊棘，面對強勢西方政經力量的干預與威脅，必須要具備抵拒這外力進而發展民族經濟的意志與能力，才有可能發展自身的經濟。

在上述理論架構下，台灣為何能夠成功的發展經濟，即是因為發展的能力與意志因素都具備了，而諸多相對有利的啟始與外在條件則起了輔助性作用。戰後初期台灣經濟困難重重，國府主事者憑藉高度的推動發展的動力，以及過往累積的能力與經驗，持續摸索出解決問題的方案，逐步克服困難踏上坦途，而這動力來自為了救亡圖存而形構成的現代中華民族主義。

四

以下簡述本書結構與各章內容。

---

22 相關文獻可參見甯應斌（2015）。

23 經建體制的定義請參見本書第四章前言。

　　第一章將對解釋台灣戰後經濟發展成因的相關理論作一整理，包括居主流地位且強調自由市場角色的新古典學派、著重非政策因素尤其是殖民遺產影響的相關說法，以及強調政府角色的結構學派，由此來評介關於台灣發展成因的既有說法。本章也擬提出將歷史與結構學派相結合的新研究視野，並特別探究與發展意志相關的歷史性時代精神的作用。

　　在以非政策因素解釋發展的各種說法中，最受矚目的當屬著重殖民統治影響的說法。前已提及近年來國際學界對此的關注日增，而認為日殖統治帶來台灣現代化的說法在台灣可說廣被接受。然而，台灣戰後的經濟發展是否可視為日殖時期的延續？該如何看待日殖遺產的影響？在1945年戰後發展的起點那時刻，台灣是處於何種狀態？本書第二章將討論這些議題，主要認為日殖遺產雖留下一些有利現代經濟發展的客觀條件，但並未啟動或建立經濟發展的機制，台灣戰後發展並非是日殖時期的「自然」延續。

　　後進國家推動工業化，都涉及從既有的傳統農業社會轉型到現代工業社會的龐大社會工程計畫。國民政府在台灣進行了其在大陸難以推動的農村土地改革，相較於中共在大陸推動的土改，是一個溫和且兼顧地主利益的土改，但仍是一項重大的社會經濟變革，它以強制方式大力推動了農業社會到工業社會的轉型，對戰後經濟發展有長遠影響。本書第三章將探討此次農村土地改革的原因、動力、成果與影響。

　　如前述，本書認為後進國家發展經濟之能成功，要有高度動力與發展意志，這推動力量則必須表現在國家推動經濟發展的政策作為與經濟官僚體制的建立上，這個體制包含官僚組織本身及其運作的規章制度，即擬定與執行產業政策的相關制度。本書的第四章與第五章，將以歷史性角度來詳細陳述國民政府在戰後台灣經建官僚組織與產業政策體制的建立過程。這包括其在大陸時期推動經濟建設方面在個人與制度層面的學習與經驗的累積，在台灣接收與恢復的過程，及其後推動工業發展的歷程。主要在呈現一批有堅定動力、有清楚建立民族工業目標的人才，在高層的支持下，不斷摸索解決問題、克服發展障礙的方案，可說是摸著石頭過河，並在這過程中建立起經濟官僚組織而創造出執行產業政策的體制。結構學派所討論的產業政策的成功

要件固然至關重要，然而更重要的是發展的意志，此動力促使他們持續尋找解決問題的創新方案。

無疑地，有動力並不必然能夠成功，戰後台灣幸運的是擁有一些優越的輔助性客觀因素：日殖建設遺產以及日殖政經力量戰後必須完全退出而讓出空間；美國在冷戰環境下提供了援助卻又不覬覦本地市場，並且對台灣開放其市場；以及有意願與能力積極參與發展的人民。不過，這些客觀因素並不足以自行，錯失有利發展條件的歷史案例比比皆是，發展意志這動力因素才是關鍵。

台灣戰後發展是依賴公營還是民營企業？國府產業政策對待公民營企業的態度為何？國府在大陸時期被批評是扶植了「官僚資本」，近年來台灣社會流行的論述則指責國府在戰後台灣扶植了「黨國資本」，然而若屬實，為何台灣戰後卻能成功發展經濟？本書第六章將探討國民政府從大陸時期起的公民營政策的沿革，認為應從後進國家推動產業發展的角度來看待公營事業所可能扮演的角色，即產業政策的實施有時需依賴公營事業來推動投資及工業發展。而實際上，戰後國府在台灣的公民營政策上並不擴大公營企業，且以雨露均霑的方式促進民營企業的發展，這政策對台灣戰後民營資本發展的影響，將呈現於本書第七章之中。該章將陳述台灣戰後新興民營資本興起的歷程，指出台灣戰後民營部門早於1950年代中期就已在工業產值上超過了公營部門，同時台灣第一代資本家多為戰後新興資本。這是源於日本殖民統治一向壓抑本地資本的發展，以及國府不擴大公營並且扶植民營企業的政策。台灣戰後產業政策成功的原因之一，正是在於其公民營政策配合國府推動整體發展的政策，在扶植產業與促進市場競爭之間，以及在「公營企業—大型民營企業—中小企業」三者之間尋求折衷。

本書第八章則以戰後早期國府對棉紡織業的扶植政策為案例，來作為第四章與第五章所提出說法的佐證。最後第九章除了對本書論點作一綜述外，也將討論一些延伸的問題，包括這國府發展模式與威權統治的關係、這模式的限制與延續問題，以及台灣發展經驗的普世意義。

本書追尋台灣戰後發展成因的用意，除了是以台灣經驗來參與後進發展

理論的討論之外，更是希望能夠從長遠的歷史角度將此問題放在後進國家追尋現代經濟發展的道路來看，從而了解我們的過去、了解我們如何走到今天，希望如此能在今日的政經與兩岸困局中找到再出發的可能。

表1 各國的實質人均所得，1950-2008

（單位：1990 International Geary-Khamis dollars）

	1950年	2008年	1950-2008 成長倍數	成長倍數 全球排名**
世界平均	2111	7614	3.6	
西歐	4569	21672	4.7	
美國	9561	31178	3.3	
拉丁美洲	2510	6973	2.8	
阿根廷	4987	10995	2.2	
智利	3670	13185	3.6	
東歐	2111	8569	4.1	
前蘇聯	2841	7904	2.8	
非洲	889	1780	2	
東亞*	666	5673	8.5	
日本	1921	22816	11.9	9
新加坡	2219	28107	12.7	8
香港	2218	31704	14.3	5
台灣	916	20926	22.8	3
南韓	854	19614	23	2
中國大陸	448	6725	15	4
泰國	817	8750	10.7	10
菲律賓	1070	2926	2.7	
印度	619	2975	4.8	

資料來源：Maddison（2010）Historical Statistics of the World Economy: 1-2008 AD, http://www.ggdc.net/maddison/oriindex.htm.

*此處「東亞」包含16個較大的亞洲東部國家，除了表中所列外，還包括印尼、孟加拉、緬甸、馬來西亞、尼泊爾、巴基斯坦與斯里蘭卡。

** 本書計算了 1950 至 2008 年全球各國人均所得成長倍數的前十名，表中未列出的是排名第一的赤道幾內亞（Equatorial Guinea，人口七十多萬，出口以石油為主），第六位波札那（Botswana，人口兩百萬，出口以鑽石為主），第七為阿曼蘇丹國（Oman，人口三百多萬，出口以石油為主）。人口數為 2013 年數值，取自世界銀行網站 http://data.worldbank.org/。

第一章

如何看待戰後台灣經濟發展

理論視野

　　本書是要探討台灣戰後經濟發展的成因，並從中尋求具前瞻性的理論與現實意涵。而在進行此探討之前，還是要回顧相關的經濟理論及其爭論以作為討論的基礎，本章即是要進行此項工作。首先將分別檢討與經濟發展相關的最主要的兩派理論，即自由市場理論與結構學派理論，並簡要敘述兩派就東亞發展成因而進行的爭論。隨後將探討一些以單一變數或外在環境等非政策因素為主要解釋的說法，包括啟始條件及殖民遺產的影響，及國際政治經濟情勢的作用，尤其會述及南韓學界關於日本殖民統治影響的爭論。上述理論主要關切東亞發展得以成功的要件，除此之外，也將探討關於發展動力的議題，包括文化、發展意志、歷史因素及民族主義等。然後將評述對於台灣發展提出解釋的一些既有說法，最後會綜合上述討論而提出本書要呈現的新的論點。

一、自由市場論與結構學派

　　在討論自由市場論與結構學派在如何解釋東亞奇蹟上的爭論之前，先簡單敘述此兩派的相關基本論述，即對於後進國家該如何推動經濟發展的兩種不同的說法。

（一）自由市場論

從1970年代開始，二戰後歐美資本主義黃金時期的社會福利國模式在發展上遇到瓶頸，新保守主義的政治勢力與思潮再次抬頭，而與社會民主政治相配合的凱恩斯學派，在經濟思潮方面的領導位置也隨之被新自由主義取代[1]，後者遂逐漸成為近三四十年來國際經濟學的主流。

新古典學派從十九世紀末以來就取得經濟學的主導地位，經濟學的關切重點從古典學派的經濟成長，轉到新古典學派的靜態資源分配，而資源運用的效率（efficiency）也從此成為經濟學的最高價值準則。自由市場論基本認為市場機制會帶來效率，且唯有市場機制能夠如此；任何對市場的干預都會扭曲價格機制的運作，因而降低效率水準並帶來社會福利的損失，因此稱為自由市場論。同時，這「市場有效」的結果也源自其他假設，即相配合的制度是私有財產權制，在產權受到保護下人們皆為追求私利的理性經濟人，由其在市場上互相競爭，競爭之下市場價格的波動會誘使供需走向均衡，優勝劣敗的淘汰作用則會鼓勵進步。因此新自由主義的標準處方即是「私有化」（建立現代私有產權制）與「自由化」（政府少干預市場）[2]。確實，自從奠基於現代市場機制的資本主義制度於幾世紀前在西歐出現之後，西歐生產力持續性的突飛猛進實屬人類歷史上首見，並自此永遠改變了人類社會的進程。如馬克思早已指出，資本主義是世界上第一個社會菁英必須不斷互相競爭才能維持住自身地位的制度。

歐美日這批先行者確實成功地藉由資本主義發展了經濟，並且在二戰後數十年間，富國之間發展水準有趨同之勢，但是除了東亞等少數例外之外，富國與窮國之間的差距卻日漸拉大[3]。進入新世紀以來，先進與後進國之間的

1　從1970年代以來，自由市場論、新古典經濟學與新自由主義三者含意大致相當，故本書將視為相同而交換使用。

2　在西方以外，各地傳統社會中也曾不同程度地存在其他形式的私有產權與市場經濟。而本書提到的私有產權以及市場制度，都特定是指「現代資本主義經濟下」的私有財產權與市場制度。

3　參見Pritchett（1997），他文章的篇名即為 "Divergence, Big Time"。

差距或有縮小，但主要源於規模龐大的中國大陸的成長[4]。如果現代市場機制如此萬能，為何不能讓眾多後進國家也快速地發展經濟？這裡就牽涉到後進國家如何發展經濟的問題，後進者的發展方式會和先行者一樣嗎？同時，當後進者要推動發展時，先進國可能會起協助抑或阻礙的作用呢？

　　自由市場論者基本認為先進與後進國兩者發展的方式應該是一樣的。一則是認為歐美日的現代化資本主義發展是一個普世典範，其現代化的模式與資本主義制度，都應該是後進國要達到的目標及追隨模仿的對象，並且這就意味著人類社會既定的「進步」進程，也與戰後社會科學的現代化理論相符合。再則是認為先進國與後進國之間的經濟關係，不單無礙於後者的發展，更是協助因素，先進國可提供資本與技術上的支援等。對於後進國究竟該如何發展，戰後初期自由市場論提出的方案主要是較為枝節片面的作法，如糾正或補足後進國的各項缺失，像教育或儲蓄不足、市場運行不完善等。1980年代以來，自由市場理論更以華盛頓共識的形式引領風潮，對此派論者而言，後進國就只需追隨新自由主義的標準處方——自由化、私有化及實施保守財政，即可踏上坦途，而沒能發展的後進國家則多是因為其未能真正做到自由化[5]。

　　在1990年代初冷戰結束西方資本主義宣布全面勝利之後，西方現代化似乎更確立了其為唯一典範的地位，與其相配合的自由市場論也越來越顯現出其「規範性」。亦即這理論越來越顯現為一種「處方」，是西方主導的國際經濟機構以及主流經濟學界，所給予後進國家管理經濟及推動發展的唯一處方。然而，對於經濟理論必須擔負起的「解釋現象」的工作，卻並非其主要關注對象，學界普遍的問題意識多仍是要去證明市場是有效的。而對於為何如此眾多後進國家未能有理想的經濟發展成果，對此問題之研究並不多，主要提出的解釋多是認為那些採行了自由化政策卻失敗的後進國是因為自由化的不夠徹底，這難免被批評者認為是一種自圓其說的循環論證。

4　參見Rodrik（2011）。

5　參見如Stiglitz（2002）等。

　　然而近年來，除了如何解釋東亞發展之爭論外，自由市場論陸續受到多重挑戰。如拉丁美洲及諸多其他後進國家雖遵循了華盛頓共識但卻發展結果不佳，績效仍比不上有較多國家干預的東亞地區；對於2008年以來的全球性金融危機，主流經濟學界既未曾預見也難以提出解釋與因應方案，危機之後美國與歐盟又遭遇各種困難而恢復緩慢；而中國則藉由國家高度主導的方式快速崛起並維持穩定，其發展模式遂對主流經濟學帶來了嚴峻的挑戰。

　　新古典學派的經濟理論體系龐大並深遠複雜，但是它其實沒有真正的經濟發展理論。或許是因為該派學者認為市場在所有場合都能發揮作用，就只需要一套放諸四海皆準的理論。然而，如Lucas（1988）與Romer（1994）所承認，雖然新古典成長理論或可描述先進國如美國的成長（growth），但無法解釋不同國家在不同時間人均所得成長速度上所呈現的極大差異，因此亟需發展出解釋經濟發展（development）的理論。Romer（1986）推出了內生成長理論，其「創新」之處是在於它強調經濟成長是經濟體系內生的結果，該理論比起以往以訴諸外生變數（經濟理論體系之外的變數）來解釋成長的理論，已是一長足進步。不過至今內生成長仍多半停留在模型中加入學習效果以及報酬遞增，還無法進一步來解釋一些重要的現實現象，如東亞經濟成長以及其他落後國家為何落後等。

　　現行的國際貿易理論強調各國的比較利益，雖理論體系豐富複雜，但仍然是一個靜態的理論[6]。該理論假設各個國家的既有生產因素的稟賦是不變的，然後由稟賦推導出該國的比較利益及貿易形態。但問題是落後國家要發展經濟就是想要改變自身的稟賦與條件，要改變既定的靜態狀況，但該理論並不討論後進國如何能改變自身的比較利益。雖然該理論推導出自由貿易是有利於任何一方的結論，因而提倡無條件的自由貿易。但即使如此，從封閉體系轉型到對外開放的體系，卻只有短暫的一次性的好處（one-time gain）

6　靜態意指假設相關環境與既有條件不變動。關於國際貿易理論的批判性文獻的整理介紹，可參看Deraniyagala and Fine（2001）。

沒有成長效果[7]。假設條件不變的靜態貿易理論其實並無法推導出「自由貿易會帶來持續的高成長率」的結果。

　　新古典學派學者也開始討論國家在經濟發展中的角色，被稱為新政治經濟學[8]。不過他們多半假設政府是由追求私利的獨立個人所組成，因此必然會推導出政府選擇性的干預必會帶來政府失靈的結論。同時他們認為市場失靈雖然是唯一可以合理化政府干預的理由，不過市場失靈與政府失靈，兩害相權之下，還是市場失靈危害較輕，他們認為這是因為政府對市場的干預不單會帶來扭曲，並且最終必會導致參與者競相追逐行政壟斷權所帶來的準地租利益（rent-seeking）[9]。不過這競租理論如何能運用到東亞國家呢？為何東亞各國政府的干預顯然並沒有阻礙其經濟的成長，並沒有帶來毀滅性的競租行為？該學派的競租說立意為一個普世性理論且要能應用到所有國家，但卻未能解釋為何類似性質的干預在不同國家會有不同的結果。這部分將在下文論及東亞爭論時再做討論。

　　至今也有些知名的經濟學者在新古典理論架構中成功的挑戰了「市場有效率」的說法。Stiglitz（1994）花數十年的努力建立了其信息理論[10]，他認為新古典模型並沒有將信息不完整所引發的問題考慮進去，包括取得信息的成本以及風險與資本市場之不完備等，新古典最基本之福利定理[11]，即「市場有效率」的說法是奠基在信息是完備的假設上，而無可否認，信息不完備的情況不單存在並且極為普遍。Stiglitz證明「一旦將信息之不完備放入分析架構中，則市場必具效率的結論就無法成立了」，並且市場之運作需要諸多「非市場機制」或「支持現代市場的制度」之輔助。既然市場失靈並非例

7　Lucas（1988: 12）指出移除貿易障礙只會帶來一時性提高產值的效果，是level effects而非growth effects，即不會提高長期成長率。

8　參看Lal（1983）、Krueger（1993）與Buchanan（1980）等。

9　Evans（1992）對新古典的政治經濟學提出了較完整的批評。

10　Stiglitz因此於2001年與其他二人共同得到了諾貝爾經濟學獎。然而他的貢獻卻尚未能對經濟學教科書有太大影響。

11　福利經濟學基本定理認為在某些條件下自由市場競爭會帶來最大效率（Pareto efficiency），即沒有人的福利可以在不減損他人福利下得到改善。

外，政府的角色不單重要且為必要了，只是干預也有其成本，問題在於如何做好干預。

再則，Stiglitz（1994）認為自由市場論者因忽視上述因素，因此高度簡化了先進國資本主義市場經濟之能夠順利運作的原因，因而使得其「自由化」的處方無法有效力。自由市場論者誤認為經濟關係主要由「市場價格」決定，因而忽視了經濟關係中「非價格因素」的重要性，如企業內部的資訊、企業信譽與契約等，以及組織內外參與者的誘因與監督的問題。他進一步指出資本主義制度其實呈現出多樣化，每一個能順利運作的現代市場經濟都有著不太相同的一套互為配合的金融、法律、教育、社會福利等制度，而這些制度對於該國的市場經濟的運作起了關鍵的支持作用。並且這些制度是先進國長期演化而來的，亦即後進國也不可能短期內迅速完善這些現代經濟制度。同時，現實上所謂的市場與國家的二元對立並非事實，每一個市場經濟體制中國家都扮演著或許不同、但皆甚為重要的角色。

雖說自由市場論在理論的一致性與有效性上受到質疑，同時近來先進國經濟上的表現已不如以往，然而這理論仍然保有強大的影響力。這部分是因為在中央計畫經濟實驗幾乎全面被宣告失敗而結束後，全球資本主義市場經濟體制一時間並沒有替代方案[12]。因此，實際上後進國家是要在全球化了的資本主義市場體制下發展自身的經濟，而在此體制下，後進國家為促進現代化與經濟成長，也要設法完善自身能誘發足夠投資的現代體制及其輔助性制度。重點是如結構學派所論證，這完善現代經濟制度的工作需要國家集體性的努力才能做到，而非自由放任。這確實是一個弔詭的規則，結構學派強調的是落後國家必須以國家干預的方式來完善現代市場制度，並且要使其越來越深化。

因此，有些自由市場論者在回應質疑時，即忍不住以此辯稱東亞這些成功的後進國雖是藉由干預促進發展，但其實是在「趨近」「正常」的市場經

---

12 如Fukuyama（2012）曾指出，近年資本主義體制危機不斷，但是因左翼缺位，危機引發的民粹反應卻是以右翼為主，如美國的茶黨與歐洲的極右翼黨派。

濟體，因而還是市場機制勝利的佐證[13]。這其實是兩個不同層面的問題，一個是在體制層面的爭論，即中央計畫經濟與資本主義市場經濟體制孰優孰劣之爭論，另一個則是在一個不同層面，是後進國要發展該採何種策略與政策的爭論，將兩者混淆其實並無助於釐清後者。不過，全球資本主義體制雖遭遇困難但尚無替代方案這一現實背景，無疑仍是自由市場論重要的支持力量。

（二）結構學派與東亞爭論

　　在1960年代，結構學派在發展經濟學領域中仍占有一席之地，他們不認同只看單一變數因果關係的實證方法，而認為必須將後進經濟體視為一個整體，個別關係也應在「整體結構」下來探討。同時其認為發展過程是一動態不連續的過程，落後國家原本即缺乏完善的資本主義市場制度，難以依靠私人投資來帶動工業成長，因此不能只依賴市場機制來引導經濟發展，必須要有國家的政策干預來引領投資與發展，因而當時後進國家較多施行進口替代工業化的政策。不過此學派涵蓋廣泛包括多種不同看法，其中影響最大的為Gerschenkron（1962），他歸納了歐洲後進追趕的歷史經驗，強調後進國落後於先進國之差距可以是一潛在的動力，認為發展越落後的國家，市場及其相關的制度則越不健全甚或不存在，因此發展上就需要越強力的集體性干預，來做為替代市場的制度安排。他樂觀的認為落後程度越高則發展動力可能越大，同時因為可學習的既有技術存量也越大，因此可用蛙跳方式（leapfrog）跳躍前進。

　　不過到了1970年代初期，隨著歐美的福利國模式遇到瓶頸，自由放任的保守思潮逐漸成為流行至今的世界主導性思潮，經濟發展領域中也發生了類似的變化。拉丁美洲國家雖在戰後的基礎比其他落後國家好，且起點比較高，不過戰後前二十多年推動進口替代工業化的發展成績並不理想，而這失敗經驗引發了依賴理論（dependency theory）的發展，以及新古典學派對於

13　Sachs and Woo（2000）即如是說，可參見瞿宛文（2011）的綜合討論。

進口替代政策的批評。

依賴理論將拉丁美洲的失敗歸罪於其在戰後開始對美國經濟的依賴日深，依賴包括貿易以及投資的高依存度，該學派認為在經貿關係中，中心國家一定剝削邊陲國家，因此經貿依存度越高則落後國就越無法發展[14]。這理論雖曾在1970年代風行一時，不過其將貿易與投資一般性地解釋為剝削機制的說法則受到諸多質疑，尤其是因為東亞的貿易依存度較拉美的更高，但卻能成功的以高度參與國際分工的方式達到了快速的成長，對依賴理論提出了難以回應的挑戰。雖然仍有一些西方激進學者以依賴理論來作為其對東亞批評的基礎[15]，不過此理論已經清楚式微。如此後Amsden（2001）所指出，後進國必須向西方學習才能發展，而這學習不是與其隔絕就可以達到的。

如前述，1970年代自由市場派復興，在各個相關領域積極挑戰與其相異的理論，尤其是凱恩斯學派理論，而東亞的興起也引起該學派的注意，因而引發了其與結構學派之間對於如何解釋東亞奇蹟的爭論。這方面文獻甚為豐富[16]，對這些爭論文獻做綜合檢討也相當多，本章無意在此進行全面性的檢討，而只就產業政策相關的理論爭論與發展做一綜合性的檢討陳述。

最初，自由市場派學者認為東亞與拉丁美洲這兩個地區成長績效上的差異可以作為自由市場優越性的佐證，亦即東亞採出口導向政策參與競爭度高的國際市場，而拉美國家則採用保護國內市場的進口替代政策。然而隨後結構學派學者如Amsden（1979, 1989）與Wade（1990）等則詳細呈現各種例證，來說明台灣、南韓等在戰後經濟發展過程中，國家扮演了主導性角色，產業政策起了關鍵性作用，具體反駁自由市場派認為「東亞成長應歸因於自由放任」的說法。

世界銀行在1993年出版的《東亞奇蹟》一書[17]，是在此論爭中自由市場

14　參見如Frank（1967）及Cardoso and Faletto（1979）。

15　參見如Hart-Landsberg（1993）以及Bello and Rosenfeld（1990）等。

16　參看如Wade（1990: Ch.1），Shapiro and Taylor（1990），World Bank（1993）以及圍繞著世銀這本書的討論，如Fishlow, et al.（1994），瞿宛文（2003：185-223）就此作了綜合評述。

17　在世銀（1993）出版之後，短期內就有近百篇著作對其提出批評或議論，參見Fishlow et al.

學派論點的代表性著作。此書承認東亞諸國政府干預確實普遍存在，但仍不認可產業政策的有效性，不過做了小幅度的讓步，同意這些干預「沒有造成傷害」，因為其干預程度比其他落後國家低，但也沒正面效果；同時認為只有「配合市場的干預」（market-conforming interventions）才是有效的，「選擇性的干預」則是無效的，亦即假設了後者是無法配合市場的；而既然世銀認為東亞產業政策是無效的，因此就不推薦其他後進國予以仿效。該書將政策分為基本面與選擇性干預兩類，並強調基本面的重要性（getting the fundamentals right），將其與「選擇性干預」對立起來，還是依歸於自由市場論的反對干預市場的基本立場。除此之外，該書還是認為東亞經驗中最值得推薦的是外銷導向政策，等於回到最初該學派認為東亞成長應歸因於自由放任的說法。對於世銀此說法的批評者而言，該書提出的東亞的「干預無害也無效」的回應其實是在迴避問題。

再則，結構學派論者也進一步指出東亞各國的推動出口的政策，不單有出口補貼，並常是與選擇性的產業政策相配合，亦即台灣與南韓都一直採用第二次進口替代政策，來扶植出口產業的中上游產業[18]。出口導向與進口替代兩種政策，並不是互斥的，是可以同時存在的，東亞經驗並不能被解釋為如自由市場派所想指認的自由市場狀態。

Rodrik（1996）認為進口替代與出口導向政策的內容其實很複雜，不易做清楚區分，他提議將政策分類改為個體與總體性政策。他利用新自由主義學者用來評估自由化改革的政策清單來評估東亞各國的政策[19]，發現台灣與南韓在總體方面，一向是維持保守的財政政策以及具競爭力的匯率，這方面與新自由主義政策清單相符合。不過，在個體政策層面上，台韓則有諸多干預並且多與保守政策背道而馳。實際上，除了維持總體經濟穩定之外，世銀

（1994）中所列的文獻，或如World Development（1994: 22（4））有專題討論。

18 這方面最著名的是Amsden（1989）對南韓與Wade（1990）對台灣的研究。本書第五與第八章也進一步討論了台灣的情況。

19 這政策清單原先來自Williamson（1994），是用來推動新保守派的經濟政策的，包括最低限度的個體干預。

所列出的其他「基本面」的條件，東亞各國幾乎都是在成長過程中才達成，而非在其之前就具備。例如台灣的儲蓄水平是在經濟成長開始之後才逐漸上升的，不是在成長之前，故顯然不能被引用為發展的成因[20]。而東亞各國人力資源的投資，也多是配合選擇性產業政策而進行的，並不是一般性或中性的[21]。因此，世銀書中所列的基本面因素之中，東亞國家只做到了總體經濟穩定一項而已，但這應只是一個基本條件，而不是推動發展的關鍵。

個體與總體政策的區分有助於釐清以上爭論。各方對於總體經濟管理的重要性較有共識，結構學派學者也同意維持穩定總體環境是發展的必要條件[22]。例如Amsden（1992）曾指出東亞為了促進發展而刻意將價格搞錯（get the prices wrong）時，是運用補貼而不是藉由操作匯率或其他總體經濟因素。然而對於個體干預政策的必要性與有效性則是爭議所在。即如結構學派認為「東亞國家確實在總體經濟管理上做得比其他後進國家好，但是他們在個體層次的干預程度不單比較高，並做得比較好」。自由市場論者則是認為「東亞干預雖曾發生，但是干預程度比其他國家低」，因此東亞產業政策「扭曲市場」[23]或「危害」程度較低，即試圖以危害度與績效的反向相關性來「證明」自由市場的效力。只是自由市場論者如此的論證，並沒有回應其無法迴避的「產業政策是否曾有助於經濟成長」或「干預是否有效」的重要問題，因此無法反駁結構學派認為東亞成功的關鍵是政府個體面強力干預的說法。終究對於基本面包括總體經濟管理的說法，並不能替代對產業政策角色

---

20 台灣儲蓄占GNP的比例，在1955年為14.6%，1965年20.7%，1975年26.7%，1985年升為33.6%，至1999年降為26.1%。引自 *Taiwan Statistical Data Book*（歷年）。

21 例如，台灣的大學生中專修工程的比例，就比其他落後國家要高出許多（Lall, 1992）。

22 參看Fishlow, et al.（1994: 77-78）以及World Development（1994/4）中討論世銀（1993）之專輯。

23 新古典學派甚為注重「價格扭曲程度」，而這概念立基於某些不易成立的假設上，亦即其假設了所有相關資訊可以壓縮為實際價格與（無干預下的自由）市場價格之間的差距，同時認為這差距是可以測量的，並且應是越小越好。這作法既已將一切縮減為一個指標，就無法去區分總體與個體政策之間的差異，也無法探討上述的論點。再則，如下文將指出這假設的自然市場價格本身就是可爭議的概念。

的討論。

自由市場論將市場奉為圭臬的態度，除了因此反對政府干預之外，也延伸出一套與其相配合的關於後進國「發展的自然途徑」的說法，且影響深遠。該派論者認為一個國家的發展途徑，在市場自由運作之下比較利益是既定的，干預市場基本上是不好的且都會造成「扭曲」，必然會導致發展偏離開自然途徑。這是該學派雖不明言但認為理所當然的說法。例如，世銀（1993）書中為了要證明東亞產業政策之無效性，其所採的舉證方式就是試圖呈現東亞國家的產業結構，並沒有因為干預而「偏離」其應有的「自然途徑」[24]。

例如，Wade（1990: 28-29）一書雖是結構學派對台灣戰後發展的經典著作，但他當時也受到了自然途徑說的影響。他肯定了東亞國家在引導經濟發展上的關鍵角色，而為了挑戰自由市場論，他提出了「管理市場」論。他將東亞產業政策分為領導或追隨市場（lead or follow the market）兩種，前者是政府在市場尚未行動前之所為，後者則是在其後，台灣等東亞國家常是領導市場。只是他這說法把「市場」的路徑當作既定，其實意味著接受上述市場「自然發展途徑」說法，同時，他雖強調了在台灣的發展中國家干預之關鍵性，也認為一些干預是追隨市場的。

相較之下，Amsden（1992）則完全不認同這「自然市場途徑」的論點，她認為正是市場的正常運作使得落後國家難以成長。這是因為後進國家的生產力太過落後，無法在無保護之情況下與先進國家競爭。因此，她認為「正常的」市場價格是不利於後進發展的，而干預就是要改變價格與誘因，要將「價格改成錯的」。這並非以不同的說法來敘述同樣的意思，實際上這牽涉對市場角色的不同看法，Amsden要挑戰的對象，正是新古典學派認為的有一個由自由市場所先驗決定的自然發展途徑的說法，接受這說法的話就必須語帶歉意的以市場失靈來合理化政府干預，Amsden則刻意的要去除這束縛性的迷思。確實，正如Stiglitz（1994）已在理論上成功挑戰了市場萬能

---

24 對於此一「證明」之批評，可參見World Development（1994/4）之專題討論。

的說法，一旦拋棄對自由市場有效的信念，則一些如Wade（1990）等仍採用自然發展途徑論的結構學派學者，就會顯得對自由市場給予了太多的信任，以至於給自己太大的束縛。

　　相對於「發展的自然途徑」說法，Itoh et al.（1991）等學者在Stiglitz的信息經濟學的基礎上，發展了「多重均衡」的理論，即認為一個國家的產業結構是會隨著時間、政策、歷史、文化與制度性因素而改變，會導致多種均衡之結果。他們認為均衡結果並非如自由市場論者所認為那般是先驗決定的「自然途徑」，而是會依參與者所分享之共同信息、外來者提供的協調以及參與者的策略選擇而異。他們隨之發展了強調策略選擇的產業發展策略理論（Theory of Industrial Strategy）。戰後日本之經濟官僚體系即早已採用產業政策來促進發展並持續提升產業結構，在選擇策略時參考先進國的產業發展與變遷的路徑，並依據兩個準則來選擇擬發展的產業，即需求面的所得彈性及供給面的生產力水平[25]，例如產業升級時即選擇與自身發展水準相對應的、所得彈性較高且生產力發展可能性較高的產業。同時，如本書後文所顯示，同樣在戰後初期，台灣的經建官僚體制也已自行摸索出相類似的產業政策模式，藉此成功的推動了工業化。因此，東亞國家在未有完整理論之前，就已經主動採取「選擇產業與貿易結構」的政策，主動進行「策略選擇」。為了產業升級，國家必須儘早投資於相關之基礎設施及人力資源，這些投資都是依據策略而有選擇性的作為，而不是一般性的或功能性的，明顯與自由市場論者的原則背道而馳[26]。

　　東亞的特殊性其實不是在於政府干預本身，如Amsden（1989）一再強

25　日本通產省白皮書（1964：238），引自Itoh, et al.（1991: 32）。這也是後進國的優勢之一，
　　即可將先進國已走過的產業發展途徑作為參考。

26　Shapiro and Taylor（1990）作了相關問題之文獻檢討，著重落後國家的情況。Chang
　　（1994: Ch.3）對產業政策理論作了綜合論述，指出當互依性（Interdependence）與資產特殊
　　性（Asset Specificity）很重要時，產業政策所能發揮效用較高，同時產業政策也適合用來提
　　升技術創新，因為它可以在不消除利潤誘因之情況下，藉由投資風險之社會化，而提升創
　　新速度與水平，不過最困難的部分，還是在於如何使產業政策能夠成功的「執行」。

調，幾乎所有後進國家都會進行干預，只是失敗的居多，東亞政府進行干預並不特殊，特殊是在於其能夠成功，因此東亞干預能夠成功的原因遂成了需要解釋的重要議題。

（三）東亞政府干預為何成功？

　　東亞國家所進行的干預中最具爭議的是產業政策，因其牽涉到主事者選擇特定產業並以各種措施促進其發展的作法。自由市場論者當然反對這種由官僚「選擇贏家」（picking the winners）的作法，他們認為這不單會扭曲市場運作，更質疑官僚們有何憑藉能作出比「市場」或企業家更明智的選擇。確實，要能成功施行有效的產業政策是項高難度的工作，這工作需要一個有能力的經建官僚組織的存在，他們能夠收集到有用的資訊並作出明智的選擇，他們需要了解有發展潛力的產業為何，這不單要對市場有理解，更牽涉到對本地的企業與產業能力的掌握；作出選擇之後，當然他們也需要有足夠及適合的政策工具及措施來協助產業的發展。如前文「產業發展策略理論」所提及，後進國可以參照先進國產業發展的軌跡，這信息對產業策略的選擇大有助益，看來應能大幅降低此項工作的難度，然而從成功者數目稀少來判斷，這其實是一件困難的工作。

　　要能達成這高難度的工作，此官僚體系顯然必須具備特定的能力與取向，亦即除了前述的擬定與執行可行有效的產業政策的能力之外，也意味著他們在行政上具有相對的自主性（state autonomy），會以整體產業發展為目標，而不受到各別既存利益的影響[27]。然而為了能擬定並執行可行有效的政策，又必須要有密切的產官互動關係，使得資訊能夠雙向有效的流通，如此官僚體系才可能規畫出合理可行的政策，政策資訊才能無礙的傳達到企業因而得以實行。Evans（1992）將此稱為鑲嵌式自主性（embedded autonomy），即官僚體系既鑲嵌於民營產業部門中，又能維持自主性[28]。世銀

---

27 在經濟學之外的社會科學領域中，關於國家的自主性以及國家能力（state capacity）的討論
　　已經進行多年了，可參照如Haggard（1990）。

28 Weiss（1995）則較強調國家的指導角色而稱之為governed interdependence，這說法涵蓋面其

（1993）也花了相當的篇幅，來討論東亞國家執行經濟政策的制度安排，包括產官互動的方式，以及制度設計上如何用競爭來減少競租行為等，該書也認為東亞國家對經濟的干預，因制度設計較為合宜而能降低干預的負面影響。

　　然而，Amsden（1989, 2001）對此方面的論述稍有不同，較前述說法更進一步點出國家扮演「主動性」角色的重要性。她強調東亞干預之成功在於國家能夠「規範資本」（discipline capital），並且是設定「績效標準」（performance standards）來規範資本。她指出後進國家對資本提供補貼是極為普遍的現象，但甚少在提供補貼時提出相對的「交換條件」（reciprocity），而正是這有獎有懲的「交換性管控機制」（reciprocal control mechanism）使得補貼能夠發揮促進發展的功效。當然，獎懲所依據的績效標準必須適宜，而東亞國家多選擇代表國際市場競爭力的出口業績為標準，這準則不單公開透明具有公信力，並且與促進發展的目標完全配合。鑲嵌自主性的說法描述了官僚體制能夠制訂合適產業政策的客觀條件（可歸為能力範疇），但是「規範資本」的說法更進一步指認了國家推動產業政策的主動性乃是關鍵[29]。亦即國家不單要有規範資本的能力，更要有此動力與意志，因此是一個更為全面的論述。

　　同時，Amsden（1989）對 Gerschenkron（1962）的蛙跳式追趕說法也作了修正。她認為到了戰後，先進與後進經濟體在生產力上的距離已經太大，並且關鍵知識都已成為跨國公司的私有智慧財產，並不容易取得，以至於後進國無法再以蛙跳方式追趕，最多也只能如東亞國家這樣一步步的學習（learning）來縮短與先進國的距離。如前述，她不同意以市場失靈來合理化後進國進行干預的抱歉式說法，而認為先進國生產力高因而在各方面的優勢都甚為顯著，在「正常」的市場價格下後進國工業毫無優勢可言，因此後進國政府就是要以補貼等干預來將「價格弄錯」才能開始工業化，並經過學習

　　實較為完整，然而，至今鑲嵌自主性用語已廣被接收。

29　此觀點須感謝 MIT 的 Ben Ross Schneider 教授的意見。

提升生產力後逐步往前。後進學習者必須先著眼於成熟的或中等技術水平的產業，其技術較容易取得，並且市場需求仍在成長中。他們必須吸收外來技術使其適應當地情況並不斷進行改良。因缺乏自己獨有之技術，常須進行多角化經營，並高度注重製造生產[30]。

Amsden（2001）將後進工業化國家歸納為兩類。一類為整合型（Integrationist），即如拉丁美洲新興工業化的國家，它們與先進國經濟的關係一直較為密切，並且工業化主要依賴外國企業。另一類是獨立型（Independents），即如東亞國家，特點是它們在戰後與原殖民者「關係中斷」，戰後雖在貿易上高度參與國際市場，但工業化主要依賴本國企業；而顯然獨立型的成績是遠較優越的。這其中也涉及一重要而弔詭的問題，即日本殖民統治的影響，是否必須在日本殖民者戰敗撤離之後，其遺產才能在當地發展型國家的主導下成為工業化開展的基礎？台韓的經驗其實顯示經濟發展必須依賴本國企業，並對這問題提出肯定的答案。

值得一提的是，她很刻意的提倡用歸納法來研究經濟發展，而不是依據新古典經濟學的以演繹為主的研究取向。這研究方法之差異也與兩種經濟發展理論的不同有關，自由市場論的基本立論已定，且是放諸四海皆準，而屬結構學派的Amsden（1995）則認為這理論應是不斷發展修正的，尤其是要從後進國家具體的發展經驗著手，不斷歸納個別具體經驗從中攫取普遍原則，而下一批後來者在參考前人經驗原則時，仍須依據自身條件而做出適應性的修正。因此她強調研究「國家模式」（country model）的重要性。這樣的研究方法可以正面處理不斷在變化的各國發展經驗。雖然自由市場論並不採取如此做法，但在現實中不斷出現對其理論的挑戰，如東亞奇蹟與中國崛起等，該理論多是以事後方式來處理，設法論證該現象並不違背自身理論。在現象上國家模式其實一直是人們在思考發展時的參照點，無論主流經濟理

---

30 Amsden（2001: 105）雖未對啟始條件的影響作出一般性論述，但曾述及戰後工業化較有成績的後進國家在戰前皆有進行製造活動的經驗。她也援引南韓與台灣的案例，認為日本殖民統治確實帶來了工業製造的經驗，並且使得東亞在戰後以日本模式為師推動工業化（Ch. 7）。對她此部分的意見本書並不完全贊同，而將提出著重發展的意志的不同看法。

論是否予以正面考慮。而如Amsden如此在研究方法上將其做正面處理，實有其優越之處。

　　Gold（1981）在他博士論文中對我們在此所關心的問題也作了正面的回答。他主要是針對當時當紅的Evans（1979）的依賴發展理論做出回應。Evans的依賴發展理論奠基於拉丁美洲的經驗，認為當地國家和民營資本與跨國公司形成三方聯盟，共同進行充滿問題的依賴式經濟發展。Gold（1981）用台灣戰後發展為例來檢驗這理論的適用性，他發現台灣雖也存在這三方聯盟，但運作完全不同，結果也截然相異。Gold雖然也認為日本殖民統治幫助台灣奠立現代化基礎，但他認為最主要的原因還是在於國民政府是這三方聯盟中的強勢主導者，能自主性的主導推動工業化，其位置與能力遠非拉丁美洲的政府所能望其項背。亦即他的看法與前述結構學派學者相呼應。

　　關於發展型國家的文獻甚為龐大，然較為著重政治社會層面的討論[31]，因本章較著重經濟層面的討論，故將只簡略介紹Johnson（1982）開創性的論述。他以歷史性角度探討了日本戰後經濟奇蹟以及其中通產省扮演的角色，依此模式率先界定了發展型國家。他指出這模式的要件為：一個有能力且精簡的菁英經建官僚體制；政治體制給予這經建體制自主運作的空間；經建體制已經完善了「配合市場的干預性政策」的方法（the perfection of market-conforming methods of state intervention in the economy）[32]；以及有一個如通產省這般的「領航機構」（pilot agency）[33]，其具有掌控或協調各方面政策的權力，包括計畫、能源、生產、貿易與融資等方面（頁314-320）。前述結構學派較多討論「配合市場的干預性政策」的構成要件，而Johnson則擴大討論了整個體制的結構，他的論述不單適用戰後日本，也符合台灣戰後的情況。

31　相關文獻討論可參考Woo-Cumings（1999）、Onis（1991）與Castells（1992）。

32　如前述，世界銀行（1993）假設「選擇性干預」難以「配合市場」，而結構學派與其相異，認為「配合市場的選擇性干預」才能成功推動發展。

33　此中譯名稱參考了天下出版的該書中譯本（詹鶉1985：394）。

　　本節對於如何解釋後進國家經濟發展的兩種主要理論作了簡要評述，以作為本書要探討的如何解釋台灣戰後發展的基礎。如前述，自由市場論自身尚無解釋發展的內生性理論，同時否定結構學派所強調的後進國家產業政策的角色與作用，因此多依賴各種非政策因素來解釋各國在發展績效上的差異，尤其是在戰後初期發展啟動時的啟始條件（Initial conditions），因此下一節將對此相關說法做一整理。

二、啟始條件與非政策因素決定論

（一）啟始條件與殖民遺產

　　如前述，自由市場論者或任何不贊同產業政策的論者，會利用各種非政策因素來解釋各國在發展績效上的差異。而在各種非政策因素中，殖民統治的影響是最受垂青的一項。對於在戰後取得政治獨立的後進國家而言，殖民統治的遺產是一種它在戰後初期開始要發展本國經濟的歷史時刻所具有的啟始條件。然而，運用非政策因素作為解釋變數並非易事，因為在認為某種變數或環境因素導致了某國的發展或不發展的同時，也必須能夠一致性的說明該因素之有無導致了其他國家發展成績之優劣。再則，殖民遺產定有其複雜的雙面刃效果，必須較全面的處理。此節將評述與啟始條件作用相關的文獻，探討其到底對經濟發展有什麼樣的作用。

　　Chang（2005）正是討論了此一議題。他清楚的將關於啟始條件的討論，放回到自由市場派與結構學派關於東亞為何成長的爭論脈絡之中。有些自由市場派經濟學者強調東亞的成長是肇因於其特別優越的歷史啟始條件，而不是如結構學派所強調的產業政策。爭論最終還是關乎經濟發展的成因。

　　就發展成績而言，學者通常會以拉丁美洲與東亞做比較，而Chang則特別也納入戰後發展成績最差的撒哈拉沙漠以南的非洲（以下簡稱非洲），以檢驗一些被認為是東亞戰後所特有的歷史條件，是否真的是東亞所特有，因而可以用來解釋東亞之成長。他檢查了以下的條件：

人力資源：戰後初期東亞的識字率只是比非洲稍好，但是在1950-1960年代有很大的進步，而這改變是非洲多數國家所沒有的。

自然資源：曾有人提出「資源詛咒說」，即豐富的自然資源反而會養成惰性而妨礙長期的發展。東亞的人均可耕地以及人均資源秉賦都相當低，但是不少非洲國家也很低，同時不少先進國家（例如美國與澳洲）資源秉賦卻非常高。

基礎建設：就硬體基礎建設而言（包括運輸及通訊建設等），東亞在這方面確實比多數非洲國家好，但是遠比不上拉丁美洲，同時有少數非洲國家也不差。就社會性基礎建設而言（主要以嬰兒死亡率及平均壽命為代表性指標），則東亞確實優於其他地方。

工業生產的經驗：若以1948年製造業的人均附加價值來衡量，則東亞高於多數（非全部）非洲國家，但遠低於多數拉丁美洲國家。

外國援助：東亞得到的人均外援額度高於其他亞洲國家及除智利外的拉丁美洲國家，但稍低於有些非洲國家。

Chang（2005）總結以上討論，認為在戰後初期，東亞只有在社會性的基礎建設上清楚的優於其他地方，但在其他條件上幾乎都落後於拉丁美洲，東亞的條件雖優於很多非洲國家，但也非全部，同時差距常很小。因此，他認為東亞在戰後的啟始條件並不特別優越，無法解釋東亞特別優越的經濟成長紀錄。他批評其他學派學者試圖將東亞解釋成為一個特殊的例外，其實是在逃避尋求真正的原因。而他認為真正的解釋還是要往政策面因素去尋找。

Booth（2007）則比較了台灣、韓國與東南亞地區在戰前「殖民統治的績效」，她提出與一般印象不同的說法，認為日本殖民統治的績效並不優於英美法荷等其他帝國的成績。她發現在二戰之前，日本殖民地的經濟成長成績及工業化進程，其實在很多方面比不上其他的殖民地。日本殖民政府的「發展取向」並未顯著高於其他，英美荷等殖民政府也曾經程度不一的進行現代化工程、投資教育及基礎建設。

在二戰前這段期間，第一次世界大戰與經濟大恐慌導致歐美工業先進國的經濟成長成績不佳。不過，就如依賴理論學者所指出，這段期間因為先進

國忙於軍事戰爭與經濟危機，無暇他顧，對殖民地較無法如以往的進行全面的帝國主義式的侵略與干預，而讓拉丁美洲得到了發展的空間[34]，因此得到了較好的成績，其總經濟成長率達3.43%，遠高於亞洲的0.86%[35]。

再則，即使殖民地的整體經濟有所成長，但成長的果實是否曾使得大多數本地人民在生活水準上受惠，則一向是個具高度爭論性的議題。在Booth（2007: Table 14）的評估中，她認為在1930年代後期，就綜合人類發展指標（人均所得、教育普及度及平均壽命）而言，在她檢視的亞洲國家中，台灣緊追菲律賓之後排名第二[36]。這確是不錯的成績，但是從排名第一的菲律賓在戰後經濟成長的績效來看，也顯示這方面的成績並不必然代表未來的發展潛能。

以台韓皆曾為日本殖民地這項單一指標，來得出日本殖民統治是台韓的戰後經濟績效優異的肇因之說法，其取樣歸納範圍狹窄以至於其推論缺乏普世性是可預期的結果。對於其他成績優異但非日本殖民地的經濟體，這說法顯然無法適用。例如，對於近年來快速成長的中國大陸而言，二戰時除了東北之外受到了日本侵華戰爭高度的破壞，日本的影響其實主要顯現在其侵華戰爭所激發的民族主義動力。

近年來有些文獻強調殖民遺產帶來的治理架構——尤其是私有產權制度的建立——的作用[37]。只是若將這結果放回到自由市場與結構學派的爭論中，則未必可成為自由市場論的有利佐證。因為即使其論述成立，即假設有些殖民地幸運地得到了較好的殖民遺產因而戰後發展較好，但如果將歷史往前推一步，這說法等於在將戰後發展之成因歸功於殖民時期殖民者的政策作為，這不近乎是對結構學派強調政策干預說法的肯定了？想來這絕非這些自由市場派論者的原意。再例如，中國大陸在改革開放後三十多年來經濟高速

34　Frank（1979）。

35　參見本書第二章表2.1。

36　關於日本殖民時期台灣本地人民生活水準是否有所提升，學界也曾有爭論。參見本章附註52。

37　Acemoglu, et al（2001）。

成長，然而在2007年物權法通過之前，並沒有完整的私有產權制度，卻無礙於其成長，這點對強調產權論者也帶來挑戰。

此外，一些學者將各國戰後初期的所得分配作為指標，來評估其對後來經濟成長的影響，認為啟始的所得分配越平均，則其後的經濟成長越有利[38]。然而，東亞國家戰後初期的所得分配之所以較為平均，應部分歸功於這些國家在戰後初期所進行的土地改革。台灣土地改革對戰後發展有深遠的影響，這部分本書第三章將做較詳盡的探討。

（二）國際政治經濟環境因素

有個重要的因素可能沒有直接列在上節Chang（2005）的清單之中，即戰後國際冷戰的局勢以及美國的政策，但這顯然也是個重要的因素。Cumings（1999）即一再強調戰後冷戰架構及美國霸權在東亞的作用與影響[39]，他認為不同的殖民經驗有很清楚不同的影響。他比較了台灣、南韓與越南的殖民經驗，認為法國於19世界末入侵占領越南，主要是希望取得進入廣大中國市場的機會，因而在硬體及教育上極少投資，其統治沒有為越南帶來發展或現代化，而日本殖民統治則不同。

Cumings指出日本從明治維新開始，就是將西方帝國主義現代化當作自己的計畫，將其內化實現，更進一步強加於日本的鄰居，以便證明它也可以加入西方先進民族的行列，因此日本殖民統治積極的以強制手法在殖民地進行現代化。韓國從一開始就被直接整合到日本經濟行政管理體系之中，並扶植當地資本與產業。再則，他也強調戰後冷戰架構的影響，認為台灣與南韓得到了美國霸權給予的所有的好處，而同時北韓與越南則受到最大的懲罰。

Cumings認為日本學習並擴散了這韋伯式的殖民資本主義，而美國又在戰後的冷戰架構中極力維護這模式，因此東亞各國的模式有強烈的相似之處，他將這稱為威權官僚式工業化政權（Bureaucratic authoritarian

---

38 Rodrik（1994）還發現所得分配這變數可以解釋各國經濟成長上大部分的差異。

39 B. Cumings是位研究韓國與東亞國際關係的歷史學者，他最主要著作是關於韓戰起源的書──*The Origins of the Korean War*（1981），2010年他又依據新資料出版了關於韓戰之新著。

industrializing regime, BAIR），其特點是：具強大官僚體系，權力集中於中央政府；普及初級教育，大量生產有紀律的勞工；強力有效的監控民眾；國族主義意識型態；強力行政干預推動工業化；以國家為中心推動經濟。他認為這模式的相似性是由上述的歷史因素以及國際政治架構所決定。東亞就推動工業化而言，國家有很強的力量，但就國際政治而言，東亞處在美國霸權體系之中，只能算是半主權國家，而不能稱為是真正獨立的國家。

　　Cumings的討論採取歷史性的論述角度，因此與其他著重單一變數因果關係或非政策因素的說法有根本上的不同。然而，他雖承認結構學派學者所強調的經濟政策的因素，也同意這些經濟政策起了重要的作用，但他更進一步探討這些政權為何會採取這些經濟政策的心理背景，可說他也開始討論「動力」的問題。不過，對此他提出的解釋是歷史因素及國際政治經濟架構「決定了」這些國家的作為。這種取向接近世界體系的理論，即認為日本殖民及美國冷戰環境等外在環境決定了東亞國家戰後的作為。然而，雖然這些因素是我們不能忽視的，但如果將歷史時間拉長，「外在環境」可完全決定發展的說法還是值得商榷。以他所提到的越南為例，即使法國在越南建設不力，戰後美國介入越戰又帶來極大破壞，但數十年後越南仍找到自身動力走上了發展之途。本書雖認同他往發展「動力」層面進行探討的努力，但將提出不同的看法，在仍然延續結構學派對國家產業政策角色之著重下，將會在歷史的脈絡下討論政策，且強調發展的意志並將其放回到該後進國家的內部，尤其是民族主義的作用。

　　此外，強調美援在東亞發展作用的說法也甚為普遍，即除了認為美援對國府能在台灣站穩腳步上發揮了關鍵作用之外，也有論者認為國府早期的經濟政策是因為聽從美國顧問意見，才得以有較好的政策品質[40]。不過，認為

---

[40] 其中Jacoby（1966）是受美國開發總署之委託而作的研究，因為美國開發總署在1960年代初期，被一些美國會議員批評說沒有盡力促進當地國私人資本的發展，故請Jacoby來為其在台灣的作為辯護，這其中原委也已由Cullather（1996）闡明。然而，Cullather（1996）主要是指出當時美國顧問事實上是支持台灣政府各種干預性的產業政策，而不是遵循自由放任政策。總之，Jacoby（1966:129-149）強調美援及其所附帶的條件如何促進了國府的改革

美援（在物質上及政策方向上）扮演關鍵性角色這個說法其實相當弔詭。首先，雖然美國的軍事及經濟援助對國府在當時維持政治經濟穩定無疑有甚大助益，然而一般而言，先進國的援助對後進國當地發展的影響，在各地成效差異極大，以至於至今幾乎沒有學者會說援助必然可以帶動當地發展，甚至有學者認為援助常會帶來負面影響[41]。例如，美國對國民政府在戰後大陸時期之大量援助，顯然並無很好的成效。因此，對1949年後的台灣而言，美援應只是發揮了輔助性作用而非關鍵。再則，就先進國政策顧問的角色而言，如果針對台灣此案例而認為成長成效可歸因於美國顧問意見，那也就意味著同意「政策是導致成長的主要因素」這結構學派的看法。因為美國顧問的意見若能發揮作用，必然需要透過當地政府的政策。在台灣很多學者不同意國民政府在經濟發展上有任何功績，但若因此歸因於美國顧問的影響，則反而會不自覺的成為結構學派的同路人，想來應非其原意。而本書則主張發展的意志才是關鍵，將在第四與第五章中詳細討論台灣戰後產業政策的形成經過，並呈現國府經建官僚積極主動摸索解決方案的歷史進程。

（三）南韓關於日本殖民統治影響的討論

南韓這近百年來的歷史發展和台灣有諸多相似之處。不過與台灣不同的是，南韓學界對於自身經濟成長之原因，以及日本殖民統治對戰後經濟成長之影響，多年來已有很多深入的探討與爭論，這方面的成果是其他地方尤其台灣學界無法望其項背的。南韓的討論對台灣有很高的參考價值，因此在此將對他們在這方面的討論作一介紹。除了主要依據英文文獻之外，也將輔以筆者在南韓對相關學者進行訪談的所得。

針對日本殖民統治的影響，南韓學界大致分為兩個陣營。向來比較多的學者認為日本殖民統治的作用不單有限並多為負面，而戰後成長是由1961

與學習，而就此點Barrett（1988: 121-137）與Cullather（1996）持類似看法。

41 例如Easterly（2006）的書名即為《白種人的負擔：為何西方的援助未帶來好結果》（*The White Man's Burden: Why the West's Efforts to Aid the Rest Have Done so Much Ill and so Little Good*）；2015年諾貝爾經濟學獎得主Angus Deaton（2013）也持類似看法。

年朴正熙建立的發展型國家所推動的。近年來則有些學者挑戰上述看法，而認為殖民統治帶來了現代經濟發展，戰後成長只是戰前發展的延續。這些文獻多是以韓文寫作。Kohli（1994）參考了近年韓國學者的研究，首先在英文文獻中為文提出正面看待日本殖民統治的看法。Haggard, Kang and Moon（1997）（簡稱HKM）則針對Kohli（1994）提出反駁。這次的交鋒引起了南韓內外很大的注意。

　　Kohli（1994）不單肯定殖民統治的正面作用，並認為戰後成長是戰前發展的一種延續，故稱為「延續說」（continuity thesis）。他主要提出三個重要機制及其延續性，認為日本殖民統治者：一）將原先李朝傳統腐敗的統治，轉變成為一現代化的社會；二）建立了互動良好有助成長的政商關係；三）改變了社會關係，創造了一個可以維持現代高度成長的政治經濟架構。HKM（1997）則對此三個機制一一提出反證。

　　首先，在實證上，HKM對於殖民統治下經濟成長實績與延續性提出質疑。他們同意戰前確實有工業化產生（工業占GDP的比例從1910年的4.8%上升到1940年的三成），但質疑農業生產力是否有進步，更認為農村所得不進反退，因需出口稻米到日本而導致消費下降甚至饑荒。HKM認為戰後的農業發展則完全不同，農業的產量、生產力及所得都大有增進，而這歸因於土地改革與政治上的改變，以及日本殖民統治的結束。他們也否定戰前工業發展有長期正面影響，企業管理人員多是日本人且於戰後撤離，同時工業設施在戰時毀損過半，以至於至1948年工業產量只及1940年之二成。簡言之，戰前工業發展績效缺乏延續性，因此長期影響不大。

　　再則，HKM不同意Kohli認為日本殖民者幫戰後南韓打造了現代國家的說法，而這點正是「延續說」的核心觀點。就國家的三個元素——社會聯盟、政治領導及政府官僚——而言，Kohli著重官僚部分，HKM則強調是政治領導者決定政策方向，不是官僚。同時，政治領導權從1930-70年共經歷了五個不同的領導：日本殖民、美軍占領、李承晚、張勉與朴正熙。在每一階段，政治聯盟、政策與官僚組成都有所不同。在殖民統治時，官僚體系中韓人只占三分之一，並都在下層。後來美國占領者則提拔親美保守勢力，來

填補日本人撤離後所留下的官僚體系內中上層的空缺。只有當朴正熙於
1961年當政之後，改革了政體與官僚體系，南韓政治上才出現了具有一致
性的政策決策體制。

　　Kohli和Eckert（1991）一樣，都認為日本殖民統治幫助了韓國本地企業
的成長。HKM則認為只有一小群企業在殖民體制中受惠而成長，除此之
外，殖民政府其實有各種差別性政策，優惠日本資本而歧視當地資本，以至
於阻礙了韓人資本的成長，韓人企業大部分並未受益，基本上日本殖民統治
沒有扶植本地資本。例如，在1983年排名前50的大財閥中，只有6家是戰
前成立的。

　　Kohli認為日本殖民統治建立了國家與大地主結盟，並且這社會結盟有
效的壓制了農民與勞工，而這是個追求成長的體制，並且延續到戰後。
HKM則強調結構的變動，認為戰後壓制雖仍存在，但土地改革與普及性教
育對社會結構起了根本性的改變，並幫助奠立支撐長期成長的基礎。

　　這個爭論可以由不同角度切入。延續說之所以如此命名，也是因為日本
在殖民時期確實以極強制的手段作了諸多變革，在很多方面帶來了「殖民現
代化」（colonial modernization），包括土地丈量、建立資本主義私有財產權
制度及私人企業法律體制、建立現代金融機構與制度、投資基礎建設等。總
之，日本殖民政府確實在韓國強制性的引入了現代化的法律與經濟制度，建
立了以民營企業為主體的現代市場經濟。

　　首爾大學經濟系李榮薰領導的團隊建立了韓國20世紀國民生產總值長
期統計數列。他認為20世紀之前韓國傳統經濟是停滯的，沒有成長的趨
勢，是在20世紀初和日本經濟連結之後才開始走上成長之路。在二戰前生
產總值平均年成長率約3-4％，工業占GDP比例從一成升為四成。在二戰後
經濟恢復之後至今，經濟成長的年平均成長率為7-8％，並更進一步工業
化。他認為戰前戰後兩個時期的相似性是很顯著的，包括市場經濟、出口導
向成長、自日本及（戰後）美國輸入資本與技術[42]。

42　引自對Seoul National University經濟系李榮薰（Rhee Younghoon）教授的訪談紀錄，2004年

　　李榮薰的看法應相當代表南韓主流經濟學者的看法，他們多不涉入如Kohli 及 HKM 等政治社會學者關於國家性質的爭論，他們追隨前述的自由市場論，認為只要私有產權與市場經濟建立後，經濟成長「自然」會隨之而來。因此對他們而言，日本殖民統治帶來了經濟成長，戰後成長只是其延續。

　　而 HKM 等學者則是承繼結構學派的理論，認為戰後整個情勢已經與戰前產生斷裂，包括二戰本身、日本殖民者之撤離、美國之占領統治、韓戰等。因此戰後南韓經濟所面對的局面和戰前是很不同的，「延續說」則完全忽視了這些重大事件及其所帶來的結構性斷裂。這派學者認為戰後南韓經濟成長是從朴正熙 1961 年當政開始，從那之後朴正熙就積極改革政體，建立了一個發展型國家，積極推動工業化，並取得了相當的成績。

　　不過有很多學者既不願肯定日本殖民統治對經濟成長的作用，也不太願意承認朴正熙政府起了重大的作用。朴正熙的威權統治，一直是追求民主化的南韓知識界積極反抗的對象。或許這因素也影響南韓學者對這些發展的評價。

　　戰後南韓政府從朴正熙以降，在政策上與日本殖民政府的經濟政策不同之處，除了積極推動工業化以及扶植本地企業之外，還包括土地改革與普及教育。不過也有學者質疑土地改革的成效，如趙錫坤就認為戰後的土改並沒有大幅提升生產力[43]。他認為日本殖民政府於占領之初進行了土地丈量，建立了現代私有產權制度，並利用水利建設與農推制度來推廣商品化稻米的生產，這些是有長遠的影響，而戰後的土改則沒有那麼大的影響，因為土地分割得太細，生產力難提升。因此他也是對殖民統治影響採正面看法的延續派學者，而他對朴正熙統治則是深惡痛絕，不願意承認朴個人有任何貢獻。

　　高麗大學的崔章集教授則指出，雖然南韓民眾對日本殖民統治反感很

---

　　10 月 11 日。

43 引自對南韓 Sangji 大學經濟史學者趙錫坤（Cho Suk Gon）教授的訪談紀錄，2004 年 10 月 8日。

深，但是這情況也充滿矛盾。例如，南韓戰後至今的政治統治菁英，幾乎都
曾受日本教育或受日本影響很深。南韓的改革過程中，民主左派與保守右派
的對立是一直存在的，而對日本的態度也是兩派的分歧之一，即保守右派是
親日親美派。直到2004年4月為止，南韓保守派一直控制著國會。此後衝突
激化，而對日本殖民的態度也成為政治鬥爭的爭執焦點之一，因此也才會發
生檢討政治人物其家族祖先，在殖民時期是否曾為殖民統治者合作人的爭
論。他認為這也是社會一直沒有正面檢討殖民影響，以致在六十年之後還會
成為政治鬥爭的焦點，而如此政治化的討論當然不是很好的方式[44]。

　　相較之下，台灣與南韓主要相異之處在於，國府是一個既存的中央政府
播遷來台，同時，國府在早期進行白色恐怖統治廣泛肅清了左翼，使得日後
台灣社會「失去了左眼」因而長期失衡[45]。南韓民主運動主要由左翼主導，
雖因反對朴正熙等軍人威權統治而多不願肯定其推動發展的政績，但多採取
激烈反對日本殖民統治的立場，並且在反對威權統治上並不主要倚重自由市
場論。而在台灣，因「失去左眼」故民主化運動基本親日親美，倚重自由市
場論來反對國府，並主要藉由高度肯定日本殖民統治來否定國府，這是與南
韓情況最大的差異。因此，Kohli與HKM之辯論難以在台灣再現，台灣社會
流行的論述在肯定日本殖民政績之餘，不會認同HKM式的看法，並也無意
進行對戰後成長成因之探討。

　　以上討論顯現南韓情況和台灣類似之處甚多，對台灣的參照價值很高，
後文將繼續此方面的討論。

三、為何發展：發展意志的來源

　　本章上文所所探討的文獻中，或是著重環境與秉賦限制性的因素，或是

---

44 引自對南韓高麗大學亞洲研究中心主任崔章集（Choi Jang-Jip）教授的訪談紀錄，2004年10
　月9日。

45 作家陳映真的用語，引自楊渡（2000）對陳映真的訪談紀錄。

強調政治社會與經濟環境的決定性影響，但甚少談論發展策略如何形成，以及推動發展的動力源自何處。文獻雖然假設有不同的發展策略存在，但多未探討策略的形成過程，以及決策者所持有的對於政策相關的預測、假設以及意圖。任何關於政策形成的討論，也多半是著眼於各種利益團體「必然」會如何影響政策的分析。但都甚少討論決策者的目的、動機與意圖為何。

例如，1970年代以來將拉丁美洲國家與東亞國家作比較研究的文獻不計其數，且多同意東亞政策的發展取向較為顯著。然對於兩地區在發展取向上的差異，則多強調階級結構差異所造成的影響，亦即認為拉丁美洲國家大地主與其他階層利益衝突，造成政策上的搖擺反覆與經濟的落後，而東亞國家則能保持相對於社會的高度自主性，易於推動有利於「整體」經濟成長的政策。這些分析基本上沿著某種變數或環境決定論的理路，而沒有處理主觀或文化因素的作用。同時，如果本地民族資產階級尚未誕生或尚不成氣候，則該決定論也無法解釋決策者推動發展的動力。當然這些主觀因素處理上的困難是顯而易見的，但並不表示其不重要。

以儒家文化因素來解釋東亞經濟成長的文獻，一般而言並不成功，因為其將文化本質化與非歷史化，並抽離於當時的社會經濟環境來談，所獲必然有限。更何況其將難以由此解釋中國過去「不發展」的歷史。

不過有少數學者曾嘗試正面處理這個難題，如Dore（1990）、Eckert（2001）與Greenfeld（2001）。Dore（1990）試圖歸納拉丁美洲與東亞國家發展模式的差異，他認為拉美國家並非從一開始就排斥出口導向策略，其與東亞不同之處在於政府比較不會去取消或限制保護的期限，因此工業難以進步因而缺乏競爭力不易出口。他認為這差異不能只是從國家的能力來解釋，而牽涉到發展的意志。在為了解決問題而必須從各種政策方案中作選擇時，相較於拉美國家，東亞國家的決策者比較會考慮到國家經濟長期發展的前景、國家的獨立性，甚或社會的和諧。這就是發展意志上差異的顯現。

為何會有發展意志上的差異？Dore（1990）追隨Gerschenkron（1962）關於落後者的優勢的說法，而提出了「落後感」（the sense of backwardness）的概念，亦即落後國家的菁英對國家在國際上地位落後的共同感受程度。顯

然，相較於拉美國家，東亞菁英對於國家地位落後有較強烈的共同感受，對於國家要迎頭趕上有高度共識。Dore（1990）對於這落後感的差異提出了很有意思的解釋，他認為落後感與菁英「個人經驗」有關，而拉美的菁英文化源自西歐，拉美菁英作為個人在文化上未必會有落後感，甚至會瞧不起北方先進國菁英的文化素養。

但東亞菁英的處境顯然不同，Dore引用了一個故事來作說明。在1975年底，當時的日本首相三木武夫去法國參加工業先進國G6第一次高峰會議，會議在富麗堂皇的路易十六的行宮蘭保葉城堡舉行。會中法國總統吉斯卡提到說高峰會的某些計畫有點像薛西弗斯（Sisyphus）的努力，其他與會者（包括英美德義的總理或總統）都熟悉這希臘神話中薛西弗斯必須不斷重複推大石頭上山的故事，只有日本首相不知道，而必須由旁人解釋說明。這使得三木武夫感覺自己是個不屬於這國際菁英團體的外人，因此決定下次高峰會之前要找本希臘神話的書研讀。Dore是在日本雜誌上讀到了這相關的報導。這故事顯示東亞菁英因為東西方文化上的差異較大，身處在西方文明主導的國際場域之中，既然西方文明被認為是必備的知識，就容易會因為對西方文化的不熟悉而產生落後感，甚至羞愧感。

同時，在二次戰後初期，拉美經濟水準甚高，社會上層的文化也可與歐美抗衡，諾貝爾文學獎得主輩出，不易感覺落後。再則，拉美社會種族與階層分化比較嚴重，較缺乏「國家觀念」（a sense of nationhood）。並且拉美較缺乏為未來壓抑消費的文化（the capacity to defer gratification），上層階級維持著消費進口奢侈品的炫耀性消費文化。

Dore（1990）做為西方人，雖然他很有洞見地理解到東亞這落後感的存在及其強度高於拉美及其他地方，但他顯然難以清楚體會到東亞菁英落後感的強度。其實，在中國與韓國，近百多年來承受西方帝國主義與日本殖民主義的侵略與摧殘，相對於其既有的傲人古老文明傳統，其菁英應不只是有現實上的「落後感」，更還帶有著歷史上傳承下來的「屈辱感」，尤其是那一代親身經歷過八年抗戰的中國菁英，屈辱感更是加強為救亡圖存的使命感。正是這落後感與屈辱感，給予東亞菁英在國家發展上極大共識，並顯現在統

治者與知識菁英堅強的「發展意志」上。

　　若我們進一步探究，相較於其他曾淪為殖民地的落後國家，為何東亞菁英的屈辱感看來比較一致並且強烈？這或許和科舉制度以及儒家道統傳承下，文人官紳一體擔負起治國責任的傳統有關；或許和東亞文明曾經達到的高度有關；或許因為在中華文化下，階級、種姓與宗教等隔離性因素較弱，因此國家觀念較為普及，追求現代化的社會共識度較高。當時在戰後台灣，經建主事者將救亡與失敗的屈辱轉換成為「整體目標」努力奉獻的動力，因而有助於「革命性的現代化計畫」能成功地召喚整個社會共同來為此努力。同時，這也是一個歷史的過程，牽涉到自西方勢力入侵以來，本地菁英如何尋求回應及自立之道，而這都涉及其建立現代民族國家的努力。要探討各種因素對東亞經濟成長的影響，從這些角度去探究或許會有比較有意義的結果。

　　南韓專家Eckert（2001）雖然在他以前的寫作中，較為強調日本殖民統治帶來資本主義之作用，但是在這篇較新近的作品中，則以 "A Will to Greatness" 為題來描述韓國百年來走向現代化道路的意志與決心，立論與上述Dore（1990）相呼應。他同時指出，意志亦極強的北韓之發展失敗，是單單依靠意志力並無法達到經濟發展的好例子。不過他認為這堅強的發展意志，是發展經濟的關鍵，而意志力是深植在該國家的歷史之中，被殖民的屈辱經驗只是更為增加這意志力的強度。

　　為了解釋東亞國家的發展取向，有些政治學者曾強調冷戰下外在威脅及競爭的因素，即緊鄰的共產北韓及中共的威脅，促使南韓與國府努力發展。這也是延續前述的環境決定論的理路，但實際上，歷史一再證明且有太多案例顯示，外在的威脅並不必然會帶來內在的改革與自強，有眾多政權即在危機中倒下。

　　如前述，Greenfeld（2001: 21）則對這些相關問題作了釐清，她認為經濟學者多是關心經濟成長的條件與機制，即是關於「如何發展」，而她則是要探討動機即國家「為何發展」的問題。這可與本書的論點做參照，即本書擬在結構學派既有的對於經濟成長的條件與機制的討論之外，再以對「動

機」的討論作為補充，以對台灣戰後發展提出一較完整的解釋。

　　Greenfeld 在前一本書（1992）中以英國、法國、俄國、德國與美國為例，探討民族國家（nation state）與民族主義的興起過程。而她在此後一本書（2001：21-26）中則明確指出民族主義是激勵並支撐現代經濟成長的動力，若要界定「資本主義的精神」的話應該是民族主義[46]。英國在 16 世紀時發展程度落後於其西歐鄰國，但卻率先發展出民族國家政治制度與民族主義，並因而藉此開始走上快速經濟成長之路，其發展出來的經濟政治軍事力量，迫使鄰國逐步學樣以為因應，她稱其為回應式（reactive）民族主義。民族國家帶來了適合現代經濟成長的社會結構，包括形式平等、社會流動、自由的勞動力及擴大市場範圍等，它也提升了原先地位低下的營利階層的社會地位。而英國的民族主義發展出一整套新的倫理價值標準，以個人主義為基礎，認為個人理性的追求私利會促進社會集體的福利，使得經濟成長具有積極正面的價值並成為社會的目標，亦即英國民族主義直接積極地推動經濟成長[47]。而這樣的現代「經濟文明」為世界首見。英國新體制的有效性及其帶來的政治經濟力量，迫使全世界各國追隨仿效。

　　Greenfeld 所探討的是先進國家追隨英國的過程，連法國德國等先進國都是回應式的發展了民族主義，而他們共同發展出的經濟軍事力量，則陸續迫使後進地區逐步各自走上試圖建立民族國家及民族主義的道路，雖說在成果與成功程度上有很大的差異，多數並未能夠成功地建立起有效的、整合程度高的現代民族國家。

　　本書將延續 Greenfeld（2001）上述論點，認為後進國家即是在此歷史脈絡下，在戰後企圖進行建構民族主義及建立民族國家以發展現代經濟。這將是本書理解國民政府在戰後台灣能夠成功發展經濟的理論視野。結構學派理論幫助我們了解台灣戰後發展成功的機制與條件，而本節的討論則有助於本

---

[46] 她此本書的書名即為《資本主義的精神：民族主義與經濟成長》，她認為關於韋伯的「基督教倫理是資本主義的精神」的爭論，本身是一錯置的問題也是對韋伯的誤讀（Greenfeld, 2001: 10-21）。

[47] Gellner（2008）也深入討論了現代民族國家的政治形式如何與工業社會高度配合。

書對「動力」及「發展意志」部分進行探討，應更能清楚的指認出「發展意志」對台灣戰後經濟成長的關鍵性作用。台灣在1980年代後期開始進入政治轉型過程後，台灣戰後初期所呈現的發展型國家的「發展意志」是否或在何種程度仍然存在，也是一個觀察轉型的重要角度[48]。

　　民族主義仍是充滿爭議的議題，而文化與發展意志等因素雖有其重要性，但是因為方法上處理困難，因此在應否及如何處理上爭論甚多。現今社會科學研究者傾向於迴避「不易科學化」的議題，而關於行動者動力的議題雖明顯重要但被認為太過主觀而多半不被討論。這些議題雖困難但極為重要，亟需進一步的研究[49]。

四、台灣戰後發展成因的不同解釋

　　前文已檢討了關於後進國尤其是東亞經濟發展的相關理論，本節則將針對既有的關於台灣戰後成長原因的不同說法做一整理評述。

（一）殖民遺產與延續說台灣版

　　前文已述及南韓學界對於延續說的爭論，即檢討戰後工業化是否是日本殖民統治的自然延續。對於台灣，既有的文獻對於此一問題有何種回應呢？

　　自由市場論及現代化學派論者，多會對此問題給予肯定的答案。新古典經濟學中把自由市場及私有產權放在關鍵位置，認為落後國家若能具備這兩大條件，就應該可以自然而然地發展經濟。在這個視野下，台灣戰後的工業化發展或許就是一個不需要解釋的現象，因為日本殖民統治時期確實已經奠立了諸多現代化制度，包括資本主義市場制度與私有產權，同時日本殖民時期農業確實現代化了，而除了製糖工業外，二戰後期日本也在台灣設立了一些軍需工業。

---

48 瞿宛文（2011）討論了此問題。

49 如本書導言所提及，後進地區為了因應西方挑戰而訴諸民族主義來建立民族國家，與西方模式多有差異，這些概念對後進地區的適用性值得商榷，但在無更好替代詞彙下權且沿用。

　　再則，如前述，台灣近年由民主化運動發展出的社會流行論述，以反對國民黨統治為主要目標，並藉由自由市場理論的理論工具，全盤否定國府戰後發展政績，以取消國府統治的正當性。而為了解釋台灣戰後經濟發展成果，就難免先驗性地歸因於「任何除了國府以外的因素」，而實際上此論述主要採取肯定日本殖民統治的立場，認為戰後發展應歸功於日本殖民遺產，雖未正式提出「延續說」，但其實是默認延續說為理所當然，故不必將其「問題化」予以討論。此論述雖然缺乏正式的學術性著作，但卻是深入人心的台灣社會流行論述。

　　如前述，國際學界中的結構學派對此持相反意見，他們認為東亞經濟成長應歸因於國家干預及產業政策。只是在成長成績最好的台灣與南韓，卻因民主化運動論述的影響，而少有持結構學派說法者，台灣尤其如此。

　　葉淑貞（1994b）整理了關於日本殖民時期台灣經濟史的討論[50]。她文中將相關的觀點分為一、中國邊陲論；二、階級剝削論；三、現代化論。其實第一類和後兩類並非互斥。第二類採馬克思理論觀點者如矢內原忠雄等，雖然強調帝國主義者對當地人民的剝削，以及資本及地主對基層人民的剝削，但實際上多同意殖民統治帶來了資本主義生產方式的看法，因此對於我們關切的問題——即殖民統治是否帶來戰後工業化，其答案和第三類現代化學派的相類似[51]，亦即答案是肯定的。也就是說，這幾類說法都對日本殖民對戰後影響採肯定的態度。至於第二與第三類學派學者關於殖民統治是否使得基層人民的生活得以改善的爭論，因為不是本章關切的重點，故不在此多作討論[52]。

---

[50] 葉淑貞（1994a）也檢討了日本殖民時期台灣經濟史的研究，不過是特別檢討利用了數量方法的文獻。

[51] 現代馬克思理論陣營，對此問題看法有歧異。有一派採用馬克思「英國帝國主義到印度會不自覺的複製出資本主義生產方式」的看法。前文述及的依賴理論則是持不同意見，認為帝國主義者對落後經濟進行掠奪，並阻礙當地經濟發展。此爭論可參考瞿宛文（2003）。

[52] 關於日本殖民時期台灣本地人民實質的生活水準是否有所提升，學界也曾有爭論。Ho（1978: 91-102）發現在蓬萊米對日本出口大增的同時，台人的人均米消費量卻明顯下降，台人主糧越來越依賴番薯作為補充。不過他同意台人的生活水準在1930年代末以前有改

　　如葉淑貞（1994b）所言，近年來台灣史的研究雖然非常蓬勃，但經濟史方面的研究多由歷史學者為之，經濟學者甚少涉入。吳聰敏是除葉淑貞之外另一位著力於此的本地經濟學者。吳聰敏（2003b）主要是要評價日本殖民統治對台灣經濟成長的貢獻，除了應用國民所得統計之外，他進一步作了反事實（counterfactual）的假設式推斷比較，提問說在日本殖民那段時期，若台灣不是由日本統治，「若台灣繼續接受清國與國民政府統治」，則其可能的經濟成長成績為何？推論比較之下當然日本殖民統治下實際成長數值遠較後者可能數值為高，因此他認為殖民統治顯著提升了台灣人的福利。既然在日本殖民台灣的同時期，中國大陸經歷了無數次規模龐大的革命與動亂，此比較結果不用推論研究應就可輕易得出。其實應沒有人會否認日本殖民時期台灣經濟確實有相當的成長，爭論是在於其長短期的影響，不過如何評價殖民統治一直是個高度爭議的課題。

　　吳聰敏（2003a）的一篇簡短的「台灣經濟發展史」，一開始就言明四百年來台灣經濟發展最重要的時期是日本統治台灣的51年，日本將台灣從一落後的傳統經濟變為現代化經濟。文章最後終於討論「戰後成長奇蹟」，吳聰敏雖承認戰後的工業化速度較快，並且長期持續成長成為趨勢，但認為成因至今未有定論，原因不明尚待研究因而未做進一步討論。其討論「美援」時，作者則暗示美國促使國府尊重民營企業發展，或幫助了台灣的成長。而葉淑貞（1996）則甚至不認為戰後成長較日本殖民時期為優，對吳聰敏的這點保留都認為無必要。

　　Chang and Myers（1963）主要討論1898-1906年日本殖民早期的發展，認為當時掌管台灣的兒玉源太郎與後藤新平是很有企業家精神的殖民統治官僚[53]，不單進行了必要的改革，並且努力推動產業發展，成功引入日本私人資本的投資，很快達到財政上的獨立，也為以後台灣成為供應日本米與糖的

進，但戰爭時期則清楚惡化；張漢裕（1974：232）也認為台灣人的米人均消費量從1905-1909年間的每年1.11石，降為1935-1938年間的0.83石。葉淑貞（1994b：135-137）則持不同意見。如前述，南韓學界也曾有類似爭論。

53 其論文篇名就稱此為"A Case of Bureaucratic Entrepreneurship"。

生產基地奠立基礎。雖說作者並未直接討論本章關切的問題，即日本殖民統治對戰後發展的影響，不過，此篇讚揚日本殖民官僚的觀點，相當能代表一些認為日本殖民統治開啟了台灣資本主義發展的學者的看法。兩位作者（張漢裕與馬若孟）其他的著作也大致符合這樣的立場。

　　簡言之，前述吳聰敏、葉淑貞等學者認為日本殖民統治為台灣帶來了現代化，對於國民政府的統治則比較強調1945至1949年的「經濟災難」，認為國府接收時實施全面經濟管制，不單引入了通貨膨脹，外移資源至大陸打內戰，同時接收期間充滿混亂與腐化，並且將接收的日產「轉為公營」是嚴重的「政策錯誤」（關於公營部分將於本書第六章再詳述），也質疑國府戰後初期推行的土地改革不單侵犯私有產權，並且未帶來效率改善，同時推想美援是主要因素，但是對於為何在國府統治下竟然會有「戰後成長奇蹟」，則尚無答案。

　　就本節關注點而言，已逝留日經濟史學家涂照彥（1991：3-13）則是提出截然不同且甚為重要的看法，他認為台灣殖民經濟本身不具有自行持續發展的機制[54]。他這本書雖然是討論日本殖民統治下的台灣，也對日本殖民統治的後續影響做出了評估。他認為日本殖民統治者積極利用了台灣既有的傳統社經結構，但並未真正改變地主經濟，同時其統治並沒給本地資本帶來好處（除少數特權買辦外），反而被控制遭壓制而衰落。殖民時期台灣的工業化以日資為主體，其飛地性質顯現在「巨大日資企業與零細工商業的二重結構」上（頁541）。並且發展皆圍繞著日本資本主義發展的階段需要，並不是如矢內原忠雄（1985）所說的「資本型態的歷史性發展」，因而涂照彥認為日本殖民統治下台灣「並沒有達到全面資本主義化的程度」，不是「本身具有獨自一套的歷史性發展型態」（頁535-536）。再則，日本的這種「後進的最後帝國性格」（頁537），使得它在統治台灣時偏向國家的強力主導，使得台灣具有濃厚日本中央集權官僚統治的經濟性格，而這殖民地經濟的特

54　涂照彥（1991）和劉進慶（1992）兩本書可稱的上是，戰後本地人所撰寫的關於台灣早期經濟發展最重要的著作。

徵，被戰後體制繼承下來。換言之，他認為日本殖民統治維持了傳統地主經濟制度，卻並未扶植本地資本，也未訓練技術管理人才。因此凃照彥認為日本殖民統治，雖為台灣帶來了某種形式的資本主義發展，但是並沒有帶來可以自行持續發展的資本主義。他顯然不同意上述的延續說，這是一個重要且不同於前述的說法，本書將追隨他的觀點，並於第二章對此再作進一步討論。

（二）黨國與公營企業

　　日本殖民時期工業化是否具有飛地性質，是一有爭議性的議題，這除了與延續說爭論有關外，也牽涉到如何評價戰後國民政府接收日產的政策作為。例如吳聰敏（1997）除了贊同延續說之外，更認為國民政府的接收帶來「災難性的巨變」，即國府的接收充滿混亂與腐化，並將接收的日產公營化，「破壞了私有財產權制度」，將「台灣轉變成一個以公營與獨占（為主要特徵）的經濟體系」，並有其深遠影響。近年來主流經濟學把自由市場及現代私有產權放在關鍵位置，吳聰敏基本上反映了這種觀點。

　　這種台灣經濟以「公營與獨占為主要特徵」的看法，如前述，在陳師孟等（1991）得到正式且明確的呈現，其認為國民黨為了鞏固權力，在戰後台灣建立了龐大壟斷性的「黨國資本」，公營及黨營事業持續在台灣占有主導性地位，必須全面民營化來打破這壟斷；認為黨國與民營資本居於二分對立的位置，而國府經濟政策不單無助於發展，且妨礙市場運作。此說法已成為當今台灣社會的流行論述，但是並無法解釋為何在國府此等「壟斷性黨國資本主義」統治下，戰後台灣經濟竟然能夠維續數十年的快速成長，成績與南韓同列後進國家之冠？[55]

　　劉進慶（1992）從左翼政治經濟學角度來討論台灣戰後「國家資本主

---

55 陳師孟等（1991）此書雖對國府經濟體制提出全面性的批判，認為黨國壟斷資本對經濟發展無功，然而其書的主要內容是在指控公營企業比重過高及黨營事業的不當存在，因而妨礙市場的正常運作，並未對台灣經濟發展做出較全面性的分析。對此書之評析可參照瞿宛文（1995）。

義」的形成，認為「官僚資本」因具有前現代性格而呈現出「公業家產化」，但也會依據自身利益而與受國家呵護成長中的民間資本相結合，而逐漸形成公私業連結但仍具有主從關係的「官商資本」。這官商資本概念與黨國資本顯然有所不同，不過他認為官資本會有傾向去努力擴張並維持主導的地位。劉進慶（1992）以政治經濟學的方法，對台灣戰後初期的經濟發展，作了詳盡的歷史性分析。這本重要的著作影響深遠，書中沒有正面地就台灣戰後經濟發展成因提出概括性的答案，呈現的是一個國家主導的過程。此書這方面論點與「黨國資本主義論」的不同之處除強調官商結合之外，在於其著重歷史因素，並且是從社會主義角度對國府統治提出批判。

　　對於國民政府接收日產時將主要企業留為公營企業，上述主流經濟學者認為是違背私有產權的原則。這部分不只牽涉到歷史悠久的經濟學義理之爭，也牽涉到戰後台灣經濟體制的形構。原則上，國府接收日產時，台民的資產當然不應該在接收之列。如果現代化大型工業皆為台民所有，就沒有將其國有化的可能，從殖民到戰後就較可能被稱為是「延續性發展」。然而當時現代大型工業九成以上為日資，因此必然為國府所接收[56]。至於國府在接收當時，是否「應該」將這些工業再賣給本地民間人士，則牽涉到另外的問題。一則牽涉到規範性的爭論，即落後國家的發展「應該」依賴公營還是民營企業的問題。再則也牽涉到可行性的問題，即當時台灣的民間在資本及管理技術人力上，有多少能力接手大工業？如涂照彥（1991）就認為受日本殖民壓制的本地資本難以繼承日本企業。例如南韓戰後初期即將日產低價賣給私人，成為戰後財閥的濫觴。本書第四與第五章中，將討論國府憑藉大陸時期建立的資源委員會的人力與組織，接管十大公司並保留為公營企業。這些人力在當時填補了日人撤離留下的缺口，也在日後發展中扮演重要角色。公民營政策的問題將在第六章作進一步討論。

　　這些問題皆牽涉到落後國家在發展經濟過程中經濟政策的角色為何的爭

---

56 有些日資主導的企業中有台民持有少數股份，這部分在接收過程中也引起一些紛爭。參見劉進慶（1992）。

論，牽涉到如何看待殖民統治影響，也與社會力量如何結盟相關，即民主化運動是否應自認要代表民營資本來對抗「黨國」，這些議題其實是普世議題，對於任何落後國家都會是重要的課題，值得持續深入探討。

因為企業是市場經濟的基本單位，一個探討的角度是從民間企業部門的發展切入，來檢討「延續說」，即從戰後成功興起的民營企業來著眼，追尋其來源，檢驗延續說的適用性。對於台灣戰後民營部門的興起，政治經濟學者著墨較多，如劉進慶（1992）及 Winckler and Greenhalgh（1988）。不過這些文獻較著重於在戰前居主導地位的台灣幾個大地主家族在戰後命運的變遷，聚焦於土地改革對他們的影響，較沒有探討戰後領導性企業的興起緣由，因為實際上這些大地主家族已經不居主導地位，代表性有限。本書第七章則將直接以戰後第一代資本家為對象，探討其發展的歷程以及出身與成長所依賴的資源，將呈現其多為戰後興起者。

同時必須指出的是，吳聰敏等學者只著重日資之為「民營」，卻忽視了其並非「本地人所有之企業」的問題，忽視了日本殖民統治作為一種殖民統治的意涵。前殖民地在取得政治獨立後，因自身缺乏工業化的資本與人才，要如何發展經濟是一個很嚴峻的問題。若殖民者在經濟上不撤離，則會有其建立的工業是否持續為飛地的問題，而若殖民者撤離，則會有如何自行發展的問題。主流經濟理論多只問產權是否私有或民營，而不問產權是屬於殖民者或被殖民者，就會忽視發展本地自身力量的問題，進而無法處理落後國家作為前「殖民地」所特有的問題。

本書將指出「公營與獨占為主要特徵」及「黨國資本主義壟斷經濟」等說法，從戰後初期就與事實並不相符，民營企業部門從一開始就高度參與，很快就成為經濟發展的主體。第六與第七章將提出一個從「後進國家推動發展」的角度來看待公營事業角色的論述，並與南韓的案例做比較，對台灣官商的關係做更進一步的探討。

（三）中國近代史領域中關於國民政府的討論

在東亞成長成因的相關研究中，雖說對於台韓的發展型國家的作為與政

策多所描述與討論，但是對於這兩個政權「為何」會如此作為，則著墨甚少，只有一些歷史學者曾涉及此議題。如前述，Cumings的研究雖曾提及此問題，但卻認為是外在歷史環境所使然，Eckert（2001）則曾指出韓國民族具有追求發展的堅強意志。文獻中對南韓的研究比較多，對國民政府在戰敗撤退到台灣後為何會成為一個發展型國家，則研究甚少，Amsden（1985）曾對此率先提問道：為何國府這被認為是「以軍事目的優先的獨裁政權」，竟然會在台灣積極推動經濟發展，並得到成功？她在文中雖作了些推測，但認為仍缺乏相關的歷史研究來真正地理解這過程。

　　在戰後的前數十年間，因為國共鬥爭極為激烈，因此相關論述多難脫政治因素影響。近年來因國共對立緊張度漸減，民國史的相關研究漸多，兩岸雙方比較可以公開相關文獻史料進行歷史研究。因此對於國民政府在撤離到台灣之前的歷史，以及它在戰前戰後的變革，有了較多的資訊及較為持平的研究[57]，可以幫助我們了解國民政府到台灣來之後的作為。

　　本書所關切的著重於經濟發展相關的政策領域。近年來，不少大陸學者開始擺脫革命論述的影響，重新整理國民政府在大陸時期在經濟發展方面的作為，包括鄭友揆等（1991）關於資源委員會甚為全面的研究，還有相關人員的回憶錄也相繼出版[58]。而歷史學者柯偉林（W.C. Kirby, 1990, 1992, 2000）就利用了這些材料，率先提出了新的看法，認為應將國民政府在台灣的經濟發展政策，看作是它在大陸時期的一種延續。

　　柯偉林認為國府於北伐之後開始進行建立現代化國家的努力，而經濟發展是其中重要部分。國府承繼孫中山的《實業計畫》，立意以統制經濟方式快速工業化。1932年成立了國防設計委員會，1935年改組成資源委員會，以實業救國的方向來招請科學工程專業人才。1936年因得到德國的協助才有些具體的進展，主要以稀有礦產換取德國協助建立鋼鐵等重工業工廠，但因抗戰隨即爆發而歸於烏有。戰時後方只有戰前全國工業的4%，資委會創

---

57 如王奇生（2010）與楊奎松（2008）對大陸時期國民黨的研究。
58 此部分的文獻將於本書第四章詳述。

建的企業因此成為後方工業的主體。

戰前，因日本侵華戰爭在即，在強烈亡國的危機感之下，中國菁英幾乎都同意應採用統制經濟來快速的進行工業化。戰時緊急狀態下，更是理所當然由資委會全面掌控主要工業。美國參戰之後，1942年資委會開始為戰後接收與復興計畫作準備，也在美方資助下派工程人員赴美受訓，其中包括一些日後擔負重任的人員。戰後國府接收的日偽企業的主要部分（包括台灣部分）由資委會經營，因此至1947年中，資委會掌控中國三分之二的工業資本。然而內戰與冷戰使得該會復興工業計畫難以實現。

柯偉林認為國府在大陸時期的經濟政策與經濟官僚體制，在大陸以及在台灣，都具有相當的延續性。在大陸上中共建國初期的公營企業，其實都是承繼資源委員會的基礎，包括人才、硬體與軟體。

在台灣的延續性顯現在以下方面：資委會指派了相關工程及管理人才來進駐接管主要工廠，並在台設立辦事處。這些人才也成為日後經濟事務方面的領導人，人事的延續性必然意味著政策上部分的延續性。在戰後的前四十年中，台灣公營企業的負責人多數出身資委會，並且曾有八位經濟部長源自資委會。柯偉林認為這延續性在兩岸的差異在於，國府在某些條件下容許非政治化的專業主義，容許這些經濟官僚主導經濟政策，而這是中共所不容許的。因此到台灣的資委會人才有機會發揮才能而發揮了更大的影響，包括如孫運璿與李國鼎等人[59]。

Bian（2005）研究了二戰時期國府的軍工業發展，他的看法也與柯偉林相同，認為後來中共的公營企業體系的起源是在1937-1945年資委會時期，是相應於抗日戰爭危機而建立演化出來的制度。

柯偉林身為歷史學者提出歷史大視野，要求我們將兩岸發展，看做是中國近百年來為了回應西方現代化的挑戰，而做出的各種努力。因此兩岸經濟

---

[59] 柯偉林Kirby（1990: 139-140）以資委會在1942年第一批派到美國受訓的31人為例來說明此點。31人中有7人到了台灣，包括做過經濟部長及行政院長的孫運璿。李國鼎抗戰時從劍橋大學回國後也加入資委會工作，1948年應聘來台就職於台船公司。此部分將於本書第四章再詳細討論。

計畫都與大陸的民國時期歷史有延續性的關係。他提出的歷史面向雖一向被忽視，但顯然極為重要。若要了解台灣戰後初期經濟發展的情況，就必須理解國民政府的傳承，包括它的人員以及思想上的承繼與改變。本書第四與第五章將從此角度探討國民政府的大陸傳承及其在台灣之後的變革。

五、結語

本書要探討的問題是——如何解釋台灣經濟成長，並從中推導出具前瞻性的理論與現實意涵。本章已就相關的理論論述以及針對台灣情況的研究作了整理與評述。此節將對此文獻的背景與本書探討動機做一整體討論。

在二戰後各後進國家的經濟發展成績呈現極大的差異，而東亞採行了高度干預的產業政策模式卻能有最優異的成績，更是對主流經濟理論帶來挑戰。結構學派原本就認為後進國家的發展必須以國家干預來替代不完善的市場制度，東亞案例成為該理論的有利佐證，更使其理論得以進一步發展。另一方面，東亞經驗則對自由市場論帶來挑戰，這理論認為唯有自由市場機制才是發展關鍵，國家干預只會扭曲市場並妨礙發展，但卻難以解釋東亞現象，於是也訴諸非政策因素尤其是殖民統治影響來做解釋，卻又有諸多破綻。台灣與南韓戰後經濟成長成績優異，但是因為1970年代以來民主化運動以反對既有威權統治為目標，以此發展出來的社會流行的論述多否定戰後初期政權的發展政績，並多援引自由市場論為理論工具。因此台韓兩地反而較缺乏從結構學派理論出發的論述，甚至於訴諸日本殖民統治作為成長之原因。此殖民影響延續說在南韓曾引發激烈爭論，在台灣卻廣為流傳成為近年社會流行的論述。

自由市場論與其相對立的論述（包括結構學派）牽涉到現代人在普世價值的追求上兩種不同的取向，一是認為人類應從屬於或服從（subordinate）市場，一是認為人類應努力駕馭市場使其服膺於人類社會所欲追求的目標。Polanyi（1957）即曾對此清楚發言，他是在二戰期間面對法西斯帶來的戰禍下進行他的思考的。自工業革命以降在自由放任的資本主義下，市場競爭與

資本追求利潤的力量無情地推動著社會的變動；他認為是無規範的市場（self-regulating market）的缺陷，以及人們因為服膺自由市場論而無所作為，才帶來了西歐工業文明的崩解及法西斯的興起；他不贊同自由市場論所主張的人類應服從市場的說法，而認為人類社會面對無規範的市場帶來的殘酷後果，自然會興起保護社會的反向運動，來規範市場，使市場力量能從屬於民主社會，以控制人類自身的命運。他的說法清楚挑戰了自由市場論，只是自由市場論的力量強大，在歷史上不斷的重生再現，如1970年代後興起的新自由主義與華盛頓共識。當然現代社會是一個複雜社會，「如何使市場服從社會，又不至於阻礙市場發揮功能」，是一個永久的兩難難題，但放棄努力而服從市場則絕非良策。

　　上述討論是針對先進資本主義國家的發展，落後國家追求經濟發展則是另一個課題，然而其牽涉的論爭核心也仍然是「如何發展市場又使其服從社會」，只是更涉及先進國與落後地區之間的關係。如果落後國家遵循自由市場論，則不單是社會服從市場，更必然意味著是落後國從屬於先進國的先進經濟力量，亦即在這場落後與先進的競賽中上述關於自由放任的論爭也同樣存在。落後國家若選擇要放任自由市場，則不單是讓社會服從於市場，更將是從屬於先進國的經濟力量，因而難以發展自身的經濟，唯有選擇努力駕馭市場力量，以「配合市場的選擇性干預」方式才有可能發展自身力量，使其為己所用並限制市場不良的後果。

　　本書在理論上質疑自由市場論與殖民延續說，對於台灣戰後經濟發展的歷史則採以下角度來看，即是當時人們主動地努力來「發展市場又使其服從社會」，服從於落後地區努力發展自身經濟以獲取在世界上存在的尊嚴這個目標。要能駕馭市場又同時讓市場發揮功能進而成功地發展自身經濟是個高難度的工作，因此這個探討必然包括努力完善「配合市場的選擇性干預」的方法，但除了這關於「如何發展」（推動發展的能力）的討論之外，也必須理解主事者「為何推動發展」（動力部分），即主事者的高度動力促使其不斷探尋解決方案。本書將回到戰後初期的實際情境，回到歷史過程中來回應這議題。本書的討論也是以此大論爭為背景，希望從Polanyi的角度，即從

人們努力駕馭市場掌握自身命運的角度，來理解我們的歷史與現在，理解並肯定先人的努力，進而從中尋求前瞻性的啟發。

第二章

台灣戰後工業化
是否日殖時期的延續
論日本殖民遺產的影響

　　要如何看待殖民統治的影響？殖民統治的遺產是否曾有助於日後的發展？就如在很多其他前殖民地，這很容易成為一個具高度爭議性的議題，而國際學術界中關於殖民統治影響的討論也日漸增多。本書前一章探討了這方面相關論爭的文獻，已指出在理論上不贊同產業政策的學派，常會訴諸各種非政策因素來解釋各後進國在經濟發展績效上的差異。如自由市場論一向認為市場機制會自行帶來發展，但因為無法依此來解釋為何東亞的績效優於其他地區，故又訴諸市場之外的因素，尤其是殖民遺產與私有產權制來作為解釋。

　　如前述，台灣與南韓雖然經濟發展的成績甚為優異，但兩地民主化運動為了反抗威權統治而多否定其統治下發生的經濟發展成果，因而傾向於接受自由市場論而不認可產業政策的作用。不過台韓兩地對於日本殖民統治的角色則採取不同的態度，南韓學界曾圍繞著「戰後工業化是否日殖時期的延續」之議題，展開了激烈的爭論，而台灣學界卻較無異議的多持肯定的態度。如上章討論指出，若指稱殖民統治影響是解釋台灣戰後發展的最主要因素，那就等於是認為「台灣戰後工業化是戰前日殖時期的自然延續」，因此本章擬以對「延續說」的檢討為切入點，來探討日殖遺產對戰後的影響，著

重點將在於戰後日本撤離時所留下的遺產，由此來探討「自然延續」是否具有實質的基礎，即日本殖民遺產是否「自動地」帶來了台灣戰後的工業化；並且檢討日殖時期的台灣經濟是否為典型的「殖民地經濟」。至於戰後工業化的具體過程，以及如何從戰後興起的工業發展過程來追尋殖民遺產的影響，則將在以後章節中討論。

一、殖民經濟發展綜述與比較

關於日本殖民政府在統治台灣的五十年之內推動經濟發展的作為與成果，涂照彥（1991）及Ho（1978）等已經有全面且詳盡的呈現與檢討，無須也無法在此詳述。簡言之，日本殖民政府以極為強勢的手段推動了殖民現代化，建立了一些重要的現代化硬體及軟體基礎設施，包括土地丈量、法律制度與基礎建設等，以及以台灣銀行為中心的貨幣與金融制度；同時藉由這些措施「剷除島內本地勢力、驅逐外國洋行」，「為日本資本能安全投資而創建基礎條件」，並主要是為日本糖業資本創造條件[1]。殖民方針基本是依據「工業日本、農業台灣」的原則，在台灣主要經營農業及製糖業，以輸出米糖到日本為主要殖民經營策略。

大致說來，對日本而言，這是一個相當成功的安排。日本對糖的需求逐漸可以主要由台灣來供應，因而能減少進口節省外匯，從1911年日本向列強爭取得到關稅自主權之後，台灣的糖立即受到關稅保護，其在日本市場的占有率立即從約15％躍居到五成，至1939年則已達到85％。日本在1918年的米騷動之後改變政策，開始在殖民地推動稻米生產以增加日本國內市場的供給。自1922年蓬萊米成功引進之後，具有高商業敏感度的台灣農民，迅速地發展出為供應日本市場的蓬萊米商業化生產，台灣米的出口至1930年代後期占日本市場的6.4％，比例雖不高但因其季節性調節作用，達到協助

1　涂照彥（1991：41-46）。

日本維持低米價的作用[2]。

　　這些生產及衍生的經濟活動所繳出的剩餘，以及專賣收入[3]，使得殖民政府在據台十年後即在財政上開始自給自足，而「台灣財政的特色一面是多取於台人，他方面是多用於日人，尤其是日人事業」[4]，亦即在台的財政收入不單可以支持殖民政府的行政經費，也可以支付基礎建設所需要的資金，而基礎建設的目的，則主要是為了使得台灣能順利擔任起供應日本米糖的角色[5]。再則，在日本發動侵華戰爭之後，從1936年起，台灣被迫在財政上承擔日本「軍事費用分擔金」，到戰爭後期達殖民政府財政預算的二成多[6]。此外，在1916到1944年間，台灣出口超過進口的比例達出口金額的26%，顯示台灣持續的轉移經濟剩餘到日本[7]。總之，台灣的米糖為日本提供了重要的原物料，糖業的進口替代發展為日本節省了外匯，發展了日本糖業資本，同時殖民地財政因此能自給自足，殖民地經濟更能持續輸出大量剩餘到日本，日本更是解決了如何經營這塊殖民地的難題。

　　殖民式的米糖經濟，確實使得台灣經濟在1913-1940年間，得到相對穩

2　涂照彥（1991：96-97）。

3　後藤新平尚未就任台灣總督府民政長官（1898-1906）之前，即已於1895年底向伊藤博文內閣提出《台灣的鴉片制度意見》，主張不禁絕鴉片，並將鴉片以高價專賣來增加財政收入。他上任後即將鴉片、鹽、樟腦設為專賣，1905年增設煙草專賣，參見許介鱗（2005：45-46）。後來1922年時總督府又因收入考量而將酒類收為專賣。張漢裕（1974：222-225）以官營事業淨益來計算專賣收入占總督府收入的比例，除開始幾年較低之外，歷年來大致在二成上下。

4　張漢裕（1974：225）。在日殖初期日本中央政府給台灣總督府的財政補助，約占財政收入兩成，這補助至1904年停止，「自此以後，總督府的財政在形式上是達到了自給的地步」（頁211-226）。

5　涂照彥（1991：75-82）；同時在同書頁109-113處，涂照彥也以嘉南大圳為例，說明殖民政府建設的目的是利用水利政策，來控制稻米甘蔗的種植面積，以協助日本糖公司脫離受制於所謂「米糖相剋」的威脅。

6　涂照彥（1991：122，表37）。

7　Ho（1978: 31），作者何保山因而認為台灣是日本的重要經濟資產。李登輝（1976：14）也指出在日殖時期「經由出口餘額而使資本從台灣流到日本的數量仍然很大，台灣農業……對日本工業發展也有貢獻」。

定的成長，不過，這經濟成長績效，雖必然優於處在不斷戰亂中的中國大陸，但若與其他後進地區相比較是否特別突出？答案則是未必見得。表2.1呈現了Maddison（2002）所推估出的各國在1913-1950年間，即一次大戰開始前到二戰結束冷戰開始這段期間的經濟成長數值。依據國內生產毛額（GDP）成長率來看，台灣的年平均總成長率2.87%[8]，這數值與日本、菲律賓與泰國的相近，高於韓國、越南與印度，更是高於中國大陸的成長率，但

表2.1　各國經濟成長指標，1913-1950

	1913-1950年 GDP平均 年成長率（%）	1913-1950年 人均GDP平均 年成長率（%）	1913年 人均GDP值 （1990 Int'1 \$）	1950年 人均GDP值 （1990 Int'1 \$）
東亞	0.86	-0.07	679	662
中國大陸	-0.02	-0.62	552	439
日本	2.21	0.89	1387	1926
韓國	0.3	-0.4	893	770
台灣	2.87	0.61	747	936
菲律賓	2.23	0.01	1066	1070
新加坡	4.71	1.5	1279	2219
馬來西亞	3.54	1.5	899	1559
泰國	2.23	-0.06	835	817
泰國	2.23	-0.06	835	817
越南	0.46	-0.37	754	658
印度	0.23	-0.22	673	619
拉丁美洲	3.43	1.43	1511	2554
西歐	1.19	0.76	3473	4594
美國	2.84	1.61	5301	9561
蘇聯	2.15	1.76	1488	2834

資料來源：Maddison（2002），Tables A1-c,d,e, pp. 185-87; Tables A2-c,d,e, pp. 195-97; Tables A3-c,d,e, pp. 215-17.

8　根據吳聰敏（1991）的推估數據，台灣在1911-1940年間的總經濟成長率年平均為4%。關於各種推估上的問題可參照吳文中的討論。Maddison（2002）對台灣的推估（2.87%）顯著低於吳聰敏推估的4%。這或許是因為Maddison所涵蓋期間較長，多包括了1941-1950年間的太平洋戰爭及國共內戰的影響。

是低於馬來西亞、新加坡等地。就1950年的人均GDP而言，台灣不只低於新加坡與香港，也低於馬來西亞及菲律賓。

　　東亞地區各國在戰後經濟發展成績顯著的優於其他地區，因此有東亞特殊論（East Asian exceptionalism）的說法，認為東亞的成功源於其具有特殊的條件，而這特殊條件為何則也有不同的說法。因為台韓皆曾為日本殖民地，故有人認為其特殊優勢源自於日本的殖民統治影響。如前述，Booth（2007）就反駁這樣的說法。她比較了台灣、韓國與東南亞地區，在這段殖民時代的經濟績效及殖民政府的作為，發現在二戰之前，日本殖民地的經濟成長成績、工業化及現代化進程上，在很多方面比不上其他英美荷等國的殖民地。到了1938年，台灣及韓國的工業化程度仍比不上印尼、馬來亞及菲律賓；而在教育普及程度上，則菲律賓遠優於其他殖民地；鐵公路密度是爪哇第一，電力普及度則是台灣最優。此外在這段期間，因為先進國忙於戰爭與經濟危機而無暇他顧，因而讓拉丁美洲得到了發展的空間[9]，因此得到了優於其他地區的成績。因此，Booth（2007）認為日本殖民統治的績效並非如一般印象那樣優於英美法荷等其他帝國的殖民統治的成績，因而不贊同東亞特殊論。

　　如前述，Chang（2005）比較了一些後進地區在戰後發展初期的啟始條件上的異同及其影響。他的樣本與Booth（2007）的有些不同，除了東亞與拉丁美洲國家之外，還包括撒哈拉以南的非洲國家。他發現戰後發展成績較為優異的東亞，當時只有在社會基礎建設上較優，在其他諸多啟始條件上，幾乎都比不上拉丁美洲國家，雖比多數非洲國家好，但差距不大，並且也不是優於所有非洲國家。因此他也質疑日本殖民統治有助於東亞發展的說法，不贊同東亞特殊論。

　　以上是從評估殖民地經濟發展成績的角度來衡量殖民遺產可能的影響。然而台灣在殖民時期的總體成長率包含很多因素的作用，其中殖民政策與來自日本的資本與人力至為重要。在此處我們關切的是日本殖民統治留下的遺

9　Frank（1979）。

產，即到底本地的經濟力量在這殖民過程中得到何種發展，以及這樣的殖民經濟安排的長期發展前景。以下將依序分別討論台灣在日殖時期農業與工業方面的發展，探討其遺產的影響是否符合「延續說」，即戰後發展是否殖民遺產的「自然延續」。

二、以米糖為中心的殖民經濟

本書重點在於探討戰後的工業化，在此對於日殖時期的農業部分將只做簡略的敘述。首先，日本殖民政府在一開始即進行了一次土地改革，丈量了土地並取消了大租戶，對土地財產權進行了釐清。總督府只給予大租戶平均約一百圓的公債券為補償，並以兩年所徵收的地租增收額來支付補償金即綽綽有餘，這是因為其對本地農民大幅提高了地租率，並以「揭發隱瞞田為手段」，使得其丈量到的田地面積比劉銘傳丈量時擴大了七成，使得其所能徵收到的地租額增加了兩倍[10]，對殖民政府的財政甚有助益。同時殖民政府藉由當時林地是由居民以約定俗成方式使用而「尚未形成明確的私人擁有權」，規定「無主地歸國有」而將大部分林野地收歸國有[11]。此次日本殖民政府進行的土地丈量與產權改革使得小租戶成為農地的所有者，但它並未介入地主與佃農的租佃關係，基本上維持了原有的地主租佃制度[12]。因此，凃照彥（1991：5）強調殖民者在農村保存並利用了台灣傳統的地主制度，因而對矢內原忠雄（1985）的台灣全面資本主義化的說法做出修正。

日本殖民政府整頓了土地產權並保留了地主制度，並且與其合作引進了現代化的農業生產方式。它以強制的方式引進現代農業生產方式，包括引入新品種及運用現代投入（如化學肥料）等，廣泛設立農業推廣體制，投資建

---

10 日殖時期稱田賦為地租。

11 凃照彥（1991：36-41）；張漢裕（1974：178-179）指出殖民政府所沒收的林野地，有些日後賣給日本資本，「用國家權力協助資本的積累」。

12 何欣潔（2015）認為此次改革主要是澄清了小租戶作為地主的產權，使得日本勸業銀行得以進入農村，但並未介入租佃關係，貸款對象仍以地主為主。

設水利灌溉設施[13]，並成功地推動了以日本為市場的出口導向米糖經濟。在1921到1937年之間，台灣農業產出的平均年成長率已達到4.1％，並且生產力平均年成長1.7％。台灣第一次農業現代革命即是在佃農地主分成制下達到的[14]，這成績與戰後1950年代第二波的農業生產力革命可相比擬。

　　在米糖經濟之中，本地力量高度參與，但在剩餘的分配中，本地力量分得的份額為何？就剩餘的分配而言，米與糖相當不同。台灣糖業的生產由日本糖業公司所壟斷（見下節），加工及流通皆由其掌握，其唯一的遺憾是無法掌握土地，有八成原料必須由本地蔗農供應，需仰賴律令與借貸等各種方式限制蔗農改種其他作物的空間（引發從日資角度而言的所謂的「米糖相剋」的問題）。米的部分則與此相異，加工及流通皆由本地的地主及土壟間負責，直到交到日本商社手中出口為止，本地留下的剩餘利益較多[15]。不過，到了日殖後期進入戰時體制後，總督府採取強制低價徵收措施，於1939年發布《台灣米穀移出管理令》以及《糖業令》，強制收購直接統制一切，大幅壓低了本地地主過去可以藉由負責蓬萊米的生產及銷售所得的利潤[16]。

　　台灣的米與糖在過去與現在都缺乏國際競爭力，例如當時爪哇生產的糖就比台灣價格低[17]。台灣的糖輸出到日本是出口到一個受到關稅保護的「國內市場」，因此台灣糖業類似日本為節省外匯的進口替代產業，而米的出口則是補充日本市場協助維持低米價。這樣的安排藉由提供受保證的市場，及引進改良的現代化生產方式，促進了台灣米糖生產的興盛，使得台灣農業高

13　灌溉體系的覆蓋率從1910年代的三成，至1940年增加到六成。參見Ho（1978: Ch.4, 353）。

14　張五常認為分成租佃制度（share tenancy）可以是有效率的，Cheung（1969）。

15　涂照彥（1991：103, 202-203）。台灣米的出口超過九成是由日本商社經手，而三井、三菱兩大商社占了幾乎一半。

16　同時，殖民政府強制收購蓬萊米的價格低於市價，但高於本地消費的在來米的收購價格，強化促進供給日本的甘蔗及蓬萊米的栽種，抑制在來米的生產。參見涂照彥（1991：113, 126-130）及林繼文（1996：117-123）。

17　根據Ho（1978: 74），例如在1935年，若排除關稅因素，日本從爪哇進口糖的成本是每60公斤5.41日圓，而從台灣進口則需要6.24日圓。

度商業化[18]，生產趨向現代化，農業生產力得以持續增長[19]。

　　不過，這顯然是利弊互見的安排，等到殖民體制瓦解而受保護的市場消失之後，原先非因競爭力而建立的產業結構，就必須開始面對艱難的市場環境了。如Booth（2007: Table 11）所指出，在她所觀察的東亞及東南亞國家中，殖民時期的台灣與韓國的出口幾乎完全以日本為對象，並且包含各種直接間接的補貼與關稅保護。除台韓之外，只有菲律賓有如此高的對殖民母國的貿易依賴度，其他國家則主要是出口到世界市場，且較少補貼。

　　1910年以後的三十多年間，台灣出口對日依賴度增至八成以上（圖2.1），而台灣的糖超過九成出口，幾乎全出口到日本，且占到台灣出口的一半[20]。1945年日本在戰敗後對外貿易幾乎中斷，台糖大部分轉而出口到大陸[21]，但在1949年國府戰敗遷台之後就又與大陸市場完全斷絕。在1950年代那外匯極為匱乏的年代，因承繼殖民遺產，在當時糖與米仍必須是出口的大宗與賺取外匯的主體。在1950年，糖占台灣出口的比例高達74％，至1956年降至52％，而隨後快速的工業化使得其占比在1965年得以降至13.1％，至1970年更降為3.1％[22]。日殖時期受保護的市場已不存在，比較利益不再，出口值也就不增反減了。

　　日本殖民統治確實帶來了台灣農業生產的現代化改革，也在農村建立了

18　涂照彥（1991：194）推測台灣在1932年稻米商品化的比例超過六成。

19　Ho（1978: 55, Table 4.4）顯示在1920-1939年間，台灣農業生產力的年平均成長率為1.7％，這是個不錯的成績。如Booth（2007: Table 6）所呈現，在1937-1939時期，就稻米畝產量而言，台灣與韓國優於東南亞國家。

20　Ho（1978: 30, 392）。在1900年，台灣糖輸日比例仍只有27.8％，而台灣總出口之中輸出到大陸與日本的比例分別為52％與30％，到了1910年則已轉變為6％與80％。

21　《台灣的建設》，1962，台灣省政府新聞處，拾貳—16-17。

22　資料來源參見圖2.2的說明。瞿荊洲（1964）敘述了戰後初期台灣與日本的計畫貿易，即國民政府在1950年與在日本的盟軍總部簽署了《台日貿易協定》，其後續簽訂《中日貿易辦法》，前後共施行了12年，建立了以物易物、設專戶記帳方式，進行計畫性雙邊貿易。貿易型態依舊是台灣主要輸出米糖及其他農產品到日本，而從日本進口肥料及機械零件等工業產品。

諸多現代化的軟硬體基礎建設，只是到了戰後台灣米糖失去了市場且缺乏競爭力，實難以「自然延續」，更無法帶動工業化。雖說這些基礎有助於國府戰後在台灣進行土地改革並成功推行第二次農業現代化改革，但如本書第三章將述及，國府在戰後對農業及農村高度重視，投入龐大資源，才能利用這些基礎振興農業並支持本地的工業化。

因此，幸好台灣戰後工業化得以成功地啟動，新的工業逐步取代了米糖的位置，而免於墮入其他前殖民地常有的困境，即到了戰後也難以擺脫高度依賴單一（或唯二）農作物的典型的殖民經濟狀態，就如迦納的可可與古巴的蔗糖等[23]。

圖2.1 台灣出口市場分布比例，1897-2010

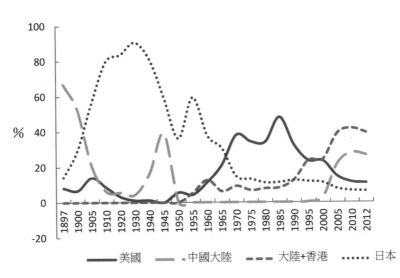

資料來源：1897-1950年出口數據引自 Ho（1978: 392）；1955年之後引自 *Taiwan Statistical Data Book*, 2008, 2013。本章根據數據計算份額。

註：1990年後台灣經海關出口到中國大陸的份額常會低估，故也列出1955年之後台灣輸往大陸加香港之份額，實際的份額應會介於兩者之間。

---

23 2009年在141個後進國中，有95個其初級產品（農林漁牧、礦產與燃料）占出口的比例超過一半，而非洲國家的比例平均達到81%。UNDP（2011: Ch. 2）。

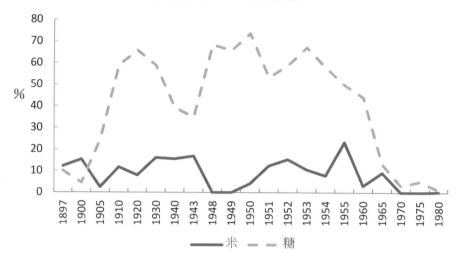

圖2.2 米糖在台灣出口中所占比例，1897-1980

資料來源：1897-1943 年出口值引自《台灣省五十一年來統計提要》，台灣省行政長官公署統計室編，1946，頁 944-945；1948 年與 1949 年資料引自《經濟參考資料》，第 52 期，1953/1/20，頁 4；1950 至 1954 年資料引自《自由中國之工業》，歷年；1955 年之後引自 Taiwan Statistical Data Book, 1987，頁 227。本章根據數據計算份額。

三、日殖時期的工業：製糖與軍需工業

在「農業台灣」的殖民政策下，戰前台灣的現代工業部分是以甘蔗加工處理的製糖業為主體，占到製造業產值的七八成（表2.2）。直至1937年日本侵華戰爭全面開始之後，為了支持太平洋戰爭，又為了將台灣作為南進基地，才開始推動軍需工業，發展了一些其他工業，而這些現代工業也是以日資企業為主體。

整體而言，這段期間台灣工業穩定成長，從1912到1945年平均年複成長率達4.7%[24]。不過即使如此，到了日殖末期，台灣基本上仍是一個以農業為主的經濟。例如到了1940年，在就業人口中，仍有三分之二是在農林漁

24　Ho（1978: 72）。這數值當然遠低於戰後前三十年工業生產年平均成長率14.1%的水平。

表2.2 日殖時期工業產值的業別比例

單位：%

年	工業產值總計（千圓）	食品	化學	窯業	機械	金屬製品	紡織	其他工業
1914	52,638	86.3	3.5	2.8	0.8	0.6	0.5	5.6
1920	214,008	81.1	6.1	3.8	2.2	0.7	1.7	4.3
1925	193,799	73.4	9.8	3.4	2	1.7	2.2	7.5
1931	192,567	76.8	6.3	3.5	2.7	1.9	1.1	7.8
1935	192,494	75.4	9.5	3.3	2.5	1.9	1.3	6.1
1938	394,147	67.4	10.1	2.5	3.4	5.3	1.5	9.8
1940	632,195	65.1	11.9	2.6	4	5	1.8	9.1
1942	700,072	58.3	12.8	3.5	4.6	6.9	1.7	12.2

資料來源：1914-35年資料引自張漢裕（1974：198）；1938年引自《台灣經濟年報第一輯》（1941：237）；1940-42年引自陳華洲（1946：295-96）。

之第一部門工作[25]。這段時期台人在現代工業部分參與程度很低，一方面是經濟實力的差距，即台人傳統手工工坊的生產效率實難及現代化工廠，而台灣本地經濟社會組織仍屬傳統地主經濟模式，但在另一方面更是因為殖民政策並沒有計畫要扶植本地工業力量。在「農業台灣」的大方向下，工業品由日本供應[26]，要發展的特定工業則是清楚的要由日本資本來負責，政策目標即是要排除原有本地勢力並壓抑本地新興勢力的興起。

在殖民政府開始於1902年在台灣推動製糖業之時，它清楚的採取「積極介入排除本地勢力及保護日本資本家企業」的政策基調。其在資金獎勵、融資補助以及確保原料的政策措施上，補助及輔佐對象只限於新式規模以上

---

25 Ho（1978: 333），此是依據人口普查的資料。

26 1911年梁啟超應林獻堂之邀訪台兩週，在遊台感言中曾提及「歸舟所滿載者哀憤也。……此行所最生感者，則生計上之壓迫是也。……全台……見其一切日用品，殆無不來自日本……中國貨物殆杜絕不能進口。……（因此）台灣物價之昂……其將來豈堪設想……」，引自葉榮鐘（2000：30），原文為梁啟超於回日本航程中給上海報紙編輯的信。

機械化生產的工廠，實際達到協助日資現代糖業資本，「驅逐本地原有傳統糖廍、驅使本地蔗農隸屬化的作用」，因此本地舊有糖廍由於在效率與政策待遇上的弱勢，占糖產量的比例到1910年代末就已經變得微不足道，即使加上本地改良糖廍的份額也只占到一成左右[27]。日本糖業資本在成功壓制本地力量、排除歐美洋行勢力之後，進一步將本地大家族糖業力量實質上從屬於日資。此後日本資本之間的激烈競爭與合併，最終到了1930年代，形成以三井、三菱與日糖三大勢力共占台灣糖業八成的壟斷局面[28]。

　　除了糖業之外，殖民政府抑制本地現代工業興起是普遍性的政策。在1923年之前，殖民政府在政策上禁止台人成立現代公司，即禁止由台人獨資成立株式會社（即現代股份有限公司）[29]。在1923年之後，則因現代糖業早已由日本大資本壟斷，而其後政策性推動的軍需工業也是直接由日本轉移資本過來，本地力量參與現代工業的空間仍極為有限。

　　因此台人的工業活動並非是在現代化工業部門，而主要是經營小規模的傳統手工業工廠，並且多是非公司形式，即個人或合股形式的單位。例如在1935年，台灣的工廠總數為6750家，其中屬於現代股份有限公司形式者僅有223家（3.3％），其中絕大多數為日資企業，而6065家個人及354家合夥企業則幾乎皆為台人所有。若依據1929年資料，在涵蓋所有業別的股份有限公司的總投資額中，台資所占比例為19.8％（表2.3），但在現代工業的部門中則台資只占8.4％。再則，雖然台資企業數目眾多，但他們的資本總額相對相當微小；在1929年所有企業的總資本額之中，股份有限公司所占比例已達92％，亦即為數眾多的台資企業多聚集於產業資本份額只達8％的非股份公司部門；因此，張漢裕稱此現象為台灣本地「工業生產的微弱」[30]。除了這些正式工廠資本額統計之外，Ho（1978: 78-80）試圖從人口普查資料中

27　涂照彥（1991：58-63）。

28　涂照彥（1991：299-310）。

29　高淑媛（2005）。

30　本段以上資料皆引自張漢裕（1974：198-202），原資料來自總督府殖產局《台灣商工統計》（歷期）。

的製造業就業人口總數，將其減去正式工廠的員工數，來推估傳統手工業的就業人數。他發現1920年手工業的雇用人數還達到現代工廠的1.5倍，至1940年則已只有後者的三分之一，清楚顯現本地手工業在現代工業帶來的競爭壓力下被逐步削弱的趨勢。

　　涂照彥（1991：367-463）討論了日殖時期台灣既有本地資本的變化，尤其是五大家族族系資本的動向。不過這些族系資本或是原以土地與商業為主，包括林本源、林獻堂與陳中和家族，或是依靠總督府授予的壟斷特權起家，如辜顯榮得到樟腦與鹽的製造與銷售特權，以及顏雲年的煤礦承包權，且事業都必須與日資相結合，在事業上缺乏「經營自主性」；此後他們也「或多或少地都插足於金融界」；而在日殖後期也在總督府強勢的戰時統制經濟政策的壓力下衰退；大致來說「難以蛻變為現代化產業資本」。因與現代工業關係較少，故本章在此不多做討論。

　　日本殖民政府從1931年日本發動侵華戰爭後，即因備戰考量而準備改變台灣的經濟定位，加強工業原料及軍需品的供給生產，因此推動日月潭水力發電的興建。同時，日本糖業資本也開始多角化經營，涉入化學工業的生產。不過要到1937年七七事變之後，殖民政策才正式轉變，台灣除了原先的米糖供給任務之外，也被指定擔任軍需品生產基地以及南進基地的任務，正式開啟台灣軍需工業化的階段。與此相配合的是戰時的強制性統制管理，包括輸出米的強制收購與政策性的通貨膨脹等，以及為了動員人力所推動的皇民化運動[31]。

　　軍需工業化政策最主要是推動化學工業及金屬製品業，此外肥料與紡織業也有進展[32]。日月潭發電所於1934年即時完成，使得高度依賴電力的化學與金屬（包括煉鋁）工業的發展成為可能。最顯著的是日本財閥隨即於1935年成立了日本鋁株式會社，到台灣設立煉鋁廠開始生產，至1940年其

---

31 在1936年，曾任日本海軍大將的小林躋造接任台灣總督，結束之前的「文官統治時期」，台灣進入戰時體制。小林於1939年宣告「皇民化、工業化及南進政策」為統制台灣的三大方針。

32 參照 Ho（1978: 70-90）、張宗漢（1980）及林繼文（1996：27-136）。

在台產量占到日本六分之一的供給量[33]。從表2.4的工業就業量變化可看出此段期間工業部門的擴展。例如工廠員工總數從1930年的近六萬人，在1941年增為2.4倍，而金屬與機械業的員工數則各增長為9.8與4.1倍。工廠員工數的年平均成長率，在1938至1941年間達15％，遠高於前期，清楚顯現軍需工業化政策的作用，修改了之前「農業台灣」的殖民政策。因而Ho（1978: 72）估計在1930年代台灣製造業的年複成長率為6.35％。

表2.3 日殖時期股份有限公司*資本——台日資所占比例

年	資本總額（千日圓）	日資—日本（千日圓）	日資—在台（千日圓）	台資（千日圓）	日資—日本	日資—在台	台資
1929	287,939				78.40%		19.80%
1938	374,260	252,376	80,650	38,249	67.40%	21.50%	10.20%
1939	406,399	272,728	92,390	39,094	67.10%	22.70%	9.60%
1940	455,243	303,522	109,988	39,343	66.70%	24.20%	8.60%
1941	531,829	359,467	125,155	43,757	67.60%	23.50%	8.20%

資料來源：1929年資料引自張漢裕（1974：200）；1938-1941年資料引自林益夫〈台灣工業化之資金動員〉，《台灣經濟年報第3輯》，1943，頁357。
*資金二十萬元以上的株式會社。

四、工業飛地與發展方向問題

如上述，為了支持侵略戰爭的需要，日本改變了「農業台灣」的政策，軍需工業確實在日殖後期給台灣帶來了一些製糖業以外的現代化工業。前節已述及，這殖民工業化成績與亞洲其他殖民地相比較並不特別突出，不過，重點是這與台灣戰後優異的工業發展成績是否有何關係？

---

33 Ho（1978: 74-75）。

表2.4 工業部門各產業的員工數目，1920-1941

年	員工總計	紡織	金屬	機械	窯業	化學	木材製品	印刷	食品	水電	其他
1920	48,460	855	851	1,687	7,114	5,090	1,081	1,125	28,079	233	2,345
1925	48,464	2,475	565	1,548	5,808	4,600	1,371	1,370	26,009	194	4,524
1930	58,330	1,909	997	1,905	8,668	4,031	1,750	2,060	32,092	227	4,691
1935	68,773	2,602	1,983	2,942	9,214	4,751	2,500	2,377	36,742	152	5,510
1938	95,641	3,427	2,702	4,808	10,030	5,086	2,938	3,079	55,096	--	8,475
1939	107,507	5,950	4,627	6,356	10,785	5,794	3,400	3,259	58,702	34	8,600
1940	126,005	5,218	3,993	6,988	11,611	7,295	4,687	3,314	70,567	52	12,280
1941	137,700	5,347	9,729	7,730	11,649	8,805	5,537	3,752	67,020	74	18057
年平均成長率											
1921-31	2%	11%	4%	1%	1%	-3%	6%	6%	2%	1%	8%
1932-37	5%	14%	19%	17%	6%	7%	8%	6%	7%	-20%	6%
1938-41	15%	13%	49%	15%	3%	15%	20%	6%	9%	24%	29%

資料來源：《台灣省五十一年來統計提要》，台灣省行政長官公署統計室編印，1946，頁763-766。原資料引自：1936年以前根據《台灣總督府商工統計》，其後根據《資源調查令二基ク工場關係資料集》材料編製。

　　如表2.3所呈現，此現代工業部門主要是由日本的大財閥資本所主導。例如在1941年，日本財閥資本占到台灣工業資產的三分之二，在台日人所經營的中小企業則占到近四分之一，而台人企業所占比例則從1929年的近兩成降到8%，這顯示出台人企業發展原就集中於傳統手工業而非現代工業，而到了戰時統制經濟時期，其發展空間更呈現持續縮小的趨勢。這數字清楚支持前述涂照彥（1991）認為日資工業企業在台灣其實類似飛地的說法。再者如Ho（1978）也是持同樣看法，他書中的第五章是討論日殖時期的工業發展，這章的標題就是以「工業飛地」稱之。

　　對於日殖時期工業部門的成長，如果不去區分其為日資或本地資本，就會忽視這工業化的飛地性質，忽視了本地經濟與能力缺乏發展的面向。文獻

中對日殖統治持高度肯定態度者如Chang and Myers（1963），就曾讚許日本
第三任殖民政府兒玉源太郎與後藤新平在日殖早期的作為，將其譽為是「官
僚企業家」，但卻未能指出他們的作為主要是將台灣創建為日本資本可投資
的環境。如吳聰敏（2003）等學者在做出認為殖民統治開啟台灣現代工業化
的評價時，也同樣忽略了這些工業化發展的飛地性質。日資企業較優異的生
產力，及殖民政府偏袒日資企業的政策，都在在壓抑本地企業的興起。而既
然日殖時期現代工業是日資飛地，在1945年日本投降時，這些現代工業的
主要構成部分，包括資本的管理、技術、行銷的組織能力，就隨著三十多萬
日本人的撤離而消失，也就談不上日殖現代工業「自然延續」的可能。

　　除了飛地問題之外，另一個嚴肅的議題是，殖民統治所帶來的工業化的
方向，是否符合台灣長期發展的利益[34]。如前述，日殖前期的米糖產業既缺
乏國際競爭力且高度依賴日本市場，因此在戰後調整困難終究難以通過國際
市場的考驗。而日殖後期發展的軍需工業雖然為台灣開啟了化學工業的生
產，卻主要受到軍事而非市場因素考量所左右。例如為了生產日本軍方所極
為缺乏的燃料，在溶劑生產的原料選擇與生產方式上不計成本，以至於嘉義
溶劑廠在戰後必須不斷尋找新的原料，最後還是因不敷成本而停止生產[35]。
再如接收日本鋁會社而成立的台灣鋁業公司，因為煉鋁業的用電密集度甚高
使成本難以降低，戰後的發展歷程因而甚為曲折。關於這議題的相關研究仍
相當缺乏，尚待進一步的探討。

　　簡言之，日殖時期台灣的現代工業有相當的成長，但是台人現代工業企
業卻未有太多發展。這部分是源於經濟實力上的差距，即台灣本地經濟社會
組織仍屬傳統地主經濟模式，原本尚未工業化，作為產業主力的是傳統手工

---

34 資源委員會在來台接收日產時，曾於1945年12月先派台灣工礦事業考察團來台考察。其後
　提出〈台灣工礦事業考察報告〉（1946），認為台灣工業經濟特徵如下：輕重工業部門發展
　不平衡，亦即缺乏民生輕工業；高度依賴日本；發展以糖電為中心。引自陳鳴鐘、陳興唐
　（1989，下冊，1-3）。

35 嘉義溶劑廠在1950年代不斷更換溶劑之原料，但仍一直虧損。終在1959年結束既有溶劑生
　產，轉向石油化學工業才轉虧為盈。參見褚填正（2008）。

業，其生產力當然難及日本現代工業產品。再則，殖民政策有決定性影響，在「工業日本」的政策方向下，工業品應由日本進口來供應，而既定要發展的特定工業，即製糖與後期的軍需工業，則是清楚的要由日本資本來負責，殖民政策並沒有計畫要扶植本地的工業力量。這並不意味台人缺乏學習與參與的動力，只是面對日資現代企業優勢的生產力，以及殖民政府偏袒日資的強勢政策下，發展的空間甚為有限。不過這壓抑也可能意味著有些本地勢力因而等待機會蓄勢待發。

下一節則將討論這工業飛地是否在人才培育上帶來外溢效果，而本書將在第七章分析戰後第一代創業者的來歷，並顯示他們多數並未具有日殖時期製造業的經驗，從另一角度探究日資工業的外溢效果。同時該章也將呈現戰後在日資撤離及歧視政策不再之後，原先被壓制的本地經濟力量大量釋出的現象。

五、歧視性的職業與教育政策

在此先來討論日殖時期是否培育了現代工業所需的本地人才。上述討論呈現了在殖民政府主導下，日資企業是台灣現代化工業的主體，並且這趨勢在日殖後期因戰時統制政策而更為強化。不過，這些外來的現代化工業企業是否帶來任何外溢效果，仍是需要探討的議題。外溢效果主要會顯現在現代工業所需人才的培育，尤其是企業家與具有管理與技術能力的專業人才，以及供應商的培養上。但是因為日殖現代工業是飛地，日資企業的管理階層與技術人員主要由日本人擔任，源於實作經驗的實質外溢效果必然相當有限。再則，日殖時期的教育體系的設計完全配合殖民政策以及日資大企業的需求，以培育日本人為主，訓練台人的管理與技術能力並不是該教育體系的目標，當然也更談不上培育治理公共事務包括經濟發展政策的人才[36]。至於供應商的培育方面，雖說並無相關資料，不過就結果而言，既然台資企業在現

36　可參見Tsurumi（1984）及吳文星（2008）。

代化工業部門的參與程度不單極為有限，並且未呈現增加趨勢，即表示此方面並無顯著的成果。

表2.5 總督府與台灣省行政長官公署公務人員人數分布

官職等級	1945年10月接收時總督府及所屬機構					1946年10月省行政長官公署及所屬機構				
	總人數	分配	日本人	本省人	本省人占比	總人數*	分配	外省人	本省人	本省人占比
委任之上	2,336	3%	2,284	52	2%	6,147	17%	3,745	2,402	39%
委任	37,978	45%	23,902	14,076	37%	17,569	48%	4,994	12,575	72%
雇用	44,245	52%	11,418	32,827	74%	12,981	35%	814	12,167	94%
不詳						1,487		397	1,090	
總計	84,559	100%	37,604	46,955	56%	44,450	100%	17,306	27,144	74%

資料來源：台灣省行政長官公署人事室（編），1946，《台灣一年來之人事行政》，台灣省行政長官公署，附表一。

*1946年10月公務人員總人數還包括暫時留用的6266名日本人。

註：依照台灣省行政長官公署的官職等級，委任以上有特任、簡任、薦任與聘任，這官職等級名稱與總督府的不同，省署的委任相當於總督府的判任，其上有親任、敕任與奏任。

　　此外，殖民政府在職業政策上清楚採取了歧視性方針。表2.5呈現了行政人員的分布情況，在1945年日本退出台灣之前，總督府及所屬機構的員工總數為84559人，委任以上共2336人，其中台灣人只有52人（比例2.2%），其中主要包括如杜聰明這樣的學術機構主管；而在1946年底陳儀主持的長官公署中，委任以上的本省人隨即增到四成[37]。日殖時期在台的日本移民在1940年已經增加至三十萬人，台人主要是擔任工人及其他低階的職務，在1943年的一次勞動技能調查中，現代工業的技術員裡台人僅占到近二成[38]。如本書第四章將提及，國府接收台灣電力公司時，其1193名技術人員中本地人只有150名，且皆為等級較低者，在96名最高三等級技術員中

37 引自台灣省行政長官公署人事室編，1946，《台灣一年來之人事行政》。
38 Ho（1978: 335）。

僅有一名本地人[39]。不過或出於現實的需要，日資企業及教育體制還是訓練了一批本地工頭及低階技術人員。同時這生產經驗本身也訓練出一批具有現代化工業生產經驗的非熟練工人，雖說其比例至1940年仍只占台人男性就業人口的6.4%[40]。

在教育政策方面日本殖民政府也是清楚持續其歧視性的方針。一般而言，日殖時期教育制度的沿革可以分為三個階段，殖民教育政策從剛開始的無規畫逐漸走向同化的方針，然而「差別待遇及隔離政策之運用實為其主要特徵」[41]。從開始統治至1919年第一次《台灣教育令》頒布為止，也就是其統治期的前半段，殖民政府並無既定方針與規畫，首要目標是普及日語，為此設立了國語傳習所與國語學校，前者於1898年改為台人就讀的相當於小學的公學校，後者為培育公學校師資的師範學校。此外，中等以上教育機構僅有因為壓制中醫而必須設立的培育西醫的醫學校[42]。因早期並無意推行義務教育，且教育經費主要由地方負擔，公學校並不普及，至1920年學齡兒童就學率只達25%。也因為如此，林獻堂等人有感於「吾台人初無中學」，故於1913年開始推動設立台中中學，然因總督府並不同意台人自行辦校，「幾經周折乃改為台人籌款建築校舍捐獻給政府」，由總督府於1915年設立專收台人的公立台中中學校，是台灣人的第一所中學[43]。

1922年第二次《台灣教育令》帶來了台日共學政策，並開始逐步設立

---

39 朱江淮（2003：69-73）。這位唯一的台籍技師朱江淮雖具日本京都帝大電氣工程學士學位，但無法接觸技術部分，而是在業務部擔任推廣用電工作。因此，台電的日本工程師被遣返日本時說「恐怕三個月後台灣將是一片黑暗」，朱江淮（2003：115）。

40 Barclay（1954：表21, p. 64），在約142萬台籍勞力者中，在製造業者為9萬多人。

41 吳文星（2008：85）；Tsurumi（1984）。

42 殖民政府於1899年設立總督府醫學校，專收台籍學生。1919年改稱醫學專門學校，開始兼收日籍學生；收公學校（小學）畢業生，修業年限預科一年及本科四年。1922年改收中學校畢業生，修業年限為四年。1936年改隸屬於台北帝國大學，改稱為台北帝國大學附屬醫學專門部。引自《台灣省五十一年來統計提要》，台灣省行政長官公署統計室編印，1946，頁1218。

43 葉榮鐘（2000：57-72）。

各級教育機構，不過一切仍以教育日本人為主要目的[44]，共學之下能得到高等教育的台籍生人數並未增長。並於1928年設立台北帝國大學，這更是以教育日本人成為帝國統治菁英為目標的機構。1937年以後則進入戰時的皇民化及軍國化教育時期，1941年設立「國民學校」，兩年後實施「義務教育」，使得學齡兒童就學率從1930年的33％提升至1943年的71％（表3.5）。終至日殖時期結束時，因高等教育機會之稀少，「當時的中等教育已足可稱之為台灣人的精英教育」，而「總督府的教育乃是將台人同化在社會金字塔的中下層及底層」[45]。同時，因為日殖的幾乎前一半時期，台灣青年公學校畢業後繼續求學的選擇除國語學校外，僅有醫學校，故其成為當時台人的「最高學府」，因而醫師成為台灣進入殖民現代化之後主要的社會菁英，自此造成了台灣有為青年必須學醫的傳統，其深遠影響待進一步探討[46]。

在培育初級工業人才的教育相關方面，在1919年殖民政府頒布第一次《台灣教育令》之前，只設有一間銜接公學校畢業生的工業講習所，這也就是戰後眾人所熟知的台北工業專科學校（台北工專）的前身[47]。這講習所在1912至1918年間，共訓練了192名台人[48]，其後於1919年更名為台北工業學

---

44 葉榮鐘（2000：63）因此感嘆「稅金的最大部分由台人負擔，教育等一切文化施設，其最大部分則由所謂母國人的日人來享受」。

45 至1942年為止，台灣人中學畢業生共17264人，職業學校畢業生計有6061人，只占到當時六百多萬台人的0.38％；而在台受過高等教育的台人共2508人，若加上師範生7314人，只占總人口的0.16％。吳文星（2008：90, 104）。

46 杜聰明於1909-1914年就讀於醫學校，後赴由中國賠款建立的京都帝國大學深造，1922年成為台灣第一位醫學博士。他在回憶錄（1973：34）中即言明當時從公學校畢業後，並沒有希望一定要做醫師，但因別無選擇而報考了醫學校。此處亦參考葉榮鐘（2000：57-72）關於總督府歧視性教育政策的討論。再則依據李東華（2014：23-24）對台大校史的研究，當1945年秋羅宗洛校長來台接收台大之時，顯因對過去歧視政策之反應，台籍師生反日情緒強烈，尤其是醫學院師生，極力反對羅宗洛為維持水準而擬暫時留用日籍教授的作法。

47 台北工專於1994年改名為國立台北技術學院，1997年升格為國立台北科技大學。參見北科大學校網頁上校史館資料，http://www.cc.ntut.edu.tw/~wwwhis/year.html。

48《台灣省五十一年來統計提要》，表473，頁1225。日後大同集團的創始人林尚志即是此講習所的畢業生。

校，兩年後又更名為台北第二工業學校，以有別於1918年在同一校區設立的日籍生就讀的台北第一工業學校。在第二次教育令頒布之後，因開始實行台日籍生共學制，第一與第二工業學校於1923年合併為一校[49]。

在七七事變日本展開全面侵華戰爭之後，因為配合軍需工業的設立所衍生的需求，殖民政府於1938年在台中增設了台中工業學校，並且兩校擴大招生，同時也有其他工業訓練學校設立[50]。整體而言，工業學校仍以日籍生為主體，在1937年之前，台籍生約只占每年一百多名畢業生的四分之一左右，而此後或因日人戰爭動員的影響，才使得日人比例逐漸減少[51]。上述的工業學校是銜接小學畢業生的訓練中等技術人才的實業教育學校，至於較高階的人才訓練，則是到了1931年才設立了台南高等工業學校。

1922年之後殖民政府終於較為全面的規畫台灣的教育體系[52]，小學（包括台人為主的公學校及日人為主的小學校）之上設立了五年制的中學（中學校）。銜接中學校畢業生的則先後設立了四所高等專門學校，其中工業部分是（原名為台南高等工業學校的）台南工業專門學校，是戰後成功大學工學院的前身。不過，這學校就如其他高等學校一樣，以訓練日籍生為主。表2.7呈現了殖民時期歷年三所高等專門學校的畢業生人數，以及其中台籍與日籍生的分布比例。台南高等工業專門學校，從1933至1942年間，畢業生共772名，其中台籍生162名，只占到兩成，亦即日殖時期所訓練的台籍高等工程人員可能不到兩百人。此外，最高學府台北帝國大學直至1944年才設立了工學院。

台北帝大是日本帝國大學體系的一部分，是為培育日本統治菁英而設立。從1930至1943年，台北帝大的838名畢業生中161名（19％）為台籍畢業生，然而其中有近一半79位是醫科生。如前述，殖民政府很早就設立了

---

49 參見北科大學校網頁，http://www.cc.ntut.edu.tw/~wwwhis/year.html。

50 台灣教育會（編），1973，《台灣教育沿革誌》。

51 《台灣省五十一年來統計提要》，表473，頁1225。

52 如前述，日殖教育體系甚為複雜，早期缺乏規畫，後因應實際需要而逐步設立不同機構，其體系沿革可參見《台灣省五十一年來統計提要》中的表466，頁1207-1208。

培育西醫以取代中醫的醫學校，而後於1936年將其併入台北帝大新成立的醫學院。如果不計入醫學院畢業生，依照台北帝大原來的文理學院的規畫，則這14年中台籍生共畢業82名，只占總數的12％，每年平均不到6人[53]（表2.6）。

表2.6 台北帝國大學畢業學生人數，1930-1943

項別 / 年度	文政學部								理農學部								醫學部			文理學部合計			文理醫學部總計		
	哲學科		史學科		文學科		政學科		生物科		化學科		農學科		農化科										
	台	日	台	日	台	日	台	日	台	日	台	日	台	日	台	日	台	日	計	台	日	計	台	日	計
1930	2	1	1				1	9	1			5	3	15		8				5	41	46	5	41	46
1931	1			6	1	7	2	17	1			2		10		6				5	48	53	5	48	53
1932	2	1	3	3	3	3		16	4	1		4		17	1	8				9	57	66	9	57	66
1933	1			2		6	3	10	1	4		4	3	14	1	9				8	50	58	8	50	58
1934				3		3	2	8	2					11	1	4				5	35	40	5	35	40
1935			1	4	3	15			1		1	3	3	8	1	4				9	35	44	9	35	44
1936		2	2	5	6	4				1	1	1	5	1	1	3				10	21	31	10	21	31
1937	1		1	4	1	8			1		1	2		2	1	6				4	24	28	4	24	28
1938		1		4	5	9				1	1	1		3	1	3				10	24	34	10	24	34
1939		1		2		16				2	1	6	3	4			14	23	37	6	30	36	20	53	73
1940	1	1			4	13				2	1			9		7	22	18	40	5	33	38	27	51	78
1941				3		5		15	4	1				9		6	10	25	35	2	44	46	12	69	81
1942	3		4		3			19	3	1		8		24			27	12	39	2	70	72	29	82	111
1943	1		3		5		1	21	3		9			12			6	19	25	2	68	70	8	87	95
合計	12	2	31	7	54	36		180	2	26	8	47	17	144	10	86	79	97	176	82	580	662	161	677	838

資料來源：吳文星（2008：102），原資料引自台北帝國大學編，《台北帝國大學一覽》（台北：該校，1943）；台灣總督府總務局編，《台灣總督府第34-46統計書》，1930-1942年度（台北：該局）。

註：台北帝國大學於1928年3月成立。設文政及理農二學部，1935年增設醫學部，1942年將理農部分為理學部及農學部，1943年增設工學部。光復後由教育部接收，改稱國立台灣大學。

因為殖民政府以推動農業為主，並推展米糖外銷日本，因此商業與農林高等專門學校設立比較早。商業專校從1921至1942年共有2032名畢業生，其中台籍生425名（占21％）。農林專校從1924至1942年共有815名畢業生，其中台籍生99名（占12％）（表2.7）。如本書第七章將述及，或許因此

---

53 參見吳文星（2008：102）及李東華（2014：13-15）。

台灣戰後第一代工業企業創始人以具有商業經驗者居多，這是當時由日本統治者主導的環境所使然，無論是在經營環境或人才訓練上皆是如此。

表2.7　三所高等專門學校台籍畢業生人數及比例

年度別 \ 項別 \ 校別	農林專門學校			商業專門學校			工業專門學校		
	台籍生	日籍生	台生比例	台籍生	日籍生	台生比例	台籍生	日籍生	台生比例
1921				14	22	39%			
1922				11	37	23%			
1923				5	43	10%			
1924	9	11	45%	30	49	38%			
1925	23	19	55%	21	48	30%			
1926	35	23	60%	30	56	35%			
1927	4	42	9%	6	71	8%			
1928	2	29	6%	38	87	30%			
1929	1	34	3%	18	104	15%			
1930	2	22	8%	12	116	9%			
1931	0	27	0%	3	62	5%			
1932	1	36	3%	9	57	14%			
1933	3	41	7%	6	52	10%	32	29	52%
1934	1	44	2%	5	73	6%	25	51	33%
1935	3	35	8%	6	70	8%	15	50	23%
1936	4	31	11%	20	76	21%	16	46	26%
1937	2	42	5%	14	81	15%	9	54	14%
1938	3	43	7%	19	76	20%	10	52	16%
1939	2	42	5%	20	82	20%	8	54	13%
1940	2	53	4%	18	91	17%	9	64	12%
1941	1	69	1%	55	108	34%	9	66	12%
1942	1	73	1%	65	146	31%	29	144	17%
合計	99	716	12%	425	1607	21%	162	610	21%

資料來源：吳文星（2008：103）；原資料引自：台灣總督府文教局編，《台灣總督府學事年報》，大正10─昭和12年度；台灣總督府總務局編，《台灣總督府第41-46統計書》，昭和12─17年度。

註：台中農林專門學校於1919年設立。光復後改稱省立台中農業專科學校，是現國立中興大學之前身。2.台北高等商業學校於1919年設立，1943年改稱台北經濟專門學校。光復後改稱省立台北商業專科學校，旋改為省立法商學院，後併入台灣大學法學院。3.台南高等工業學校於1931年設立，後改稱台南工業專門學校，初設機械、電氣、應用化學三科，後增設土木、建築、電氣化學等三科。光復後改稱省立台南工業專科學校，旋於1946年升格為台灣省工學院，1956年改制為省立成功大學，增設文理學院及商學院，1971年改制為國立成功大學。4.以上三校皆招收中學校畢業生，修業年限三年。5.另一所高等專門學校為台北帝國大學附屬醫學專門

部，原為1899年設立的總督府醫學校，1919年改稱醫學專門學校，收公學校（小學）畢業生。1922年改收中學校畢業生，1927年改稱「台北醫學專門學校」。1936年改制為台北帝國大學附屬醫學專門部。

以上各校沿革說明引自：《台灣省五十一年來統計提要》，台灣省行政長官公署統計室編印，1946，頁1214-1218；以及國立成功大學校史網頁 http://web.ncku.edu.tw/files/11-1000-48-1.php；與台灣大學醫學院網頁 http://www.mc.ntu.edu.tw/C0/Pages/P1.aspx。

　　簡言之，日殖時期台灣新設立的現代工業，主要為製糖業以及後期的軍需工業，並以日資企業為主體，而這些企業中的管理與技術人才，主要由日本人擔任，因此稱此為工業飛地符合現實。再則，殖民政府的教育政策，也與此飛地型態相配合，高度限制台人參與高等教育的機會，也要到戰爭後期才開始推動以皇民化為目的的普及化義務教育。因此，台人在日資工業企業中主要擔任中下層的低技術或非技術的工作。不過，因為現實上的需要，如前述到了日殖後期，台人在中低階技術人員中占到二成的比例，其他範疇也有所進展，這些方面顯已有所累積，只是在關鍵的資本、高階管理與技術層次，到了1945年仍是明顯由日人主控。因此在戰後日本人因戰敗而全面撤離時，在被接收的工業企業中留下嚴重的管理與技術人才的缺口。

　　此外，因日殖時期在台受高等教育困難，不少台人遂前往日本、中國大陸及歐美留學，而以留日者為多，雖說確切數據不足，且早年多數不是去就讀大專，但估計如此培育之知識菁英應數倍於在島內受高等教育者。不過所讀科系的選擇顯然仍舊受到島內職業機會的影響，例如以1936年為例，留日專科以上學生以修習醫科與法科為最多，分別占53.3％與21.4％，而主修理、工與農科的比例皆低於2％，經濟與商科的比例則各約有7％[54]。亦即由於在台灣本身台人難以參與現代工業的管理與技術部門，更無法與聞公共事務的管理工作，因此留學生也很少選擇進修這些方面的學科。在戰後，因為日本人的撤離以及國府積極推動本地經濟發展，開始需要這些方面的本地人才，包括規畫經濟發展的人力，而這人才缺口當然主要是源於日殖時期在職

---

54 吳文星（2008：104-115）。

業與教育上的歧視性政策，而留學機會也並未能夠幫助填補這個缺口。

六、結語

　　日本的殖民統治是否幫助奠立了台灣現代化的基礎？答案應該是肯定的。然而，若問說日本的殖民統治是否「自然地」帶來了台灣戰後的經濟發展，或說台灣戰後的經濟發展是否是日本的殖民統治的「自然延續」？答案則清楚是否定的。日本殖民時期的現代化建設只意味著戰後發展工業化得以有比較好的啟始條件，而並不意味工業化必然會自動地隨之而來。

　　日本殖民者占據台灣之後，建立了各種現代化的制度與組織，以及具有相當規模的硬體基礎建設，同時幫助建立了較為現代化的農業，卻還保留了地主經濟體制。殖民政府雖是甚有效率且具動力的經濟發展推動者，但是目標是維持日本殖民統治並扶植日本資本，並以歧視政策壓抑本地資本的發展。因此在現代工業部分，無論是糖業或軍需工業幾乎都是日資主導。日殖時期的官僚體制及工業企業中，管理與技術人員主要皆為日人，而島內的教育體系則與此政策設計相配合，同時留學生的科系選擇也與此相呼應，都沒培育此方面的本地人才。因此當日本戰敗投降後，負責台灣現代工業的規畫官僚與工業企業主要人員都必須撤離台灣，這工業飛地並無「自然延續」的條件。

　　台灣光復後，日殖時期的歧視政策不在，日資優勢經濟力移出，而國府則在逐步穩定秩序後開始積極推動本地的經濟發展。而本地需要的規畫、管理與技術人才，則由大陸遷來的及本地培訓的人才逐步填補，這部分本書將於第四及第五章中討論。

　　因此，本書認同涂照彥（1991）對此問題的看法，他曾清楚表示反對矢內原忠雄的宣稱台灣已資本主義化的說法，涂照彥認為日本殖民者保留了台灣本地傳統的地主制而容忍買辦，並積極培育以日本資本家為中心的資本主義企業。亦即台灣新興的資本主義部分是從日本移植來的，而本土的傳統地主經濟並未因而動搖，不能說日殖時期台灣已經資本主義化了。他因此認為

在日本戰敗全面撤離之際，日本殖民統治並沒有在台灣留下會自行啟動的經濟發展的機制，台灣戰後工業化是由戰後才開始啟動的。

就作為日本帝國的殖民地而言，台灣的幸運之處其實在於日本勢力在戰後必須完全撤離，也就是說，這舊殖民母國在戰後無法如歐美列強一般，延續其在殖民地經濟的主導性地位。試想，當初台灣製造業就主要由日本三井、三菱等大財閥的相關企業所壟斷，它們的資本規模、技術與管理水平遠遠超過本地的傳統手工業者，若這結構在戰後得以持續存在，則本土企業必將難以有出頭的機會。因此如本書第七章所將呈現，戰後在日資撤離及日殖歧視政策不再之後，原先被壓制的本地經濟力量雖仍處於發軔階段，然此時得到空間而得以大量釋出。

就經濟發展而言，相較於其他落後國家，台灣的處境實在較為幸運，能夠將殖民者既有的強勢的政治與經濟勢力排除，取得了在地經濟力量發展的空間。二戰後，只有為數不多的日本與義大利殖民地有此特殊優渥的位置，其他歐美國家的殖民地多仍需要進行獨立戰爭。例如在東南亞，英法荷等國在太平洋戰爭中被日本打敗，被奪走了大部分殖民地，但在日本戰敗後竟仍都回來重占，企圖維續以往帝國主義的位置。同時，落後地區在取得政治獨立之後，既有的殖民經濟勢力也多繼續留存，壓縮在地經濟力量發展的空間。

各帝國殖民者多少都曾在殖民地進行過程度不一的現代化工程，日本殖民政府在殖民績效上並非特別優異。只是因為戰後台灣與南韓發展成績突出，因此有了所謂的東亞特殊論及日本殖民地據有特殊優勢的說法。但實際上如本章所檢視，從日本在台灣建立的工業飛地在日人撤離後，並無「自然延續」的可能。同時這些發現也與前述結構學派強調產業政策的角色的說法相一致，即落後國家追求經濟發展，扶植本土經濟的努力才是關鍵。

也就是說，日殖時期台灣經濟稱得上是一個典型的殖民地經濟，農業是以米糖出口為主的唯二作物型態，而現代工業部分則是日資主導的飛地。特殊之處則在於農業並非由一般的殖民大型農場（plantations）為之，而仍是由中國傳統的高度發展的地主經濟制度為之，但除此之外，符合一般殖民地

經濟典型。

　　同時，日本殖民現代化工程無疑留下了清楚痕跡。以供應日本為主的米糖經濟，使得台灣發展出一個典型的殖民地唯二作物型態，在缺乏比較利益情況下高度依賴受保護的市場。這就牽涉到如Ho（1978: 101-102）所提的殖民的「無形成本」。同時他也認為更重要的無形成本在於殖民統治阻礙了本地企業家的出現。因此如本書第七章所將呈現，戰後第一代的工業資本家幾乎都是戰後新興者，並且是沒有工業經驗者。不過，在其他非主要功能上本地人已有所累積，同時日本現代工業也帶來了示範及外溢效果，但實際作用卻不容易評估。例如，日殖時期日資工業周圍確有本地中小企業出現，同時台人在日資企業中的學習及建立的網絡人脈，在日後多有深遠影響。不過，這些影響在短期無助於填補日人的空缺。此外，當還有其他無形成本是本書所無法涵蓋的。這些相關問題將在本書第七章探討台灣戰後第一代資本家源起時再一併做進一步討論。

　　更重要的是如涂照彥（1991：535）所強調，當時傳統的地主制度仍然是社會的主體。因此，是戰後國府推動的土地改革使得這傳統地主經濟退出了歷史舞台，協助啟動台灣的工業化。本書下一章將詳述這啟動的過程及緣由。

第三章

台灣農村土地改革的前因後果
1949-1953

　　國民政府在台灣戰後初期的諸多政策作為中，農村土地改革應稱得上是最具有劃時代意義的一項變革[1]。或許也正因為如此，土地改革在過六十年後的今日，也仍然是個充滿爭議的議題。

　　台灣當時全面性的土地改革主要包括1949年的三七五減租，1951年的公地放領，及1953年實施的耕者有其田[2]。說這些政策作為是劃時代的變革，是因為它以國家的強制性力量，大舉改變了社會經濟結構，可以說結束了傳統的地主經濟，也削弱了原有農村地主階級的社會經濟基礎。在傳統的地主經濟下，社會菁英主要的積累方式是擴大擁有出租耕地，以土地獲取佃農繳交的地租及貸款利息，以及社會地位與權力。而土地改革的減租措施已使得耕地的價格大跌，耕者有其田政策更進一步徵收了地主限額以上的土

1　本章將不討論都市的土地改革，文後所稱土改皆僅指涉農村的土地改革。台灣戰後時期，政府在推動農村土改的同時，也開始推動都市土地改革，但該次都市土改成效不彰，並成為後來城鄉治理的問題根源，可參見廖彥豪（2013）。

2　在1945到1949年之間，台灣省政府（及其前身行政長官公署）已進行了一些土地改革相關措施。當時國民政府在大陸上陸續頒布了一些土地改革相關規定，如1946年新修訂的《土地法》即有扶植自耕農的規定，1947年元旦公布的《中華民國憲法》，在基本國策章即列有「國家對於土地之分配與整理，應以扶植自耕農及自行使用土地人為原則，並規定其適當經營之面積」；同年，行政院對全國發布訓令，規定地租為正產物千分之三七五。其後台灣省政府就將放租之公有耕地之地租訂在更低的四分之一水準，屏東市也同時在此時曾試辦過耕地減租，不過這些尚非全面性的作法。參見湯惠蓀（1954）。

地，基本消除了農村地主積累方式的可行性及可欲性。雖然台灣的土地改革較為溫和，農村地主受到的待遇和同時期中國大陸土改中地主的遭遇不可同日而語，同時因地主得以有保留地，故仍有近半的出租耕地未被徵收，但是他們得到的補償已不可能與往日相比擬，是一個被削弱的階級，必須另尋出路。由於這個階級一向是傳統農業社會的領導階層，因此無論如何它的削弱是個革命性的社會變革。

　　既然土地改革是由政府主動推動實施，顯然不是一個自然而然發生的歷史演變，我們就必須要問以下的問題：這革命性變革「為什麼」產生？支持推動土地改革的理論根據是哪些？在歷史現實中，當時國民政府進行土改的緣由是什麼？為何能夠及「如何」成功地做到？是否達到了原先預期的目標？土改的成效與長期影響是什麼？本章將試圖藉由對既有文獻的整理，來回答上述的問題。在台灣戰後初期，國府將自己所推動的土地改革宣揚為造福農民及追求社會公平的「德政」，然而近三、四十年來隨著民主化運動的興起，出現不少對當初土改多所否定的翻案文獻，同時由此運動發展出來的當今社會流行的論述也對當初的土改持否定的態度。本章主要是要重新探討如何看待戰後初期國府在台灣的土地改革，將特別強調探討的視野，即應該要放在後進國家如何進行現代化經濟發展的角度，而不是靜態的孤立的評判一件土地改革事件，並避免陷於一時的黨派之爭。

一、推動現代土地改革的理論性說法

　　土地問題是一個有古老歷史的問題，中外皆然，不同地區在不同歷史時期也呈現出諸多不同的土地制度，此處無法對此龐大複雜的問題進行討論。本節主要是針對20世紀中期在台灣發生的土地改革，探討相關的支持土地改革的理論性說法。在討論土地改革的理論時，之所以必須說明歷史的時空背景，是因為不同時空背景下的土地改革，相關的因素與考量可能有很大的差距。至於此次台灣土改的現實上的推動者——即1949-1953年的國民政府，到底是出於何種動機、何種目的來推動土改，則將留待下一節討論。

　　簡言之，今日主流現代社會科學中關於改革土地制度的討論，會關注平等與效率的層面，即土地的分配是否過於不均以致會帶來社會的動亂；不均的分配是否使得農業生產效率過於低落，使得人民難以溫飽而政府也無法取得稅賦而難以為繼。在傳統農業社會中，土地制度是一根本性的制度，牽涉到經濟社會層面，更牽動政權的能否維繫。

　　現今主流新古典經濟學基本認同市場的結果，不會同意對既有的私有財產權進行干預，因此不會認同土地改革。不過即使如此，單就效率的考量而言，按照現代主流經濟學的分析，仍有可能為了增進生產效率而為後進地區進行土地改革提供理論上的支持[3]，此種分析的切入角度是探討「何種制度安排能帶來最高的生產效率」。因為農業生產有其特殊性，地主要監督勞動很困難且成本很高。再則，農業生產具有不確定性，又無法經由保險及金融市場來解消。同時，自耕農家庭勞動力的機會成本可能會低於雇傭農工的機會成本。因此地主若用雇農或租給佃農生產，會因為風險分擔、誘因不足及監督不易等因素，而不能達到最高效率[4]。相較之下，自耕農生產會是更具有效率的安排。既然佃農未必有能力自行購買土地成為自耕農，就必須進行土地改革來讓耕者有其田，以增進農業效率。這是主流經濟學對於土改的可能理論支持。同時，如Lipton（2009: Ch. 2）所指出，與先進國情況不同，在大多數後進國家裡農場大小與土地生產力成反比，顯示在人多地少的後進國，小農較能有效利用勞力，因此土改也能增進農業產出。

　　不過，在現實中很少會為了提高效率，而倡議進行如土地改革這樣革命性的變革，因為土改必然會侵害到既有地主的利益，不可能是沒有爭議的Pareto improvement[5]。提倡土改多是從社會公平的角度出發，例如Lipton

---

3　此處參考Ray（1998: 415-463）發展經濟學的高階教科書中，關於農村土地及土地改革的討論。

4　張五常（Cheung, 1969）認為若佃農能享有土地的使用權、自由轉讓權與不受干預的收入享用權時，則租佃制度可以是有效率的。然而如何欣潔（2015）所指出，在台灣歷史現實中這些「權利」卻是經由土改才可能得以確立的。

5　經濟學上這意指某種類型的資源分配上的改變，其可以使至少一人情況獲得改善，但不會

（2009: 1）這本討論土地改革的重要著作，一開始即提出說土改是為了「減少貧窮」。一般贊成土改的說法多是認為國家的土地分配高度不均，少數地主擁有多數土地，並收取高額地租，攫取過多社會剩餘，導致社會貧富兩極分化對立，極多下層人民貧窮飢餓難以維生。再則，如Stiglitz（2002：81）在批評IMF政策過於服膺華盛頓共識時，也提及其忽略了既可促進公平造福農民也有助於經濟發展的土地改革[6]。

　　Huntington（2006: 380-396）對戰後時期的土地改革的政治問題作了綜合整理，他用兩項指標來將國家分類，一是農業占勞動力的比例，一是土地分配的不均度，而當然工業化程度越低且土地分配不均度越高的落後國家，農民對土地改革的要求對政治的影響越大。而只有當國家有足夠的政治菁英立意推動土地改革，並且農民被有組織的動員起來時，土地改革才具有可行性。因土地改革必然侵蝕既有地主階層的利益，沒有政治強制力是難以發生的，他指出多數的土地改革是由革命推動的，而議會政治下土地改革難以發生，因在需要土地改革的國家中議員多是既有地主菁英。

　　戰後美國土改專家雷正琪（Wolf Ladejinsky）對此也有很清楚的表述。他（1964）曾指出，亞洲土地改革成功的關鍵在於政治意志；因為土地改革清楚侵害地主的利益，不可能由「民主的」方式發生，政府的強力干預不可避免；日本與台灣的土地改革之所以「和平」，是因為地主知道若不服從會遭遇嚴重懲罰[7]；同時，土地改革後為了維繫土改成果，必須在鄉土社會權

損及任何其他人的利益。

6　Stiglitz（2002: 80-81）批評IMF執著於自由放任型的華盛頓共識政策，而對於其所著重的事項有高度選擇性：IMF強調維持物價穩定而不注重失業問題，強調減低財稅赤字而不談土改；它會批評對富人徵收超過50％的所得稅率，認為其會有負面影響，但是對佃農需負擔50％以上的地租的普遍現象卻視而不見。Stiglitz認為這些國際組織若真的關心發展，就應該在後進國家推動土地改革。

7　在台灣，除了以淪於中共統治作為威脅之外，國府也對不合作的地主訂有罰則。例如1951年頒布的《耕地三七五減租條例》就有刑罰的規定，包括違反條例終止租約及拒絕續約的地主，應處一年以下有期徒刑或拘役等。其後的《實施耕者有其田條例》也訂有刑法罰則。湯惠蓀（1954：126, 136-137）。

力結構上鞏固佃農與自耕農的地位。

　　墨西哥的土地改革經驗即可作為佐證[8]。19世紀墨西哥獨立戰爭後，地主菁英大幅攫取土地，以致1％的人擁有超過九成的土地。因此在20世紀初又引發了一場激烈的農民戰爭，農民最終雖然失敗，但當權者必須要進行安撫，因此1917年的新憲法中有了土改條款，即給予政府重新分配地主土地的權力，但實施經年成效卻極有限。1934年一位印地安農運領袖Cardenas以土地改革為號召當選總統，當選後開始大力進行土改，重分配了地主部分土地，使得無地農民的比例從1930年的68％降至1940年的36％，並創設農村合作社。但這成果在後來都被翻轉，到了1960年無地農民的比例又達農業人口之半數。這是因為大地主仍擁有巨大實質性政治影響力[9]，使得農村合作社不易得到原被承諾的必要的基礎設施、水利、融資、技術及社會服務等要素。Cardenas無法改變既有社會體制，因而土改成果長期難以維繫。

　　土地改革不論是減租還是限田，都必須改變農村中的政治社會權力結構，使得地主階級不再起主導作用。同時，政府必須提供必要的生產要素及融資，讓新自耕農得以維持其地位，否則收成的波動很可能會使新自耕農依賴高利貸，並再引發土地兼併等逆轉土地改革成果的發展。亦即這不單是強制性高的政策，並且是需要複雜配合條件的高難度的政策。單單在理論上倡議民選政府採取此等政策，甚難有成效。

　　戰後初期，雷正琪曾提出一種代表當時冷戰背景的土改論述，他認為歷史經驗已經證明共產主義能夠鼓動貧窮的無地農民起來造反，因此後進國家必須進行由上而下的土地改革，政治才能安定，經濟才能發展，不然就會產生由共產黨領導的由下而上的農民革命。因此西方自由民主世界的維繫，實有賴於後進地區能否成功進行土地改革[10]。這可稱之為「冷戰土改論」，而麥

8　Bagchi（1982: 160-166）。

9　Cardenas土改時規定地主的地不能超過一百公頃，但在多數地區地主用人頭登記方式規避土地徵收。他任期於1940年結束，其後限田上限隨即被提高，終至無效。100公頃約等於103甲土地，而台灣限田上限為3甲水田。拉丁美洲土地分配之不均程度確實遠超過東亞。

10　參見Ladejinsky（1977: 204-214, 354-366）。雷正琪從1945年底即加入麥克阿瑟領導的統治

克阿瑟領導的盟軍最高統帥總部（簡稱盟總）[11]之所以從1945年占領日本後，立即就開始推動土地改革，也是根據此一理論。在冷戰初期，美國依此理論曾對一些後進地區的土地改革給予過程度不一的支持[12]。

　　冷戰土改論的基礎是認定共產主義運動會鼓動無地農民起義，因此需進行溫和土改以預防共產力量的傳播。在二戰後初期，前殖民地紛紛爭取政治獨立，在獨立運動過程中，政治菁英常以土地改革為號召以動員農民參與，取得政權後也有一些國家試圖進行土改，雖說成功的案例不多。當然其中最重要的一個發展，是中國共產黨以土地革命成功動員農民，在1949年擊敗國民政府取得政權，這使得冷戰土改論在當時顯得迫切而即時。

　　這冷戰土改論的產生源於戰後初期的現實政治狀態，然而，真正的緣起則需推至20世紀初俄國共產革命的成功。在當初俄國革命是以馬克思的左翼無產階級革命理論為基礎，絕非是農業社會農民起義式的革命。但是當時俄國經濟落後而農村人口超過八成，因此俄國革命成功後，俄共立即進行土地改革，沒收地主土地以爭取農民，並朝消滅私有制的共產理想邁進。其後俄共為推動國際共產運動而建立的第三國際，也指示各落後地區的共產黨應以推動土地改革為目標之一。在當時俄國共產革命的成功及其進行的土地改革，對於其他落後國家有極大的啟發性影響。這現實政治的因素或許遠較其他因素重要。

　　由共產主義運動來領導農業社會進行土地革命，這或許是歷史的超前或壓縮式的發展。不過，馬克思主義是以綜合西歐資本主義的發展過程為基

戰後日本的盟軍最高統帥總部，高度參與了日本的土地改革。在台灣進行土改時期，他曾應陳誠之邀以美國顧問身分協助農復會的土改事務。之後三十年內持續在亞洲擔任多處的土地改革顧問，包括印度、越南、菲律賓及伊朗等地，被稱為 "Mr. Land Reform"。他事業後期則到印度擔任土改顧問多年，對於印度農民即使遇到極端困苦仍多不起來反抗，感到高度困惑（Ladejinsky, 1977: 3-22）。

11 英文為 Supreme Commander of the Allied Powers，雖說是盟軍，但其實是美軍單獨接收日本。1952年4月28日《舊金山和約》簽訂後，盟總才結束占領日本。

12 參見Gittinger（1961）。冷戰土改論與新古典經濟學派強調維護私有產權並不一致，下一節論及美國因素時將再進一步討論。

礎，而這過程中至為關鍵的環節，即是封建貴族的沒落以及資產階級的興起。在不同國家這過程皆有所不同，最激烈的當屬1789年開始的法國大革命。到了19世紀中期，西歐各國政權體制的轉換已大致完成。資產階級革命除了廢除了封建特權之外，也掃除了阻礙資本及市場自由運作的各種行業及貿易壁壘，製造了失去土地的自由勞動力，也逐步建立支持這新生產模式的各種法律規章與制度[13]。與此相配合，那時古典經濟學大師如亞當·斯密及李嘉圖，也都認同新興資產階級而敵視地主階級，認為地租收入與努力無關，是拜整體經濟成長之賜的一種壟斷性收入[14]。馬克思一方面繼承了古典經濟學的傳統，同時更是要提出超越資產階級革命階段進入社會主義發展的理論與願景，而資產階級革命消滅封建地主階級當是理所當然的發展。到了俄共，土地改革則成為俄國以及落後國家現代化工程的必要部分了。而這也為其他落後國家設立了一個範例，即以源自反抗資本主義的左翼理論為理論工具來推動土地改革，既是追求社會公平也是推動國家現代化的進程。這發展也與下節的討論密切相關。

二、台灣土地改革為何發生：歷史性探討

　　上節討論的是支持土地改革的理論性說法，本節則要來探討國民政府「為什麼」在戰後台灣進行了農村土地改革，即國府在1949-1953年間進行減租與耕者有其田等土地改革政策。對於其此時推動土改的動機近年來有些相關的討論，本節也將從歷史脈絡提出本書的看法。

　　眾所周知，國民黨在大陸時期並沒有真正實行土地改革，要到退守台灣之後才真正實施，並且成功的實現了。要理解這轉變，就必須回到國共長期

13　Marx（1976）馬克思的資本論中對此有詳細的論述。

14　「當一個國家的土地成為私有財產時，則地主就立即會想要不勞而獲，進而提出收地租的要求」（Smith 1976: Vol. 1, 56）；「地租的增長都是源於國家財富的成長……那是一個現象，而永遠不會是財富增加的原因」（Ricardo 1973: 40）。也可參照 Smith（1976: Vol. 1, 161-287; 351-371）及 Ricardo（1973: Ch. 2）。

鬥爭的歷史中去尋求答案。

對於為何在台灣進行土地改革，官方的理論說法為何？中國農村復興聯合委員會（農復會）1954年出版的《台灣之土地改革》一書中提出了如下說法：土地有限而人口眾多，「益以富者田連阡陌而未必自耕，貧者地無立錐而卻賴耕作以自活，於是不合理的租佃制度因而形成」；「地租租額占耕地主要作物正產品全年收穫量百分之五十，高者且達百分之七十。此外，猶有押租金及種種額外負擔。租期不定，地主得隨時撤佃；租約以書面訂立者極少，大約係口頭約定」等[15]。基本上是引用公平的原則。

國民政府在論及土地改革時，一向必定會援引孫中山的遺教，其中「平均地權」是同盟會於1905年成立時即已提出的革命目標之一[16]，這部分引自中國傳統如均田等平均地權的思想，以及19世紀末20世紀初歐美當時社會主義的思潮，尤其是亨利・喬治（Henry George）等關於土地漲價應該歸公的論述。不過，關於土地改革的部分則必須從孫中山的聯俄容共說起。

（一）孫中山聯俄容共

孫中山因國民革命的一再失敗，亟於改造國民黨的組織，擬借鏡俄國革命成功的經驗；同時，在他持續為資源匱乏、危機不斷的廣州政府尋求外援之時，其他列強卻都支持北洋政府，當時在現實上只有新成立不久的蘇維埃俄國願意提供實質的援助。同時，在五四運動後，革命後的俄國政府宣稱放棄對中國的不平等條約，引發中國民眾普遍好感[17]。他因而於1923年推動聯俄容共，蘇聯顧問鮑羅廷則帶來了建立列寧式革命先鋒隊政黨，以及建立現代化國民革命軍的計畫，促使國民黨轉型成為一個具群眾基礎、有組織的現

---

15 引自湯惠蓀（1954：4-5）。台灣省文獻委員會（1989：1-3）所述亦同。

16 同盟會的革命綱領為「驅除韃虜、恢復中華、創立民國、平均地權」。

17 羅家倫（1978）在其主編的國民黨黨史史料《革命文獻》（第九輯：前言）簡述容共清黨過程時，就是把國民黨當初之所以聯俄容共，除了因為俄國及中共之「欺騙」之外，歸因於俄國「利用中國革命運動所遭受的逆境」，即「帝國主義以軍閥為傀儡，每個軍閥後面都有牽線的人」，「恰好蘇俄已放棄不平等條約，聯合被壓迫民族等主張相號召」；事後才認識到這些背後「隱藏著一連串共產國際有計畫有步驟的陰謀」。

代政黨[18]，他也帶來了發動農民來支持國民革命的建議[19]。

　　隔年初國民黨在廣州舉行第一次全國代表大會，會議通過的宣言中即包含針對當時土地制度的改革[20]。當時共產黨員約占代表總數一成，並有三人擔任中央執行委員，七人任候補中央執行委員，農民部尤其是由中共黨人掌控，林祖涵任農民部長，彭湃為秘書。隨後國民黨在1924年7月至1926年9月期間，先後舉辦了六屆廣州農民運動講習所（農講所），共畢業學員772名。第一屆講習所的主任就是彭湃，他是一位於1922年就在家鄉廣東海豐推動農民運動的，留過學的地主之子及農民運動的先驅[21]。隨後在國共合作尚未破局之前，國民黨於1926年10月訂定的黨綱中，就包括將既有地租減少25%（二五減租）[22]。

　　國民黨於1924年採聯俄容共政策進行改組之前，孫中山曾提出「平均地權」主張，主要內容是徵收地價稅和按徵稅地價收買土地。此時，國民黨黨員為數不多且主要是城市知識菁英，未曾有過發動農民運動的想法[23]。不過，蘇聯顧問鮑羅廷在1923年後，不單擔任國民黨改組的「組織教練員」

---

18 此處關於國民黨聯俄容共的歷史，主要參考Wilbur（1976: Chs.5-8）及王奇生（2006, 2010）。

19 王奇生（2006：477）。

20 宣言中提出「國民黨之主張，則以為農民之缺乏田地，淪為佃戶者，國家當給以土地，資其耕作，並為之整頓水利，移殖荒徼，以均地力。農民之缺乏資本，至於高利借貸以負債終身者，國家為之籌設調劑機關，如農民銀行等，供其匱乏，然後農得享人生應有之樂」（羅家倫1978，第八輯，頁124）。

21 農講所第六屆的所長為毛澤東；參見王全營等（1989：60-68, 79-93），及Bianco（1986: 307-322）。在彭湃在海豐發動農運之前，早期共產黨人沈定一已於1921年在浙江蕭山發動了中國第一個現代農民運動。不過這些都屬個別行為，而非出於政黨決策；王奇生（2006：476）。

22 根據湯惠蓀（1954：15），二五減租「即就原來約定的租額，減去百分之二十五。此因大陸若干地區之地租，多採業佃五五對分制……減去百分之二十五之後，即租額降至不超過耕地年收穫量千分之三百七十五，較為合理。是為二五減租理論上之依據」。

23 在1924年國民黨在以俄為師進行改組之前，不單組織鬆散，「黨員不是會黨，就是海外華僑」；參見王奇生（2010：22）。早期中共黨員則是以知識青年為主，依據馬克思理論而較重視工人運動。

角色，並帶來了發動農民來支持國民革命的具體建議，就是共產國際原先對中國共產黨所下達的指示，即「沒收地主土地分給貧農」[24]。如此激烈的處方立即引來諸多國民黨內反對聲浪，孫中山最後並未同意沒收土地的政綱，但答應列入減租與設立農民協會[25]，因此也有了農民運動講習所的設立。孫中山1924年在〈民生主義第三講〉[26]即提出耕者有其田的說法，其理由就包含了公平、效率與經濟發展的考量。他發表上述演講之後，過幾天即以「耕者要有其田」為題，去廣州第一屆農講所的畢業典禮上演講。講詞清楚呈現出現代革命邏輯：農民是中國人民之中的最大多數，如果農民不來參加革命，我們革命就沒有基礎，要解決農民的痛苦，就是要耕者有其田[27]。這點出他提倡土地改革，是因為他要救亡圖存，建立一個現代化新中國，土地改革可以拉攏農民，也符合他平等均富的理想。就是說，土地改革不只為了公平，更是社會改造工程計畫，為了建立現代中國。而這部分當然日後中國共產黨的農民運動，有了更為極致的發揮。不過，孫中山在演講中對來受訓的農民運動者提出的指示是溫和的。他並不認同去仿效俄國於革命後所採取的急進的土地充公的辦法，而是「要對農民去宣傳，把農民的痛苦講得很清楚」，「農民有了覺悟，自然要來向政府求救」[28]，農民組織起來後才能進行下一步。如Wilbur（1976: 213）所言，孫中山希望採取調和式的政策，期待國民黨能夠代表全民的利益。國民黨在南方組織工會有長期歷史，但確實是在聯

---

24 列寧領導俄國革命時，就已經成功藉由採取分田給無地農民的策略，而得到廣大的民眾支持。共產國際的指導方針認為在資本主義未發達地區，革命策略不能只是依賴工人無產階級，工農聯盟至為重要；參見Ladejinsky（1977）。此外，在1923年初共產國際即已對中共發出指示，「明確要求中共在進行民族革命和建立反帝戰線之際，必須同時進行反對封建主義殘餘的農民土地革命，包括沒收地主和寺廟土地無償分給農民」；王奇生（2006：477）。

25 Wilbur（1976: 177）。

26 《國父全集》，第一冊，第161頁。

27 孫文等（1948：1-4）。

28 孫文等（1948：1-4）。依據他與俄國顧問鮑羅廷的談話，孫中山主張組織農會，等農會有力量之後，才能進行反對地主的活動，不然會使地主先於農民組織起來（魏文享，2009：53）。他也在此次演講中陳述此理。

俄的影響下，才開始發展農民運動。

　　而加入了國民黨的共產黨人則努力推動農民運動，掌控農民部的中共黨人，在此過程中訓練了不少農民運動者，逐步發展組織力量與相關論述，毛澤東在農講所講授並發表了〈中國社會各階級的分析〉，他在回到湖南配合北伐發動農民運動之後，繼而發表著名的〈湖南農民運動考察報告〉。日後中共在其革命路線上雖然發生諸多鬥爭，但最終是以採取動員貧下中農、沒收地主土地分田的武力革命路線為主軸。

（二）國共決裂與競爭

　　國民革命軍從1926年中開始北伐，與此同時以共產黨人為主的國民黨人，在多個地區尤其是湖南推動農民運動支援北伐。這雖然幫助了北伐的進行，但也突出了農民與地主的對立，因而激化了國共間的矛盾，導致寧漢分裂及次年蔣中正進行清黨，結束了第一次的國共合作[29]。從此，國共兩黨正式開始了爭奪中國領導權的競爭，其中包括爭取農民力量的競賽。

　　在寧漢分裂之前，仍包含左派的國民黨在1926年將二五減租正式列為政綱之一，此後也未曾取消過。次年在廣東、兩湖、江蘇及浙江曾頒布減租法令，但國共決裂後其他四省皆取消減租，只有浙江曾實際實施，不過最終仍以失敗收場。1930年國民政府頒布《土地法》，規定「地租不得超過耕地正產物收穫總額千分之三百七十五」，於1936年開始施行，但幾無成效[30]。同時，在1930年代國民黨「剿赤匪」時期，對於從中共手中奪回的「收復區」，採取「田還原主」的政策[31]。中共原即揭櫫工農階級立場反對地主，國民黨則一向宣稱代表全民，反對階級鬥爭，反對沒收地主土地充公。但日後

29　參見Wilbur（1983）及王奇生（2006：476-502）。關於此次是否能稱為國共「合作」，國民黨是容共還是聯共，仍是國共間之爭議，參見王奇生（2010：56-62）。

30　陳誠在1940年擔任湖北省主席時，曾在其轄下14個縣實施二五減租，但在他於1943年離職後也難以為繼。陳誠（1951：8-15）、張憲秋（1990：15）。

31　1932年6月國民黨在廬山召開五省代表會議，通過《剿匪區內各省農村土地處理條例》，規定「被匪分散之田地及其他不動產所引起之糾紛，一律以發還原主，確定其所有權為原則」。楊天石（2010：46, 54）。

隨著中共影響力的擴大，國府維護地主的立場也因受此壓力而開始改變。到了戰後1946年10月國共內戰期間國府公布《綏靖區土地處理辦法》，規定收復區內曾被中共分配的土地徵收後交原佃戶承領，且租額不得超過農產正產物三分之一；不過，地主還鄉團多隨著國軍而至，實際上仍多是田還原主。

　　隨著國共軍事衝突擴大，中共農民軍隊的力量日漸凸顯，國民黨地政改革派行動終於轉趨積極，於1947年春成立中國土地改革協會，於次年提出推動耕者有其田的「土地改革方案」，並發行《土地改革》半月刊[32]，除宣揚其土改方案外，也透過其過去在地政學院所訓練之地政人員推動改革實驗並進行串連。在1948年9月該協會正式於立法院（行憲後第一期第二屆院會）提出《農地改革法草案》，先在院會經過三次激辯，於10月決議交委員會審查[33]，但是11月初關鍵性的東北戰役以國府軍隊敗北收場，此後國府在軍事上節節敗退，此法案似也無疾而終。到了1949年1月12日蔣中正於下台前數日仍發布《綏靖區土地處理暫行條例》[34]，加入耕者有其田辦法，但已無任何實際意義。至今公認中國共產黨在抗戰期間，藉由進行土地改革來動員組織農民反抗日本侵略，進而取得糧食、兵源與政治支持，藉此得以壯大。因而在抗戰結束時，它可以宣稱黨員數已經超過百萬，正規軍91萬，控制區的人口近億[35]。中共隨後在1945到1949年國共內戰時期，繼續高度依賴土地改革來動員農民支持戰事，直至徹底擊敗國民政府使其退守台灣。[36]

　　以上對歷史背景的說明，主要是要指出中共的農村土地改革路線，持續的對國民黨帶來競爭性的壓力。這從第一次國共合作時就已開始，但當時壓力不是最大，因此孫中山逝世後的國民黨即決定清除共黨、明白拒絕這樣的革命路線。但在抗日戰爭及其後國共內戰期間，中共採取的農村革命策略，

32　土地改革編輯委員會（1948a）。

33　土地改革編輯委員會（1948b, c）。

34　http://www.president.gov.tw/Default.aspx?tabid=84&lctl=view&itemid=7432&ctid=96&q= 。

35　參見van Slyke（1986）、Johnson（1962）及陳永發（1998）。

36　陳永發（1998：第五章）。

逐步顯現其優勢，直至最後中共的農民軍隊徹底擊敗了配備美國先進武器的國民政府軍隊，這優勢可說達其顛峰，必然對敗守台灣的國民黨高層造成刻骨銘心之衝擊。

（三）國共競爭的歷史脈絡

在此提出這國共競爭的歷史視野，是要由此來說明國民政府為何在台灣施行了土地改革，本書將稱之為「國共競爭說」[37]。如前述，在20世紀初俄國革命以無產階級革命為主軸的左翼理論為依據，而超前式地進行了土地革命之後，落後國家的現代化工程中土地改革已成為主要工作項目之一。我們應把國共兩黨看作是兩種發展路線的鬥爭，是為了爭取中國現代化領導權的鬥爭。國民黨一向宣稱繼承孫中山國民革命的傳承，號稱代表全民因而要進行溫和改革，而反對中共的階級革命路線，故不可能放棄國民革命承擔者的角色。中共雖從建黨初始就宣稱要進行無產階級革命，但也是要以此革命路線領導中國的現代化。這是兩種不同的現代化路線的鬥爭。

對於這競爭中的國共兩黨，土地改革的正當性主要來自其對公平的追求，也同時是現代化的救國之道。國共兩黨都以革命政黨自居，即使如共產黨的領導階層也有不少是地主仕紳之後，如Bianco（1986: 318）所指出，中國革命開始於處在危機中的社會菁英之間的對立，代間的對立尤其顯著，年輕一代的革命者在投入農民運動前，先背叛了他們的家庭與階級。

在1920年代國民革命時期，國共「兩黨黨員大致來自同一個社會階層和社會群體，其主體均是五四知識青年」[38]，不過國民黨清黨之後有很大的變化，清黨雖重創中共，但也使得國民黨打擊排除了一批有理想的年輕黨員，

---

[37] 對此問題，台灣反國民黨陣營一向有一種「外來政權說」，其相關說法將在下小節一併討論。

[38] 王奇生（2010：28-50）。國共兩黨在此以俄為師、國民黨聯俄容共的時期，兩者都有了很大的發展，皆吸引了無數知識青年加入。不過中共組織嚴密，國民黨則來者不拒，以至於黨員數急速擴大，但組織鬆散。其後，王奇生認為國民黨組織在二戰前呈現「上層有黨，下層無黨；城市有黨，鄉村無黨；沿海有黨，內地無黨」的格局（頁307），而抗戰時黨組織空前膨脹但卻陷入混亂，而戰後則是派系傾軋表面化之時（第13-14章）。

自此對有志青年號召力大減[39]。根據王奇生（2010），在清黨後至抗戰前，國民黨黨員數雖有所增長，但主要仍在沿海城市，並呈現高度軍事化傾向，軍人黨員迅速從1929年的30萬增至101萬，而普通黨員在清黨後從60萬減少了2/3，到1937年緩慢回升至52萬多人（頁294-295）。普通黨員中則主要「網羅社會各界既有的權勢精英……集中於知識界和政界」，知識界黨員占普通黨員數的三分之一，政界主要是黨政機關人員，同時清黨之後農工黨員比例驟減。而1934年中共黨員中農工比例達九成以上（頁308-309）。抗戰時期國民黨組織規模大幅擴大，至1945年普通黨員增至264萬人，軍隊黨員423萬人，同時期中共黨員增為121萬人（頁342）。不過國民黨戰時藉由黨員數量擴張來鞏固政權的策略顯然失敗，蔣中正在敗守台灣之後，反省時認為黨內分裂是失敗總因，因而終於進行國民黨的改組[40]。這樣一個複雜的、歷史起於國民革命的政黨，將其簡單定性為地主階級政黨恐未必適合[41]，也會無法解釋它為何終於在台灣奮力進行土地改革。

　　國府在台灣推動土改政策的動力主要來自國共競爭，這可進一步做以下的區分，狹義現實面的動機包括確保中共潛伏分子無法在台灣農村策動革命，廣義的政治宣示面則包括與中共競奪中國領導權，要證明自身的土改路

---

[39] 連負責清黨的陳立夫，在晚年亦承認清黨「對本黨之失去學界同情及一般民眾之失望，均屬無可補償之損失也」（王奇生，2010：143）。王奇生並認為這是一場國民黨內人才逆淘汰運動，有理想者被清除，而投機分子與土豪劣紳則藉機入黨並打擊異己（頁147）。同時，國民黨轉而禁止民眾運動，在1928年撤銷了國共合作時，為了要指導民眾運動而設立的農民、工人、商人、青年與婦女五部，改立官僚化、不重運動的「民眾訓練部」（頁152-153）。

[40] 楊天石（2010：465-466）。王奇生（2010：1）則認為國民黨學俄共只學了半套，「國民黨從來不是一個具有嚴密組織和高度內聚力的政黨。……黨機器長期處於派系紛爭和軟弱渙散的狀態，其離散而有限的『黨力』在相當程度上制約了它『訓政』的力度。國民黨只是一個弱勢獨裁政黨」。

[41] 梁漱溟（2006：28）就認為中國不像西方一向是階級對立的社會，中國社會是「倫理本位、職業分立」的社會，「非無貧富、貴賤之差，但升沉不定，流轉相通，對立之勢不成，斯不謂之階級社會爾」。梁漱溟此書原出版於1937年，此後與此問題相關的討論甚多，包括梁漱溟與毛澤東的辯論等，可參照賀照田（2012）。

徑與成果較為優越。除了公地放領之外，國府在台灣所實施的最主要的土改政策有二，一是1949年推動的三七五減租，一是1953年開始實施的耕者有其田，不過國府在推動此二事件的方式上有清楚的不同。前者源於狹義現實面動機，因而行事迅速堅決，後者源於廣義政治宣示目的，因而終對本省地主作出讓步。

蔣陳等人在台初期有強烈現實上的憂慮，擔心中共潛伏分子，在台灣也能如在大陸一般，藉由分田來鼓動農民起來造反，而中共為了統一中國確曾派遣幹部來台並吸收台灣青年入黨[42]。因此在1949年初大陸上國共內戰尚未結束時，為了穩定台灣這最後基地，陳誠接任台灣省省主席後，迅即於2月4日發布將推動三七五減租政策的通告，並且在缺乏完整法令根據情況下，於4月14日由省政府逕行頒布《台灣省私有耕地租用辦法》開始施行，規定對當年第一期農作物收割時起實施。陳誠以溫和堅定態度告知多身為地主的省參議員們，其必須接受國府溫和的三七五減租，不然就會是中共對地主「掃地出門……清算鬥爭」式的對待。並在「省府會議上明白表示，堅持到底，貫徹實施，對各縣市長給予嚴正指示……明令對於少數不明大義故違政令的人犯，從嚴議處」[43]。雖然語氣嚴厲，陳誠只是要進行一個國民黨式的溫和土地改革。三七五減租的推行時間剛好是省參議會休會期間，陳誠每次舉行省府會議皆邀議會正或副議長列席，每週固定和九位駐會議員聚餐，進行

---

42 2013年底中共在北京西山公園興建無名英雄紀念廣場，設立紀念碑，碑上銘文說「1949年前後，我軍按照中央關於解放台灣的決策部署，秘密派遣1500餘名幹部入台，被國民黨當局公審處決1100餘人」，此次立碑「也是大陸官方首次披露這一湮滅了六十多年的往事」。然而紀念碑上所列的名字也包括了「大陸派遣幹部」以外的戰後才被中共吸收入黨的本省青年，如鍾浩東等。黃修毅、許智博（2014/4/8）。作家藍博洲（2012, 2004）已撰寫多本著作來記錄當時台灣共產黨人的故事。

43 薛月順（2005：61-62）。陳誠並勸導地主將資金「轉用於工商投資」，對方指出當時「並無若何工業可以經營」，陳誠則說「凡政府所有公營事業均可聽任選擇」。亦即日後耕者有其田方案中對地主之補償包括公營事業股票之議，此時已有論及。陳誠進行減租必然經過蔣中正的同意，不過，很遺憾在歷史文獻中，至今仍未見到蔣陳之間對於如何及為何決定在此刻推動土改而進行溝通的文字資料。

當面說服的工作。而議員們無論「是否真正心服，但至少表面上都表示了支持……當年五月五日發出電文、呼籲各縣市參議會響應三七五減租第一期工作」[44]。除了減租之外，陳誠也在這時候推行了一些穩定台灣基地的重要措施，包括實施戒嚴限制入境、運來黃金進行幣制改革、整頓公營事業、準備實施地方自治、推廣義務教育等[45]。

　　陳誠（1951：84-85）認為減租的效用是立即的，施行減租之後，「過去所有潛伏在台灣的匪諜分子，雖然多方活動，但……絕對不能煽動農民。根據屢次破獲的匪諜案中，從他們的自供，一致認為『政府推行三七五減租政策，無論就學理上或實踐上言，已經沒有人能夠反對』」[46]，他也提及當（1951）年聯合國經社理事會通過美國提案，呼籲會員國實行徹底的土地改革方案，「他們的目的，無非也是要預防共產主義的侵入」。

　　國民黨對於自身在台灣進行土地改革的相關言論，也完全支持本章提出的「國共競爭說」。一方面來說，國民黨尤其蔣陳等人，在意識形態鬥爭上，要強調己方終能以溫和手段完成土地改革，是真實的孫文國民革命的繼承者，清楚勝過強調階級鬥爭的中共。因此在戰後早期，幾乎所有與土地改革相關的官方文獻，在最後都會有一部分是兩岸土地改革的比較，並力陳台灣土地改革的成功將是國府反攻大陸的依據。例如，陳誠（1961）《台灣土地改革紀要》的最後一章章名即是「台灣土地改革與共匪『土改』之比較」[47]；鄧文儀（1955）為國民黨所編著的《台灣實施耕者有其田紀實》，其最後一章討論實施成效，在力陳國府政策之溫和合理並帶來了民生主義的成功實踐之後，在最後一節就用來與「共匪土改」做對比甚至列表比較，主要

44　鄭梓（1985：151-152）。

45　薛月順（2005：第一部）。

46　在陳誠留下的文物中有一份當時（1951年9月）調查局對此之相關報告，應是陳誠此部分書寫之依據；〈土地改革資料彙編八——台灣省共黨對三七五減租之看法與破壞陰謀——內政部調查局〉，《陳誠副總統文物》，國史館藏，典藏號：008-010805-00011-034。

47　在當時，國府否定中共土改的正當性，在論及對岸土改時必須與台灣的土改區隔，因此中共的「土改」必須加上引號。

是要論證「自由中國之土地改革……之光明火炬，將高高照耀中國大陸及全世界反共抗俄者之心靈，而增強反共復國之力量」（頁714）。

國府於台灣施行土地改革，實有賴於高層主政者堅決推動土地改革的政治意志，尤其是蔣陳二人。蔣中正在行政院仍在努力維護三七五減租成果之際，即持續在各項內部談話及公開演講中，一再宣示「要為達到耕者有其田的目的而努力」[48]。在1952年實施耕者有其田條例進入立法過程後，他甚至於年中預先對外宣示將於次年實施限田，以示決心。他也數度以國民黨總裁身分親自主持會議，或催促臨時省議會務必在當次會期完成審議，或作出仲裁解決當時立法院對於一些細節的爭議僵局。而陳誠則一向主張施行土地改革[49]，他在抗戰期間兼任湖北省主席時，即曾實施「二五減租」。他也因此有一群協助他進行土地改革的地政幕僚，而他於1949年任省主席時，也依賴他們協助執行三七五減租[50]。同時，農復會主委蔣夢麟與他熟識，都認同推動土地改革的目標，農復會也與他高度合作陸續推動三七五減租與耕者有其田。在他（1961：5）的序言中寫道，「台灣土地改革之成就，雖可稍補吾人過去之罪愆，惟絕不能以此自滿，必須從各方面繼續努力……一旦光復大陸，決本此耕者有其田之政策與在台灣實施之經驗，行之於大陸」。在陳誠關於土地改革的書寫中，清楚呈現出與中共之鬥爭是時時刻刻在他意識之中的。這不只是慎防「匪諜顛覆」的現實性考量，更是長期國共鬥爭下的基本意識。

如前述，土地改革必然具有革命性影響，沒有政治強制力是難以發生的[51]。國府在台灣進行土地改革時，為了降低地主的反抗，即以中共在大陸

---

48 蘇聖雄（2012：152）。蔣中正在各種場合做此宣示，包括國民黨中改會會議、革命實踐研究院演講等，參見國民黨中央委員會秘書處（1952：120-121, 124-125, 144, 146, 162）。

49 陳誠於1931年5月22日的日記中寫到，「是日承蔣主席夫婦介紹與譚祥女士訂婚。『改良農村組織 增進農人生活』，以上兩句話是本黨黨綱，是曼意給我的，作我倆前途努力的目標」，其中曼意即為譚祥。此顯示他訂婚時兩人以改良農村互勉。感謝陳永發教授提供此項資訊。

50 董中生（1977）。

51 Huntington（2006: 380-396）。

進行暴力土改來威脅台灣的地主。例如，陳誠在他的《回憶錄》中提及，在1949年初減租政策決定施行之時，曾有屬地主階級的三十餘名台灣省議員來訪，陳誠告之中共對地主採取的手段殘酷，「故地主為自保計並為自己將來著想，實應擁護政府決策」[52]。

　　同時，土地改革之後為了維續土改的成果，必須在鄉土社會權力結構上鞏固佃農與自耕農的地位。例如，減租後為了處理租佃糾紛，政府於1951年施行的《耕地三七五減租條例》中，規定縣市及鄉鎮應分別設立耕地租佃委員會，其中佃農代表人數不得少於地主與自耕農代表人數之總和[53]，這也是對顧問雷正琪根據日本經驗所提出的建議的回應[54]。隨後，國府出於同樣的考慮，為了配合即將施行的耕者有其田政策，同年公布《改進台灣省各級農會暫行辦法》，目的是要確保新興的自耕農能夠主導農會，排除以往地主仕紳的勢力[55]。再則，政府也必須在提供肥料、水利及融資上，採取適當且實質的措施，並且持續監督耕地及農戶的狀況[56]。

　　土地改革不論是單單減少地租還是進行耕者有其田，都是要改變整個農村的社會體系，談何容易？地少人多情況下，佃農間競爭的關係必然使地主處於有利地位。若要減租，地主可能不從，或者把土地收回，或者有其他行動，地主財大勢大誰來監督管制他們？若不改變農村的權力結構，在短期內連減租與限田可能都會難以實現；在長期，則無法防止地主運用勢力恢復既

52　薛月順（2005：62）。

53　湯惠蓀（1954：31-33）。

54　Ladejinsky（1977: 95-108）。

55　日殖時期台灣的農會曾扮演重要功能，1945年國府接收後取消政府直接管制農會之制度，並將其分為農會與合作社兩種機構，各由不同政府單位管轄，然成果不佳徒失功能。1949年陳誠在推行減租時，當時即依從農復會的建議對農會作大幅改組，並合併農會與合作社。隨後農復會請了美國社會學者安德生（W.A. Anderson）來台當顧問，他提出進一步改革農會讓農會能真正代表農民的建議。參見黃俊傑（1991b：106-130）。

56　陳誠（1961：76-78）。國府以肥料換穀的方式，達到徵收農業剩餘的目的，並成立土地銀行提供農業貸款。無論這些措施對農戶利益的影響為何，但確實幫助鞏固了土地改革的成果。

有地位，亦即將無法長期落實初期土地改革的成果。換言之，農村中的政治社會權力結構必須改變，使得地主力量不再起主導作用，這必然要動員及扶植佃農的力量才能做到。同時，政府必須提供必要的生產要素及融資，讓自耕農及佃農得以維持其地位，否則收成的波動很可能會使佃農依賴高利貸，並再引發土地兼併等逆轉土改成果的發展。土地改革誠然是一高難度的社會工程。

例如，早在1927年北伐時期，數百萬農民參與了湖南農民運動，但在失去國民革命軍的支持之後卻迅速瓦解，使得毛澤東事後在做檢討時，強調「要發動暴動，單靠農民的力量是不行的，必須有一軍事的幫助……現在應以百分之六十的精力注意軍事運動，實行在槍桿上奪取政權」，開啟了中共以武力奪取政權的路線[57]。在國共內戰時期，在雙方力量拉鋸的地區，即使中共曾發動農民進行土改，但若無軍事力量支持，農民運動也難以維持。國府在台灣的土地改革，也是以國家機器作後盾，清楚表達以公權力全力執行土地改革，才得以完成。

如前述，孫中山雖然在逝世前幾年大力推行聯俄容共，甚至到培訓農民運動者的農講所演講，鼓勵受訓者去喚醒農民。但他並不同意鮑羅廷提出的沒收地主土地分給貧農的主張，因為他一向期待國民黨能夠代表「全民」的利益，並採取調和式的作法，而非進行階級鬥爭。孫的繼任者蔣中正對於土地改革的問題並不陌生。蔣在1927年進行清黨，正是因為當時中共的農村階級鬥爭路線激起了國民黨內的反彈。他在清黨後宣稱，國共的分歧在於國民黨要的是全民的解放，而不要一個階級的專政，國民黨承認土地私有制，並主張和平解決社會問題。國民黨清黨後仍繼續宣稱其將實行1926年黨綱所列的二五減租，1927年國民政府頒布《佃農保護法》。隨後浙江省黨政聯席會通過政綱，擬開始推行減租，但糾紛迭起，地主強力反彈，省黨部雖欲推動但無執行力，而省政府則在地主仕紳的反對下於1929年決議取消減租。在雙方爭執下，國民黨黨中央對於浙江省黨部與省政府的衝突所做的折

---

57 王奇生（2006：500-502）。

衷是，核准省政府取消減租的決定，但要求省政府至少在名義上表明是因為實行困難而暫時停止，並非原則性取消減租。在日後這也成為國府在大陸關於土地改革的基本模式，即土改多成為黨部會議中的空談。如前述，1930年代剿共時期，對收復區採「田還原主」作法。1945年秋天抗戰勝利後，蔣中正深知國民黨自身的弊病也感受到中共的威脅，再次在黨內提出「實行二五減租」議案，在國民黨中執委常委會議上委員們雖多贊同但都「感覺難以推行」，除了決定准予備案外，提不出任何具體辦法[58]。

雖說當時的國民黨內外有一些矢志進行土地改革的人，但其既不願發動農民來制衡地主力量，又沒有實質行政能力來執行必要的措施（包括丈量土地、提供生產要素及融資、強制執行減租並持續監督等），可說各種成功的條件皆是闕如，至多只是在國民黨黨政相關會議中不斷通過決議案而已，並無法成功實施改良式土改。國民黨黨內倡議土改的改良派，認為可以不發動農民、只依據行政命令，就可以改變整個社會制度，原本就是緣木求魚[59]。不過這些改良派所推動的地政學派，也為日後在台灣進行土改提供了實踐的部分條件，這部分將在下一節再討論。

台灣改良式土地改革之所以實現，是因為中共暴力式土改獲得了成功並藉此擊敗了國府，這增強了國府高層的決心。國府在大陸時期未能進行土改，並不主要是因為它必須依賴地主的支持，而是因為它不是一個要組織並動員農民、進行激烈階級鬥爭的革命政黨，而不進行組織動員是不可能在大陸成功進行土地改革的。因此，若沒有中共在大陸藉由暴力土改而成功崛起，則國府高層是否會有決心在台灣進行非暴力的土地改革仍在未定之天。

（四）近來相關的翻案文章

對於「國府為何在台灣進行土地改革」這問題，本書認為「國共競爭的

58　此處參考楊天石（2010：420-449）。

59　國民黨內持續倡議土改的地政學會，蕭錚是主要推動者，並得到保守的陳果夫、陳立夫兄弟（CC派）的支持。國民黨內的土改派反共色彩濃厚，有意識地與中共農民運動的路線競爭。參見蕭錚（1980）及陳宗仁（1995）。

歷史脈絡」提供了比較好的線索，因而提出了「國共競爭說」作為解釋。然而，對此問題近年來台灣民主化運動所發展出的論述則有不同的看法，本節將對這些看法進行討論。

在戰後初期冷戰氛圍下，美國將台灣戰後的土地改革當作是全球土地改革的典範[60]，為此國府還於1967年設立了土地改革紀念館，供其他後進國家來參觀學習。在台灣民主化運動興起之前，官方對土地改革有著如下的制式說法：即這是一件國民黨繼承孫文遺教所追求的目標，成功實施後改善了農民生活，使得農業進一步成長，並資助工業發展，幫助台灣達到均富式的發展。

到了1980年代，隨著台灣政治上的逐漸解嚴，上述說法被反對陣營說成是歌功頌德，公信力以是日減。近三、四十年來隨著民主化運動的興起，出現不少對1950年代農村土地改革多所否定的學術性翻案文章，同時由此運動發展出來的當今台灣社會流行的論述也對當初的土地改革持著高度否定的態度。而基於應該不是巧合的因素，在曾進行過更激烈的土地改革的海峽對岸，在改革開放言論尺度逐步放鬆之後，中國大陸也陸續出現了對1950年代土地改革的批評文章。

近年來針對國府在台灣進行的土地改革，在學術文獻中提出的翻案論述有以下不同的類型。或是認為在戰後初期台灣農村中地主與佃農關係和諧，因此土地改革不具有正當性[61]；或是認為土地所有權的集中度並不高，同時日殖時期台灣地租水準也並不過高，進而質疑土地改革的必要性[62]；或是強調土地改革在施行上的各種缺失，包括嚴重損害中小地主的生計，耕者有其田重分配的土地多數是共有土地，全面徵收共有土地更是造成所有權人的生活困境，因而不認為土地改革具有均富的效用[63]。

相較於台灣溫和的由上而下的土地改革，同時期中國大陸的土地改革則

---

[60] Ladejinsky（1977）。

[61] 徐世榮、蕭新煌（2003）。

[62] 葉淑貞（2001）。

[63] 黃樹仁（2002）；徐世榮（2010）。

採取遠較激烈的階級鬥爭路線，地主受到批鬥並且土地被無償充公分配給農民。近年來否定當時大陸土地改革的文獻相當多，因非本章重點在此無法論及，僅以秦暉（2010）一文作為代表，做一簡單類比。他在〈土地問題與國共內戰〉文中，也是認為大陸土地改革之前土地集中度不高，業佃關係並非問題關鍵，農民的不滿主要是針對政治性迫害與剝削，而非來自地主的經濟剝削；貧下中農的苦難是中共的宣傳所塑造出來的，是為了現代政治性的分化動員。他的論點與上述台灣的相關翻案論述有諸多雷同之處，同時，這些翻案文章的論述與1930年代國民政府「剿匪」時採用的論點也相類似，其中源由應值得進一步探討[64]。

中國一向有農民揭竿而起的反抗傳統，既然是受壓迫者主動反抗，其正當性就較令人難以質疑。不過，進入現代之後情況迥異，現在我們所討論的土地改革的性質已經大為不同，已經是現代國家的「政策性爭論」，即爭論已經是「國家是否應該實施土地改革」的政策問題。在這樣的框架下，就如任何政策分析一般，應論及追求的價值為何，是公平、效率抑或是經濟發展，擬達到的具體目標為何。若關切的價值只是當下的社會公平問題，就會如以上所論，以是否真得那麼不公平，來質疑土地改革的正當性。確實，若與以大型農場為主的拉丁美洲相比，當時台灣及中國大陸土地分配的不均程度就不特別高了。而地租水準既然由市場決定，如何評判其為過高？佃農地主的關係又如何確定是不和諧？如此，如果連改革的正當性都受到質疑，則改革過程中地主的利益甚至生命的損失，就更是不可原諒的過錯了。

但是，這些對土地改革的批評可能都忽略了土地改革是與落後國家現代化的目標相連結的。如前述，當初從國共合作時被提到中國現代革命時程表上的土地改革方案，雖一向以「社會公平」為理由，但實際是政治運動論述的一部分，國共兩黨皆然。這論述的緣起更是俄國共產革命以左翼無產階級

---

[64] 國民政府在「剿匪」報告中說，「赤匪侈談之理論，完全不適合中國經濟之實際情況」。引自〈國民會議對於國民政府剿滅赤匪報告之決議案〉（1931年5月14日），羅家倫（1978：第25輯，188-192）。

革命為指導，而進行了超前歷史式的農村土地改革。以上對土地改革的翻案文章仍是針對這論述的形式理由做反駁，而不去討論背後的「現代化計畫」。其實一般而言，「國家是否應該實施土地改革」問題的提出，在現代的情境下，這發問都會與「後進國家如何發展經濟、如何現代化」問題相連結。亦即在後進地區，土地改革之所以作為一個重要的政策選項被提出來，雖有追求公平的意涵，但主要還是會與「如何促進發展」的目標相連結，因而「國共競爭說」顯較能捕捉此歷史的面向。

再則，當初中共能如此成功地藉由土地改革動員農民，必然顯示了下層農民處境之艱難與對現狀之不滿。就如費孝通（1987）及Duara（1988）所顯示，1930年代中國農村的面貌早已不同以往，戰亂與政權之改變，使得社會結構動搖，傳統仕紳社會地位不再；外國經濟勢力的入侵也打擊了農村手工業，使得農村經濟凋敝，社會紊亂。

同時，這些對於土地改革的翻案文獻也都忽略了整體社會結構變革的面向。其實土地改革是一重大的社會改造工程，牽涉到大幅削弱一個既有的主導階級的利益與權力地位，也因此不容易發生[65]。但之所以要往這方向推動，是因為後進國家推動現代化救國的社會菁英認為必須要把權力從地主階級手中奪走，才能順利推動工業化，才能發展經濟進而躋身於現代國家之列。

除了上述學術性翻案文章之外，當今台灣社會流行的論述則主要是認為國民政府是「外來政權」，而土地改革是外來者打壓本土菁英，損害了「我們」地主的利益，無疑是另一種對土地改革意義的否定。

「外來政權說」的簡要版，是認為國府因為是「外來政權」，政治上不需要靠台灣地主的支持，因而可以實行土地改革[66]。不過如此並不能構成一

---

[65] 如前述，Huntington（2006: 380-396）論及土改的政治分析時，指出只有當新興的菁英握有集中性權力且執意改革時，土改才可能發生，而在議會政治下則很難發生，因在需要土改的社會中，議員多為地主。

[66] 例如，常被引用的是謝森中在1992年接受黃俊傑訪談時的說法，他認為台灣土改之所以成功，是因為「政權的所有者和土地的所有者不是同一群人」，反之像後來許多拉丁美洲與東

個完整的解釋，它只說明國府到台灣或許比較有條件進行土地改革，但沒有交代國府當時實施土地改革的決心與意圖及理論依據來自何處。古來「為政不得罪巨室」是傳統且現實的作法，其實國府也可以不進行土地改革，就如當年日本殖民統治者雖取消大租戶，但卻是改良、保留並利用本地的地主制度一般。亦即「外來政權」也可以不進行土改，政權的「外來性」並不能決定其行為的方向。

此後，論者加上了動機論而發展出了「外來政權說擴充版」[67]，認為國府土地改革的動機是為了弱化地主以穩固政權，是要瓦解本省地主階層政經權力的基礎[68]。這牽涉到執政者如何看待其與社會各不同勢力的結盟選擇，即涉及政黨的自我定位及客觀情勢，例如，國共兩黨當時在此方面就截然不同。中共揭櫫革命宣稱代表工農因此必然會要整肅地主，但是國民黨一向以全民政黨自居，反對中共的階級鬥爭論，並且意欲以溫和式土地改革來顯示其優於中共之處，為何會如該論述所言，認為要打擊地主才能鞏固其統治？國府可以不尋求台灣地主支持而穩固統治基礎嗎？它會要以剛分得地的新生自耕農來作為替代性的統治基礎嗎？相較之下，劉進慶（1992）對國民黨做出「保守」的定性評判，因而認為國府在中共壓力下雖必須進行土地改革，但必然是依據安定與妥協的邏輯，其說法較當今社會流行的論述來的合理。

更重要的是，依據廖彥豪、瞿宛文（2015）之研究，發現實際的歷史現實並不支持上述「外來政權說」[69]。如前述，實施三七五減租時，國府因現實考慮急於排除中共滲透農村的危險，而以溫和堅定的態度、迅雷不及掩耳的

南亞國家（菲律賓）便是沒有這樣特殊的政治權力結構，因此即使派專家來台灣考察，但仍多未能成功推動改革（黃俊傑，1992：189）。

67 如史明（1980：970-974）；張景森（1992：182-184）；侯坤宏（1995：279-282）；張炎憲、高淑媛（1996：1-11）；李承嘉（1998：93）；Winckler and Greenhalgh（2005: 201）等。

68 黃樹仁對「外來政權說」提出部分修正，他認為該說法之錯誤在於假定國府為一個意志齊一的團體，忽視了農地改革推行過程裡國府內部各方勢力的折衝過程，更忽視了國府當時推動農地改革的背後因素，主要來自於國共持續的鬥爭。不過，他還是接受了社會流行的論述中，本省地主弱體化是當時農地改革能順利進行的條件（黃樹仁，2002：200-215）。

69 以下敘述依據廖彥豪、瞿宛文（2015）。

速度，在台灣省參議會休會期間施行了減租，但同時省主席陳誠以經常性與省參議會議員餐敘的方式，對其進行說服。而在1952年《實施耕者有其田條例》的立法過程中，臨時省議會與縣市議會結盟，清楚以地主代言人立場來進行抵抗，並提出大幅降低改革程度的議會建議案。而當時陳誠主導的行政院一直採取「不能不兼顧到地主」的態度[70]，並依據省議會建議案對原地政官僚提出的省府草案做出修正，大幅降低了改革的範圍與程度，「兼顧」了中大地主的利益。若以出租耕地徵收面積作為衡量指標，則省府草案擬徵收21萬甲，省議會建議案為9萬甲，行政院版為18萬甲，最後立法院通過版本為14萬甲。當時的省議會及縣市議會清楚地表達了反對土地改革的地主立場，而佃農雖得以在成立未久的租佃委員會中占得多數，但顯然在民意代表中缺乏代言人，雖曾向立法院等單位提出陳情書反對再對地主作出讓步，但未能對國府有明顯的影響力。

　　這歷史過程清楚顯現，當時的本省政治菁英多採取地主階層代言人的立場，他們得以進行全省性政治結盟來進行抵抗，同時他們有不少人也是國民黨黨員，而國府高層也因他們的壓力，而在耕者有其田政策方案的實質內容上，向本省地主階層做出讓步。這顯示「外來政權說」擴充版所認為的國府為了打壓地主而進行土地改革的說法，與歷史現實之間有很大的距離。

　　此外，還有一些從「功能論」（functionalism）的角度認為國府是為了短期實際政治考量而進行土地改革的說法。例如，蕭全政（1984）認為國府推動土地改革的原因除了受到美國影響之外，更是因為土地改革有助於政府汲取更多的糧食，因為當時大批人口遷台對糧食供給帶來巨大的壓力；1948年國府開始實施肥料換穀制度，而減租則可以讓佃農比較有能力以餘糧換肥料。不過汲取糧食固然重要，但若只是為了徵糧，其實還有其他可能的辦

---

70 陳誠在該次行政院院會上，對實施耕者有其田條例做出拍板定案的決定，他說「我們的政策是實現耕者有其田，不是打倒地主，故不能不兼顧到地主，此為我們決定三甲以上的主要理由」（第268次會議，1952年11月16日），即將個人有地主出租耕地可保留面積從水田二甲改為三甲。引自〈湖北省政府委員會議主席指示摘鈔等－行政院會院長指示摘鈔：土地改革部分共十條〉，《陳誠副總統文物》，國史館藏，典藏號：008-010106-00001-015。

法，如日本殖民政府在戰爭後期的統制法，以及國府在抗戰時期的田賦徵實，同時已在台實施的肥料換穀制度就徵糧目的而言成效甚為顯著，沒理由只為此而對社會結構進行如此大的變革。

再則，有些論者雖肯定土地改革，但不願將其歸功於國府，認為其為被迫或基於某些政治計算而為之。例如劉志偉、柯志明（2002）認為戰後國府加強糧食徵斂已經激化了業佃關係，使得減租以及進一步的限田勢在必行，因此認為國府並非土改的主導者。而陳兆勇（2011）延續劉與柯文之方向，認為減租之後國民黨基於扶植自身農村力量的考量，即為了阻止地主菁英在地方選舉中得利，因而進行耕者有其田政策。

這些文章共同顯現出採用「功能論」上的問題，亦即看到某些政策事後發揮了某種功能，即認為這政策是為了滿足此功能而發生，但實際上未必能由功能往回推論動機，因為此功能可能源自多種因素[71]。同時，這些說法都對政府行為作了後設性的理性選擇的假設：即認為既然必須要徵糧或削弱地主，而土地改革可以達到這些目的，因此國府即進行了土地改革。但是，如此的後設性理性選擇的假設必然有其問題，如果政府都會如此，為何世界上會有如此多失敗的政權？事後來看，所謂的理性最適方案似乎很容易看清楚，但在事前則絕非如此。例如，解決租佃糾紛的作法，執政者也可以遵循傳統作法，站在地主立場壓制佃農，而不是站在佃農立場解決糾紛。再則，「為了維護政權而進行土改」的說法有其不足之處；各個政權都有維護自身生存的動機，然其如何選擇聯盟者以鞏固政權的作法必會有所不同，這選擇除涉及現實政治因素外，也牽涉統治者的理念與認識。我們必須從歷史的視野去理解行動者的組織、結構與理念變化。

71　參照Elster（1984: Ch.1），他討論了功能論解釋若要能夠成立所必須滿足的條件，他認為不像生物界，在社會科學中很少能看到功能論解釋可以滿足這些條件的情況。Elster的學生崔之元曾有一簡單比喻，即人的鼻子可以架眼鏡，但不能說人是因此原因而有鼻子。

（五）美國與其他因素

　　在實行土地改革政策上，戰後國府的主要支持者美國，是否扮演了推手的角色？面對中共藉由農民革命打敗國民黨的局面，美國應是會贊同國府進行土地改革的，不過，這問題其實較為複雜，除了農復會的角色之外，至今並無文獻顯示美國直接干預台灣的土地改革。美國對於土地改革的態度原本就充滿矛盾，因為較為實質的土地改革必牽涉強制性移轉土地的產權，這和美國尊重私有財產權的基本原則是有衝突的。在戰後初期是源於冷戰因素，才出現了前述的「冷戰土改論」。但即使如此，推動土改並不是美國政府的既定且一致的方針，其實際的政策會因時因地而有所不同。

　　例如，戰後日本率先施行了土地改革，但主要是由麥克阿瑟領導的駐日盟軍總部所執意推動的。盟總進駐日本之後，目標當是改革原先發動戰爭的體制，而保守的農村地主體制也是目標之一。不過在戰爭結束前，美國政府內部對於戰後要如何改革日本農村仍有不同的意見，其中在國務院工作贊成土改的 R.A. Fearey 與農業部的雷正琪，帶著他們的土改草案轉任東京，而麥克阿瑟讀到草案後即決定採用，並從1945年底就要求日本政府開始規畫土地改革[72]。日本政府及議會為此通過的第一個土改法案，改革幅度不大只擬徵收三分之一的出租地，盟總對其不滿而提出備忘錄要求其修改。其後1946年中盟軍對日理事會（Allied Council for Japan）上，蘇聯、英國等國代表也對土改提出意見，並商議出一個建議方案。最後在此建議案基礎上，盟總與日農業部提出了一個修正版，日議會於年底通過此草案並於次年開始實施。此法案除減租外，徵收不在鄉地主所有出租地，在鄉地主得保留一町步的土地[73]。給地主的現金補償在通貨膨脹下迅速貶值，幾近是無償土改。此

72　此處參考 Dore（1984: 129-148）。當時報紙曾報導麥克阿瑟宣稱「將把日本農民從近似農奴狀態中解放出來」。Dore 認為推動土改的決定無疑是麥克阿瑟個人的決定，至於他為何如此決定，則或許與他父親在菲律賓的經驗有關，或許與他擬追隨羅馬帝國凱薩大帝的功績作為有關（頁132）。不過要防止左翼力量掌握當時並不安定的農村，即冷戰土改論應清楚是其背景。

73　一町步為0.99174公頃，約1甲。

次土改清楚是源於盟總的強大壓力與要求，不過，日本強大且有效率的官僚體系也認識到必須改革，戰敗之餘地主也難以反抗這變革，輿論也高度支持，因而日本此次土改的動力雖源自美方，但仍有賴於日本政府的有效執行，而得以成功施行[74]。這與其他缺乏有效官僚體系的落後國家的情況有很大不同。此次土地改革的大背景當然還是冷戰，美國為了改造日本戰爭體制，並要培育自耕農來抵制共產主義的擴張，成功達成了目標[75]。

美國在韓國的作為則大為不同。在1945年8月15日本投降後，日本殖民政府邀請本地左翼菁英呂運亨出面主持維持秩序，自此時至美蘇分別進駐南北韓的空檔中，呂籌組了準備建國委員會，在各地推動設立了人民委員會，並很快於9月初召集全國會議，宣布成立包括各派的朝鮮人民共和國（人共），其政綱除了要取代既有的日本殖民統治的合作者之外，也提出了沒收日人土地，以及出租耕地減租至三成的溫和土改方案。蘇聯在進駐北朝鮮後採間接占領方式，讓原來的人共繼續運作，並於1946年進行了相當全面的土地改革。美國則採相反的作法，美軍在日本採取間接治理，但在南韓則因對於既有的人共及人民委員會不信任，而宣稱其為非法，將其全面撤銷，自行成立美軍事政府直接治理，幾乎全面恢復殖民時期統治的結構與人員，並扶植留美數十年的保守派李承晚為領導人。雖然當時農村清楚有土改的要求，但美軍政府一直拖延至1948年要將政權移轉給李承晚之前，才進行了極有限的土改，將原日本人所有的土地讓農民承領。李承晚隨後試圖抗拒進一步土改的壓力，但議會最終仍於1949年通過了土改法案[76]。南韓的案例也顯示美國政府當時對於土改並沒有一致的政策。

---

74 原來未達成任務的衛原內閣解體後，1946年5月吉田茂內閣成立。當時議會議員仍是戰時的保守分子，但他們已認定反對無效，且難以發言反對「破除封建推動民主」的大前提，也無法反對土改，Dore（1984: 146）。

75 美國土改顧問雷正琪在1951年發表的一篇文章的題目就是 "The Plow Outbids the Sword in Asia: How General MacArthur Stole Communist Thunder in Japan with Democratic Land Reforms, Our Most Potent Weapon for Peace"（Ladejinsky, 1977: 151）。

76 此段參照Eckert, et al.（1990: Ch.18）。

　　美國在1948年通過《援華法案》，其中規定援助要有一定比例用在農業上，因此成立了農復會[77]，而農復會也於1949年中移駐台灣。曾任北大校長的蔣夢麟在1948年接任農復會主委一職時，即清楚對蔣中正表達要求政府支持土地改革。在1949年農復會決定要協助陳誠推動三七五減租時，該會內部對土改有不同意見，而美籍委員雖應不反對土改，但仍表示此事應由中方委員決定[78]。除了雷正琪曾應邀至台灣擔任土改顧問外，並無文獻顯示美國直接干預台灣的土地改革。例如，得到美國支持而出任省主席的吳國楨對耕者有其田就不太熱心，採取勉強同意但希望對地主多讓步的立場；在1952年前後國府計畫推動耕者有其田之時，在籌措財源方面曾經計畫申請美援或世銀貸款，卻未能得到美方及世銀同意[79]。不過，除了中共的威脅之外，美國已在日本推動了土改之事實，可能也使得台灣地主認為土地改革是「時代的潮流」[80]，間接有助於台灣土改的推動。

　　總之，在台灣土地改革過程中，並未見到美方正面或負面的干預，國府在推動台灣土地改革上，相對而言具高度的自主性。

　　二戰後東西對立的冷戰情勢逐漸形成，在亞洲圍堵興起中的社會主義國家，是促成「冷戰土改論」形成的背景，以及麥克阿瑟在日本以及國民政府在台灣進行土地改革的共同背景因素。不過，美國援外政策中對待土地改革的態度，不單如上述會因地而有所不同，也會隨時間而變化。在冷戰初期美蘇對峙方熾，蘇聯領導的社會主義陣營，在聯合國倡導土地改革給對方帶來壓力，因而美國在1951年，也於聯合國推動通過了提倡土改的決議。但是

---

77 關於該法案與農復會的較詳細介紹請見下一節。

78 蔣夢麟（1967：18）。農復會另一位中方委員晏陽初一向強調平民教育而不倡議土改，他於1949年底離台赴美，後轉往菲律賓推廣平民教育工作，事後表示台灣農業已具有成功條件，不需要他。引自黃俊傑（1991b：75）。

79 根據Gittinger（1961: 197），美國官員的共識是不能用美援來支付地價補償。因此，當時在台美援單位並未同意以美援支付地價補償，廖彥豪、瞿宛文（2015）。顧維鈞（1983，第9冊：490-491）提及蕭錚於1951年11月赴美，以土地銀行董事長身分，代國府向世界銀行申請貸款支付部分地價補償，但未獲世銀同意。

80 辜振甫在他口述回憶中即如此說（黃天才、黃肇珩，2005：299）。

土改和美國維護私有財產權的基本原則有衝突，因此等冷戰對峙情勢穩定後，冷戰土改論開始受到質疑，美國援外政策對於土改的支持度就開始降低[81]。

　　例如，美國援外機構在1950年對菲律賓的政策建議包括大規模的土地重分配與保障佃權的措施，但到了1953年支持土地改革的麥格賽賽當選總統後，美國卻開始不再倡議土地重分配，而只建議較保守的改良措施，因此在麥格賽賽墜機身亡之後，菲國土改就告結束[82]。Gittinger（1961）認為美國對土改政策的支持降溫導致了菲律賓土改的失敗，也認為美國政策的支持是台灣土改成功的重要原因。但是實際上，他所引用的另一個案例即南越的土改，正好說明當地政府本身的因素才是關鍵，即當時在南越美國雖仍支持土改，但因本地政權缺乏決心與能力而使得土改失敗。這些案例也與本章的觀點相符，即本地政權的決心與能力是更為關鍵的因素。如前述，美國的因素從來就無法完全解釋國府的作為，雖說沒有美國的支持國府確實難以在台灣存續下去，但是歷史充滿了美國支持的後進國家統治者違背美國旨意的案例，蔣中正在大陸在台灣皆是如此。因此難怪陶涵（Taylor 2009）將他的蔣中正傳記的第11章，取名為 "Managing the Protector" 來描述蔣對付美國政府的手段。

　　在台灣及中國大陸今日對土地改革做翻案文章的批評，多是從公平的角度，針對土地改革當時依據公平所提出的表面上說法，來質疑施行土地改革的必要性與正當性，而土地改革又必然損及地主的利益，則土地改革就必然是不公不義了。不過，對土地改革的評價，卻必須從長遠的歷史角度來看，必須理解這是後進國家為了追趕西方、為了現代化，而用國家強制力量來改變社會經濟結構的社會工程。這是把西歐走了幾百年的路，高度壓縮的速成式的社會工程。

　　簡言之，本章提出「國共競爭說」，來理解國民政府為何在台灣進行土

81　Gittinger（1961）。

82　Gittinger（1961）。

地改革。同時，這競爭都是以救亡及領導中國現代化為目標，亦即兩岸的土地改革都不純粹是以社會公平與效率為考量。

三、台灣土地改革得以成功的客觀條件

上節討論了國府「為何」在台灣進行土地改革。不過單有政治意志不足行，還必須有各種客觀條件存在，才能成功的施行土地改革並使之得以維續。而台灣土地改革「如何」能夠成功實施，除了政治意志之外，可歸因於三個方面的因素，即日本統治留下的遺產，國府在民國時期的累積，以及美國的相關協助[83]。

（一）日殖地政基礎及戰後進一步改進

土地改革最基本的準備工作是地籍整理，包括土地測量、土地登記、土地使用調查（即查定使用類別及自耕或佃耕情況），以及地籍總歸戶（即土地所有權的總清查）。日本據台之後隨即進行土地丈量，取消大租戶，確定小租戶的業主權，逐步建立現代化的土地產權及財稅與生產制度。如湯惠蓀所言，日殖時期「舉凡地籍測量與土地登記，都相當完備」[84]，且每十年辦理調整土地等則一次。1949年在匆促中實施的三七五減租，除了相對完整的地籍資料，也是幸而可以依賴日殖時期留下來的土地等則，來決定土地的總

---

83 留美經濟學者顧應昌（Anthony Y.C. Koo）寫了一本書，探討台灣土地改革對經濟發展的影響，認為影響非常正面。在書中最後一段，他提及曾訪談過農復會第一任主委蔣夢麟，他問蔣夢麟是什麼因素導致了台灣土改的成功，蔣則提了三個因素：一是主事者與所有參與者的高度決心與熱誠，蔣並指出土改是在1949年兵荒馬亂中開始的；第二點，蔣肯定日殖時代留下的基礎，節省了寶貴時間，使得在危機時刻進行土改成為可能；第三他則感謝美國經濟與技術的援助。當然作者顧應昌也指出蔣太過謙遜，未提到他本人與農復會在土地改革中扮演的關鍵角色。參見Koo（1968: 124-125）。而如本章下小節所言，農復會正是美援與民國傳承結合的共同具體表現。再則，如曾任職於農復會的張憲秋（1990：48）在提及他一起來自大陸的農復會同仁時，言及他們「共同之點為曾經千山萬水，劫後餘生，同仇敵愾，今日但求一勝」。

84 湯惠蓀（1968：145）。

收穫量，以作為減租的標準依據。同時，較現代化的商業農業的配套組織，
也已有初步規模，包括農村基礎建設、農會以及農村金融組織等。同時，日
殖時期雖日人多居主導地位，但得參與糧政的本地人，如李連春與徐慶鐘等
人，在戰後國府農政中扮演了重要的角色，李連春擔任台灣省糧食局局長一
職長達24年，對戰後初期穩定糧食供給發揮了關鍵作用[85]。

　　雖然日殖時期土地登記簿冊記載項目相對簡單，到了戰後已不敷應用，
但相較於大陸多數地區顯然遠較為完備。民國時期大陸地區的土地多尚未實
際測量，地籍多尚未整理，耕地作物收穫量也欠缺完整記錄，下層的地政單
位更是闕如。依據1935年的資料，國民政府在大陸只有在少數省份設有縣
級的土地局，其餘各省大都無縣一級常設的專管地政機關，而這一層級的地
政機構正是實際執行土地改革的必要單位[86]。因此，相較於在動亂中的大陸
經驗，農復會的專家們對台灣的情況印象深刻，主委蔣夢麟即認為日人在台
推行的工作，「將農復會之工作進程縮短甚多」[87]。

　　不過，日殖時期的遺產卻遠非完整足夠。日殖時期土地登記是採契據登

---

85 李連春日殖時期原任職日本商社，以嫻熟米糖商務著稱，戰爭時期被邀擔任總督府米穀局
　　顧問，並主持台北區糧政。戰後國民政府接收後，連換了三位糧食局長也難掌控糧價，於
　　是請李連春於1946年4月任糧食局副局長，四個月後升為局長。他一上任即廢止日殖後期
　　的「糧食總收購配給制度」，積極策劃推動糧食增產措施，後於1970年升任行政院政務委
　　員，參見台灣糧友會（2001）。徐慶鐘於1931年畢業於台北帝大農學部本科，後留校任教
　　並兼任農業試驗所研究工作，於1945年台北帝大被國府接收前取得農學博士，隨即被聘為
　　台大農學院教授，並加入省署工作，1947年出任省府農林處處長，1949年該處升格後任農
　　林廳廳長，日後並曾任內政部部長及行政院副院長，徐慶鐘先生周甲紀念籌備會（1967：
　　1-4）。

86 何莉萍（2006）。例如，1928年前後浙江進行的土改，就為了土地如何丈量而有爭議，還在
　　爭論測量是用陳報法還是要實際測量，結果用土地陳報法整理的地籍，因不可靠而終至無
　　用。依據何莉萍（2006）所引用時任國民政府地政部次長的湯惠蓀於1948年在〈政府對土
　　地政策之實施〉中所提到，「現在地政部的工作還只是在做這個開徵土地稅的準備工作，大
　　部分的經費都花在土地測量上面，中國的面積太大了，土地測量實在是一個巨大的工作，
　　據估計全國農地約有20萬萬畝，而進行了20年的土地測量現在尚只測到1萬萬餘畝……執
　　政二十年，連測量清丈還沒有弄好，遑論其他？」。

87 引自黃俊傑（2006：152-157）。

記制，並無強制性[88]。1946年以後才按中華民國的《土地法》規定，改行具強制性的權利登記制，即所謂托崙式制度。既有的土地登記簿冊（土地台帳），只記錄各鄉鎮土地所有權人的歸戶冊，不能及於鄉鎮之外[89]。既然要辦理扶植自耕農，要限制每戶耕地面積，即必須要能掌握每一位地主在各地所擁有的土地情況，為此就必須辦理地籍總歸戶，將同一所有權人的在全省各地所有的土地歸入同一戶名下。日殖時期的土地台帳，記載的項目包括臨時地號、土地面積以及地稅額等，以三角測量的調查方式在1903年完成。土地上人民之間私法契約關係的部分，如地租名簿及地主查定簿等在1904年製作完成。同時根據湯惠蓀（1954）指出，在1945年之前，台灣全省土地已完成測量的有一百三十二萬八千餘甲，占所有土地的35.82％，尚有64.18％的以林地為主的土地尚未完成測量。顯見日人的土地測量工作並未擴及全島，主要仍以確定稅收及釐清租佃關係為主。因此，地籍總歸戶與完整的地籍工作是戰後國民政府以美國援助的經費勉力完成的。

　　減租護佃、公地放領、地籍總歸戶及耕者有其田等政策，都是極為繁複需要甚多人力執行的工作。如減租工作包括：評定耕地主要作物正產品收穫量標準以計算地租、換定耕地租約、實地檢查、處理退耕及租佃糾紛及成立耕地租佃委員會等，同時為了確保政策得以施行與持續，還進行農會組織的改革。耕者有其田工作則更為龐大，包括耕地調查及測量、耕地徵收保留之計算審定、耕地之放領與承領、實物土地債券之發行與公營事業之出售等。執行機構在省為民政廳地政局，在縣市為縣市政府，農復會進行規畫並提供經費與廣泛的協助。1949年4至8月推行減租期間，動員眾多人力，受訓人數超過四千人。耕者有其田實施期間，為了進行耕地徵收放領，各縣市直接參與工作人員即超過三萬餘人。這其中農復會皆高度參與政策與條例的擬定

---

88 這部分的內容主要參考湯惠蓀（1954）及何欣潔（2015）。再則，日本戰後的土地改革，也因為此登記制度及採用土地陳報制，而產生諸多糾紛，參見沈時可等（2000：18-23）。

89 對於土地所有權狀況，殖民政府「並沒有進行全面性持續研究」，「較具系統者僅有台灣總督府所舉行的三次調查」，即1921、1932與1939年進行的「耕地分配與經營調查」。羅明哲（1992：258）。

及人員之培訓，同時經由農復會補助土地改革的各項經費達二千多萬元。

（二）農復會

　　農復會的人才與經費對土地改革的成功有重大關係[90]，如前述，這扮演重要角色的農復會的出現源自美援。1948年初冷戰方興之時，美國政府決議幫助西歐復甦，推動國會通過了包括《援華法案》的《援外法案》[91]，美國政府以對華援助換取親華的共和黨議員對援歐計畫的支持。《援華法案》中有一條被稱為「晏陽初條款」，即指定以「四億二千萬對華經援總額中須撥付不少於5％、不多於10％的額度，用於中國農村的建設與復興」，正是成立農復會的法源依據與經費來源[92]。而農復會於1948年10月成立於南京，設有五位委員，約定其中兩位必須是美方代表，來監督美援的實施[93]。晏陽初曾在第一次世界大戰時，應募前往歐洲前線為華工服務，他在其中的體悟是改革應從平民教育著手。1920年晏陽初回國後在中華基督教青年會的支持下進行平民教育運動，1923年成立中華平民教育促進會總會（平教會），以「除文盲、作新民」為宗旨，計畫教育鄉村農民[94]。其溫和改良的取向及成效，獲得當時美國駐華大使司徒雷登的高度肯定。司徒雷登在回憶錄中提及，他認為農村是國府最弱之處，唯有使農民獲得較好的地方自治權，才能解決共產黨的問題，因此他支持晏陽初到美國進行遊說支持《援華法案》[95]。

90　關於農復會的來歷、人才與其在土改中的角色，可參見黃俊傑（1991b），以及黃俊傑編的（1991a）《農復會史料彙編》，此外，張憲秋（1990）的回憶錄也提供了清楚脈絡並呈現當時的情境。

91　《援華法案》是美國《援外法案》（The Foreign Assistance Act of 1948）的第四章，被稱為《援華法案》（The China Aid Act, Title IV）。相關細節將於本書第四及第五章論及美援時再討論。

92　黃俊傑（1991a：24-27）。

93　當時委員為蔣夢麟、晏陽初、沈宗瀚及兩位美籍委員穆懿爾（Raymond T. Moyer）及John E. Baker。蔣中正任命曾任北京大學校長的蔣夢麟擔任主任委員，其他兩位中方委員也是有清譽者，顯然要在此危機時刻對美國表示誠意。蔣夢麟（1967：23-25）。

94　吳相湘（1981：3-5）。

95　Stuart（1954: 191-192）。

而晏陽初為此在美國為尋求支援平民教育之經費（在《援華法案》中支付）而進行密集的拜會，幫助推動法案增列了農村復興條款[96]。

　　在此討論晏陽初的平教會及晏陽初條款，主要是指出這些事件的背景，還都是民國時期知識菁英各方尋求救國方案的時代大環境。農村是中國人口主要所在，如何動員農村使其現代化，各方都在競相找尋解決方案。就如國民黨與共產黨各有其不同策略，晏陽初的平教會、梁漱溟的鄉村建設運動也都是不同的對策。到了戰後這大背景也持續影響到了台灣的土地改革。

　　農復會的組織功能既多且廣，為1949年以前的中國大陸及1949年以後的台灣農村工作做出貢獻。該會可說是一個超部會的機構，戰後初期政府正式單位功能不足，該會以優越的人力與財力資源以及超然的組織地位，負責改良農業的各方面工作，雖然不是直接負責執行的行政單位，然「功能幾乎超過農林部」[97]。而其工作範圍除了技術革新之外更涵蓋制度改革，在台灣戰後初期協助推動了土地改革與農會改組等重要計畫，首任主委蔣夢麟即認為農復會的工作是根據兩個基本原則，一是公平分配，一是增加生產，而土地改革「為講社會公道最要緊的工作」[98]。

　　農復會因有美援的經費故可以用當時而言的高薪及優渥的工作條件，聚集了諸多人才推動農業改革。農復會不單經費充裕，且不受正式官僚體系約束，有高度工作自由。同時，擔任十六年主委的蔣夢麟曾任北大校長近二十年，地位崇高政治關係良好，有擔當且尊重專業，注重人才培育[99]。蔣夢麟

96　晏陽初當時在美國聲望很高，1948年3月9日他在大法官 W.O. Douglas 陪同下，去白宮會見美國總統，杜魯門表示寧願將援華經費全部都交給他運用（吳相湘，1981：522-523）。當時杜魯門對於繼續支持蔣中正持高度保留態度。

97　引自黃俊傑（1991a：78）對李崇道的訪談，李崇道於1950年加入農復會擔任技正，後於1973至1979年擔任該會主委。本書第五章將討論經安會等美援機構在台灣工業化中的角色，與農復會在農業發展中的角色有相似之處。

98　蔣夢麟帶著他那時代的精神說道「我們的眼看著天上的星，我們的腳踏著地下的草根，我們從農民那裡學習，不以我們的幻想去教農民」，引自蔣夢麟（1967：37-38）。

99　參照黃俊傑（編）（1991a：第8章）中一些參與者的敘述。李登輝也是農復會培育的人才之一。

因高度注重土地改革，1948 年答應接任主委的同時就對蔣中正提出施行土地改革（在無錫試點）的要求[100]。農復會其他一些主要人物，包括沈宗瀚、湯惠蓀、錢天鶴、張憲秋等，都是在民國時期留學國外進修農業相關學科，在大陸時期就已經開始推動中國農村現代化的工作[101]，他們在當時國共以土地改革互相競爭的環境下，都熟悉於土地改革的相關事務[102]。

　　農復會的「土地組」專門負責土地改革，至 1953 年 7 月為止，共有 23 件計畫，多數係配合三七五減租及耕者有其田的政策推動，包含確保減租成果得以維持，及耕者有其田得以順利進行的前置作業「地籍總歸戶」等，並參與耕者有其田條例的研擬及規畫等工作。湯惠蓀在當時擔任農復會土地組組長，是台灣土改關鍵人物之一，他在 1947 年曾出任國民政府新成立的地政部次長，上任後隨即召開首屆全國地政會議，籌備擇區推行二五減租。湯惠蓀是為了使農復會能協助推動土改而在主委蔣夢麟的邀請下加入農復會工作的，在土地組長任內，他積極爭取運用農復會人力與資源，協助國府在台灣推動農地改革工作，當時籌辦地籍總歸戶的工作，主要便是由湯惠蓀提議辦理並實際主導規畫與推動[103]。

---

100 蔣夢麟（1967：24-25）。蔣夢麟在台灣也領導農復會參與推動家庭計畫及農會改組等工作。

101 在民國初期，由美國教會在南京成立的金陵大學，就已開啟了與美國 Cornell 大學農學院的合作計畫，中方參與者「如沈宗瀚、馬保之、錢天鶴等人，後來都參與農復會工作。就參與人員的連續性來看，我們討論農復會的成立，必須回顧金陵大學與康乃爾大學合作研究的一般經驗」，以及二戰後 1945 年 10 月組成中美農業技術合作團，例如農復會第一屆委員穆懿爾及沈宗瀚，就分別是此合作團美方中方的副團長（黃俊傑，1991b：33-63）。也參照黃俊傑（1991a）。

102 土地改革事宜從一開始就成為國共鬥爭的焦點，因此很早就成為政治化的議題，國共雙方在土地改革的路線上差異甚為顯著。或許因此在 1949 年以前就在國府農業及地政體系內工作的主要人才，不少隨著國府來到台灣。與此相對照，大陸時期本土培育和留學歐美學習都市計劃的官學人才多數選擇留在大陸，只有少數市政管理與建築領域的人才在 1949 年後來到台灣。當時在國府官僚體系中統轄都市計劃領域的最高官員——內政部營建司司長哈雄文，也選擇留在大陸，而國府也在遷台後進行人力與組織精簡時裁撤了營建司。參見廖彥豪（2013）。

103 張憲秋（1990：15）；也根據蕭錚、沈宗瀚與熊鼎盛等人所寫緬懷湯惠蓀的文章（湯惠蓀先

　　美援會與農復會隨著國府退守台灣之後，在1951年由美國援華公署、美援會與農復會等機構，合組成立美援技術協助委員會，遴選並資送年輕技術人員赴國外考察與實習。從1951至1964年為止，共計送出2677人，其中研習農業者超過四分之一達701人，甚至多於學習工礦技術之646人，顯見在當時學習農業技術仍是重點之一。此技術協助計畫也支持其他後進國家人員來台灣受訓，在同一期間內，共有1907人來台，其中過半數為研習農業者共計990人，即台灣農業已清楚成為其他後進國的學習對象[104]。

（三）土地行政體系與人才

　　此外，大陸時期培育的地政人力也在土地改革中發揮了重要功能。從國共開啟爭取農村的競賽之後，在國民黨的土地改革派人士推動下，中央政治學校於1932年成立了地政學院[105]，開始培育土地行政人才。在台灣執行土改的一些中階幹部很多就出於此門，包括重要的執行者省民政廳地政局局長沈時可等。同時如前述，陳誠在抗戰時兼任湖北省主席時即施行了二五減租，而那一群協助他進行土改的幕僚也多隨他來台，隨即在1949年的減租中效力，其中包括陳誠此方面主要幕僚董中生。董曾提及，當時「全中國各省地政局長多半來台」，全國高級地政人才集中於台灣一省，帶來了大陸工作經驗，尤其是失敗的經驗，因此「台灣一省有足夠經驗的地政人員，大陸各省一時無法辦到」，極有助於台灣土地改革的成功[106]。

　　這也與前所提及日殖時期遺產之不足有關，即不足部分還包括土地行政機構的建置方面[107]。殖民政府對於地政，著重於地籍管理與賦稅徵收，權責

生紀念集編印委員會，1967：12-16, 17-20, 163-167）。土改的執行單位省地政局局長沈時可，在回憶錄中一再感謝湯惠蓀堅定不移的支持與幫助，包括贊同徵收共有土地等。沈時可等（2000：12-13）。

104 錢艮（1964：21-32）。

105 在1932年先成立了地政研究班，後改為地政學院，由蕭錚主持。這是今日政治大學地政學系的前身。

106 董中生（1977）。

107 此處參照沈時可等（2000：126-127）。

分別屬於稅務及法院等機關，因此日殖時期並無統管土地行政的機構。沈時可在戰時即有地政經驗，1946年由行政院地政署推介來台，隨即擔任長官公署民政處地政局局長，依據中華民國土地法典在台灣省完成了地政機關的建置。在縣市政府下設立地政科，原屬地方法院之土地登記出張所，改為隸屬縣市政府地政科的地政事務所，如此土地行政有了完整的組織體系，奠立了日後施行土地改革的基礎。日後沈時可就一直擔任此省政府民政廳地政局局長一職達27年，至其1972年退休為止。

　　總之，國府之所以能在台灣成功實施土地改革，執政者的政治意志仍是關鍵，是國共競爭的失敗帶來了國府政治上的決心，同時也帶來了下面執行者的高度決心與熱誠。就客觀條件而言，國府施行土地改革的條件與大陸時期有很大的不同，殖民遺產、民國傳承與美國援助都扮演了重要的角色，而兩岸的對立與冷戰的環境使得地主較為合作。到了台灣戰火已熄，蔣中正不用在中共組織的農民武裝隊伍，與地主組織的還鄉團之間站立場。而雖然國府在大陸時期所累積的現代行政及組織能力甚為薄弱，實無法管理龐大複雜的大陸，但在日本殖民統治遺留下來的現代行政基礎上，以中央政府的規模來治理台灣一省，過去在國共相爭下為了推行土地改革所累積的組織、制度與人力資源，終能發揮作用。而美國提供的援助包括美國顧問的諮詢及日本土改經驗的借鏡，以及美援支持的農復會提供了關鍵性的人力財力的支援，也協助完成如地籍總歸戶等土改所必要的巨大工程。同時，如陳誠在1949年手書「台灣軍民何以自處之道」中所言「離此一步即無死所」[108]，除了政治高層的決心之外，這種心情應可解釋如沈時可及湯惠蓀等執行者的堅持，沒有這樣的動力與共識，如此革命性的土地改革就無可能完成。各種主客觀條件與大陸時期皆有相當的不同，因此國府在台灣終於能夠成功地進行了改良式土地改革，以強制力改變了農村的政治與經濟結構，並為農民提供了必要的生產要素與融資，使得土地改革成果得以維繫。

---

108 薛月順（2005：20）。

四、土地改革的直接效果

　　台灣戰後初期的農地改革雖然溫和，但仍進行了結構性改革，到底其是否帶來了劃時代的變化？在此將把土地改革在經濟方面的影響區分為直接與間接效果，直接效果是指減租、公地放領與耕者有其田等政策，所帶來對耕地所有權的變更以及對農業生產的影響。討論這部分的文獻較多，雖說仍有爭議，但爭議範圍有限。比較少被論及的是間接效果的部分，就是土地改革對於整體經濟運作方式及經濟發展的影響，這部分其實遠較直接效果為重要，因為既然土地改革是一種結構性改革，就必然會對整體經濟及未來發展途徑有所影響。這部分將是下一節要討論的重點，將包括兩方面，一是著重於土改政策改變了耕地作為「投資標的」的報酬與條件，使得有餘錢者無法再以購買耕地收租作為投資管道，為工業化吸收資金提供了較有利的條件。一是著眼於土地產權的變革，因土改整理了耕地的財產權制度，提高了其現代化程度，並有助於工業化之進行。在討論間接效果之前，本節先敘述一下直接效果，不過因為此方面文獻較多，在此僅作簡要介紹。土地改革雖主要是經濟方面的變革，其在社會與政治層面之影響不可謂不大，不過本節將主要著重於經濟層面，最後將簡略論及土地改革社會面的影響。

（一）三七五減租

　　先來檢討國府土地改革各階段達成的變革為何。國府於1949年4月開始在台灣推行耕地三七五減租[109]，基於減租護佃原則，要求地主與佃農重新訂定書面租約。依據湯惠蓀（1954），形式上訂立新的私有耕地租約的佃農戶數29.6萬戶，占是年台灣農戶數44.5%，半自耕農及佃農戶數74.7%，私有耕地面積38%（頁25）。

---

109 本小節主要參考湯惠蓀（1954），下文頁數皆出自此書。省府於1949年4月14日頒布《台灣省私有耕地租用辦法》，設定私有耕地地租租額不得超過主要作物正產品全年收穫總量37.5%，並需訂定書面租約，列明租額、租期及繳交方式，並對撤約做出規範。但對違法行為並無清楚罰則（頁123-124）。

　　減租的執行單位為省民政廳地政局及縣市政府。同時，在各級政府成立
了推行三七五地租委員會，成員除官員外也包括民間人士，由該委員會依據
日殖時期的土地等則及田賦調查資料為基礎，來評定當地的「耕地主要作物
正產品收穫量」，作為計算地租的標準。換約完成後，政府進行實地檢查，
除了派督導員檢查簿冊之外，也進行個別查訪及舉行業佃及村里民大會。在
檢查中查明並予以糾正的案件共有34867件，其中漏定租約者占四成（頁
22-25）。雖這三萬多糾正案只占簽訂新約的佃農戶數一成，並以漏定為多，
呈現的問題並不大，不過因原辦法並無罰則，以至於撤租事件及「租佃糾
紛，亦漸有增加趨勢」（頁7）。在其後兩年半內，仍持續出現租佃糾紛以及
退耕案件，有紀錄者共35313件，其中包括11525件退耕案[110]。

　　為了鞏固減租成果，從此時至實施耕者有其田之前，政府繼續進行一些
後續事宜，包括更新調整地目等則、建立減租督導檢查制度、成立耕地租佃
委員會等。為了遏止退耕等問題，於1951年經正式立法程序通過了《耕地
三七五減租條例》[111]，對於地主收回耕地做出嚴格規定，並設有刑法罰則[112]。
條例中如雷正琪所建議，規定耕地租佃委員會中佃農代表人數不得少於地主
與自耕農代表之總和。於1952年初，經由村里代表、鄉鎮租佃委員、鄉鎮
代表以及縣市租佃委員的選舉，依序產生了各層級的佃農、自耕農及地主的
代表（頁31-34）。藉由這些選舉，國府在制度上提高佃農的地位而改變農
村權力的結構，以鞏固土地改革的成果。

　　在實施減租之後，地租收益的減少如預期地導致了耕地價格的下跌，跌

---

110 依據湯惠蓀（1954：30），官方認為退耕案件多非佃農自願為之，因此必須及時遏止此
　　風。近來有對土改持批評意見的學者則認為退耕多為佃農「自願」為之，反而是官方的作
　　為是無謂的干預，參見徐世榮、蕭新煌（2003）。

111 此條例於1951年6月7日由總統公布施行，行政院隨後於6月14日命令指定台灣省為施行
　　區域。顯然台灣土改是否適用於「反攻大陸」後的大陸，一直是國民黨內部對土改爭議的
　　一部分。

112 條例規定除非承租人死亡或轉業或積欠地租達兩年，出租人不得提前終止租約；如果出租
　　人不能自任耕作，或收益足以維生，或收回耕地會導致承租人生活失去依據，則即使租約
　　期滿也不得收回自耕。違反這些規定處一年以下徒刑或拘役。

落幅度約 1/3 至 1/2[113]。然而在減租到耕者有其田實施之前，佃農購入耕地的數量仍相當有限，只占到三七五租約耕地面積的 7.6％，顯然佃農多仍無力購買（頁37-38）。

（二）公地放領與地籍總歸戶

此外，國民政府因接收日人龐大土地收歸公有，於1947年公布公有耕地放租辦法，以四分之一地租額放租，但以合作農場為對象，故放租出去的地只占公有耕地面積5.9％。次年雖定放領辦法，但僅小規模試辦。於1951-52年才全面推動公地放領，放領地價與日後耕者有其田辦法相同，以收穫量2.5倍計，攤還期也是十年。前後五次共放領6.3萬甲耕地，承領農戶12萬餘，放領面積達日後施行的耕者有其田政策的四成多[114]。

在農復會建議下，1951年初政府即先在兩縣試辦地籍總歸戶，同年9月全面開辦，次年3月完成。此事仍是由地政局執行，農復會提供經費、規畫與協助[115]。如前述，原有的日殖時期的土地台帳及國府接收後的土地登記簿，都是以土地為經，所有人為緯，無法知道每一所有人在全台各地總共擁有多少土地，而無此資料就無法進行限田。地籍總歸戶利用台灣完備的戶籍制度，以所有人住所為標準，先做地籍卡片，再做歸戶卡片，再將所有人在各地擁有的土地歸集到一處，如此建立了進行耕者有其田的基礎。

（三）耕者有其田

在地籍總歸戶於1952年初完成之後，政府即開始推動耕者有其田，在歷經周折後於次年1月通過並公布《實施耕者有其田條例》，並立即開始進

---

113 其後到了1951至1952年，或因預期將實施耕者有其田，地價持續下跌。陳誠（1961：41）。

114 因為台糖所有的土地占公有耕地的近三分之二，1952年美國顧問雷正琪就曾寫信給蔣中正，建議應盡量將台糖土地放領給農民，擴大土地改革的範圍。但因為當時糖仍是外匯主要的來源，台糖仍肩負此重任，因而形成「土地政策與經濟政策的矛盾」。參見黃俊傑（2006：95-125）。

115 地籍總歸戶設計人湯惠蓀為此於1951年出版了《地籍總歸戶的意義、方法及其效用》。

行。該條例先由省政府民政廳地政局協同農復會擬定方案，再經省政府、省議會、行政院與立法院等單位審議修改[116]。因當時本省政治菁英多出身地主，他們以地主代言人立場由內由外動員遊說，而國民黨自命代表全民而必須「兼顧地主」，在此政治折衝過程中，出租耕地的徵收面積逐漸縮小，原先省府草案為21萬甲，省議會建議案為9萬甲，而最終定案為14萬甲，只占當時出租耕地的55％。其中主要是行政院審議時對中大地主作出讓步，即個人地主不論在鄉不在鄉都得以保留三甲地。而在如此讓步之後，徵收面積中有近七成為共有耕地，這也意味著國府勢必決定全面徵收共有耕地，不然徵收面積將所剩無幾。不過若無高層堅決推動，即使這保守的土改方案恐也未必實現[117]。

　　該條例主要規定地主得保留出租耕地7-12等則水田三甲（其他按比例折算），超過此限的耕地以及共有的耕地，一律由政府徵收，轉放現耕農民承領；徵收地價以收穫量之二倍半計算，地價補償以實物土地債券七成及公營事業股票三成搭配發放；土地債券年利率百分之四，本利合計分十年償還。

　　雖然《實施耕者有其田條例》的施行細則至當年4月才核定公布，但因此事乃執政高層決心辦理之事，故在條例審議過程中，主管機關就已開始相關的準備工作，同時行政院還成立了跨部會及各單位的有關問題處理委員會進行聯繫協調。因此耕地徵收放領從5月即開始進行，至10月頒發承領農戶土地所有權狀結束，各種繁複的工作竟然在一年內完成了[118]。工作包括訓練

---

116 當時國府認定依據《土地法》此條例應屬全國性立法的立場，不需經由省議會同意，但仍交由其討論並「提供意見」。省議會先邀請十五個縣市議會提供意見，而收回之意見中只有基隆市議會贊成草案，其他則建議延緩辦理（反攻大陸後再實施）或大幅修正草案。省議會原打算拖延，但在蔣中正督促下在此次會期中通過了建議案，其版本大幅度降低了改革的程度。廖彥豪、瞿宛文（2015）。

117 廖彥豪、瞿宛文（2015）詳述了《實施耕者有其田條例》的立法過程。此外，祭祀公業與宗教團體得「比照地主保留耕地之標準，加倍保留之」；而「業經公布都市計畫實施範圍內之出租耕地；新開墾地及收穫顯不可靠之耕地；教育與慈善團體所需之耕地等」不徵收。

118 湯惠蓀（1954：76-87、100）。唯1953年8月開始分發地價補償時，公營事業民營化部分尚

工作人員、耕地複查、計算徵收及保留面積、分割測量與製圖、由政府及耕地租佃委員會審定、公告徵收之耕地與放領的農民、發行土地債券、地主領取土地債券及公營事業股票、農民繳納領地地價、轉移土地所有權等。

　　下列各表呈現了土地改革的影響範圍。在減租、公地放領及耕者有其田從開始到完成，亦即在1949至1953年間，所增加的新的自耕地面積為24.2萬甲，占總耕地的26.8%。自耕地占私有耕地的比例則從1939年的43.7%，升高到84.8%，佃農戶比例降至兩成。同時，耕者有其田徵收耕地面積（14.4萬甲）中，69.2%為共有耕地，22.3%為個人耕地，其餘為團體耕地。因共有耕地多為小地主，因此被徵收之10萬多戶地主中，82.2%為共有耕地地主（湯惠蓀1954：91）。

表3.1 受各項土地改革措施影響之耕地面積與農戶數，**1949-1953**

	受影響耕地面積（甲）	占私有耕地比（%）	占總耕地比（%）	受影響農戶數	占全省農戶比（%）
375 減租租約耕地 1949	263,358	38.7	29.2	296,043	42
減租後佃農購入耕地 1949-1952	35,522	5.2	3.9	66,328	9.4
公有地放領 1948-1953	63,000	9.2	7	121,953	17.3
耕者有其田徵收放領耕地 1953	143,568	21.1	15.9	194,823	27.7
1949-1953 所增加新自耕地	242,090	35.5	26.8		

資料來源：湯惠蓀（1954：8, 25）。

註：受影響農戶是指佃農及承領農地農戶。受影響地主戶數如下表。總耕地面積（900,628甲）、私有耕地面積（681,154甲）與總農戶數（704,569戶）是採1950-1952年之平均。

　　雖然土地改革所新增加的自耕地只占總耕地的26.8%，但是影響到的農戶仍是為數眾多。減租讓超過四成的農戶得以減少地租，其後承領耕地的農戶數也超過四分之一。如表3.2所呈現，從1948年至1954年自耕農的數目增

──────────

未完成，故先由土地銀行發給「公營事業公司股票調換憑證」，而於次年公營事業股票備妥之後，再以股票換回憑證。

加了二十多萬戶，占總農戶比例22％。如果計入之前之後的變化，則從1945至1960年的自耕農數目增加近36萬，增加了2.4倍，自耕農所占的比例增加了一倍[119]。

表3.2　台灣農戶數，1937-1980

| 年 | 總計 | 自耕農 | 半自耕農 | 佃農 | 百分比% | | | 自耕農增加數 | 自耕農成長率（％） |
					自耕農	半自耕農	佃農		
1937	427,379	131,065	134,767	161,547	31	31	38		
1940	429,939	137,399	134,355	158,185	32	31	37	6,334	5%
1945	500,533	149,395	147,442	203,696	30	29	41	11,996	9%
1947	553,308	174,937	152,716	225,655	32	27	41	25,542	17%
1948	597,333	211,649	154,460	231,224	35	26	39	62,254	21%
1949	620,875	224,378	156,558	239,939	36	25	39	49,441	6%
1951	661,125	249,850	167,962	243,313	38	25	37	25,472	11%
1952	679,750	262,065	177,113	240,572	39	26	35	12,215	5%
1953	702,325	385,286	169,547	147,492	55	24	21	123,221	47%
1954	716,582	412,673	169,330	134,579	57	24	19	27,387	7%
1955	732,555	433,115	172,115	127,325	59	24	17	20,442	5%
1960	785,592	506,286	166,792	112,514	64	21	15	73,171	17%
1965	847,242	565,512	174,874	106,856	67	20	13	59,226	12%
1970	880,274	676,554	108,026	95,694	77	12	11	111,042	20%
1975	867,547	707,444	82,137	77,966	82	9	9	30,890	5%
1980	872,267	721,487	85,021	65,759	83	10	7	14,043	2%
					比例變化			各階段合計	
1947-48					5	-3	-2	62,254	42%
1949-54					22	-2	-20	201,024	95%
1955-60					7	-3	-4	93,613	23%
1947-60					34	-8	-26	356,891	239%

資料來源：《台灣農業年報》，歷年，台灣省政府農林廳。

不過，就生產面而言，這是個保守方便的改革方案，土地徵收後都是由現耕佃農來承領，實際的生產者及生產規模並無變動。在土改之前，「台灣

---

119 1947年國府在大陸頒布地租為千分之三七五的訓令，同年台灣行政長官公署公布公有耕地放租辦法，地租為四分之一，並於1948年試辦公有耕地放領，這些措施雖然實際成果有限，但已經帶來土地改革可能實施的信息。至於這是否使得1947-48年間有些地主出賣耕地，因而造成自耕農數目增加，則尚待進一步探討。

的農民……也是經營者，他能做作物制度選擇和肥料、水利等應用的決策。他知道施肥、用水等之事，他也從事耕地的經營設計和管理。因此土改之後，農民的管理能力毫無問題。很多國家的佃農在土改前只是農地的勞工，其他決策經營的事情都不懂，一下把土地交給他，農民欠缺管理能力，產量自然無法提高」，而土改後的台灣農民「有所有權……激勵他增加生產」；「台灣的土地改革與很多國家不同的一點，就在於**只是所有權的轉移**……經營單位沒有變化，……農民早已具有管理農場的能力」[120]。相較於其他後進國家，這點是台灣與東亞土改經驗的特殊之處。如果新的自耕農不能夠成功的持續經營，就可能回到原先的虧損—負債—賣地的惡性循環。因此在台灣，就國家維護糧食生產而言，土改是個低風險的變革。

（四）產量成長與生產效率的改進

　　土地改革對於台灣農業的生產效率的影響為何？佃農在取得所有權之後，在生產上的激勵作用為何？因農業生產受到戰爭嚴重影響，直到1952年才恢復到二戰之前的最高水準[121]，而從1952至1956年間農業產出平均年成長率為4.96％，至1967年為止則為4.8％，從1952至1968年農業生產指數增加了九成，在耕地沒有增加（難以增加）的情況下，這樣的成長紀錄可說是很可觀的績效。同時，農業生產效率也有所改進，1956年生產一單位產出所用的投入，較1935-1937年減少16％[122]。

　　根據Ho（1978：155）的估計，在1950年代農業產出的成長來源，10％來自作物密度增加，35％流動資本，11％固定資本，而高達45％源自生產力成長，顯示這十年中農業實質的進步。不過，到了1960年代則生產力轉為負成長，呈現出這模式的發展瓶頸；而成長主要依賴流動資本的增加，即非農投入的增加，包括化肥、飼料與農藥的高度運用。從1965年開始，農

---

120 引自謝森中訪談紀錄，黃俊傑編（1991a：145-46）。強調性粗體為本書所為。

121 戰爭時期破壞嚴重，1939到1945年間農業產出年平均成長率為 -12.3％，而在1945至1952年的恢復期則為12.9％。引自李登輝（1980：17）。

122 在1951到1967年間，農業生產力平均年成長率為1.9％，李登輝（1980：31, 219）。

業勞動力絕對人數首次下降，次年則出口總值之中工業產品所占比例，第一次超過農業及其加工產品的份額 ，台灣經濟自此開始進入另一個發展階段，轉由工業扮演主導性角色[123]。

　　經濟績效優異並不一定只是源於土地改革的影響，同時還有很多其他因素在發生作用，或者說有了其他條件的配合土改才得以成功[124]。日殖時期殖民政府在丈量土地整頓產權之後，不單保留了地主制度並且與其合作，引進了現代化農業生產方式[125]，並成功的推動了以日本為市場的出口導向米糖經濟。在1921到1937年之間，台灣農業產出的平均年成長率已達到4.1％，並且生產力平均年成長1.7％，台灣第一次農業現代革命是在佃農地主分成制下達到的，這成績與1950年代可相比擬。如前述，1950年代的土地改革，就是這些現耕農戶取得所有權而已。減租與所有權的轉移必然有其激勵作用，但因為仍有諸多其他政策因素發生作用，較難以區分個別的因素。

　　不過，受戰爭破壞的戰後環境與當初日殖戰前時期的情境已截然有別，雖仍主要依賴米糖等農產品來賺取外匯，但既有的出口市場，先為日本而戰後為大陸，則都已不在。國府在退守台灣時面對的是不單要恢復生產、供應足夠糧食、尋找出口機會並穩定物價與經濟，並且必須重建農業組織。因此應可說，國府藉由成功推動土改，並實施相配合的肥料換穀、改組農會等措施，建立了使「農業知識、農用物資、灌溉用水及農貸公平到達全體農民之管道」[126]，因而得以使農業生產不單得以恢復更持續成長，至1965年農業生產指數已達1952年的1.7倍，若計入林畜漁業則為1.9倍[127]，遠超過日殖高

---

123 CEPD（1987: 15, 213）。

124 要以數據分析來釐清土地改革與其他因素（包肥料與生產方式等）對提升農業生產力的作用並非易事，至今為止相關的實證研究尚未能完全做到。感謝匿名評審對此之指正。

125 殖民政府以強制方式引進現代農業生產方式，包括引入新品種及運用現代投入（如化學肥料）等，並廣泛設立農業推廣體系，投資建設水利灌溉設施，灌溉體系的覆蓋率從1910年代的三成，至1940年增加到六成。參見Ho（1978: Ch. 4, 353）。

126 張憲秋（1990：76-78）。他也討論了戰後初期若干落後國家，包括菲律賓、伊朗與錫蘭等，因為未能提供這些配套措施，因此雖也實施了土改，但不能得到成功。

127 CEPD（1987: 67）。

峰。換言之，進行土地改革幫助國府在農村建立了這些必要的組織與管道，使得農業生產不單持續成長，並且政府能夠掌握糧食穩定糧價，並將農業剩餘從農村轉移出去，使得「以農業培養工業」的政策得以實現。

（五）靜態的分配效益

　　土地改革的重大影響在於長期體制的改變，這部分將於下一節之間接效果部分來討論，此小節只探討靜態的土地改革在所得分配上的影響。土改必然意味著削弱地主以及重新分配資源。例如，政府為了掌握糧食於1947年起施行的大中戶餘糧收購，是以低於市價的公價收購，「無異對大地主之累進課稅」[128]；三七五減租就立即大幅降低地主的收入以及耕地的價格；耕者有其田對地主的補償是以收穫量的2.5倍計算，其必然遠低於原先尚未減租前的地價[129]。此外，地價補償七成是以土地債券為之，而土地債券4%的利率也是遠低於市場利率的水準。另外三成地價補償是以民營化後四大公司股票支付，據調查絕大多數地主在短期內以低價將股票賣出，明顯有利益的損失[130]。站在地主的立場，必然認為這些是「不公平的」交易，不過土改的目的原本就是要削弱地主，因此問題不在交易是否公平，而是其後續的經濟與社會影響為何。再則，如下一節將論及，因都市計畫範圍出租耕地免予徵收，即國府有意識地將潛在市地的潛在增值利益留給地主，以緩和其反抗，可預期擁有此等土地的地主日後會有相當獲利。

　　土改專家雷正琪認為台灣發行土地實物債券是一很好的作法，避免了如日本採用現金補償辦法，其不單增加通膨壓力，更使得地主因戰後通貨膨脹而變得無可依靠，並且國民政府也省去了另籌財源、增加通膨風險的困擾。同時，他對於以公營企業股票作為補償的作法也讚譽有加，認為這是他所知道的在各國土改中唯一的案例，即在土改過程中刻意的將原先綁在耕地上的

---

128 湯惠蓀（1954：60）。

129 日殖時期所調查的地價多超過收穫量4倍，Ho（1978: 166）。

130 根據Yang（1970: 238）於1964年對五百多位地主的調查，超過九成在短期內賣出股票，售價低於票面價格三成左右。

資本轉移到工業發展領域，並取得成功[131]。

　　另一方面，佃農的利益則必然得到提升，地主地租及地價的損失即意味著佃農收益的增加。Ho（1978: 169）以一桃園農戶為例計算土改對此佃農收益的影響：從1948到1959年之間，若一切條件不變（假設地租五成）也沒有土改，則此農戶所得會增加16％；減租後則增加90％，若承領租地成為自耕農，則增加107％；等十年後繳清承購地價則增幅會達到172％。此自耕農所得增加的主要部分（85％）原來會是地主的收益，即是地主的損失。就靜態變化而言，土改的所得重分配的作用極為顯著。不過土改改變制度也可能促進了新自耕農的生產力。Ho（1978: 171-72）發現1953年各地承領耕地所占的比例，和其後當地農戶進行農地改良的比例高度相關；如前述，他估計1950年代農業產出的成長有將近一半可歸功於生產力進步。

　　表3.3呈現了從1911至1960年之間，地主—耕作者—政府三者在農業所得中所占份額的變化。土地改革所帶來的所得重分配的影響在表中有清晰的顯現，即地主及放款者所占的份額大幅降低，從1930年代的四分之一降到1960年左右的6.3％。而其所失去的份額19％，則主要由耕作者得到（14.5％），平均化的作用顯著。不過在此同時，政府則以各種方式來掌握糧食的供給並徵收農業的剩餘，以下將討論這部分的演變。

表3.3 台灣農業所得份額之變化，1911-1960

單位：％

	地主及放款者	耕作者	政府及其他公共團體	地主及放款者	耕作者	政府及其他公共團體
	所得份額			份額變化		
1911-20	27.3	66.1	6.6			
1921-30	26.5	66.1	7.4	-0.8	-0.0	0.9
1931-40	25.3	67.0	7.7	-1.2	0.9	0.3
1950-55	9.8	77.2	13.1	-15.5	10.2	5.3
1956-60	6.3	81.4	12.3	-3.5	4.3	-0.8

資料來源：李登輝（1976：83）。

---

131 Ladejinsky（1964: 451-452）。

（六）農業剩餘的流出與徵收

　　這也是國家亟於取得農業剩餘的時代，政府一方面要確保糧食供給無虞，尤其是因有新撤退到台灣的龐大人口，另一方面則要將剩餘從農村移轉出來支持工業化。取得的方式主要包括徵收土地稅、以低於市價的公定價格收購糧食與實施肥料換穀制度。肥料換穀辦法是農民須以穀來換取肥料，因早期肥料價格被高估，而稻米收購價格被低估，因而此制度被批評為是隱性稅。不過，肥料換穀制度在1949年即已開始施行，是為了因應戰時政府促進糧食生產、掌握糧食與穩定糧價的需要，當時肥料缺乏並且糧食供應困難。因此，肥料換穀辦法「用肥料定量分配使家家戶戶都有肥料」，促進糧食生產，「政府可控制稻穀向日本換硫酸亞（肥料）」（是台灣與日本政府雙方計畫及記帳貿易的一部分），「同時使得軍民有糧並可平衡米價，因此肥料換穀制在當時對安定人民生活有很大的關係」[132]。後來也以此補貼及鼓勵台灣本土肥料的生產，成為產業政策的一部分。當然此辦法的缺點是當時的交換比例對農民不利[133]。不過，就如農復會專家所言，這個具有高度強制性的制度，在那困難的時代，確實達到將肥料配送到各農戶以增加產量的目標，「農復會那時站在增產的立場，覺得這方向是正確的」[134]；農復會主管們不反對此辦法，是因為「深知當時如取消肥料換穀制度，國內米價將趨向上漲，

---

132 引自前農復會朱海帆的訪問紀錄，黃俊傑（編）（1991a：231-232）。朱海帆認為肥料統一的分配可達到三個目標：「全體農民無論遠近都供應無缺；供應有時間性，農民按時可領到肥料；價格統一」；同時，如此農復會可以管理肥料品質，確保肥料平衡使用。因此，在1973年廢除此制度之後，「肥料的產銷計畫仍然繼續在做，是一種計畫性的自由經濟」。

133 肥料換穀比例在1949年為1:1.5，在1965年降為1:0.85，在1972年取消時為1:0.53。張憲秋（1990：152）。

134 引自前農復會張訓舜的訪問紀錄，黃俊傑（編）（1991a：234-235），張訓舜認為此制度「有助於增產，這一好處也是不能忽略的，不應過分強調肥料換穀就是壓榨農民等」。美方曾在1950年代末期基於自由經濟原則，對此強制性制度提出批評，農復會經濟學者也基於自由市場原則贊成廢除，而農復會負責生產的專家們則都認為這計畫在當時是有諸多好處的，政府最後決定是修正價格比例。此方法直至1973年農業政策全面修正之時才予以廢除，即使在廢除之前，生產組的張憲秋仍主張保留此制度，認為應區別交易比例的問題與辦法本身。黃俊傑（編）（1991a：233-269）。

同時糧食局所能掌握的糧食將大量減少，米價除本身趨向上漲外，必因市場投機行為增加而波動……如糧價上漲而波動，將難以維持工資低廉而穩定，使當時幼弱工業之發展，遭受阻礙」[135]。

根據李登輝（1976）對於台灣農工部門間資本流通的研究，台灣農業從1896年起至1960年止，一直是個資本淨流出的部門。表3.4顯示在日殖時期從1911年開始至1940年為止，從農業流出的實質資本平均每年增加3.8%，在1950年代則每年減少10%。實質淨流出占農業總銷售值及農業總生產值的比例，在日殖1911-1940的三十年間，平均各為40.2%及25.4%；而在1950年代則稍降至各31.3%與18.4%。在日殖時期農工交易條件變化有限，淨流出主要是採有形流出方式。而在1950年代則農工交易條件不利於農業，尤其是肥料換穀的交易條件，資本淨流出則過半比例採此隱性方式流出。

表中顯示農業資本淨流出（占總生產的）比例，在1950年代平均約18%，低於日殖時期各階段之流出率。再則，兩個時期更重要的差別，應在於這淨流出的資本對本地經濟的直接貢獻。在日殖時期，「經由出口餘額而使資本從台灣流到日本的數量仍然很大，台灣農業……對日本工業發展也有貢獻」；而在戰後農業資本的淨流出，則對本地工業資本形成的快速成長有實質的貢獻[136]。這也顯現在增高的經濟成長率上，實質GDP的年成長率，在日殖時期（1940年以前）平均為4%，而到了1950年代則增為8%。

總之，在1950年代，農業剩餘流出比例不單較日殖時期為低，並且是助益於本地（而非日本）工業的發展，因此工農部門共同促進了本地總體經

---

135 張憲秋（1990：150-151）。張否認肥料換穀阻礙了農業發展與農民生活改善，他指出在1965年之前，台灣與亞洲其他國家相比，肥料價雖屬偏高，但是農業發展卻最快。亦即雖然「單從肥料換穀一事而論，農民蒙受不利。但土地改革、農會改組、水利修建、農業科技改進與農會服務能力加強等措施，使農民收入繼續上升」。當初不反對此辦法，是因為農復會同仁經歷過戰亂通膨之苦，「當年設法平抑糧價，以安定民生」是共識，再則，「長期低糧價，對工業成本中工資部分，當然有利」，「『以農業培養工業，以工業扶植農業』二句強調內部協調互助之名言，可表達當時含辛茹苦，自立圖強之心態」（頁36-42）。

136 李登輝（1976：14）。

濟的成長。除了以上可計算的農業資本流出的貢獻之外，台灣農業生產力的
進步，以及政府的低糧價政策，為非農部門提供廉價的原料與糧食，對工業
及經濟整體發展有難以衡量的貢獻。

表3.4　台灣農業與非農業部門間之資本流通，1911-1960，每五年之平均值

單位：1935-1937台幣千元

	1911-15	1916-20	1921-25	1926-30	1931-35	1936-40	1951-55	1956-60
農業總生產	162,806	204,758	237,983	288,397	361,439	422,478	513,252	645,396
農產品總銷售（X）	91,687	114,901	151,742	198,319	259,291	301,559	297,795	389,155
非農產品流入（M）	42,098	53,302	91,713	139,764	169,832	212,463	185,032	292,996
淨流出（X-M）	49,588	61,977	60,029	58,555	89,459	89,186	112,763	96,189
有形淨流出	40,579	45,864	48,959	58,962	77,841	84,667	65,204	38,186
無形淨流出	9,009	16,113	11,070	-407	11,618	4,519	47,559	58,003
淨流出/總銷售（%）	54.1	53.9	39.6	29.5	34.5	29.6	37.9	24.7
淨流出/總生產（%）	30.5	30.3	25.2	20.3	24.8	21.1	22.0	14.9
農工產品交易條件（非農／農產品價格指數）	121.4	130.2	112.1	99.7	106.9	102.1	125.7	119.8

資料來源：李登輝（1976：10-11, 表2）。

註：表中所列數值為經平減過的實質數值（用以1935-37為基年的價格指數）。有形淨流出是將
名目商品淨流出（名目X-M）以農產品價格指數（Pa）平減，無形淨流出則是將名目非農產品
流入以非農產品價格指數（Pn）平減後，再乘上農工產品交易條件的變化（Pn/Pa-1）。

　　在1950年代，因農業受到戰爭破壞以及大量人口遷台，政府解決糧食
缺乏的壓力甚大。除了設法恢復生產環境與進行土地改革之外，政府並以各
種方式徵收稻米，徵收量約為稻米年產量的三成及總銷售量的六成，對稻米

的供給有相當高的控制力。在徵收稻米各管道中，田賦及隨賦徵購占約三成，而肥料換穀占到六成，其餘一成則是償還地價及貸款，可見肥料換穀制度的重要性[137]。徵收來的稻米中約三分之一供給軍隊，兩成多供應公教人員及軍眷，另有平均約兩成多輸出到日本交換肥料，其餘則由政府處置，主要是拋售以穩定市場糧價。

確實，在戰爭破壞嚴重並且耕地未增而人口卻大增的情況下，經由各種政策措施及外援，台灣農業生產得以恢復，管制下的糧食分配也大致解決了糧食問題，政治及社會穩定得以維持。而國府土地改革政策的實施，對於其能在此危機時刻成功的解決糧食問題，起了關鍵作用。如表3.3所顯示，土改使得地主對稻米的控制大幅降低，而農民收益增加之後，政府徵收穀糧及農業剩餘的空間也為之擴大。對自耕農的扶植也配合著復甦農業生產的各種措施，包括重整農會及修復水利等作法，重新建立了以自耕農為主的與政府相配合的農村秩序。就如Ho（1978: 175）所言，戰後國民政府的農業政策同時具有發展與擷取的面向，而土地改革對發展及擷取的進行都有幫助。

換個角度來看，國府在台灣進行土改的成果之所以能夠維護，也是因為同時期國府對農業給予很大的關注，投入資源以恢復受到戰爭破壞的農會組織及水利設施等。一方面日殖時期留下了良好的農業基礎，另一方面美援支持的農復會，提供了高級技術與管理人力與經費的資源與協助，發揮了關鍵性的作用。

一般而言，後進國家在開始推動現代工業化的初期，必須依賴農村剩餘來支持工業。不過根據Karshenas（1995）的跨國比較研究，他發現只有日本與台灣是在這初始時期農業部門是資本淨流出，而這兩國剛好也是工業與農業都成功發展的地區，他研究的其他案例包括伊朗、埃及與中國大陸。顯然農業本身的現代化及生產力進步，是工業化成功的良好基礎。

---

137 戰時肥料缺乏產量下降。戰後，化學肥料的來源完全掌握在政府手中，在國內由公營企業台肥公司生產，不足之處一部分由美援進口，一部分由政府進口。而台灣農民在日殖時期已經養成依賴化學肥料的習慣。因此當時政府有條件實施肥料換穀，以此來掌控糧食並取得剩餘。

（七）社會面影響

在土地改革施行的過程中，政府與農復會等單位不斷進行各種調查，以理解立即成效及實施中的問題，顯示其戒慎恐懼的態度[138]。楊懋春（Yang, 1970）[139] 一書則是一個在土改經過了十年之後所進行的探討土改影響的調查報告。不過此調查主要針對農戶對土改之態度，其調查結果也多合乎預期。即得以承領土地的前佃農，幾都對土改政策持肯定態度，並呈現士氣高而樂觀的態度[140]。未能承領土地的佃農則仍高度肯定減租政策，但對於未能承領耕地表示失望。農業雇工未能受益於土改，多表不滿。而地主對土改政策的反應，可預期地是憤恨不滿，對於減租及土地的徵收、作為地價補償的公司股票未能保值，以及被迫改變生活方式等皆表示不滿。至於在適應新環境方面，一些原先就涉入非農活動的中大地主，調適或較為成功。不過調查樣本中的地主多呈現調適不成功的狀況。確實，當時正在快速發展中的工商產業，所需能力與前不同，應是帶來新的挑戰[141]。不過，正如調查報告的作者所言，這結果或許受到前地主強烈主觀反應的影響，而難以評估其代表性。

再則，這調查並未詢問各方是否曾得到土地增值的利益，同時這部分也不容易得到確實的答案。在當時都市化及工商業發展迅速，具有區位優勢的耕地在移轉使用時，可帶來顯著的以倍數計的增值。而地主除了得以保留三

---

138 例如在1954年中，當時四大公司股票市價低落，顯然諸多地主不看好股票未來收益而急於求售，股價難有支撐，曾由原面值10元降至約平均2.7元。行政院曾要求經安會研擬補救辦法，但難有成效。〈實施耕者有其田轉移民營四公營事業股票價值低落之原因與對策〉，近史所檔案館，30-01-11-001。

139 楊懋春（Yang, 1970）領導一個以台大農推系師生為主的研究團隊，針對台灣土改的社會經濟及文化上的影響，於1964-1966年進行一個較為全面、以全台為範圍的大規模研究調查計畫，計畫得到美國 Agricultural Development Council 的資助，而其對全省抽樣出的三千多農戶的訪談是於1964年完成，在此調查的樣本中，前地主的戶數占兩成，佃戶轉自耕農的戶數占一半。而這本重要的研究以英文發表，至今並無中文翻譯本。

140 當時參加訪談的廖正宏在回憶時也對此印象深刻，廖正宏等（1986：32-33）。

141 如本書第七章所呈現，台灣戰後第一代企業家中本省籍創始人多數是戰後從商業白手起家者，多非地主出身。新的工商時代帶來新的挑戰。

甲耕地外，還保留了非農用地及都市計畫內耕地，同時，剛從耕地釋出地主資金，應也有不少加入了都市土地的炒作，而新自耕農則有新承領地，依據區位他們都有可能獲得土地增值。在一些情況下這些動態利益的變化，會遠超過上述較為靜態的影響，此部分關於土地增值利益的分配問題，將在下一節間接效果部分再予討論。

　　土地改革不單使得農村經濟結構發生變化，政府也同時推動農村裡的社會及政治結構的改變，並削弱傳統地主鄉紳的領導地位，也影響了既有鄉親宗族的關係。如前述，減租及耕者有其田實施時，農村設立了縣市及鄉鎮各層級的耕地租佃委員會，條例規定佃農代表人數不得少於地主與自耕農代表人數總和，代表由選舉產生。同時施行的《改進台灣省各級農會暫行辦法》，也是要確保新興的自耕農能夠進入甚至主導農會，「成為穩定農村社會政治秩序的中間力量」[142]。不過如前述，因個人地主得以保留三甲，土改之後仍有將近一半的出租耕地未被徵收，農村的農會與地方政治的權力結構，雖必然因新自耕農的興起而發生變化，但必然不會是一全然的改變；地主仕紳的地位是被削弱而非消除。不過，隨著土改帶來的既有社會關係及倫理價值的變化，以及同時期工業化的快速發展，現代化的影響也日漸擴大[143]。

　　在土地改革之後，學齡兒童就學比例有了顯著的增加。當時在農復會做土改成效調查的外籍顧問，即認為這是當時在台灣農村最為顯著且普遍性的進步[144]。在減租之後，農民收入稍有增加，他們就開始讓原先失學的子女入學。學齡兒童就學率從1949年的79％，升至1956年的94％（表3.5）；女童就學率的提升尤其顯著，在1951至1956年間，從不到七成升至九成。Yang（1970：370-388）的調查也顯示土改之後，各種類型的農戶都分別提高了他們學齡兒童就學比例，前佃農轉自耕農與現任佃農家戶所有子女都就學的比例，從土改前的62％，十年後提高到92％，既有自耕農則是從77％增至

---

142 黃俊傑（2006：65）；也可參見 Yang（1970: Chs. 9-11）。

143 Yang（1970: Ch. 12）。

144 引自 Koo（1968: 106, 176）。

97％，地主家戶原先比例就已達94％，土改後也增至97％。農民有餘錢之後願意用在教育上，同時，農村外工作機會的增加使得教育的預期回報增加。農戶所得會有波動，不過基礎教育的普及則會有深遠的影響。

　　人類學者Greenhalgh（1989）認為東亞的農民，原本就早已發展出複雜的向上移動的策略工具。而土地改革則去除了各種障礙，使得絕大多數的農戶都可以去追求向上移動的策略。因土改使得工商業更具吸引力，因此引導產生了無數的以家庭為單位，籌畫向上發展策略的家庭企業（family entrepreneurship）。她認為要了解東亞的土改及經濟發展的成功，必須要看到家庭這微觀的社會制度所扮演的角色。她的看法也與上述就學率的變化相符。

表3.5 台灣學齡兒童就學率

單位：％

年	平均	男	女
1920	25.1	39.1	9.4
1930	33.1	48.9	16.6
1940	57.6	70.6	43.6
1943	71.3	80.9	60.9
1949	79.1		
1951	81.5	93.4	68.6
1956	93.8	96.4	90.3
1966	97.2	97.9	96.4
1976	99.4	99.5	99.4

資料來源：1920-1943年資料引自《台灣省五十一年來統計提要》，頁1241；1949年以後資料引自教育部資訊網，www.edu.tw/files/site_content/B0013/100edu_109.xls。

（八）農村工業化、城鄉差距與所得分配

　　雖說台灣原先就不是貧富差距很大的社會，土地改革更是把平均化再往前推了一步。土改也限制農村耕地流轉，限制著農村貧富的分化。更重要的影響應是來自戰後工業化的快速發展。在1950年代後半開始，農家的非農所得就不斷增加，到了1964年農家所得中來自非農所得的比例已達

35.3％，到了1970年則已升至51.3％，此後就持續上升，從1990年代起就維持在八成左右（表3.6）。全職農戶占整體農戶的比例，在1961年已低於半數，1970年更已降至三成[145]。

表3.6　農家與非農家所得差距比率，農家所得中非農所得比例

單位：%

年	平均每戶可支配所得	平均每人可支配所得	農戶所得來自非農所得比
	農家占非農家比率		
1964	96.6	70.6	35.3
1966	93	68.4	-
1968	71.2	57.5	47.4
1970	67.1	55.8	51.3
1972	75.6	61.4	57.7
1980	81.6	66.8	75.2
1990	78.7	69.2	79.9
2000	82.5	72.4	82.4
2010	79.2	71.8	79.4

資料來源：主計處，《家庭收支調查報告》，歷年，前兩欄引自第14表，第三欄引自第15表。
http://www.stat.gov.tw/ct.asp?xItem=27900&ctNode=511。

　　這是源於整體工業的快速發展，也是源於農村工業化的發展，即戰後工業活動並未高度集中於都市，也相當程度分布於農村。根據Ho（1979），就台灣就業量的年平均成長率而言，在1930至1956年間，台灣的整體與農村的數值分別為1.6％與1.1％，在1956至1966年間，則為4.4％與3.8％。在後者這段期間中，製造業就業量的年平均成長率，整體與農村的數值分別為6.2％與7.2％，服務業則為9.2％與10.2％，顯見在這段工業化起步的關鍵時期內，農村的非農就業是以高於整體平均的速度成長。

　　台灣農村工業化的發展也與農村土改影響密切相關，土改使得較多的剩

---

[145] Tsai（1984/July: 19）。

餘留在農村，同時進一步推動教育的普及。同時如前述，《實施耕者有其田條例》容許新承領耕地移轉為建築與工業使用。因此除了都市周邊，在交通便利之處，新自耕農也可能自行設立工作坊，去承包附近工業據點所分包出來的工作。這也是台灣生產網絡廣布於農村的原因之一，胡台麗（1978）對台中地區的研究就呈現了如此的面貌，當然這也有賴優良的基礎建設及其他條件的配合[146]。同時，政策也及早就鼓勵在農村設立工業區[147]，因此到了1981年正式成立的62個工業區中有將近一半（30個）是在農村地區[148]。戰後初期台灣農村工業的普及被認為是一個城鄉平衡發展的理想代表，也與費孝通（1987）認為中國農村經濟要工農相輔的看法相符合[149]。不過這必然帶來環保問題及對農業生產環境的負面影響。

　　就城鄉差距而言，農家與非農家每人平均可支配所得的比例（表3.6），從1964年的70.6%，降到1968年的57.5%，而在1972年農業政策開始轉變後，此比例逐步上升，從1980年代後期至今多維持在七成多左右。如果看每戶平均所得比率，則農家與非農家的占比，在1964年竟然高達96.6%，降到1968年的71.2%，1972年後此比例也逐步上升多維持在八成多左右。因此，若與其他落後地區相比較，台灣的城鄉所得差距相對較小。例如，中國大陸近年經濟快速發展後，城鄉差距卻為之擴大，在2013年農村居民人

---

146 參見 Ho（1979: 93）。Ho（1982）則比較了戰後早期台灣與南韓在農村工業發展型態上的異同，認為因為台灣農業原就較為商業化與多樣化，而土改也較為成功，基礎建設較好，教育比較普及等因素，使得台灣農村工業遠較南韓興盛。

147 除了耕者有其田承領地之外，其他類型耕地移轉使用的困難度較高（廖彥豪，2013）。為了協助將農地移轉為工業使用，政府於1960年通過《獎勵投資條例》，使得工業用地之編定、取得及管理有了法律依據。不過「早期在缺乏全盤規畫之下，亦產生若干嚴重問題，如凌亂設廠、破壞優良農地」等。陳聖怡（1982：15-17, 129-130）。

148 Tsai（1984/May: 18）。

149 在台灣經濟不同的發展階段裡，農村工業發展的動力也必然會有所不同。在戰後初期應與農業加工關係較大，1960年代後期開始，勞力密集的出口工業，以代工網絡的方式將加工作業遍布農村。其後則部分因為都市地區的擁擠，而使得一些工廠移往郊區與農村。此方面的綜合討論可參見 Hart（1998）。因經濟變遷迅速，至今城鄉關係也已大為不同，不過無法在此討論。

均收入只達城鎮居民收入的三分之一[150]；在印度，城鄉人均所得比例在1980年代為2.30，但隨著1990年代以後較快速的成長，此比例近年來已上升至2.8（亦即農村人均所得是城市居民的36%）[151]。

　　台灣的城鄉差距能夠維持在較低的水準，與農村土地改革影響有關，也與其他諸多因素相關，而城鄉所得差距較小，也是台灣戰後整體所得分配較為平均的主要原因之一。

五、土地改革在制度面的影響

　　土地改革的影響不只是在於其立即帶來的轉變，更重要的是制度長期性的變革及其影響。在此所關注的土地改革的間接效果，主要將聚焦於其對整體經濟運作方式與長期經濟發展的影響，將分為對投資及資源分配，以及土地產權的現代化方面討論。

（一）對傳統業佃制度的有限衝擊

　　過去許多研究者認為耕者有其田政策，對農村地主階層造成相當大的傷害並促成其逐步解體[152]。不過，若僅從農村土地重分配的角度來看，必須指出《實施耕者有其田條例》的涵蓋範圍與衝擊影響是相當有限的。首先，該條例的適用範圍僅限於私有出租水田與旱田兩種。而當時台灣的地目共分為21種[153]，在直接生產用地部分，私有水田約為45萬甲，私有旱田約為22萬

---

150 2013年中國大陸城鎮居民人均可支配收入為26955元，農村居民人均純收入為8896元。《中國統計年鑑2014》，http://www.stats.gov.cn/tjsj/ndsj/2014/indexch.htm，表1-2。

151 Amitabh Kundu, Rural Urban Economic Disparities in India: Database and Trends, http://www.indiapolicyforum.org/node/21.

152 李承嘉（1998：93）；許介鱗（2001卷一：95-99）等。

153 這21種地目可概分為直接生產用地與其他類建設用地，直接生產用地包括有田、畑、養魚池、池沼、溜池、牧場、鹽田、礦泉地、山林、原野；其他類建設用地包括建築基地、雜種地、寺廟用地、公園地、道路、鐵道建地、鐵路線路、灌溉水路、溝渠、堤防、墳墓地（台灣省政府民政廳地政局，1955：2）。

甲，私有的其他類生產用地合計約為22萬甲[154]。因為限田條例僅適用於私有出租水田旱田，其後又陸續放寬保留與免徵條件，因此最後僅徵收14萬甲，只占當時私有出租耕地總數25萬甲的56％。此外，當時占直接生產用地四分之一的「其他類地目」上的經濟活動，仍有業佃關係存在，但未被列入限田範圍[155]。其次，行政院將保留標準放寬為在鄉不在鄉皆可保留三甲之後，個人地主所受的直接衝擊顯著降低。個人有出租耕地占總徵收面積的比率23％，受影響的個人地主戶數（7750戶）占個人有地主總戶數約只有一成[156]。

（二）都市出租耕地免徵之影響

再轉換視角，從當時城鄉發展的角度來考察，將會看到此次實施限田，其對都市出租耕地予以免徵，是有意識的將其「未來增值利益」留給地主而非佃農，並對於戰後台灣城鄉發展造成深遠的影響。

前已述及，地政局提出限田草案時，已經體察到都市計劃範圍內及其周邊的農耕地，具有潛在升值利益，因此為了降低地主對土改的反抗將其免予徵收，刻意將此利益留給地主而非佃農。省議員們作為本省地主代言人，也已經清楚注意到此種潛在增值利益，因此在議會建議案裡企圖擴大免徵的範圍，從「都市計劃實施範圍內的出租耕地」，大幅擴大到「都市計劃範圍內的出租耕地」都可以免徵[157]。雖然後來行政院對此並未再做出讓步，但是地主們仍持續提出陳情，各方清楚進行著對此潛在利益的爭奪。

雖然該法案此部分未能如本省地主所願的放寬，不過此後在免徵地的實際認定上，政府顯著地予以放寬。在1953年政府執行這部分免徵工作的過程中，全省各重要市鎮地主皆群起陳情與反抗。在此壓力下，省府在過程中

---

154 台灣省政府民政廳地政局（1955：2）。

155 董中生（1977：44）。

156 立法院內政委員會（1952：1-23）。

157 就涵蓋範圍上來說，「都市計劃範圍」遠較「都市計劃實施範圍」要來得大。一般來說，一個都市擬定實施都市計劃後，劃進都市計劃範圍的土地，其使用分區與各類公共建設用地並不會馬上施行建設。政府因為人力與資源有限，往往採取分期分區實施開發建設。

持續增列免徵標準，重新勘查，進而擴大免徵耕地範圍[158]。以高雄市為例，該市原定免徵出租耕地僅 179 甲，後經省府放寬後，免徵面積擴大為 888 甲[159]。在全省範圍，最後經省府核准免徵之耕地共達 1.4 萬餘甲[160]。這出租耕地免徵的核定過程，是由省府等單位擬定查核標準，並由建設與民政廳會同地方政府進行實地勘查。因地主代表人廣布於相關單位中，故得以高度影響結果，而行政院也未曾出面阻攔。

因此，本省地主得以獲得擴大在都市計劃實施範圍內的免徵出租耕地，及其潛在的增值利益；同時，其得以持續保有的其他類別地目的土地，也可能因區位因素而具有潛在增值利益；再則，剛從耕地釋出的地主資金，應也有不少立即加入了潛在都市土地的炒作。這些都可成為農村地主向都市地主或資本家轉型的基礎。對一些原擁有不少此類土地的地主而言，其之後獲得的增值利益，可能遠超過當時其在農地改革中的損失[161]。將這些都市土地的潛在增值利益讓與地主，或許是國府「兼顧地主」作法的一部分，只是這些潛在利益的數值龐大且分配甚為不均，對未來都市計畫的實施及「漲價歸公」的理想目標的實踐將產生不利的影響[162]。

（三）新自耕農轉為都市地主？

實施耕者有其田之後，自耕農家戶數從 21 萬增為 40 萬，且耕地面積明顯成長[163]。當時徵收耕地面積為 14 萬甲，總承領農戶數為 19 萬餘戶，平均一

---

158 高雄市政府（1954：9-10）；鄧文儀（1955：253, 306-307）。

159 因此，在高雄市最後核定的總免徵出租耕地面積 921 甲之中，都市計劃實施範圍內的免徵出租耕地一項便占了高達 96％，而其中又以陳啟川家族所有的南和興物產公司獲得免徵 128 甲為最多（立法院內政委員會，1953：7-8；高雄市政府，1954：9-10）。

160 湯惠蓀（1954：92）。

161 內政部與歷史學者張炎憲等在 1990 年代，曾對經歷過農地改革的本省地主作訪談，有多位地主提到因可以另外保留「市街地」，故「比較沒有影響」（張炎憲、高淑媛，1996b：32, 219-222），內政部（1994：91）。

162 廖彥豪（2013）。

163 台灣省政府民政廳地政局（1955：20）。主要承領者多為平均承領耕地不到一甲之農戶。

個「新自耕農戶」承領到0.7甲的耕地[164]。雖說耕地仍呈現零細化狀態，但土改也起了整合的作用，如後文將述及，「共有出租耕地」所有權狀態複雜，徵收其大部分對於耕地所有權確實起了釐清作用，推進了耕地所有權的現代化。

　　然而，在台灣經濟發展的動態中，土改重要的影響不只是在於耕地分配上的變化，而也是在於其在都市周圍土地上，催生了一個新興的都市地主階層。讓我們回到土地改革當時的情境。在當時，人口突增百多萬，新增人口又集中於都市，而原本都市建設用地供給不足，使得人口與土地利用的需求向都市近郊擴張。而新自耕農剛剛才取得的承領地若在都市近郊，便成為這第一波「農地變更使用與出售」趨勢下的主要標的。在1954年的省市政建設考察小組，便清楚指出了這個「農地變更使用」為住宅用地的趨勢[165]。而這趨勢比想像中要來得更快更早[166]，並且甚難阻擋。在1953年《實施耕者有其田條例》剛通過時，第28條規定承領地之移轉需先繳清地價，其後「如有移轉，其承受人以能自耕或供工業用者為限」，但因此趨勢難擋致使1954年底立法院即通過了此條例的修正案，將第二十八條中擴大為「……如有移轉，其承受人以能自耕或工業用或建築用者為限」。其實，省府直至1955年8月才頒布了《提前繳納地價辦法》，因此在其之前，此種交易行為多為私下暗盤交易。限田條例中允許承領耕地移轉使用的規定，竟使得耕者有其田承領地，相對於其他種類的土地，成為最容易變更使用的地種[167]。

　　總之，「小自耕農體制」隨著都市化與工業發展，其在都市周邊及交通便利之部分，迅速轉化為新興「都市小地主體制」，而在都市規畫滯後、漲價不需歸公的情況下，享有了土地增值的利益。

---

164 湯惠蓀（1954：89）。

165 台灣省市政建設考察小組（1954：29-30）。

166 立法院內政委員會（1953：37）。

167 廖彥豪、瞿宛文（2015）。

（四）農地不再能作為投資標的 [168]

　　台灣戰後初期的土改雖然溫和，但仍帶來劃時代的變革，最重要的間接作用是體制改變對於整體經濟及經濟發展的影響。這部分可分為兩方面來討論，一是土改政策改變了耕地作為「投資標的」的報酬與條件，一是土改帶來了土地財產權制度現代化的變革。

　　若從社會資金的運轉角度著眼，在前現代中國農業社會中，人多地少因而租佃關係普遍，因為耕地供給已難以擴大而相對稀少，因此人口越多則會使佃權越難以得到保障，即需要租地的佃農越多，則地主越可以提高地租率並隨意變更租約，這也使得耕地成為高報酬的投資標的。當然，在農業為主的傳統經濟中，除了經濟報酬之外，地主身分也有優勢的社會地位與之配合。

　　近代以來，在中國以及其他經濟落後地區，因西方強勢經濟力量入侵，原有的經濟秩序受到破壞。雖說落後國家菁英，都應清楚感受到必須進行現代化與工業化的壓力，但是資金是否會被投到現代工業，則是一個關鍵性的難題。一方面西方優勢經濟力量當前，本地工業必然相對缺乏競爭力，另一方面，本地投資環境及生產條件必然不夠完善，因此經營本地工業，必然會是個高風險低報酬的投資。因而即使環境已不同於以往，但是對本地有產者而言，購買耕地收取地租仍可能是最具有吸引力的投資選擇。所以，除了由國家作投資決定的社會主義體制之外，只要決定投資的權力仍是握在私人投資者手中，則落後地區要進行工業化，就必須減少本地工業的投資風險並提高投資報酬。這意味著國家必須對本地資本提供保護，以限制來自西方優勢經濟力的競爭威脅 [169]，也意味著國家必須設法降低其他投資標的的相對報酬率，尤其是對土地的投資。

---

168 此處的「農地投資」僅指涉投資「農用的農地」，即報酬奠基於「農作物收穫分成」的出租耕地。同時這只適用於2000年之前，因該年《農業發展條例》修正為容許農地自由買賣，並可以興建農舍，不過此後投資多非農用。

169 如本書第一章提及，東亞產業政策效果優於他處之重要原因之一，在於國家在提供保護時，也提出經濟績效上的要求，並且保護是有期限的。

在日本殖民時期，在現代工業方面，殖民政府在政策上壓制本地資本，而優勢的日本工業資本也高度限制了本地資本的發展空間。因此本地的大地主除了總督府刻意給予的如專賣等特權空間之外，主要還是投資於土地以及與農業相關的商業與金融業。例如，直至土改前，辜振甫家族仍擁有各種土地約3700甲，佃戶近一千名；早就以經營工商業為主的陳啟川家族，也仍有四百多甲耕地。其他社會菁英如醫師等，有了餘錢也會優先投資於購買土地[170]。

台灣戰後初期一連串土地改革政策，有效的改變了上述情況。三七五減租大幅降低了投資農地的報酬率；隨後，公地放領則增加了私有耕地的供給，也降低了地價；再則，實施耕者有其田除了扶植了自耕農之外，最重要的是，該條例規定了每戶地主所能保留的耕地面積限制在水田三甲以下，因而此後有資金者已不能夠再將耕地當作投資標的而進行大規模的收購了。當時地主因土地被徵收所得到的地價補償，包括實物債券與四大公司股票，總體金額龐大，但已無法再回到耕地投資上，而必須尋找其他途徑，亦即「將原來凍結在土地上的資金釋放出來」了[171]。如前述，此處所言「農地不再能作為投資標的」，僅指涉投資報酬奠基於農作物收穫分成的出租耕地，其不再能作為投資標的。但是在都市周邊地區，農地隨著都市化與工業化的發展成為潛在都市用地，其預期的投資報酬是未來可觀的土地增值，反而成為另一種投資標的。雖說在2000年《農發條例》修改為容許農地買賣之前，後者多為非法投資，但資金以「假自耕農」形式進入而投資農地，從土改後即

---

170 黃天才、黃肇珩（2005：298）；鄧文儀（編）（1955：660）等。

171 1994年11月11日，辜振甫在紀念台泥公司移轉民營四十週年會上發表感言，他自稱是「一個舊地主所做的見證報告」，認為「土改最終目標不是耕者有其田，而應該是促進國家經濟工業化，一場和平的經濟革命」，土改的影響主要在間接影響上，即其最大作用是「將原來凍結在土地上的資金釋放出來」（黃天才、黃肇珩2005：308-313）。土改時地主得到的地價補償中，有四分之一是四大公司的股票，而股票由七萬多位地主持有，股權高度分散，不利於建立有效經營制度，當時股價也甚為低落。辜振甫稱其應政府邀請，約集地主接手改組台泥公司以為示範，改組公司後於1954年11月11日在三軍球場舉行第一次股東大會，林柏壽任董事長，辜振甫任總經理（頁319）。

已時有所聞，只是因無正式統計而難以得知其變化及範圍。

限制對農地的投資本身，並不必然意味著資金一定會投入本地的工業，那部分還需要政府能推出適當的產業政策及其他配合措施，才能推動工業化。然而若無土改，在當時投資本地工業的風險與報酬率，必難以與投資農地相比擬，而在土改迫使資金從農地上撤離之後，握有資金者必須尋找投資本地工商業的機會，使得本地工業的籌資條件得到很大的改善，增加了工業化成功的可能性。這並不意味地主們都會將資金投入工業，也不表示他們一定能夠轉型成功。事實上，有些研究顯示不少地主很快將四大公司股票低價賣出，因而財務受損。經營現代工業所需要的性向與技能，與以往擔任地主有相當的差異，轉型畢竟不是一項所有人都能回應的挑戰。不過，這屬於轉型的社會成本問題，前述則主要指出對投資資金流轉的限制較有利於工業化。

換個角度來看，就人力資源而言，社會菁英已無法再依地租維生，而必須將聰明才智投入現代工商業謀取一席之地，如此的人力資源配置當然有利於經濟發展之推動。而國府地政官僚們在推動土地改革時，也早已注意到此點[172]。

當然，幸運的是，台灣在實施土地改革的同時，有效的產業政策確實成功的啟動了工業化，使得從土地上釋放出來的資金，其所能投入的工業投資選擇逐漸增多，互相形成較為良性的循環。同時，配合著相關的農業扶植政策與推廣措施，土改提高了農業生產量，降低了農民的負擔，因而增加了農民的收入，為工業生產提供了逐漸增大的國內市場。工業與農業的同時發展，也有助於物價與工資的穩定，也形成良性的循環。

簡言之，若沒有同時實施有效的產業政策，以及扶植農業的各項制度與措施，則上述的工農良性互動與循環就難以發生，土地改革的初步成果會難以維續，工業化也不易成功。土地改革確實大幅提高了政府推動工業化成功

---

[172] 董中生（1977：44）即提及他在大陸時期，就是倡議「實行耕者有其田，促進工業化建國運動」。

的可能性。因此，就如辜振甫這位成功轉型的「舊地主」所言，他「對土改的評價，著重在土改的間接效果及其深遠影響；著重在它如何使千年來凍結在土地上的巨額資金釋放出來……投向工商業；如何做到「資金證券化、證券大眾化」的現代企業的資本結構；如何把一個古老農業社會轉化為現代化工商業國家」[173]。這確實應是土地改革最重要的影響。

（五）土地產權的現代化與土地增值

1. 土地產權的現代化

擬推動現代化經濟發展的國家，多會試圖釐清財產權，因其為發展現代資本主義的要件，而對台灣土地產權的現代化改革實始自日殖時期[174]。清代政府主要關切為徵收田賦，並無意也無能界定釐清同一塊土地上複雜的包括大小租戶的產權，或對鄉土社會進行太多干預，因此與土地相關的交易與借貸多是由鄉土社會內部自行處理。到了日殖時期，日本殖民政府為了創造日本資本可以介入的環境，在台灣丈量了土地，廢除了大租戶，確立了小租戶對土地的產權，使得土地成為可交易的資本，也是勸業銀行可以放貸的對象。這與清朝時期情景已大為不同。不過，如涂照彥（1991）所指出，日殖政府基本並未干涉地主與佃戶之間的關係。若與戰後國府實施土改之後的情況相比較，則會清楚顯現國府土地改革後，土地產權的現代化程度更為加深，國家的干預更為加強[175]。

國府實施三七五減租政策時，為了減輕租額負擔及保障佃權，在各地設立了各種委員會，來監督地主與佃農簽定書面契約，評定收穫量，據此規定地租水準，並規定租約期間不得少於六年，承租人有優先承買權，且對不遵守者設有罰則。國家至此已高度介入了原屬於鄉土社會內部的業佃關係，並

---

173 黃天才、黃肇珩（2005：309）。

174 李文良（2006）認為劉銘傳雖曾推動丈量與清賦，但主要關切是要增加田賦收入，並未試圖取消大租戶。

175 此處參考何欣潔（2015）。她指出日殖時期勸業銀行雖進入台灣農村，但甚少與中下層農民交易，業佃關係仍屬於傳統鄉土社會的範圍。

設立機制來監督維護新的制度，租佃契約已非如以往的私法契約。

　　到了實施耕者有其田時，國家的干預更進了一步，在超過一半的出租耕地上，業佃關係得以終止，而地主得以保留的耕地上的業佃關係，則持續受到國家三七五減租條例的規範。新自耕農取得了釐清後的土地產權，在下一波的城鄉土地轉化中，若處於有利區位則能自行決定土地的移轉使用因而從中獲利。同時，因為個人地主每戶得以保留三甲，因而被徵收的土地中高達69.5％是共有耕地。

　　如此高比例的共有耕地當然是傳統鄉土社會面貌的呈現。近年來，這也曾引發一些學者據此對國府當年土改的正當性提出質疑[176]，他們認為共有土地的地主未必是富有者，被徵收的土地中有如此高比例的共有土地，不符合土改「平均化」的目的。確實，若依據1952年地籍總歸戶的資料，當時台灣私有耕地中有50.6％是共有耕地，這是中國南方較常見的現象，即家族宗族共有地較為普遍，也曾為中共土改帶來困擾。當初在政府推動《實施耕者有其田條例》的過程中，在本省地主的強力遊說下，政府對中大地主不斷讓步，個人地主得以保留的面積因而擴大，使得最終共有耕地占徵收面積的比例升至近七成。這結果也是因為個人地主政治影響力較大，而共有耕地地主確實在經濟上較為弱勢，也因而在政治上缺乏代言人。在立法過程中共有土地的徵收與否也曾持續引起爭議，也因此最終在條例中增列允許弱勢家戶得以比照個人地主保留耕地的規定[177]。

　　當時國府決策者在耕者有其田條例中堅持幾近全面徵收共有耕地，一方面是基於國共競爭下的政治宣示目的，希望維持起碼的徵收面積，而在對個人地主讓步之後已沒有再讓步的空間。另一方面，也是因為台灣當時推動土改的地政相關人員，就如其他後進國家的菁英提倡土地改革的目的一樣，多

---

176 參見黃樹仁（2002）、徐世榮、蕭新煌（2003）及徐世榮（2010）等。

177 《實施耕者有其田條例》中規定，共有耕地出租人如係老弱、孤寡、殘廢藉土地維持生活，得比照地主保留標準保留耕地。實施後，立法院考察團及省政府實施耕者有其田聯合督導團，在實地考察後，認為對老弱孤寡殘廢等申請保留之案件的核定過嚴，要求重加審核。其後省政府提出補救辦法。參見湯惠蓀（1954: 87-89）。

是為了自強，為了建立現代化國家，而現代化也意味著財產權的釐清與現代化。台灣的土改實際推動者，也都是以推動中國現代化的心情為之，例如，湯惠蓀（1954：87-89）即堅持共有土地應該予以徵收，他在書中即認為「共有地者，其共有人則愈來愈多，權利愈分愈雜……流弊所及，不僅妨礙地籍管理，抑且阻塞土地改良，招致產權糾紛」。這些問題確實會造成現代土地管理上的問題，且至今猶然。因此，共有土地的徵收應部分可視為國家企圖推動現代化下的結果，國家進一步介入鄉土社會取代部分的家族角色。

其實，自三七五減租實施以後，政府繼而進行地籍總歸戶，諸多地主已預期未來耕者有其田之實施，因而先行分家，因此耕者有其田的計算單位──家戶，多會是家庭，而非家族，亦即這過程應清楚起到了促使家族解體的作用，也是傳統鄉土社會逐步崩解的過程的一部分。

因此，在經濟層面上，土地改革結束了或規範了業佃關係，國家以公權力改變了土地產權，促成以家庭為單位、握有清楚現代土地產權的自耕農，成為農業生產的主體，他們也隨後不久在城鄉轉化、農轉工的過程中，擔任要角。以現代產權制度為基礎的生產、分配與積累形式，逐步取代了傳統的鄉土社會體制。國家也因高度介入農村，提高了對農村經濟的控制與汲取能力，並有助於其推動農業現代化與工業化的政策。

2. 無剝奪的積累

上文提及在台灣戰後初期，政府徵收農業剩餘來支持工業化。一般而言，落後國家在開始推動工業化之時，需要由農業來提供初始之資本。不過，這初始積累採取何種形式產生，則在各地可能會有所不同。馬克思的《資本論》討論了英國對落後地區及殖民地的掠奪成為其原始積累（primitive accumulation）的來源，同時討論了英國國內的圈地運動如何使得農民失去土地，一方面提供了原始積累，一方面迫使農民在失去生產工具後，必須出賣勞動力當工人以維生，產生了資本主義工業化所需要的市場化的勞動力，亦即原始積累來自剝奪農民的土地[178]。

---

178 Marx（1976: Part 8）。Hart（2002, 2009）將此稱之為 accumulation with dispossession，以與本

　　東亞的情形如何呢？柯志明、Selden（1988）對東亞土地改革提出較負面的評價，認為無論是社會主義的中國或資本主義的台灣，土改都是由政府主導改變農村結構，以攫取農業剩餘來支持工業化，這樣的原始積累都是「在犧牲占絕對多數之農民的福利下完成」。這樣的看法與近年來台灣社會流行論述否定土改價值，並且強調戰後初期肥料換穀制度對農民的剝削的說法，似有相通之處。不過，後進地區皆為農業社會，又無法依賴對外掠奪進行原始積累，因此後進地區若要工業化，要如何能避開這由農業支持工業的階段，則柯與Selden文中則並未著墨。同時，如本章表3.3所呈現，因台灣的土改將地主占農業所得的份額大幅減少，因此雖然政府汲取的部分增加，但耕作者的份額仍得以擴大。此外，東亞雖都經過以農業剩餘支持工業化的階段，但農民並未失去土地，要如何看待這部分？

　　近年來，Arrighi（2007）等則提出對東亞土地改革及發展的另一種看法。Arrighi（2007: Ch.12）在討論中國近年的快速工業化時，援引Hart（2002）關於南非台商及衍生之研究，指出在東亞的小農經濟下，農民早已如企業經營者一般，熟悉為市場生產的各方面經營上的事務（與本章前引謝森中的談話可呼應），因此土地改革後擔任自耕農並無問題，同時，如此的小農家庭在日後也可順利轉型成為台灣中小企業的成員[179]。

　　更重要的是，東亞原始積累的過程中，農民的土地並未被剝奪。整個過程仍是在小農經濟體制下完成，包括農業剩餘的移出，與農業剩餘勞動力的外移等。在初期，小農家庭所擁有的土地，如姚洋（2000）所言，具有社會保障與失業保險的功能，成為社會福利制度的替代品。例如，景氣不佳時，回到農村替代了失業救濟；不需要涵蓋工人再生產的所有成本，因而工資水準可以低廉，有利於工業化的進行。同時，小農出身的工人具有高水準的生

小節之無剝奪積累相對照。Hart（2009）也論及近年來關於原始積累的進一步討論，即區分兩種原始積累，一種是一次性的開啟資本主義的歷史性事件，另一種是將其視為是即使成熟資本主義內也持續發生的過程。

179 參見前文關於Greenhalgh（1989）的討論。

產力[180]。農村以各種形式為工業化提供了初始資本，而這也正是因為農民並沒有失去土地才得以如此。當年台灣戰後初期是如此，而近年來中國大陸的鄉鎮企業以及農民工成長的現象，也是如此模式。

相對照，Hart（2002）指出南非農民被剝奪了土地，失去了土地所能提供的社會保障功能，而名目工資卻難以滿足工人再生產的成本，因而引發統治階層設計出種族隔離這等高度壓迫性的體制來壓制工人，因而工業化也發展不易。Hart（2009：7）就提及在1990年代中期，相類似的台商成衣廠在南非負擔的名目工資，比他們在廣東東莞付出的工資高出九成，但若計算實質購買力工資，則南非工資反而比東莞的低三至四成。這其中除了涉及是否有土地補貼社會工資之外，也顯示東亞農業發展的相對成功，使糧價以及名目工資得以維持低廉水準。

因此，Arrighi（2007）與 Hart（2002, 2009）就稱東亞這種模式為無剝奪的積累（accumulation without dispossession），並以此提出對馬克思的剝奪性原始積累理論的修正，認為不應再將剝奪視為是自然過程。馬克思理論是以英國經驗為範本，其後則被後人當作資本主義發展的「必經」或「自然的」途徑。Arrighi（2007）不單以東亞經驗提出修正，指出其他可能發展途徑的存在，並且對此一源於小農經濟的無剝奪積累模式，是否能在未來發展出不同於西方的道路寄予期望。中國大陸在改革開放以後，農村土地仍大致維持集體所有，其農地制度在未來會如何演化，將是眾所矚目的議題[181]。

這當然是一個有意義但甚為艱鉅的議題，無疑提醒我們在借鏡西方理論時必須注意其適應性，同時提出如何看待台灣土地改革的另一視野。或可說東亞藉由發動小農經濟的土地改革來推動工業化，大幅緩和了資本主義原始積累的殘酷作用，並有助於當地資本主義經濟的發展。若與剝奪式積累相對

---

180 Arrighi（2007: 351）在第12章一開頭就說，中國大陸近年來對外資的吸引力，並不在於勞動力的數量之龐大與價格之低廉，而在於其勞動力品質之優良，包括健康、教育水準與自我管理的能力等方面。而這優良的品質是源於本地的傳承，包括傳統的與革命的傳承。

181 關於改革開放後各地區農地制度的演進，可參照姚洋（2000）。近來關於重慶模式的發展可參考Cui（2011），成都模式可參考北京大學國家發展研究院綜合課題組（2010）。

照，「東亞的無剝奪式積累則有助於擴大國內市場、降低勞動力再生產成本以及提高勞動力的品質」[182]。

　　3.土地增值的資本化

　　在此擬對上述 Arrighi 等的說法作出補充，就是東亞除了具有小農經濟上述優點之外，土改後的土地產權，一方面為農民提供替代性社會福利功能，另一方面，土地的產權經過現代化改革之後，隨著經濟發展的進程，諸多都市周邊及交通便利處的農地，有可能會被轉移為非農用途，包括住宅、基礎建設與工商業用地等。而農地一旦移轉為非農使用，其土地增值可以倍數計之，且經濟越為發展則增值越快越大。在經濟發展過程中，這些土地增值部分如何分配，如何與發展過程互動，則會對經濟發展本身有相當大的影響。例如，新加坡與香港政府握有大部分土地，藉由利用土地增值部分來為中下層民眾提供廉價住屋，解決社會問題並控制物價。再例如，中國大陸農村土地為集體所有，這給予地方政府以未來「土地增值」的資本化，作為啟動發展的依據，著名的浦東模式的「空轉啟動、滾動開發」，就是將此發揮到極致的案例。

　　而台灣戰後初期的土地改革，因為其將土地產權現代化，因而使得其具有資本化之條件，同時土改也將此可資本化的產權廣泛的分布出去。在離都市較遠的農村，農地轉為他用的機會較少，廣泛分布的土地產權，就成為前述的社會福利的替代品。而在都市周邊地區以及交通較便利的地區，情況大為不同。因為《實施耕者有其田條例》中對於承領耕地移轉使用的規定，除自耕外也容許「供工業用或供建築用」，因此，承領了優勢區位土地的新自耕農，可逕自改變土地使用方式而從土地增值中獲利。可以說農地轉為非農用途的增值部分之資本化，有助於新自耕農進入工業或經營中小企業。因此，廣泛分布的土地產權，意味著廣泛分布的潛在土地資本，其配合著以家庭為單位的運作方式，應是促進台灣中小企業蓬勃發展的重要因素。亦即非農用途可能帶來的「土地增值」的資本化，在台灣經濟發展上也曾扮演了助

---

[182] 引自 Arrighi, Aschoff and Scully（2010: 436）。

農轉工的角色。同時必須指出，就如Arrighi（2007）所言，東亞小農一向熟悉市場運作，因此對於耕地移轉使用中的潛在土地增值利益，確實顯現出高度的敏感度。

不過，農地增值的土地利益的分布，因為是依據區位而必然是不公平的。同時，如廖彥豪（2013）所顯示，雖然國府在施行了農地改革之後，曾在蔣中正堅持下，隨後於1954年通過了《實施都市平均地權條例》，但因對地主利益過度妥協，法案有名無實，距離漲價歸公的目標甚遠。因此如前述，得以保留都市計畫內耕地的地主，及得以承領都市周邊耕地的新自耕農，即可在「漲價不需歸公」的情況下，得以享有土地增值利益。同時因土地稅變得與都市計畫連結，地方土地利益更因此設法延緩都市計畫的實施，帶來地方建設因缺乏財源而滯後的問題。這些是第二波土地（市地）改革未竟之業而帶來的進一步的分配不公平的問題。

（六）農業生產模式

當然，沒有模式可以是永久有效的，制度必須與時俱進。土改條例雖使得出租耕地不再能是投資標的，並企圖以法律規範將「零細自耕農」模式永久化，但並未處理農業經營規模問題。工業化之後，農業生產環境已經全然改變，已不再需要去顧慮原來推動土地改革的理由，但是繼續經營農業之農戶，卻缺乏藉由土地交易達到理想經營規模的空間與環境。

到了1960年代後期，台灣農業已顯露出成長遲緩並且生產力成長停滯的狀況，因此到了1972年政策終於開始轉向，廢除了肥料換穀辦法，政策從農業貼補工業轉變為工業補貼農業[183]。隨著台灣工業化快速的進展，農業占台灣GDP的份額，早已從1952年的32.2%，降至1975年的12.7%，近十年來則已低於2%。農業生產的年平均成長率，在1950至1960年代仍達3.6%，到了1970年代降至1%，到了1980年代以後則已進入負成長階段[184]。農業發展面臨經營規模的零細化，以及勞動力的外移及兼業化等問題，而

183 例如黃俊傑（1988）的書名即為《台灣農村的黃昏》。另可參見廖正宏等（1986）。
184 農委會，2009，《農業統計年報》。此處統計只包括農業，不包括林漁畜業。

1950年代土改留下的框架顯然必須改變，農地釋出的規範機制必須有更好的規畫。同時，在農業生產不斷衰退之際，追逐農地變更使用為都市或工業用地所帶來的土地增值，更成為重要驅動力量。但要如何改變農地使用的規範，則牽涉到農村發展的藍圖規畫，這部分問題在經過數十年的討論之後至今仍未能得到解決。而對農地變更使用帶來的土地增值的追逐動力卻成為左右政策的力量，非農部門競用農地，2000年通過的對《農業發展條例》的修正開放了農地自由買賣，並可興建「農舍」，新訂租約不再受三七五減租條例限制，農業生產的邏輯卻未能得到重視，農地政策亟待檢討[185]。

六、結語

　　戰後初期，國民政府成功的在台灣進行了農村土地改革。雖然這是一次溫和的「兼顧地主的土地改革」，但仍是一次由上而下大舉改變社會經濟結構的劃時代的變革。改革者推動土改時所用的理由是追求社會公平，即就當時農村土地分配不均、佃權無保障及地主要求高額地租等問題進行改革。而近年來伴隨著台灣民主化運動之興起，出現了對土改的翻案文章，反駁上述理由並否定當初土地改革的意義。

　　對此，本章主要提出以下論點。其實自上世紀初蘇共革命進行了土改後，土地改革即提上了落後國家現代革命的日程表；而自從1923年國共合作開始，國共即各自倡議不同路線進行土改。當時提出為追求社會公平而進行土地改革，主要是政治運動論述的一部分，在以社會主義道路進行現代化為最終目標下，改革傳統農業社會當是道路上的工作之一；就現實考量出發，在一個農民占絕大多數的社會裡若無法動員農民就無法進行政治改革；而菁英們主要目的是為了救亡圖存打造現代國家。

　　本章提出「國共競爭說」，即認為國共競奪中國現代化的領導權，是兩條不同路線的鬥爭，中共農民革命的路線持續給予國民黨壓力，使得後者持

---

185 羅明哲（1992），黃俊傑（2006）。

續宣稱擬進行溫和的土地改革。國府在大陸最終慘敗的教訓使得它終於在兵荒馬亂之中，開始在台灣實施土地改革。國府在台推動土地改革的最大動力，雖然是來自要將中共及其農民軍隊拒於門外，但也是繼續著國共領導中國革命的競爭。而國府能夠在台灣成功實施土地改革，部分是因為客觀條件較為優異，包括台灣規模較小，國府有限的現代行政能力較可應付，並且日本殖民統治留下了良好的農業及農政基礎，美援帶來經費與技術援助，並支持著聚集了一流人才的農復會，以及大陸地政人才及其他日殖時期本地人才的匯集等，但是最主要還是因為當時「離此一步即無死所」的情勢所帶來的堅定政治意志及參與者的決心。

本章認為由國共鬥爭的歷史脈絡較能理解國府「為什麼」在台灣進行了土地改革，土地改革的成果雖有助於推動現代化，但在歷史過程中個別成果本身並不足以構成改革的動力。就成果而言，台灣土地改革在促進農業生產及供應足夠糧食的目標上可稱都達成任務，同時更建立將農業剩餘轉出來支持工業化的機制。此外，土地改革更是帶來重大社會變遷，社會菁英不再能以投資耕地收租維生，必須另尋出路，土地改革的影響伴隨著工業化及現代化的來臨，使得傳統的由鄉紳地主主導的鄉土社會逐漸消失。

台灣現今社會流行的論述對土地改革的翻案說法，主要是批駁原先革命論述追求公平的理由，據而否定土地改革的必要性，但並未曾正視土地改革在「後進國家推動現代化」過程中扮演關鍵角色的現實，無視於這歷史性的現代化與工業化的大轉變。同時，這翻案論述在否定土地改革之餘，回到了「支持傳統農村地主」的立場，既不強調社會公平，並已延伸為對地主一般性的同情立場。而台灣社會早已高度都市化，這同情地主的立場對於台灣都市土地增值多未能漲價歸公的局面更難有所助益。

比較合理並且有意義的視野，應該是將土地改革放在後進國家在西方威脅下被迫進行現代化的角度，將土地改革視為一種革命性強制現代化的過程，由此來衡量其過程與影響。若只將問題限制在批評革命論述本身，則忽略了當時整個革命運動產生的動力與背景，即追求現代化的政治革命，是為了救亡圖存，「中國如何自救、如何現代化」是無可迴避的現實問題。在兩

岸，土地改革都是強制性現代化計畫，迴避這問題去否定土地改革，是去歷史的，因而也是無效的論述。

第四章

台灣戰後經建體制的萌芽

　　國民政府在大陸慘敗的原因很多，但無法有效管理宏觀經濟，絕對是重要原因之一，遑論有效推動現代經濟發展。若以國民政府在大陸時期的經濟建設方面的表現為依據，應是難以推想出這政府在敗守台灣之後，竟然不單穩定了經濟情勢，並成功地推動長期持續的經濟發展。雖說相對而言，國府統治大陸時期社會高度的動盪不安，而台灣的秩序較為穩定，日本殖民統治留下的基礎較為有利，但是無論如何，即使再好的條件都可能被無能的政府所浪費掉。然而敗守台灣後的國民政府卻能採取較為合理適宜的經濟政策，並成功的執行而達到穩定與發展的目標，這正是需要深入探討的。

　　如前述，理論上，本章認同結構學派的說法，認為後進國家能否成功地擬定並施行有效的產業政策，是後進國能否實現工業化的關鍵因素。因此，本章的重點將不在於敘述戰後初期台灣經濟恢復與發展的過程，而是討論在這過程中負責擬定並有效施行產業政策的**經建體制的形成**，即探討這個能夠成功處理經濟危機並啟動了工業化的動力火車頭經建體制是如何形成的，並從中顯示主事者自身動力的作用。

　　一般在探討政府體制的形成與運作時多會遵循西方作法，依據形式上的功能分類來做討論。本書則認為對後進國家尤其是像中國這樣自身有悠久政

治傳統者，必須以歷史的視野切入，並從「哪些人構成」相關機構、「該機構做（及如何做）什麼事」[1] 來探討戰後台灣經建體制的建立。再則，戰後台灣經建機構在負責推動工業化時的所作所為是「新的」工作，不是被動處理文書的工作，而是積極主動**推動經濟發展**的工作[2]，並且同時協助完善現代資本主義市場制度。這**推動發展**是一項未曾正式出現在中國官僚體制裡的工作，是由這些參與者界定的新工作，並且在過程中逐步建立了新的體制。在此處**體制**包括了這些先驅者、他們為相關職位所界定出來的工作與組織架構，以及在推動過程中建立的作事方法與採取的政策，就是說整個包括人事、組織與制度，在此總稱之為**經建體制**，而這經建體制的形成過程即是本章要重點探討的。本章在此將依循North（1990: 3-10）所提出的組織與制度的區分，即制度是遊戲規則，而組織則是玩遊戲的單位。同時將強調依據韋伯式（Weberian）理性原則建立的現代化組織的重要性，並援引Chandler（1990）的組織能力（organizational capability）的概念，他在探討歐美先進大企業為何能長期維持其地位時，認為其核心能力在於能夠建立組織能力，即能夠在管理、技術與行銷等企業主要功能上持續累積知識與能力，據此建立標準作業程序，這是歐美一些先進企業能夠歷久不衰的基礎。

　　國民政府能夠在台灣制訂並執行有效的經濟發展政策，主要源於它在台灣終於能夠建立起一個有效的經建體制，然而這經建體制的建立絕非易事，必須從其相關的歷史過程來理解其產生的源由。國府在大陸時期推動經濟發展及興建現代工業方面的成效甚為有限，不過1935年成立的資源委員會（資委會）卻因能夠建立現代組織而能逐步進行建設，可說是國府在大陸時期最重要的實質性成果了[3]。討論之所以聚焦於資委會，是因為這部分的成果

1　瞿同祖（2011：6-7），引自范忠信在譯者序中對於瞿同祖探討清代地方政府的研究路徑的說明。

2　如前述，這正是被稱為東亞「發展型國家」的特徵。

3　在資委會相關文獻之中，鄭友揆等（1991）結合了經濟與歷史學者，對資委會的實際工業活動作了最詳盡的整理敘述；歷史學者薛毅（2005）則對此相關文獻及後續研究做了一較全面的綜合整理；程玉鳳、程玉凰（1984, 1988）與薛月順（1992, 1993a）則是依據國史館

最為突出與具體。在國府所有部會中，除了外人主導的機構如海關外，資委會可說是唯一成功建立了現代化行政組織的單位，它以較健全的規章制度將現代化人力組織起來，也以企業化方式組建了公營企業群，在戰時提供亟需的基本工業，培育了在戰後接收並恢復日偽企業的人力，是中國第一次成功的以集體力量推動建立現代基本工業的組織[4]。此外，本章也將論及一些民國時期其他不甚成功的發展經驗，因其也是總體能力積累的一部分。

　　本章的主旨在於歷史性地探討資委會以及這體制的形成過程，但因過程漫長複雜，本章只能涵蓋體制的萌芽期，下一章則將述及這經建體制在台灣的建立與完備過程。

一、國民政府在大陸時期的行政現代化

　　國民政府於1927年奠都南京之後，開始進行建立現代化政府的工程。然而從此時到國府退守台灣之前，就建立職權分明、有效能的現代化行政體系而言，大致說來成效不彰且各部門步調不一。不過比較幸運的是，後期在建設工業方面卻有相當成績。

　　在討論台灣戰後經建體制建立的歷史過程之前，本節將主要陳述國府自1927年奠都南京後十年內，試圖建立現代化政府的努力與成效。雖然這努力的成果甚為有限，部門間發展不平衡且職權分工不明，然而正是在此背景下，就本書關注的經建體制而言，組織較為嚴密的資源委員會在此混亂之中成為關鍵性的機構。因本書重點為台灣戰後經建體制的建立，其主要是連接資委會發展的部分，而南京十年之後的抗戰與戰後時期國府行政組織的變革

收藏的資委會第一手史料的整理與編彙。一些參與者的傳記與回憶錄也提供珍貴資訊，包括錢昌照（1998）、政協文史委員會（1988）、宋紅崗（1997）的孫越崎回憶錄、李學通（2005）對翁文灝的研究，與何廉（1988）等。本章也參考了其他相關研究，包括程麟蓀（2004）、程玉鳳（1996, 2005）、薛月順（1993b），及Kirby（1984, 1990）與柯偉林（1997）等。

4　就如李國鼎所言「資委會是培養技術官僚的搖籃」（李國鼎2005：474）。

不單複雜且非本書關注對象，故不將在此討論。

（一）國府建立現代化政府的努力

　　Eastman（1986: 163-167）對國府在南京十年（1927-1937）統治的評價相當負面，他認為其雖試圖建立現代化政府，但時間太短難以力挽百多年來的潰敗。雖然表面上有些進步，但行政體系並未真正改革，依舊是無效而腐敗，無法擔當復興國家的重任[5]。同時黨政派系林立，國府統治力無法進入農村，越來越依靠軍事力量維持統治；而其後遷至重慶的八年抗戰期間，戰爭帶來的問題更是嚴重加深了這體制的弊病[6]。然而近年來有些西方漢學家開始對這些說法提出質疑，例如方德萬（2007：序言）就認為這些對國府高度負面的評價受到美國自身政治因素的影響，即當時美國政府要撇清美國「失去中國」的責任。Strauss（1997, 1998）即對此基本負面的看法提出了修正，她認為一些由外國人主導治理的行政組織如鹽政等，曾成功地建立起韋伯式現代理性官僚體系，並且行政效率與收稅成效皆甚為突出；同時這些由外人帶來的改革績效也加強了本國人原有的建立現代行政體系的動力，如財政部與外交部皆進行了現代化的努力。再例如，甘乃光在1932年起擔任內政部次長任內，推動文書檔案連鎖法，並曾擔任國府行政效率籌備委員會主任，是國府中引入英美行政學及推動行政革新的重要人物[7]。而南開大學經濟學教授何廉在日本侵華威脅下，於1936年同意加入國民政府並接任行政院政務處長職位，蔣中正要求他除了設法改革行政政務之外，也特別研究政府中負責經建的機構，並設法提出改革建議[8]。只是這些國府內部改革的成效不一，Strauss認為改革較為成功的單位主要包括財稅、水利、考試院、資委會與內

5　Eastman（1986: 164）在總結對國府南京十年改革的評價時，認為國府1936年的榮景是表面而短暫的，「在這些表面的榮景之下，就復興中國而言，國民政府仍然是一個笨拙而未必可靠的工具，官僚體系仍然腐敗而無效率，充斥著憑藉關係而非能力得到職位的官員……」。

6　Eastman（1986: 547-608）。

7　姚文秀（2009）。

8　何廉（1988：85-111）。

政部等[9]。然而，她的評估或許仍然過於樂觀，就如她（1998）自己書中所顯示，例如考試院雖試圖建立人事制度，但整體而言成效不彰，雖然財政等單位曾在戰前有部分的成功，但在抗戰時期仍難抵擋整體環境的惡化以至於行政組織惡性膨脹。而同時如本章下文所述，只有資委會是唯一能在戰時維護自身自主性的組織。

　　自清末民初始，在中國中央行政體系中，有三個部門是由外國人主導建立並主持的，包括海關、郵局與鹽政[10]。這些安排主要是列強要維護其在華的利益，例如要確保中國能徵收到足夠關稅以用來支付賠款，以及足夠的鹽稅來償還貸款，同時也要保證郵務的順暢以便列強在華的工商業能順利運行。當然這些作法高度地侵犯了中國的主權，並且在這些機構設立的初期該組織內華人的職員數目甚少，但確實此三機構無疑地在中國成功地建立了現代化的行政組織。例如，海關通過發行統計與其他出版品，幾乎成為當時外國人眼中「中國唯一的官方新聞發布單位」（Strauss, 1998: 178）。確實，有方法的收集統計資料並予以公布，絕非傳統但卻是現代政府的必要作為[11]。

　　其實從清末的變法就開啟了中國中央行政體制現代化這漫長艱難的過程。中國官僚體系的傳統歷史悠久，在其之上建立現代化政府體制談何容易。這過程必然包括上層政權的更迭，因為是主政者來決定政策的導向；同

9　Strauss（1997: 340）。

10　Feuerwerker（1983: 177-191）。清政府自1865年起在總理衙門下設立海關總稅務司，英國人赫德（Robert Hart）在1863至1908年的近五十年間，從創立到逐步擴展業務，幾乎主導大清海關一切事務。而大清郵局也可說是由海關開始。雖然中國一向有各種郵驛系統，但列強在中國也開設自己的郵政業務，海關郵政從1860年代起開始在通商口岸間提供郵政服務。1896年清朝成立大清郵局，將原海關郵政設為海關總稅務司下的單位，並逐步擴大服務範圍，1911年脫離海關由郵傳部管轄，主管者為一原在海關管郵政的法國人（T. Piry）。外人對鹽政的干預則始於北洋政府，1913年袁世凱為了取得外國銀行貸款（善後大借款），便以鹽稅作為抵押，而銀行團則堅持要雇用外國人來監控鹽稅。這也是因為中國的關稅早已是對列強賠款的抵押品，不能再用為主要抵押品。第一任鹽稅會辦是曾在印度管鹽務的英國官員（R. Dane）。

11　Strauss（1998）探討了鹽稅單位的成效，如何引發國府其他單位推動行政革新，也探討了在中國社會引入現代化組織方式所引發的問題。

時，這過程也必須包括各層級參與人員的現代化學習。從1846年容閎等三人隨傳教士赴美讀書起，開啟了近百多年來中國知識分子學習西方的漫長過程。1872年在容閎的推動下，中國正式派遣的第一批留學生（包括詹天佑）啟程赴美。從早期的「涓涓細流，大約經過了半個世紀的時日才匯成洪波巨浪……形成對社會各個方面的一股強大的衝擊波」，至1949年為止為數應已逾十萬人[12]。

這些數目日漸增加的留學生回國後其實廣泛地分布於社會的各個角落，多半都參與了中國現代化的過程。除了前述 Strauss（1997, 1998）已提及的單位及資委會之外，在國府行政體系中還有一些角落，曾有些受過現代化洗禮的有心人，推動過現代化的改革，只是都未能如資委會一般成功，在此再舉例言明。

例如在農業方面，從國府奠都南京至1947年止，是由留美習農的錢天鶴實際主持此方面的業務，於1932年成立中央農業試驗所，後來又分別成立中央棉產、稻麥、畜牧、林業實驗所與農經研究所。不過，終究在這十多年的努力後，國府在大陸時期的農業行政，「僅農作物之試驗研究，奠下良好基礎，並集中一批優秀之農業科技人才」，其他農推及水利部分，則因國府行政權難以落實於農村而無法普及[13]。但其所集結的相關人才，如本書第三章所述，成為在1948年《援華法案》通過後而成立的農復會的主幹，為台灣戰後農業建設的主力。而在國民黨倡議土地改革人士的推動下，中央政治學校於1932年成立地政學院，開始培育土地行政人才，在戰後台灣執行土改的一些中階幹部很多就出於此校。

再例如，有甚高清譽且公認是文理兼備奇才的俞大維，也為了救國而加入國府。他之前已先後取得了哈佛與柏林大學的哲學博士學位，在柏林時曾

---

12 王奇生（1992：1-2）。

13 張憲秋（1990：11-13, 17-19）；不過在收集農業環境基本資料方面，已有相當進展，地質調查所在1930年代已出版有等高線資料的中國分省地圖，並做了土壤普查，中央農業試驗所有農情報告，金陵大學曾調查土地利用狀況，中央氣象局也於1944年出版了氣溫與雨量的資料，全國主要農區的基本資料幾近齊備。

在愛因斯坦與人合編的刊物上發表論文[14]，但因考慮報國而未接受柏林大學的教職邀約。蔣中正為了軍事現代化於1928年派陳儀帶團赴歐考察，在陳儀的延攬下俞大維同意出任駐德商務調查部主任負責採購軍備；後並於1930年再次赴德鑽研軍事學，並於1933年接任兵工署署長，負責建立現代化軍工產業，並建立兵工研究所，抗戰期間該署兵工廠負責提供軍備彈藥的任務[15]。兵工署集結的一些留德人才，後也為台灣戰後經建體制所用，如台灣戰後擔任過經濟部長的人才，除了多數來自資委會之外，也有出身於兵工署的，包括江杓、楊繼曾與陶聲洋[16]。以上案例顯示有些歸國留學生進入官僚體系後，多曾在其範圍內引入現代化計畫推動相關事務，雖說整體而言成效仍有限。

簡言之，自國府奠都南京後，除了外國人管理的機構之外，行政體系大致上仍是依據傳統的模式運作，然而在一些角落中，曾有些受過現代化洗禮的有心人推動過現代化的改革與事業，只是都未如資委會一般成功地建立並維續有規模的現代化的組織。

（二）中央政府財政薄弱

後進國家要推動經濟發展必須要有財源，而民國時期的北洋與南京國民政府，名義上雖是中央政府，但幾乎都無法從農村取得資源，最重要的土地稅主要由地方政府控制。在1929年之前中國也沒有關稅自主權，無法自行決定關稅稅率，而西方為了確保能收到賠款及回收貸款，令中國海關稅務與鹽務都由西方人主持。

宋子文在1928年初至1933年底擔任國府的財政部長，在任內持續推動

---

14 在柏林大學俞大維繼續攻讀德國哲學與數學，1925年發表一篇論文〈數理邏輯問題之探討〉刊於德國刊物《數學現況》上，而愛因斯坦為此刊物編者之一，李元平（1992：22）。

15 俞大維於1944年卸任兵工署署長，後曾任軍政部次長與交通部長等職，1949年來台後曾於1954至1965年擔任國防部長，李元平（1992）。

16 台灣戰後前十五任經濟部長中，有八位來自資委會或曾有關係，三位來自兵工署（瞿宛文，2009）。

統一財政的大工程[17]。首先，在1928年6月國府統治權終於擴至平津地區後，國府提出與列強訂定新條約的宣言，宋子文於7月初召開全國財政會議提出《統一財政案》，並決議於次年初實行關稅自主。而除了日本之外，西方各國看到中國政局已定，在該年陸續與國府簽訂關稅方面的新約，國府於該年底公布了新訂的海關進口稅稅則，廢除了沿襲八十餘年的「值百抽五」的稅率，終於在1929年初能夠提高關稅增加稅收，並得到了保護本國產業的政策空間。同時，宋子文也改革海關行政並拔擢本國員工，改進了徵集鹽稅的鹽務稽核所，並且裁撤厘金與開徵統稅。清末民初中央財政制度失效，各大小地方政府為了籌措經費，普遍存在「物物課稅、節節設卡」收取各種厘金的情況，厘金名稱最初源於其按值抽取一厘（百分之一）但其後稅率多高於此。此制度嚴重妨礙貨物在各地區間的流通，不利於經濟發展及政府財政。同時，外國也以厘金制度為由抗拒中國關稅自主的要求。因此宋子文在1928年7月的財政會議後宣布「關稅自主實施以後，應照一物一稅之制，一稅之後不再徵收」，即由中央統一來收貨物稅，即為統稅，同時宋決定以開徵營業稅和向地方提供補貼來解決地方收入問題。此次裁撤厘金與開徵統稅的改革，雖未必能夠完全消除各地徵收苛捐雜稅的情況，但仍是民國財政史上重要的一步。國府財經顧問Young（1971: 142）即讚揚了宋子文在戰前建立財稅制度的努力。

　　宋子文也試圖建立政府的預算制度[18]，並先實行了「廢兩改元」[19]，為日後發行統一的貨幣（法幣）奠下基礎；同時建立及強化了中央銀行[20]。在宋於1933年底去職之後，國府仍繼續進行貨幣與銀行方面現代化的改革，於

17　此處參照吳景平（1992：72-140）。

18　吳景平（1992：89-101）；宋子文在財政部長任內推動確立預算制度並控制財政赤字，他的工作雖有助於支持蔣中正的軍事活動，但仍因「反對蔣介石任意擴大軍費支出的作法」終而與蔣起衝突而在1933年底去職。

19　吳景平（1992：130-137）；當時幣制甚為紊亂，除紙幣外，就硬幣而言，「各地銀銅輔幣濫鑄濫發……錢幣……形式既未能統一，成色重量自未必一致」。1933年初中央製幣廠正式開鑄統一標準的銀元，從上海做起逐步禁止交易用銀兩，規定改用銀幣。

20　吳景平（1992：123-130）。

1935年底施行貨幣改革，脫離銀本位並終於發行了全國統一的紙幣——法幣[21]，同時也逐步將四大銀行收歸國有成為貨幣發行單位。這些改革雖甚為基本但絕非易事，而確實有些成效卻仍遠為不足[22]。戰前國民政府主要還是依賴關稅、鹽稅及貸款來維持。

在1931-1936年間，國府的財政支出占GDP的比例平均只有3.5%[23]！而在1928至1937年間，財政收入中關稅平均占到四成而鹽稅近兩成；在財政支出中，軍費平均超過四成，還債與賠款超過三成，而財政赤字約達收入的兩成。既然財政支出四分之三都用在軍事與還債賠款上，餘下四分之一就只能勉強維持行政，談不上推動經濟建設了，同時一般認為實際的軍費可能遠超出帳面上的數字。國府長期舉債度日，國有化之後的現代銀行則成為政府籌資的工具。而抗日戰爭開始後不久，東部開發地區幾乎全淪入日軍之手，國府撤退至大後方之後原主要收入來源（關稅）盡失，財政更進入高度困難期，雖以實施「田賦徵實」維持糧食供給，但通貨膨脹隨著貨幣發行量的急速增加而快速惡化，直至1949年止[24]。

亦即中央政府實際的統治力量薄弱，國庫缺乏穩定的財源，因此缺乏實質上長期推動現代經濟發展的能力。也必須從這中央政府財政能力薄弱的背景下，才能理解為何能夠自食其力的資委會會成為（除外人主導的機關外）唯一成功建立現代組織的單位。換言之，只有資委會這樣的方式，才可能在當時的環境下推動工業化。

---

21 美國在1934年通過Silver Purchase Act之後，美國政府大幅購買銀，使得全球銀價大漲，逼使原來採銀本位的國家必須放棄銀本位，包括中國與墨西哥等，Young（1971: 161-285），吳景平（1992：250-275）。

22 Young（1971: 161-285）；Young從1929到1947年間擔任國民政府的財政金融顧問。而在宋子文辭職後接任財政部長的是時已擔任中央銀行總裁的孔祥熙，孔自此一直擔任財政部長職位直到1944年11月。

23 Feuerwerker（1983: 99）。

24 此處討論引自Feuerwerker（1983: 99-116）。本章中引用數字係計算自此引文Table 20，106-107。

（三）行政現代化與經建體制

　　如前述，對於傳統中國而言，推動經濟發展並非國家的目標，也沒有專為此設立的機構，因此「以推動現代經濟發展為目標的經建體制」對當時的中國來說是一個新生事務，其產生必會是一個漫長的過程，而推動因素也必然是清末開始的內憂外患所打造出來的民族主義的動力。

　　光緒29年（1903）清廷實行新政，於原有的吏戶禮兵刑工六部之外，增設商學警三部，數年後工商兩部合併為工商部。在進入民國北洋時期後，張謇曾任工商總長（後改為農商部），釐定農工商礦各項法規章則，包括公司法等，並擬定多項興業計畫。但大致而言，在軍閥政治的混亂局面中，農商總長不斷更迭，經濟體制有名無實，政府缺乏資源與相關能力，談不上有計畫的進行經濟建設事業。

　　自國府奠都南京之後，就經建行政部分而言，1928年先在行政院下設立工商、農礦兩部，並設立中央工業試驗所，工農兩部隨後又於1931年合併為實業部。農礦與工商兩部在合併前皆曾分別提出兼辦國營礦業與工業事業的計畫，但並沒有實際成果。另外國民政府也於1928年設立「建設委員會」負責規畫建設，並且直接管理水利與電力等公營企業及地方建設，集結了一些電力方面人才[25]。戰前實業部在陳公博主持期間也曾訂定國營基本工業計畫，試圖由該部直接推動興建鋼鐵、機械等工廠，但多「有始無終」；就建立制度而言，實業部曾於抗戰前，在全國推動「國民經濟建設運動」，要求各級政府配合推動，同時制訂公布各項現代工商業所需的法規，包括公司、保險、破產、工會、工廠、會計、商標、礦業、度量衡法等。1931年行政院在宋子文推動下成立「全國經濟委員會」，預定要負責整體經濟發展計畫，審核公營部門的工業計畫，並管理水利及公路行政等事項，該會屬規

---

25 建設委員會成立於1928年，由張靜江主持直接隸屬於國民政府，宣稱「凡水利、電力及其他國營事業，不屬於各部主管者，均建設委員會辦理之」，因經費不足實質建設並不多，但確曾經營包括首都電廠、戚墅堰電廠、長興與淮南煤礦等水電工礦事業，趙興勝（2004：131-132, 143-152）。1937年12月建設委員會結束運作，其負責的機構與人事皆轉交給資源委員會，程玉鳳、程玉凰（1984：13）。

畫決策單位，層級雖高但實質成效有限[26]。在國防工業部分，1928年軍政部成立兵工署，掌管兵工技術與軍火製造[27]。此外，還有宋子文於1934年設立的「官商結合」的中國建設銀公司，試圖以投資公司方式引進外資來推動開發建設工作[28]。簡言之，在1927到1937年這段期間內，國府仍難避免政出多門、權責不明且執行不力的狀況[29]。雖然這些計畫的範圍與成果極為有限，然仍有累積經驗的作用，如本書第五章將述及，在台灣戰後初期經建體制扮演重要角色的尹仲容，就曾在1936-1939年期間在中國建設銀公司任職，負責協助該公司屬下企業的經營，這些實務經驗對他日後負責產業政策一定有相當助益。

　　本章擬提出的一個視野是從中國現代化過程，尤其是從中央行政體制的現代化，來看台灣戰後經建體制的建立。一方面，推動經濟發展尤其是工業化，是一個現代化下的新任務，不為傳統政治體制所涵蓋；另一方面，這同時牽涉行政體制的重組與變革。這方面被討論較多的是政治體制的變革，而中央行政體制尤其是經濟建設體制的相關研究則相對缺乏。在此無法對此做出全面的探討，僅能利用既有的資訊，提出一個如何看待此問題的視野。

　　國民政府在大陸時期雖試圖建立一現代化政府，但成效有限至多是個半現代政府。同時極有限的財政收入多用在戰爭與還債上，沒有資源與能力有步驟的推動經濟建設與發展。在事權不明組織混亂的情況下，難以有經建單位以有計畫的方式來推動工業化。

　　然而，在此不利的環境裡，因為日本侵華的威脅及其可能使得中國覆亡

---

26 趙興勝（2004：133-134, 160）。

27 以上參考經濟部（1953/10/31），薛毅（2005：43-50）。如前述，俞大維於1933年接任兵工署署長。

28 依據鄭會欣（2001），宋子文當時希望尋求西方援助來發展中國經濟以抵禦日本的侵略，他於1934年主要募集國內銀行資金而成立中國建設銀公司，日後因被認為「官商結合」而有相當爭議。

29 南開大學經濟學者方顯廷在抗戰前曾批評說「我國國營事業，證諸以往，率皆有始無終，議而不決，決而不行，為政府之慣技。計畫迭出，實行無期，堆積案頭，徒壯觀瞻」，引自趙興勝（2004：151-152, 176-177）。

的危機，促成了中國當時稀有的現代化知識能力得以集中於資源委員會，在
國府領導下共赴國難。為了因應危機，在救亡圖存的高度動力下，資源委員
會成功組建了一個建立現代工業的專業經濟建設單位。換言之，在當時國府
行政體制有太多不利於資委會推動現代工業的因素下，戰爭的壓力與體制的
不規範給予資委會以例外方式發展的空間。資委會戰時在大後方建立了基本
工業支持抗戰，更有計畫的大規模的在實作環境裡培育戰後恢復生產進行建
設的人才，而正是這批資委會所訓練的人才在戰後來到台灣，接收日產並恢
復生產。資委會的企業與人才，成為日後兩岸公營企業的基礎。不過，與大
陸不同的是，在台灣，這些人才則更進一步成為台灣戰後經建體制中的要
角，而這就是下節將討論的主題。

二、以工業救國的資源委員會

　　以下將討論資委會的設立與發展的過程，包括它在因應日本侵華威脅中
誕生，為抗日戰爭所做的準備，撤退到後方的作為與發展，為戰後恢復生產
及計畫大幅工業化所做的準備，戰後接收及復產的實際狀況等。

（一）資委會的前身：國防設計委員會，1932-1935

　　在1931年九一八事變之後，中國廣泛掀起了抗日運動，「建設國防經
濟……之呼聲遍於全國」[30]。因預期日本將全面侵略中國，蔣中正聽從錢昌照
（1899-1988）的建議[31]，以「富國強兵抵禦外侮」為目的，於1932年11月成
立國防設計委員會，隸屬於參謀本部，為不公開的機構，經費則由軍事委員
會委員長的特別費中支付[32]，在當時政府經費極為困難的情況下，得到優先
性的支持。錢昌照當時擔任教育部常務次長（實質上的部長）及國府秘書，
曾留學英國，在倫敦政經學院（師從著名左翼學者Harold Laski）與牛津大

30　經濟部（1953/10/31）。
31　錢昌照（1998），薛毅（2005）。
32　錢昌照（1998：38），吳兆洪（1988：68）。

學研讀經濟學，矢志實現「工業救國」；1924年回國後，因連襟黃郛為蔣中正的結拜兄弟，由黃郛介紹而得到蔣的信任與重用，得以有機會實現他的志向，從國防設計委員會成立到他於1947年辭去資委會職務之前一直擔任主要負責人。

　　因為時局危急，國防設計委員會成功地邀請到諸多重要知識分子加入。在九一八事變日本奪取東北之後，日軍開始直接威脅華北，很多知識分子發覺「華北之大已經放不下一張平靜的書桌」[33]，認為「現在要集中全中國的知識能力來解決國防問題」[34]。亡國的危險使得一些聚集在北方、原對南方國府持批評態度的具有清望的重要知識分子，開始願意與國府合作抗日。如此使得這委員會能夠有效地集結了當時中國優秀的專業人士一起投入工業救國。此委員會成立時的委員包括：丁文江、胡適、陶孟和、俞大維、蔣夢麟與楊端六等39位，多為原先不願意與南京國民政府合作的知名學者及社會名流[35]。曾代理清華大學校長的著名地質學者翁文灝也應邀加入了國防設計委員會，擔任秘書長[36]，蔣中正自任委員長，而錢昌照則擔任副秘書長負責實際事務。

　　國防設計委員會的職權有三：「擬製全國國防之具體方案，計畫以國防為中心之建設事業，籌擬關於國防之臨時處置」，組織分七組包括軍事、國

---

33 這是1935年一二九學生抗日運動中的名言。

34 這句話是葉叔衡在《獨立評論》1932年第16號的文章題目，對於當時知識分子心情的描述有其代表性。該期刊是1932年由胡適與丁文江等人創辦，（薛毅，2005：47）。

35 其他委員還包括黃慕松、楊杰、陳儀、周亞衡、林蔚、陳立夫、王寵佑、劉鴻生、穆藕初、曾昭倫、趙石民、劉大鈞、吳鼎昌、徐新六、唐有壬、萬國鼎、沈宗瀚、胡石青、陳伯庄、顧振、沈怡、顏任光、錢昌祚、周鯁生、錢泰、徐淑希、謝冠生、斐復植、王世杰、楊振聲、周炳琳。以後陸續加入者還有范旭東、吳蘊初、張嘉璈、何廉、王崇植、洪中等人。引自鄭友揆等（1991：7-8）。

36 翁文灝（1889-1971）於1912年在魯汶大學畢業，是第一位取得現代地質學博士學位的中國人。他回國後加入北洋政府農商部辦的由丁文江主持的地質研究所，該所培養出一批優秀的地質人才。後此所改為地質調查所。翁文灝於1921年接任所長，推動中國地質調查成績斐然，發現周口店北京猿人遺址即是地質調查所的成績。李學通（2005：18-29）。

際關係、經濟及財政、原料及製造、運輸及交通、文化，與土地及糧食。當時對中國實際情況的掌握甚為欠缺，而現代調查研究機構正待建立。此委員會設立後的兩年半期間內，所做的主要是調查研究工作[37]，包括調查財政經濟制度、地質礦產工業森林等資源（也包括了對長江三峽的首次科學勘測）、土地利用與糧食與交通運輸等；並對全國中專以上人才廣發「全國專門人才調查表」，收回八萬多份，包括二萬多份工程技術人員的調查表，「初步掌握了全國專門人才的分布與使用概況」，日後並定期印發「動態調查表」更新資料，資委會之後依據此調查出版了《中國工程人名錄》，積極動員人才為抗戰服務[38]。該會並設立統計處，依據調查結果編制各種統計表，包括用海關資料編制對外貿易統計，以及調查鐵路運輸量等，還編制了各業資本、產值與工人數等統計表。同時該會也調查研究國民政府軍事情況，研究各國在華利益與國際情勢，甚至開始編制教科書。1934年在盧山舉行的全體委員會議中，建議改良教育體制，建立現代職業教育體系，並修纂現代化教科書。

　　為了建立一個現代化政府，為了有效治理國家，為了規畫工業建設計畫，收集這些資訊當然是必要的第一步準備，因為在此之前，幾乎不存在這些方面可靠的資訊，亦即這是對中國國情第一次以現代知識進行了較為全面且系統性的調查，即中國第一次現代「國情調查」。但也是在戰爭來臨的強大壓力下，才促使國府優先（以設立非正規編制組織的方式）進行了此項工作，並且那時比較有條件去調動當時仍甚為稀有的現代人力資源來擔任此項任務。國防設計委員會除了延攬知名學者擔任委員之外，也聘請了二百多名學有專精的專門委員擔任實際工作，並招聘優秀大學畢業生，以高薪與出國

---

37 國防設計委員會除了在會內設立調查處，也利用當時少數的調查機構，包括北平社會調查所、中國經濟統計研究所、北平地質調查所、金陵大學農學院等。雖曾請美國專家幫忙編制國民所得數據，但結果並不可用。錢昌照（1998：38-43），薛毅（2005：93-118）。

38 該《中國工程人名錄》（香港：商務印書館，1941）內人員按姓氏排列，載有基本學經歷資料，「在當時歷史條件下……對動員人才，調配任務為抗日戰爭服務，起了一定作用」。吳福元（1988：198-199）。

深造的可能性為招攬，開始建立現代專業工作團隊。

（二）資委會之成立與發展，1935-1945

1.抗日戰爭前的發展

1935年因戰爭威脅日益逼近，國府為「強化抗戰準備」而改組軍事委員會，將國防設計委員會與兵工署資源司合併，改組成為資源委員會，隸屬於軍事委員會，「以便於統籌運用」資源，任務是「開發全國資源，經辦國防工礦事業……以建立腹地國防經濟為工作重心」[39]，要從調查工作轉到實際進行建設國防工礦產業的工作。同時，該年底蔣中正繼汪精衛為行政院長，資委會的委員多人入閣，其中吳鼎昌接任實業部長，他放棄了前任陳公博任部長時所擬的興建工業的計畫，「將實業部辦成了一個單純管理實業行政的機構，使資委會興建工礦企業非但不受實業部的掣肘，反而得到實業部的支持」[40]。而資委會與實業部（即日後的經濟部）的如此分工也一直維持到其結束運作。

資委會此時擬訂了《中國工業發展三年計畫》，並尋求國外的資金與技術協助，而此次援助主要來自納粹德國。如前述國民政府財政困難，自身實無力興建工業，而日本侵華戰爭的威脅也使得歐美各國此時無意投資於中國的工業計畫。然而德國此時為了備戰亟於取得銻鎢等稀有戰略物資，因此願意提供協助。在抗日戰爭全面爆發的一年多前，國府與德國達成合作協議，德國同意以易貨償債協定及信用貸款讓中國以銻鎢來換取德國的機器設備及廣泛的技術援助，以推動中國礦業及重化國防工業。在很緊急且很短的時間內，此野心勃勃的國防工業建設計畫得到德國大力的協助，但卻隨著日本開啟全面的侵華戰爭而終止。然而歷史學者柯偉林（1997：39）認為「在與德國的交往中，南京政府開啟了近代中國的第一個基於平等互利原則和實踐上的合作關係。這一關係建立在經濟、軍事和意識形態的聯繫上，在許多方面都是民國期間最成功的，並可以說賦予了中國在中日戰爭的初期藉以生存的

---

39 程玉鳳、程玉鳳（1984：6）。

40 鄭友揆等（1991：23-24）。

軍工能力」，雖說這關係很大程度是建立在軍備貿易上[41]。值得一提的是，此次和外資合作中，資委會堅持以自主學習方式引進外資，建立了一個較為健全有效的引進技術的模式，清楚顯示建立自身組織能力的取向[42]。

　　這段期間資委會計畫創辦的工廠及單位有二十多家，但在1937年七七事變前只有少數得以完成，包括在湖南湘潭的中央無線電製造廠、中央電工器材廠及中央機器製造廠，與陝西延長油礦，還有長沙的銻業管理處及南昌的鎢業管理處等。在戰爭全面爆發後，有些設備（如中央機器廠與中央電工器材廠等）還是得以拆遷至後方。同時，資委會也藉此時機成功地建立了銻鎢特殊礦產的統制體系，統一管理特礦的生產與銷售，不但得以完成與德國（以及後繼的蘇聯與美國）的易貨協定，解決外匯問題，並且資委會也有了一項獨立的財源，來支持工業化的持續擴張。在當時國府混亂的財政狀況下，不但財政極為困難，並且掌握財政的孔祥熙也不支持資委會，因此獨立財源對於資委會的生存與發展極為關鍵[43]。

　　2.抗戰時期的建設

　　抗日戰爭開始後，資委會疏運設備到後方[44]，並隨政府遷至重慶。同時

41　Kirby（柯偉林）（1984）認為南京政府戰前十年中，與德國的關係最為重要，他這本書即詳述了此時期德國與國府的關係，包括當時國府對德國軍事顧問團的倚重。

42　資委會的原則為「只引進技術，不搞經濟合營，技術引進還規定合作年限，年限內包教包會，到期由中國專家接手」，錢昌照（1998：35）。

43　Kirby（1984），薛毅（2005：169-183），何廉（1988：125）。何廉於1926年取得耶魯大學經濟學博士學位後，回國擔任南開大學教職，設立南開經濟學院，並推動當時中國實際問題的研究，試圖以現代方法編纂經濟指數，並使「課程合理化及中國化」，並以「課堂學習與實地考察結合」的方式，訓練現代經濟人才。1936年他也因為日本侵華的壓力，而接受國府邀請進入政府任職。他第一個職務是行政院政務處長，蔣中正給他第一個任務是研究政府的經濟建設機構與政府財政情形，因此他的回憶錄（何廉，1988）記錄了當時國府行政機構的狀況，甚有參考價值。

44　在1930年代，中國現代工礦企業數目極為有限，同時約八成集中在東部。「從1937年8月到1940年底，從沿海等地區內遷到後方的工礦企業共有639家，其中經資委會等部門協助內遷的有448家」，而1937年之前，大後方7省「共計只有工礦企業237家」，薛毅（2005：202）。

政府組織進行精簡，1938年初將原先建置重疊且職責不清的經建部門予以重組，將實業部與（原宋子文為規畫而設立的）全國經濟委員會等機構合併成立經濟部[45]。資委會改隸屬經濟部，終於成為公開的機構，職掌為「創辦、經營、管理基本工業、礦業及電業」[46]，並且接收了（原張靜江設立的）經濟建設委員會、軍事委員會第三與第四部的人員與業務。經濟建設委員會原也負責管理全國的電力事業，這部分的專業人才在轉移後成為資委會的重要骨幹[47]。

　　戰爭期間，資委會除了繼續經管銻鎢等特殊礦產的產銷之外，也負責部分軍需品與日用必需品的生產，更主要是在後方發展基本工礦業，並且在極端缺乏能源的情況下，自行開發了甘肅玉門油礦（這部分就成為日後中國石油公司的前身，中油公司至今仍保有資委會時期的資記企業標誌）。抗戰開始時，資委會所屬企業多在籌備階段，八年後戰爭結束時，下屬已有130家生產企業及業務處所，包括工業生產單位55家、礦業38家、電業26家等。各單位的職工數從1939年的一萬人，增至1945年的63733人。各項工業生產的淨值，從1939年到1945年成長了4.6倍，其中鋼鐵與電力增長9倍多，化工近15倍，而石油則是從無到有[48]。

　　資委會在戰時工業化的努力是在一極為艱難的情況下進行的。其所處的「大後方」在戰前的工業基礎極為薄弱，其工廠家數、資本額及工人人數僅

---

45 1938年經濟部成立時，下設農林、工業、商業、礦業及水利等司，附屬機構包括資委會、工礦調整處、燃料委員會、度量衡局、商標局、中央工業試驗所、中央農業試驗所、礦冶研究所、採金局、農本局、合作事業管理局，以及導淮委員會等水利工程機構。兩三年之後，則因業務過於龐大，先後再將相關業務分出，成立農林部、行政院水利委員會與社會部。而經濟部在裁撤農林、水利兩司之後，復增設電業、企業、管制三司，「業務已完全屬於工商行政之範圍」。對於其所屬機構，經濟部自我分類為：推進國營事業（包括資委會）、獎助民營事業（如工礦調整處）、管制物資（為戰時需要，如物資局）、研究調查（各研究所等）與特殊行政（如度量衡局）等。引自經濟部（1953/10/31）。

46 程玉鳳、程玉凰（1984：28-30）。

47 錢昌照（1998：52-53）。

48 鄭友揆等（1991：107-114）。

占全國的1％。除經濟環境落後之外，自然環境及交通條件也不利於現代工業的發展，國外機械設備難以運入，還必須面對日軍轟炸與進逼的威脅，戰時的通貨膨脹也日漸嚴重。資委會的生產數值未必很高，但關鍵性的增強了中國抗戰的物質力量，也提升了後方的工業水平，更重要的是培養了一批現代工業發展必須的科學技術與管理人才，為戰後的復興工作做準備[49]。

（三）資委會的組織與人才培訓

資委會的特殊之處在於其能夠成功建立一個較為現代化，且強調專業化與企業化的經濟建設單位，有較健全的規章制度，並以致力建立現代工業為清楚目標。在當時仍然相當傳統、依據人際關係操作、職權不清的國府官僚組織中，資委會成功地建立了獨立自主性，以專業為上，排除其他政治勢力介入。資委會領導人翁文灝與錢昌照憑藉著蔣中正對他們的信任，堅持以專業取才，排斥黨務系統的CC派進入，避免政治派系的介入[50]，這在當時環境中是不容易做到的。依據何廉（1988：97）對行政體系的調查，在1930年代國府行政院內，「院中大小官員的任免幾乎都是通過個人關係來解決」，考試院對這些任命「極少否決過」。資委會的成功並非只是技術上的增進，而是整體管理的精進。該會在人事管理及企業各方面的經營都甚為注重，全方位地建立了現代企業的組織與制度。

1.人才培訓與管理

資委會一向高度重視吸收及培養人才，廣泛招收各種專門人才，和大學維持制度性的合作培訓關係，給學生實習機會，派人到國內外知名大學招人，預先錄用優秀大學生，工作成績優良者有出國進修實習的機會。與資委會簽訂合作協議的大專院校前後有三十餘所，包括北大、清華、復旦及交大等校，從1936年起，每年均有一二百至三四百名大學畢業生進入資委會工

---

49 鄭友揆等（1991：124-129）。

50 錢昌照（1998：35）。鄭友揆等（1991：313）則認為資委會在翁及錢的雙頭領導下成效卓著，「翁文灝深得蔣介石的充分信任，能抵制外來的壓力，錢昌照能團結同仁，推動事業的前進」。

作[51]。抗戰時期為了未來能加快工礦的發展速度，資委會領導人極力推動人才培訓，如錢昌照即持續強調「若是僅僅建設一個廠……能生產有盈餘，不算成功。若建設一個廠，同時訓練可以建設三個廠五個廠的人才……才算是真正的成功」；他因此認為在抗戰勝利後，「接辦東北和台灣數以百計的大型廠礦，所需技術和管理方面的骨幹力量已經基本具備。僅台灣一省就從抗戰後方抽調去工程技術人員一千餘人」[52]。這些人才確實成為戰後接收並恢復工業企業的主力。

除了吸收人才外，資委會也建立了一套較合理的企業管理制度，技術與管理人員並重且同職同薪，「創造既有保障又有競爭的環境」，並以「救亡圖存」「工業救國」的志向激勵員工。同時高度重視員工福利，例如，因戰時及戰後的通貨膨脹嚴重且物資缺乏，為了保障員工基本生活，各單位還組織專人儲購日常用品平價供給員工；有的單位甚至提供食堂、宿舍、子弟學校與醫院等福利。各企業領導人負起事業興衰之責任且權責合一，人事權下放，在提供基本保障的基礎上，以績效為先，「儘速盡量公允地拔尖，加以深造提升」[53]。能夠在傳統重視人情的社會環境中，建立公平的以績效為準則的人事規章制度，除了物質條件支持外，實有賴於當時眾人基於共同愛國情懷而形成的工業救國的共識。

2 派員赴歐美實習

如前述，資委會注重出國深造，由各企業領導依據青年幹部的表現予以推薦或公開考試選拔，回國後即可升等，甚能鼓勵青年幹部的進取性。在1949年以前，資委會選派赴國外學習的青年幹部，總共約五百名左右。抗戰之前即有一批與德英等國簽訂技術協議時派赴實習者，約25名[54]；在抗戰開始後則都派往美國實習，主要是美國於1941年參與太平洋戰爭之後，除了提供租借法案的資助外，也因同盟國的關係，美國企業開始願意接受中國

---

51 鄭友揆等（1991：304-306）。

52 錢昌照（1998：62-63）。

53 鄭友揆等（1991：309）。

54 鄭友揆等（1991：309）。

派員入廠礦實習。資委會對選派第一批赴美實習者至為慎重，人員「均係精選有為之士，旨在解決實際技術問題及新穎技術，以應重工業建設之需」，實習期限兩年，經費由各派遣單位負擔，資委會輔助[55]。於是抗戰時期資委會第一批派往美國實習的31人遂於民國31年5月31日出國之前結為「三一學社」，日後多扮演重要角色，包括孫運璿等。Kirby（1990: 139-140）就以三一學社為例，提及資委會戰後在兩岸的工業化中皆扮演重要角色，但在台灣才有可能被授與權力發揮遠較為重大的力量。1949年以後三一學社留在大陸的21人職權多限於技術層面，其最高位置如下：7位總工程師，2位高級工程師，7位作研究，2位在1950年代病逝，2位在文革中死亡，一位不詳。該社1949年後在台灣的7位，則包括做過經濟部長及行政院長的孫運璿，其他有3位做到公營企業負責人，另在美者3人。這第一批人有很強的共同使命感，日後數十年中也盡可能保持了聯繫。此外，趙耀東因當時在資委會服務未滿五年，不符合被選拔資格，但得准自費參與此三一計畫，加上其他3位在美國加入此實習計畫者，三一計畫下資委會其實共有35人參加[56]。

　　此後，還有1943年啟動的經濟部派遣案，這次資委會約派了148名人員去美實習，1944年在租借法案下資委會派遣了約204人[57]。此外，1946年資委會與美國墾務局合作設計三峽水電計畫案[58]，約派了50名前往美國參與實習。1947年前後，資委會電工器材系統與西屋公司合作，派遣約40名前往實習。赴美實習者絕大多數都回國服務，只有極少數留在美國，包括日後成

55　上引文源自資委會對於軍事委員會詢問資委會「派員赴美實習是否需要」作回覆之公函，引自程玉鳳、程玉凰（1988：3-4, 125-128）；也參見程玉鳳（1996），薛月順（1993）。

56　參見程玉鳳（1996），薛月順（1993）。

57　鄭友揆等（1991：309-313），薛月順（1993）。就經費而言，原只有租借法案派遣計畫的費用是全由美國政府負擔，但是因作業拖延，選拔出的實習者於1945年出國後不久戰爭就結束了，法案遂告終止，經費改由中國政府負擔。因此這些實習計畫在經費上主要並非依賴美國資助。

58　當國共內戰終於使得國府於1947年5月終止此合作計畫時，三峽水電計畫的設計工作已有相當進展，預估全部工程的設計圖紙可於1948年底完成。錢昌照（1992：81-82）。

立王安電腦的王安。雖說這些實習計畫在經費上主要並非依賴美國資助，但這段期間美國企業確實敞開大門，讓這些中國實習人員進入工作場所，實地學習到了珍貴的技術與管理知識，而這些是更為重要的資產。經由如此積極的人事培育體制，「該會的幹部前一代帶後一代，後一代幫前一代，十餘年間，新老兩代蔚然成為『想以富業救國的工礦管理及技術愛國集體』」[59]。

3.行政自主與財務相對獨立

資委會的自主性也由其在會計與財務部門的獨立性來支持[60]。其領導人執意擺脫官僚體制與派系政治的牽制，自行任命會計與財務負責人，不受主計處限制，而該會這些人員業務嫻熟且作法符合規定，使得名義上的主管單位主計處、審計處及經濟部會計人員也無可挑剔。同時，資委會爭取到財務運用的空間，雖說其盈餘應需上繳，其投資經費及流動資金，均為財政撥款，短期資金依賴銀行融資，但其爭取到1）「將各事業的營運盈餘轉帳，作為補撥預算的一部分」，省去盈餘上繳後再請撥款的繁複費時的手續及不確定性，並且在通貨膨脹年代中，帶來自行因應的空間；2）「其所統制特礦事業的盈餘撥做事業經費」；3）特礦外銷除了因應易貨協定外，自銷部分的收入，資委會可以保留二成外匯，作業務費用[61]。

換言之，在此時期資委會在實質上掌握了人事、會計與採購上的自主權，雖說這些自主權對企業經營甚為有利，然通常公營事業未必能夠享有這樣的自主空間，如本書第五及第六章將述及，戰後台灣的公營事業因各種因素即失去了如此空間。而此時資委會企業能擁有如此自主性也是源於其特殊的時代背景，而時代所帶來的該會人員的使命感也使其能夠高度有效地利用了這自主性。

---

59 鄭友揆等（1991：313）。

60 Strauss（1998）在討論國府民國時期幾個曾較為成功的進行行政革新的單位時，也強調 insulation，即與外在混亂環境的隔離，也就是自主空間的重要性。這部分稍後將再做討論。

61 鄭友揆等（1991：316-328）。

（四）戰後在大陸的接收與復產工作，1945-1949

　　從1945年8月日本投降到1949年底國府撤守台灣，這短短四年間的世事變化不可謂不大，國府從抗日戰爭的勝利者，最終成為國共內戰的失敗者。資委會的活動也深受影響，這可分為幾個階段來討論。抗戰期間在美國參戰後，資委會即開始為戰後的接收日偽產、恢復生產與振興工業做準備，因而擬定了《淪陷區工礦事業整理計畫》。抗戰勝利後即必須進行後方企業的調整，以及接收淪陷區的日偽企業，接收後即選擇性恢復生產，而計畫中的進一步擴展生產的部分則並未有機會進行。到了1949年國府敗退，在大陸的資委會本部則決定留守不跟隨國府撤退，而原已被派往台灣的資委會人員則成為敗守台灣的國府的一部分。以下簡要敘述這幾個階段的發展。

　　1.戰後接收日偽產與擴張

　　國府戰後接收的工作是高度混亂的[62]。由於淪陷區遠離後方，先是由陸軍總司令部在接收日軍投降時，也主持日偽資產的接收，然則有不少勢力早已就近占領。近1945年底時國府才成立了接收委員會，明定工廠設備原料成品由經濟部負責，資委會則接辦其中產業與資委會所辦公營企業性質相同者。不過因搶先接收的單位或者抗拒交出或者在交出前取走資產，資委會的接收過程阻礙重重，最終雖仍完成接收，但各廠礦單位的資產多高度受損。

　　資委會接收原則是以接收基本工業為主，化零為整集中力量經營，接辦事業盡可能採用企業化公司組織，以迅速復工為目標。國府將接收的淪陷區分為七個區，工業化程度最高的東北與台灣各單獨自成一區。在鄭友揆等（1991：155，表28）列出資委會接收的日偽企業資產的總值之中，東北占至77.7%，台灣則占17.3%，兩區所占份額達95%！就產業別計，主要為電力與鋼鐵各占二成，紙業18.5%，煤礦17%。在經過接收與調整之後，到了1947年底，資委會的企業單位已有96家，附屬單位增至291個，職工總數成長為223,775人，為1945年職工數的3.5倍（鄭友揆等，1991：166）。

　　下表呈現了中國在民國時期產業資本的變化。若排除東北滿洲國的資

62　此處主要參考鄭友揆等（1991：第六章）。

本，中國1936年的工業資本額，相較於1920年公民營資本皆有二倍多的成長。到了1948年，因戰亂與經濟紊亂等因素的影響，產業資本總額只及1936年關內與東北資本總額的三分之二。同時，公營資本的份額因接收日偽產而大增，也因此在戰前外資所占比例皆超過半數的現象，至此也改變為只占有一成。資委會於1946年所接收的資產總額（以1936年幣值計）約32.66億元[63]，達1936年中國非外資的公民營資本的九成，凸顯了中國重工業的落後，以及日本在占領區的工業投資的重要性[64]。

表4.1　民國時期中國產業資本總額與分配比例

單位：億元，%

| | 1894 | 1911/1914* | 1920 | 1936 | | 1947/1948 |
				關內	包括東北	（1936幣值）
資本總額（億元）	1.22	17.87	25.79	55.46	99.91	65.50
外國資本	44.5%	57.2%	51.6%	35.3%	57.2%	11.2%
公營資本	39.1%	26.8%	26.0%	35.9%	22%**	64.1%
民營資本	16.4%	16.1%	22.5%	28.8%	20.5%	24.7%

資料來源：許滌新、吳承明（編），1993，表6-2，頁726。
*外資為1914年資料，公營資本為1911，民營為1913年；**東北部分為滿洲國資本。
註：至1936年日資在東北已做了相當投資，其總額中之外資主要是日本私人資本。

　　關於資委會在台灣的接收及復產的工作，在下節將做較詳細的討論，在此先就全國情況作一綜述。因資委會接收事業的規模較以往擴大了數倍，原組織架構已經不符合需要必須重組。1946年5月資委會升格直隸行政院，內部組織改採三級管理制度，總部負責方向規畫等工作，下面設立業務委員會，其下依據行業分設12個業務組，分管各業附屬廠礦，主要實際管理由

63　鄭友揆等（1991：157）。
64　表4.1中引用許滌新、吳承明（1993），該書原本將本國資本分類為「官僚資本」與「民族資本」，此為延續國共鬥爭下中共所採用的革命話語。例如，中共界定在1949年之前新民主主義革命階段的任務為「反對帝國主義、封建主義與（國民黨）官僚資本主義」。本書將採較為一般性的用語，即公營與民營資本，詳細理由則將在第六章再做陳述。

中層（業務組組長）負責，業務較重的產業更設立管理處（電業、鋼鐵、煤礦、金屬礦產）。此外設立國外與國內區域辦事處，以及七個服務及研究機構，包括經濟研究所[65]。

　　2.復產與建設的失敗

　　資委會原先在戰前即已草擬戰後建設計畫，期待能在和平來臨、日本威脅排除、接收日偽資產、從日本拆遷機器設備作為戰爭賠償、爭取外援引進國外技術與機械設備，及美國提供援助等良好條件之下，儘速恢復生產並進而啟動建設中國工業的計畫，以至於資委會領導人錢昌照於1946年初曾樂觀的預期說，「三年後，中國所需的絕大部分重工業產品將可達到自給」[66]。只是事與願違，戰後國共紛爭即起，至1946年後半國共內戰全面啟動，戰役不斷直至1949年底國府敗守台灣。而國際冷戰情勢逐漸成形，美國「開始採取扶植日本，減少和推遲日本的賠償的方針」，拆遷日本機器設備作為賠償的方案就幾乎未得進行[67]。同時，資委會戰後爭取外援的計畫成果有限，至1947年底所獲得的外匯資金還不及其原計畫所需外匯數的一成[68]。雖說1948年初美國國會通過《援華法案》，經濟援助為主並且數目龐大，然而此時中共解放軍正逐步贏得戰爭，於該年底打下東北，資委會撤出東北，國府統治已搖搖欲墜。

　　不斷的戰爭及其帶來的日漸嚴重的通貨膨脹，使得恢復生產的努力事倍功半。不過，在資委會人員的努力下工作還是有相當進展，至1946年底接收工作基本完成，不少企業陸續開工而產量大增，1947年的主要產品產量多增至為前一年的數倍之多[69]，只是到了1948年因受戰事及大環境的影響，

---

65 程玉鳳、程玉凰（1984：81-100）；鄭友揆等（1991：184圖一）。

66 鄭友揆等（1991：204）。

67 1946年初實際占領日本的美國向聯合國遠東委員會提出「臨時賠償方案」，擇定拆遷範圍，後又於該年底提出「先期拆遷計畫」，但到了1947年美國開始布局對抗蘇聯，決定減少與推遲拆遷日本物資。1948年初首批日本賠償物資終於啟運送往中國，至9月底運完，價值估計僅共二千萬美元，其後美國更決定停止執行該計畫；鄭友揆等（1991：194-197）。

68 鄭友揆等（1991：194）。

69 鄭友揆等（1991：185）。

產量多為減少。因此，到了1948年底，主要產品產量若與（已因困難而下調的）1946年計畫產量比較，則有三分之二的主要產品的實際產量不到計畫的二成[70]。雖說資委會已經做了諸多準備與規畫，但因為原先所期待的正面因素（包括戰爭賠償與外援等）並未實現，而內戰、通膨與混亂的經濟秩序等負面因素接連發生，使得資委會戰後的復產努力難以成功。

　　然而，資委會在原有的基礎上，確實接收了相對龐大的日偽企業，並且組建了能夠經營管理這些企業的組織與人力，而這些組織化人力，在1949年以後，在海峽兩岸各自發揮了作用，雖然方式不同，但都是兩岸初期工業化的主力。資委會企業在1949年後成為大陸國營事業的主體，不過這部分不在本章討論範圍。本章重點是要探討台灣戰後經建體制的緣起，因此下一節將較詳細的討論資委會接收台灣日資企業的過程。

三、資委會來台接收日產，1945-1949

（一）來台接收的背景

　　如前述，國民政府在南京十年建立現代化政府的努力成效甚為有限，在八年抗戰時期則更是被戰爭與通膨壓得難以喘息，行政體系只能更為扭曲[71]。以如此薄弱的組織能力以及複雜對立的派系勢力，要在戰爭勝利之後去廣大的收復區接收龐大的日偽資產，其過程所可能引發的問題可以預期，生產活動更是受到干擾。之後內戰與通膨隨之而起，而國府在處理通膨等宏觀經濟管理上則是徹底失敗，使得最後的失敗實難以避免。在此背景下，各部門既有的組織能力在接收過程會有清楚顯現[72]。資委會憑藉其較為優異的

70　鄭友揆等（1991：204）。1946年計畫指標則又只是戰爭結束前（按較理想情況）規畫指標的五分之一水準。

71　如Eastman（1986: 608）檢討戰爭對國府之影響時，其結語為「當戰爭於1945年8月14日結束時，中華民國顯得脆弱且士氣低落」。

72　另一案例也可作為台灣省署各部門行政效率高度不均衡的佐證，即在接收的混亂中，陳儀領導的省署基於「科學管理」的理念，支持其統計室利用其主要人力花費一整年時間，將

組織能力終能完成接收，並將高度受損的廠礦大致恢復生產，但在大陸上卻因內戰與經濟秩序的崩潰而難以為繼，進而決定留守。而在台灣的接收過程中，資委會的表現也遠較其他單位優異，一方面源於其組織能力，同時也因其和台灣行政長官公署之間的配合問題相對較少。

　　1943年底中美英領袖共同發表的開羅宣言中，言明戰後中華民國將收回東北及台灣。隨後，1944年4月國府在中央設計局內成立「台灣調查委員會」，統籌一切接收台灣的事宜。因台灣已被日本殖民統治半世紀之久，國府對其甚為隔閡，接收工作是一巨大挑戰。從設立到實際接收只有一年半時間，此期間該委員會的工作包括徵求人才、廣集資料、擬定「台灣接管計畫綱要」、培訓各類接收幹部及編印台灣資料叢書等。接管方案的主要爭議在於省制重建與人事安排，最終在勝利突然來臨時倉促定案，劃東北與台灣為特殊光復區，派遣大員全權綜合接收，而其他地區則是按照行政領域分頭接收。台灣不設省政府而設立行政長官公署（以下簡稱省署），並派遣接收人員，如此方案難免招致「行政專制、委任立法」的批評[73]。國府薄弱的行政能力在執行龐大接收工作上受到極嚴峻的考驗，接收官員對台灣被殖民五十年帶來的各種問題不理解，使得接收造成的民怨在台灣更甚於其他地區，種種問題加上內戰與國際等其他因素導致在台灣發生二二八事件[74]。

　　除了政治問題之外，行政體制銜接的問題更為嚴重。以省署與中央駐台海關的關係為例，李文環（2006）即指出海關與省署從資產接收開始即有爭執[75]，進而擴大到對港口控管權的歸屬問題，更重要的是海關站在中央機構

　　日本總督府51年統治業務的統計資料做了全面的整理，於1946年12月出版了一千多頁的《台灣省五十一年來統計提要》，為後人留下了此本至今仍是此方面最權威最完整的統計資料寶典。參見此《統計提要》之前言。

73　鄭梓（1994：45-87）。

74　Pepper（1986: 740）。

75　依據李文環（2006：113-115），1945年10月海關接收員張申福來台後，向其長官李度報告說「觀察不同單位有關接收官方財產的爭論後，我所下的結論是：優先占領乃第一重要」；李度甚為贊同，說「你在高雄海關建物上，張貼字樣標示所有與占領，是一種明智的行動」。

立場，並不配合省署對於重要物資（包括米糖等）的貿易管制政策，嚴重影響貿易管制成效。而如前述，中國海關自清末由英國人建立管理，制度相對健全，組織能力較強，其管轄權限除徵收關稅外，還擴大至包括走私查緝、燈塔管理、港口的修建與管理。國府於北伐後雖逐步收回權力，並試圖將港務由海關改由交通部管理，但至戰後接收時仍未能落實，再則此時的總稅務司仍由美國人李度擔任。而在日本殖民統治下，台灣的稅關與港務卻是分隸不同單位。亦即國府在大陸的法制體系並不完備，不同行政單位間原就有矛盾，而這體制又與日殖體制不同，陳儀的省署雖形式上有權力統管，據而處理這些矛盾，但卻難以做到，導致重要物資的走私問題日趨嚴重，進而影響物價管制。再則，陳儀又因尊奉民生主義，而堅持延續權力高度集中的貿易局與專賣局，但這卻沒有相對應的中央機構作組織性的承接，省署也缺乏組織能力去執行，於是菸酒專賣問題所導致的民怨遂成為二二八事件的導火線[76]。

　　蕭富隆（2010）也指出陳儀在接收總督府及所屬機關的行政人員時，準備不足而處置未臻完善。例如省署對於日籍員工之徵用還頒布了統一作業辦法，但在台籍行政人員的接收上，卻缺乏明確的處置規範。要如何銜接兩套人事體制需要法治解決方案，但這要到1949年底省府才提出完整的辦法。

　　這其中顯示多重的問題。台灣脫離中國大陸半世紀之久，很多情況確實需要不同的作法，必須以省署政策來做某些區隔（例如維持台幣而不在台發行法幣），但不一定所有作法都是合理，有些可能牽涉中國古老的中央地方關係的老問題。當省署的作法不同於中央政策，行政長官陳儀又無實權掌控較為強勢的中央接收單位（如海關），而中央部會的職權分界又與原日本殖民制度不相符合時，就使得問題更為複雜難解。更何況戰後百廢待舉資源貧乏，「在每領域中都激烈進行的、新的資源爭奪大戰」[77]，戰後貧困的中國大

76　檔案管理局（2007）。

77　檔案管理局（2007：185）。這其中也牽涉國府嚴重的派系鬥爭，同時陳儀也試圖不當地擴權，如其曾企圖以預算經費來干預台灣大學的人事，因而與教育部指派的代理校長羅宗洛起衝突，參見李東華（2014：33-53）。

陸，對於台灣的復原能提供的援助相當有限。

　　就台灣實際經濟情況而言，到日殖後期戰爭對經濟的破壞作用已日漸顯著，而「台灣銀行為了承購巨額的日本政府（為籌措軍費發行的）公債所發行的貨幣，在台灣已經產生很大的物價上漲的壓力」[78]，物資缺乏並受到管制，而物價雖受壓制但已開始上漲。再則1945年8月日本投降後，「日本軍事復員費用大增及放款增加，更種下日後台灣物價惡性膨脹的遠因」，以至於此月物價上漲率高達384.2%[79]。盟軍轟炸及自然災害等因素，使得台灣各業的資產損失約在三成至五成不一[80]；例如電力設備為美軍轟炸重點，故日本投降時，全台能運行的電機發電量僅及原發電容量的15%[81]。除了戰爭已造成的嚴重破壞之外，在台接收的工作對國府帶來嚴峻的挑戰。在混亂的戰後秩序中原來龐大的日本資產必須被清點並處分，同時必須立即接手治理工作，國民政府帶來的政法體制與原有的總督府體制有相當的差異，造成了接軌上的困難，而在接收的混亂中仍亟需維持政治社會經濟金融的秩序。台灣對日本的高度依賴也是恢復生產的障礙，即台灣以米糖輸日而工業產品則由日本供應，而這結構必須立即轉變。三十萬日本人撤離後所留下的管理與技術人力的缺口亟需填補。

　　這是國府在行政上接收台灣的一般性背景，而不同領域情況各異，下節則將討論進行的較為順利的資委會來台接收工作。

（二）資委會來台接收十大公司

　　台灣省接收委員會於1945年11月成立[82]，內分民政財政軍事等11組，除

78　吳聰敏（1994：141）。到了1944年台灣的批發物價指數已經增長為1933年的2.4倍（涂照彥，1991：122）。

79　李怡庭（1989：57）。惡性通貨膨脹與一般通膨的界線如何劃分似並無共識，但一般認為惡性通膨是指價格上漲率持續加速，每個月通膨率為數十倍且在加速中。

80　鄭友揆等（1991：216）。

81　鄭友揆等（1991：226）。

82　此處參考台灣省接收委員會（1947）所提出的《日產處理委員會結束總報告》。

軍事由警備總司令部負責外，餘均由省署主管單位兼任組主任。後因處理日產事務繁雜，於下設立日產處理委員會，該會於1947年4月日產接收告一段落後結束業務，未了事務交省財政廳接辦。依據該會（1947）的報告，日產處理委員會結束業務時，在處理企業單位方面，共撥交了494企業單位給政府機構，包括18家劃歸國營，42家國省合營，323家省營，92家縣市合營，19家國民黨省黨部（頁19）；此外，其原先準備公開標售價讓的共有484家企業，但結束時實際售出僅有132家（頁50）[83]。

戰後從大陸來台接收工礦事業及建設單位的人員來源是多方重疊的。例如，嚴家淦原在陳儀的福建省政府任財政廳長，抗戰末期曾應邀要去資委會任職，而陳儀來台灣上任時邀他來共同接收，嚴隨即轉任財政處處長並兼任台銀董事長。主要生產事業的負責人雖是由資委會指派，但其下主要幹部可能又再由被指派者自行招募。例如嚴演存先答應了省工礦處處長包可永來擔任省署工礦接收員，而未接受資委會負責台糖的沈鎮南的邀約。原在資委會工作的李國鼎，是應負責台船的周茂柏之邀來台的。陳儀舊屬費驊受邀來台擔任工礦處下的公共工程局局長一職後，即多方邀請其交通大學土木工程系的同學來台加入工程局，其中多人原任職於資委會。公共工程局的人員日後成為台灣公共建設及都市計畫的骨幹人才[84]。再例如，日後中國大陸重要經濟史學者吳承明，以及台灣戰後經濟學界開創者之一邢慕寰，皆曾於戰後任職資委會經濟研究組。

資委會已是當時中國國民政府下一個有組織的公營企業體系，成功建立了現代化組織與規範。以資委會為中心，圍聚著那一代人之中以工業救國為職志者，他們多為理工背景，卻「多數有中國讀書人的節操風度」，「他們被賦的權很大，可以支配各企業的業務財務，而舞弊之事絕無僅有」[85]，他們具有現代理性與工業救國的共識。這些人的政治觀點未必一致，但顯然具有

---

83 台灣省接收委員會（1947）報告中未列出已標售企業的資本額，但在表13中（頁58）列出未及標售而於業務結束時交付保管的企業的價值，其約為撥交公營的企業總資本額之一成。

84 廖彥豪（2013：第三章）。

85 這是嚴演存（1989：22）對這些接收人員的描述。

一些基本共識，如實事求是、企業化與專業化等。當然那時有如此抱負者不限於資委會的人員[86]。

　　資委會的任務是接收與其原有業務相同或相近的重工業企業單位。台灣工礦企業接收工作由經濟部特派員辦公室及省署工礦處聯合負責，而兩處的負責人都是由原資委會工業處幫辦包可永兼任。陳儀與資委會領導人一向關係良好，「包可永原來是陳儀的舊部，由陳推薦在資委會任簡任技正有年」，陳儀此次將包邀回，任省署工礦處處長，「包又借調資委會千餘人協助接收。因此資委會和省方人事關係十分密切，這也是順利接管的一個重要因素」[87]。資委會人員雖曾參與前述中央設計局「台灣調查委員會」的工作，但鑑於對台灣資料掌握不多，該會決於1945年12月派一考察團來台灣了解情況以決定接管方案。陳儀接見該考察團時即表示，企業「盡先由你們挑選接管，餘下的再由省辦或發交民營」[88]，顯示了高度配合的態度，這情況與前述省署與海關及教育部等單位的關係截然不同。

　　最後在經過討論及各方協商之後，資委會決定接管的十大企業，除了重工業之外，還包括糖業與紙業，一是因為糖業是台灣經濟的支柱，而台灣紙廠可利用當地原料「生產國家急需的紙張」，因此應行政院之要求接管。為了與地方共享利益，只有石油、煉鋁及銅礦三家由資委會獨資經營，其他七家以會六省四比例與台省合營，但皆由資委會全權經營管理[89]。同時，在資金匯撥與法幣台幣的聯繫安排上，得到省署的支持[90]，並且依據資委會於

---

86 同時這些人互相之間也有各種結社關係，如仁社與正己社等，參見康綠島（1993：60-62），孟祥瀚（2001：29）。

87 曹立瀛（1988：211-212），錢昌照（1998：72）。陳儀任福建省主席時包可永曾任建設廳廳長，嚴演存（1989：2）。

88 曹立瀛（1988：211）。此考察團的10位成員或為資委會技正，或為該會企業之總經理或廠長級的工程技術專家，均為資委會各方面的重要負責人。

89 錢昌照（1998：71-72）。煤礦、黑色金屬冶煉及電工器材雖屬資委會職掌範圍，但該會認為台灣這些事業基礎不佳無發展前途，不予接管（曹立瀛，1988：220）。

90 曹立瀛（1988：219-220）。當時陳儀維持了台省獨立的貨幣體系，而台幣與法幣間的匯兌安排則是由資委會將需繳給省署的款項以法幣存在上海交付省署，不需立即清算。

1946年4月與省署簽訂的《合辦台灣省工礦事業合作大綱》，第九條即言明「各公司所需台幣流動資金，由台灣行政長官公署知照台灣省銀行盡量予以

表4.2 台灣省接收日資企業撥歸公營一覽表，
及資委會估算接收企業資產實值

性質	接管機關	撥交企業單位數	原資本額（台幣千元）	占總資本額之比例（%）	資委會估算資產實值（台幣千元）	十大公司資產分布比（%）
國營	小計	18	147,447	14.9	559,908	
	石油公司	12	45,685	4.6	163,886	2.9
	鋁業公司	3	47,451	4.8	283,724	5.0
	銅礦公司	3	54,311	5.5	112,298	2.0
國省合營	小計	42	522,265	52.8	5,158,852	
	電力公司	1	96,750	9.8	1,337,029	23.4
	肥料公司	4	9,750	1.0	60,547	1.1
	製鹼公司	4	37,944	3.8	81,023	1.4
	機械造船公司	3	14,098	1.4	95,129	1.7
	紙業公司	7	36,140	3.7	364,714	6.4
	糖業公司	13	289,640	29.3	2,965,286	51.9
	水泥公司	10	37,943	3.8	255,124	4.5
省營	小計	323	299,511	30.3		
	工礦公司	121	103,775	10.5		
	農林公司	56	95,128	9.6		
	台灣銀行	3	37,750	3.8		
	其他	143	62,858	6.4		
縣市營	小計	92	20,308	2.1		
黨營	省黨部	19				
	總計	494	989,531	100		

資料來源：前五欄資料源自台灣省接收委員會（1947），表7，20-22。後二欄引自鄭友揆等（1991：表39，215）。

註：在台灣省接收委員會（1947）資料中，內79個單位無資本紀錄，41個單位資本紀錄在東京總店未計，省營下的專賣局原屬公產未有資本紀錄，撥交省黨部者為19家戲院。

透借便利」[91]。表4.2前五欄是台灣接收委員會依據企業原登記資本額來呈現。若依據資委會接辦後對其接手的十大公司的資產實值之估算，以當時台幣幣值計，台糖資產在十大所占的比重超過一半，台電份額則近四分之一，兩者加起來已達四分之三。

考察團報告認為台灣工礦事業在日本統治下雖有相當發展，但有以下特徵：一）各工業部門發展不平衡，戰前以農產加工為主，戰時以軍需重工業為主，輕工業低度發展，使得戰後民生經濟恢復不易；二）對日本的依賴性高，無論是原料、中間材或機械設備皆是如此；三）發展偏頗，高度以糖電為中心[92]。

此外就人力資源而言，該會發現日本殖民體制高度排斥本地人參與技術與管理事務。考察報告認為此情況給資委會在接辦工作上，「帶來一個技術和管理人員的嚴重短缺難題。高級技術與管理人員必須依靠大陸提供，除已從抗戰後方調集一千餘人，接收後全部留下外，還不斷從各地調集和招聘工程技術人員去台。至於一般技術人員，則從台籍的工人中提拔，甄選一部分充當車間主任及職員」[93]。例如，在接收時台灣電力公司的職員中技術人員總共1193人，其中本地人只有150名（占12.6%），其中145名是屬於最低二級的技手與技手補；當時台電技術職員的前三等級（重役、參事、技師）共96人，其中僅有一名本地人即技師朱江淮，他是當時台籍職員中最高位置者，他雖具有日本京都帝大電氣工程學士學位，並已在台電工作十多年，但是此時只是擔任技師，也是唯一的台籍技師，並且無法接觸技術部分，而是在業務部擔任推廣用電工作[94]。事務人員也是類似情況，在1074人中本地人為153名，且多任低階職。在技術工人部分，第一二等級技工（工長、技

---

91 陳鳴鐘、陳興唐（1989，下冊：99-100）。依據錢昌照（1998：73），時任台銀董事長的嚴家淦對於資委會在台企業取得「恢復重建所需的台幣資金」幫助甚大。

92 資委會經濟研究室所編擬的全版〈台灣工礦事業考察報告〉，收錄於陳鳴鐘，陳興唐（1989：下冊，1-4）。

93 曹立瀛（1988：214-219），報告也提及台灣技術員少而技工多，與大陸情況相反。

94 朱江淮（2003：69-73）。

工）中四分之三是日本人，第三級「工手」才以本地人為主，在2946人中占2220名[95]。這些為數眾多的本地技工也是戰後恢復生產的重要基本人力。因此，台電的日本工程師被限期遣送回日本時，臨走前說「恐怕三個月後台灣將是一片黑暗」[96]。台糖的情況也是如此，以至於日本技術人員在撤退時，也曾很輕視地表示台灣糖業將無法恢復[97]。

（三）資委會在台企業恢復生產

　　資委會派遣的主要接收人員皆為專業人士，多半曾留學國外，多曾任資委會廠長等高階職位。以最重要的台糖公司為例，資委會來台接收糖業的人員，因大陸煉糖業極為有限，故「大部分是原資委會酒精廠的廠長與工程師」，且學歷很高，多為大學畢業，「留學國外占一半以上，其中留學博士4人，碩士6人，學士34人，國內碩士1人，學士及專科33人」，台糖總經理沈鎮南即是中國製糖技術學會理事長，曾說「該會會員大半集中台灣」[98]。再如，台電的主要接收者總經理劉晉鈺是戰時後方最大電廠昆湖廠廠長，協理黃輝曾任水力發電勘測總隊長，機電處處長孫運璿則是資委會於美國參戰後第一批派往美國實習兩年的優先培植人員[99]。資委會接收人員的能力、工作士氣與品格在當時廣泛得到各方的肯定，甚至包括國府的反對者[100]。如前

95 薛月順（1993a，上冊：99-100）。

96 朱江淮（2003：115）。楊艾俐（1989）的《孫運璿傳》中也提及，四十多年後，當年的台電機電處處長孫運璿仍然很驕傲的對作傳者提起此事，即他們當初在剛接收台電時，在缺人缺錢缺料的情況下，拚命努力修復，做到在五個月內修復了台灣八成電力，孫說「我們就是有這股勁，打敗了日本人的預言」，即日人在撤走時預言三個月後台灣會黑暗一片（頁54-57）。

97 程玉鳳（2005：153）。

98 程玉鳳（2005：68-75）。

99 程玉鳳、程玉凰（1984：723），楊艾俐（1989）。林蘭芳（2013：92-103）依據資委會史料呈現了當初該會於1942年以後派員赴美做電力方面進行實務學習的情況，並強調這學習成效對台電復產的重要性，如孫運璿將學習所得運用到台電上。

100 即使反對國府最力的「《被出賣的台灣》作者葛超智（George Kerr）也不得不稱讚說：這些國家資源委員會人員——能幹的技術人員，並且為人誠實正直——馬上開始重建這些戰後

述，國府接收部門及人員的素質參差不齊，專賣局與貿易局的弊端更是引發極大民怨，資委會則未曾傳出任何弊案，但這優異的表現卻被淹沒在當時的混亂之中[101]。

依據台電公司1947年6月的營運概況報告，資委會在接管台電後，在遣送三千多名日籍人員後只留用了日籍技術人員17名，截至當時員工共計4399人。資委會雖派遣了高級人力來接收，但仍遠不足所需，接收後總共補充技術人員約一千三百餘人，本省籍約一千人，外省籍三百人，新進本地工人四百餘人。這期間曾有各種培訓計畫以及國語訓練班，前會社員工經考核訓練後，提升為工程師與管理師各百多人，提升為主管者計76人，原有工人提升為職員者百餘人，提升為工長者約三百人[102]。當時台電極少數的本省籍技術人員，包括技師朱江淮，主動積極對資委會接收人員提供資料與幫助，使「接收工作得以順利進行」[103]。

表4.3 台灣電力公司戰後初期員工人數

年/月	職員			工人		總計
	日籍	台籍	外省籍	日籍	台籍	
1945/8	1995	289		1357	2744	6385
1946/5	352	668	142	79	3014	4255
1947/4	16	1298	300	1	2784	4399

資料來源：薛月順（1993a：中冊，129-130）。

被損的工業」（程玉鳳，2005：73-74）。

101 為了在混亂中自衛維持秩序，資委會奉准成立工礦警察總隊，配有武器彈藥自力保護廠礦，於1948年計有員警2521名。薛月順（1993a，中冊：13-22）。

102 薛月順（1993a，中冊：125-127）。

103 這是台電總經理劉晉鈺在台電成立二週年紀念會上講演所提及，他在謝了朱江淮之後，說「可惜那時會社裡做到課長的本島人，只有朱江淮先生一個」（朱江淮，2003：114）。其後於資委會決議留守大陸之後，劉晉鈺被指控為「通匪」而於1950年被國府槍決。再則，台電接收過程中人事問題顯然處理得較為成功，如朱江淮（2003：147-155）所提及，在二二八事件前後，台電員工絕無互毆事件，事件發生時本省籍員工保護了外省籍員工（包括孫運璿），而國軍登台後則是外省籍保護本省籍。

　　如前述，1945年底資委會台灣工礦事業考察團發現台灣本地技術和管理人員嚴重短缺[104]。這正是因為如本書第二章所述，日本殖民政府在職業與教育上的歧視政策，使得當時本省籍理工人才極為稀少，台灣理工學會於1930年成立時只有十多名會員。1945年日本投降後，本省籍有志之士為協助接受與重建，集結了原理工學會、農業同志會及留日歸台人士等，於日本總督向陳儀遞交降書之翌日，共同成立了台灣科學振興會。台人參與公營工業事業的願望必然強烈，而這勢必受限於原先台籍人士理工教育與實作機會缺乏的現實，然而也帶來當時民意對此之不滿[105]，在當時「台灣輿論強調著重『經驗、在地熟悉』」以此來表達台人強烈的參與要求。資委會在台單位皆表示在人員進用與管理上，應以泯除省籍界限為原則，同時在實際上多採取了權宜作法[106]，然而資委會原就建立了其引以為傲的純粹依據學經歷的專業取才制度，並且一向致力排除政治黨派的影響，這可說是歷史造成的結構上的衝突，其導致資委會的作法事後被認為「缺乏對輿論政治的敏感性，以及對省民長期處於日本統治不平等處境，無能給予更深刻的同情性理解……卻為其失策之處」[107]。

　　然而即使在此物資缺乏與人事複雜的困難局面下，如林蘭芳（2013）所呈現，以孫運璿為代表的資委會人才帶來了其從美國習得的世界先進電力技

---

104 曹立瀛（1988：214）。

105 朱江淮（2003：618-623）。1947年雙十節該會發行第一期《台灣科學》，理事長杜聰明為文介紹該會的組織及事業，言明科學報國之志；朱也表示對當時本地人未能擔任主導角色表示遺憾。

106 林蘭芳（2013：114）提及1946年5月劉晉鈺在人事進用上遭到省參議會甚大壓力，曾陳請資委會總部允許其短期內採用不同於資委會規章的權宜方式因應；而該年底資委會在台單位的業務會議中討論人事問題，決定「均應以泯除省內省外界限為原則」。洪紹洋（2010：163-165）以台灣機械公司的接收為例，討論了當時台省籍員工學歷受限的問題，而台機公司在得到資委會同意後採取了學歷從寬認定，並依能力與經歷破格晉級任用的辦法。

107 檔案管理局（2007：81-103）在討論二二八事件與公營事業關係時，提到當時民意對參與公營事業機會不足而有所不滿；例如，書中關於有次省工礦處長包可永對於省參議會議員質詢的答覆有以下敘述，對於「迎合民意……資委會或包可永顯然都沒有這種政治意識，因而說出『不能無條件起用』這樣的辯詞」（頁95-96）。

術[108]，在美國專家及留用日人的協助下，結合本地技術人員與工人，成功形成新的團隊，將台電從日系技術轉向美系，即時恢復生產並持續發展。

表4.4 資委會在台企業主要產品復產進度，1946-1949

產品名稱	單位	日據時代最高產量	日據時代末期產量	1946年產量	1947年產量	1948年產量	1949年產量	1949產量/1946產量	1949產量/日據時代最高產量
砂糖	公噸	1,418,730	323,594	86,073	30,882	263,596	631,346	734%	45%
電力	千度	1,195,327	357,033	472,002	575,872	843,365	854,300	181%	71%
汽油	公秉	29,443	2,483	2,810	16,273	57,570	58,931	2097%	200%
鋁錠	公噸	12,204	592	-	-	2,509	1,312	-	11%
洋紙	公噸	18,404	2,512	1,973	5,596	7,210	6,363	323%	35%
燒碱	公噸	6,949	489	950	3,289	4,777	4,278	450%	62%
化肥	公噸	33,858	400	4,843	17,208	38,329	45,840	947%	135%
水泥	公噸	303,438	78,620	97,269	192,600	235,551	291,169	299%	96%

資料來源：經濟部（1952/1/10：第21期，8-9）。

　　資委會在台接收各企業後，至1949年為止，雖然生產恢復的程度仍未達到該會於1946年（依據對發展條件較為樂觀的評估而）擬定的計畫目標[109]，但復產進度仍相當可觀。上表中1946年的產量呈現了戰後產能受到高度破壞的情況，與其相對照，1949年主要產品的產量，除了鋁錠之外，則多已增加數倍，其中最重要的砂糖與發電量，則分別增長了7.3與1.8倍，達到了日殖時期最高產量的45％及71％，若與日殖時期常年產量相比，則分別達到63.4％及85.4％。此外，中油公司集中修復了原尚未完竣的日本海軍第六燃料廠，汽油產量大幅增長，因原有基數較低故增加倍數較高。化肥與水泥復產較為順利，產量已恢復戰前水平。台鋁則因與外資合作計畫未能實現，故復產緩慢。

---

108 林蘭芳（2013：133-134）說孫運璿是「中國為戰後復興所培養出來的優秀人才……最後他將習得的技術，實踐在寶島台灣」。

109 鄭友揆等（1991：241）。

　　資委會在台復產的進度雖未完全達到預定目標，但仍遠較該會在大陸地區復產的情況為佳。這也是源於台灣的環境相對於戰亂中的大陸，仍是較為穩定。相對有利的因素包括：貨幣體系獨立於大陸法幣，省府頻繁調整匯率來防止物資外流；台灣通膨雖已相當惡化，其物價在1949年3月較1948年8月上漲了11倍之多，但仍遠低於同時間上海物價976倍的上漲率；在戰後恢復期間，資委會企業多為國省合營，省府對其需要高度予以配合，通過台灣銀行對資委會企業充分提供融資貸款；更重要的是，資委會對接收台灣工礦業高度重視，派遣重要人員接收，並儘速培訓本地人才，補充了大批日人撤離留下的空缺。不過，台灣復產只是相對於大陸較為順利，其實還是和資委會大陸部門一樣，必須面對經費不足的問題，即預期中的外援與日本賠償皆未實現，同時物價飆漲社會動盪帶來經營上的困難[110]。

　　此外，在經濟結構上，因資委會相當程度恢復了糖業的生產，同時這四年中又有大陸市場來取代日本市場，因而得以維續糖業此一台灣經濟的命脈。如本書第二章所述，日殖時期糖業成為台灣經濟的主體，並幾乎全部出口到日本，日本投降後在1945到1949年間轉向出口到大陸市場。但到了1949年國府敗守台灣之時，台糖的產量因努力復產而達到高峰，但因大陸市場的消失卻面臨無處可銷的危機，必須積極開拓外銷市場。這部分的故事將於下節再討論[111]。

　　簡言之，在這混亂的四年之中，在困難的條件下，資委會接收了受到戰爭高度破壞的台灣主要現代工業企業，逐步成功的恢復生產至相當的程度。這些工業在台灣經濟扮演重要角色，糖業是當時台灣主要的外匯來源[112]，電業與燃料是工業生產的基礎，也是穩定社會民生的重要因素。資委會羅致及

---

110 鄭友揆等（1991：238-244）。

111 根據台糖公司的自述〈六年來的台灣糖業〉，民國38年春「是台灣糖業光復以來最輝煌的時期，同時也是台灣糖業光復以來最倒楣的時期。……其時37-38年期製糖結果，產糖63萬餘噸，實績優異，各方交響。但在同時，台糖光復後唯一的銷售市場，上海淪陷。……大量糖產，將如何覓致出路，誠屬前途茫茫。」經濟部（1951/10/22，第13期：1-3）。

112 外銷糖占台灣總出口的比例，在1949年及1950年分別高達65.7％與73.6％（本書圖2.2）。

培育了大量的技術管理人員，在實質上承接了日本人留下的缺口，到了1948年3月，資委會在台企業，共有職員9601名，工人49355名[113]。這些企業在此四年已奠立相當的基礎，使得其在1949年國府遷台之後，在條件逐步改善後，台灣工業就能順利的發展，在1952年左右就恢復到日殖時期的生產水平了。

四、國民政府遷台初期，1949-1953

在中央政府於1949年遷台之前，台灣省政府已有些省級的經建行政組織。行政長官公署時期的工礦處於台灣成立省政府後改名為建設廳，負責恢復及推動工礦業、商業、公共工程與水利等業務。資委會台灣辦事處則是直接聽命於大陸資委會總部，雖高度自主但與省府也能高度配合，如前述，資委會負責的十大公司在當時的經濟中舉足輕重。而1949年對台灣戰後是個關鍵年，中央政府遷台並開啟了台灣與大陸長達數十年的隔絕，政治經濟社會情勢高度動盪，國民政府在台灣面臨穩定局面的巨大挑戰，同時也開始了在台灣重新建立「中央」統治體制（包括經建體制）的工作，以及在各方面與地方政府進行磨合的冗長過程。而對資委會而言，則因為大陸資委會本部主動留守，使得資委會在台灣的地位尷尬。

（一）資委會本部之留守大陸與生管會的成立，1949

如前述，資委會在戰後因接收日產而大幅擴展，以高度自主的組織方式，主管全中國的重工業。在台灣的資委會也是直接聽命於大陸資委會總部的指揮。在兵荒馬亂之中，高度組織化且有生產能力的資委會，就成為政府在經濟事務上重要的支柱。

抗戰勝利後，資委會原先擬定的宏偉的工業建設計畫，即三年內中國重工業達到自己自足的建設計畫，因為隨之而起的國共內戰與國際冷戰而未能

---

113 薛月順（1993：16）。

實現，但該會仍然能夠做到初步復產。但到了1947年內戰全面啟動，1948年戰局逆轉國府敗象日明。資委會委員長錢昌照因對局勢發展不滿，已於1947年4月在內閣改組時辭職離開了國府，由時任經濟部長的翁文灝兼任委員長，孫越崎為副手，次年中翁出任行政院長後不再兼任，由孫升任該會委員長。此時孫越崎面對變局希望能保衛過去努力的成果，於是在1948年10月，趁著資委會各地約三四十名主要負責人來南京參加工業總會大會時，秘密在總部召開會議。在會中孫越崎表示他的態度，「我們這些人都是學工程技術的，都是懷著工業救國的理想，在抗日戰爭開始就參加我國的工業建設工作。資源委員會現有的工礦企業是我國僅有的一點工業基礎，我們有責任把它們保存下來」，他提議堅守崗位，辦理移交，「回去後，向附近會屬廠礦負責人秘密轉告」[114]。在與會者一致同意下，資委會隨後即暗地裡準備留守，抗拒了當時蔣中正要資委會南京五個工廠拆遷台灣的命令，也未隨行政院將總部遷往廣州，其後隨著中共解放軍的勝利，資委會成為國府唯一部級整體留守的單位[115]。當時該會在南京開秘密會議時，仍處在國府統治下，數十人竟然一致同意留守，若消息洩漏定會有殺身之禍，這顯示出該組織成員的政治黨派性不強，同時也對國民政府極度失望，而對工業救國則具有高度的共識。

　　1949年1月中共解放軍已兵臨長江，「時急事迫」下陳誠接任台灣省省主席，為了鞏固台灣基地，他當時即曾建議「在台之國營事業，應利用機會全部交由省府代管，集中財力物力，努力生產，俾將來在台之陸海空軍餉源有著」[116]，但並未實行。解放軍於4月底渡江攻取南京，5月底拿下上海，接

---

114 政協文史會（1988：38, 297），參與南京會議者除了外地負責人之外，還有總部人員十數人，共四五十人。參見此書中親身參與者孫越崎、吳兆洪、季樹農、沈良驊、冼子恩等人的回憶，以及宋紅崗（1997：303）。

115 根據吳兆洪的回憶，資委會高層「將主要幹部與重要檔案搬到上海，按兵不動」，拖延著不隨行政院南遷廣州，並與中共地下黨聯繫商談交接事宜（政協文史會（1988：133）。在中共進入上海之前這段時間，資委會主要幹部中，只有機械組委員杜殿英及水泥組委員張峻去了台灣（頁135）。

116 引自程玉鳳（2005：192），原文出自胡春惠、林泉（1992）。陳誠是藉由當時京滬警備副

管兩處資委會人員與資產。資委會主要幹部多留守大陸[117]，資委會在台部分遂與總部失去聯繫。

　　陳誠於5月中去廣州向行政院提出要求，奉准由台省府代管中央在台生產機構，隨即於6月10日成立「台灣區生產事業管理委員會」（生管會），以及「中央在台物資處理委員會」。成立生管會即是將公營事業的管理權，從資委會轉移到省府手中。這一方面是陳誠在危急時刻，擬總攬可用資源，尤其是基於財政考量掌握財源，另一方面也是因為資委會本部的留守傾向日益明顯，資委會在台事業已不宜再由資委會管理[118]。後來資委會高層留守進一步明朗化之後，資委會更是成為遲早必須廢除的單位，只是在被架空後要到1952年才正式被解散。

　　省政府生管會將原國營、國省合營與省營等公營事業單位的管理權收回統一管理，其運作方式將在下小節討論[119]。生管會職權甚為廣泛，公營事業的生產、營運、人事、資金運用、投資等計畫，皆由其管控。原有資委會對其屬下事業的監管權全部取消，同時各公司的董事會與監察人職權也被取代。這雖然宣稱是暫時性權宜措施，四年後生管會也改組重整，但是資委會的實質管理權力的取消，則是永久性的改變。同時，資委會整體及個別企業原有的高度自主、企業化的運作方式，也不復出現。原先資委會運作採分層

司令祝紹周向蔣中正提出建議。

117 錢昌照於1947年4月辭去資委會主委職並離開國府後，曾辦刊物《絲路》，並再出國考察，1949年5月與中共聯繫後去了北京。孫越崎時任經濟部長兼資委會主委，為了掩護該會留守意圖，乃於1949年4月去了廣州，辭職後去香港，協助策動在香港的資委會國外貿易事務所的員工抗拒國府接收，成功保存資產轉給中共後，於1949年11月北上北京。翁文灝於1947年再度任資委會主委，1948年出任行政院院長後不再兼任，1949年被中共列為重要戰犯之一，在國共和談失敗後避居巴黎，1951年回北京。

118 程玉鳳（2005：192-200）。陳誠在提出代管中央生產機構的要求時言，「台灣人口激增，負擔奇重，財政經濟頻於最後關頭，職雖竭盡能事，仍窮於應付，擬請准將中央在地方之事業機構，暫交地方代管，俾得權宜處置，紓解經濟危困。不然一切軍公墊款無法籌措，而全體軍民之生活斷難維持」（頁195）。

119 關於生管會的演化過程，此處參照孟祥瀚（2001）與陳思宇（2002）。

負責，基層生產單位公司化，有用人與採購的自主權，中層則負責統管若干相同單位，會本部則類似今日歐美大公司營運總部，統籌全局。生管會接手之際，此企業化安排不再存在。

在此危機時刻，剝奪資委會自主權也有其可理解的政治考量。只是，日後台灣公營事業的管理架構因此變得遠較為官僚化，而這架構竟然是在此刻奠立，並且以後也無太多改變。以至於日後，趙耀東於1969年受命組建中國鋼鐵公司時，還需要特別爭取中鋼營運上的自主權[120]。

資委會所創建與接收的公營企業，其所建立的制度組織與人力，成為兩岸在戰後初期工業生產的基礎。雖說資委會以工業救國為號召，以較為政治中性的方式集結了寶貴的現代工程技術與管理人才，也以此爭取空間儘速進行工業建設。只是國共鬥爭快速來到最後攤牌時刻，迫使多數工程師們選擇留守護產，此乃因為他們的首要抱負是救中國而非關黨派。在中華人民共和國建立後，雖然在初期中共必須依賴資委會的基礎與人力，但是資委會仍難免被當作國民黨「官僚資本」的一部分[121]，不可能得到完全正面的肯定，因此不少原資委會人員在反右與文革期間受到整肅。直到四十多年後，孫越崎寫信給當時中共總書記江澤民要求平反，資委會才終於得到中共正式的肯定[122]。

在孫越崎於1991年寫給江澤民的信中，除指陳落實平反有利安定團結之外，更說平反「對爭取二、三千在台灣的原資委會人員（他們中不少都是

---

120 資委會出身的趙耀東，於1969年受蔣經國之命組建中國鋼鐵公司時，就事先爭取中鋼能夠在運作上，即在人事、會計、採購等事務上，有較大的自主權，因而特別通過《中鋼公司管理辦法》，這也是中鋼能有較優異經營績效的原因之一。趙耀東（2004：33-35）。

121 本書第六章將進一步討論所謂「官僚資本」的問題。

122 宋紅崗（1997：404-412）。1983年中共在對過去被整肅者做平反時，只將資委會列為「留用人員」，而非「前線起義人員」，只是按「既往不咎」對待，並無真正平反。孫越崎雖在文革結束後重返政協，但必須不斷協助其原資委會下屬進行平反，為此他終於在1991年寫信給江澤民，要求改列資委會為「起義團體」，落實平反，並肯定資委會的貢獻，一年後在1992年10月，終得到肯定回應。

台灣政治、經濟骨幹），促進祖國統一，更具有積極作用」[123]。資委會身處國共競爭中的處境又再次呈現。相較於在台灣擔任骨幹者，留在大陸的諸多重要人才未能完全發揮才能，更是對照。

　　然而，在1949年以後的台灣，蔣中正因大陸資委會留守，而整肅了台糖台電的高層人員，其中台糖總經理沈鎮南因長官留守受到牽連，於1951年1月因「通匪」罪名而終遭槍決。沈鎮南奉資委會之命來台接收糖業，經四年努力終於使台糖復興，維持住台灣當時外匯的主要來源，但卻含恨九泉。當局對台糖的整肅範圍不小，「當時台糖被捕或失蹤的人數，據資委會資料保守估計，約在七十人以上」[124]！此外，台電總經理劉晉鈺也早於1950年6月被冠以通匪罪名槍決。當時由資委會管理的事業中，台糖與台電的資產即占到四分之三（表4.2）。「台灣公營事業巨頭，對（留守的）翁（文灝）錢（昌照）之向心力甚強……當局恐一旦時局惡化，此輩可能變節。故特以最大之糖電兩企業開刀，以殺雞儆猴。果然沈劉案以後，各公營事業首長，戰戰兢兢，半夜有人敲門，即心驚膽怕」[125]。同時，此後「各生產事業的相關人員，心態轉趨謹慎保守，而政府進而限制各事業費用，預繳盈餘，影響業務的發展」[126]，資委會事業原享有的自主性從此不再。

---

123 宋紅崗（1997：408）。在1990年代初兩岸重新恢復交流之後，李國鼎、趙耀東、李達海都曾到北京拜訪過孫越崎（頁414-416）。書中提及，孫越崎當年非常賞識孫運璿，曾把女兒介紹給他。孫越崎原拒絕作傳，但在讀到孫運璿託人從台灣帶來的《孫運璿傳》之後，引發對往事的回憶，同意該作者為其寫傳記的要求（頁4-5）。

124 當時資委會副主委吳兆洪也兼任台糖董事長，吳留守於上海並協助中共接收資委會。參照程玉鳳（2005：190, 242-259），程的論文主要依據台糖檔案，其6.3節特別討論了沈鎮南事件。沈鎮南曾以官費在美Ohio State大學取得化工學位，並取得路州大學製糖工程碩士，也曾到柏林研究製糖，「是中國少有的留美製糖專家」，回國後除曾在大學任教外，曾籌設廣西糖廠及任職中國銀行。程文中引用沈鎮南次子〈憶父〉文，提及沈氏在中國銀行的老長官，曾於1949年勸他去美國中國銀行分行工作，脫離亂局，但「沈氏認為重建台糖是國家交付的重任，書生報國，不能在國家有難時拋棄」。嚴演存（1989：15）認為「沈鎮南是極端內向的人，不擅亦不喜言詞，而操守廉潔，生活淡泊」。

125 嚴演存（1989：48-49）。

126 程玉鳳（2005：259）。

　　資委會先是在1949年時職權被生管會接收，三年後組織正式被取消，此後資委會幾乎從國府的歷史敘述中消失。不過，在初期整肅過後，雖然在持續的白色恐怖下公營企業幹部無不戰戰兢兢，但日後在台灣資委會的出身資歷，到底並沒有成為（如在大陸那樣）本質性的身分污點。因此兩蔣與陳誠等人，持續高度重用資委會出身或其相關人員，包括尹仲容、李國鼎、孫運璿與趙耀東等，同時給予他們較大的自主專業空間，在基本忠誠度的要求之外，這些財經官僚並不需太參與黨政活動[127]。戰後台灣前十五位經濟部長中就有八位曾與資委會有關，只是他們資委會的經歷幾乎不再被提起。就如Kirby（1990）所強調，資委會所培育的這批經建人才是國府帶到台灣最重要的資產，這些人才只有到台灣者才有機會有空間有權力發揮所長，而非（如在大陸上）只是工程技術人員。

（二）省府生管會與尹仲容的作用，1949-1953

　　陳誠臨危授命在1949年初接任省主席後，在一年內先後採取了一連串因應生存危機的具關鍵性影響的長短期措施，包括實施入境管制、宣布戒嚴、實施三七五減租、改革幣制、準備實施地方自治、推行計畫教育[128]，以及成立生管會。在財經事務方面，此次幣制改革甚為重要，雖然陳儀來接收時為了將台灣與大陸有所區隔而保持了台幣[129]，但是國共內戰仍將台灣捲入其中使得通貨膨脹問題進一步惡化。1949年5月陳誠終爭取到中央政府同意以物資與黃金來支付中央在台的軍公費墊款，減輕了台省通膨壓力，並將在台生產事業交由省府統籌管理，更撥給台灣省府黃金80萬兩為改革幣制基金，為幣制改革提供了條件。此次幣制改革新發行的新台幣的幣值是以剛從大陸運到台灣的黃金儲備作為後盾，雖未能消除但大幅降低了通膨壓力，將

---

127 財經官僚多半不參加黨政活動，不參加國民黨中央改造委員會。陳思宇（2002：121）及　　Kirby（1990）。

128 薛月順（2005：1-82）；此時因人口遽增，失業與失學現象嚴重，陳誠提出的「計畫教育」　　是要解決以下問題：使學齡兒童與失學青年悉數就學；使各級學校畢業生充分就業；使教　　育與反共國策相配合（頁77）。

129 1946年中台灣銀行發行台幣（現稱舊台幣），等值收回原日殖時期的「台灣銀行卷」。

台灣物價上漲率從1949年上半年的1332%，降為下半年的66.9%[130]。

如上節所述，陳誠成立生管會是為了「適應非常時期需要」，在此危急時刻總攬可用資源，將原屬中央的公營事業的管理權，從資委會轉移到省府手中[131]。不過生管會雖名為生產事業管理委員會，但不只限於管理國營生產事業，它也承擔了協調分配外匯與資金等其他功能。該會成立半年之後，中央政府正式遷台，中央與地方行政機構之間的權力如何劃分，則隨著中央機構的復建而成為議題。在遷台的前幾年，因為中央機構一時難以完全恢復，仍以省級單位為主要執行單位。然而，這過程必然牽涉中央與地方、各相關單位之間的職權之劃分與重組，同時如下述在此變遷時刻，生管會的職權也會隨著主事者的積極任事而擴張。直到1953年相關財經機構重組時，生管會才被撤銷。此外，生管會並未全面處理其他總體經濟層面的問題，這部分將在下小節討論。

這裡先釐清一下生管會的構成與職權[132]。該會主委由省主席兼任，先是陳誠後是吳國楨。設有委員三十餘人，因為該會負責管理主要生產事業，因此這些單位的負責人為當然委員，此外還包括省的財政與建設廳廳長及台銀總經理等省府官員，此外還聘任民意與民間代表數人及其他專業人士。另設常務委員6至8人，全體委員會議甚少召開，主要由每週召開的常務委員會議議決。常務委員最初包括台銀董事長徐柏園、尹仲容、資委會張峻與省參議員楊陶，名單後有更替，主要參與者包括後任美援會秘書長的王崇植、資委會杜殿英與楊清、經濟部次長錢昌祚、原兵工署楊繼曾、前後任省財政廳

---

130 幣制改革重點包括舊台幣4萬元兌換新台幣1元，限定新台幣發行額度，新台幣與美元匯率為5比1，新台幣以黃金白銀與外匯等資產作為十足準備，新台幣得透過黃金儲蓄辦法兌換黃金等。此改革主要由當時財政廳廳長嚴家淦負責。薛月順（2005：63-67）。吳興鏞（2007）敘述了他父親吳嵩慶於1949年奉命運送黃金來台灣的故事。

131 在資委會總會（未留守的部分）隨政府遷台之後，曾對生管會取代其功能表示保留態度，為此政府所做的只是將生管會的組織條例中所列的該會主要任務由「統一管理」改為「督導推進」生產事業，但實質並未改變。資委會也於1952年被撤銷。孟祥瀚（2001：35-37）。

132 主要參考陳思宇（2002：第二章）及孟祥瀚（2001：第二章）。

長嚴家淦與任顯群、省建設廳廳長楊家瑜及副廳長陳尚文等。因主委實際上多不出席會議，一年後尹仲容被任命為新設立的副主任委員，成為實際上的負責人。又因委員多為兼任，專職行政人員人數僅30人左右[133]。

如前述，資委會在台事業因受總部高層留守大陸的牽累而失去獨立職權，然而這些事業單位的骨幹仍然是原資委會人員，事業單位也大致延續原資委會的運作方式。生管會常務委員中只有杜殿英與張峻為原資委會人員，尹仲容雖是學電機工程出身，卻非正規資委會人員，但與資委會有不算短的共事經驗。

尹仲容（1903-1963）可說是戰後初期建立經建體制最主要的推手，他的參與即是從生管會開始，在此先簡要介紹他的學經歷[134]。他於1925年畢業於南洋大學（上海交通大學前身）電機工程科，赴北京交通部電政司工作，後曾任職於建設委員會（技士）與安徽建設廳等處，於1931至1936年初復任職於交通部電政司，整頓電信事業相關事務，推動業務革新，包括簡化組織整頓人事、訂定規章、推行便民業務、籌設長途電話網、清理債務、發行電政公債等。因表現優異於1936年被推薦至宋子文主持的中國建設銀公司任協理，負責水電投資開發，曾將該公司投資的淮南鐵路、揚子電氣、既濟水電三公司進行改組經營。1939年冬赴美出任資委會國際貿易事務所紐約分所主任，辦理中國戰時所需國防物資採購事宜，後又於1941年起兼辦中國國防物資供應公司在華府的採購通訊器材業務，並於1942年2月起擔任資委會駐美總代表[135]。1945年歸國後於年底應行政院院長宋子文之邀擔任其經濟行政機要秘書，協助策劃戰後生產與交通之恢復。1947年行政院改組，尹回中國建設銀公司任常務董事，兼管揚子電氣與淮南路礦等業務，1949年4月抵台，6月出任生管會專職常務委員，一年後出任副主委。

依據尹仲容自己在〈台灣生產事業的現在與將來〉文中對生管會的性質

133 張駿（1987：76）。

134 沈雲龍（1988）。

135 沈雲龍（1988）；〈委派尹仲容為駐美總代表等案〉，《資源委員會檔案》，國史館藏，典藏號：003-010102-0106。

與工作的描述，該會是「各事業之間的協調機構，同時也是省和中央間的聯絡機構。他（生管會）經常要遇到很多複雜而需要解決的問題。他雖然並沒有執行的權力，但他總會把每個問題作周詳的研究討論，並作負責的建議。他的意見很少不為當局採納的」[136]。簡言之，生管會要解決的問題是如何穩定經濟與物價、確保生產的進行，及統籌分配資源。

　　在當時，最基本的工作是穩定經濟，包括確保糧食與基本民生物資的生產與分配，穩定幣值物價，管控基本物資、外貿、金融與外匯等。公營企業的生產至為重要，例如台電恢復供電可穩定民生，也是恢復工業生產的基本條件，中油燃料的供給也是提供經濟活動的基本要素，台糖恢復生產才能維持台灣外匯的來源，肥料的供給是支持農業生產的要件等，而糧食增產是重要目標，因此肥料、電力、水泥等列為主要策略產品，而這部分原是由資委會負責的業務。

　　在前引尹仲容的文章中，他說明了當時生管會對生產事業之生產計畫立即訂立一些原則，包括：各生產事業產品應力求符合民生需求，也力謀互供所需以減少進口；增產能換取外匯之產品；能節省外匯的產品所需之原料，可優先分配外匯進口；不急需又不能賺外匯的產品生產需受限制；減少固定投資。生管會也依此原則對於省營事業進行整併與調整[137]。上述這些原則清楚顯現節省外匯的考量，一則必須確保主要事業單位之生產能順利進行，再則牽涉稀有資源的分配，包括電力、運輸、能源與原物料等，尤其是為進口機械、零組件與原物料所需的外匯，基本上是先確立生產之優先順序，並依此訂定分配資源的原則。

　　然而稀有資源必須要集中統籌分配才能見效，為了與此相配合，除了確保生產之外，生管會也開始負責統籌協調分配稀有資源。尤其是國府中央政府於1949年底遷台之後，行政體系處於混亂之際，隸屬於省政府的生管會

---

136 原出自尹仲容〈台灣生產事業的現在與將來〉（1952/2），收錄於尹仲容（1963，初編：9）。

137 薛月順（2005：48-52）。

雖非正規單位，卻逐步擔任更重要的協調功能。在此危機時刻，資金、物資與外匯高度短缺，分配稀有資源的此項功能顯然不能依賴市場機制，而必須由政府承擔，雖說管制難免會有弊端與困難。這可說也具有戰時計畫經濟的性質。

因此，例如說，為了進一步管控外匯，生管會於1950年1月設立產業金融小組，負責審定外匯申請的優先次序，以生產原料為優先，而生活必需品次之。同時也設立了技術合作小組與器材小組，後者統籌各事業單位所有器材的運用，審查請購外匯之申請，期能互通有無減少存料。隨後陸續成立電力分配小組（負責審核計畫工業用電的分配）、水泥分配小組、煤業小組（監督煤礦生產）等。此外還有一些短期任務小組，如賠償、督運、資產重估與調整等，以及與貿易相關的日本貿易小組。不過，待以後行政體系初步穩定，有些小組或者撤銷，或者改隸正式行政單位，如產業金融小組復歸省財政廳，貿易小組改隸行政院財經小組等[138]。

生管會在成立初期的工作除了確保生產外，也著重公營企業單位的整頓，包括裁併重整，並建立考核獎懲辦法等。雖說當時是處在以因應危機為優先目標的非常時期，但其實從一開始，主事者如實際負責的生管會副主委尹仲容在處理危機的同時，就有著發展工業的長期理想。

生管會發揮的功效如此重要，並非是制度上的設計，更是源於主事者尹仲容積極任事的作風，他自謂「凡合於政府政策，對於國家有利的事，在我職權範圍以內的，我便負責的做了」[139]，他當時寫給自己的座右銘是「絕不可存『多做多錯少做少錯不做不錯』之心理，應抱有『多做事不怕錯』之勇氣，只要不是存心做錯」[140]。即如嚴演存所言「生管會如由一位普通官僚負責，將不過是暫時替中央主管機構看家。如照委員會組織，用合議制辦事，效率將十分低落。所幸尹仲容先生是一位非常有眼光有魄力的巨人。在他主

---

138 尹仲容（1963，初編：7-20），沈雲龍（1988：94-122），孟祥瀚（2001：第二章）；依據孟祥瀚的統計，生管會先後成立過29個專案小組（頁297）。

139 沈雲龍（1988：373）。

140 沈雲龍（1988：前頁墨蹟）。

持下的生管會，工業、農業、交通、貿易、外匯、金融無所不涉」[141]。李國鼎在紀念尹仲容時曾說，當時「台灣到處是二戰遺留下的殘破現象……僅有少數的事業勉強開工。農業也因肥料缺乏而不能充分生產」，出口市場失去，人口大量流入「使物資極度缺乏物價上漲不已……」，尹仲容於此時期擔任生管會副主委，「在地位上不過是一個地區機構的副主管，但因為當時局勢動盪，許多建置機構遷徙未定，更有許多人抱著且等塵埃落地態度……獨先生能挺身而出，毅然以大責自任，針對情勢當機立斷，採取了若干重要措施，使局面完全改觀」[142]。

因此在討論生管會歷史角色時，若如一般文獻那般只著眼於形式上的制度組織，強調其「被賦予」之統籌管理的位置，則將錯失關鍵要點。在此擬提出不同的論點。首先，組織並無法自行，何況當時的制度組織正處於變遷中，分工不明，若無人願意承擔責任則會議而不決使問題不易解決，制度也難以重新建立；在當時的混亂中有賴於主事者積極主動去解決問題，同時也不斷在過程中重新調整組織與制度。生管會要能發揮其協調之功能，其協調出的解決方案必須可以服眾、解決問題，同時也有賴於主事者的積極與堅定，以及共事者能否有共識而互相配合。幸而在當時這些條件同時具在，因此台灣經濟得以穩定下來而開始發展。

在當時尹仲容身兼數職積極任事，生管會只是其任事的管道之一。例如，1950年5月韓戰尚未爆發而國際情勢對國府甚為不利，而如前述，前一年台糖成功恢復生產帶來產量的高峰，但卻立即面臨大陸市場消失的危機，大量糖產必須尋找出路[143]。尹仲容兼任中央信託局局長，鑑於失去出口市場的危機，他主動以經濟部顧問身分率領台銀總經理瞿荊洲，赴日本與盟軍總

---

141 嚴演存（1989：52-53）。

142 沈雲龍（1988：106），原刊於《自由中國之工業》1963/2/25。

143 如前述，根據台糖公司自述，1949年春台糖成功復產贏得各方交譽，但光復後唯一的銷售市場卻隨即消失；然幸好與日本貿易部分恢復，且民國「39年下半起的外銷價，受韓戰刺激而急遽上升，則公司之生存，幾乎難以持續」，此後為了拓展外銷，則進行通盤性新生計畫，即增加生產降低成本。經濟部（1951/10/22，第13期：1-3）。

部主管經濟的部門談判，經三個多月談判竟然爭取到了採用以貨易貨雙邊記（外匯）帳的方式恢復台灣對日本的貿易，雙方簽訂了貿易協定，即以「計畫貿易」的方式解決了當時近七成的對外貿易額，為台糖找到部分市場，也奠定以後十年間中日雙邊記帳貿易的基礎[144]，並設立中央信託局東京辦事處負責此業務[145]。此舉解除了立即的外貿危機，為未來十年內糖及農產品取得市場，也取得必要的機械及零組件的進口，大幅降低了外匯匱乏的壓力。再例如，尹仲容主持中信局時，為了扶植當時體質尚弱的民營企業，承擔風險對利源化工、台元紡織及揚子木材等諸多企業給予貸款，然而揚子案卻成為他的對手用來指控他「圖利他人」的材料[146]。

　　戰後初期外匯高度缺乏，而肥料與棉紗棉布是進口大宗，同時電力是工業之母，尹仲容在生管會時期即以這三個產業的建設為首務，作為台灣現代工業的起點。值得注意的是，在危機時刻，主事者在因應危機的作法上可以有很大的差異。缺乏長遠計畫的主事者可能以便宜行事的救急方法來處理危機，而若主事者具有長遠計畫與願景，則會在處理危機的作法上為未來的發展奠下基礎。

　　例如，在節省外匯的目標下，要如何推動棉紡織業，就成了當時充滿爭議的政策議題。有論者認為基於效率考量應進口價廉物美的日本棉紗棉布，而尹仲容則在1950年生管會時期即力排眾議，提出了著名的「進口布不如進口紗，進口紗不如進口花」的主張，就是以美援進口棉花而不進口棉紗棉布，來扶植棉紡紗與棉織布產業[147]。如本書第八章所將顯示，在當時接受美

---

144 此行除了簽訂貿易協定外，也代台糖售糖八萬噸、中鹽15萬噸。瞿荊洲（1964）。

145 1950年9月簽訂的是《台灣與被占領的日本間貿易協定》（台日貿易協定），而在盟國結束對日本之占領後，以這協定為藍本於1953年6月再簽訂了《中華民國與日本國間貿易辦法》（中日貿易辦法），這辦法一直延續到1961年9月底才終止，亦即台灣與日本間的計畫貿易為時達11年之久，這雖是冷戰環境下的安排，但當時確實是尹仲容等人努力主動爭取才得到的解決台灣貿易問題的方案。瞿荊洲（1964），沈雲龍（1988：112-114）。

146 王昭明（1995：43-49）。

147 例如，在代紡代織實施之前，台北紡織公司開辦時資金不足，軍方某單位正打算從日本進口一批布，尹仲容即建議其改進口棉花，交台北紡織公司代紡，如此該公司才得以開工，

援的落後國家中，只有台灣與南韓是進口棉花扶植紡織業，而其他國家則是直接進口棉紗或棉布，相較之下，他們的扶植政策的企圖與成果皆較為有限。因此，台灣在1953年就達到了棉紡織品的自給自足，同時，在產量充足之後，對既有棉紡織廠商的保護措施即逐步取消。這種將保護訂定期限的作法，日後被學者認為是東亞的產業政策成效能夠優於拉丁美洲的主要原因之一[148]。這些政策上的差異，也可以解釋為何日後數十年間台韓的紡織業整體發展成績遠優於他國。在此要強調的是，主事者的願景目標——儘速為國家建立現代工業生產系統，從一開始就在影響他們處理危機的作法，也影響了制度的建立，使得日後台灣經建組織從最早期就注入了此**發展工業**的制度使命，影響至今猶存。

生管會先是以統一管理生產事業為主，再來又承擔起協調分配外匯與資金等功能，但並未負責處理財政預算物價等其他總體經濟層面的問題。這部分則將在下節討論。

（三）美援下的行政院財政經濟小組委員會，1951-1953

到了1951年初，因美國政府在1950年韓戰爆發後終於決定要加強援助國府，國府與美國的關係有了新的發展，因而帶來了制度上相應的變化。根據國府官方說法，因為「美國政府對我國之援助轉趨積極，彼此聯繫，自須加強，乃在本（行政）院設置財政經濟小組委員會，其下並設有若干擔任設計審議聯繫工作之附屬小組」[149]。未能明言的是，這小組之設立是應美方要求的。

Cullather（1996）依據日後公開的美國國務院文件，追蹤出當時發展的途徑。如前述，美國在1948年因應冷戰興起而通過的援助西歐復甦的《援外法案》，包含了被稱為《援華法案》的條款[150]。美國為此《援外法案》成

參見張駿（1987：57）。

148 Amsden（2001）。

149 經濟部（1953/10/15：1）。

150 通過的經援金額為3.38億美元，額外贈款額度1.25億美元。"The Foreign Assistance Act of

立的經濟合作署（Economic Cooperation Administration）（經合總署），因而在1948年設立中國分署（經合分署），並與國府簽訂《中美雙邊協定》為執行經援之依據[151]，雙方並合作成立了農復會[152]，美方並派遣懷特工程公司（J.G. White）的工程師駐華。國府也相應成立行政院美援運用委員會（美援會）。

　　在1949年前後的紛亂之中，這些美援相關單位陸續遷移到台灣，並設法將援助物資改運往台灣[153]。美國杜魯門政府前已於1949年8月發表《對華關係白皮書》，停止對國府的軍援，而在國府退守台灣後，美國政府又於1950年1月5日發表聲明不會干預國共內戰（即為hands-off policy）。直至該年中爆發韓戰，美國才決定防衛台灣，並恢復提供軍援。在韓戰爆發前，美國政府雖表明不再干預中國事務，但並未完全終止經援[154]。經合分署也仍留在台灣，並在1950年韓戰爆發後，建議在經濟上以較積極干預的方式給與經援，但未被國務院接受。直到該年底，因應韓戰，美國國會通過《共同安全法案》（Mutual Security Act），決定給予國府大幅度的軍事援助，並將原來《援華法案》的援助併入此案中。為了與此配合，便必須提高經濟援助的金額與介入程度，來確保軍援不至於加深通貨膨脹的壓力，而使國府重蹈覆轍經濟崩盤。因此美方提出成立Economic Stabilization Board（ESB）的要求，由此於1951年初成立了行政院財政經濟小組委員會（財經小組）。此委員會的英文名稱一直是ESB，並且當兩年後這些相關財經審議機構重新調整

1948," http://www-wds.worldbank.org/external/default/WDSContentServer/WDSP/IB/2004/04/08/000009486_20040408110920/Rendered/PDF/erm850R198000430BOX251024.pdf.

151 協定全名為《中華民國政府與美國政府間關於經濟援助之協定》，美援會（1956：1）。

152 本書第三章已述及農復會因此而設立的經過。

153 趙既昌（1985：10-11）提及在1948年美援會剛成立時，嚴家淦任台灣省交通處處長同時也兼任美援會委員，嚴即促成美經合總署中國分署組團來台考察工業，並成功交涉將當年美援一部分撥給台省。

154 Cullather（1996：14-16）。杜魯門政府雖已於1950年初宣布放棄國府，但是在國內反對壓力下，仍同意將原來援華法案未用完款項的有效期限再延長一年至下年中，並繼續有限度撥經援款項，杜繼東（2011：31）。

組織之時，行政院財經小組改組成為「經濟安定委員會」，更接近原有英文的名稱，英文名稱當然也仍舊是ESB[155]。

應美方要求成立行政院財經小組的過程仍有其他波折。蔣於1951年2月16日指定財政部長嚴家淦為行政院財經小組召集人，但受到吳國楨的抵制，因吳認為這是陳誠主導的行政院打算從省政府收回權力的舉動。直到後來同意增加吳國楨為第二召集人之後，小組才正式成立，並於1951年3月15日舉行第一次會議[156]。

在第一次會議中，美方列席者包括經合分署署長穆懿爾（R.T. Moyer）[157]、美使館經濟參事O.L. Dawson、及經合總署經濟顧問葛陸博士（Hugh B. Killough），美軍事顧問因故未及出席此次會議，但日後則經常列席[158]。中方出席者包括會議主席吳國楨、財政部長嚴家淦、省財政廳長任顯群、生管會副主委尹仲容、美援會秘書長王崇植、國防部長郭寄嶠、台銀董事長徐柏園、經濟部長鄭道儒及其他國防部代表，後來農復會代表沈宗瀚也是正規出席人員之一。在會中葛陸顧問對台灣經濟問題表示意見，指出國民政府當時面臨兩大難題，即政府預算與外匯收支的不平衡，為了「避免經濟崩潰」及「類似已往大陸上之通貨膨脹」，應盡量縮減政府預算支出，並加強審核匯款。原會議紀錄為英文，而葛陸的這段發言雖只是會議紀錄中之一

---

155 此處主要參考Cullather（1996），還有趙既昌（1985）及美援會（1956）。

156 秦孝儀（2003，卷10：26-66）。在此同時，發生台灣銀行秘密額外發行鈔幣的事件。而主導者台銀董事長任顯群，同時也是省財政廳長，是吳國楨的愛將，只是事情被發現後，吳國楨並未責怪任顯群，而怪罪陳誠與嚴家淦的人馬告密。最後折衷處理，由吳國楨出任財經小組第二召集人，而徐柏園取代任顯群擔任台銀董事長。雖然蔣有時仍相當肯定吳國楨與任顯群的能力，但此時認為「國楨恃外凌人，不肯降心相從，以致中央行政院與省府形成對立不能相容之事」（頁53），對吳國楨之倚仗外力顯有戒心。陳誠在其《回憶錄》中，則是直接指責吳國楨在政府遷台時刻，借用美方力量，營造出吳較能爭取到美援的印象，因而迫使蔣在1949年底，以吳國楨取代陳誠擔任台灣省省主席。薛月順（2005：83-92）。

157 穆懿爾是農業專家，也擔任農復會五位委員中代表美方的委員。

158 美國軍事顧問團團長蔡斯少將（W.C. Chase），於1951年5月17日首次列席會議，報告了軍援已通過之訊息，表示以後會派代表出席。中研院近史所檔案館經安會檔案，30-01-01-003-002，財經小組第11次會議紀錄。

部分，但特地全文翻譯出來，上呈給行政院長[159]。美國公使藍欽也列席了第四與第五次會議，親自表達對國府控制預算的關切與要求[160]。

在初期會議中，預算、物價與外匯是主要的討論焦點，當時即決定成立了貿易與外匯、經援與軍援之協調、薪資物價等三個次小組，以及關於預算與工農業生產的工作小組。上述美方人員也分別持續參與相關次小組的會議[161]。這些工作小組與原先中方的規畫並無太多差異。在1951年上半，各種主要民生用品的產量供給與價格、外匯供需、進出口與財政狀況等，在每週的會議中都被緊密的追蹤監視，清楚呈現當時中美雙方對穩定經濟的強烈意志。

行政院財經小組主要是讓美方監督經濟援助的執行情況，以及協調軍事與經濟援助之事宜，不過更重要的是讓美方監視國府在穩定經濟方面的作為與狀況。另一方面，當時政府支出最大宗是軍事費用，所占比例高達七八成，而這部分屬於機密業務不在行政院財經小組討論範圍內。同時，在軍事方面，蔣也同意「美軍顧問團參加編定軍事預算與會計工作」，認為其對「我行政效能與核實收支有益也。故批准照辦，以我軍費支出，向不能核實，亦不能徹底整頓，只有此舉，方能徹底核實澄清也」[162]。蔣對美援之亟需自不待言，因而對美方之監督與干預未必能有太大抗拒空間，蔣也對美方干預時有疑慮，不過他希望藉此進行行政革新的企圖，也應是真實的。

在此時期，伴隨著對於預算財稅等問題的討論，美經合分署會因應情況所需邀請美國金融、財稅、會計及聯邦儲備銀行等專家來台，協助相關制度

---

159 中研院近史所檔案館經安會檔案，30-01-01-003-002，呈報美國經濟合作總署中國分署顧問葛陸博士對本省經濟問題意見及經安會第2至12次會議紀錄。

160 藍欽在1951年7月20日正式向蔣提出美方監督國府預算的要求，也得到蔣的同意。Cullather（1996: 12）。

161 財經小組委員會議中由美國大使館、經合分署、美軍顧問團分別派二至四人列席，而各次級委員會則主要是由美經合分署派二至四人列席，美軍顧問團則派人列席軍援協調小組。中研院近史所檔案館經安會檔案，30-01-02-005，行政院經安會秘書處，經安會裁撤後各所屬單位工作劃分交接及人員資遣處置辦法。

162 秦孝儀（2003，卷10：290），原引自蔣1951年9月21日日記。

之建立。例如，1951年上半，美國國務院對駐台經合分署終於發出積極干預經濟事務的指令，為此美方派了一位聯邦儲備銀行的貨幣政策的專家（C. Morrill）來台進行協助[163]。日後，這方面的工作進一步制度化，由相關單位合組成「美援技術協助委員會」，同時負責處理「聘請美籍專家」與「資助國內技術人員出國觀摩實習」的業務[164]。

依據美方作者如Cullather（1996）的描述，經合分署的人員及相關美國專家，從此高度參與日常經濟事務的決定，並且處於「主導」的地位[165]。事實是否如此值得商榷，形式上美方確實高度參與各方面的事務，經常性的列席各種會議，而美國的支持與援助的重要性，必然使得他們的意見難以忽視。然而，如果閱讀行政院財經小組詳細的會議紀錄[166]，即可發現美方顧問談不上是主導者，會議上主要是國府官員在發言討論問題，美方顧問只是提供諮詢意見，與會的國府官員，尤其是吳國楨、嚴家淦、尹仲容、任顯群、徐柏園等，個個都顯現出對情勢的清楚掌握，並且都有明確的主見，有些如尹仲容與任顯群等有時甚至會表達甚為強烈的意見，會中若有不同意見則會進行討論，在此情況下，幾乎未見美方顧問堅持己見的情況。因此應該說美方人員主要是擔任監督者與諮詢者而非主導者的角色。

李國鼎（1976：19）在書面答覆胡佛研究所的問卷時，即認為「美援公署的專家來到中國……兩方目標一致，一般說來，智者所見略同……（若）美方專家……所提意見陳義過高，在我方執行有困難時，經提出理由說明困難所在，美方專家大都能夠接受或諒解，而沒有堅持己見，施用壓力，迫使我方必須照其意見辦理者，所以很少有嚴重歧見發生，堪稱合作無間」，他

---

163 Cullather（1996: 11）。

164 美援會（1956：30-33）。在此計畫下赴美進修者為數眾多，在前十年即達近二千人。參與計畫歸國者在1954年發起組成「中美技術合作研究會」，並發行《中美技術》季刊達數十年。參見《中美技術》（歷期）。

165 Cullather（1996: 10-12）。

166 中研院近史所檔案館經安會檔案，30-01-01-003-002，財經小組會議紀錄。行政院財經小組1953年改組為經安會之後也仍持續是如此情況。

並列舉了一些「我方婉拒」美方建議的案例，包括降低經濟計畫的成長目標等[167]。

美方作為援助提供者，必然應會擔憂其援助是否會在救急之餘，也養成對方的依賴性。當時財政支出中軍費高達八成多，財政赤字巨大，若無美援則國府一時間內必然難以達到穩定經濟的目標。因此美方在提供經援時，企圖藉由參與經濟事務的過程，督促受援者努力朝平衡預算的方向前進，並建立較健全的相關制度，這方面應是發揮了監督及協助改革的作用。因為美國的經援是每年由其國會批核，金額固定，美國顧問的主要作用是監督預算，例如常堅持沒有新增財源不准增加支出，及不准將美援款項用在未核可的用途上等。既然預算多牽涉各方需求的折衝，美方的堅持就形成一相對有效的外在制約，加強對政府的財政約束。美援與其運作方式對於此時台灣產業政策形成的影響，將在下章再做較詳細的討論。

總之，就如美援在國府大陸時期以及在其他落後國家的失敗經驗所顯示，當地執政者本身的改革動機、意願與能力，仍是美援能否成功的關鍵。例如，尹仲容就一再在演講中表示要及早為美援的結束做好準備[168]，同時，當時戰後第一個台灣經濟建設四年計畫，原有的名稱即為「經濟自立四年計畫」[169]。確實，既然美政府曾在很多時刻表示要撤銷或減少對國府的支持，這些經驗對國府高層應會有其影響。若將此時期台灣經濟危機之得以解除，主

---

167 引自李國鼎捐給台灣大學圖書館的個人檔案。並可參見康綠島（1993：95）。再則，美方人員在台任期多不長，對當地事務的理解程度想來難及本地負責官員。

168 「美援並非永久，僅是暫時性的」（1953年1月），尹仲容（1963，初編：32）。「我們的目的在求自立，在求不長期依賴美援，並非在於自給自足」（1953年10月），尹仲容（1963，續編：3）。在此「自立」意味著不需依賴援助，但台灣海島經濟必須參與國際市場，不可能採取閉關式的「自給自足」。

169 「每年仍有待相當數額之美援，為之挹注，整個經濟始得維持戰時穩定之局面。為改善此種經濟狀況，爰有四年經濟計畫之建議……期能於四年計畫完成之後，可接近自立之境地，減少依賴外來援助之需要」，參見工委會（1954：1）。原計畫完成於1952年底，蔣中正在計畫核定時曾於日記中提及此事（1952年12月10日），「經濟自立之四年計劃發表，此實為一切經濟建設對借外資之模範方案也。」秦孝儀（2004，卷11：287）。

要歸功於美援與美方顧問之作用，則不但高估了他們的作用，也無法解釋美援在世界不同地區的不同結果。

簡言之，行政院財經小組是在美國之援助「轉趨積極」後應美方要求成立，協調各方面的經濟事務，監督追蹤各項經濟指標穩定經濟。然而，此小組重點在於提供美方參與及監督的機制，與此小組相呼應的還有幾乎平行的在地機制，主要事務性的決定還是在生管會等機構進行，重要決策的最後定奪則是在於總裁主持的財經會談，這部分將於下小節討論。但美方的監督與管制，應是幫助了亟於改革財政的國府，並進行了行政與經濟上的改革。

（四）蔣中正對財經政策的領導作用

一般在討論台灣戰後經建體制時，多著重在經建制度與組織本身在形式上的演化。另一方面，相關學者在討論台灣發展型國家的形成與運作之時，則多強調政治領導者對推動經濟發展的堅定意志，及其對經建官僚的授權。然而到底政治領導者如何影響經濟層面的制度、政策與事務，則並不是很清楚。在過去威權政治體系中，真正的權力多是隨人轉移，形式上的制度與組織的作用並非自明也未必明確。在此要指出的是，戰後初期蔣中正作為台灣權力的中心，高度關注經濟情勢，是重要經濟事務的最後定奪者。只是他常是透過中國國民黨總裁的身分來行使這個權力，來領導擔任行政職務的黨員們，因此若只看行政部門的事務演化，會容易忽視了他的關鍵角色。

從形式上來追蹤經濟官僚體系的演化，就宏觀經濟的治理而言，可說始於上小節所述的1951年3月成立的行政院財政經濟小組委員會。然而，從中央政府於1949年底遷台到行政院財經小組成立之間歷時一年多，在這危急時期，政治領導者難道會沒有作為？實際上，在此時期蔣中正一直高度關注經濟事務。

從1948年後期起，蔣中正已經開始為退守台灣做準備。年底任命陳誠接任省主席，並密令將國庫準備金中數百萬兩黃金轉運台灣，作為來年台灣幣制改革之基礎。1949年初他在日記中所列該年〈大事預定表〉中，就包括督導台灣幣制改革、確定預算、其他社會經濟政策、防務準備等多項工

作。蔣於該年初下野後，年中即於台北設置國民黨總裁辦公室，並成立革命
實踐研究院，他後來將此兩項工作與台灣幣制改革，並列為讓他「一切從頭
做起，自覺初基已立」的三件大事[170]。陳誠在這一年省主席任內施行了諸多
重大措施，除幣制改革外還有實施三七五減租及成立生管會等，顯然是蔣陳
他們共同認可「從頭做起」的手段。

　　在失去大陸的走勢已明之後，蔣中正即持續在日記中紀錄他對為何失敗
作出的反省，除了軍事崩潰、外交失敗及黨內派系傾軋等政治因素之外，
「經濟、金融財政政策的失敗，蔣認為這是軍事崩潰的總因」[171]。因此，他日
後對經濟政策的高度關注是可以理解的。

　　待政府遷台後，蔣中正就開始計畫進行國民黨的改造，於1950年8月5
日正式成立國民黨改造委員會整頓派系，並持續推動革命實踐研究院的訓練
工作。同時也高度重視財政經濟的穩定，於1950年2月在尚未（於3月）復
任總統職位之前，在總裁辦公室下成立了每週召開的財經會談，邀集中央與
地方財經相關主管與會[172]，並親自主持此財經會談。他認為「經濟與財政謀
得獨立為第一二，每念失敗之因素以財政為第一……今後財政應時刻檢討與
注意每週經過之情況，而以外匯與出口之數量，更為重要」[173]。

　　依據1950年2月25日成立此總裁財經會談機制的簽呈及其附件，顯示

---

170 秦孝儀（1978，卷7：514），原引自蔣中正1949年12月31日日記中之年終檢討。總裁辦公
　　室是為了因應蔣中正於1949年初下野後即無正式公職，因而在黨部為其所設立的侍從機
　　構。到了年底國民黨總部也隨之遷台，且1950年3月蔣在台復任總統職位，此後此辦公室
　　即因無存在必要而取消，前後存在9個月。邵銘煌（2006）。

171 楊天石（2010：463-471）。

172 引自國史館藏《蔣中正總統文物檔案》，檔號002-080108-008-008-001，〈黃少谷呈蔣中正
　　請指定嚴家淦約集各主管及有關人員每週舉行經濟會議〉，該簽呈所列擬參加經濟會議的
　　人員包括張群、即將接任總統府秘書長的王世杰、央行總裁俞鴻鈞、行政院設計委員關吉
　　玉、財政部長嚴家淦、省主席吳國楨、省財政廳長任顯群、生管會徐柏園、美援會秘書長
　　王崇植、台銀總經理瞿荊洲。在此簽呈中是用「經濟會議」名稱，在秦孝儀所編撰的歷年
　　蔣中正日記摘要中，秦又常用「財經會談」，本書將統一沿用「財經會談」名稱。

173 秦孝儀（2002，卷9：81）。原引自蔣中正1950年3月24日之日記。

出當時總裁辦公室的幕僚，在成軍幾個月後對台灣已有所研究與掌握。其簽呈中指出「經濟趨向惡化之可能仍至堪憂慮，而下列三者」問題應亟謀補救，即「中央與地方之措施未必完全配合，財政金融經濟各部門工作未必協調，對於各項問題枝節應付缺乏全盤計畫」，因此要相關主管舉行每週會報，追蹤協調以下事務：財政收支、通貨及黃金儲備、糧食供銷、進出口及外匯、物價變動、生產事業概況等。在附件「總裁交議緊縮預算安定經濟支持戡亂案」中，對各項財政收支做了估計，預估財政赤字將高達支出的55％，並提出緊縮方案[174]。

　　這些財經會談仍屬國民黨總裁在幕後主持的非正式的協調與研商會議。不過，顯然在此時期蔣中正雖不干預細節，但清楚追蹤經濟情勢之變化，尤其關注黃金儲備量的變化與財政收支的平衡[175]，並與聞重要決定之最後定奪。蔣的角色雖必然重要，但較難以系統性地呈現，以下僅舉幾個案例以資說明。

　　在1951年初行政院財經小組成立後，在4月7日第5次會議中，當時因外匯流出過大而開始限制每日匯出量，黃金及外幣的黑市價格立即上漲，物價也隨之波動，為了確保物價穩定，必須對是否禁止民間外匯交易做出決定。會議主席吳國楨表示會議必須在一小時內結束，因屆時必須立即向總統報告結果[176]。其實，蔣同時間也正在主持總裁財經會談，顯然邊開會邊等待

---

174 國史館藏《蔣中正總統文物檔案》，檔號002-080108-008-008-001，〈黃少谷呈蔣中正請指定嚴家淦約集各主管及有關人員每週舉行經濟會議〉。當時預估該年的財政收入僅7.2億元，而地方支出約3.36億元，中央支出1.09億元，軍費支出11.2億元，財政赤字預計將達8.5億元，財政情況極為嚴峻。依據秦孝儀（2002，卷9：26），蔣於1950年1月25日於國民黨非常委員會，提出「緊縮預算安定經濟支持戡亂案」以及「簡化中央政府機構辦法案」。

175 參見呂芳上（2015，第九冊：506, 522, 533, 755），蔣在日記中也一再記錄了他對財政情況之逐步改善感到欣慰，呂芳上（2015，第十冊：59, 509, 562）。

176 此次會議美國大使藍欽也列席，表達美方對國府預算問題的關注。財經小組1951年4月7日第五次特別會議會議紀錄。行政院經濟安定委員會檔案，中央研究院近代史研究所檔案館館藏，30-01-05-001。

行政院財經小組的決議。隨後，第二天蔣又召集相關主管，包括行政院長陳誠，以及行政院財經小組成員吳國楨、徐柏園與嚴家淦等人，「繼續研商禁止金鈔自由買賣」，他在當天日記中寫道「此項研究與準備，比已往金圓券之辦法周到矣」。到了9日行政院才正式宣布此新金融措施，規定民眾可以繼續持有外幣與黃金，但不得自由買賣，需兌換者應向台灣銀行或指定銀行為之[177]。這樣的過程清楚顯示出蔣高度參與重要經濟決定的最後定奪。而另一方面，有美方顧問參與的行政院財經小組，雖在形式上是協調處理財經事務的最重要單位，卻未必是做出重要決定的場域。

再如，1952年底，行政院財經小組評估認為電力價格必須要調漲三成多，使其反映實際成本以利台電公司的長期正常經營。議案到了立法院，卻因諸多委員極力反對而難以通過，最後在蔣以總裁身分對黨籍立委給予最後通牒之後，才得以通過[178]。

同樣在1952年，影響深遠的《實施耕者有其田條例》走過了整個立法過程。蔣數度以國民黨總裁身分，督促立法程序的進度。省參議會雖得以審議該法案，不過只有建議權，卻因議員多具地主身分，可預期地極力抗爭並拖延法案審議，但在蔣督促下仍在夏天會期內通過了建議案。而在年底立法院審議過程中，則因持不同意見之立委激烈爭執相持不下，最後仍有賴於蔣強力督導並親自主持協調會議，才得以確保達成在次年即實施耕者有其田的預定目標[179]。

如上述案例顯示，最高政治領導人蔣中正在遷台之後，基於大陸經濟崩潰的經驗，對重要財經事務高度關切。美方要求設立的行政院財經小組，照

---

177 秦孝儀（2003，卷10：96）。

178 秦孝儀（2004，卷11：276-306）。電力加價案送進立法院兩個多月後仍未能通過，在1952年底12月30日蔣午宴國民黨中央評議委員，「提議行政院應將電力加價案從立法院抽回，今後重要建設與行政各要案皆由總統命令實施，不能再為立法院反對，延誤革命反共之前途也。」「午課後……因之CC派知此事嚴重，乃即由該院長召集總審查會，立將電價按照前日所協議通過」（頁305-306）。

179 參見本書第三章第二節。

例有美方經濟與軍事顧問列席。既然在政治軍事經濟上皆高度依賴美方的善意與援助，蔣必須應付美方的要求，但也必然有防範之心。實質上，最重要的決定還是由他來主導，何況他的下屬常處於互相競爭甚至不和的狀態。例如在吳國楨擔任省主席而陳誠擔任行政院院長時期，兩人爭執不斷且不斷輪流向蔣提出辭呈[180]。當時國府的行政體系與人事仍未穩定，蔣的強力督導常發揮關鍵作用。

五、結語

　　台灣戰後經濟發展成績優異有多重原因，日本殖民統治留下了現代化基礎建設，美國的援助則提供了穩定政治經濟的條件。然而，最重要的還是**事在人為**，還是在於國民政府敗守台灣之後能記取失敗的教訓，改革政治體制並重組經建體制。但這其中發揮作用的不止是失敗的教訓，同時是在大陸時期所累積的經驗、人才及組織，更重要的是不斷積蓄的推動現代化的動力，源自西方入侵帶來的屈辱，日本侵華帶來亡國的危機感，以及國共內戰的慘敗經驗。

　　本章就是追溯了台灣戰後經建體制的前身，探討了民國時期中國開始摸索推動現代工業化的歷程。雖說百多年來中國菁英持續著推動現代化的嘗試，但混亂的政治局面、薄弱的政府財政與能力經驗之缺乏，使得民國時期的中央政府缺乏全面推動經濟發展的條件。而日本侵華的危機催生了資源委員會的設立，基於救亡圖存的緊迫需要，資委會在極困難的環境下成功地建立了一個現代化組織，以企業化方式組建了公營事業群，培育了一整批工業化的人才。在這基礎上國府才能在台灣堪稱順利地接收並恢復了日本留下的工業，並在1949年國民政府敗守台灣後穩定局面，逐步開啟台灣戰後的工業化。即是說本章討論的是台灣戰後經建體制的萌芽，而這體制的進一步成長與演變則是下一章的主題。

---

180 參見秦孝儀（2003, 2004）。

第五章

台灣戰後經建體制的形成與發展
1953-1970

　　前一章已陳述了國府經建體制在大陸時期的傳承，來台接收日產的過程，以及遷台初期的混亂與調整。在1953年經濟安定委員會（經安會）成立之後[1]，戰後經建體制可說具體成形，日後的演變也清楚地由此推展而出，本章即將呈現這經建體制從經安會開始形成的源由與過程，其進一步的發展，以及其對戰後數十年經建體制的深遠影響。

　　1953年經安會剛成立之際，該會仍必須接手生管會諸多吃力不討好的管制工作。當時台灣的經濟雖已大致復原，生產多已恢復到戰前最高水平，然而政府仍須高度努力才得以控制預算與物價，此乃因為這時國防支出仍然龐大且難以減少，人口短期內又大幅增加。雖說國民政府在1949年6月幣制改革之後，物價漲勢已大幅下降，但要到1950年韓戰爆發後美國恢復對國府的軍援與經援，同時經濟生產逐漸恢復，並且國府努力控制預算後，財政赤字才大幅縮減，而台灣戰後的通貨膨脹才真正得到控制。物價在1950至1952年的年上漲率各為75.6%、45.3%及8.9%，可見台灣戰後的惡性物價

1　經濟安定委員會成立過程將於下節第二小節討論。

膨脹是在1951年底以後才完全結束[2]，這也是政府財政終於達到平衡的時候。即使如此，物資仍高度缺乏，外匯持續嚴重不足，還有多項重要民生物資有管制措施，經建主事者仍然面對艱鉅的挑戰。

一、經濟安定委員會的成立，1953-1958

　　如前述，生管會是在一個危機時刻（1949年6月）由陳誠主導的省政府建立起來，總攬資源的臨時性審議單位。當時中央政府尚未遷台，省級的生管會是將原由中央層級的資委會所領導的生產事業單位接收過來統一管理，隨後又因為管理分配稀有物資而開始承擔其他諸多相關功能，包括管制進口、分配外匯，甚至促進工業等工作。在經濟事務上生管會負有協調省與中央各不同單位的功能。此外，國府遷台後由國民黨總裁主持的財經會談則在幕後監督，並參與決定重要政策。於1951年3月成立的行政院財經小組，則是在美國重啟美援之後，在台面上協調宏觀經濟事務，並讓美方參與監督的機構。不過，這些都是屬於經濟審議機構，下小節則將先討論正式負責執行業務的經濟行政機構的沿革。

（一）以省府為重心的經濟執行單位，1949-1953

　　戰後早期台灣省政府無疑是最主要的經濟執行單位。從1945年國府接收台灣開始，省政府（1947年4月前為行政長官公署）即逐步接收並建立相關經濟行政機構。在日殖時期，台灣總督府下設立的財經單位包括財務局、礦工局與農商局等，這些單位在國府接收後調整重組為省署財政處、工礦處與農林處等單位[3]。工礦處除了行政業務之外也負責接收日產，處長包可永同時也是經濟部台灣區工礦特派員及資委會在台負責人，工礦接收人員也有其

2　李怡庭（1989：64）。

3　台灣省行政長官公署統計室（1946：333-334）書中，提供了總督府與台省行政長官公署的行政組織表，以及其接收時的對應關係。不過這只是行政組織的接收，主事者的任務方向實有很大不同。

他資委會及相關人員參與[4]。其後在1947年省署改制為省政府後，工礦處改為建設廳。

依據1947年底省府建設廳出版的《台灣建設行政概況》，因「本省建設事業較繁，尤以復舊工作艱鉅」，台省建設廳主管業務範圍之廣泛，遠超過大陸一般省分的建設廳，工作包括「工業、礦業、商業、勞工、器材、民營企業輔導、水利、都市計畫建築、公路修築、度政推行、暨樟腦業務等」，還設有擔負重要任務的公共工程局等單位[5]。公共工程局在省署改制為省政府後，業務調整為包括公路工程、房屋建築、都市計畫、自來水等，是隸屬於建設廳之下一重要單位。當時公共工程局局長為費驊，原為陳儀在擔任福建省主席之舊屬，隨陳儀來台接收，他廣邀其交通大學土木系同學來台參與復員工作，這批人即成為台灣戰後初期公共建設以及其後都市計畫方面的主幹[6]。依據1947年底的《台灣省各機關職員錄》，建設廳的正式編制內職員就有二百餘位，若加上附屬的工程局水利局等單位的職員數，則近三百位。到了1949年公共工程局改隸時已有378員額[7]。

早期建設廳經常性地出版《台灣建設概況》等書，其中依循「建設工作，首重實事求是」而皆詳列與該廳業務相關的統計數字，尤其是各種重要工業的生產狀況與發展進度，行事風格與工作取向與以往資委會顯現出高度的承接[8]。建設廳應可說是台灣戰後早期最重要的經濟行政單位，在1998年台灣省精省後，省建設廳的業務分別併入中央的經濟部、內政部營建署、交通部、農委會、文建會與公平會等六個中央單位，其業務之複雜可見一斑[9]。

中央層級的經濟部可說是到了1960年代以後，才成為台灣最主要的經

4　關於工礦接收的部分，可參照嚴演存（1989：1-26）。嚴演存當時負責接收總督府礦工局工業課，他數年後受尹仲容之邀在經安會工業委員會擔任專門委員。

5　台灣省政府建設廳（1947）。

6　廖彥豪（2013）。如下節將述，費驊日後也至中央任要職，歷任經安會工委會專任委員，行政院秘書長及財政部長等。

7　台灣省政府秘書處（1947, 1949）。

8　台灣省政府建設廳（1947, 1952, 1954）。

9　台灣省文獻委員會（1999：1293-1300）。

濟行政機構。如前述，在民國時期，北洋政府無暇顧及經濟建設，其下的農商部是有名無實的單位。國民政府雖開始進行現代化經濟建設，但組織能力與財源皆甚薄弱，主要成果集中在以高度自主方式興辦基本工業的資委會，經濟部本身則主要負責一般行政業務，甚少積累推動工業化所需的組織能力[10]。

當國民政府於1949年因戰敗而從南京一路遷移最終遷至台灣的過程中，中央部會的規模也隨著逐步大幅度縮減[11]。1949年3月國民政府南遷廣州時將工商部改稱經濟部，並將農林與水利兩部併入。行政院此次改組時，經濟部規定員額已減為400人，所屬工、商、礦、農、林、水利等附屬機關有41單位，共有職員2360餘人。遷台後在1950年3月經濟部員額又核減為60人，附屬單位也大幅整併，職員僅保留110餘人。1952年資委會正式裁撤，業務與生產事業移歸經濟部管轄，該部轄下添設國營事業司主管相關業務[12]。員額核減雖與管轄範圍遞減有關，但也是由於經濟部原有人員多數並未隨國府來台。中央部會遷台後必然需要經過一個調整並重建組織的階段[13]。

在中央政府遷台之前，台灣省政府已經在接收總督府組織的基礎上，銜接上國民政府的行政架構。雖然如本書第四章第三節討論接收部分所陳述，當時因兩者行政體制不同而使得銜接上問題重重，不過至少到了政府遷台之際，台省府負責省行政業務已四年多，在實質承擔業務上相對穩定。而

10 國府經濟部的前身經歷過多次名稱的變化，包括工商部、農礦部、實業部等，1937年抗戰開始後行政組織改組時實業部改名經濟部，1948年行憲後復名為工商部，1949年南遷廣州時又改為經濟部至今。至於該部的規模與管轄範圍則不斷變遷，遷台後員額大幅縮減。另一重要變化是資委會於1952年裁撤後，公營事業劃歸經濟部直接管轄，參見本書第四章，以及經濟部（1953/10/31：1-9），後者陳述了國民政府大陸時期經濟行政機構的沿革，其多次反覆的改組在此無法詳述。

11 林桶法（2010）討論了政府機關輾轉遷台的各種問題。

12 經濟部（1953/10/31：1-9）。

13 王昭明即曾言及，在早期經濟部仍是「殘缺不全」，並且缺乏外語人才去處理美援事務。李君星（1995：116）。

1949年中省主席陳誠又在省府下設立生管會，將生產事業的管理權從中央層級的資委會手中拿走，更是集中了資源與權力。

依據黃季陸等在1957年提出的《中央行政改革建議案》[14]，當時行政院各部會的員額（包括非正式員工）已較1950年約增加了一倍。不過「中央與台灣省地方公務員之比率，前者僅及後者十分之一……故就現時全部人事言，地方部分占極大比數」（頁24-25）。當時經濟部人員不多，不少業務仍由部外單位承擔。經濟部的職員人數在1953年僅115人，1960年為140人，至1968年才首次超過200人。相較之下，例如負擔分配外匯等重要工作的原省府貿易外匯審議小組，在1955年改組為行政院外匯貿易審議委員會（外貿會），其在1960年的職員數為156人，還多於經濟部的職員數目[15]。

可以說在遷台後的十多年間，中央部會如經濟部等，還處於逐步建立組織、釐清與省府單位間之分工的階段，在這期間，除最高政策之外，主要的執行工作都是由省政府而非經濟部承擔。

（二）1953年經濟機構的調整

在這樣的背景下，1953年中又有了另一次經濟機構的組織調整。如前述，當時的情況是，中央財經部會組織能力仍顯薄弱，省府是主要的執行單位，設有統籌及聯繫省與中央的省生管會，另有諸多臨時為了分配資源而設置的審議機構，其上又有美國顧問列席的行政院財經小組。而隨著經濟稍趨穩定後，審議機構的任務也產生變化，臨時設立的審議單位數目不斷增加，而權責劃分越形不明。再則，中央與地方權責分工不明確，並且省主席吳國楨與行政院院長陳誠一直衝突不斷。

與此同時，美國終止美援的可能性也帶來了推動變革的動力。美國杜魯門政府原是因為韓戰爆發才恢復了對國府的軍援，在1952年春，美國政府

---

14 1957年初因蔣中正一再指示，要參照美國胡佛委員會行政改革的作法，研究如何改革中央行政機構提升行政效率，乃成立「行政院及所屬機關組織權責研討委員會」，由黃季陸任主任委員，先提出調查報告，再於該年底提出改革建議案。

15 主計處，歷年，《中華民國統計提要》。外貿會於1968年併入經濟部國際貿易局。

因預期韓戰即將結束，當時即計畫在四年後停止對國府的軍事及經濟援助[16]。美國在台安全分署也開始為此做規畫[17]，為了避免重蹈大陸時期失敗之覆轍，督促行政院財經小組提出較長期的經建計畫以便及早因應，主要是希望援助結束時台灣經濟能夠獨立運作[18]。為此國府責成相關單位研擬了「台灣經濟自立四年計畫」，「自立」即是指台灣經濟能夠不依賴美國經援而自行運作[19]。這計畫由行政院院長陳誠於1952年11月29日函送安全分署施幹克署長。陳誠此函重點是應美方要求提交經建計畫，並對美國提出經援的要

---

16 Cullather（1996：14-16）。此時美國仍是杜魯門擔任總統，杜魯門政府原本已於1950年1月發表聲明不會干預國共內戰，因該年中爆發韓戰，美國才決定防衛台灣，後並恢復提供軍援。而此時既然預期韓戰將終止，故計畫停止對台軍援。然而，次年1953年共和黨艾森豪接任總統，他在競選時以反共援蔣為號召，就任後決定不但不停止對台的軍事援助，更提高軍援的額度，經援也因此延長。美援最終於1965年結束。

17 美國援外駐華單位的名稱曾多次改變，原為美國經濟合作總署中國分署，1952年1月改名為美國共同安全總署中國分署（參見本章附錄5.3）。

18 依據行政院財經小組第57次會議紀錄（1952/5/22），會議前在4月25日美國安全分署戴樂（C.L. Terrel）副署長與行政院院長陳誠談話，戴樂將美方對台灣經濟的意見整理為「台灣經濟發展之新階段」交予中方。美方意見中即包括「政府似應著手研討擬訂長期之工業發展計畫」（Long range investment program），而戴樂1952年5月21日給財經小組主席吳國楨的信中，即表明擬定此工業計畫的目的為經濟自立，"The objective of such a program would be to increase Taiwan's production sufficiently to cover its minimum civilian foreign exchange requirements at some definite projected year in the future, and thus make itself independent of external aid for other than strictly military considerations." 財經小組回應之決議為美援會下之「中美聯合工業建設委員會已著手編擬計畫」。中研院近史所檔案館經安會檔案，30-01-05-015，財經小組第57次會議紀錄節略及附件A。

19 此計畫是「由省政府與有關機關，參照懷特公司所擬的四年工業計畫草案，及行政院設計委員會經濟組所擬的台灣生產建設四年計畫，增損而成『台灣經濟四年自給自足方案』」（陳怡如1998：74）。不過後來陳誠正式提出時，已更名為「台灣經濟自立四年計畫」（陳怡如1998：216-217）。尹仲容於他在1953年10月25日發表於《中央日報》的一篇文章中（收錄於尹仲容1963，續編：1），對此有所澄清，他針對「發展工業的理由」做了說明，說有人「以為發展台灣工業目的，在求自給自足，並因此引起了所謂自由與保護貿易之爭，其實不然，我們的目的在求自立，在求不長期依賴美援，並非在於自給自足。海島經濟本來就難於自給自足，何況台灣地區不大……重要資源又都缺乏，自然更談不上」。確實，美方原意即是希望確保美援結束時，台灣經濟已能不依賴美援而獨立運作。

求，「執行計畫之全部期間內（1953-1956），尚須經援總額計美金242,060,000元，其年需數額，則逐年遞減之……有此援款，中國政府始能獲得經濟自立而不再依賴美國政府之協助」。函中也指出「上述計畫之執行，有賴於一個具有效能之機構或組織之設立，此一機構必須具有推行此計畫及對於各有關機關予以調節之全權……此一機構之設立問題已在鄭重考慮中，即將由財政經濟小組委員會加以討論，該機構將與該小組組織互相調節，亦將並予顧及」[20]，預告了次年行政院財經小組改組為經濟安定委員會的變革，以及將成立工業委員會（工委會）來負責推動台灣經濟建設計畫。

不過，這負此重責之機構的設立仍有待於次年春吳國楨之去職，新任省主席俞鴻鈞與陳誠高度配合，才得以實現。1953年4月2日「美國駐華大使藍欽呈遞到任國書，此為政府遷台後，美國正式派遣使節之始」，蔣中正認為「此乃四年之苦鬥與忍辱之結果，從此國際地位亦將逐漸恢復矣」，或許他覺得與美國關係已趨穩定，與美關係良好的吳國楨不再是不可或缺，遂於4月10日明令以俞鴻鈞取代吳國楨[21]，使得省與中央可以合作進行此次組織的調整。

根據陳誠的回憶錄，此組織調整案是由財政部長嚴家淦與省主席俞鴻鈞所提出，為了「簡化機構、集中事權、分明責任」，而裁撤無必要的、歸併重疊的機構，並保留改組一些單位[22]。此次改組主要是裁撤省府下的生管會，同時改組行政院財經小組，使其承接生管會主要審議功能，並設立一負

---

20 陳怡如（1998：74-75, 216-217）。原引自中國國民黨中央委員會黨史委員會藏之《中國國民黨第七屆中央委員會常務委員會會議紀錄》，第6次及第242次會議。

21 秦孝儀（2005：78）。之前藍欽對吳國楨的辭職表達關切，反而促使蔣決定接受吳的辭呈，蔣在反省錄中說「國楨辭職問題乃為三年來內部之糾紛與對外之關係最為複雜不易解決之事，最近美使雖以私人好意貢獻意見，但總有干涉內政之意，故決然批准其辭呈，此乃政治之加強，又得進一步矣」（頁83）。這與他在1949年底為爭取美援，而以吳國楨取代陳誠為省主席，情況截然不同了。想來這也與當時美國採反共援蔣立場的艾森豪當選總統，他決定繼續援蔣並首次正式派遣使節有關。

22 薛月順（2005：295-299）。

責經濟計畫的專職單位。其重點如下[23]：行政院財經小組改組為經安會，職掌為「行政院與台灣省政府關於財政經濟政策及其重要措施之綜合設計審議與聯繫之機構」；經安會下除了原有的三小組外，增設第四組加強農業建設之聯繫；同時會下設立工業委員會推動台灣經濟建設四年計畫工業部門之工作。生管會及所屬小組與美援會工業聯合會均裁撤，主要業務移轉工委會。此次調整將當時既有的四十餘審議單位做大幅調整，裁撤或歸併了其中19個單位。原管制進口及分配一般外匯的省產金小組，改組為直轄於省府的貿易外匯審議小組，其他有關外匯管理機構皆併入此小組。台省美援聯合會裁撤，工作併入美援會[24]。

　　簡言之，最重要的改變是裁撤省級的生管會及相關審議單位，將其主要部分併入中央級的經安會及其下的工委會，而生管會的主事者則轉而主持工委會。經濟安定委員會正式於1953年7月1日成立，如本書第四章已提及，該會仍保持行政院財經小組的英文名稱（Economic Stabilization Board），其下的工業委員會（工委會）（Industrial Development Commission）稍後於同年8月15日成立。

　　陳誠在經安會成立後第一次委員會議親自出席致詞，提及「就當前情形而論，財經問題乃是一切問題的中心環節……財經問題之最重要者，在……各項措施……均能得到高度的協調，以求符合整個的需要。……必須打破本位主義各行其是的習慣」[25]。此階段主導財經事務的行政院院長陳誠，一直顯現出對財經事務的高度關注，顯然此時他已有意重新調整經濟審議機構，而為了因應美援的可能結束及美方的要求，更促成了此次的改組。而他對跨部

23　經濟部（1953/10/15：1-9）；中研院近史所檔案館經安會檔案，30-01-05-031，經安會第一次會議紀錄，會議紀錄節略。

24　經濟部（1953/10/15），錢昌祚（1975：89-94）。另由行政院授權省政府設置外匯貿易審議小組，辦理貿易與外匯管理業務，1955年又收回在行政院設立外貿會。在生管會撤銷時，工作移交分配是「設計工作移交經安會工業委員會，行政工作分別按照主管體系移回經濟部及建設廳，器材小組工作移交外匯貿易審議小組」（近史所檔案30-01-02-001）。

25　中研院近史所檔案館經安會檔案，30-01-05-031，經安會第一次會議紀錄，會議紀錄節略。附件一「陳院長對財政經濟小組委員會改組為經濟安定委員會所發表之談話」。

會協調的重視，應也是他支持尹仲容成立有實權的工委會的原因之一。

　　與行政院財經小組不同，經安會有了正式的組織規程[26]，第一組主管貨幣、金融、貿易與物價政策審議，第二組主管美援運用及經援軍援之配合，第三組主管平衡預算及財稅，第四組主管農林水利漁業生產，而工委會則負責推動工業。經安會仍延續財經小組架構，第一至第四組的委員由相關單位主管人員充任，只設有一精簡的秘書處，審議後之決議經行政院核定後，由相關主管單位執行，而工委會則設有專職人員。同時，美國顧問專家也繼續列席委員會議及小組會議。成立時主委為省主席俞鴻鈞，第一組召集人為台銀董事長徐柏園，第二三組皆為財政部長嚴家淦，第四組為農復會委員沈宗瀚，工委會則由尹仲容負責擔任召集人。

　　因此，當財經小組改組為經安會時，第一組到第三組的運作與以往財經小組時期並無太大差異，新增加了第四組主管農業生產政策審議，而最大的變化在於新設立了有實際執行功能的工委會。此項設計在當時曾引起了不小的爭議，美經合分署施幹克署長即對此提出質疑，建議工業委員會應如同其他小組一樣，只擔任審議工作，因「政策決定後執行事項似應由有關政府機關辦理」，同時他也對其他小組的工作做了些修正建議。

　　在經安會成立後的第一次委員會會議（1953年7月2日）上，行政院院長陳誠親自致詞，會議主席是省主席俞鴻鈞，施幹克署長的來信列為討論事項。對於施幹克的其他建議，如建議第一組的職掌加上「政府外匯與美援外匯統一進口計畫」，第四組加上「及促成經濟自立四年計畫中之農業生產計畫事項」等，都無異議通過。但對於將工委會改為只具審議功能的第五組之建議，俞鴻鈞回應時指出，經安會負責推動經濟建設四年計畫，「唯在工業方面，目前並無執行機構，故需在本委員會之下設立工委會，負責設計並執

---

26 財經小組設立時並未有正式的規程。該小組的《組織簡則》是於小組第一次會議之前一日（1951/3/14）才由行政院院會通過，並為密件。引自國史館藏《蔣中正總統文物檔案》，檔號002-080109-00027-007，〈陳誠王崇植呈行政院設置財政經濟小組委員會並附該會組織簡則與第一次會議紀錄及該會議中葛陸對台灣省經濟問題意見譯文〉。

行四年計畫中工業部門之工作」[27]。當時以美援成立的農復會在土地改革及復興農業方面功績顯著，也引發在工業方面設立相對應之機構的議論[28]。不過，在工委會成立前後其他行政部門如經濟部，也曾對工委會具有「促進工業化」之任務提出質疑，但尹仲容的高度堅持也得到了蔣陳的支持[29]。總之，施幹克關於工委會的建議與經濟部的質疑並沒有被接受[30]。

實際上，當時的經濟部並無組織人力執行工業計畫，經濟部工業司主要負責工廠登記[31]，同時如本書第四章所述，在大陸時期此等人才是累積在資委會，而不是經濟部。而跨部會的經安會工委會，不單有組織人力，且有可協調各部會的優越地位。原在生管會總管經建政策的尹仲容，得到陳誠的支持，在組織調整之際，將原負責的工作由省級生管會移至中央級的工委會，並以更整齊的人力與較正式的組織負擔此工作。美國壓力促使國府必須正式規畫工業發展計畫，因而催生工委會，這是台灣第一個正式推動工業化及制訂產業政策的單位。下一節將以較多篇幅討論這特殊且有深遠影響的機構。

二、台灣第一個產業政策單位：經安會下的工業委員會

經安會下的工委會可說是台灣戰後第一個產業政策單位，雖然它和生管

---

27 中研院近史所檔案館經安會檔案，30-01-05-031，經安會第一次會議紀錄，會議紀錄節略。

28 中研院近史所檔案館經安會檔案，〈薪給待遇〉，30-01-04-004，經安會回覆立法委員質詢稿。

29 中研院近史所檔案館經安會檔案，30-01-02-001，經安會組織規程。

30 這也與本書第四章第四節所述及「美方人員主要是擔任監督者與諮詢者而非主導者的角色」的說法一致，即國府主事者有時會「婉拒」美方人員的意見，而在提出解釋後也多被美方接受。

31 見葉萬安訪談錄，李星君（1995：110）。自曾任中油總經理的張茲闓於1952年5月接任經濟部長後，經濟部作風稍轉趨積極，該部部長或其代表在財經小組與經安會會議上有較多的發言，不似前任部長鄭道儒在會中甚少發言，但該部人才仍甚為有限。直到楊繼曾於1958年接任經濟部長時，因經安會改組後部分工作擬改由經濟部擔任，楊仍認為經濟部內缺乏「做經濟計畫與推動新工業」的人才，而要美援會的李國鼎去幫忙主持工礦計畫聯繫組，康綠島（1993：127）。

會的工作有延續性，但在組織方式上則大幅改變。如前述，**產業政策**意味著經建單位主動積極的**推動**工業發展，主事者必須**選擇**優先推動的新興產業，並用各種政策工具促使這些產業的投資能夠實現。這是一種新的工作，主事者必須具備類似**企業家**或開發銀行的能力。生管會主要還是一個在危機時刻統管資源分配的單位，只是因為在此時期，主事者尹仲容在應付危機的同時，除了恢復性的工作外，在分配資源時也已心存促進工業化的目標，實際上已開始施行產業政策，重點推動發展了肥料與紡織等工業[32]。

在當時關於如何治理台灣經濟，可說有三種不同的看法。尹仲容雖然同意短期內需要採取管制措施來因應危機，但他認為這是不得已的作法，而就中長期而言，他堅信**增加生產**才是穩定經濟的**唯一道路**[33]，這是他與其他如徐柏園等只著重短期管制者的重要差異之處。後者可稱之為「管制派」，他們較著眼於以短期管制來因應資源缺乏的危機，而缺少如何脫離困局的方案，也沒有將短期管制與長期發展方案相連結的見識。尹仲容則清楚認為經濟問題基本源自物資供給不足以應付需求，經濟欲達安定必須**增加供給**，並減少需求，擴大投資，這也與他追求中國工業現代化的長期目標相一致[34]。此外，第三種看法則是原則性反對政府干預的自由市場派經濟學者的論點，即使在當時，尹仲容在推動政策時也不時遇到此種批評[35]。尹仲容與管制派官員看法上的不同，在於尹理解政策措施必須**配合市場機制**，並且政府除了管制更必須推動發展。而尹不同於自由市場派論點之處，則是在於他認為當時民間缺乏資本、技術與管理人才，市場制度也尚待完善，落後地區在發展

---

32 參見本書第四章第四節討論生管會運作之部分；及〈四年來之生產事業管理委員會〉，收錄於近史所經安會檔案30-07-01-004。

33 他在諸多演講與文章中一再重複此論點，尹仲容（1963）。

34 尹仲容（1957/1963，續編：84-87）文章題目就是〈改善經濟現狀之基本途徑〉，文中敘述了以增加供給為解決方案的說法。

35 例如在尹仲容推動代紡代織時，《自由中國》雜誌就有文章認為應該靠進口來供應，而非扶植本地產業，參見陳式銳（1952）。

初期國家就必須扮演重要的角色。本章將第一種看法稱之為**發展取向計畫式市場經濟**[36]，這看法在當時實屬少數，然而與本書前述的結構學派理論相一致，而尹仲容對於如何施行產業政策的看法將在本節第三、五、九小節做進一步討論。

工委會的成立終於讓尹仲容有個正式的機構來進行推動工業化的工作，不僅可以用美援體系較高的薪資延攬一流人才，並且還具跨部會協調的功能。這是第一個以統籌推動工業化為組織性任務的行政單位，雖仍非政府正規單位，但確是以專職人員為主的兼具審議與執行的單位，而且是台灣戰後推動產業政策單位的始祖，其運作的模式與所培養的團隊，也為日後數十年奠立了基礎與架構。如王昭明（1995）所言，他在任職工委會的五年中，「認識了創造台灣經驗的所有關鍵人物」，工委會除了促進工業發展外，也努力排除行政上的障礙，進行「投資環境的改善」工作，「為台灣社會灑下了工業的種籽」（頁41-42）。不過，對於這影響台灣戰後經濟發展甚巨的機構的了解，至今多依賴其中重要人物的回憶錄等文獻[37]，而較少學術性的探討[38]，因而對於工委會之形成、主導思想、運作方式等較缺乏深入的了解，本章即擬進行此項工作，盼能引發對此重要議題更多的研究。

因此，本章擬藉由整理工業委員會的中美聯席會議的會議紀錄，來理解其所推動的工作事務為何，其政策制訂與執行的過程為何，探討其運作的方式、採用的政策工具、當時環境的限制與機會、美方的角色，及官員的自主性等面向，並將分析其行事的原則與追求的目標與價值，評估其日後的影響。

36　尹仲容（1963，四編：36）。李國鼎將尹仲容的看法稱之為「計畫式的自由經濟」，康綠島（1993：92-93）。本節第三小節將再進一步討論經濟計畫的角色。

37　嚴演存（1989）至今仍是眾人理解工委會最主要的依據，其他包括王昭明（1995）、康綠島（1993）、李國鼎（2005）、劉鳳翰等（1994）及沈雲龍（1988）等。

38　李君星（1995）是篇探討經安會及工委會的碩士論文，雖用到近史所經安會的檔案資料，但並未整理工委會的會議紀錄。陳怡如（1998）對相關檔案資料做了相當詳盡的整理，不過著重探討經建單位在組織上的沿革。

（一）資料來源：近史所經濟部門數位化檔案

在討論工委會工作之前，先簡單介紹一下所運用的檔案資料。很幸運地，中央研究院近代史研究所近年來逐步將所收藏經濟部門之相關檔案資料數位化，並提供上網檢索查詢。本書所運用的是其中的行政院財經小組、經安會及美援會之檔案，而本章呈現的主要是經安會工業委員會相關檔案的整理結果，包括中美聯席會議的會議紀錄[39]。工委會中美聯席會議（即有美方代表及顧問參與的會議）記錄前後共112次會議，涵蓋時間從1953年8月到1958年7月共五年，即從工委會設立時起至解散停止運作為止。基本上這五年間，如其組織規程所訂「每兩星期舉行會議一次」，會議紀錄一律以英文為之。

會議常為協調性質，即由工委會召集協調各相關單位的作業，以做最後的議決。而所討論的事項，在會前多已經備有相關工作小組的報告，例如討論紡織工業時會有紡織小組的會議紀錄與決議，並常附有專案調查或評估報告。這些相關的報告與小組會議紀錄，多半會以附錄形式附在工委會的會議紀錄之後，因此這112次會議紀錄整體近二千頁，內容相當豐富。

其實，根據李國鼎（2005：64）所言，在每次中美聯席會議舉行之前，「我們會在內部先開一個會議，等於業務會報性質，美國人不參加，這是我們中國人自己的會談，無所不談。我們把問題討論過後，再提到中美聯席會議上覆議」。可惜的是這些內部業務會報的中文紀錄，並不在近史所檔案中，因此無法整理比對。顯然有些工委會事務不需要經過中美會報，因此就不會出現在本書所整理的紀錄之中，本書所整理的範圍並沒有涵蓋工委會所有的工作，缺漏部分就只能推斷之。不過，工委會曾於1955年2月在其自身出版的刊物《自由中國之工業》上，刊登一篇文章介紹工委會及其工作[40]。文章中所列主要工作項目在中美會報紀錄中都有所呈現，文中提及的「新興

---

39 近史所檔案館藏號從30-07-01-009至30-07-01-020。

40 工業委員會，1955/2，〈為台灣工業建設鋪路——介紹工業委員會及其工作〉，《自由中國之工業》，第3卷第2期，頁27-30。

工業的創建」部分，所列的16項計畫也都出現於中美會報紀錄中，只有所列「尚在審查中」的七個計畫中有三個未被提及。因此，可推斷此中美會報紀錄應可涵蓋工委會主要的工作事務，據此歸納出的分析結果應有其參考價值。

因計畫整理結果較為細節，故一併放置於本章附錄中以供參考。本章之附錄5.1列出工委會的組織規程，附錄5.2則是依據上述這些會議紀錄，所整理出來的工委會一些重要或具代表性的工業計畫的歷程摘要。而附錄5.3則是簡要列出美援相關單位的沿革。

（二）尹仲容團隊的組成

如前述，經安會於1953年7月成立後下設包括工委會在內的五個單位[41]，第一組至第四組為協調單位，人員由原單位者兼任。不過，經安會的秘書處與工委會則是由專任人員負責，經費是由美援相對基金支付[42]。原行政院財經小組及後來經安會的會議，有美方代表參與的正式的中美聯席會議，都以英文進行，另有中文會議紀錄摘要。工委會設有三、四十位專職人員[43]，負責工業計畫之擬定與推動。

工委會的中美會報會議由工委會召集人主持，近前兩年（1953/9～1955/7）由尹仲容擔任召集人[44]。在1955年7月尹仲容因揚子木材案辭官後，當年年

---

41 經濟部（1953/10/15）。後來經安會在1956年1月新增第五組，將物價相關事務由第一組轉出至新設的第五組（近史所檔案—經安會組織規程30-01-02-001）。

42 當時工委會自行向美援會申請經費，秘書處的經費也是由工委會一併代為申請（近史所檔案30-01-02-001）。

43 工委會組織規程第五條言明專任人員35至45人，由召集人任用。實際上，工委會在1953年成立之初專任職員只有25位（近史所經安會檔案30-01-02-002）。而在1955年底，當江杓接任召集人時，依據當時的交接清冊，專任職員有42人，司機工友9人（近史所經安會檔案30-07-02-001）。

44 如本書第四章所述，尹仲容在生管會時期（1949-1953）就以常務委員及副主委身分負責實際業務，他也於1950年底起任中央信託局局長。1953年8月生管會改組後任經安會委員兼工委會召集人，1954年5月兼任經濟部部長，1955年7月因揚子案辭去所有職位；1957年8

底召集人由時任經濟部部長的江杓接手，1958年3至7月則為繼江杓接任經濟部長的楊繼曾，不過一般公認尹仲容是工委會最重要的領導人[45]。（尹仲容罷官兩年後，於1957年8月復出擔任經安會秘書長，此時又開始參加工委會會議。）根據工委會組織規程[46]，工委會設委員九人，包括：經濟部代表、交通部代表、美援運用委員會代表、台灣省建設廳代表、台灣省交通處代表為當然委員，另四人由經安會提請行政院院長指派。並可「經常邀請美國安全總署中國分署代表及外籍專家顧問人員列席，並得邀請有關機關及事業主管列席」。因此，凡列入議程的案件的相關單位會於該次會議派人與會。

　　工委會《組織規程》第一條言明設立目的為促進工業發展，俾使台灣經濟達到自立。第二條列舉了其工作項目，包括推動台灣經濟建設四年計畫中之工業生產計畫。同時，規程的第十條規定，所有以美援聘用的外籍技術與管理顧問人員，統由工委會商由美援會指派工作。

　　如前述，工委會參與委員會開會的委員九人，除召集人尹仲容以及五位其他單位代表外，還有三位在此專職的專任委員。工委會下設四個組，專職人員中職位最高者是專任委員，此外除主任秘書外，依序還有專門委員、專員、秘書、會計員、辦事員、速記員與打字員等。三位專任委員各負責一個工業或交通組，即原為台船公司總經理的李國鼎負責一般工業組，曾任省建設廳公共工程局局長及台鐵副局長的費驊負責交通與電訊組，化工專家嚴演存負責化工與食品組。另外財務與經濟組由潘鋕甲負責，工作包括財務審查及經濟研究。

　　在當時，經安會與美援會農復會等機構，都非政府正式編制單位，薪資

　　月復出擔任經安會秘書長，1958年3月兼任外匯貿易審議委員會主任委員，1958年9月經安會撤銷後轉任美援會改組後的副主任委員，並從1960年起兼任台灣銀行董事長（沈雲龍，1988）。

45 李國鼎等人皆認為工委會主要計畫工作皆是在尹仲容任期內啟動，而江杓過於謹慎，以至於阻礙工作進行，不過工作人員多設法依既有方式繼續推動工作，康綠島（1993：82-83），嚴演存（1989：74），王昭明（1995：51-53）。

46 經濟部，1957/11/30，〈行政院經濟安定委員會工業委員會組織規程〉，《經濟參考資料》，第140期，第9頁（參見本章附錄5.1）。

由美援相對基金支付，經安會薪資水準僅低於美援會二至三成[47]，且工作彈性大無須受到公務機構規範，很能吸引條件好的人才。同時，這些單位需與美方人員長期合作、溝通接洽，經安會與工委會的中美聯席會議都是以英文進行，因此執事人員需要是高學歷的專家，也必須是英文能力無礙者。根據1953年成立初期工委會的職員名冊[48]，在25位專職人員中，具大學以上學歷者20人，其餘5人中4人也是大學肄業學歷。碩士7位及博士4位皆曾留學國外，9位是留學美國。具理工科專長者共11位，其中只有1位沒有國外經驗，可見當時技術與英語能力的重要性。

表5.1 工委會成立時的主要成員，1953

職別	姓名	最高學歷	任職前職位	日後重要職位
委員兼召集人	尹仲容*	交大電機系學士	中央信託局局長、生管會副主委	經濟部長、美援會副主委、外貿會主委、台銀董事長
專職委員-負責				
一般工業組	李國鼎	劍橋物理研究所	台船總經理	經濟及財政部長、政務委員
交通組	費驊	康乃爾大學碩士	台鐵副局長	財政部長、行政院秘書長
化學工業組	嚴演存	柏林大學化工系	台肥協理	離職赴美
秘書室				
主任秘書	劉健人*	復旦大學法學士	省生管會主秘	不詳
專門委員	張繼正	康乃爾大學土木博士	美援會技正	交通及財政部長、行政院秘書長、央行總裁
機要秘書	譚瑞	湖南大學畢業	中信局機要科主任	不詳
秘書	祝源遠*	金陵大學學士	省生管會組長	赴美進修
秘書	張駿	河北大學肄業	省生管會組長	經合會簡任秘書
速記員	王昭明	36年高考及格	省市貨物稅局股長	行政院秘書長，政務委員
財務及經濟研究組				
專門委員	潘鋕甲*	明尼蘇達大學碩士	台糖公司主任秘書	交通銀行總經理
專門委員	王作榮	華盛頓大學碩士	台灣行政專校教授	監察院長
專員	沈葆彭	滬江大學商學士	製鹽總廠會計科長	經合會處長
一般工業組				
專門委員	林斯澄	明尼蘇達大學碩士	工礦公司正工程師	不詳
專門委員	蕭承祥	中央大學物理學士	台灣機械副廠長	赴美工作
專門委員	韋永寧*	華盛頓州立大學碩士	台船工程師	第一任經濟部工業局局長

---

47 近史所經安會檔案30-01-01-013-185。

48 近史所經安會檔案30-01-02-002。

表5.1工委會成立時的主要成員，1953（續）

職別	姓名	最高學歷	任職前職位	日後重要職位
化學工業組				
專門委員	沈祖堃	美柯省大學化學博士	製鹽總廠總工程師	赴美工作
專門委員	朱健*	普渡大學化學博士	工礦公司廠長	聯合國工作
交通組				
專門委員	陳文魁	山東大學工學士 曾赴美實習	鐵路局工程師	經合會處長
專門委員	拓國柱	馬里蘭大學工學博士	港務局技正	駐美使館工作

資料來源：〈行政院經濟安定委員會工業委員會職員名冊〉，近史所檔案館，30-01-02-002；嚴演存（1989：61-62）。

*為與資委會有關者。

註1：工委會剛成立時委員會中單位代表為經濟部長張茲闓、交通部長賀衷寒、美援會秘書長王蓬、省建設廳長連震東、省交通處處長侯家源。

註2：根據1955年工委會召集人交接時之員工清冊，在1953至1955年之間增加了一些人員，但並無學經歷之細節，故只簡要選列如下：財經組專員魯傳鼎（後曾任政大商學院院長）、史繼光、葉萬安*（經建會副主委）；一般工業組專門委員王士強（中本毛紡總經理）、高禩瑾*（生產力中心總經理及東海大學工學院院長）、劉漢東、馮鍾豫*（石門水庫副總工程師、組辦中興工程顧問社），及專員張志光、吳梅邨*（加工出口區管理處處長）等。而1955年之後新加入者包括：財經組專員錢純（財政部長）、一般工業組專門委員齊世基*（金屬工業中心董事長）與崔祖侃（經建會副主委）等，他們出現在1958年工委會的交接清冊上。近史所檔案館，〈召集人交接清冊〉，30-07-02-001。

　　表5.1列出了工委會於成立時主要成員的名單，名單的變化則簡列於註三。其依據了檔案中找出的三份不同時期的職員名冊，一是1953年成立初期的名冊，一是1955年底尹仲容交接給江杓時的交接清冊，一是1958年3月江杓交接給楊繼曾時的交接清冊[49]，不過只有第一份有較詳細的學經歷資訊，故此表主要呈現成立時的名單。1953年成立之初有25位專職人員，其中有5位包括主秘在內的事務性人員是由生管會延續下來，有10位是從其他機構借調而來，其他則為新聘，但皆在工委會專職支薪。

　　其後兩份名冊顯示人員之增長主要在尹仲容主持的前兩年。從1953到1955年淨增加了17位人員，其中一般工業組的專門委員原只有3位，兩年

內增加了4位專門委員及2位專員，擴大幅度最大；化學組與交通組原各有
2位專門委員，化學組增2位專員而交通組1位專門委員及2位專員；財經組
原有專門委員及專員各2位，此次也增加了3位專員。而在1955至1958年
間，則主要是人員的進出變動而人數維持不變。

　　工委會成立時接收了原來生管會以及美援會工業聯合會的業務，不過在
改組時，工委會要擔任擬定及推動工業發展計畫的角色已很清晰，尤其是必
須立即擔任「經濟建設四年計畫工業部門之設計審議及推動事項」[50]。生管會
成立不久後主要事務即是由尹仲容負責，並已開始推動進口替代工業化。而
工委會的定位及人才延攬，也是由他負責，因此生管會到工委會在工作上，
有其延續性，但也有清楚提升的部分，這由其人事處理上可見端倪。生管會
三十多位職員中，改組時只有五位秘書組人員能轉任美援待遇的工委會，原
因是因為新單位要負責設計及推動工業計畫，需延攬專門人才[51]，需要專業
及語文的能力[52]。

　　這改組變化也顯示出工委會的特色，亦即在生管會時期，專業人才仍分
別隸屬於其他單位，他們是以兼任身分參與各種審議小組，來貢獻其專業能
力。到了工委會時期，一部分專業人才則在此專任並成為其主要人員，正式
成為一整合性的專業工作團隊，全職負責推動工業計畫。而其他專業人才則
仍分屬各單位，繼續以參與各種小組來做貢獻。尹仲容顯然樂於利用工委會

---

50 如前述，擬定此長期工業計畫乃美方提出之要求。在經安會成立時發布的〈調整各項財政
　經濟審議機構實施辦法〉中，工委會的工作內容除了一般性的「工礦、交通建設計畫之設
　計審議」之外，特地列出了此項目（經濟部，1957/11/30）。

51 生管會留任工委會者包括主秘劉健人、議事組長祝源遠，總務組長羅子超、英文打字胡佩
　玉及秘書張駿，皆為秘書組人員。張駿（1987：79-80）提及尹仲容在回應那些生管會中無
　法改任工委會的職員的不滿時，坦誠告知原因是因為新單位要負責工業計畫，需延攬專門
　人才，他們將無法勝任。

52 王昭明被訪問時提及，在經安會時期，經濟部仍是「殘缺不全……要用美援，要和美國人
　打交道，在部裡面能夠講外語的少之又少……因此要爭取美援就要靠經安會，因為經安會
　網羅的職員幾乎九成以上外語能力都很強，而且都是在國外受教育，絕大多數都有科技、
　產業的背景。所以自然而然經安會就成為一個非常有權力的單位。」李君星（1995：116）。

這樣的組織架構來做事，這非正式的架構可以不受政府官僚體制規範的拘束，可以用較高的薪資吸引人才建立一專業團隊，並且可以高效率的進行跨部會協調，較能即時且順利地推動產業政策。

如上述，就學經歷而言，工委會成員皆一時之選。不過，除了資歷與能力之外，更重要的是，尹仲容應是挑選與他有共同理念及取向者，即對於如何推動工業發展有共同的理想與工作態度，並都有積極的動力，即如他一般「勇於任事、敢於負責」。如嚴演存（1989）、王昭明（1995）、張繼正（1993）與李國鼎（2005）等皆提及，他們與尹仲容原無關係，多是因在工作接觸中受到尹仲容的賞識而被延攬[53]。因此，這團隊顯然是一個有高度共識的團隊，這些成員在回憶錄中都異口同聲的懷念當時情景，懷念當時這有共同理念的團隊，能以極高的士氣與工作效率推動諸多的工作。嚴演存形容當時工委會人員「均朝氣蓬勃，精力充沛」，「辦公效率異常之高。每晨尹先生與各組負責人會報，當場由各組報告前一天工作並發表意見，尹先生一般當場即予指示。各組會後即分別辦理。每週開委員會會議……每一議案，均事先由各組充分準備，列於書面……一般均能迅速決議……公文亦迅速即核定……往往經濟部部長看到其代表經濟部出席開會之人所寫出席報告之時，工委會根據開會決議所辦公文亦已抵達」[54]。不過他們也認為在江杓接任工委會召集人之後，工作較不易推動，嚴演存因此辭去職位[55]。

工委會主要成員可說是台灣第一個產業政策團隊，也可說是尹仲容的團隊，這意義不單是因為他們皆是由尹仲容延攬入會，更是因為他們在尹的領導下，以及在這工作實踐經驗中，凝聚形成了一種「推動工業發展」的模式[56]，而這「主動推動發展」正是Johnson（1982）以日本通產省為範本所描

---

53 李國鼎（1983）在《聯合報》副刊曾發表一篇題為〈一個難忘的日子——九月一日〉的短文，指的正是1953年9月1日他應尹仲容之徵召從台船轉任工委會的日子。張繼正（1993）在紀念尹仲容時說「他是我生平最敬愛的人！……我對他尤有知遇之感」。

54 嚴演存（1989：61-63）。

55 嚴演存（1989：72-74），王昭明（1995：49-53），康綠島（1993：99）。

56 王昭明（1995：50）。

繪的**發展型國家**的精髓。雖說尹仲容在主持生管會時已開始其推動工業化的工作，但工委會讓他得以組織打造一個專職專業的團隊。而這工作模式同時部分保存於工委會延續下來的組織機構中，也保存於當時的成員之中[57]。關於這模式的內容，將於後文做較詳細的討論。

尹氏團隊的重要性，也呈現在其中多人日後皆擔任重要職位上[58]（見表5.1）。除了李國鼎與費驊外，還包括張繼正、王作榮、錢純與韋永寧等，以及原只是擔任速記員的王昭明[59]。李國鼎是從台船進入工委會後，學習並繼承了尹仲容的**發展取向計畫式市場經濟**理論與方法[60]。於1970年出任第一任經濟部工業局局長的韋永寧，則明言其腦中工業發展的藍圖，「是在尹仲容、李國鼎兩位的領導下形成的」[61]，清楚呈現出這團隊延續性的發展與影響。

（三）工委會的時代使命

如前述，工委會是台灣第一個專職的產業政策機構，它的目標就是要推動工業化，而這對後進國家政府而言是一個新的工作，是要承擔起**發展**現代經濟的功能。Johnson（1982: 3-34）討論了日本通產省如何推動日本戰後經濟奇蹟，並將東亞這種成功推動發展的國家稱之為發展型國家。他同時認為這「發展取向」必然意味著「計畫理性」（plan rational），亦即理性地規畫國家未來的產業結構，決定哪些是應推動的新興產業，哪些是要調整的夕陽

---

57 例如康綠島（1993：80）的李國鼎口述歷史書中，即明言「對李國鼎擬定、推動經濟政策影響最大的，自然是尹仲容」。

58 工委會成員中多「幹練人才，後來對國家經濟發展多所貢獻。這些人，當年都是由尹仲容先生所延攬，由此可見尹先生知人、用人之高明」，王昭明（1995：50）。

59 對表5.1稍做如下補充。王作榮常替尹仲容撰寫經濟相關文章（王作榮，1999）。李國鼎後來除了曾出任經濟與財政部長等職外，並於其後政務委員任內大力推動台灣高科技業的發展。王昭明一直擔任李國鼎等人的主要幕僚，曾任財經兩部的次長及行政院秘書長等職。錢純曾任財政部長、行政院秘書長等職。

60 康綠島（1993：92-93）。

61 劉鳳翰等（1994：117）。韋永寧在任工業局局長之前曾擔任：工委會一般工業組專門委員，美援會第一處副處長，經合會部門計畫處處長、副秘書長。

產業，正是自由市場派所反對的所謂由政府「選擇贏家」[62]。產業政策意味著政府會規畫經濟發展的「策略」，而如通產省這樣的主導產業政策的機構就是一種「領航機構」。在東方做而不說或做了再說的文化下，通產省到了1974年才形容自身的運作方式為「計畫取向市場經濟」[63]，而此模式真正的理論化還有賴於Johnson（1982）大作的出現[64]。如前述本章將稱其為**發展取向計畫式市場經濟**[65]。

尹仲容（1963，三編：91-95）一向以日本明治維新為師，認為其清楚顯示落後國家要脫出傳統模式必須要由政府強力領導，而這是在自由經濟體制裡進行經濟計畫。他也認為當時國府施行的「民生主義經濟制度是綜合性的。在生產方面符合自由經濟的基本原則……但在分配方面，則採取了社會主義的原則，不許財富過於集中」。他也曾說（尹仲容1963，四編：36）「有些人以自由經濟為藉口，反對政府多干預經濟，反對公營事業的擴張。……有一點我可確定的，便是以自由經濟為理由，反對政府多干預經濟，也許可以適用於進步國家，但絕不能適用於落後國家。……落後國家……政府不推動，整個經濟便會停滯不前。有些經濟活動是民間想不到的，或想到而不願去做的，或願意而不知怎麼去做的，或知道怎麼做而無能力去做的。這時政府便當去想、去做、去領導、去協助」；「等到民間逐漸培育出一批領導人才，能夠形成社會向前推進的動力，政府方可放棄這一部分責任」。

尹仲容以上述淺顯的語言說明了落後國家為何需要政府干預來推動工業化，即是因環境落後故私人投資者或缺乏理解與能力、或認為投資風險高而不願投資。而沒有投資就沒有經濟成長，因此經濟越是落後，政府推動投資

---

62 自由市場派學者原則性的反對政府干預，更反對施行這種高度干預的產業政策，因其牽涉政府選擇要推動的目標產業。參見本書第一章的討論。

63 "Plan-oriented market economy system," Johnson（1982: 10）。

64 Johnson（1982）的書名是 *MITI and the Japanese Miracle*，中譯本（詹鶤，1985）書名為《推動日本奇蹟的手——通產省》。

65 如前述，這名稱修改自李國鼎所提的「計畫式的自由經濟」，康綠島（1993：92-93）。

的角色越是關鍵，這也正是結構學派開拓者Gerschenkron（1962）的論點。只是東亞的經建主事者面對現實，並借鏡各國發展經驗、以務實態度及高度的動力自行琢磨出了相似的論點與作法。

簡言之，在推動工業化之初期，經建領航機構的工作包括兩部分：第一類是實際促成工業生產的增長，尤其是新投資的實現；第二類是相配合的改善整體生產與投資環境的作為，如改善政策環境、發展電力與各種軟硬體基礎建設、協調工農軍等不同部門的發展、培育相關人才，及協助企業解決問題並提升相關能力等。而工委會就是負責這些工作。

工委會《組織規程》第一條言明其設立目的為「提高工礦生產，發展交通，並配合農業及其他經濟建設計畫，俾使台灣經濟達成自給基礎」[66]；這其中「提高工礦生產」即是上述的第一類工作，而其他則是第二類配合性工作。《規程》第二條則進入具體的項目，列舉了其有設計審議之責的工作項目包括：促成經濟建設計畫中的工業生產計畫事項；工業與其他生產之配合；工業生產及業務之審議、促進、督導與考核；資金調度及審核美援運用；工業經濟之研究；及其他主管機構交付事項（參見本章附錄5.1）。

工委會（1955）在自行介紹其工作的文章中，則採取了稍微不同的分類方法，所列的主要工作項目為：1）工業建設計畫的釐定與執行，除計畫擬定工作之外，還包括進行相配套的調查研究，進行礦產探勘，調查工業現狀，編制並出版經濟統計；2）提高工業水準，包括加強產品檢驗，推行技術指導，加強研究擴大服務；3）改善工業環境，包括逐步解除管制，建議修正稅法，增加資金供應，降低原料價格；4）工業與其他部門之配合協調，主要為農業與工業之配合，要農業能充分供應原料，工業也能充分利用原料的全部價值；及軍民工業之配合，希望軍事工業能以技術輔導民營工業；5）新興工業的創建，實現四年經建計畫工業部門計畫中為求供需平衡而需要新建的工業，文中列了當時進行的16項較重要的項目。

以上是形式上對工作分類式的歸納，然而制度與政策不足以自行。若詳

---

66 在前文已說明，「自給」其實意指不需依賴援助而能「自立」，並非自給自足。

讀當時的文獻與會議紀錄，即可清楚感覺到當時經建主事者及其團隊的做事精神。他們一方面要解決當時的難題以脫離困境，一方面要有清楚的長期目標與方向，而他們雖已有相當的知識與經驗的準備，不過這過程仍可說是一路摸著石頭過河，以高度務實的態度積極尋找解決的方案。在此過程中，他們摸索出諸多創新的產業政策作法，成為戰後後進國家經濟發展的典範。

　　工委會是一個規畫並推動工業化的單位，而基於實事求是的態度，了解到工業計畫必須具有「可行性」，計畫之擬定與執行必須奠立在對現實的理解上（工作項目1）。故首重調查研究工作以掌握實際情況。它除了成立礦產探勘小組調查台灣的礦產資源外，還經常性的去調查現有工業現狀，研究其遭遇的各種問題，並編製各種統計與指數，將基本資料按期刊登於1954年初工委會創刊的《自由中國之工業》月刊[67]，為產業政策之實施奠立較科學的基礎。此月刊也持續刊登經濟發展與工業政策等相關文獻，為工委會產業政策之擬定提供知識基礎。源於對此方面工作之重視，工委會的財務與經濟研究組也一直保持相當的規模[68]。

　　當時工業普遍處於相當落後的狀態，為了在企業層次「提高工業水準」（工作項目2），工委會設立檢驗研究小組，協調各檢試單位加強產品定期抽檢工作，並曾銷毀過不合格的燈泡。同時派員推行技術指導，將原有的中油新竹研究所改組成立聯合工業研究所，提供研究與技術服務，這即是日後工業技術研究院化學工業研究所的前身[69]。並且於1955年設立了財團法人中國

---

67 大約到了1960年代，主計處才在美國顧問協助下，逐漸建立起組織能力，接手經濟統計的業務。戰後初期《自由中國之工業》開創性任務早已完成，已於2003年由經建會改名為《台灣經濟論衡》，成為評論性刊物。現由（經建會改組成立的）國家發展委員會繼續出版的 *Taiwan Statistical Data Book*，數十年來以其簡便好用著稱，這也是源於工委會當時開始的任務。

68 在尹仲容於1955年卸任時，財務與經濟研究組共有八位職員，包括潘銧甲、王作榮等三位專門委員，規模只比一般工業組少一人，而化學工業組僅四人（近史所經安會檔案30-07-02-001）。

69 日殖後期，總督府為軍需考量而探勘石油與天然氣，並於1936年在新竹成立「天然瓦斯研究所」，戰後由中油公司接收為新竹研究所。1954年尹仲容在經濟部長任內，推動成立經濟

生產力中心，提供協助企業改進技術與管理的服務至今。

　　工委會也隨時注意企業在環境與制度上遇到的問題，逐步「改善工業環境」（工作項目3）以建立競爭性市場為目標。待供需條件改善後，即推動解除各項管制措施。同時致力於改善投資環境，如修訂稅法鼓勵新事業新產品，以及日後逐步修法推動出口等。並努力在美援項下對民營工廠提供貸款，協助解決資金、原料、外匯等方面的困難。此外，工委會負責「工業與其他部門之配合協調」（工作項目4），如與經安會第四組及農復會配合，推動設立衍生產業（如飼料與食品加工業等）以充分利用農業產品的價值。同時，工委會設立軍民工業聯繫小組，促進民間工業配合軍事需要，並要求軍事工業能對民間提供技術輔導[70]。當然最重要的工作是依據實際條件，配合未來目標，擬定及推動工業計畫，一方面監督輔導既有的公營企業的發展，另外則籌畫創建新興工業（工作項目5），並給予民營企業接手經營的機會。當時最重要的資源是美援，因此工委會的工作多與美援有關，負責美援工業計畫的推動與審查，並由其推薦給美援會與美國安全分署。工業計畫所需的外匯，也由其向外匯貿易審議單位提出建議分配。

　　以下的討論將試圖逐步呈現出當時的情境與精神。

（四）延續性任務：資源分配與管制

　　在1953年經安會剛成立之際，工委會仍須接手生管會諸多困難的管制工作。因為當時台灣的經濟雖大致穩定，生產已恢復到戰前最高水平，政府財政赤字逐漸減少，預算漸趨平衡，物價得以穩定下來，然而物資仍高度缺乏，外匯持續嚴重不足，還有多項重要民生物資有管制措施。一些延續下來

部聯合工業研究所，希望能將數個研究機構合併為一，包括糖業與林業試驗所、肥料公司、台北工業試驗所與新竹研究所，但最後因各機構不願合併而不了了之，變得只是新竹研究所改了名稱。1973年時任經濟部長的孫運璿主導將聯合工業研究所與金屬工業中心等單位合併，推動成立了日後在台灣高科技業扮演重要角色的工業技術研究院（蘇立瑩，1997）。

70 當時的軍事工業是兵工署於抗戰與國共內戰時期所建立的軍工生產事業，相對於當時台灣民間工業，軍工事業的設備與人才較為先進。

的基本任務仍然是工委會的重要工作，包括基礎建設及重要物資的充分供應，以確保國防需要得到滿足、物價平穩及民生安定，其中牽涉對公營事業的監督、繁雜困難的美援進口物資的審核與分配等工作。例如必須持續監督民生用品、煤、水泥等重要物資的生產與供給，並協調運輸與分配問題。

以煤為例，在能源與外匯均缺的狀況下，先天條件不佳的台灣煤礦仍須擔當重任，工委會必須監督煤礦的生產、決定煤的分配優先次序與價格、協調其運輸等，與其相配合也必須監督協調台鐵的經營與運輸量，以及監督煤對台電電力供給的影響等，也必須協助鐵路局建立較健全的會計及經營系統，並協調軍方繳清積欠的運費款項等。不過相較於生管會的瀕臨危機狀態，工委會已經較有餘裕進行較多的工業促進工作，這體現在其負責擬定並執行台灣第一個經濟建設四年計畫中的工業計畫。

如前述，生管會的任務是以穩定經濟、恢復生產為主，主事者須放較多的心力在分配稀有資源的工作上，然而同時也已將促進工業化的目標納入考量，亦即恢復生產與推動進口替代工業化，成為同一方針下連續性的工作。例如，生產重要民生用品的棉紡織業以代紡代織的方式，既恢復生產又進行了進口替代的擴產發展，即為一例。因是在外匯缺乏情況下復產，生管會對生產事業訂立一些原則，包括生產應以滿足民生需求為先，並力謀互供所需以減少進口；增加生產能換取外匯之產品；能節省外匯的產品所需之原料，可優先分配外匯進口；不急需又不能賺外匯的產品生產需受限制等[71]。

上述這些生管會時期的分配原則，是事業單位之生產計畫原則，也是分配稀有資源的原則。而在這些方面，工委會承繼生管會的作法，繼續以促進工業生產的方式來確保供應並穩定物價。亦即工委會延續尹仲容在生管會時期已經開啟的政策模式，以物資管制配合進口替代工業化，盡量進口原物料，而非進口成品，將其對美援物資管制分配的權力，作為誘導廠商、促進工業化時的政策工具。本書第八章將較詳細的探討產業政策如何促進棉紡織產業發展的案例。

---

71 尹仲容（1952），〈台灣生產事業的現在與未來〉，收錄於尹仲容（1963，初編：7-20）。

（五）選擇贏家：經濟四年計畫與新興工業計畫

　　工委會最重要的積極性任務是促進新興工業的創建，而執行台灣第一個經濟四年計畫則給予工委會正式成立的理由。如前述，這四年計畫是因1952年美國打算四年後終止美援，而要求國府預作準備，督促國府提出四年長期經建計畫以為因應。為此行政院院長陳誠於該年底對美國安全分署提出了「台灣經濟自立四年計畫」，並提出將成立一全責機構來執行此計畫。次年春財經小組正式改組成經安會，而在其下設立工委會的理由即是必須有一專職機構負責此項工作[72]。此四年計畫到了經安會成立時，已更名為「經濟建設四年計畫」，而這竟成為台灣戰後行之有年的四年度（或六年度）經濟建設計畫之濫觴[73]。

　　工委會成立後即接手此項計畫，著手修訂原草案，於近一年後重新提出經建四年計畫工業計畫。工委會認為原草案「因屬稿匆促，頗多缺漏」，該會「即對原案做一通盤檢討，草擬修訂方案」，為配合四年計畫起訖年度（1953-1956），將1953年列入實際數字，其他三年為計畫目標[74]。

　　如何選定產業發展目標是一關鍵性的工作，如前述這即是自由市場派學者所反對的「選擇贏家」的作法。在四年計畫修訂版中——文後將稱《第一個四年計畫》，先依據產業的重要性，決定電力為工業之母應列優先發展地位，其次交通運輸需與生產活動相配合故需適度發展，再下來在工礦業中，肥料發展計畫則因其為經濟命脈糖與米的必要原料，故居製造業首位。最後「則為可以增加出口，減少進口，對國際收支有重大影響之工業」。其他考慮包括市場秩序、利用現有設備及在地原料等[75]。

72　中研院近史所檔案館經安會檔案，30-01-05-031，經安會第一次會議紀錄，會議紀錄節略。

73　Cullather（1996）此文也是要指出美國政府雖一向標榜自由放任原則，但在冷戰時期為了要穩住台灣經濟，卻容許甚至鼓勵國府運用諸多高度干預的政策與措施，包括促使台灣開啟了長期進行四年（或六年）經濟建設計畫的傳統。

74　經安會工委會（1954/6）。

75　經安會工委會（1954：1-2）。

尹仲容（1953）〈台灣工業政策試擬〉文中[76]，則做了進一步的說明，說「決定優先發展哪些工業，有三個標準：可能性，重要性，與比較利益」，可能性與重要性必須同時具備，可能性必須考量設備與技術的來源與代價、原料的供給狀況、市場與生產經濟規模及長期可獲利性；重要性則是以穩定國防與民生及節省或增加外匯為先。這「可能性」接近當代評估投資計畫所習用的「可行性」的意涵，「重要性」則是考慮進當時的現實政治環境。這考慮架構顯現了高度務實與理性的態度，認識到客觀條件的限制，並且理解政策必須「配合市場機制」，與差不多同時期日本通產省的作法相呼應[77]。

尹仲容在上述文中，提到執行政策的方法包括：實施信用優先分配制度、進口外匯優先分配制度、原料優先分配制度、技術指導。顯示政府當時對於這些相關資源（尤其是美援）的分配權力，是主要的政策工具。他也提出應合理扶植維護自由競爭，並盡量擴大民營範圍，應公平對待公民營事業，公營範圍應只限於：國防、獨占、事關公益者、影響國家命脈如製糖、因風險大而無私人投資的必要產業等。其他重要事項則包括諸如改善投資環境等工作。

李國鼎在其口述歷史中則進一步提供了該會具體的操作方式，「工委會總共發展了近兩百個計畫。先研究台灣的進出口結構，找出消耗外匯最多而原料、設備、技術又有發展可行性的商品，然後就這些商品尋找私人企業來投資，並幫助他們申請美援；若是找不到人投資，原則上工委會應自行申請美援，建立工廠，再找人收購。大體而言，除了新竹玻璃廠極少數經營不善的投資人外，大部分投資計畫都很成功」[78]。這可說是一個甚為務實且有實際

---

76 原發表於台灣各大報 1953/12/30-31，收錄於尹仲容（1963，續編：8-11）。在此，「比較利益」是用來作為選擇擬發展的工業目標的條件，即在可發展的工業中選擇對社會總利益最大者。

77 這是 Johnson（1982）在描述日本通產省的產業政策模式時，所採取的用語。然而，如前引 Johnson 所言，通產省只做不說沒有理論，「通產省模式」也是二、三十年之後因他的書出版才出現的用詞。尹仲容的學習榜樣主要是明治維新，兩地戰後的作法是各自依據務實原則，同時間獨立發展出來的作法。

78 康綠島（1993：95）。

依據的選擇工業發展目標的作法。有趣的是，這樣的操作方式有其深遠及持續性的影響，例如甚至到了1990年代，經濟部工業局為了降低對日本的貿易逆差，並推動高科技業的升級，通過「發展關鍵零組件及產品方案」，核定數十項中間投入產品為進口替代目標，以政策優惠措施來推動之[79]。不過，這些進口替代措施要能夠成功還有賴其他配套作法，即工委會摸索出有條件的保護方法，在對上游產業提供貿易保護的同時，對上游業者的價格、品質與保護期限做出限制。這就是Amsden（2001）所言東亞保護方式優於拉丁美洲之處。這部分本章第五節將再做進一步討論。

在當時，要成立一生產事業所需的各項因素都極為缺乏，除了資本、技術、人才之外，還包括對投資、產業與市場知識的欠缺。因此，工委會極為積極主動，在此工業發展初期，可說是承擔了**企業家**的角色，從選定產業與市場開始，對相關技術及所需機械設備進行調查研究，進而尋找願意承擔的企業主，並協助其進行一切相關步驟，包括申請美援計畫貸款、取得外匯與原料等投資前的準備，以及開工後的生產改進及克服營運上各種外在與內在的困難等。而台塑藉由承接工委會已完全準備好了的PVC投資計畫而興起就是最著名的成功案例[80]。

（六）工委會處理工業計畫之程序

工委會於1955年2月17日舉行的第38次業務會議中[81]，在討論下年度工業計畫時清楚陳述了其處理計畫之原則與程序，可代表其一般處理程序，故在此簡要引述如下。

工委會將申請美援工業計畫的廠商分下列三類：1. 本身已在營運的工廠，擬擴大規模或改善生產流程：如1954年度唐榮鐵公司鍍鋅鐵、1955年

79　瞿宛文、安士敦（2003：126-127）。

80　嚴演存（1989：64-70）詳述了這個由他經辦的成功案例。本章附錄5.2也簡要敘述此案經過，其是「由工委會起意，除確保台碱提供原料外，該會並負責規畫投資案，包括訂定技術規格與採購機器設備，協助取得美援與小型工業貸款，並推薦台肥技術人力加入台塑等」。

81　近史所經安會檔案30-07-01-012。

度大同公司電表計畫等。2. 投資者擬興建新工廠，生產新產品：如1955年度幾個紙板業和三夾板業計畫。3. 由工委會發起的計畫，或是利用某些工業的副產品，或是為了滿足國內所需的產品，如1954年度的塑膠（PVC）計畫與水泥工廠計畫。工委會依據申請者的財務、技術與組織能力來挑選合格者。

在審核過程中，第一類是較例行的情況，依照一般申請程序即可。第二、三類計畫依據資訊完備程度可分為兩種，一種是工委會與懷特公司已經做出完整的技術與財務評估，且認為具可行性者，則會將計畫呈交美國安全分署與美援會尋求初步同意。當得到其初步同意後，工委會會正式公告遴選，再從中挑選適合的申請人執行計畫。

另一種計畫則是工委會雖已決定方向，但因人力有限而無法做出完整評估者；這類計畫工委會經由媒體宣告，徵求申請人與工委會共同探討投資生產的可能性，但需要申請人在工委會監督下，進行研究並準備詳細的計畫，準備好之後再正式提出申請。如果是由私人發起的計畫，並且計畫具有可行性，除非原始發起人不能符合美方標準或是自動放棄發展此計畫案，工委會可以跳過公告程序，在計畫完備後直接進入申請程序。

當時在準備中的1956年度美援申請計畫，第一種計畫包括玻璃器皿、香蕉加工、尿素樹脂、鋼廠、蓄電池等。第二種計畫則包括回收橡膠、醋酸、醋酸縲縈、紙類產品、木材乾餾、混合氧化鈦與東岸鳳梨罐頭工廠等。

一般性的原則還包括：工委會對於擬推動之工業，應盡量提供相關資訊給各方，聯合工業研究所也應幫忙傳播此類訊息；任何新計畫案的申請者皆須自行籌措至少50%的投資資金；計畫案如果沒有私人願意投資時，工委會應授權公營單位負責承擔計畫案，經營成功之後，再將工廠轉售給私人；應建立生產力中心協助私人企業改進經營。

考察上百次的工委會會議紀錄中呈現出來的運作狀況，可發現其與以上所列程序多相互一致。即該會依據前述務實原則擬定了工業發展的方向，主動推動計畫，高度注重客觀資訊，堅持進行投資計畫的可行性評估，並基本以鼓勵民營投資為先，且是以公開公平方式為之。

（七）充足的政策工具

　　從生管會到經安會時期，上述這資源分配與進口替代工業化相配合的方式，之所以能夠有效施行，除了主事者與參與者的積極努力之外，也有賴於資源高度集中於政府之手中。一方面外匯、貸款與進口皆由政府高度管制，另一方面，主要生產事業為公營企業，其生產由國家管理，銀行也幾乎都是公營，直接歸政府管轄。更重要的是美援及其帶來的外匯與資金，是由政府與美方協調管理。就如研究東亞發展型國家的學者所指出，東亞國家對於發展資金的掌握是推動產業政策的關鍵[82]。

　　當時促進工業化的關鍵財源，主要來自美援及相對基金的補助與貸款。任何工業計畫都必須涉及技術、人才與機械設備的取得，及原物料的經常供應，而在當時工業化才起步的情況下，技術、設備與部分原物料多半必須進口，除資金之外更需要珍貴的外匯。因此美援計畫成為一重要的促進工業化的管道，而工委會則是協調各方處理此計畫的主要決策單位。工委會負責工業生產，上述多樣的政策工具清單中，除了貨幣政策之外，工委會都可運用，包括美援資金、進口原料與設備所需之外匯、銀行貸款、公營事業之配合與技術協助等。工委會主掌分配關鍵資源之任務可說是其權力的實質基礎。

　　雖然工委會的決議必須上報經安會，不過工委會的決議多以高效率方式得到實行，這有諸多因素相配合[83]。在定位上，經安會是跨部會協調的設計，會議決議「若在參與的主官職權範圍之內者，則可由各主官酌核參照本會之決議逕予採納執行」[84]。實際上該會例行會議相關部會首長多半出席進行

82　可參見Woo-Cumings（1999: 10-13）的編者導言。

83　王昭明（1993/10/15：79-80）以1952-53年電力費率計價公式在立法院得以通過的故事為例，說明蔣中正有時會運用其威權來解決財經政策僵局。當時因為電價並未隨著物價調整而導致台電持續虧損，因而缺乏資金擴張發電量，在美方要求下，生管會在尹仲容主導下訂出了一個依經濟因素而定的計價公式，財經小組也決議通過，但諸多立法委員卻認為電力應該低價供應而強力反對。最後是1952年12月30日在蔣中正以黨總裁身分強烈指示下立院才通過了議案。秦孝儀（2004，卷11：276-306）。

84　近史所經安會檔案30-01-02-001。

協調，同時尹仲容主事期間身兼包括有實際執行權的中信局局長職，積極任事，作風強勢，又得到最高當局的支持。再則，會前的準備工作多相當完備，事前多已開過相關的工作小組會議或提出相關的調查報告，因此會議時已具備可以做出決策的條件。這也有賴當時參與者的廣泛共識及憂患意識，不過這形式的效用依主事者的推動力而異。如前述，尹仲容會急切地在每次會議中將事情往前推進，主客觀因素都具備下，工委會效能得到最大的彰顯。

就更大的環境背景而言，當然上述的最高當局在政治上的支持與授權，是一根本的權力基礎。如本書第四章所呈現，蔣中正到台灣之後雖主要致力於國防與黨務的改革，但因對過去失敗經驗的檢討，認識到財經事務極為重要而願給予優先關注，並給予陳誠與財經官僚自主空間。蔣的副手陳誠在擔任省主席時即設立總攬一切的生管會，後在行政院院長任內，繼續對財經事務高度關注，此時如前引他給施幹克署長的信函所顯示，他不單支持經建單位的整合，更支持成立負全責、具有協調職權的工委會。再則，在他兩度擔任行政院院長任內，一直給予尹仲容及其團隊堅定的支持與自主空間[85]。然雖說如此，在當時的政治環境及官僚體系中顯然存在著反對此種安排的力量，如後文將呈現，這經建團隊雖擁有相對集中的權力，但其體制位置卻並不穩定而一再被迫改組，這方面與日韓情況有所不同，這部分將於本章第三節中討論。

（八）美援作為政策工具

一般認為，美援計畫在台灣戰後早期經濟發展中扮演了極重要的角色，這說法雖顯然屬實但卻需要修正。在1951到1968年之間，實際到達的美國經濟援助總共為14.8億美元，幾乎每年一億美元。平均起來美援每年約占台

---

85 王昭明（1995：58-59）認為尹仲容因其恃才傲物的性格而樹敵甚多，不過卻能持續得到陳誠的高度支持。依據《聯合報》的報導，在1963年1月30日尹仲容的喪禮上，陳誠上午至靈堂參加追思禮拜後，「單獨致祭，數度掉淚」；下午陳誠夫婦到陽明山公墓等候靈車到達，並參加了安靈禮，《聯合報》（1963-01-31第3版）。

灣GNP的6.4％，投資額的34％，貿易赤字的91％[86]，這無論如何都是顯著的數目[87]，在當時尤其是百廢待舉的1950年代初期，無可置疑起到了「救急」的效應，對減少財政赤字及舒緩通貨膨脹與外匯缺乏的壓力有立即的重大效果，同時也提供了亟需的發展工業的資金。再則，依據Ho（1978：107-110）的估計，1949至1968年間，美國對國府提供的軍事援助約達23.8億美元，遠超過經濟援助金額，對於國府維持數十萬軍隊、承擔占財政支出極高比例的國防軍費，顯然提供了關鍵性協助作用[88]。

　　然而如前述，這些援助只有在受援國能夠有效合理地管理自身財經事務時，才可能發揮正面協助的作用，亦即因為國府在此時終能嚴格控制政府預算及管理外匯，美援的挹注才起到了平穩物價的作用。事實上，因過去失敗經驗影響，美方一再考慮終止美援並要求國府準備「自立」，國府也一直自我警惕須為美援之終止預做準備，這些都有助於促使國府有效利用美國經援。

　　此外，美方在提供美援作為工業化資金上帶來什麼影響？尹仲容（1959/1963）在其〈美援運用之檢討〉文中指出，「美援運用本身不應有獨立之政策可言，如有政策，則在如何密切配合國內需要」；美援之運用雖須徵得美方同意，但若有不同意見則「只能盡量使美方了解我方之政策……但就事論事，則過去美援之運用，頗能切合台灣實際需要」[89]。顯然在美援的運

86　此處美援皆是指經濟援助。美援計畫是至1965年為止，其後幾年是將原先已規畫但尚未撥放的金額逐步補足。此處關於美援的討論主要參考趙既昌（1985）及Jacoby（1966：38）。前者的作者曾任美援會要職，後者是美國AID的委託報告，評估美援對台灣經濟發展的效益成果（參見本書附錄附表A7）。

87　在這段期間內，年平均人均美援數額分別為台灣9.7美元（1953-63）、南韓11.4美元（1953-63）、土耳其6.1美元（1958-63）、泰國1.3美元（1956-63）及菲律賓2.0美元（1960-63），顯示美國依據冷戰策略分配援助的作法，Jacoby（1966: 156）。

88　Johnson（1982: 15）在指明日本戰後快速發展並非源於國防經費比例較低之故時，也提到台韓戰後國防軍費雖高，但無礙於他們高速的成長。這其間緣由尚待進一步研究。

89　尹仲容（1963，續編：88-94），原刊於台灣各大報1959/2/28。

用上，中方的自主性甚高[90]。應該說所謂美援計畫其實是工委會提出的計畫，而最終得到美方同意由美援來資助，美援支助工業計畫的分布也大致符合前述生管會與工委會的工作方向，即早期以電力、交通、肥料等產業為重，後增多小型工業計畫[91]。此部分不再詳述，以下將介紹美援所提供的資源及審核計畫的方式。美方審核計畫必然有其準則與規範，也會有監督作用及協助建立制度的影響，但並非一種積極主動的作法。

如前述，美國經援起始於1948年美國通過的《援華法案》，韓戰後併入1951年美國通過的《共同安全法案》下的援助案。後者以軍援為主，經援主要是為了提供防衛所需之經濟資源，稱之為「防衛支助」（defense support），到了1962-1965年則改以開發借款為主。經援項目除了防衛支助外，還包括技術合作與剩餘農產品項目。1951-1961年提供7.7億美元援助，援助方式分為計畫型及非計畫型，其後近8千萬美元的開發借款也分計畫與非計畫型。非計畫型援助以援助款項在美國採購基本物資，如小麥、黃豆與機器設備等，在國內分配出售，價款則撥入相對基金。計畫型支助總共約2.7億美元，多用在以電力與工礦為主的基礎與經濟建設上。除此之外，美國於1954年通過經援以外的剩餘農業品援外法案（480公法），即受援國可申請以本國貨幣購買美國剩餘農產品，而美國剩餘農產品在台出售的台幣所得仍撥充援助之用。由各種美援直接或間接產生的以台幣計的相對基金，在這十多年內累積為329.6億元新台幣，可說是以贈與及貸款方式用來支助經濟建設與提供軍事協助[92]。

計畫型援助的申請、審核及實施過程相當嚴密[93]。申請者需提供計畫詳細內容，包括預算書、工程設計圖、實施方法、起訖日期與計畫效益等。同時，美援均以供給物資器材方式支付，而非現金撥交。計畫內所需之器材設

---

90 李國鼎回憶說「由於尹仲容個性很急，不滿美方態度專擅時，常會生氣罵人，因此美國代表通常都還算合作」。康綠島（1993：95）。

91 美援會（1957），Jacoby（1966: 50-52）。

92 趙既昌（1985：23-37）。

93 趙既昌（1985：第四章）。

備物資或技術勞務等項目，經過當地及美方的核准及採購過程後，由美方支付給得標的供應商，非計畫型美援也是如此。更重要的是還有嚴密的最終用途審查（end-use check），即追蹤到最後領用者，確認其依照原訂目的使用。

　　原先美方在台援助機構設有稽核組，負責美援計畫的查帳與考核。在初期美方對國民政府運用美援能力甚有疑慮，不過逐漸予以認可。1958年9月美國共同安全分署將美援最終用途稽核工作移交給美援會辦理[94]。相對基金雖是存於受援國中央銀行，但也訂有類似美援計畫的嚴密規定與標準作業程序，美方得隨時對運用情況進行審查。基金運用計畫的審核在初期是由美援駐台機構與美援會共同審查，後由美援會單獨審核。計畫型援款主要用於電力、交通建設及較大型的工礦計畫，另有一般工業貸款，主要目的是協助小型民營企業向國外採購機械設備與零件，有美金與台幣貸款兩種，均委託三商銀與中信局以合約方式辦理融資，從1954至1965年止，共貸放約1千萬美元及2.4億新台幣[95]。1959年美援協助成立中華開發信託公司，接手民營企業中長期發展資金需求之業務。

　　以上介紹當時美援所提供的資源及審核方式，而這樣相對嚴謹的制度架構必然會有所影響。前文已指出，這些計畫的內容雖受限於美方的規範，但主要是由國府的產業政策來決定。當時對於美援計畫申請的審查與事後的稽核，曾被人批評為過於嚴格甚至僵硬，然而如王昭明（1995：56-58）所指出，長期而言嚴格把關對經濟發展有很好的成效，即如趙既昌（1985：15）所言，美援的事先審核與事後稽核作法，已具有「現代開發金融」的性質。確實，有學者甚至認為其實是美方帶來的包括美援計畫申請程序之現代化治理，促使國府提升改善了政府治理，因而得以發展[96]。不過這種說法就與其他將東亞發展歸因於外在因素的論點一樣，忽視了受援者的主體性，忽略了

---

94 李國鼎（2005：115），1956年5月美國國際合作總署通令各國安全分署，將美援計畫的查核工作，逐步交由受援國自行辦理。

95 趙既昌（1985：152）。接受美金貸款的企業約三百餘家，台幣貸款者五百餘家。貸款期限一至四年。

96 Barrett（1988: 132-135）；Ngo and Chen（2008）。

諸多美援在他處失敗的案例，高估了美方的影響力及外在壓力的作用。比較合理的看法應是將此過程看作是，經建主事者藉由外在壓力來引進與學習現代治理方法的過程，並藉此建立現代化制度，何況主事者原本就認為這是有效合理運用美援的最好途徑[97]。

在此處，陶聲洋的故事應是很適合的註腳。陶聲洋原在美國安全分署稽核組負責美援最終用途的稽核工作。如前述他於1958年因美方將此業務移交美援會而隨之轉任，美援會在財務處下成立稽核組，由陶聲洋任組長。陶聲洋積極任事，曾有一申請人用美援款項購得機器後，因故未能開工，照理須走過繁複冗長的法律程序，才能將機器清算拍賣另尋他用，但陶聲洋卻主動找到新投資人並說服舊投資人轉讓，迅速實現了就地開工的解決方案。此後他繼續在美援會的八七水災救災小組與美援會下成立的（以排除投資障礙為目標的）「工業發展投資研究小組」，發揮同樣積極任事解決問題的作風，獲得各方高度肯定，因而使他得以在1969年7月升任經濟部部長，只是或許因為工作奮不顧身積勞成疾，升任後不到三個月就不幸病逝[98]。在此提及此事例，主要是作為本書強調當時主事者的主體性及主動性之重要的佐證。

（九）有條件的扶植與發展願景

尹仲容與其團隊在推動產業政策時，是有什麼樣的目標與發展願景？而這願景又如何影響到其作法？如前述，戰後初期對解決當時的經濟問題有三種看法，管制派主張以管制方法控制經濟但無長期方案，自由市場派主張應少干預而讓市場來解決問題，而尹氏團隊則是發展取向計畫式市場經濟，即以增加生產來解決短缺問題，更以發展工業為長期目標，並且是要建立具有國際競爭力的產業，因而作法上除了扶植外也督促產業培育競爭力，即Amsden（1989）所指出的政府以績效標準來規範資本，是一種有交換條件的扶植方式。

---

97 尹仲容（1959/1963，續編：88-94）。

98 王昭明（1995：59-60, 268-271）與趙既昌（1985：79-81, 83-84）。

　　尹仲容有高度使命感，而他的目標是要將台灣建設為一工業化的模範省，並且要扶植的是有國際競爭力的工業，而不是依賴保護的工業，同時扶植只應是一時的手段，終是要開放競爭以促進進步[99]。而這樣的願景與理念，在各個發展階段都影響到他所做的選擇。

　　尹在主持生管會時，就面臨了如何滿足國內基本民生用品之供應，並維持其價格穩定的挑戰。他可以選擇運用美援直接進口棉布或棉紗，而當時正在恢復中的日本棉紡業，已能供應價格與品質皆優於本地貨的棉布棉紗了[100]。然而在1951年尹仲容選擇的方案卻是進口棉花，因為他認為「進口布不如進口紗，進口紗不如進口花」，他要以增加生產、發展整體產業做為解決短期目標的方案。他並採取了主事者在執行上必須付出高度心力的「代紡代織」方案，在當時這是吃力不討好的選擇，也絕不是無異議的共識。每當管制發生混亂，棉紗棉布價格飆漲之際，就有人提議開放進口[101]。棉紗業者會抱怨保護不足，棉布業者會抱怨對棉紗業的過度保護，消費者及經濟學者則抱怨對棉紗棉布業的保護。不過，在這政策下僅兩年過後，棉紗與棉布竟然如期達到自給自足。然而爭議雖暫告一段落，此時他又面臨下一步如何繼續的政策選擇。

　　雖然被扶植的棉紡織廠商皆希望繼續受到保護，但他毅然結束代紡代織，並逐步開放新進廠商申請進入。而數年後市場飽和，他則推動外匯改革促進出口，既解決產能過剩問題，也擴大市場範圍促進產業發展。尹仲容堅持逐步開放，是因為他的目標是建立有國際競爭力的現代化工業，而不能容忍只想依賴保護而不謀進步的企業，畢竟他如此的努力是要推進中國的現代

99　參見尹仲容（1963，續編：27-31，112-120）。在1954年發表的〈台灣工業發展之逆流〉中，尹仲容認為逆流是源於廠商1）攫取匯率差額利益，2）過分依賴保護，3）聯合操縱獨占。為了防弊應該要1）開放設廠限制，2）以標賣來分配進口原料，3）規定保護期限，4）儘速制訂防止獨占之法律。1959年再論此議題時，更是再次闡明必須以競爭來促進進步。

100　本書第八章將以尹仲容推動台灣棉紡織業的案例，作為當時產業政策的一個範例。

101　尹仲容於1952年回應眾人對紡織業政策批評時，提及「許多討論問題，都不拿數字作根據，這正坐古人所謂「游談無根」的毛病。把一個問題游來游去，弄得越辯論越紛亂」（尹仲容，1963，初編：62）。

化與復興。

因此他在當時主導輕工業進口替代發展時，就顯示出要建立上下整合的民族工業的信念與目標，追求產業整體與長期發展，並極大化可發展的產業空間。在戰後有很多落後國家以進口替代政策推動紡織業，但有這樣的全面理念與作法者是極少數。這樣的思維並非理所當然。

為此他的團隊摸索出上下游產業之間利益衝突的協調方法。當本地上游供應產業仍是學習中之幼稚工業，其價格與品質仍無法與國際市場相比之時，下游業者會情願用進口品。當時摸索出來的作法，包括對下游出口業者提供優厚的出口補貼，而在對上游產業提供貿易保護的同時，對上游業者的價格、品質與保護期限做出限制。若上游產品的價格超過國際價格 10~25％或品質不合規格等，則下游業者可以不用國產品而申請進口，同時保護期限制為二至三年。這框架在 1950 年代初期尹仲容主持工業委員會時就已經出現[102]，到了 1960 年正式定為《貨品管制進口準則》，其後不斷修正[103]。如Amsden（2001）所言，這正是東亞和拉丁美洲不同之處，即東亞會對保護設期限，避免產生怠惰，而拉美則多半沒有如此做。

如果主政者能夠清楚顯示其是以**整體發展**為目標，則阻礙應會大為減少。政策主導者必須決定其政策目標為何，在紡織業的「纖維原料—纖維—紗—布—成衣」的相關上下游產業中，要確立往上游推動發展到何階段，而政策措施必須與此目標相配合。同樣的，日後經濟官僚體系持續的推動人纖、石化與人纖原料產業等之作法，都是延續了早期這種以追求產業整體長期的發展為目標的政策思維。推動工作皆是在已有下游需求的情況下進行，如此以務實態度追求極大化產業發展空間為目標，這目標就此成為台灣戰後經建體制的制度使命，也可說是尹仲容等人為日後經建體制建立了扶植企業、「圖利產業」的制度使命。這制度建構在戰後初期已經定下基礎，並且

---

102 如前述，尹仲容在 1954 年發表的〈台灣工業發展之逆流〉中，就提到了應該要規定保護期限。

103 參見杜文田（1970：29-34）。

延續運作直至政治轉型期。

　　戰後接受美援發展紡織業的落後國家為數不少，但是只有台灣與南韓是利用美援進口棉花，來同時發展紡紗與織布的地方。其他地方則多用美援進口棉紗或棉布，且未能採行較有一致性的產業政策，以至於成果和台韓有相當的差距。相較於其他後進國家，台灣南韓戰後早期棉紡織業發展的特殊之處，在於政策思維從一開始就明確是以整體產業發展為目標。

　　一般認為在戰後初期，因當時經濟既得利益力量微弱，故國府在台灣維持自主性並非難事。但實際上，維持自主性並非必然，在1950年代扶植棉紡織業的過程中，每個政策的轉折都有廠商提出請願甚至抗議，輿論也意見紛紛，黨政內部也常有各種批評甚至控告。如尹仲容所言：「工廠尚未籌備就緒，而請求保護之呈文已至，產品尚未大量應市，而限制設廠以免生產過剩之要求已經提出」[104]。

　　只是這些要求幾乎都未被接受。當時主事者都能堅持依據他們所認為的**整體長期發展利益**行事，而不只是個別部門一時的利益。他們堅持最終目標是整體的成長——儘速建立現代工業生產系統。這顯示尹仲容等人抗拒個別利益影響的意志，而這是因為他們有清楚的工業救國的共識與願景，來支撐他們的所作所為，並願意為此付出代價。換言之，在政治高層的支持下，是他們既有的理想與動力使得他們具有自主性，而同時對產業環境務實的掌握，使得他們具有了Evans（1995）所言的**鑲嵌自主性**。

　　總之，主事者的願景會影響其政策選擇。正是因主事者發展目標明確，故能堅持自主性，並推演出一套協調上下游利益的產業促進政策，來最大化當地的生產價值，是一具有前瞻性的產業政策作法。

　　簡言之，在1950年代，工業委員會運用美援擬定及施行產業政策，為了奠立工業基礎而優先發展了電力、交通與肥料業，此外並扶植了諸多其他

---

104 尹仲容（1963，續編：115），這些就是此文章題目〈五年後再看「台灣工業發展之逆流」〉中所指的「逆流」現象。

工業[105]，除了最重要的紡織業之外，還涵蓋食品、紙業、一般化學、製材與人造木板、水泥、鋼鐵機械、電工器材等工業，主要受援的民營企業包括台灣紙業、台灣塑膠、新竹玻璃、大同機械、唐榮鐵工廠、中國人造纖維等[106]。最主要的是以有效的政策措施，清楚地傳達了國府扶植民營工業的政策方向，開創性地建立了產業政策制度。

三、經安會1958年之改組與其後之延續

（一）由總統推動的「行政革新」

在經安會運作的五年間，該會是進行跨部會協調並決定財經政策及推動產業政策的主要單位，並且在此期間經濟呈現穩定成長。然而，1958年在蔣中正堅決推動的這一波「行政革新」中經安會遭到裁撤。前文曾強調蔣中正在台灣高度重視財經問題，早就在國民黨總裁辦公室下設立財經會談對此方面事務給予關注，並基本上相當支持這批經建官員，但此次為何在進行行政革新時卻以財經機構為對象？

一則，因為經安會是美援機構而組織位置未正規化，同時其人員待遇高於體制內水準，在那軍公教待遇偏低的年代特別容易引發一般軍公教人員對「待遇懸殊」的不平之情，所以其權力甚至存在總是難免會受到批評。體制外機構之存在，尤其是有美國顧問列席會議監督的美援機構，確實構成對於統治合法性的挑戰，同時，蔣對於美援雖是高度依賴但卻又時存提防之心。

再則，蔣雖然一向認為要追求以科學方法進行管理，但是在想方設法防範屬下怠惰之時，卻未必真得懂得制度和使用制度，尤其是財經事務又較為複雜。即蔣與他授命負責「行政革新」的人員顯然並不完全了解經安會尤其工委會這樣的機構所發揮的功能，以及這行政架構給予工委會的有利空間。蔣推動此次行政革新，至少部分程度可回應外界對於體制外機構在正當性及

---

105 本章附錄5.2呈現了工委會扶植一些重要工業的相關會議紀錄的摘要。
106 趙既昌（1985：139-157）；工業委員會（1955/2：27-30）。

待遇不平均上的批評，並且「以科學方法進行行政革新」，就政治層面而言應是有助於鞏固統治的，即藉由裁撤美援機構經安會來達到安撫人心並建立「行政改革」形象的目的。

其實經安會第一至第四組是協調各部會事務的架構設計，並無專職人員。經安會的秘書處與工委會則有專職人員，其經費由美援相對基金支付，員工待遇係參照美援會中國職員之薪津標準擬定[107]。那時的美援機構包括美援會與農復會等，是由美援相對基金支付薪資，早期為因應通膨即已將生活指數納入調薪機制，以致1956年美援會薪資平均超出中央公教人員薪給甚多。而當時軍公教人員待遇的調整則無法跟上物價，例如從1950年起之七年內，「物價上漲三倍以上，而軍公教薪津僅增加六成」，以致須依賴實物配給維持生活水準。如此不均的待遇自然持續引發爭議[108]。不過，如經安會在回覆立委批評時說明，其人員「並無任何津貼如職務加給……亦不供給房屋……等實物配給……無人事銓敘年資勞績等保障，故實際待遇，並不較政府規定，特形優惠」[109]。即如尹仲容等人所言，當時應該說是一般軍公教待遇太低，而不是美援機構薪給太高。

就時代背景而言，在台灣戰後初期這段期間，安撫人心並重建統治的正當性一直是蔣中正面臨的嚴峻挑戰。而隨著國府來台的軍公教人員不但待遇微薄，更逐漸面對長期甚至永遠無法回鄉的可能性，因此這批人亟待安撫，但國府卻因財政拮据而難以提高待遇。例如，在1952年8月前後，因亟於安撫低層軍公教人員，行政院財經小組曾多次討論調整待遇案，鑑於美方顧問一再表示要有新財源才能調整待遇，同時「平衡預算穩定幣值」確實是此時

---

107 在1956年立法院第17會期立法委員覃勤質詢時認為經安會實為多餘，批評「政府竟增設如許骈枝機構，徒增開支，紊亂體制」。經安會在1956年4月23日回覆時稱，經安會經費「係洽由美援相對基金收入項下，按照技術援助計畫成例，由工業委員會及秘書處每年度分別提出計畫，向美方洽辦撥款，其待遇標準係參照美援會、農復會、安全分署中國職員之薪金標準，從低擬定」。見近史所經安會檔案，〈薪給待遇〉，30-01-04-004。後1957年經審計部建議改採用美援會計薪辦法，見陳怡如（1998：95-98）。

108 陳怡如（1998：57-61）。

109 見前引近史所經安會檔案，〈薪給待遇〉，30-01-04-004。

國府亟於遵守的目標,最終決定優先改善兵士及鄉鎮公所基層人員的待遇,
經費則由提高菸酒售價一成來支付。當時會議曾討論各種籌措財源的方法,
甚至論及上層官員捐獻所得的方案,可見當時加薪安撫基層之急迫性[110]。而
因為調整幅度未能趕上物價漲幅,調整軍公教待遇的壓力在1950年代持續
存在。因此處理所謂「待遇不均」的問題以安撫人心,或也成為蔣中正推動
「行政改革」的部分動力。再則,除了蔣對美援有既依賴又有戒心的矛盾心
理外,當時台灣社會確實存在著某種反美情緒,負責「改革」的王雲五也被
認為對美援機構及美國影響相當有反感[111]。

　　如本書第四章述及,蔣中正對「現代化政府」的理解程度或許有限,然
他確實持續展現出建立現代化政府及「以科學方法進行行政革新」的追
求[112]。如前述,1936年南開大學經濟學院院長何廉在就任行政院政務處長後
的任務,就是研究如何改革政府中負責經濟建設的機構及政府財政。雖然何
廉認為蔣「迫切要新鮮的主意……但是不懂得制度和使用制度……辦起事來
首先是靠人……及關係等」,然而蔣還是依據何廉的建議在1938年春進行了
行政院的改組[113]。

　　因此,處理所謂待遇不均的問題以安撫人心並建立現代化形象,促使蔣
中正推動「行政革新」。他持續在各種場合提出改善「待遇懸殊」問題的指

---

110 近史所經安會檔案,30-01-05-018,行政院財政經濟小組委員會第65至第66次會議紀錄節
　　略,1952/8/28~9/3。當時會議討論了各種籌措財源的方案,最後由財政廳長任顯群提出最
　　便捷的菸酒加價方案。為「平衡預算穩定幣值,祇得先從基層著手」,此次加薪對象為軍
　　隊與文職基層人員,即士兵與鄉鎮公所人員,9月調整後如二等兵自每月7.5元增至15元,
　　上士自每月30元增至45元,鄉鎮公所人員則薪資增加五成(聯合報1952-09-04/01版)。因
　　政府財源困難故採行分期調整,後於1953年8月調整了學校教職員待遇,11月調整軍官及
　　文職公務員待遇(聯合報1953-12-17/01版)。
111 李國鼎(2005:212-215, 238-239);下節將討論的1963年美援會改組也是在這樣的背景下
　　產生。
112 如本書第四章所述,Strauss(1998)討論了國府在1927-1940年間建立現代國家的不甚成功
　　的努力。而吳景平(2011)則認為蔣中正對於財政金融改革有認識且重視,對於南京國民
　　政府推動金融現代化上起了關鍵作用。
113 何廉(1988:99, 117)。

示，要求研擬改進公務人員及軍隊官兵待遇辦法，惟問題複雜一時難以解決[114]。1955年王雲五奉命研究行政改革，他建議依照美國的胡佛委員會模式，成立行政效率調查委員會以一年時間進行調查。1956年1月行政院在總統指示下成立了「行政院暨所屬機構組織權責研討委員會」，由黃季陸擔任召集人（通稱黃季陸委員會），「尋求各項組織重疊權責不明的具體事實……用科學的方法……務期對具體問題尋求改進途徑」。該委員會在1957年內完成了調查並提出改革建議方案[115]。

　　在1957年初發生的劉自然事件，帶來了蔣中正推動「行政革新」的契機。該年五二四抗議事件發生後[116]，蔣中正強調此事件凸顯的問題「是我黨政軍警整個的低能無效……無現代政府所應具有的思想與精神」，因此要利用「行政科學管理的精神」進行「行政革新」。在蔣指示下行政院於該年8月要求所屬各單位對自身行政做出「自我檢討」。此外，蔣顯然採多管齊下的方法，於1957年囑王雲五於赴美出席會議時也考察胡佛委員會的執行情況，次年初待王返國後即命王成立「總統府臨時行政改革委員會」（通稱王雲五委員會）。此委員會在黃季陸委員會的基礎上，於1958年9月再次對蔣提出了一個改革建議案。此改革案的整體成效未必顯著，但確實逼迫各行政單位進行檢討，營造出危機氣氛，並且為當政者樹立了「改革」的形象[117]。

---

114 再例如，1954年3月8日主計處公文提到「奉總統指示，文武職員待遇應重新調整，檢討詳議比較平均辦法」，近史所經安會檔案，〈薪給待遇〉，30-01-04-004。蔣中正於1955年間也一再於「國民黨反共抗俄總動員運動」會報上，對革新行政機構做出指示，他責成各黨政機構主管檢討，是否有「機構重疊職責不明」因而行政效率不彰的情況。陳怡如（1998：136）。

115 陳怡如（1998：135-156）。

116 在1957年3月20日美國軍援顧問團雷諾上士，在陽明山美軍宿舍區擊斃革命實踐研究院打字員劉自然，事後美軍事法庭宣判雷諾無罪。5月24日劉妻赴美大使館抗議，抗議群眾聚集並衝入使館進行破壞，是為「五二四事件」。陳怡如（1998：157-200）。

117 陳怡如論文之附錄五（1998：223-225）依據官方報告列出了王雲五委員會的建議案及實施情況，建議案涵蓋範圍廣泛，包括中央與地方機構（國防、財經、預算、文教、司法等），及一般性行政程序的改善。原列88項建議案中，在五年後的檢討報告中，仍有四分之一是「全案均未實施」。

在這推動「行政革新」的背景下，對於財經政策體制該如何建置恐非蔣所能真正了解，而參與行政革新委員會的專家們也多只是依據行政流程做形式上的分析，而難脫紙上作業之嫌。如李國鼎（1994：32-33）即認為此次改組「就憑幾個委員分配研究，就紙上談兵的做，下決定也總不到各機構了解，還是照報告字數付稿費，簡直是總編輯的作法」。再則如前述，推動發展是一項牽涉面向廣泛、然卻不甚為人理解的新形態工作，恐怕只有少數當事人能夠理解。

在蔣中正執意推動下，1958年7月副總統陳誠取代俞鴻鈞兼任行政院院長，邀王雲五擔任副院長，顯示此改革方案勢在必行，而在財經方面，裁撤最顯目的經安會顯然成為主要工作目標。王雲五委員會所提原方案中，建議裁撤並歸併建置外的三個美援機構，即美援會、經安會與外貿會，並另建置一個經濟會議來取代經安會。不過，美援會負責處理美援，其位置顯然不易更動，同時改組還須牽涉美方意見，因此最終美援會雖進行改組，但其實是擴大組織來接收經安會被裁撤的一部分人員與業務。外貿會的組織與人員最為龐大，但是當時匯率改革才剛啟動，高度複雜的匯率與貿易管制體系仍需要管理機構來處理，並沒有裁撤外貿會的條件，因此陳誠仍予以保留。另設經濟會議之意則並未實現，被裁撤的主要機構就只有經安會了，不過對這部分工作的重要性較為知情的陳誠其實是準備讓「改組後的美援會取代經安會原有的組織地位」[118]。

（二）推動發展需要跨部會協調

就權力分配而言，在非常時期，經安會如此設計，即高層經常性開會協調重要決策的模式，並且主事者多能勇於任事下，在當時是走出經濟困局的有效方式。何況經安會會議皆有相關行政首長參與，審議結果「在各主管首長範圍以內者，則可……逕予採納執行。故理論上經安會及其各組會之會議，對原有行政機構之職權，並無減損及重複之處。……經安會之功用在求

---

118 陳怡如（1998：201-209）。

於集思廣益中，獲得各機構間對於財政經濟措施之聯繫配合也」[119]。亦即經安會及其第一至第四組的工作，是一種將政策協調制度化的設計，若能行之有效實為合理安排。李國鼎回憶錄中論及經安會的裁撤，認為很遺憾王雲五不了解經安會是開會、協調的機構，不是執行的機構；「其實決策者應該看到，在經濟發展過程中，需要有一個超然的單位來從事協調工作，對促進經濟安定有很大幫助……後來俞國華1977年擔任經建會主委時，就把跨部會性質的項目安排在經建會下，立場可以超然，不然……會有本位主義發生……（缺乏協調機構後）就容易把政府的事情耽擱了，不利發展」[120]。

李國鼎指出經安會裁撤後工委會的主要功能其實併到美援會去，因此他對裁撤經安會的遺憾主要針對正式協調機制的取消。然而，此次改組工委會只有主要的12位人員轉移到美援會，工委會原有的較為完整的組織已被打散，無論如何都顯示出此次推動「行政革新」者，包括蔣中正與王雲五，對於這負責工業計畫的機構既不夠了解也不尊重。實際主掌財經事務的行政院院長陳誠一向支持這批經建主事者，他在蔣中正執意推行的壓力下，在同意裁撤經安會的同時，也決定擴大美援會來承擔原工委會主要的功能[121]。

工委會負擔全面推動工業發展的任務，而**經濟發展**必然是一個牽涉各方各面、需要多方協調共同推動新業務的過程，必然牽涉某種「集權性」[122]，並且牽涉選擇性推動新興產業，這絕不是例行的事務性工作，遠非當時只能負責一般事務性工作的經濟部所能涵蓋。例如，當時工委會推動新產業時運用的政策工具包括美援資金、進口原料與設備所需之外匯、銀行貸款、公營事業的配合與技術協助等，同時更涉及對整體環境包括外匯、物價、財稅、土地及人才培育等因素的考量，牽涉面甚為廣泛。

在此值得一提的是工委會與日本通產省模式的異同。如本書第一章所述，Johnson（1982: 314-320）認為通產省模式有四要點，包括該官僚組織由

---

119 見前引1956/4/23經安會回覆立委質詢稿，近史所經安會檔案，〈薪給待遇〉，30-01-04-004。
120 李國鼎（2005：77-78）。
121 陳怡如（1998：206）。
122 李國鼎（2005：197-239）。

有能力的菁英組成、政治上享有自主空間、已經完善了「配合市場的干預性作法」，以及這領航機構具有掌控或協調各方面政策的權力，包括計畫、能源、生產、貿易與融資等方面。在最後這點上兩者具有相似的權力構成，此點可說是不約而同源於推動產業工作的需要。至於相異之處則是在於組織正式地位的穩固性，相較於通產省穩定的地位，工委會主要人員與工作在國府政府架構中則處於必須不斷變革的壓力下，而其竟然能夠持續其工作則或更顯示了這些主事者的動力與自主性。

尹仲容等人藉由美援機構超部會的組織地位，以及美援計畫的規範要求，來推動工業化並建立現代化經濟管理機制，雖然成果優異，但卻未能完全得到領域外者之理解與肯定。這一則是因為現代經濟事務複雜不易理解，再則，當時一般人包括蔣中正對於推動發展的工作缺乏清楚理解，在對「現代化行政」的想像中多是以歐美工業化國家的行政模式為典範，然而此時的先進國家早已走過初始工業化之路，並沒有專職推動發展的機構。故模仿者是以西方的「科學管理」為宗，未能理解後進國自身推動發展的需要，進而認為經安會這樣的組織是「機構重疊職責不明」。

相較之下，另一正式美援機構農復會的地位顯然遠較為穩固。該會地位源自《援華法案》，五位委員兩位由美方指派，三位由中方，是一個中美共管但又不屬於任一政府的特殊單位，因此在國府接受美援時期地位確定。經安會工委會雖由美援經費支持，但經安會仍隸屬於行政院，地位特殊程度顯著低於農復會。其實，就如李崇道討論農復會模式的意義時所言，如農復會與經安會這種「源於美援的體制外的超部會組織」的設計，只有在主事者有優越的能力、強烈的動力而又高度自制，而統治者願意且能夠予以配合的情況下，才能有良好的績效，而得以避免濫用權力卻缺乏成果的命運。他認為這在國家發展初期才是比較適合、補足行政機構功能的安排[123]。

---

[123] 但李崇道也認為若人事不當則會不但無法有貢獻，甚至有負面作用，不少後進國家即是如此。而台灣當時則幸運地具備了上述條件，因而農復會得以有較佳的成果，黃俊傑編（1991：77-79）。

　　此事也牽涉到最高執政者與官僚體制間的關係。在此方面國府與南韓情況也有所差異。南韓戰後發展主要是朴正熙掌權之後啟動，約落後台灣十年，故在各方面高度參照台灣的經驗，尤其是推動經濟計畫的經驗。然而，南韓為推動經濟計畫所設立的經濟企劃院層級較高，主管經濟的國務院副總理南悳祐兼任企劃院院長，可以召開部長會議，「韓國的經濟企劃院在決策層級和功能上比我們的經建會強很多」[124]。相較之下，台灣戰後經建體制的建立與發展，雖有賴蔣陳的支持，但更依靠尹仲容李國鼎等人自主的動力。

（三）經安會的裁撤與歸併

　　如前述，經安會的第一至第四組都是協調性的架構組織，是財政金融及農業等機構首長開會協調政策的地方，經安會被裁撤之後，這四組的主要業務就分別歸併到財政部與經濟部，一些小組則歸美援會、外貿會、台灣銀行與農委會等單位[125]。實際上這些業務原本就是會歸由這些單位執行的，因此這形式上的裁撤與歸併，其實只是取消了一個常規性進行政策協調的機制，談不上具有釐清職權改進效率的功效，反而降低了不同部會間的協調功能。經安會只有秘書處與工委會是實體單位，秘書處隨著工作的取消而失去存在意義。而工委會是台灣第一個以推動工業發展為制度使命的產業政策執行單位，正是這成效卓著的機構被此次「行政革新」所裁撤了。

　　在蔣中正的堅持下行政院院務會議終於在1958年8月7日通過了《精簡財經機構組織實施辦法》，並定於9月1日起立即裁撤經安會，行程倉促。依據此辦法，經濟部將接管「關於物價管理、物資調節、貿易管理、工礦、

---

124 李國鼎（2005：220-223），李國鼎曾對韓國提供台灣經濟計畫工作經驗，於1972年獲得朴正熙總統的授勳。

125 第一組中貨幣金融外匯部分歸併財政部，貿易部分歸併經濟部，平衡外匯工作小組歸併外匯會，銀行實務及放款政策工作小組歸併台灣銀行，商業銀行業務督導工作小組，歸併財政部。第二組中基本歸併經濟部，黃豆小麥工作小組歸併美援會。第三組歸併財政部。第四組基本歸併經濟部，防治植物病蟲害藥小組與肥料小組歸併農復會。工業委員會中工業行政部分歸併經濟部，交通部分歸併交通部。參見中央研究院近代史研究所藏，〈經安會裁撤後各所屬單位工作之劃分交接及人員資遣處置辦法〉，《經安會檔案》，30-01-02-05。

農林、水利、漁牧等之審議協調及有關經濟建設計畫之設計草擬與檢討修改事項」。而如前述，陳誠甚為了解工委會及其主事者的功能，安排了美援會接辦「關於美援物資及相對基金運用暨經援軍援配合事宜等之審議協調事項」[126]，因此工委會的主要功能隨著關鍵的12位人員，轉入了改組後的美援會。其他人員則併入負責正式執行工作的經濟部與其他部會單位。

於是，在1958年工委會裁撤之後，美援會由較單純的處理美援事務的單位，承接了工委會的主要工作，成為具有政策設計審議與協調的功能。改組後美援會由行政院院長陳誠兼任主委，尹仲容擔任負責實際工作的副主委，李國鼎出任秘書長；並設四個業務處，第一處負責工業發展，處長是來自中油的石化專家沈覲泰，韋永寧為副處長，第二處處長是費驊，負責美援計畫各方面的統籌規畫協調，第三處是物資處，處長王永衡，第四處是財務處，處長潘鋕甲，副處長陶聲洋，秘書處處長張繼正，主要負責人多半是原工委會的人員[127]。轉入美援會的原工委會人員還包括王昭明、王作榮與葉萬安等。另外值得一提的是，在此美援會改組之際，美國安全總署決定將安全分署下負責美援計畫之稽核小組移交給美援會，而該組組長即為陶聲洋。

值得注意的是，此項主要人員與工作移轉到美援會的關鍵變化，卻並未呈現在〈經濟安定委員會及其所屬單位裁撤後業務歸併辦法表〉之中[128]，可能是為了不要引起「行政革新」推動者的注意而如此低調處理這部分。這顯現陳誠等人對此次「革新」陽奉陰違的態度，也顯示推動「革新」者並不真正了解工委會的工作性質，即美援計畫是當時推動產業政策的主要資源，工委會就是藉此作為政策工具，而正是這項工作轉移到了美援會，即美援會接辦的「關於美援物資及相對基金運用暨經援軍援配合事宜等之審議協調事項」。

---

126 近史所經安會檔案，〈經安會裁撤後各所屬單位工作劃分交接及人員資遣處置辦法〉，30-01-02-005。

127 劉鳳翰等（1994：81-82）。

128 參見前附註125。

（四）工委會產業政策的延續：改組後的美援會，1958-1963

　　實際上，事情隨人走，改組後經濟部必須接手經濟建設四年計畫，部長楊繼曾就向美援會副主委尹仲容要人，說經濟部內「沒有人會做經濟計畫和推動新工業，還是得請李國鼎幫忙」。因此，為了接手計畫並維繫協調性的工作，在經濟部設立了「工礦計畫聯繫組」以及「農業計畫聯繫組」，召集人分別為轉至美援會的李國鼎與農復會的沈宗瀚；同時也在交通部設「運輸計畫聯繫組」，召集人為轉至美援會的費驊，由這些人繼續擔任主動推動業務及跨部會協調工作，而這幾個聯繫組的經費由相對基金支付[129]。十多年後工礦計畫聯繫組改組為「經濟部工業局」，運輸計畫聯繫組則改組為「交通部運輸研究所」，兩者皆「成為經濟、交通兩部擁有高級人才的重要部門」[130]，也顯示當初工委會聚集並訓練重要推動發展的人才的功能。

　　依據王昭明（1995：55-59）的回憶，他認為1950年代後期經安會撤銷，主要政策功能併入美援會後，美援會這五年（1958-1963）「是創造台灣經濟的關鍵時期，採行了眾多創造性的措施，這些措施都是負責財經官員日夕思考、討論、爭辯而後執行的」；「決策過程符合科學和民主程序……重要決策在形成過程中，多先經幕僚群的研究分析……堪視為劃時代進步的象徵……幕僚群是指許多專業人員的共同成就，這裡面包括經濟財務分析人員、工程技術人員以及一般行政人員在內……當時幾位主管雖然本身才華卓著，卻也有細心閱讀和耐心聽取幕僚報告的雅量，並常常提出問題反覆辯正，然後再作成方案，提到更高層次去核定」（頁57-58）。遇重大決策問題，行政院院長兼美援會主委陳誠，常是晚間在其官邸召開會議商議，照例重大法案多由尹仲容提出報告，但他慣於「引用過多專門術語……常用英文名詞」，且態度上常「給人咄咄迫人的感受」，「因此有幾次陳誠聽取尹氏報告時，略有不豫之色，遲遲不下結論，這時嚴家淦先生照例發言，再加綜合敘述一遍……口齒清晰……深入淺出……迅即為陳誠院長所接受，這一搭配

---

129 康綠島（1993：127-128），李國鼎（2005：200-201）。
130 王昭明（1995：55）。

以後回憶起來至關重要」（頁58-59）。確實，下一節在討論1958年外匯貿易改革時，會再次提到尹仲容與嚴家淦合作起到了重要的作用。

換言之，前述工委會的產業政策功能主要部分併入了美援會，繼續照以往方式運作，主要負責業務包括經濟建設四年計畫中工礦計畫之設計與審議及相關美援計畫審議，以及十九點財經改革措施相關工作。同時，因為工業計畫原就必須動用美援資源而要與美援會協調，現在則併入同一單位而更為方便。可以說，裁撤經安會的最大負面影響是，經安會與工委會原有的協調政策的制度安排被取消了。

然而在美援會這五年中，經安會時期協調會議的制度性協調功能，仍有非制度性的繼承。當遇到重大財經問題時，或者由美援會副主委尹仲容、經濟部長楊繼曾與財政部長嚴家淦三位直接開會商量決定，或者由兼任行政院院長及美援會主委的副總統陳誠召集會議商討，主要財經主管皆與會，會前有充分的幕僚作業，受陳誠信任的尹仲容、嚴家淦、楊繼曾與李國鼎等繼續擔任重要的角色。這在實質上替代了經安會被取消後留下的協調性功能，但不是制度性的安排。而能做到這樣，則是因為當時的經建主事者不僅沒有本位主義，他們的自主動力及互相間的共識與默契，在機構不斷的改組之中，維繫著經建工作的推展。也因為如此，在工委會裁撤後，四年經建計畫形式上變得沒有一個計畫單位單獨負責，但卻能夠繼續順利運作[131]。

在這段期間內，除了改由美援會繼續推動工業計畫外，這些經建主要負責人更推動了幾件重大的改革，其中最主要的是尹仲容復出後所推動的外匯貿易改革，將政策方向從鼓勵進口替代轉為促進出口導向工業化，這將於下節詳述。此外，1959年八七水災後的災後重建工作引發改善整體投資環境的計畫，由李國鼎負責，最後通過了影響台灣數十年的《獎勵投資條例》。與這兩者相配合的是1960年推出的「十九點財經改革措施」[132]，這些都是對台灣經濟有深遠影響的政策作為。

---

131 李國鼎（2005：203-206, 230-231）。
132 李國鼎（2005：561-568）。

（五）產業政策逐步進入體制：經合會與工業局，1963-1970

　　到了美援會改組五年後的1963年，因為預期美援即將結束[133]，國府將美援會改組為「國際經濟合作發展委員會」（經合會 1963-1973），由經合會負責四年經建計畫。改組後原來分屬經濟部及交通部下的工礦、農業、交通運輸計畫聯繫組遭到裁撤，而在經合會成立生產及交通小組，經濟與交通部各設相關技術室配合執行，然而實際負責的主要人員並未有太大改變[134]。如前述，前次經建單位之改組背後有著將美援相關機構納入正式體制的壓力，此次也不例外。1964年底司法行政部調查局曾提出一份關於「經合會存廢問題」的報告，認為「經合會與各項美援計畫牽涉頗廣，權力分散，使各部會受到嚴重干擾」；李國鼎認為報告撰寫人不了解情況，但是「這份報告很可能代表台灣在1950至1960年代的反美情緒」[135]。不過經合會終於得以存續並負責四年經建計畫。

　　然而，主要的變化隨即發生在原工委會主要成員，相繼進入正式財經部會擔任要職之時。當他們進入正式財經部會擔任首長之後，就設法將相關人員從經合會調入部會，中央部會人員及能力轉強，因此經合會逐漸成為較單純的設計審議單位，推動政策的角色逐漸減弱，而原由工委會負責的產業政策工作逐漸走入正式的體制。例如，在尹仲容於1963年過世後繼任扮演發動機角色的李國鼎，於1965年初從經合會轉至經濟部接任部長之後，逐步將推動發展的動態業務及投資業務處、中小企業處等業務單位，從經合會轉

133 李國鼎（2005：125-129）陳述了1962年蔣中正籌畫反攻大陸計畫，在美方反對下仍自行決定徵收國防捐，與美關係陷入低潮，美方於1963年已決定將終止美援，1964年正式宣布鑑於「中國健全經濟的成長」，預定1965年6月終止對國府經濟援助計畫。

134 李國鼎（2005：232）。

135 李國鼎（2005：212-215）。蔡中曾於1957年留美回國後，被尹仲容延攬擔任美援會法律修編策劃組主任，他多年後在受訪時指出當時行政院副院長王雲五「認為美援會做太多事情，而他（王雲五）本身是很反美的」，李國鼎（2005：238-239）。如上述，1958年正是由王雲五主持「行政革新」裁撤了經安會。蔡中曾於尹仲容過世後離開公職，後為常在律師事務所主持人。

移到經濟部[136]，而1970年經濟部更正式成立了工業局來負責產業政策。

再如，韋永寧受命於1970年2月創立經濟部工業局並擔任第一任局長，而他的經歷正好可作為案例來說明台灣戰後初期經建體制的傳承與沿革。韋永寧當時擔任經合會副秘書長，而在之前他的經歷包括：資委會—工委會—美援會—經合會—經濟部工業局，這正可作為這傳承下產業政策人才培育與團隊的延續性的佐證。

韋永寧（1915-2004）在1937年於同濟大學機械系畢業後，即參加資源委員會正在興辦的昆明中央機器廠，並於1943年獲選為資委會第二批赴美實習者，並在美取得碩士學位。1948年被資委會派來台灣服務於台灣造船公司，並曾於台大機械系教授電銲課，之後1953年加入工委會，在一般工業組李國鼎領導下擔任專門委員。在經安會被裁撤後轉任美援會，擔任負責工業發展的第一處副處長，1963年美援會改組後留任經合會，擔任副秘書長，其實一直在李國鼎屬下負責工業推動工作。他回憶道，李國鼎於1965年出任經濟部長後，即有意從經合會調韋永寧到部裡成立工業局，「但那時政府的經濟能力不足以協助工業發展……而經合會可用美援節餘下來的相對基金協助，而且世界銀行、美國輸出入銀行……貸款的接洽，甚至日本貸款，都是經合會主持其事，所以，（經合會秘書長）陶聲洋主張還是由經合會主辦工業開發事宜」，因而將產業政策工作從經合會轉到經濟部的事暫緩進行。

等1969年6月陶聲洋出任經濟部長後，陶聲洋「就主張在經濟部成立工業局」，即由當時經合會副秘書長韋永寧兼任局長，並且「由經合會調一部分同仁為工業局班底……包括部門計畫處一半同仁、中小企業處一半同仁，以及投資業務處辦理工業區的全部同仁……工業局可以立即開始辦公」[137]，這其中的主幹還是原先工委會的人馬。工業局成立後即如當年工委會一般，由

---

136 王昭明（1995：56-59, 78）。在當時，從經合會轉到經濟部，待遇會減半，不過還是有人願意跟隨，康綠島（1993：171），李國鼎由經合會副主委轉任經濟部長後，請經合會秘書長張繼正去經濟部擔任常務次長，王昭明任主任秘書。

137 劉鳳翰等（1994：113-114）。

理工科專才各自負責一門工業。同時，如當事人韋永寧所言，「工業委員會一般工業組同仁，以及改組後美援會第一處全體同仁，則兼任工礦計畫聯繫組的辦事人員。有關美援資助的計畫，我們即用工業委員會，後來用美援會名義來聯繫推動，至於美援不肯支持的計畫，或者與工業發展有密切關係的行政措施，我們即用經濟部名義辦理」[138]。……「從工業委員會、美援會、經合會到工業局成立前，對於未來工業發展的路線、架構，在我腦海裡都已有了一份藍圖初稿，這是在尹仲容、李國鼎兩位的領導下形成的」[139]。

　　以上敘述韋永寧的經歷以及工業局的設立過程，是為了呈現台灣戰後由尹仲容等人領導下形成的產業政策模式，雖經過組織上不斷的改組變革，但這政策模式的持續性卻因人事及做事方法的延續而得以維繫，因而日後制度化成為經建部門的**制度使命**。

　　簡言之，經安會被裁撤後，原進行政策協調的制度性安排不再，工委會的產業政策角色則被併入美援會得到部分保留，同樣的人與事歷經工委會─美援會─經合會的組織改組，隨著李國鼎等主事者陸續擔任部會首長，這團隊遂逐步納入正式部會。因而就組織的沿革而言，經濟部工業局是源自工委會的一般及化學工業組，經合會的綜合與部門計畫處部分源自工委會的一般業務及工業四年計畫，其經濟研究處則是源自工委會之財經組，其他如移至經濟部之投資業務處，則是源自1959年為改善投資環境於美援會下成立的由李國鼎召集的投資研究小組等。

　　經合會在1973年改組為行政院經濟設計委員會（經設會），後又在1977年將經設會與行政院財經小組合併，改組為行政院經濟建設委員會（經建會），2014年初與行政院研究發展考核委員會等單位合併為行政院國家發展委員會（國發會）。依據經建會組織條例，其職責「從事國家經濟建設之設計、審議、協調及考核」，這委員會之委員成員仍舊如以往經安會一般地包括財經部會首長，只是這源自經安會政策協調的安排，即經常性開會協調政

---

[138] 劉鳳翰等（1994：81-83, 113-118）。這過程也可參照李國鼎（2005：200-203）。
[139] 劉鳳翰等（1994：117）。

策，則逐漸流於形式，其推動發展的角色則早已不再[140]，不過這是後話了。

四、面向國際的政策大轉向：1958年外匯貿易改革

上一節呈現了戰後初期推動經濟發展的經建體制演變的大略途徑。大致上，從生管會到經安會工委會、美援會與經合會，這些單位開創了台灣戰後經建體制，卻皆為體制外的組織，其所負擔的工作，則隨著美援之終止及主事者進入正式體制，而逐漸移轉進入政府正式部會內，這移轉過程至1970年代初大致完成[141]。本書主題雖非以政策變遷為主，不過1950年代末的財經改革意義重大，尤其是外匯貿易改革，其意味著產業政策從進口替代轉向為促進出口，並逐步廢除龐大的外貿會，對經建體制的變革有重大影響，故本節將簡要說明此次變革及其對經建體制的影響。

（一）戰後初期的多元複式匯率

1960年初正式提出的《十九點財經改革方案》，常被認為是台灣戰後初期主要的改革，方案中主要部分包括外匯與貿易改革、改善投資環境等。然而這時期改革的最主要部分，即外匯改革及相關的鼓勵出口政策，其實早在方案提出的兩年前就完成了。1958年的外匯貿易改革將1950年代的進口替代政策架構，改為以鼓勵出口為主。在戰後後進國家中，台灣是第一個主動做出此政策轉向的經濟體，並從此啟動了台灣出口導向的快速成長，是一重要的政策創新，成為日後其他後進國家學習的榜樣。而這改革最主要的推手是尹仲容，雖然阻力不小，但他幸而得到陳誠、嚴家淦及其他關鍵人士的支持，因而得以順利完成。

數十年之後，在台灣受惠於此改革之後人，早已視單一匯率為理所當

---

140 李國鼎（2005：218-223）。

141 另一個重要的美援單位農復會，則是於1979年改組為行政院農業發展委員會，1984年農發會與經濟部農業局合併改組為行政院農業委員會（農委會）。

然，恐會難以理解複式匯率為何存在[142]，也較難以體會當時此項改革的困難。其實後進國家因為經濟落後、出口困難及資金外流而極度缺乏外匯的情況相當普遍，為此常會採取外匯管制措施，並同時實施複式匯率或類似作法，例如，至2013年緬甸仍正式維持複式匯率。雖然IMF一向不認可此等作法，但依據IMF的年度報告，在2011年中其187個會員國中仍有32個有類似複式匯率的作法[143]。

台灣在戰後初期經濟困難，外匯也是極度缺乏，對外匯的需求遠超過供給。在1949年6月台幣改革之後，政府以自大陸運來之黃金作為新台幣之支持，匯率訂為新台幣5元對1美元，然而外匯自由買賣維持未久即因黃金儲備存量下降過快而發生困難。於是該年底即開始實施外匯審核制度，由生管會產業金融小組負責，逐步發展出依據對進口物資之重要性分類及進出口實績，來決定外匯分配的複雜辦法。

在當時為了節省外匯，一方面對進口採取各種數量管制，即對某些產品或者禁止或者限制進口數量。另一方面則是採複式匯率，藉由不同匯率影響進出口的成本做為管制途徑，以穩定物價及節省外匯為主要考量。例如當時對於重要物資、原料器材及必要民生用品給予優惠匯率，以鼓勵發展並減輕通膨影響；對於政府大宗出口適用一般匯率，而其他出口則適用優惠匯率，以鼓勵民間出口。亦即對競爭力較低的出口業給予較優惠匯率，以作為激勵手段，而認為較具競爭力的出口品，則較有能力承受較不優惠的匯率，例如當時負擔出口重責的台糖，卻須承受低匯率所帶來的虧損。因此不同的匯率也意味著匯率差價帶來的利益的分配。

1955年政府成立外貿會，將外匯管理工作收歸中央，並實施更複雜的多元複式匯率，例如此時進口匯率（1美元對新台幣比值）為：美援及優先物資台幣18.78元，公營事業進口18.18-24.78元，工業原料24.78元，一般

---

142 複式匯率為multiple currency practices，意指一個經濟體對外匯率不是單一匯率，而是針對不同情況採取不同匯率。

143 參見IMF（2012: 33-41）。IMF自1947年成立時，即認定成員國應採單一匯率，但在戰後初期，各國經濟普遍困難，甚多國家採取複式匯率。

物資24.78-35.38元；而出口匯率則是：米糖15.55元，鹽與香蕉18.60-23.90元，其他民營事業出口20.43-28.99元。至今這樣做法當然已被認為是不合理不公平且不具效率，不過當時確實有其產生的背景，且在落後國家有其普遍性[144]。

這樣的匯率體系對價格機制造成極大干擾，並有嚴重後果。進口外匯在各產品及各進口商之間如何分配，全由行政當局決定，因此產生出「許多複雜的管制辦法和分配標準」，不但行政及交易成本高昂，且「造成進口商暴利、過度消費、出口萎縮、某些生產事業不正常發展等現象」[145]，不單妨礙流通且造成的社會不公平日益嚴重，並且高度不利於出口產業之推動。如此的外匯管制體系原是為了因應外匯缺乏及通膨壓力的不得已的措施，雖然到了1958年物價已經穩定數年了，外匯危機也不再急迫，照理應該要加以改革，但要改變既存的這樣一套複雜的管制體系卻並非易事。

（二）為何要外貿改革：藉由促進出口來推動產業升級

尹仲容於1957年8月復出擔任經安會秘書長，在罷官近兩年期間他仍繼續研究經濟情勢為復出做準備，復出後推動外匯貿易改革也是他的重要目標之一。在當時，此事關係重大且具高度爭議性[146]，因此至年底，蔣中正命陳誠以黨副總裁身分，組成一外匯改革小組負責此事，成員包括行政院院長俞鴻鈞、財政部長兼外貿會主委徐柏園、經濟部長江杓、美援會主委嚴家淦及尹仲容。小組中以徐柏園為首的管制派官員[147]主要是負責財政與外匯事務的主管，他們反對立即實施單一匯率，認為如此政府將失去買賣結匯證明書（結匯證）的利益[148]，同時政府的國外採購若不能用較優惠的匯率會使政府支

---

144 此段參照外貿會（1969：69-93）。

145 尹仲容（1959/1963，續編：130-149）。

146 此節參照郭岱君（2013），康綠島（1993：123-125），李國鼎（2005：314-316）等。

147 參見本章第二節對管制派的討論。

148 結匯證明書可說是向台銀購買美元外匯的權利，配合著複雜的對進口權利的分配機制，主管單位原將匯率分為固定的基本匯率與可波動的結匯證價格，因此結匯證價格其實是匯率的一部分，關於結匯證複雜的沿革過程，可參見外貿會（1969：第三篇）。

出增加，凡此皆不利於政府財政平衡，更會影響物價與經濟穩定。尹仲容原來勢單力孤，直到嚴家淦赴美開會回國後加入小組，嚴不但支持尹仲容並幫助說服了陳誠。1958年3月最後一次小組會議中，陳誠宣布採納尹仲容的方案，徐柏園當場辭職，隨後3月19日行政院改組，嚴家淦再次接任財政部長，楊繼曾接任經濟部長，尹仲容接任外貿會主委，這即是陳誠安排的改革團隊[149]。尹仲容在接手外貿會主委時，曾在立法院回復質詢時答說「我主持外貿會的努力目標，就是要裁撤外貿會」，清楚表現出改革的決心[150]。

　　不少人曾引用美國顧問的壓力來解釋此次變革，尤其是美國安全分署署長赫樂遜於1959年底曾提出八點建議，而此建議於次年被我方擴展成為十九點改革方案，似乎顯示外匯改革源於美方壓力[151]，不過這看法恐與事實有相當距離。一方面，外匯改革的辯論主要在前述政府內部所組的小組中進行，此辯論於1958年3月結束，尹仲容於4月即開始推動第一波改革，將近十種匯率簡化為兩種[152]，這些都先於赫樂遜於次年才提出的建議。同時，十九點改革方案中最關鍵的還是在這之前就已開始推動的外匯及貿易改革，我方主事者是在赫樂遜提出意見後，順勢而為將之擴大為十九點改革方案，方案內容只列入了我方同意赫樂遜的部分，自主性相當顯著[153]。更何況如前文

---

149 此階段該小組的決策過程引自郭岱君（2013：447-448），是依據她對王昭明的訪談紀錄，王昭明說此事件「數年後，嚴家淦曾親自對李國鼎、王昭明詳細說明陳誠要他加入研究小組的情形，以及小組討論的種種，該次談話由王昭明做成紀錄」（頁448，附註82）。

150 引自王昭明（1995：89）。

151 Jacoby（1966：129-149）是美國援外單位AID所委託的報告，強調美援及其所附帶的條件，如何促進了國府的改革與學習。Barrett（1988: 121-137）則進一步分析美國各不同政府單位的立場，認為因美政府其他單位無意介入台灣內部事務，故國府無法引用它們的力量來抗衡美國援外單位的壓力，因此無奈的受到了美國援外單位良好的影響。他試圖以此來解釋為何美援單位，在其他國家如南越等，無法如其在台一般成功促進發展。他其實假設了遷台後的國府，和當時的南越政權一樣，並無「推動發展」的意志，而至今已廣被接受的「東亞發展型國家」論述正是作了與此相反的說法。

152 尹仲容（1959/1963，續編：130-149）。

153 康綠島（1993：113-144）。李國鼎（2005：561-568）附錄四中詳列了八點建議與十九點方案之異同。

一再強調，美方顧問雖然一直會提出各種意見，但受援方是否接受則是因時因地而異，即使美方強勢堅持的意見也可能得到陽奉陰違的待遇，因此在「解釋」上概括性的將某些事件主要歸因於美方的干預並非適宜。

回溯來看，尹仲容對外匯改革其實起意甚早。依據經濟學者蔣碩傑的回憶，早在1954年，尹仲容就主動寫信給當時擔任IMF中國理事的譚伯羽，要他向IMF提出要求，商借在那裡任職的劉大中與蔣碩傑兩位經濟學者回台研究外匯。因為當時美國安全總署正要派出一個以銀行家為主的經濟顧問團來台灣考察，並對外匯問題提出建議。而尹仲容顯然擔心此團不易掌握情況，而邀劉蔣兩人隨同此團，提供協助也看他們能有何對策。劉大中與蔣碩傑在台灣兩三個月，不滿意美考察團不關痛癢的報告，因而單獨寫了份報告，認為應該採行單一匯率，並應貶值，同時建議政府發放外匯券，藉由此來管制進口，但允許其自由買賣[154]。在此之前一兩年，尹仲容已與蔣碩傑交流過，甚明瞭蔣對當時複式匯率的批評，及蔣認為應該依賴市場機制的看法。尹仲容邀這兩位學者回國考察提交報告，當是希望以此作為推動外匯改革之奧援。確實，他隨即於次年初就開始推動外匯改革，只是不久之後卻被迫罷官近兩年，要到1957年8月復出後才能真正推動[155]。再則，尹仲容曾於1954年發表了著名的〈台灣工業發展之逆流〉一文[156]，即認為「逆流」是源於廠商亟於「攫取匯率差額利益」與過分依賴保護等。

同時，即使是關於穩定物價與經濟之管制政策方面，尹仲容的理念一向是以開源及擴產為優先，而認為物價及匯率等價格面的改善，只能來自實質面改善，即物質生產供給之增加，而不能只依賴一時的管制措施[157]。再則，

---

154 這是依據《蔣碩傑訪談錄》中蔣碩傑的自述，陳慈玉、莫寄屏（1992：84-90）。

155 尹仲容曾於1955初推過改善外匯辦法，與1958年的方案類似，但未能實現即罷官了。〈改善外匯管理 已定七項原則〉，《聯合報》，1955/02/16，第1版。關於後來實施的方案可參考〈對當前外匯貿易管理政策及辦法的檢討〉，原發表於1959/10，收錄於尹仲容（1963，續編：130-149）。

156 收錄於尹仲容（1963，續編：27-31）。

157 財經小組第一次會議紀錄（1951/3/15），中研院近史所檔案館經安會檔案，30-01-01-003-001。

要在台灣推動工業化，困難在於國內市場過小使得產業難達到經濟規模。他認為應以瑞士等小國為榜樣，發展一些以全球為市場具有全球性競爭力的產業，而不是發展一些依靠保護、以國內市場為對象的落後產業。雖然當時很多人認為這是天方夜譚，他卻相信這是可以做到的[158]，因此，他認為台灣的工業化必須依賴出口。到了1950年代中期，經濟已稍見穩定，進口替代工業化已有了初步成果，而改革的壓力也已到來。例如就最重要的棉紡織業而言，其進口替代任務完成後，產能開始過剩且過剩程度不斷增大，凸顯了推動出口成長的迫切需要，但同時推動出口卻存在明顯困難。

尹仲容雖堅持追求理想願景但也非常務實，他的方案並非沒有根據。依據趙耀東的回憶，他在1949至1953年間主辦中本毛紡與台北紡織公司，尹仲容常在週日找他聊天，理解紡織業的情況。趙耀東當時就建議說「唯有外銷才是生存之道」，後來尹就要求他將公司紡織品試著外銷，而他也成功將產品銷到韓國，證實了外銷的可行性。趙耀東另一項建議是發展人造纖維業，而尹就派趙去美國考察並撰寫設廠計畫書，即是隨後中國人造纖維公司的由來。趙關於發展紡織業的二項建議均被尹仲容採納，他因而認為尹具有「兼聽而不偏信、從善如流」的美德[159]。另一位當時擔任織布公會理事長的周塗樹，也表示他常與尹討論產業實情，並曾建議「只要中信局照國際行情供應紗」台灣產品即可打開外銷，建議被尹立即採納，使得「格子布終於打開美國市場」[160]，而如此案例不勝枚舉[161]。這也符合Evans（1995）所提出的東亞經建官僚具有**鑲嵌自主性**的說法，即如尹積極持續地了解產業界的情況，而

---

158 尹仲容（1963，續編：36-47）。

159 趙耀東，〈愛才、育才、用才的長者〉，《經濟日報》，1993/04/15，第3版。趙耀東於1953年任毛紡公會理事長任上為其他廠商作保，因後來幾家廠商倒閉而受牽連。當時尹仲容讓他去幫越南政府辦紡織廠，藉此而有再起的機會，因此他說「尹先生對我之恩，形同再造」。

160 周塗樹，〈台灣經濟發展的導航者〉，《經濟日報》，1993/04/15，第3版。周塗樹自戰後初期起擔任織布公會理事長達18年。

161 沈雲龍（1988）；李剛、林笑峰，〈台灣工業化與尹仲容〉，《聯合報》，1963/01/28，第2版；《經濟日報》，1993/04/12~18，刊登「尹仲容紀念專文系列」，紀念尹仲容90冥誕。

又「不偏信」。

　　對出口而言，當時既有的政策環境並不友善，即外匯管制帶來不便，被高估的匯率及相關措施對出口非常不利。「政府保障了工業的國內市場，且不惜提供工業所需機器設備與原料廉價的外匯，由於進出口差別匯率的影響，產品國內銷售的盈利往往較在國外銷售的盈利為大。同時政府還在實施計劃性的生產，不願產品有過剩的現象，因而工業便不急於尋求海外市場」，推動外銷的工作必然困難，「但外銷的利潤不比在國內為優厚，誰願意多用心計或甘冒風險！」[162]尹仲容了解必須改變政策環境，以扭轉內銷與外銷獲利率上的差異，如此才能推動出口。再則，在受保護的國內市場成長起來的工業，容易耽於保護而不求進步，此種工業化絕非他這位推動發展者所追求的理想目標。同時，讓所有的產業都依據同一套價格體系來競爭，才能去除原有複雜體制中的各種不公平，並且才能真正激勵有能力者[163]。

　　此次改革意味著重大政策方向的變革。與此相配合，這改革團隊的另一成員嚴家淦在接任財政部長後，宣稱「今後財政政策，將力求配合經濟發展」，而不再是如過去那樣由「財政領導經濟」，這是很不尋常的「非本位主義」立場[164]。同時，新任的經濟部長楊繼曾也說「管制經濟是最貴的經濟」[165]。這三位主事者能夠有共識且互相配合，使得政策得以順利推動。嚴家淦此次已是第二次擔任財政部長，如前述，尹仲容雖持續推動此次外匯貿易改革，陳誠則一直等待他高度信任的嚴家淦回國並表示贊同改革後，才支持改革[166]。嚴家淦一向溫和而低調，但因他深受長官信任，也一向支持合理改

---

162 尹仲容，〈保護工業與拓展外銷〉，《貿易週報》1958新年號。引自〈尹仲容撰文稱產品過剩時 必刺激出口〉，《聯合報》，1958/01/09，第4版。

163 尹仲容（1963，續編：112-120）。

164〈嚴家淦談財政政策〉，《聯合報》，1958/03/27，第3版。在當時，結匯防衛捐及結匯證收入是財政重要收入項目之一。根據王昭明的憶述，當嚴家淦此次接任財政部長時，財政部其他人全都反對此項外匯改革方案，他必須逐步克服困難，郭岱君（2013：450-451）。

165〈存誠與政風〉，《聯合報》，1958/04/14，第3版。

166 嚴家淦於1957年8月卸任台灣省主席，調任行政院政務委員，9月中代表中華民國赴美參加世界銀行與IMF年會，後在美國住院醫療，再赴歐洲考察，於1958年1月4日返國。嚴前

革，與性格迥異的尹仲容又能相互配合，可說是改革成功的關鍵之一。王昭明提及嚴家淦在尹仲容過世後接任尹在美援會的職位，交接後曾對王談到說「仲容兄……對不同意見常不自覺地嚴詞駁斥，不免因此得罪他人。我和他配合，處處為之緩頰，以尋求人和。吾人之目的不在敷衍應付，而在求減少阻力使理想得以實現耳」[167]。嚴家淦奉命回到財政部執行這「整個財政部只有嚴部長一個人贊成」的改革，並成功達成任務。嚴家淦對台灣戰後經濟發展的貢獻因他的低調而被明顯低估。

此外，此次的內閣改組同時就修改了外貿會組織規程，外貿會主委不再必然由財政部長兼任，亦即財政考量不應再主導外匯及貿易政策，意味著過去近十年被外匯、財政與通膨危機壓的只能窮於以管制方式應付的年代，終於要告一段落了[168]。

最重要的是，此次外匯貿易改革改變了內外銷的環境誘因，不再鼓勵產業只為規模有限且受保護的國內市場生產，而是促使產業積極尋求海外市場。國際市場規模龐大且高度競爭，參與其中必帶來持續提升生產力的壓力，進而推動了台灣產業全面的升級。從1949年起的幾年內，國府穩定經濟並推動進口替代工業化，可說是台灣戰後經濟發展第一個關鍵點，而此次外匯貿易改革及其相關的出口導向政策，則是產業升級的第二個關鍵點了[169]。

（三）外匯貿易改革成功開啟出口導向時代

在當時戒慎恐懼的政治氛圍下，物價一有波動就會引發批評議論，政治高層也因在大陸的失敗經驗而堅持優先維護經濟的穩定。此外，如前述，管制派官員除了不願放棄來自結匯證的財政收入外，更是以外匯改革會帶來物

總統家淦先生哀思錄編纂小組（1994：908-909）。

167 嚴前總統家淦先生哀思錄編纂小組（1994：266）。

168 外貿會要到1968年才正式被裁撤，外匯業務歸中央銀行管理，促進外貿部分移至經濟部，日後成為經濟部國貿局的一部分。外貿會（1969：1-2）。

169 此後還有1960年代推動中上游產業的第二次進口替代，即促進重化工業的發展，以及1970年代開始推動高科技產業的發展等。

價上漲為由來反對此次改革。再則,除了物價波動的風險之外,還有發展模式轉型的不確定性。當時在保護下稍有成長的進口替代工業,是否能如尹仲容等所預期的,在新環境下成功地因應國際市場嚴峻的競爭,進而轉型為出口產業,也絕非當時多數人的共識。

因此這次負責改革的團隊確實承擔了相當大的壓力,可以說此次大刀闊斧的外匯改革實是執政團隊大魄力的表現[170]。然而,若詳讀尹仲容當時說明此政策的文章與演說,就可以看到他們改革的魄力是奠基於對現實狀況翔實嚴密的考察,以及與對經濟機制如何運作清楚的理解。例如在〈對當前外匯貿易管理政策及辦法的檢討〉文中,尹仲容除了詳述改革的理由與相關措施外,並詳細討論了外匯改革對物價可能的影響,對進出口中不同產品的比重,以及以往各產品價格對匯率的反應,都引用具體的數字,並依據經濟理論做出合理的推論[171]。

尹仲容、嚴家淦與楊繼曾組成的新團隊上任不久,即於1958年4月12日提出第一部分《外匯貿易改革方案》,將過去複式匯率簡化為兩種,即為二元匯率制。基本匯率即台幣24.78元為一美元,與過去無異,而進出口物資分為甲、乙兩種,甲種為重要物資(糖、米、小麥等)、重要機械與政府採購等,適用基本匯率;乙種則是甲種以外的產品,則為基本匯率加上結匯證價格,而結匯證價格由市場決定。「其所以不欲遽改為單一匯率者,乃基於物價與財政上之顧慮,蓋甲種物資每年進口額約有九千萬美元以上,其匯率不變,可使物價獲得安定之力量,而美援貸款之計算率亦可因基本匯率不變而暫不致變動,使工商業償還美援貸款之負擔不致增加。⋯⋯倘今後環境

170《聯合報》的報導言及:實施單一匯率「一般工商界都認為是一種大膽的嘗試,尤其是在年關以前付諸實現,非有相當的魄力,不敢如此作為」,「短短的八個月間,政府竟然來了兩次重大的改革,這不能不說是空前的舉措。政府為何肯冒物價波動的大險而毅然改革?」〈一年外貿兩度改革 外銷進口均獲成效〉,《聯合報》,1958/12/29,第5版。

171 尹仲容,〈對當前外匯貿易管理政策及辦法的檢討〉,原發表於1959/10,收錄於尹仲容(1963,續編:130-149)。

許可，我人仍將朝單一匯率之方向努力」[172]。同時新方案逐步恢復價格機制的作用，將原附徵的防衛捐與匯率脫離而併入關稅，放寬進口限制，並取消一些單位的進口特權等。

而在鼓勵出口方面，當時結匯證價格約11.6元，故一般出口者面對的匯率將從1美元新台幣24.78元提高到36.38元左右，獲利率定將大幅提高。原先工業原材料匯率多照24.78元進口，現在除甲種原料外皆將提高，對於耗用進口原料進行製造但只做內銷的工業將有不利的影響。而利用進口原料加工出口的工業，則會因出口匯率同步調整而將增加收入，對利用本地原料出口的工業則更為有利。因此新方案對產業界提供了多用本地原料、並增加出口的誘因。

此方案雖被認為風險高，但實施成效良好，施行後物價並未如反對改革者所擔憂的大幅飛揚，大致上維持穩定，同時出口則如預期地開始有所成長，即使該年8月間還發生了八二三金門砲戰。於是在七個月之後，這改革團隊於1958年11月20日聯名在行政院提出了實施單一匯率的方案，通過後立即施行。新方案將四月改革方案中的甲乙類物資（包括美援物資）合併為一種，一律照繳或照給結匯證，新的單一匯率為24.78元加上可變動的結匯證價（當時為11.6元），即一美元實際匯率皆為36.38元，政府機關也比照辦理。如此負擔出口重責的台糖才能不再因低匯率而持續虧損。同時，此兩次改革也採取措施減少進口利益，包括逐步走向開放貿易商牌照、消除原來因限制牌照數而來的壟斷性進口利益，也取消原先以進口特權做為鼓勵出口的措施，如出口可保留外匯等作法。施行單一匯率達到成效後，遂於1959年8月再將基本匯率與結匯證價格合併為36.38元的基本匯率。

雖說在事後眾人皆會同意單一匯率是比較合理公平的制度，但在當時氛圍下外匯貿易改革極具開創性，此次改革可說不單極為務實，並具有高度前瞻性，執行上更是膽大心細，更重要的是成效卓著。

172〈尹仲容昨解說外貿改革問題〉，《聯合報》，1958/04/13，第4版。尹仲容照例對記者詳細解說新方案並回答提問。也參照〈對當前外匯貿易管理政策及辦法的檢討〉，見上註。

　　尹仲容在隨後發表之文中曾提出「整套改造」的主張，認為「經濟活動……與人類其他的活動……有不可分離的關係，……從經濟發展的觀點看……要改革全部都需要改革……我們迄今為止，始終沒有在文化、社會與政治方面，形成一套適合現代經濟發展的觀念與作風……推動經濟發展應該是一個普遍的社會革新運動，而不是一個單純的經濟改革方案」[173]。顯現出這位改革推動者，雖高度務實但其實也有其浪漫理想的一面。

　　外匯貿易改革早在《十九點財經改革方案》之前即已實施。1960年初提出的十九點改革方案，主要還包括《獎勵投資條例》[174]，這是1959年在嚴重的八七水災之後，為促進投資尤其是吸引僑外資，而在美援會下設立了「工業發展投資研究小組」，由美援會秘書長李國鼎擔任召集人，以排除各種投資障礙為目標，最後提出的以租稅優惠及簡化手續為主的方案，有其深遠之影響。此條例從此之後雖經一再修正，但持續運作了三十年，其後1990年的《促進產業升級條例》接續近二十年後，從2010年開始又以貌似的《產業創新條例》在運作。其實，這部分的工作是李國鼎等人，自加入工委會積極推動工業化時，早已在進行的工作，因為要成功推動工業化，必然要協助排除投資障礙，這法案就是把他們這方面的作為予以法制化。其他政策改革還包括鼓勵儲蓄、配合性人力資源政策、工業用地優惠等。

　　簡言之，此次外匯貿易改革方案影響深遠，意味著國府遷台後前十年，以因應外匯、預算及通膨危機為最優先的政策方向，以及與其相配合的管制措施，終於告一段落。財政政策不再領導經濟政策，而是與其配合，外匯及貿易政策從此優先服務於經濟發展及出口成長的目標。同時，進口替代體制被強力修正轉為出口導向，而這轉型可說是戰後後進國家的首例，並且是國府這批人自主推動成功的。這個此後被譽為東亞發展型國家典型的產業政策

---

173 尹仲容，1960/3/25，〈論經濟發展〉，《自由中國之工業》，13（3）。收錄於尹仲容（1963，續編：169-183）。

174 康綠島（1993：144-151）。此條例主要內容包括：合於獎勵標準之生產事業，自開始營業之日起，免徵營利事業所得稅五年，其後之新增設備也得享此待遇；個人兩年以上定期儲蓄存款之利息免繳所得稅；外銷之所得享有所得稅上之抵減優惠；對工業用土地之優惠等。

模式，得以開始較為完整無礙的運作。此後台灣順利走上出口導向成長之途，台灣1950年代的工業生產、出口值及實質GDP的年平均成長率已分別達到11.9%、22.1%與8.1%，到了1960年代則三者分別增為16.5%、26%與9.7%。不過，如前述，這個模式在前十年即已經在制度與人事上奠立了堅實的基礎了，而這模式的奠基者，也正是此次高風險的外匯貿易改革的推動者。

　　台灣從此開啟的出口導向成長，仍是發生於戰後冷戰環境下，當時美國為圍堵中共而持續扶植台日韓等地的經濟發展，並對其開放美國市場，為台灣產業提供了一個龐大的潛在出口市場。即如本書第一章2.2節所討論，若當時沒有美國的支持，國府應無法在台灣立足；然而在這既定的外在國際環境下，還是有賴於本地內在動力來改善自身的制度與政策環境，就如這次進行的外匯貿易改革，如此才能夠利用這有利的外在條件，據以發展自身的經濟。

五、以實業救國的儒官這一代人

　　前文描述了戰後初期國府在台灣的經建體制的演變過程。這無疑是一個充滿危機而高度混亂的過程，經濟政策上的挑戰極為艱鉅。日本殖民者雖進行了建設，但並未培育本地的企業家與經濟管理者，在戰後留下巨大的人才缺口，大陸來台人才也只能部分填補[175]。國府來台接收的成效在不同部門間有很大差異，不過由資委會負責的工礦接收及復產較為順利，使得國府退守台灣時工業生產上已稍有基礎。1949年國府遷台時，台灣通貨膨脹壓力仍存，主要出口地大陸市場在一夕間消失，大量人口遷台帶來供糧等龐大壓力，財政赤字嚴重，外匯高度缺乏，幣值改革後新台幣暫由黃金庫存來勉強支撐。

　　當時的經濟危機非比尋常，國府中央政府在潰敗中遷台，相關的原非完

---

175 尹仲容（1963，續編：56-57）即曾如此坦白陳述。

整的財經部會遷台後更是制度不全、人力不足、人事不整，並沒有一個有組織、規章及能力的團隊來面對挑戰，反而是「機構龐雜、事權分歧」。在此百廢待舉、處境嚴峻的情況下，若無人承擔風險、積極任事並開拓方向，問題不易得到解決。能夠嶄露頭角的必然是積極任事大力主導政策方向的人，絕非謹小慎微的官僚。亦即要能解決經濟問題，必須非常主動找出問題與方案，這在在需要主事者高度的自覺與動力，而這必然來自某種使命感，才會去作此吃力不討好的工作[176]。

從前述對當時經濟體制演變過程的探討，可看出當時確實有一批具有此等使命感的人，積極主動的解決問題，穩定了經濟並開啟了經濟成長的機制。從生管會開始，陳誠就高度重用尹仲容，在生管會成立之初尹只是常務委員之一，但顯然他積極任事的作風以及解決問題的能力得到肯定，因而於次年升任實際主持事務的副主委。而尹在應付危機時，就已經以增加生產促進工業化做為長期解決方案。在經安會的工委會取代生管會之後，尹更正式建立了一個專職專業的產業政策團隊，這個從工委會發展出來的團隊，它的人員、制度、理念及行事風格，就成為日後台灣經濟政策體制的基礎。

圍繞著這個團隊有些相配合或後續加入的人員也發揮了重要影響。蔣中正對此高度關注，被授權主持財經的陳誠則持續支持這團隊並給予自主空間，而嚴家淦一向深得高層信任，他對此改革團隊的支持及其發揮的協調作用也至為關鍵[177]。其他還包括李國鼎、楊繼曾、陶聲洋及孫運璿等人。在他們共同努力下，以及在美援及其他條件的配合下，不到幾年內物價得以穩定，並在1952年使生產恢復到戰前水準，數年內民生輕工業的進口替代已有成果，1958年更進而將產業政策方向轉為出口導向，開啟了1960年代起出口的快速成長。美國援外總署於1965年夏終止對台美援，在關閉分署辦

---

176 在尹仲容所主導的生產管理委員會於1953年被撤銷改組之時，輿論曾謂「雖然社會上有不少人士對生管會的作風未表贊同，但是平心而論，在目前機構龐雜，事權分歧的情況下，要不是有極大的勇氣與決心，是很難有所建樹的。」《台灣經濟月刊》1953/7/1，引自沈雲龍（1988：193）。

177 王昭明（1995：55-59）。

公室的典禮上，美國大使就宣稱台灣為受援的模範生及美援計畫第一位畢業生[178]。

　　在此要強調的是，這些人的高度動力與此方面的共識，是台灣戰後初期經濟危機得以解決而日後發展得以維繫的關鍵因素。這樣的動力與共識不會無端出現，本節即是要來探討這一批人的來歷及這動力與共識的來源。

（一）這一代「財經官僚」的背景

　　這些人才源自何處、有何理念呢？如上一章所述，國府在大陸所進行的建立現代化政府工程在各部門的成效不一，較幸運的是在建設工業方面成功組建了資源委員會，有效的集結了當時中國優秀的專業人才投入工業救國。除了資委會之外，知識菁英推動現代化的努力廣泛卻不平均的分布在其他領域，成效不一，組織化的成果皆不如資委會。

　　如前述，文理兼備的俞大維（1897-1993）在日本侵華的威脅下未接受柏林大學的教職邀約，而去鑽研軍事學，並加入了國府擔任兵工署署長，負責建立現代化軍工產業[179]。兵工署的人才也為台灣戰後經建體系所用，如擔任過經濟部長的楊繼曾（1898-1993）與陶聲洋（1919-1969）。又如農復會第一任主委蔣夢麟（1886-1964）曾任北大校長，是《西潮》的作者，承繼著五四現代化救亡圖存的理想；而農復會沈宗瀚（1895-1980）等人也是民國初期承繼科學救國傳統的留美學生。而如戰後到台灣省政府工作的費驊（1912-1984），及被資委會派至台灣工作的孫運璿（1913-2006）、李國鼎（1910-2001）與韋永寧（1915-2004）等人，則是典型的屬於受到抗戰激發的愛國理想洗禮的一代人。

　　尹仲容（1903-1963）可說是此時期最重要的財經主事者，如本書第四章所述，他在大陸時期的實務經驗相當豐富多元，「從地方到中央，從公營到民營，從公司經營到國貿採購，以及從科技專業到一般行政，飽受歷

---

178 Cullather（1996：1）。

179 俞大維於1944年卸任兵工署署長，後曾任軍政部次長與交通部長等職，1949年來台後曾於1954至1965年擔任國防部長。

練……然比財經行政及專業技術廣博閱歷，當時可能鮮有出其右者……培育了他在經濟政策上獨特的執行能力」[180]。他出身官宦世家有良好國學根底，1925年畢業於南洋大學電機系，「兼容新知舊學」。畢業後先在交通部電政司負責電信相關工作，後出任宋子文主持的中國建設銀公司協理[181]，曾負責其屬下公司的改組與經營，得到開發投資及經營民營企業的經驗。抗戰時期他擔任資委會紐約分所主任後並任該會駐美總代表，負責戰時採購。戰後宋子文出任行政院院長近兩年期間尹仲容擔任其經濟行政秘書，協助策劃戰後工業及交通之復興[182]。尹仲容多樣的經歷可說是承接了國府大陸時期各方面推動現代化的經驗。

今日一般已習以「財經官僚」稱呼尹仲容、李國鼎那一代開創台灣經濟發展局面的負責人，但這樣的稱謂其實不單無法呈現其全貌，在今日語境下甚至會起誤導的作用。在今日，官僚似乎意指通過高考，依據專業謹守規章分際，並聽命於長官的人，而相關政策方向則應由政務官或政治人物來訂定，同時相關的規章制度在今日當然較五十多年前嚴謹細密甚多，進一步限制官員行事的空間。然尹仲容他們不是依法辦事的官僚，而是那大時代下的特殊產物。

比較貼近真實的看法，應該是將他們看作中國傳統的以經世致用為職志的知識分子，甚至可說是中國最後一代曾經接受傳統士大夫教育的知識分子，他們讀過傳統經典、用毛筆字批公文，寫律詩絕句。更重要的是，他們承繼了中國知識分子自鴉片戰爭以降的整體屈辱感及救亡圖存的使命感。他們學習工程與財經，只是因為認為救國以工業救國最為有效，他們不是為發展而發展，而是為了救亡圖存趕上西方而發展。再則，1930年代起日本侵

---

180 此段引自徐振國（2007：346-351），而其整理自沈雲龍（1988）。

181 中國建設銀公司是宋子文於1934創立的投資公司，目的是引進外資，投資國內的交通與工礦企業，具開發銀行性質。不過其與政府關係密切，鄭會欣（2001）認為其自抗戰後期的作為較為可議，已由一個投資公司演變為「官辦商行」。

182 宋子文此段主政時期，雖曾以公營企業接收日棉紡廠，但在一般經貿政策上卻是具高度開放性，宋子文此段時期的施政難以因應戰後亂局，終以失敗下台。久保亨（2013）。

華戰爭的威脅，及隨後八年極為艱苦的抗日戰爭，更使得救國成為高度迫切的使命，使得受抗戰經驗影響的這一代人具有高度的動力。

在此將以「以實業救國的儒官」來稱呼這一代「財經官僚」。稱他們為「儒官」是表示其仍有傳統士大夫的經世致用之志。在前現代中國的官必為儒者，因此沒有儒官的稱呼，但現代的官僚多被假定不是儒者，因此以「儒官」來稱呼這些有儒者取向的從政者是十分適當的[183]。再則，因他們是以推動實業救國為職志，故稱之為「以實業救國的儒官」，強調救國則是要凸顯他們當時救亡圖存的急迫感。

相較之下，台灣今日的財經官員比較沒有儒家讀書及經世的傳承，穩定的環境也不會賦予他們救國的使命感，因此「科技官僚」是對他們比較貼切的稱呼，即其只是強調現代化及科技取向。

這個稱他們為「以實業救國的儒官」的論點，或許看來無法以「科學方法」論證，但對於我們要了解台灣經濟發展的過去與未來而言，卻是極為重要的。這也是本書所要提出的主要論點之一，即發展意志（為何發展）促使經建主事者積極尋求並完善如何發展的方法，他們的能力與發展意志高度相關。本章在此將從三方面對此論點提出佐證，來說明他們並非只是依法辦事的官僚而已，而應被視為負責擔任推動工業化任務的具有使命感的知識分子，是具有實業救國抱負的儒官。首先簡要的從現實層面來指出（1）他們必須具有高度使命感，才能穩定當時的亂局；（2）具有發展願景，才能為未來發展奠立下良好的基礎；最後（3）將呈現當事人的言行案例作為補充說明。

（二）使命感、能力與發展願景

如前述，1949年國府遷台時，財經部會人力不全、事權分歧，在亂局

---

[183] 此處是借用歷史學者羅志田（2008）提出的「儒官」用語。雖說他所指涉的是今日情境，即「在做官以讀書為前提的年代，官員基本是儒生，故不聞儒官之稱」，「現在以發展經濟為首務，官員講究的是與經濟增長相關的業績，公餘尚能讀者，恐怕也可名為儒官」。感謝梁其姿建議此用法及實業儒官的稱呼。

中，只有高度使命感者會積極任事，主導政策方向以解決問題。在此且以尹仲容為例來說明，引用他推動台灣早期產業發展案例來做為佐證。

國府遷台初期，在政情混亂及白色恐怖下官場傾軋激烈，尹仲容一向被認為恃才傲物，他能受到重用實因他勇於任事，積極處理問題並有立即成效，以能量與業績取得經濟事務的主導權。他被認為「敢於改革、敢於負責、敢於說話、敢於認錯」[184]，如前述他的座右銘是「絕不可存多做多錯、少做少錯、不做不錯的心理」[185]。但同時他也因其強勢作風而不斷承受指責與攻擊，甚至被正式起訴而罷官兩年，但復出後仍然維持既有的勇於承擔風險的行事作風。以下就舉一些例證來呈現當時的情況。

1949年底國府退守台灣後兩岸經濟關係斷絕，台灣的出口在戰後四年所依賴的大陸市場瞬間消失，造成外貿上的重大危機，要為台灣傳統出口品尋找出路、賺取外匯成為當務之急。此時日本是由美國主導的盟軍總部統治，其必然以日本的利益為先，同時美國杜魯門政府對國府極度失望，剛於1950年初發表不干預政策。

在此非常不利的大環境下，尹仲容意識到尋求出口市場之急迫性，因而主動推動此事，以經濟部顧問名義在1950年春赴日商討貿易協定。經過為時三個多月的密集交涉，竟然向盟軍總部爭取到了以雙邊記帳、計畫貿易的方式恢復對日本的貿易，簽訂了貿易協定，解決了當時近七成的對外貿易額並解除了立即的外貿危機，也奠定以後十年間中日雙邊記帳貿易的基礎[186]。此後尹仲容隨時為了因應未來變化而積極主動籌畫對策，並顯示極為務實的態度。相較之下，在南韓，李承晚則一直拒絕恢復與日經濟關係，直到朴正

---

184 張九如（1988：36）。尹仲容的敢言也是因為他認為作為一政府官員，「有義務將我的辦法與意見公開，我也有權利接受各方面的批評與建議」（尹仲容，1963：三編序）。同時，他也一直定期和記者談話說明政策，《聯合報》記者林笑峰說尹仲容在復出後，從1958年4月起至他過世為止，和他們幾位記者定期會談達190次，近乎每週一次，「對於我們不了解的一些問題，尹先生不厭其煩向我們解釋」，《聯合報》（1963/1/26，第2版）。

185 王昭明（1995：44），沈雲龍（1988：尹仲容先生墨蹟）。

186 參見本書第四章第四節的敘述。

熙上台後才為了推動經濟發展，而與日本全面恢復關係。

再舉一個他主動解決小問題的例子。1953年5月當時身為生管會副主委但實際負責經濟事務的尹仲容，對美援會寄發備忘錄，對如何改善美援外匯之運用提出具體建議。他主張美援外匯應與政府外匯合併起來，共同成立一個委員會來決定各種用途的分配，政府應編兩種資金預算，一為台幣資金，一為所需外匯預算。此建議後得到美方同意後實施[187]。

尹仲容於1955年8月15日為揚子案出庭應訊時，說道「凡合於政府政策，對於國家有利的事，在我職權範圍以內的，我便負責的作了」[188]。例如某次一批進口物資因稅款爭議而耽擱，他為了免於此物資因而腐爛，主動由中信局提供擔保；再如他一再決定由中信局貸款給質優但財務困難的民營企業，如承接軍工任務的揚子公司等[189]。他因為中信局為實際執行單位，故刻意保有中信局局長的兼職但不領取兼職薪資，持續讓中信局提供擔保及貸款給民營企業。在局長任內，除了貸款給揚子公司外，還曾代管利源化工廠，籌辦新竹玻璃廠再轉交民營，提供廠房機械貸款給台元紗廠、新台灣紗廠、鴻福絲廠、經緯織廠、新光內衣廠等[190]。無可置疑這樣的作為也附帶了相當高的風險，他也最終為此及其不怕得罪人的態度與雷厲風行的作風付出代價，終而於1955年因為揚子木材案「圖利他人」被起訴，雖最終被判無罪，但仍然因此而罷官兩年。一般認為此案或是因為他得罪的人多，或是官

---

187 趙既昌（1985：7-9）。

188 沈雲龍（1988：373）。

189 對此案尹仲容的答辯稱：民營的揚子公司擔負承辦重要的軍事工程的任務，它的生產與經營能力曾正式得到中美軍方的肯定與推薦，如此優秀並擔負軍工任務的公司，不應該因為一時資金上無法周轉而倒下，因而當時決定由中信局給予貸款。此乃奉行扶助民營工業的政策，協助軍工，配合美援；再則財務健全的企業本也無須扶助，扶助的對象必然是像揚子公司這樣優秀而一時有財務困難的公司。檢方起訴的事由以及監察院糾舉的理由，也只是指控中信局的貸款為圖利他人，並因貸款尚未償還以致給國家帶來損失。而如尹仲容說明時指出，中信局並未因揚子案遭受損失，借款並未到無可收回的時候，並且有該公司機器設備作為抵押足可償還貸款（沈雲龍：355-379）。

190 沈雲龍（1988：375）。

場傾軋。而他過兩年能夠再起，應是因為高層認為還是需要他發揮才能，來解決經濟上不斷出現的困難[191]。

即使如此，他復出之後仍然繼續維持這作風，甚至因覺得時不我予，經常力排眾議堅定地推動改革。例如「不顧軍方反對，力主用省產皮革製造軍用皮鞋，發展皮革工業。不顧林務局反對，毅然進口柳桉，以發展夾板工業。不顧糧食局反對，力主米糧出口與肥料進口分開，以去除積弊……等等」[192]。每件事情在起初幾乎都會遭到諸多的批評，直到成效顯現。王作榮（1964）對此有很貼切的描述：「……仲容先生最愛運用他所主持的各個機構，促進台灣的經濟建設，他將他所能支配的人力和物力都投放在這一方面，擔當個人前途的風險，和各方面的不利批評，而毫無回顧退卻之意，雖終因此而遭受重大的挫折，仍未能改變他的基本態度。這當然與他重視責任，重視國家利益的個性有關，但部分也由於他對落後地區政府在經濟發展中的任務的清楚認識有關」。

他這樣的生命態度只能是緣於他的時代使命感。而這高度使命感也促使他以實事求是的態度務實地掌握現實，並積極尋求解決問題的方案，因而能夠不斷地累積處理經濟事務的能力。

從現實層面來佐證「這些財經官僚實為以實業救國的儒官」的第二個論點是，經建事務的負責者必須要有發展的願景，才能在解決問題之時，也同時為未來發展定下基礎與方向。要真正解決問題除了克服立即的困難之外，必然牽涉到要如何推動工業化、要將產業往何種方向推動等問題，這些都涉及未來的願景，也牽涉到使命感與發展理念。

如本章第二節所述，尹仲容及其他經建主事者是以追求中國現代化為目

---

191 如王昭明（1995：43-49）述及揚子案前後，一些人急切欲入罪尹氏。而張駿（1987：95-96）則提到尹仲容樹敵甚多，以至於其治喪委員會中仍有某巨公先極力反對由國家給予公葬，然後阻攔紀念基金會的成立，甚至為此在尹的喪禮上當場撕毀基金會的認捐簿。如李國鼎（2005：65）回憶時提及「尹先生最大的問題，是他和徐柏園先生兩人對很多事情的看法不一致」。

192 張九如（1988：28）。

標，而要在台灣推動工業化，並且要建立有國際競爭力的工業，而非是只依
賴保護的工業。因此，尹仲容選擇不用美援進口棉布或棉紗來解決民生需
求，而是選擇進口棉花來發展棉紡紗與棉織布產業，並採取了複雜且吃力不
討好的代紡代織方案。過了幾年，他又毅然結束代紡代織，並逐步開放新進
廠商申請進入。接著他又推動外匯改革促進出口，擴大市場範圍促進產業發
展。同時，他在主導輕工業進口替代發展時，就推動建立產業上下游整合發
展，極大化可發展的產業空間。

　　尹仲容之所以毅然逐步開放，是因為他的目標是要建立有國際競爭力的
現代化工業，而非只求台灣的自給自足。在戰後有很多落後國家以進口替代
政策推動紡織業，但有這樣的全面理念與作法者是極少數。這樣的思維並非
理所當然。如前述，為此他和他的團隊摸索出協調上下游產業之間利益衝突
的方法，成為結構學派學者如Amsden（2001）所引用的典範作法。日後經
建體制持續的推動其他產業時，也延續這種以追求產業整體長期的發展為目
標的政策思維，就此成為台灣戰後經建體制的**制度使命**。

　　主事者的願景會影響其政策選擇，當時他們清楚的政策目標與思維，則
應是源自他們這一代人的歷史經驗與追求國家發展的高度共識。

（三）當事人的言行

　　以上兩點是從現實層面來看，以尹仲容（1903-1963）為例來佐證這批
一心一意以實業救國的儒官。以下將引用當事人的言行作進一步來呈現。

　　在此先討論一下尹仲容的政治傾向。他雖一生並未加入國民黨，也不喜
談論政治，但具有強烈愛國情操。民國時期日本侵華威脅日趨嚴重，對當時
學生有高度影響。然尹並不參加學生運動，而加入了沈怡、王崇植等組成的
「正己社」。他們相信「人必自侮也而後人侮之」，認為罷課遊行等無濟於
事，最重要的是要先「正己」，要經世致用以實業救國。前述其他儒官在學
期間也大致是如此傾向[193]。這也令人想起資委會以及中國工程師學會的成

---

193 徐振國（2007：346）。

員[194]。

尹仲容雖不黨不群，但來台後能獲得陳誠與蔣中正的信任與重用，應是其與國府關係深厚，既曾受宋子文重用，也曾與資委會及國防軍工系統密切合作工作過，據稱俞大維及陳誠妻舅譚伯羽，皆極力向陳誠推薦尹。這些關係或有助於他得到信任得以發揮，但也有論者因此以「派系」標籤，將其歸於「蔣宋孔陳」官僚資本體系的一員，進而予以負面評價。但是本書的考察則顯現出尹氏對事不對人、不怕得罪人、講原則不講情面的剛正不阿的作風，與一般所謂「派系」講關係的作風正好相反，也顯示一般對「派系」概念制式的運用會有相當的問題[195]。

另一件小事或也可以讓我們較為接近這些人當時的情境與心境。在美國參與太平洋戰爭後，國府於1942年派熊式輝赴美擔任駐美軍事代表團團長，尹仲容恰與其同行赴美就任資委會駐美代表。當時從重慶赴美需先飛印度，再搭乘火車與飛機，逐步跨越印度、中東、非洲、南美再至北美，整個行程費時近一個月。當他們終於從非洲拉哥斯搭美國軍機起飛橫渡大西洋時，服務人員來要求他們將其已預購的較舒適的位置讓出給美國人，「嗣由何、尹兩君折之以理乃去」，而這樣的歧視待遇在途中一再出現，甚至原先就無法購得好座位[196]。「盟友」美國人如此的態度可預期應會帶來難以言喻的屈辱感，也會加強他們實業救國的動力吧。

---

194 中國工程師學會的緣起可推自詹天佑於民國元年創立之中華工程學會，留美的詹天佑是第一位主持中國鐵路修建的國人。數年後在美留學的工程師發起成立中國工程學會，此外還有其他數個類似團體，這些學會於1931年在南京開會決議合併，更名為中國工程師學會。1951年正式在台復會，每年在台開年會，美洲分會也持續對台提供支援協助。待大陸改革開放後，也有諸多在美成員回大陸提供協助。沿革部分引自該學會網頁http://www.cie.org.tw/about_detail.php?id=5。

195 徐振國（2007：350-351）。譚延闓長子譚伯羽是尹仲容之摯友，《尹仲容先生年譜初稿》中不時可見到尹寫給譚的書信。然而，陳誠能夠持續容忍個性或許過於耿直的尹氏，並持續支持他推動改革，此並非平常易見之事，應是出於陳誠想要解決經濟問題並推動發展的決心。

196 熊式輝（2008：338-343）。感謝陳永發提供此資訊。

　　前述尹仲容於1950年主動赴日成功爭取到對日貿易之恢復，他的動力
來源或可從他當時給友人的信中窺知一二。尹仲容致信友人譚伯羽告以赴日
經過，表示自身一介未取且因事成而表欣慰：「因接洽貿易協定及中信局歸
還日債事宜，在日勾留一零八日之久，九轉丹成……除上述二事之外，代台
糖售糖八萬噸，其中六萬噸為一二八元五角；二萬噸為一七二元；中鹽十五
萬噸，價九元，均為C.I.F.，經手逾千萬，未有一文入私囊，此則可為告慰
故人者也。……然弟之憨直脾氣，亦大為SCAP之美國友人及日政商界所了
解……」；也言及「百年苦樂由他人，我如不一心一德，發奮為雄，作些可
以令人欽服之事，終必無幸也」[197]。

　　尹仲容因被指為圖利他人被起訴而罷官兩年，罷官期間他埋首撰寫郭嵩
燾（1818-1891）的年譜，尹仲容過世後其治喪委員會輓他「志節抱武鄉侯
之忠，平生以郭嵩燾自況」[198]。郭嵩燾是清末湘淮軍中有遠見了解西方的洋務
維新派，曾出使英國，但因寫《使西紀程》建議採用西方制度，被人誣陷罷
官以致抑鬱而終，可見尹仲容的參照對象為何[199]。同時，他在研究郭嵩燾之
時，也是在探討郭為何失敗，徐圖改進以能再有一展長才救國的機會。或許
這也有助於尹仲容能夠避免郭嵩燾遭遇橫逆之後每每自鳴其是，致使事態惡
化的作風，而多能堅忍處之，務使糾紛減少，以免失去做事的機會。如張九
如（1988：48）所言，尹仲容「能忍受悠悠之口直至其身死為止，此似非郭
所能及者」[200]。除了研究郭嵩燾之外，尹也一直把《呂氏春秋》帶在身邊，顯
然認同該書的許多看法，如謀國「澤可遺後世」，如「聽眾人議而治國，則
國危無日矣」，「眾雖喧譁而弗為變」，堅持作自己認為正確的事情[201]。

---

197 這是尹仲容於事成之後於1950年9月17日寫給譚伯羽的信（沈雲龍1988：114）。SCAP代
　　表Supreme Commander for the Allied Powers，即當時占領並統治日本的盟軍最高統帥部（盟
　　總），其實是美軍單獨占領。

198 張九如（1988：1）。

199 沈雲龍（1988），王昭明（1995：43-49）。

200 再如，張九如在尹仲容過世前幾天曾詢問他關於財稅改革的問題，尹回答曰：「我剛走了半
　　步，他人就怪我踹到他的腳上去了」，但仍不願指名道人長短。張九如（1988：28）。

201 王昭明（1993/4/17）。

尹仲容於 1945 年 1 月，在期待抗日即將勝利之時所寫的一封家書中提到，「男常謂我國近代稀有之機會甚多，皆交臂失之。……八年抗戰，顛沛流離，正不知犧牲多少性命財產，才換得今日之局面，如再失去此機會，則真可惜矣！」[202] 其後在 1950 年代初曾對老同學說「國難未已，我輩年已五十，只要能夠奮身努力，再幹十年，雖死亦不算短命了」，再幹十年也竟成讖語[203]。

台灣戰後另一位重要的經建事務負責人李國鼎（1910-2001），可說是尹仲容的繼承人，因坊間對他介紹比較多，故在此只作簡短敘述[204]。李國鼎 1930 年在南京中央大學物理系畢業，後考上中英庚子賠款獎學金，於 1934 年去英國劍橋大學學核子物理，在 1937 年抗戰爆發後，李學業雖尚未完成但毅然回國參加抗戰。他先到空軍的防空學校當機械員，後於 1942 年參加資委會新建的資渝鋼鐵廠。戰後接收時期，於 1948 年應聘到台灣造船公司工作而來到台灣。因其在台船表現優異且勇於任事，被尹仲容邀請加入經安會工業委員會，開始了推動工業化的儒官生涯。

李國鼎作風也是如尹仲容一般的積極主動解決問題。例如在工委會時期，李國鼎去香港考察小型加工業、去西德考察自由貿易區，回台後提出在高雄建立加工出口區的開創性建議，工委會通過了其提議，至 1965 年才正式施行[205]。而 1959 年國府為了推動八七水災後的災後重建工作，在美援會下成立了「工業發展投資小組」，由李國鼎擔任召集人，他進而推動通過了全面改善投資環境且影響深遠的《獎勵投資條例》。此外，他也持續推展技職教育等改革[206]。1970 年代中期以後，他則以負責科技發展的政務委員身分，和經濟部長及隨後出任行政院院長的孫運璿合作持續推行「科學技術發展方

---

202 沈雲龍（1988：57）。

203 張九如（1988：7）。

204 參見康綠島（1993）及李國鼎（2005）。

205 劉鳳翰等（1994：41-42）。

206 康綠島（1993：169-170）；李國鼎在 1960 年代任經合會副主委時期，因應農校學生數減少而將農業職業學校改為農工業混合職業學校，並降低高中高職的相對比例。

案」，促進了台灣科技產業從無到有的發展，贏得了台灣科技教父的美名。

　　值得一提的是，1980年代孫運璿與李國鼎共同推動成立了外籍科技顧問會，這個組成在那年代發揮了很高的效益，外籍顧問對台灣科技產業的發展提供很寶貴的意見；而這些有極高資歷的外籍顧問多是因為受到李國鼎與孫運璿的愛國心所感動，而願意不支薪來台協助，如IBM資深副總裁Bob Evans[207]。Evans是IBM System/360之父[208]，他擔任行政院科技顧問十多年，在李國鼎過世後的追思會上，「艾文斯還拿著一本李資政著作 *The Evolutions of Policy behind Taiwan's Development Success*，並說，他到各地演講，談科技經濟發展，談創投，都帶著這本書，把台灣奇蹟和李資政介紹到國際」[209]。李國鼎也是台灣創投產業的推手，漢鼎亞太董事長徐大麟即是應李國鼎之召喚去投入創投業，代表美國H&Q創投公司於1986年回台設立台灣第一家美式創投基金，並在台成立漢鼎公司來管理此項基金，「『漢鼎』這名字，『漢』代表華人，也是H&Q中Hambrecht的譯音，『鼎』就是為紀念李先生」[210]。

　　李國鼎提及他祖父曾投效湘軍的歷史時，表示李氏家族也很服膺洋務派「師夷長技以制夷」的看法，同時他最喜歡的座右銘是左宗棠贈與他祖父的

---

207 康綠島（1993：225），徐大麟（2004/9/9）。

208 IBM System/360是1960至1970年代IBM最主要的大型商用電腦系列，由於軟硬體架構的突破性設計，使得該公司當時能持續在電腦市場居主導地位，市占率達七成左右。Waldman（2001）。

209 徐大麟（2004/9/9）；徐大麟1973年進入IBM，是Evans的屬下，徐說「1980年，王伯元和我一同推薦艾文斯，他以IBM資深副總裁身分，應李資政之邀，擔任行政院最早期的資訊工業顧問，直接向當時的孫院長建言，一做15年」。而在這之前，徐以海外學人身分屢次回國參加會議及國建會，而李國鼎則積極藉此認識這些學人，「總要排出時間接見，去談、去了解國內外發生的事。……李先生總是敞開自己，喜歡與有高見新知的人接觸」。李國鼎和海外學人建立及維持的關係，以及海外華人專家對祖國貢獻所學的意願，是當時外籍科技顧問願意協助台灣的原因與管道，同時，無數海外華人本身的貢獻也是台灣得以建立高科技業的原因之一。徐大麟（2001/7/5）。

210 徐大麟（2001/7/5）。

「直諒喜成三徑友，縱橫富有百城書」[211]。這其中顯有清楚的家國傳承。李國鼎如尹仲容一樣，雖不喜談政治，但對國家的關懷是他們動力的來源，李國鼎稱這種關懷為「孤臣孽子的憂患意識」[212]。

　　孫運璿（1913-2006）是另一位台灣經濟的重要推手，他在1934年於哈爾濱工業大學畢業後從東北逃至關內工作，因投稿論文得獎，受資委會電力專家惲震賞識，受邀加入資委會參與興建電廠。於1942年被資委會選拔為第一批赴美國受訓的重點培育幹部，是三一學社的一員，1945年底奉命來台接收台電，即奮力搶修設備，打破了日本人「三個月內台灣將一片黑暗」的預言。1950年升任台電總工程師，負責推動1950年代藉由美援計畫大幅度擴展台灣電力體系的工程，並不計成本進行農村電氣化，1962年升任總經理。1964年因美國開發總署認為他所管理的台電，是接受美援的電力系統中經營最好的，因此建議世界銀行延聘他為世銀給予鉅額貸款的奈及利亞電力公司的執行長，他在三年任期內增加了奈國發電量近九成，期滿後並未接受加入世銀的邀約而毅然歸國。

　　他回國後隨即出任交通部長，以同樣積極任事的態度加入經建團隊，開始規畫並推動日後列為十大建設的基本交通建設項目，包括村村有道路、北迴鐵路、鐵路電氣化、中正機場、南北高速公路等。兩年後接任經濟部長，除推動石化業與十大建設計畫外，因預見推動高科技產業的必要性，克服困難設立了工業技術研究院，並推動至為關鍵的工研院電子所第一個發展積體電路的計畫[213]。

---

211 康綠島（1993：4）。

212 康綠島（1993：100-101）。

213 1974年2月7日在台北南陽街小欣欣豆漿店舉行的早餐會至今已成為傳奇，因為此次聚會決定了台灣要發展電子業積體電路產業的初始計畫。主角是被邀來協助的美國RCA研究室主任潘文淵，其他與會者包括經濟部長孫運璿、行政院秘書長費驊、工研院院長王兆振、電信研究所所長康寶煌等人。此後此項向RCA引進積體電路技術的計畫成功的啟動了台灣電子業的發展。潘文淵事後回憶在1970年代中期他推動此計畫時，反對聲浪甚大，全虧孫運璿「一人堅毅地挺過來」「居功厥偉」，潘認為孫運璿「是真正要做事的人」，當時在請潘負責此事時還跟潘說「丟官也要把這件事做好」，蘇立瑩（1994：4-15）。

　　值得一提的是，後曾出任工研院院長的史欽泰，當年在美國留學時因受到保釣運動影響而決定返國貢獻參與此項積體電路計畫。他回憶到1976年他參加這工研院派出的赴美國學習技術轉移的團隊，出發前孫運璿在經濟部召見他們，囑咐他們「只准成功，不許失敗」，並提起孫自己於1942年被資委會派赴美國實習的經驗，說那段經驗對他往後工作很重要，而他們此次受訓也同樣重要，讓史「深深感覺到當時的使命感」，更呈現了資委會實業救國傳承的影響[214]。此後，孫運璿接著於1978年接任行政院院長任內也持續積極推動經濟發展，包括舉辦科技顧問會議、規畫開放與產業升級等[215]。日後《天下雜誌》發行人殷允芃說服孫運璿允其為孫立傳，殷言及感於孫「跑遍了大江南北、走過了艱辛的時代，使他時時刻刻以家國社稷為念」，她希望為孫運璿立傳能「幫助年輕人增加些對大時代的認識了解……對社會的共識和國家觀念」[216]。

　　趙耀東（1916-2008）也是另一例子。趙耀東於1940年武漢大學機械系畢業後加入資委會昆明機械廠工作，1943年雖年資不足不符合被選拔資格，但得准自費參與資委會第一批赴美國受訓幹部計畫（即三一計畫），回國後出任資委會天津機械廠主任。上節已述及他在台灣戰後初期經營毛紡業時曾對尹仲容提供重要建議，後事業受挫因尹仲容給予機會而得以再起的故事。到了1960年代末趙耀東因其豐富的辦廠經驗，被國府授與興建大鋼廠的任務[217]。他集結多位和他一樣出身資委會的老友，把建立中鋼公司作為他們救國的志業與理想，成功的為台灣建立起了一個有國際競爭力的公營事業的模範。趙耀東說他在創建中鋼初期尋找公司領導人時，要找「年齡跟我差不多的人……要讀過古書，具有傳統文化……人品方面……最要緊的是要無私無我」；「私塾老師是教與育並重……讀書人都是以國家為己任」；「我們這批領導幹部可說是志同道合，全心全力，為國家籌建中鋼公司……共同目

---

214 蘇立瑩（1994：22-23）；〈孫運璿百年冥誕憶當年〉，《聯合報》（2013/12/11，第4版）。

215 楊艾俐（1989）。

216 楊艾俐（1989：i-iii）。

217 趙耀東（2004：29-33）。

標就是要把中鋼建起來」;「建廠初期,大家對工作熱情的投入,是中鋼成功的要素」[218]。

尹仲容以郭嵩燾自況,雖有自比有志之士遭遇橫逆的悲涼心境,但也呈現了以先輩為典範並力圖青出於藍的進取之心,而這正是歷史傳承作用的表現,即中國知識分子自鴉片戰爭以降形成的救亡圖存心志的歷史傳承。而對這一代人而言,日本侵華戰爭帶來亡國的急迫危機感,參與抗日戰爭不顧一切以救國的共同經驗,更是刻骨銘心的記憶,也帶來他們奮力以實業救國的共識與動力。

(四)小結

總之,國民政府在大陸軍事潰敗與經濟崩盤的慘痛經驗,以及仍處危急局勢,使得救亡圖存、振興經濟而不能重蹈覆轍,成為遷台者的共識,並維持著高度的危機意識[219]。更重要的是,這一代人繼承了中國近百年來在帝國主義壓迫下,為救亡圖存而發展出來的中華民族主義,尤其日本的侵略帶來的亡國危機,更是激發了這一代人的愛國情操。如果援用近年來各種「紅利」的用語[220],可說這一代儒官遷台時帶來了推動現代化工業化的強大動力,這些動力可稱為是「抗戰紅利」與「國府失敗紅利」。

因此,在求得經濟穩定之後,他們持續推動台灣的工業化,從1950年代紡織業與民生輕工業的進口替代,到1958年開啟的外匯改革及轉向出口導向,1965年的加工出口區,1960年代啟動的重化工業計畫,包括一輕石化產業計畫與1970年的中鋼,1970年代的推動高科技產業計畫等等。尹仲

---

218 趙耀東（2004：36）。

219 其影響所致,例如,在1998年台灣安然度過亞洲金融危機之後,*The Economist*將其歸因於國府在戰後繼續了數十年的危機感,其報導題目即為 "A Survey of Taiwan: In Praise of Paranoia," *The Economist*, 1998/11/5。

220 例如,「人口紅利」（Demographic dividend）意指若勞動人口在總人口中的比例上升,會對經濟成長有良性效應。亦即因後進國家在經濟發展前段時期生育率會較高,而至發展後則前期出生者已成為勞動人口,但生育率開始下降,因而受撫養的青幼年人口比例減少,有利於人均所得的增長。

容等在1950年代所建立的推動產業政策的組織制度與人事，就奠立了台灣日後產業政策的框架，以及這些經建單位推動經濟發展的制度使命[221]。他們在努力解決問題進行建設之際，也同時打造了戰後台灣經濟建設之制度與組織。

六、結語

　　本章探討了台灣戰後經建體制的形成過程，主要討論經濟安定委員會其下的工業委員會之沿革與傳承。工委會是台灣第一個正式負責產業政策的單位，這單位在尹仲容的創設及領導下所集結的人與事，以及所建立的推動工業化的組織、制度與做事方法，這一整套人事體制在其後雖歷經多次組織上的改組變化，仍然得以延續，並成為台灣戰後經建體制的主軸，使得推動現代工業成為此體制的制度使命，也是台灣戰後工業化得以成功且持續的主要原因。

　　在國府大陸時期，中央經濟部會並未曾具有推動經濟發展的組織能力，遷台後人才更為缺乏且事權分歧。而資委會原就以設立公營企業方式培養了推動工業的組織能力，戰後其來台人員成功地接收了主要日資工業，重建公營十大公司。不過1949年該會總部主要人員留守大陸，因此在台組織終難逃被裁撤的命運，無法繼續發揮其既有的組織力量，雖說其個別人才仍繼續發揮重要作用。就此意義而言，1953年工委會的建立確實是戰後台灣經濟部門組織興建過程之一重要部分，其是台灣戰後經濟領航機構的先驅。最先，1949年省生管會從資委會手中接管公營事業，穩定戰後經濟，並在主事者尹仲容積極推動下擔負起促進工業化的任務。四年後經安會的成立將生

---

[221] 持自由市場論的經濟學者則未必會持如此肯定態度。因為他們相信只有開放市場才會帶來成長，並傾向以官員在認識上是否服膺市場原則，來作為評判官員見識與能力的主要判準。他們會認為台灣戰後早期發展，是在1950年代末的外匯及其他改革之後，市場得以開始發揮力量之後，才突飛猛進的，並且可惜後續開放太慢太少，參見如邢慕寰（1993）。當然結構學派學者並不同意這樣的看法與視野，本書第一章討論了此論爭。

管會設計審議的功能併入了行政院財經小組，而成立了工委會。工委會是推動工業化的具體組織，而卻以一個正式體制外組織形式出現，這有其歷史的原因。當時美援為重要資源，工委會負責分配與協調美援及外匯，尹仲容藉由該會優越的待遇、重大的使命與責任及他的強力領導，邀得一群具有理工與財經專業、外語能力，並具有理想的人才，組建了一個有優異工作能力的團隊，在共事過程中這組織與工作模式逐步得以建立。

這樣的美援機構以高薪聚集優秀人才，也享有正式官僚體制所沒有的相對自主空間。這樣的制度安排只有在主事者有能力及動力而又高度自制，並且當政者願給予信任與授權的情況下，才能有良好的績效。幸運的是，台灣戰後初期這些條件俱在，當時的負責人員對工業救國有高度共識與動力，因而這些機構對促進發展發揮了異常正面的功效，且為後日的制度奠立了基礎。

資委會雖被裁撤，但政府必須繼續依賴這些人才來管理經營公營企業，他們日後也成為推動工業化的主幹與經濟官僚體系的主要成員。同時，這些公營企業也持續進行人才培育的工作。例如，1954年台塑企業剛成立時，工委會就推薦台肥的資深人員前去支援[222]。公營企業的高級主管也很自然的繼續為經濟官僚體系提供人才，此模式一直延續至2000年國民黨下台[223]。

戰後前二十年期間，經濟政策組織在形式上經過一再的變革，其人與事原分處於美援機構（經安會—美援會—經合會）與經濟部（工礦協調組）等機構，而隨著美援在1960年代的逐步結束，以及主要人物轉而擔任部會首長，重要工作也逐漸移入正式部會，並成立了經濟部工業局、國貿局、投資業務處等單位，而經合會則逐漸成為純審議而非推動單位。

總之，這些形式上的制度變遷並無法代表事情的全貌，更關鍵的是這批人以及他們的**時代精神**。本章所呈現的是危急局面下的一群**以實業救國的儒**

---

222 其中一位王金樹長期擔任台塑的高級主管，嚴演存（1989：67, 89）。

223 民進黨執政後這模式被倒轉過來。原來是公營企業專業經理人有可能進入經濟官僚體系，後來則是政治任命的非專業人員空降公營企業。國民黨於2008年再次執政後也未恢復原來模式。

官，如何在具有高度危機意識的高層的信任與授權下，積極主動的解決問題，以成效得到重用。更重要的是尹仲容早在生管會處理危機時，就已經有了**以增產推動發展**做為解決危機的理念，是為**發展型國家**之濫觴。其後他在工委會即建立了一個專職專業的產業政策團隊，在推動發展的理念下，打造出擬定與執行產業政策的模式，不斷推出創新的政策作法，成為日後他國仿效的對象。無論組織形式上如何變革，這團隊卻持續為其骨幹，維繫著當時建立下來的推動發展的模式及其**制度使命**。

而如尹仲容、嚴家淦、李國鼎等這一代儒官，其能力的累積源於民國時期資委會及其他推動發展的努力與失敗的經驗，動力則源自中華民族百多年來必須抵禦外侮救亡圖存的心志，尤其抗日戰爭的經驗。至於實際的組織與制度作法，則仍具有摸著石頭過河的性質，在主事者理念與目標清晰下，以高度務實的態度，緊密追蹤現實發展而不斷做出調整。如此發展出了台灣戰後產業政策的運作模式。

相較於其他較不成功的後進國家，台灣戰後初期發展的特殊之處，在於1）政府部門強力主導；2）全面工業化的政策思維明確，以發展完整的全套輕重工業為目標；3）以整體發展為目標，上下游部門同時發展；4）並持續推動中上游產業的發展；5）為維持成長，隨即轉向推動出口導向。亦即，主動積極**推動發展**的政策取向，是最重要的特色。此外，是有學者認識到東亞包括台灣的經建官僚體系的能力優異也是一重要特點，如Ho（1987: 246-247）認為台灣幸運地能擁有一批有能力且願意奉獻的經建官僚來主導發展策略，同時官僚體系的低階部分也很強，一則有不少自大陸遷台的官僚，一則有日殖時期受訓練的低層官僚，而教育體系更能持續提供新的人才[224]。

日後Amsden（1989）在總結南韓經驗時，認為東亞政府之特殊處在於補貼資本的同時也予以規範，以績效標準來提出**交換條件**，而台灣戰後初期的產業政策模式也就是如此。同時，Johnson（1982: 239）對日本戰後奇蹟的推手——通產省——的研究，也可說得出類似的結果。如前述，戰後尹仲容

---

[224] 也可參見Wade（1990: 195-227），Evans（1995: 54-60）等。

等在發展其產業政策模式時，通產省也才剛開始推動其計畫，可說是各自獨立發展其政策模式。若說有何參照範本，則尹仲容等多引用的是日本明治維新的經驗，及各種其他先進與後進國家的發展經驗[225]。或許就產業政策模式而言，除了明治維新的歷史典範之外，戰後東亞發展多有摸著石頭過河的意味，只是面對的問題類似，並且預設目標相似，因此也摸索出相似的道路來。亦即主事者不受意識形態的束縛，因為心中有動力與目標，而手裡又有工具，即務實地不斷改善並提升當時的產業競爭環境與遊戲規則，成功促進了經濟的持續發展。

在1950至1960年代這段時期，台灣經濟政策上有諸多的創新，包括「進口布不如進口紗，進口紗不如進口花」以上下游整合的方式扶植棉紡織業；而為了以如此方式發展工業，摸索出協調上下游利益的作法；並且這方法對於上游幼稚工業提供的是「有條件的保護」，即在價格品質及保護時期上作出限制；對於棉紡織業從採取代紡代織這種最高度干預性作法，逐漸走向全面開放進入，立下保護有期限的原則作法；為了持續推動工業化並提升競爭力，因而強力推動了外匯貿易改革，將進口替代體制改為出口導向；制訂《獎勵投資條例》排除既有法規上的投資障礙，提供誘因；設立「投資小組」，主動協調解決投資障礙；建立加工出口區等。這些作法不單有成效並且創新，因此日後多被其他後進國家仿效。

南韓的發展晚於台灣，因而曾參照台灣經驗，其模式雖相仿，不過一些不同之處在早期即已呈現。首先，韓國戰後經建體制的建立與發展更依賴朴正熙的強力支持，決策層級和功能上皆高於台灣版，相較之下，台灣戰後經建體制的發展較多依靠尹仲容等人自主的動力。再則，戰後的南韓，李承晚政府並無接收日產的組織能力，也缺乏工業化的發展理念，故逕自將日產以低價私有化，造就南韓第一批財閥。而在台灣，由資委會接收下來的十大公營事業，除了為配合土地改革而釋放的四大公司之外，其他並未民營化。此外，工委會的工業計畫必經過公告過程，即在徵求民營業者認領計畫時強調

225 尹仲容（1963，續編：169-183）。

公平公開，不可能如南韓一般持續扶植特定財閥。再如，工委會扶植棉紡織業的過程中，在陸續開放產能申請時有平均分配之意；日後在推動工業計畫分配公共資源時也多採平均分配方式。戰後台韓的政商關係與發展模式，其相異之處一開始就顯現出來了[226]。

本書第一章已提及Johnson（1982: 314-320）認為發展型國家的要件包括：一個有能力且精簡的菁英經建官僚體制；政治體制給予這經建體制自主運作的空間；經建體制已經完善了「配合市場的干預性政策」的方法；以及有一個如通產省的領航機構，其具有掌控或協調各方面政策的權力，包括計畫、能源、生產、貿易與融資等方面。本章呈現出台灣戰後初期的情況確實符合他列出的要件，可作為他說法的佐證，雖台灣經建體制「作中學」（learning-by-doing）的程度或許較高。再則，如前述，自由市場派假設「選擇性干預」難以「配合市場」，而本章則支持與其相異的結構學派說法，認為台灣案例顯示「配合市場的選擇性干預」才能成功推動發展。

然而，Johnson（1982）雖然並未如本書這樣將**為何發展**與**如何發展**正面作一連結，但他其實是歷史性地討論了日本整個體制的形成過程，並且發現過去失敗的經驗有助於戰後較成功模式的形成（頁239）。日本在戰前曾施行兩種經濟管理與政商聯繫方式，即產業自制與國家管制，結果都以失敗收場。加上其歷經的痛苦經驗，使得戰後通產省公私高度合作的模式，在政府內部以及社會上，得到很大的支持。這共識是在1950年代才得以形成，並非日本原有的社會價值。

日本的經驗與上述台灣經驗有相通之處，亦即歷史的痛苦與失敗的經驗，幫助形塑了一代人的動力與理想，並影響政策與政商關係的模式。更長遠的看，台灣戰後初期經濟政策的動力，除了源自前述的**時代精神、抗戰紅利**與**國府失敗紅利**之外，很重要的背後還有中華民族百多年來救亡圖存的動力。此處呈現出他們高度的動力及**發展意志**促使他們積極尋求**如何發展**的方案，即如本書所認為——**為何發展**與**如何發展**實高度相關。

---

226 這兩種不同模式影響日後之發展，可說各有其優缺點，參見本書第六章的討論。

附錄5.1 行政院經濟安定委員會工業委員會組織規程

中華民國四十二年八月七日行政院經濟安定委員會通過，同年十月八日行政院第三一二次會議修正施行。四十五年一月三十日行政院台字（四五）經第〇五〇一號令修正

第一條　　　行政院為提高工礦生產，發展交通，並配合農業及其他經濟建設計劃，俾使台灣經濟達成自給基礎起見，於經濟安定委員會下，設工業委員會（以下稱本本會）。

第二條　　　本會對下列各項負有設計審議之責：

1.關於促成台灣經濟建設四年計劃中之工業生產計劃事項。

2.關於各項工業及其他生產之配合審議事項。

3.關於工業生產及業務之審議及促進事項。

4.關於執行各項生產計劃之督導及其成果之考查事項。

5.關於事業資金之調度及工業計劃運用美援款項之審議事項。

6.關於工業經濟之研究事項。

7.行政院經濟安定委員會交議或有關主管機關提付審議事項。

本會為便於計劃審議，得洽請各有關機關編送推行政策及經辦事項之經常或專案報告。

第三條　　　本會設委員九人，除經濟部代表、交通部代表、美援運用委員會代表、台灣省建設廳代表、台灣省交通處代表為當然委員外，其餘四人由行政院經濟安定委員會提請行政院院長指派。

本會經行政院經濟安定委員會之核定，經常邀請美國安全總署中國分署代表及外籍專家顧問人員列席會議，並得邀請有關機關及事業主管列席。

第四條　　　本會設召集人一人，由行政院院長在委員中指派之。

第五條　　　本會設秘書室，置主任秘書一人，專任人員三十五人至四十五人，由本會召集人任用，其預算另定之。

第六條　　　本會因事實需要，得報經行政院經濟安定委員會核定，分設小

組。

臨時性之工作小組，其工作時間不超過一個月者，不在此限。

第七條　　　本會每兩星期舉行會議一次，必要時得舉行臨時會議，均以委員過半數出席為法定人數，每次會議，以召集人為主席。

第八條　　　本會委員得預先指定代表人，委員因故不能出席會議時，得由代表人出席。

第九條　　　本會審議案件應預編議程，決議案件應作成紀錄，提報行政院經濟安定委員會核議。

第十條　　　本會成立後，所有政府現任及將來運用美援款項聘用之外籍工業技術及工業管理顧問人員，統由本會商由美援運用委員會指派工作；原有懷特工程公司，其工作亦由本會調度。

附錄5.2 工業委員會推動新興產業計畫相關會議摘要，
1953/8-1958/7

第五章已經概述工委會推動工業計畫的一般作法，為了較翔實呈現當時情境，本附錄將簡要地敘述一些案例及其推動過程，以增進讀者對此段歷史的了解。因此，此處主要依據工委會的會議紀錄，同時輔以其他資料，選擇一些具代表性之案例來呈現工委會推動計畫的過程。如前述，工委會中美聯席會議（即有美方代表及顧問參與的會議）前後共112次，時間從1953年8月到1958年7月，基本上每兩星期舉行會議一次，會議紀錄以英文為之。

PVC產業計畫

工委會推動PVC產業的計畫，成功的催生了台灣塑膠公司，而台塑日後成為世界上第一大的PVC企業，因此此案公認是工委會推動產業計畫中最成功的案例。不過在工委會英文會議紀錄中只有四次會議提及此案（第9, 54, 56, 58次會議），顯然如李國鼎（2005：64）所言，推動工業計畫之相關事項若能順利進行，就不一定會進入這與美方協調的聯合會議議程中，而當出現問題需要各方協調時才會進入議程。

此案的推動過程，嚴演存（1989：64-70）述之甚詳，在此僅引用部分以配合此四次會議紀錄作簡要的敘述（以下所註頁數即引自此書）。此案起意是因為當時台灣製鹼業生產過程的副產品氯氣，因無用途必須拋棄，因而研議利用其來生產PVC。這也是當時工委會依據務實原則推動的方向，即盡量利用既有資源開發新產業，此案即因工委會要求公營企業提案下，由公營的台鹼公司提出。

當時台灣PVC市場需求最多每天二噸，而歐美廠規模約一天數十噸，工委會經研議決定推動一個小規模日產四噸的PVC廠，因只有日本才有此種小廠設備，工委會的堅持得到懷特公司支持，終說服美方同意採日本標。或許是因為經濟部對此案交與民營有意見，因此，在此案其實已有相當進度的情況下，為處理此爭議而首次出現在工委會在第九次會議（1953/12/12）

議程上。會中經濟部代表發言表示並非反對民營，只是當時計畫接手的何義的永豐公司雖有塑膠加工廠，但對生產塑膠並無經驗，而台碱公司則資本與技術條件皆齊備，應可運用到此案上。會議結論則只簡單陳述與會者同意此案仍應由民營，並請台碱對永豐提供技術協助。如嚴演存所說明，尹仲容等認為此案需賴行銷拓展市場，故確定民營的方向，不由原料生產者公營的台碱接手，而由有加工廠的永豐何義承辦。事後，何義卻因出國考察見德國廠規模龐大而撤手，隨即由此方面全無經驗的王永慶與趙廷箴接辦（頁66）。

　　而直至兩年後第54次會議（1955/12/8）再次提及此案時，所討論的則是此案送至華盛頓後遭美國國際合作總署擱置，並提出要求國府為此案降所得稅等條件，而在此期間台塑則早已投入兩百萬元進行各項相關投資事項。嚴演存指出此案遭擱置是因為「美國Monsanto公司，此時正在日本投資PVC工業，台灣市場原是其計畫之中的，因此不願見台灣有此工業」。後在冷戰情況下，或因輿論因素及遭中共廣播批評，美方改變態度，改而要求「台塑必須邀請美國一個PVC工廠為顧問，懷特公司推薦了美國波頓公司（Borden）」（頁68）。因此在第56次會議（1955/12/20）上，工委會通過了台塑與Borden公司簽署長達十年的技術服務合約，美分署已要求總署批准合約並提供美援，同時工委會要求以國際合作署基金來支付首年費用，此要求後也得到美方同意（見第58次會議紀錄1956/1/5）。

　　台塑工廠於1956年底建成後，市場需求仍只有每天二噸，實難以打平。台塑則採取了自行加工、全力擴大市場的策略，迅速踏上成功之路。美安全分署認為塑膠廠與加工廠應分立，不贊成台塑自辦加工廠，工委會則協助台塑申請美援小型工業貸款來進口加工機器（不需美方審查），成立了南亞公司。此後數年間台塑年年擴產，而機器均由自己設計，由台灣廠商製造（頁69），台塑的成功可說為民營工業帶來了很好的示範效果。如嚴演存所述，此案由工委會起意，除確保台碱提供原料外，該會並負責規畫投資案，包括訂定技術規格與採購機器設備，協助取得美援與小型工業貸款，並推薦台肥技術人力加入台塑等。嚴演存公允地將台塑日後「奇蹟式的成功」歸功於經營者王永慶的眼光、魄力與努力。不過，最初投資計畫的選擇顯然是好

的折衷方案，即「起初用簡單可行的製程，以最少的投資，迅速建廠開工……逐步以最經濟方法擴充，最後改變為適用於大規模製造的製程」（頁71）。工委會清楚地在啟始點成功擔任了企業家與推動者的角色。

（在工委會第9, 54, 56, 58次會議曾討論此案。下文循例只列會議數。）

紡織工業

1）管制性工作。政府為扶植棉紡織業而實施的具高度管制性的代紡代織計畫，已於工委會成立之前完全結束，原有業務則轉至工委會下新成立的紡織小組接手。從紡織小組自身第1次（1953/9/4）會議紀錄中可看出，其工作仍包括因應市場波動措施及管理原棉進口方式等管制性工作。例如在管制性工作方面，在工委會第29次（1954/9/16）會中，紡織小組建議解除棉紗上限價格，因本地供應量已超過每月1萬疋。此外，該小組也試圖對違規廠商做出懲罰，如第32次（1954/10/28）小組得知有些紡織廠未經許可逕自擴充設備，建議對未獲核准之產能，不配給其採購原物料之外匯。第41次（1955/4/14）論及華南棉紗廠屢次違規轉賣美援原棉，建議美方考慮取消該廠原棉配額以示懲戒。第54次（1955/10/20）經常性討論原棉及棉紗配置案，決定對品質不良之棉紗之測試與處罰措施；檢討棉紗配置方法，決定放鬆棉紗買賣管制，三成將以拍賣方式售出。

2）鼓勵出口。紡織小組很早就開始討論如何鼓勵棉紡織品的出口。第14次（1954/2/18）會議曾提出紡織品出口計畫，主要考慮退回棉紗之相關稅收等措施，放寬相關出口規範，及出口商可保留出口所得之外匯等。第32次（1954/10/28）會中，因得知韓國於1954年準備美金二百萬的額度進口精紡織品，而邀集本地精紡紡織廠討論對韓出口事宜，並提供優惠。第33次（1954/11/24）再次討論製造業產品出口可能性研究報告，建議出口產品包括：三夾板、紙漿、棉紡與棉織品、羽絨與精紡毛紗等。建議推廣出口措施包括：加強相關單位的協調，蒐集市場資訊；退還關稅、國防捐與貨物稅等稅金；退稅可提前在出口貨運出時就付給等額補助；出口商可將賺取之淨額外匯進口獲准進口之貨物；清楚將「出口優先」列為政府明確之政策。第

34次（1954/12/9）討論棉紗與平織布出口成本評估並提出詳細數據。

　　3）逐步擴張棉紡產能。在實施代紡代織計畫時，政府限制新廠商進入，而當該計畫於1953年中結束後，雖說國內市場已達飽和，還是有廠商提出設立新棉紡廠的申請；至1954年6月工委會已收到18家申請，共計擬擴產15.5萬錠，達當時既有產能的九成。第22次會議（1954/6/10）決議1955年棉紡業擴產額度是2.3萬錠，其中1.3萬錠屬於四年經濟計畫的規畫，其餘1萬錠則為限制每日每班生產時間由11.5小時降為10小時之補償。額度分配之優先順序為：1）既有產能低於1萬錠之紡紗廠，其欲增產至1萬錠者；2）當時在織布上已用到相當於5千紡錠所產棉紗的紡織廠，而其計畫申請1萬紡錠者；3）現存產能等於或高於1萬錠之紡織廠；4）其他。廠商應自備購買設備所需的外匯。這分配順序顯示出工委會採取平均式分配的原則。其後第38次（1955/2/17）會中小組報告，已核准增加錠數之紡織廠個別進度：台南紡織廠增加1萬錠，台元增加5千錠，嘉豐增加1萬錠，彰化增加3200錠。

　　4）興建人造纖維廠。第22次會議也討論了人造纖維廠案。一年前經安會已核准Von Kohorn公司在台建造人造纖維廠之計畫案，但因欠缺資金等因素而仍無進展。不過，過去一年進口人纖需求上升，需要建立能日產5噸嫘縈絲（Rayon filament）廠以符合本地需求。因為Von Kohorn能在日本生產所需生產設備，故可向日本進出口銀行申辦長期借貸。估計總成本約美金412萬元，其中包括265萬美金來自與日本之易貨交易，Von Kohorn會投資25萬美元。尹仲容指出若通過此案，這間工廠應交由民間經營。中信局與Von Kohorn於1954年7月10日簽訂嫘縈絲廠合約。第25次（1954/7/22）會議決議由石鳳翔承辦，隨後會議持續追蹤建廠進度，財務方面除大部分由股東籌資外，中信局及相對基金提供貸款。該廠於1956年開始營運。第67次（1956/5/31）討論生產嫘縈棉（Rayon staple）計畫。因為預計兩家申請廠商所賺取之外匯大至可支付進口原物料及設備所需之外匯，並擁有足夠市場，此次會議通過台灣人纖公司日產10噸及中國人纖公司日產6.5噸之計畫。

　　5）人造纖維紡紗與加工絲廠的擴產（上段案例是生產人造纖維本身，

此處是指進口人纖來加工成為人纖絲或紗）。在當時，棉紡織品被認為是民生基本物資，政府有責任確保以合理之價格供應全民，因而受到高度扶植與管制。然工委會認為人造纖維製品並不是基本物資，故採不同的態度，沒有為其規畫進口設備與原物料所需之外匯，但若人纖產業能夠自行賺取所需之外匯，則允許其擴產，即當時對人纖與棉紡紗之產業政策截然不同。

第68次（1956/6/14）報告，工委會收到6件人纖短纖紡紗廠申請案，共申請增產3.2萬錠，當時短纖紡紗產能約4.7萬錠，獲利高於棉紡紗。工委會決議要求申請者之產品必須出口，以免面臨無法有足夠外匯進口原物料之風險；並在能確保出口的條件下，允許進口額外之紡錠數。隨後多次會議繼續追縱進度。曾於第81次（1956/12/13）討論日本紡織業發展可能之影響，因為擔心紡織廠未能注意發展趨勢而執意投資，未來有可能造成損失，決議準備台灣紡織產業狀況與未來發展之評估報告（見下文）。此外，當時國內人纖多以傳統棉布織布機來生產，為提升出口品質必須添購人纖用織布機，已有數家申請以自有外匯進口新織布機，工委會遂研擬出採購新機器之指導原則。

6）其他擴產案。台灣當時精紡羊毛廠產能約1萬錠，有4家既有廠商提出共同興建產能1萬錠之精紡羊毛紗新廠的計畫，在確認參與廠商具有自備外匯來源的前提下核准其計畫（第69次，1956/6/28）。第71次（1956/7/26）討論棉織廠採購全新自動織布機計畫案。因棉織產能超過本地需求，須促進棉布出口。台灣區棉織公會已向工委會提議，希望於第二次四年計畫中規畫進口5千台自動織布機，以提升市場競爭力。工委會議決：預計下年度核准購買2千台；所用外匯來源限定為申請者出口所得，或自有外匯；若採購本地製造的機器，將優先核准該申請案。而廠商申請優先順序為：整合紡與織的廠商，但各廠每40紡錠才可採購1台；新廠至少需設立200台自動織布機；更換老舊機器；新的織布機機型應在特定規格之上，並優先核准自動與最新型之機種。第89次（1957/5/2）討論苧麻推廣、採購與分配計畫報告，建議設立集體推廣、採購及分配苧麻系統。

7）紡織工業檢討報告。如前述，因擔心紡織業廠商盲目擴產，小組決

議檢討該產業狀況與前景。李國鼎在第82次（1956/12/27）提出了台灣紡織工業檢討報告，包括紡織產業於第一次四年計畫成果，與第二次四年計畫目標之整體報告。報告內容簡介如下：第一次四年計畫達成了擴增4萬錠之目標。台灣對原棉需求幾乎完全仰賴美援原棉，需求量從1953年的9萬多包增至1956年的13萬多包，每年進口量逐步增加中，人造纖維與羊毛之供應同樣仰賴進口。對原棉需求之增加已部分抵銷台灣改善收支平衡的工業化成果，在第二次四年計畫期間，應盡力防止這樣的狀況發生。關於市場變化趨勢，預計需求會隨著台灣人口的快速增加與生活水準的提高而上升；而亞洲地區則應是重要外銷市場，因一些國家如泰國和越南，尚須許多年才能在紡織產業上達到自給自足。未來四年，紡織產業之發展將會強調品質改善、生產過程現代化與降低加工成本；並藉由外銷所賺之外匯進口必要之原物料。為達成紡織產業現代化擴張之目標，規畫未來四年將增加8萬棉紡錠、4千台棉織布機、10萬多人纖紡錠、1～1.5萬精紡羊毛紡錠，並促進染整工廠現代化。除新增棉紡錠之目標外，其餘之項目多已著手進行。

關於推廣出口可考慮以下措施：延展出口低利貸款以降低財務成本；調整原棉配置方式，配予有出口之工廠較多之原棉；出口廠商可享有低利貸款；其所賺得外匯八成可進口原物料，其餘可進口機器與維修零件，可減輕政府籌措所需外匯之負擔。

從以上李國鼎的報告及各項相關討論中，可深深感受到當時外匯缺乏所帶來的壓力，因而減少進口所需的外匯，並增加出口來創匯，就成為清楚的目標。不過這更是與促進國內生產的原則相配合來進行的。

在第86次（1957/3/14）會議中，針對各方對上述台灣紡織工業檢討報告之綜合意見，工委會評論如下：一般皆贊同以出口導向發展紡織工業，要提高台灣紡織業之競爭位階只能藉由出口，增加產量應可降低單位成本提高競爭力。為推動出口應考慮如何在政府指導卻不干預之情況下，讓紡織廠自行設立聯合出口組織，該組織需自行負責其生產成本、利潤之分配與財務之操作掌控。政府改以出口表現來決定美援原棉的分配。

（4, 6-7, 9, 12, 14, 17-18, 22-27, 29, 32-34, 36, 38, 41, 43, 50, 54, 57, 60-61,

63, 67-69, 71,-72, 77, 81-83, 86, 89, 97-101）

鳳梨工業

　　前述PVC產業案例是利用台鹼尚未利用的副產品，來建立新產業。鳳梨工業案例則是將農產品進一步加工來建立新產業，牽涉到農業生產及與農復會的工作協調，而促進工業部分，則仍是典型的設立標準及確保品質、建立市場秩序、協助企業等工作。

　　工委會第28次會議（1954/9/2）中，該會預期鳳梨罐頭外銷需求將持續成長，同時農復會也計畫增加耕種面積，故協調工廠增產，據此規畫台鳳未來兩年的生產量。在與其他相關單位協調後，工委會已決定要長期發展此產業。

　　因此該會去調查閒置的台糖台東舊工廠，而第40次（1955/3/31）會中報告農復會支持在東岸設立鳳梨工廠的計畫，預計每年生產40萬罐，其後台糖代表表示願意承擔。不過後來決議此計畫以民營資本為優先（41次1955/4/4），但經公告後，卻無民間投資者來登記，故決議仍由台糖負責（43次1955/5/12）。此計畫已納入美援計畫，請懷特公司提供技術輔助，台鳳與農復會提供樹苗，預計1955年秋天開始耕種，1957年收成（47次1955/7/17）。

　　第34次（1954/12/9）曾討論提高生產品質議題，計畫加強鳳梨工廠的管理與控制，促省工業局等機構加強在生產中心與出口港口進行抽檢。第50次（1955/8/18）會議全面檢討鳳梨工業政策，認為小工廠林立使原物料短缺，成本升高品質不穩定，威脅鳳梨工業外銷的發展。該會決議1）儘早公告訂定的品質標準；2）設備不良工廠限期改善，否則吊銷執照；3）將錫鐵只分配給以機器生產並有出口的廠商。第63次（1956/4/5）會中，李國鼎報告赴馬來亞考察其鳳梨罐頭工業之觀察，建議參考其生產與販售作法，包括集合販售、包裝檢測系統與對出口的品質要求。隨後（72次，1956/8/9）因而組成鳳梨生產銷售推廣工作小組來監督進度，小組由五個相關單位（工委會/經安會第四小組/外貿會/台鳳/產業公會）各派出一名代表組成，此

後該小組經常性在會中提出報告。在第89次（1957/5/2）會中報告，檢疫局在該年4月對全台50家廠商進行抽檢，僅20家通過，決議只有這20家廠商可分配到錫鐵並出口。

第93次（1957/7/11）會議討論鳳梨鐵罐品質，希望促進產業升級以確保罐頭的品質。決議未來只允許採用全自動化生產的鐵罐廠商的產品可以出口。第96次（1957/8/22）檢討鳳梨工業生產合理化政策，當時優惠政策是稅捐減免與貸款優惠等。未來方法將包括推廣工廠衛生、人力訓練計畫、促進生產設備升級，以及保留外匯等。

第99次（1957/10/3）會中報告已順利達成1957年夏季生產目標量，因計畫生產規畫政策效果良好，會持續施行。第103次（1957/12/3）報告國內銷售鳳梨罐頭抽檢狀況：檢疫局抽檢市面上203罐罐頭，其中由有註冊廠商製造的罐頭僅47罐，其餘由地下工廠製造品質低劣，登記廠商產品也只有半數符合標準。將檢驗報告轉交相關部會處理。顯然在當時，工委會優先管理出口罐頭之品質，國內罐頭次之。

（28, 34, 40-43, 47, 50, 63, 72, 81-82, 89, 93, 96, 99, 103, 108）

鋼鐵工業

在當時本地鋼鐵產量不足且品質欠佳，同時多用進口廢鋼做為原料，故為了節省外匯而鼓勵本地生鐵的生產，以生鐵替代廢鋼作為煉鋼原料。此案例一方面呈現節省外匯及改善既有鋼鐵製造設施的努力，另一方面則涉及是否推動一貫作業鋼鐵廠的政策問題。因下游需求尚不足夠，而一貫作業鋼鐵廠的資本及技術要求較高，顯然是高風險的計畫。當時對此計畫雖有諸多討論與調查，然最後並未進行，顯現當時國府謹慎的作風。

第4次會議（1953/9/24）提出對生產生鐵的台灣煉鐵公司的調查報告，雖同意台銀予以貸款，但擬督促台灣煉鐵遵循工委會對其提出的生產與財務時間表，致力改善生產過程。後續會議也陸續討論台灣鍊鐵的生產問題。第67次（1956/5/31）會議討論對台灣煉鐵之調查報告，敦促該公司改進其汐止廠之生鐵生產狀況，建議其提升日產量；允諾協助展延該公司還款期限，

但要求其增資達到台幣2,500萬。

第41次（1955/4/4）會議討論鋼材短缺與鋼品價格上揚問題，為此擬訂生產計畫表與外匯配置報告。工委會成立廢鋼處理小組來負責處理進口鋼鐵廢料相關事宜，於第59次（1956/1/19）會議進行討論，決定擬投標進口廢鋼的鋼鐵廠資格需經省重建委員會核准；而其產品售價不得高於該小組所訂價格上限。

第58次（1956/1/5）會中，李國鼎就鋼鐵工業情況提出報告，預估1956年鋼鐵產量與價格，指出鋼鐵廢料供應之改善已成功帶來鋼品價格下跌，並提出鋼鐵業短期改善措施與長期發展建議。短期措施包括：提升台灣煉鐵汐止廠生鐵產量，並為其所需進口的鐵礦原料配置外匯；促唐榮鐵工廠提高製鋼產能。長期發展建言則是建議台灣設立一貫作業型鋼鐵廠。當時此大鋼廠計畫書已由工委會準備好，並已交由懷特工程顧問公司審查而得到其同意。美國安全分署代表則建議進一步研究一貫作業型鋼鐵廠之可行性。

第63次（1956/4/5）會議討論了李國鼎提出的興建一貫作業型鋼鐵廠之報告，指陳此計畫案符合美國區域發展基金發展亞洲區域經濟之目的，計畫所需資金將從該基金、公營事業民營化所得與僑資等三方面籌措。懷特公司代表指出高雄可能是最佳設廠地點，年產能達30萬噸將較具效率。決議繼續推動，並成立該計畫策劃小組。第77次（1956/10/18）會議策劃小組進度報告顯示，其已完成煤與焦碳供應研究、交通區位比較分析、市場調查、原物料礦產調查等，並已安排Aetna標準工程公司來台進行台灣發展一貫作業型鋼鐵廠之可行性評估。

為設立一貫作業鋼廠，策劃小組赴菲律賓與馬來亞進行考察。向菲律賓提議以資源交換為基礎的合作，菲提供鐵礦砂，台提供焦煤或工業產品。菲方表示願意合作，預計申請美區域發展基金。而馬來亞鐵礦砂主要所有者東方金屬礦公司已計畫發展新礦坑，供應台灣部分產量應不成問題。第89次（1957/5/2）會議討論了該小組赴菲馬之報告，決議將再做討論，而美國安全分署代表建議此計畫案因未臻成熟，應封鎖消息以免引起輿論騷動。第90次（1957/5/16）該小組提出修改與菲律賓的合作計畫。第92次（1957/6/27）

提及當時菲律賓報紙報導顯示出該國對此鋼鐵合作案嚴重誤解，建議外交部應指示駐菲大使予以澄清，盡量以之前考察報告內容為基準原則，以利於向美方申請區域發展基金。（如前述，或因風險較高，直至1970年這計畫才得以實現。）

（4, 27, 31, 41, 46, 58-60, 63, 67, 76-77, 89-90, 92）

航運業、造船業與拆船業

工委會認為當時本國航運能力的不足妨礙了貿易進一步的發展，同時採用本國航運服務可以節省外匯，因此該會決議推動增進本國航運公司的能力。與此相配合，也可以藉此逐步促進自身建造船隻，來建立台灣的造船產業。第12次（1954/1/21）會議討論了台灣造船業會議的紀錄，決議發展台灣的造船產業；於該年度計畫採購兩艘淨重四千噸之貨船，其中一艘透過公開招標方式於日本建造，另一艘由台灣造船公司建造；台船之造價不可高於日本製船隻底標20％。議定此船隻更新計畫所需資金部分將由相對基金貸款；新船隻將分別交由招商局及台灣航業公司經營。同時將要求承建的日本造船廠將製船技術傳授台灣造船公司。其後於第22次（1954/6/10）會議討論了一份「復興中國商船船隊」的研究報告，核准了以下相關建議：更換船隻噸數的長期計畫；提供建船基金予台船公司；給予船運公司低利貸款；補助船運公司員工至海外進修現代船務業務等；修正海事法條以符合現狀與設立海事法院等。後續會議陸續追蹤此計畫的進度。招商局購建新船計畫以及台船公司擴建計畫皆曾因故而延遲進度。

直至第104次（1957/12/12）會議費驊提出船隻更新計畫報告為止，商貿船隊的改善有限，只有招商局建好兩艘船，並正興建第三艘船；許多船隻船齡過高，以至於維修成本高而難以獲利；建議興建新船取代舊船，並提出船隻更新計畫。

在當時亟需申請美援來修復船隻，然而美國援助法卻規定美援貸款只能用來支助建立受援國「近海區域」的航運，超過2500噸位之船隻被視為可遠洋航行，會與美國航運有利益衝突，而不予支助；而若船隻載貨或送貨地

點為美國,將被視為國際貿易船隻,喪失申請修復基金之資格;同時也不支助台灣企業協助他國建造及修復船隻。因此,若要興建或修復較大型的船隻必須另尋資金與外匯來源,對上述建立自身航運業的政策增加了不少困難。如第45次(1955/6/9)與第52次(1955/9/15)會議即討論了相對基金船隻修復貸款準則,決議只允許2500噸以下之船隻申請相對基金修復船隻貸款;並請美國駐華安全分署清楚界定受美總署許可之「近海區域」貿易區為何。

同時,工委會經常性地審核以下項目:美援修船貸款案件、航運公司更新與購船計畫、航運公司財務及營運狀況、台船建造遠洋漁船計畫及相關美援申請、台船擴建計畫等。此外,為了促進就業與(減少進口廢鋼料而)節省外匯,工委會也要求航運公司盡量在國內拆解舊船。

(6-7, 22, 26, 29, 31, 34-36, 45, 52, 54, 61, 66, 80, 88, 101, 104)

軍公民工業聯繫小組

當時的軍工產業因多屬機密而無確實資料,不過因美國恢復援華軍援及國家安全優先的緣故,公認軍工產業尤其機械部門的生產力優於公民營企業。再則,當時民營產業仍在起步階段,一般皆認為公營企業基礎較好,生產力優於民營企業。因此,工委會成立軍公民工業聯繫小組,目的除了互通有無之外,更在於以軍方及公部門需求引導民營產業發展並提升其生產力。

工委會之所以積極推動此方面工作,也是源於其認識到採用機械設備是現代工業提升生產力的關鍵。尹仲容在1954/11/6以經濟部長身分對立法院報告〈台灣經濟的困難與出路〉時,提及加強軍公民工業聯繫之用意之一,是「提高產品和技術水準,大概機械製造方面,還是軍工設備最精良,民營事業則簡陋落後⋯⋯軍工方面可能因經費問題,往往有些機器只能開一班工」,若能加開班生產,「試問對台灣經濟活力要增加多少?」(尹仲容,1963,續編:44)。

因此,該小組一方面推動軍方向民間廠商採購,如促兵工署研究可由裕隆等民間企業供應之機械零件等,除機械外,也推動民間供應適合的簡單產

品，如紙筒、皮革等，不過有些必須美方檢測通過同意後才能進行。也曾協調軍方與其他公部門單位交換零件及物資。另一方面，該小組推動軍工廠在技術上協助民營工廠，包括改善大同公司電風扇生產線等。該小組召集人為國防部副部長，辦公室設在台灣機械製造同業公會內。除提供技術協助外，也促軍工廠提供民間無法生產的較精密的工具機械等，提升水準並節省外匯，並提高軍工廠使用效益。後因美方顧慮，認重心應在國防上，而中止計畫一年多。後經爭取而又恢復（美方代表讚許工委會李國鼎等人在此方面的堅持與努力untiring efforts）（第108次，1958/2/20），工委會分析近三年進口之機械，交專家討論，挑選經常進口且達一定數量小型工具與機械，請軍工廠設計製造以節省外匯。

　　（35, 37, 38, 40, 42, 45, 48, 60, 86, 89,108, 109）

中國汽車輪胎製造公司案

　　如前述，工委會通常會依據產品進口量與所用外匯金額，來篩選可能的進口替代工業計畫。而（第2次，1953/8/27）選擇推動輪胎製造業，除了是為了節省外匯外也有國防需求的考慮；剛開始曾考慮利用台灣工礦公司既有的南港輪胎廠，但因當時該公司正要在耕者有其田政策下進行民營化，故一時無法處理。為免耽誤而另尋新投資案，由僑資的中國輪胎公司提案（第13次，1954/1/21）。其後多次會議的後續討論中出現諸多問題，如美方對此計畫有所保留，曾表示應以外人投資優先。同時這家投資者各種條件皆較弱，且債權糾紛不斷，又有找美國或找日本技術合作的問題，拖延近五年後最後並未成案。後由台灣工礦回來提案擴產，但美方認為只需要建一個輪胎廠，故須待此案確定後再議南港輪胎案。不過1957年復出的尹仲容則積極推動進度，極力促成由台灣工礦南港輪胎擴產。之後中國輪胎案因故並未得以進行。

　　（2, 13, 21, 49, 66, 83, 94, 99, 100, 103）

純鹼工廠

　　台灣鹼業同業公會向工委會提出興建純鹼廠計畫（第9次，1953/12/12），尹仲容表示當時國內純鹼價格過高，應要由公會以外的企業來投資，以提高競爭度。後有東南化工公司提案設廠，初步獲得通過（第15次，1954/3/4），但在取得美方技術援助上不甚順利。工委會找到一家日本公司有可行技轉計畫，決議由中央信託局先行負責承案，財務計畫通過後再公告尋求民間投資者。依據民營企業優先之原則，否定由台鹼來做之議。公告後有4家申請，選擇了東南鹼業公司承接（第67次，1956/5/31）。1957年8月與東南鹼業簽約成案。工委會持續監督。投資者曾被允許進口物資出售以籌資。

　　在第67次會議中，一位部會代表提出對民營投資者能力之質疑，並詢問為何不由台鹼負責；此發言與當初PVC案之討論相似。工委會成員則清楚表示當時政府政策對於公營事業擴產有嚴格規範，尤其不應進入已有私人投資者表示興趣之領域。此時工委會召集人已由江杓取代尹仲容，顯示出鼓勵民營是工委會成員之共識也是當時政策方針。

　　（9, 15, 28, 51, 67, 77, 86, 91, 96, 102）

水泥業

　　在工委會會議中討論水泥業的次數甚多，即112次會議中有36次論及，顯示水泥的重要性，以及此重要物資的產銷機制仍未成熟，市場機制運作尚待完善，因此工委會仍須監督此產業的營運並負責相關資源配置。因論及事務甚為繁雜，此處僅簡要敘述其中較為重大的事項。

　　因水泥為重要物資且供應短缺，故工委會決議優先運用美援來發展水泥業。因此該會推動台泥擴產、允許嘉新設廠，並研究以火山灰來部分替代水泥，在多次會議中討論研究測試火山灰替代之可行性。此外，經常性工作包括監督供需情況、進口額度、水泥運送問題與如何配置水泥給用者等；分配順序為軍方、電力與重大計畫、生產與運輸、一般民需。1956年擴產計畫通過嘉新擴產案，也原則通過亞洲水泥與中國水泥申請案。嘉新因籌資不足

擬轉讓第二新廠，亞泥被允接手。

　　（21, 23, 31-32, 37, 41, 46, 48, 54, 57, 59-60, 62-68, 70-71, 73, 76-77, 81-82, 86-87, 91-92, 94-95, 99-100, 105, 108）

食用油產業

　　第4次（1953/9/24）會議討論了台灣農化廠申請相對基金貸款430萬美元，來支持其新建的米糠榨油廠營運的計畫。雖美方質疑用美援黃豆來榨油的產能已夠用，但工委會因其應用本土原物料米糠，故建議通過。其後（第91次，1957/6/13）嚴演存提出改善效率方案，認為溶劑萃取法比壓榨法好。不過因新法需連續式生產，需原料充分供應，考慮到對既有廠商的衝擊、原料供應方式、進口機器設備等問題，有點窒礙難行。最後，復出的尹仲容建議美援黃豆用拍賣方式售出，不必管廠商用何種方法。此案例顯示工委會曾研擬各種工業改善案，態度審慎，有些未必有結果。

　　（4, 91, 111-112）

工委會刊物《自由中國之工業》

　　在第9次（1953/12/12）會議上，潘鋕甲報告出版工委會刊物之計畫與預算。此刊物以《自由中國之工業》為名，目的是為了呈現台灣工業發展與經濟重建之狀況，並提供園地討論台灣工業所面臨之問題，並可作為向美方報告援助成果之資料。隨後會議持續報告進度。1954年共發行12期，每期海內外總發刊量為1,315本。工委會成員皆認為此刊物甚有意義且有助於工作。第70次（1956/7/12）會議，美方代表指出此期刊非常成功但發行量仍偏低，應設法提高流通率。經討論後決議維持雙語版本與發行型態，而應在美方協助下提高海內外的訂閱量。

　　與此相配合，在第9次會議中也議及統計數據的問題。當時工委會正在準備第一個四年工業計畫，因其強調計畫需奠基於翔實可靠的數據，故積極推動統計數據的收集整理工作，並為此推動工業經濟研究計畫，最後決議各個事業及相關單位應各自負責資料之收集與匯報，工委會負責協調統籌。

（9, 35, 70）

工委會其他出版品

　　第24次（1954/7/8）會議上，美安全分署建議準備一本向外國投資者介紹台灣的小冊子，因此工委會計畫編輯「Taiwan Industries：A Guide to Foreign Investors」，做為給外資的投資導覽書。第26次（1954/7/8）與33次（1954/11/24）繼續討論此計畫，由工委會負責以英文編撰，並申請相對基金，預計於隔年出版。

　　第75次（1956/9/20）會議研議出版本地產品型錄。為節省外匯擬推動加強本地採購，研議製作符合台灣或國際標準產品的目錄，以提供本地廠商選擇，亦可促進貿易。第87次（1957/4/14）會中後續報告，經公告已有201間工廠申請登記812項產品。這些產品將交由相關單位做初步鑑定，再由工委會檢驗工作小組進行覆檢。希望此刊物可做為本地或對外貿易的設備與原料採購之參考。

　　（24, 26, 33, 75, 87, 109）

附錄5.3 美國經濟援助相關機構的沿革

1948/4/3 美國立法通過《援外法案》（*The Foreign Assistance Act*），主要是第一章協助西歐國家復興經濟的《經濟合作法案》（*The Economic Cooperation Act*），即馬歇爾計畫；第三章是為援助希臘與土耳其；第四章為《援華法案》（*The China Aid Act*）。

1948/6/4 行政院美援運用委員會（美援會）成立於南京，Council for U.S. Aid（CUSA）。

1948/7/1 美國經濟合作總署中國分署成立於上海，Economic Cooperation Administration（ECA）, Mission to China。

1948/7/3 中美兩國政府依據《援華法案》於南京簽訂《中美經濟援助雙邊協定》（Economic Aid Agreement）。

1948/10/1 中國農村復興聯合委員會成立於南京，Joint Commission on Rural Reconstruction in China（JCRR）。

1948/10/14 中國政府聘懷特公司（J.G. White Engineering Co.）為美援工程顧問。

1949/10 美援會及懷特公司自港遷台。

1949/10 美國通過《共同防衛法案》（*Mutual Defense Assistance Act*）。

1950/8/8 美國經濟合作總署宣布恢復援華，仍援引《援華法案》。

1951/2 與美依據《共同防衛法案》訂立軍事援助協定，5月美軍顧問團在台成立。

1951/3/15 國府應美要求成立行政院財政經濟小組委員會（Economic Stabilization Board）。

1951/6~8 恢復設立中美相對基金，美援會開始舉辦美援技術協助訓練計畫，派遣人員赴國外考察研習。

1951/10/10 美國會通過《共同安全法案》（*Mutual Security Act*），將軍事援助、經濟援助與技術合作三者合併為一體（包括直接軍援、軍協援助、防衛支助、技術合作、剩餘農產品），每年由國會審查修訂內容與金

額。

1952/1/5 美國經濟合作總署中國分署，改名為美國共同安全總署中國分署（Mutual Security Agency, Mission to China）。

1953/7/1 行政院財政經濟小組改組，成立行政院經濟安定委員會（經安會），其下第一組主管貨幣、金融、貿易與物價政策審議，第二組主管美援運用及經援軍援之配合，第三組主管平衡預算及財稅，第四組主管農林水利漁業，工業委員會負責推動工業。第四組與工委會為新設，唯工委會設有專職人員。

1953/8/7 美國共同安全總署中國分署，改名為美國國外業務總署駐華共同安全分署（Foreign Operations Administration, Mutual Security Mission to China）。

1954/7 美國國會通過《發展農業貿易及援助法案》（第480公法）（Agricultural Trade Development and Assistance Act）。

1955/7 美國國外業務總署駐華共同安全分署，改名為美國國際合作總署駐華共同安全分署（International Cooperation Administration（ICA）, Mutual Security Mission to China）。

1958/7/1 美國駐華共同安全分署將計畫稽核工作與相關人員，轉移至美援會。

1958/9/1 行政院經濟安定委員會遭裁撤，業務撥歸相關部會，工業委員會主要人員與功能轉入改組後的美援會。

1962/1/9 美國國際合作總署駐華共同安全分署，改名為美國國際開發總署駐華美援公署（Agency for International Development（AID）, US Aid Mission to China）。

1962/8 懷特公司改名為美援工程顧問公司（CUSA Engineering Consulting Group）。

1963/9/1 美援會改組為行政院國際經濟合作發展委員會（經合會）；該會後又於1973/8改組為行政院經濟設計委員會（經設會）；1977/12/1與行政院財經小組合併，改組為行政院經濟建設委員會（經建會）；2014/1與

行政院研究發展考核委員會等單位合併為行政院國家發展委員會（國發會）。

1964/5 鑑於「中國健全經濟的成長」，美國宣布將於次年6月終止對台經援。

1965/6/30 美國終止對中華民國的經濟援助。

1979/3/15 農復會改組為行政院農業發展委員會（農發會）；1984/7 農發會與經濟部農業局合併，成立行政院農業委員會（農委會）。

第六章

國民政府的公民營政策

一、前言

　　後進國家在推動經濟發展時，應該在何種程度上依賴公營、民營與外資企業，這在經濟理論上是一直有爭論的。在現代經濟中企業是基本的單位，而在這三類企業中選擇要依賴哪類或哪幾類企業，及比重分別為何，就是經濟發展策略的重要選項，不同的經濟理論會支持不同的選擇。同時在現實中，公營企業更常因與政權相連而成為政治鬥爭的焦點，因此公民營政策尤其是個具爭議性的議題。

　　本書是要探討戰後台灣經濟發展的源由，因此也必須探究在戰後台灣，國民政府在促進經濟發展的過程中，政策上到底曾是推動公營、民營還是外資企業來承擔工業化的任務？同時這政策選擇是否及如何有助於台灣經濟發展的進程？台灣戰後經濟發展成績優異，想來其採取的企業政策應也是個成功的策略。然近年來這議題卻成為台灣民主化運動中的爭議焦點，同時在新自由主義思潮影響下，公營企業不被認為具有正面角色，國府被認為沒有扶植民營企業，而中小企業則被認為是發展的主角。本章將先察看實際情況，並進而探討國府戰後在台灣的公民營政策及其考量，同時並追溯探究國府在

大陸時期的公民營政策與作為，以便理解國府此方面政策的緣起與發展，也將討論應該如何看待公民營企業各自的角色，及如何評價公民營政策。

首先須釐清一下相關用語。若按照西方用法，公營企業稱為「國有企業」（State-owned enterprise），與其相對的民營企業則是「私有企業」（privately-owned enterprise）。然而企業「公共化」或「社會化」的定義其實是複雜的，例如，在幾乎沒有國有企業的美國，它是依據企業的股份是否「公開上市」在股市買賣來區分「公與私」，通稱公企者是指股份上市公司（publicly-traded company，簡稱 public company），而私企是股份不上市的公司（privately-held company，簡稱 private company），兩者所有權皆非國有，這公與私的區分所強調的是「社會化」程度之差異。而在中文語境中，或許因為中國「公與私」的分野與西方不同，公營與民營企業的稱呼有長久歷史且甚為普遍，本章將沿用公民營企業之用法[1]。

就現實認定而言，可發現實際上戰後數十年來，台灣的整體經濟以及民營資本都持續地快速成長，而公營部門則成長較緩因而所占比例持續下降。台灣戰後雖然國府將主要的日資企業保留為公營，然民營經濟卻很早就快速成長。早在1954年與1958年，民營部門分別占台灣製造業及工業產值的比例就超過公營（見圖6.1）[2]，公營企業主要在少數如製糖及油電等部門具有壟斷位置。此外，雖然在戰後初期美援提供的資金與資源幫助穩定了台灣經濟，不過是以援助與貸款的方式，而不是直接投資，其實當時外來投資甚少，外資企業的角色並不重要。在1950年代，美援大約提供了台灣資本形成毛額所需資金的四成（見本書附錄附表A7），而經核准的華僑與外人投資金額，則只占到台灣固定資本形成的1.2%左右（見本書附錄附表A3）。

1　關於中國的「公與私」觀念，可參照溝口雄三之分析（陳光興等，2010：9-73）。此外，有些學者在用語上採用「官營」而非「公營」，如劉進慶（1992）等，這或許是延續中國傳統區分「官民」的用法，然而經濟發展正是現代化改變傳統社會的過程，「公與私」及「官與民」的關係與意義都會隨之變化，因此本書將採用較為折衷的「公民營」的用語。

2　工業包括：礦業、製造業、水電燃氣、營造業。因公營企業多經營資本密集產業，故其在工業資產的占比應高於其在工業產值之占比。

　　本章將延續本書宗旨，從國家利用公營企業來推動現代工業發展的角度，來衡量公營企業角色。同時也試圖將國府在台的政策放到中國百多年來追求現代化的歷史脈絡中來理解，即採取**後進國家追求發展**的視野進行探討。就國府在台初期的關於民營企業的政策而言，本章將提出不同於前人之看法，即認為國府自大陸時期開始，就有既定的關於公民營政策的原則，但是劃分界線模糊而有彈性，而實際施行方式則多半依據當時實際情況而定，在台灣的情況也是如此。

　　從孫中山提出「發達國家資本、節制私人資本」之原則後，國府雖因而在形式上以此作為其公民營政策之原則，但發展方向仍是公民營並進的現代市場經濟，絕非蘇聯式的中央計畫經濟，只是要如何劃分公民營的界線並不明確。其實在現實上，國府在大陸時期並沒有條件施行扶植民營的產業政策，在求生存的壓力下，實際的政策多是依據現實考慮而定，就像因應緊急國防需要而起的資委會就必然為公營。此外國府一向有促進民族產業的目標，但在大陸時期相對於外資，則只能是逐步爭取廢除不平等條約以取得自主的空間。

　　台灣光復，國府將大型日產保留為公營，然而，在日殖時期被壓抑的本地經濟力量則得以釋放，並藉由參與接收及政府的扶植政策而大幅擴展。國府的土地改革政策也推動了地主資金進入工業，而其產業政策則清楚以扶植民營工業為目標。同時，如前述，國府在大陸累積的發展動力與失敗的經驗，促使它在台灣致力於改善宏觀及微觀經濟管理，為民營企業的發展提供了穩定的環境。而相對於外資，國府到了台灣不單得到美援以穩定經濟，同時美國在此時因冷戰考量並不覬覦台灣市場，而容許國府以產業政策扶植本地產業。因此，美國資金以美援形式提供了投資的資金，而不是以外資企業形式進入[3]。

3　Amsden（2007）認為美國在戰後初期因冷戰因素，較為容忍後進國家利用產業政策扶植民族經濟，但到了1970年代末以後，則改採新自由主義原則而反對如此的政策作為。她因此將此政策變化稱之為從天堂跌到地獄般的改變。

　　在下一節中，將討論關於公、民營及外資企業孰優孰劣的理論爭議。第三節與第四節將分別檢討國府在大陸時期與戰後在台灣的相關公民營政策。第五節則將針對國府的公民營政策與政商關係做一綜合評論。

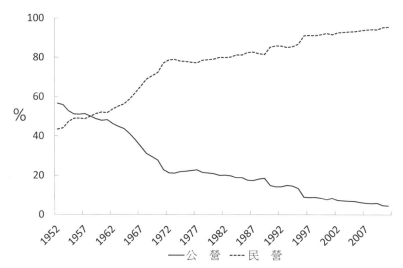

圖6.1 台灣工業產值公民營分配比例，1952-2011

資料來源：CEPD經建會（歷年）。

註：製造業產值分配比例的走勢與工業的相似，只是公民營比例的交叉點提前至1954年，因為工業中除製造業之外的水電燃氣部門主要是公營，故工業中的公營比重高於製造業。

二、採公營、民營抑或外資的相關理論

　　自從現代資本主義經濟制度興起後，企業的產權與責任界定逐步清晰化，其中具有較強集資功能的股份有限公司，日益成為現代經濟體中主要的運作單位[4]。因此，後進國家在推動工業化的計畫中，除了須要學習建立現代

4　在台灣營利事業分為非法人與法人，前者包括獨資與合夥兩種。《公司法》規定下的法人則包含無限公司、有限公司、兩合公司及股份有限公司四種。無限與有限公司分別指股東對公司債務負無限與有限清償責任。兩合公司的股東包含負無限與有限責任者。股份有限公

企業之外，也會面臨一個發展策略選項，就是必須決定要依賴哪種類的企業來承擔推動工業化的主體，即須決定分別在多大程度上依賴公營企業、民營企業以及外資企業來承擔此項工作。

各派的理論對這問題有不一樣的答案。本書第一章關於經濟發展理論的討論，主要是假設了市場經濟的環境，以此介紹了自由市場學派與結構學派，這兩個學派對於公民營與外資政策確實有不同看法。除此之外，為討論完整起見，此處還要討論以馬克思理論為基礎的左翼政治經濟學派在這方面的說法。簡單來說，自由市場派認為發展應依賴民營企業，且包括外資企業，左翼政經學派則主張發展應走向全面公營，而結構學派則處於折衷位置。

左翼政經學派對資本主義持高度批判立場，認為其發展的動力來自私人資本對利潤的追求，而為此必然深化對勞工的剝削並忽視任何其他會增加成本的目標。雖說逐利動機會推動生產力的進步，但生產方式的逐步社會化與資本的私有形式間的矛盾會日漸尖銳，這些問題正是支持公營企業的理由，即將生產工具的所有權公有化，取消剝削並以人真正的需求而非利潤來驅動生產。換言之，社會主義發展到較高階段時所追求的理想應是企業皆為公營，並以中央計畫經濟取代市場機制。此外，關於外資在後進國的角色，左翼學派基本持否定態度，認為其是依據西方帝國主義的利益，來攫取第三世界的資源[5]。不過，自從中國於1978年轉向進行改革開放，並且在1980年代末蘇聯東歐社會主義經濟解體之後，這波社會主義實驗被宣告失敗，而中央計畫經濟也不再被認為是理想模式。原先左翼理論所提出的對資本主義的批評，其實正是支持公營企業的理由，至今這些資本主義制度的問題並無消滅之勢，只是因近年社會主義勢倔而少人提及。因此，此處將是假設了市場經

司指「二人以上股東或政府、法人股東一人所組織，全部資本分為股份；股東就其所認股份，對公司負其責任之公司」。引自全國法規資料庫http://law.moj.gov.tw/LawClass/LawAll.aspx?PCode=J0080001。

5　左翼學者間對於帝國主義的入侵是否最終會誘發殖民地自身的資本主義發展是有不同意見的，參見瞿宛文（2003：185-223）的綜合評述。

濟的環境，而不是從社會主義視野來討論公民營政策問題。

近年來自由市場學派領導全球思潮，該學派認為政府設立公營企業必會妨礙市場機制並帶來政商勾結及尋租行為；企業也會缺乏利潤動機的推動，在僵固的官僚化管理下難以提升效率；並因壟斷化而阻礙發展，故應盡量避免公營企業。同時，此學派認為這是一個普世的理論，適用於先進與後進國及任何歷史時期，即放諸四海皆準。而對於期望發展經濟的後進國家而言，該學派認為政府應該要確保民營中小企業能有發展的空間，如此才能讓具企業家精神者不斷湧現帶來創造性破壞[6]；更應盡量歡迎外資，因其會帶來稀缺的資本與先進技術。

結構學派學者曾就公營企業效率是否必然較低的問題，對自由市場派的論點提出挑戰[7]。他們認為在今日大型企業皆呈現所有權與經營權分離的現象，於此所有權是公有或私有的差異對於經營治理的影響未必有顯著的不同，在實證上公營企業經營良好的案例所在多有，公有公營必然無效率的說法難以成立。此外，該論點過於簡單化與教條化，也是非歷史的，更重要的是其錯誤地認為後進國家在促進發展上，並不需要有特別的考量與作法。

自由放任與國家干預孰優孰劣的爭論實有長遠的歷史，近百多年來，自從後進國家努力脫離政治上被西方殖民的命運開始，就必須考量如何能夠在經濟上也取得獨立，這公民營與外資政策的選擇就是國家發展策略中一個重要選項，也是爭議所在。在這歷史過程中，1917年蘇聯社會主義革命的成功，對後進國家有其深遠的影響，同時，歐美國家在一二次世界大戰之間經歷了延續多年的經濟大恐慌，嚴重的經濟問題也曾使得社會主義思潮特別興盛。不過，自由放任思潮更曾多次長時間引領世界，就如我們目睹的近三十多年來的情景一般。Hirschman（1982, 1992）即曾指出，近代以來一直存有如何對待市場經濟或資本主義的思潮爭論，贊成與反對自由放任思潮的影響

---

6 Schumpeter（1975）提出創造性破壞（creative destruction）一詞，來描述資本主義體制下資本對利潤的追求會帶來不斷的創新，而這創新卻也是創造性的破壞。

7 Chang（1997）與Chang and Singh（1993）。

力，隨著歷史發展而起起伏伏。

　　另一種視野來自結構學派，這學派則是從後進國家經濟發展的觀點來看此議題，而本章就是以此為基礎並進一步做出補充。如本書第一章已提及結構學派關於後進國家經濟發展的觀點，Gerschenkron（1962）闡明了後進國家進行超趕的規律，即經濟發展程度越落後，就越缺乏市場及相關制度，也就需要強制性越高的制度來替代市場以推動發展，而其中國家干預的強制性為最高。換言之，經濟越落後，（私人）投資風險越高，就越需要將投資風險社會化，而國家以公營企業來擔綱，就是由國家承擔投資風險來推動工業化的一種方式；其中，南韓政府以高度干預的方式扶植特定財閥來擔綱則是另一種分擔投資風險的方式。這當然只是一種潛力，即公營企業可以擔任的角色，並不必然保證成功，同時這背後也必得預設一個意圖推動**整體經濟發展**的政權。

　　本章承繼此理論並做出補充，認為除了應認識到公營企業可做為推動工業化的工具之外，也應清楚地以發展的動態角度，來看待公營企業的階段性角色；必須歷史性地來看待這過程，即隨著經濟發展程度的增高，市場制度建立的進程，以及進一步產業升級的需要，公營企業所需要扮演的角色應該會有所不同；同時，公營企業的主體本身也會產生變化，即應依據發展階段來評價公營企業可能與實際的角色。

　　因此，本章將對公營企業的性質提出補充性說法，認為公營企業的管理者也是歷史中人，他們的動機與行為具有時代性，並不適合套用主流經濟學的追求私利的普世「經濟理性人」的假設。前述自由市場派關於公民營企業孰優孰劣的說法，是奠基於此普世經濟理性人的假設，據此來討論不同所有權框架所帶來的激勵與監督機制的異同，並意謂這分析放諸四海而皆準。然而如本書第四、五章所呈現，中國在20世紀前半救亡圖存壓力所激發出的驅動力，造就了資委會以及台灣戰後初期本書所稱的「以實業救國的儒官」，這現象有其清楚的時代性，不是主流經濟學普世人性理論所能解釋。此外，公營企業的激勵與監督機制的有效性，會依據該機制的完善性、主事者的動力以及外在環境而有很大的差別，所有權的影響只是其中的一部分。

因此必須對結構學派討論公民營政策的理論框架做出補充，考量應納入後進國的發展需要與發展階段、主事者的時代性與驅動力，以及機制設計與外在環境等。這些在下文第五節會進一步說明。而對於外資的角色，結構學派認為後進國家要發展一定要推動本地企業，但必須藉由與外資互動而進行學習，立場可說介於上述另兩種論述之間[8]。

此外，針對公營企業是否真的具有「公共」的性質，從左翼與右翼理論都可以延伸出一種可稱為「官僚資本」的說法。如前述，自由市場派認為公營企業管理者必會謀求私利，因而帶來政商勾結及尋租行為。即如台灣民主化運動興起時，就把公營企業稱之為國民黨「黨國資本」，強調這些企業非為公益而實為黨國所用。

從左翼理論也可能對特定時空下公營企業的實際性質提出質疑，即懷疑其雖在形式上屬於「全民所有」，但被實際上擁有管理權的官僚掌控，而官僚的意圖不是為全民謀福利，故實質上不是「公有資本」而是「官僚資本」。例如，劉進慶（1992）依循左翼政治經濟學的分析，認為官僚資本受國家權力的階級性格所制約，而國府的半封建、半軍事威權性格帶來「公業的家產化」（頁94-101），同時黨官僚依據本身的利益會帶來結合官商利益的「官商資本」（頁279-283）。再如大陸時期，國府在敗守台灣之前在大陸已失去民心，被認為是一個以四大家族為首的營私集團，即使如資委會旗下的公營企業也被稱為是「官僚壟斷資本」，而官僚資產階級是國府統治集團的一部分。

然而，左右翼學派的「官僚資本論」在意涵上是有所不同的，自由市場派主要是指責設立公營事業是干預市場，應該改為民營，而左翼的說法則是責其缺乏「公共」實質。

總之，對於後進國家發展應有何種公民營與外資政策，主要有三種論述，自由市場學派反對公營而贊成包含外資在內的民營企業；左翼政經學派主張走向全面公營且反對外資；結構學派則認為發展應依賴包含公民營的本

8　可參見本書第一章第一節的相關討論。

地企業，公營企業可以在一些發展階段起到推動重大工業的作用，而外資應
是學習對象而非主角。

以下將依據上述補充後的結構學派論點來探討此課題。不過，在直接進
入台灣戰後時期國府公民營政策的相關討論之前，必須先理解國府一貫的理
念，其在大陸時期的相關作為，以及當時社會對此議題的討論。

三、國府在大陸時期的公民營政策

國府一向宣稱其承繼孫中山所提出「發達國家資本、節制私人資本」的
原則，只是實際上要如何劃分公民營的界線其實一直沒有明確的說法。不過
大致上的原則是，國家安全相關的以及民間難以經營的行業應由公營企業擔
綱。然而，在現實上「民間難以經營的行業」會依據發展情況而有很大的變
化。在大陸時期國府資源高度缺乏，在求生存的壓力下，實際作法多是依據
當時的現實考慮而定，如為了緊急因應抗戰需要而建立的軍需工業，其必然
為公營。

（一）資源委員會的位置

到了戰後時期，國府已漸失去輿論的支持，被認為是一個以四大家族為
首的營私集團，而公營企業也被稱為「官僚壟斷資本」，然而，這稱呼並不
完全符合事實，尤其不適用於資委會部分。本書第四章已詳述資委會的沿
革，並對其在工業救國方面的努力多所肯定。就國府這時期工業化的實際作
為而言，資源委員會與其公營企業群的發展，當然是最重要的部分，故在此
簡述一下資委會在整體公營資本中之比例與位置[9]，並討論所謂「官僚壟斷資
本」的問題。

第四章的表4.1列出了中國在民國時期產業的資本總額與分配比例，該
表中產業資本包括工業（製造業、公用事業與礦冶業）及交通運輸業。以下

---

9 許滌新、吳承明（1993）。

表6.1將其中抗戰前後中國的產業資本區分為工業與交通運輸，並呈現內資、外資與公民營資本分配比例的變化。表中顯示民國時期在抗日戰爭爆發前之1936年，若計入東北的日資則中國產業資本總額超過半數（57.2％）為外資。而產業資本中有近四成是在東北滿洲國的日資，另近兩成在關內的外資中也是日資占主要部分，即日資占中國產業資本的份額達47.8％。再進一步看，此時資委會投資計畫尚待展開，在關內既有的公營資本八成多是在交通運輸業尤其是鐵路上；關內的工業主要是外資與民營資本平分秋色。以上數字在在顯示至1936年為止，中國自身的產業發展極為有限，因而更加凸顯日本在華尤其東北投資的分量，而國府只壟斷關內交通部分而在工業部門之份額則微不足道。這主要呈現出當時中國政府缺乏完整主權來扶植本地工業，而外資尤其是日資藉由不平等條約以及軍事力量，高度入侵中國市場的情況。

若比較1936與1947/1948年的情況，一方面呈現出日本侵華戰爭帶來的破壞甚為巨大，使得產業資本總額減少了三分之一，而交通運輸資本更是只有戰前的57％水準。另一方面則顯示公營資本因為接收日資而大幅度擴張，與此相對應的是外資比例從近六成降為一成多。若與1936年關內情況相比，公營資本在工業部分的份額從僅一成增為四成三，在交通運輸部分則從七成升為九成，並進而在總產業資本的份額增至64％。民營資本的份額雖從20.5％升至24.7％，但實質資本額仍是減少的。

換言之，外資潛在影響力巨大，中國以極大代價贏得抗日戰爭，才得以取消不平等條約，並接收了主導中國市場的日資企業。然而，因為國府依賴美國力量打敗日本，1946年中美簽訂的《中美友好通商航海條約》意謂中國對美國開放門戶，只是內戰日熾且經濟秩序日漸混亂，美國資本才未在此時大舉進入中國。

在這戰爭前後日本資本大進大出的巨大變動背景下，資委會所扮演的角色為何？如第四章所述，資委會戰時在原本幾乎沒有現代工業的大後方，建立了一些基本工業，包括礦冶、電力、石油、鋼鐵與機械等，從1939至1945年生產總值約有4.3倍的成長，職工人數幾從零增長至六萬多人。在外

援與資源均高度缺乏的狀況下，對於國府支撐艱苦抗戰有相當貢獻。只是各種條件實在過於艱難，據估算「後方工業的規模約僅合戰前全國的11％強，專就華人工業約合17％」[10]，亦即資委會後方工業規模有限，並且多遷就戰時需要，在地理及經濟條件不適合的情況下興建了工廠。

　　因此資委會在戰時雖有不容易的成績，然較公允說法或許是，其在這段時期中最重要的成果，不是那些工業本身，而是藉此訓練了大批的優質人力、建立了相對健全的企業組織，為戰後接收日產與進一步興建工業奠立了必要的基礎。如果沒有這些組織性人力，則順利接收日產並恢復生產應都是難以實現的任務。戰後，資委會負責接收日偽工業資產，就地理分布是以東

表6.1 抗戰前後中國產業資本之分配

單位：億元，％

	1936		1947-48 (1936年國幣值)	1936年資本總額分布（包括東北）	1947-48資本總額分布	1947-48占1936總額比例
	關內	東北				
產業資本總額	55.5	44.4	65.5	100%	100%	66%
工業	32.4	17.6	37.1	50%	57%	74%
外資	14.5	10.9	6.2	25%	10%	25%
官資	3.4	2.4	16.0	6%	24%	278%
民資	14.5	4.4	14.8	19%	23%	79%
交通運輸	23.1	26.8	28.4	50%	43%	57%
外資	5.1	26.7	1.1	32%	2%	3%
官資	16.5	-	26.0	17%	40%	158%
民資	1.5	0.1	1.3	2%	2%	82%

資料來源：許滌新、吳承明（編），1993，表6-1，頁722-723。

註：東北部分南滿鐵道會社資本（14.7億元）已併入外資。

---

10 許滌新、吳承明（1993：546-547）。不過，在戰前後方工業僅僅占到全國的4％，因此確實有實質性的進步，引自鄭友揆等（1991）。

北為主要，台灣其次，就產業分布則是以重工礦業為主。這接收工作確實使得資委會得以大幅擴張，但在當時因民間資本與技術管理人力的高度缺乏，資委會可說是以公部門之位置，集中培育了這些稀缺人才，才得以讓中國可以在實質上接收這些工業[11]，同時因為該會已有所準備並且人員士氣高昂，恢復生產有相當成績。就如第四章所提及，戰後在台灣，台電的三千多名日本管理及技術人員在被遣返之際表示，「我們怕三個月後，台灣可能就會黑暗一片」[12]，若沒有已受過訓練的孫運璿等資委會人員，帶著被戰爭所激發的高度愛國心努力復產，黑暗恐難以避免。

除了資委會之外，公營企業還包括其他各種部分。如上表所顯示，在戰前資委會尚未開始作業，關內僅有少數的公營工業，主要是在交通運輸部門。而在工業部門之外，較為突出的是在金融現代化改革之後，國府對金融業的壟斷甚為顯著，政府控制的銀行占全部銀行資產的74%[13]，幫助支撐國府的債務，而這金融壟斷的地位在戰後也繼續維持。

不過，在戰後「官僚資本」逐漸成為通用語彙，應是與這段期間國府統治上的各種弊端與治理上的失敗有關。在戰後，國府總體經濟管理逐步走向徹底失敗，惡性通膨不斷擴大，金圓券改革的失敗成為最後一根稻草。在當時「官僚壟斷資本」可說是被當作國府「政治與經濟上整體治理失敗」的例證，但在工業部門它其實卻是名不符實，經濟之崩解也非源於此。

接下一個問題是，資委會的公營企業是否對於當時的民營資本起了排擠作用？如上述，民營資本在二戰前工業部門曾有近19億元資本，遠大於公資的3.4億元。到了1947-48年雖然其工業資本份額從19%升至23%，但實質資本額降為14.8億元。戰前民營工業資本在輕工業方面有些發展，但缺乏國家有力的扶植，發展情況依據外資的侵入程度、抵抗日貨運動及國內外整體經濟情況而定。而在戰爭與戰後時期，戰爭及惡性通貨膨脹使得整體經營

---

11 如前述，在兩岸，這些人力都是戰後初期工業化的骨幹人才。

12 楊艾俐（1989：54）。

13 許滌新、吳承明（1993：84）。

環境惡劣，再加上國府經濟治理無方，民營資本的經營必然困難。例如，在戰爭末期對民營業者的調查顯示，其最大的困難在於通膨干擾營運以及因物資管制而無法取得原料等，重要性列於受公營企業排擠等因素之前[14]，在戰後則混亂與投機帶來更多困擾。除資委會外，其他中央部門的企業與省營公營企業，經營情況則參差不齊造成問題。資委會所負責接收的領域以重工業為主，並且較為顧慮到與民營企業的競合關係，故較少受到抨擊[15]。

1.國府為何設立公營的中國紡織建設公司？

公營企業中的中國紡織建設公司（中紡）確實引發甚多民怨，被當作「官僚壟斷資本」的代表。戰後民營資本或許無力接收資委會經營的重工業，但應可勝任輕工業部分，尤其紡織業向來是民營企業的最大宗，但為何國府在1945年底竟然新設立公營的中紡公司，來接收龐大眾多的日偽紡織企業？這作法立即引起民間輕紡業者的反對，也引發了特權排擠民資的爭議，尤其當時是由宋子文任行政院長。不過，對於中紡是否是國府意圖建立「官僚壟斷資本」的佐證，近來有些學者已能脫離國共鬥爭歷史所帶來的意識形態桎梏，而來重新檢視這段歷史，並有了新的解讀。

抗戰後期在接收日偽產業的規畫中，紡織業一直是列為民營的範圍。然而在接收過程中，隨國府遷至後方的棉紡織業者主張因其戰時做出犧牲，故應有優先承購淪陷區日偽紗廠的權利，但他們又因資金困難而承購能力不足，並且此方案當然遭到收復區的業者的強力反對，因此接收方案懸而未決[16]。再則，在接收紡織業時缺乏妥善方案，接收時竟然命令紡織廠停工待命，立即帶來龐大工人失業的問題，進而導致激烈工潮，而整體接收工作上的混亂已使得物價飛漲物資缺乏。對於國府而言，平抑物價恢復生產與就業，即成為當務之急。而宋子文又認為「在紡織業有利可圖的情況下，政府

---

14 許滌新、吳承明（1993：548-550），當然制度不良與行政腐敗必也是原因之一。

15 依據張忠民、朱婷（2007：410-411），戰後輿論對國府國營企業的批評中，「很大一部分都是針對中紡公司等輕紡行業的國有企業，而對於如資源委員會以及所經營的工礦業，卻少有十分猛烈的抨擊」。資委會向來宣稱公營事業是要幫助民營，而非妨礙民營。

16 金志煥（2006：14-35），王菊（2004：32-44）。

不願支持買得起廠的人發大財，也不能貸款給買不起廠的人以增加國家負擔」，同時，當時政府財政高度困難，「國家也需要利用紗廠來為國庫增加收入」。況且宋子文一向「崇尚美國式的大生產，輕視中國的小規模經營方式」，無意扶植小廠。既然資委會一再拒絕宋子文提出的要該會接收紡織業的要求，於是成立龐大的公營中紡公司才能符合宋子文的需要與想法[17]。

中紡公司在營運上大致遵循日本留下的現代經營方式，「所有的高級幹部都是紡織業的技術和管理專家」，並被允許擁有行政、人事與會計的自主權[18]，在初期確實起到恢復生產、部分平抑紗價的作用，是政府執行拋售及限價政策的主要依據。王菊（2004：6）認為民營紗廠並未被公營的中紡壓垮，「真正損害民營（棉紡）企業利益的則是國民政府後期的管制政策」，中紡也同樣是政策的受害者。到了後期物價失控加速，國府的限價政策失效，無法維持紗布市場正常運作。中紡的技術官僚對國府的政策高度不滿，以至於1949年初與中共地下黨合作，阻止把中紡資產運往台灣，和同時期資委會的整體留守是類似的發展。中紡設備組織與人力相對健全，因此成為「新中國經濟建設的主要人力與物質基礎」[19]。

換言之，宋子文當院長期間成立中紡公司這件事，其成立主因是主政者的財政危機，又亟於立即復產與平抑物價，並非是刻意為特權人士牟取壟斷性私利，稱不上是「官僚壟斷資本」，而應被視為失敗的政策。這領域原就規畫為民營，後方與光復區都有民紡業者期待進入，排擠他們的參與不單引發嚴重民怨也對經濟不利，而政策又不能達成目標，更凸顯其為此付出代價之巨大。

---

17 王菊（2004：44）。以上引文源自宋子文在1946年1月22日為說明政府成立中紡而召開的記者會上的說話，「日本在我國的紗廠，共175萬錠，與國人自辦者相等。原擬接收後招標出售，交由民營，但因苦戰之後，一般經濟力量尚未恢復，如即出賣，恐一時承購者不多……且政府更希望提早復工，因此自屬急不能待。目前各地民營紗廠，紛紛向國家銀行貸款，因而即使有人承購，事實上尚須政府予以維持，徒增國庫負擔。」

18 王菊（2004：45-48）。

19 金志煥（2006：279），王菊（2004：7-8, 242-247）。

這也符合一般對後進國家經濟發展經驗的教訓與歸納，即後進國家必須要有相對穩定的政治與經濟環境，才有可能開始推動經濟發展。在戰爭時期，連先進國的政府都會以非常手段管制企業[20]，後進國原就缺乏有實力的民企，更容易傾向用國企來做為政策工具。戰後東亞經濟發展成績優異，基本條件之一為穩定的政經環境，如此政府才有能力來推動發展扶植企業，無論是公營還是民營。

（二）大陸時期國府的公民營政策

國民政府在大陸時期稱得上有所謂公民營政策嗎？就上述所做的歷史性探討，在此小節作一綜述。對此，久保亨（2013：285-304）針對國府自由化經濟政策所提出的看法值得參考，他認為國民黨政權內部原本就存在「統制與開放兩個傾向，不應片面地把握其政策取向」，在其執政時期兩種取向都曾採取過。例如，雖然抗戰時期國府多採取統制措施，但戰後初期宋子文主政時期，他雖將日本棉紡織業接收為公營，但卻在外貿外匯外資政策上採取高度自由化的政策，只是以失敗收場。

國民黨這方面的理論方向定調甚早。孫中山在1920年代建構其民生主義時，為了避免歐美私人資本過於集中而帶來壟斷問題，提出了「節制私人資本，發達國家資本」的原則，但實質上仍依循公民營兩線並進的市場經濟基調，屬於社會民主模式而絕非中央計畫經濟。而就界定國家資本的範圍而言，他在《實業計畫》（1920）中主要認為天然資源與壟斷性事業應該公營，包括如鐵路、商港、煤鐵與石油等[21]。其實這樣的劃分在後進國家中甚為普遍，稱其為「發達國家資本」是言過其實。不過從此以後，國民政府在理論上也就一直依循著這個基本說法，以及這大致上的劃分原則。

例如，在資委會建立初期為了因應緊急救亡需要，而以公營企業方式來

20　美國在二戰時設立了統籌經濟生產的War Production Board，參見Lacey（2011）；以至於戰後復員被認為是「從中央計畫經濟轉型到市場制度」（"From central planning to the market"），參見Higgs（1999）。

21　張忠民、朱婷（2007：20-21）。

興建軍事及重工業，其組織條例敘明其執掌為創辦及管理經營「基本工業、重要礦業、動力事業」，及政府指定之其他事業[22]。這「其他事業」當然留下未來改變的空間，但在初期確實是以軍重工業為主，在發展方向上也多以此為據。在抗戰後期開始規畫戰後工業復興計畫時，所提出來的方案也與上述相符。在1944年舉行的國防最高委員會，其通過的《戰後第一期經濟建設原則》中，對於如何劃分公民營規定如下：國防與獨占性事業應該公營，包括郵政電訊、兵工、鑄幣、鐵路、水力發電等，其他都可民營。在1945年國民黨全國代表大會通過的《戰後工業建設綱領》，其規定也相類似[23]。

　　就此重要議題而言，近百多年來，無論是在大陸或台灣時期，輿論界對於公民營政策的辯論也一直在進行，然而內容卻多相類似，且實質影響甚為有限。贊成發達國有資本者多認為落後國家私人資本弱小，無力興辦重工業，或認為私人資本容易損壞公眾利益等。反對者則多認為公營企業缺乏效率與企業家精神，並容易淪為官僚壟斷的工具、為政權服務等。辯論雖不時發生，辯論內容雖會隨著當時的現實議題而異，但在理論層次卻並沒有太多新意。亦即在國府內部以及社會上贊成公營或民營的意見一向並存，國府的行為其實多是依循實際現實的考量而訂定。就如戰後將日偽棉紡織業收歸公營的決定雖飽受批評，但國府未曾改變政策。如下文所言，1950年代國府將一些美援計畫交給民營，也未必是受當時爭論影響。

　　從歷史現實來看，國府在大陸時期一直缺乏條件，來扶植民營資本並推動經濟發展。首先在不平等條約壓迫下，國府主權殘缺，無法有外資政策，不具備保護民族工業的基本條件，因此如表6.1所顯示，在1936年外資在中國的產業資本中占到57%。然而，國府雖能力有限，但確實是以恢復主權為目標，即如第四章所述，國府北伐後即於1928年統一稅制並從列強手中取得關稅自主權。之後憑藉中國在抗日戰爭的付出，才於1943年得以廢除歐美等國在華之治外法權與不平等條約，如此才稍稍具備了保護民族工業的

22　程玉鳳、程玉凰（1984：28）。

23　張忠民、朱婷（2007：69-70）。

基本條件。亦即，當時的國府既無保護民族工業的貿易政策工具，也缺乏財政收入難以用租稅優惠或補貼等方式扶植民營企業。再則，執政者最為關切的事情，在抗戰前是用軍政手段統一權力，之後則是維繫政權之生存。因此，在這期間國府依據求存的需求，讓錢昌照與翁文灝等一群亟於實業救國的知識分子建立資委會來興建軍重工業，必然是以公營方式為之。至於民營企業則只能自謀生路。

（三）1949年之後的國府公營企業

如前述，資委會接收的企業，在1949年以後的兩岸，都成為戰後初期工業化的基礎。其在台灣接收的十大公司中，除了台灣水泥與台灣紙業公司在1953年土地改革時售予地主做為地價補償之外，其他皆保留為公營。在對岸，中國大陸當時正走向計畫經濟，當然更是維持公營。不過，同樣這些公營企業，在國府統治下曾被視為「官僚壟斷資本」，在新人民共和國治下名義上就成為全民所有的公營企業，在初期其主要技術及管理人力必然高度繼承資委會。只是如王菊（2004：297-298）所指出，在中國大陸1949年以後，這些原來的公營企業仍背著國府的政治包袱，諸多人才受到懷疑而難以發揮。

到了1990年代台灣政治轉型過程時，也出現類似的現象。民主化運動成功塑造了國民黨構築「黨國資本」的形象。然而當民進黨於2000年執政後，並未急於解構這些公營企業，反而設法使其為己所用[24]。

本章主要目的在於探討國府在遷台初期的公民營政策，而之所以用如此多的篇幅討論國府在大陸時期的公民營政策以及公營企業，是因為必須掌握這歷史背景，才能理解國府遷台後的作為及公營企業的角色。

---

24 瞿宛文（1995, 2004）則提出超越黨派的「公共化」說法，以實質公共的監督來促使公營企業成為真正「全民所有」的公共資產。

四、國府在台灣戰後初期的公民營政策

　　如上述，國府在大陸時期已有其不甚明確的公民營政策與理念，而它在台灣戰後初期在此方面是否有所變革？對此本章將提出如下論點：國府在兩個時期的政策在原則上並無太大變化，只是因為台灣的環境與情勢不同，因而在作法上有所差異。

　　以下將就相關方面進一步討論。

（一）台灣公部門工業的建立

　　如前述，在日殖時期現代工業由優勢日資主導，主要職位也多由日人擔任，因此在戰後日人撤離後，這些現代工業就難以「自然延續」。因此在當時，這些工業的接收及延續經營實際上是依賴資委會的人力。

　　如本書第四章第三節所述，日產接收工作任務龐大，台灣的接收工作以資委會及台灣行政長官公署兩者為中心，原則規定本國人所占資本達半數以上的企業，應撥售給該企業本地股東。到了1947年6月台灣省接收委員會日產處理委員會結束工作時，接收的日產企業中撥交給政府機關共494單位。而準備標售的規模較小的單位共484單位，但當時只售出一部分。

　　在1945至1949年間，整體而言，台灣生產恢復的進度遠優於大陸[25]，這是因為台灣受到戰爭破壞的程度較低，接收工作比較（尤其比東北）順利，同時台灣經濟受到大陸國共內戰及惡性通膨的影響程度遠低於大陸，環境較為穩定，基礎建設較為良好，以及資委會的人才及時填補了日人遺留的管理與技術人才的空缺。因此資委會在台企業恢復工業生產的進度遠較其在大陸順利，到了1949年砂糖產量已達日殖時期正常水準的63％，發電量則達85％。

　　前文已提及對於國府接收日產時將主要企業保留為公營時曾引起爭議，這牽涉到公民營的義理之爭，也涉及民間接收能力的可行性問題。就當時條

---

[25] 鄭友揆等（1991：237）。戰後接收時，主要的日資工業資本約四分之三在東北，而台灣所占份額不到兩成。鄭友達等（1991：155）。

件而言，因本地力量在日殖時期未能在現代工業部門累積經驗，也缺乏此方面人才，例如關鍵企業台糖與台電，當時就依政策各自遣返了數千名日籍技術與管理人員[26]，這空缺恐非民間一時有能力與意願填補，故由其承接的可行性應不高。同時，這更牽涉到戰後台灣經濟體制的形構。在第五節將就此問題進一步探討。

(二) 1945-1953年公民營部門的發展趨勢

就接收日資工業而言，大致上，由公部門接收的大型日資約占到當時工業資本總額的三分之二，由民營部門接收的中小型日資則約占四分之一[27]。而到了1958年，民營資本在工業產值的占比已達到一半，顯見在這約十年間，民營資本在工業部門的份額增加了至少近兩成。民營資本的部分將在本書第七章再做詳細的陳述。此處只簡要敘述公民營部門相對的發展趨勢。

簡言之，在戰後日殖歧視政策不再存在與優勢日資力量的撤離，這雙重的壓抑性因素消失後，民營部門經濟力量得以釋放而積極進入工商業。這釋放與擴張之未受到國府壓抑，乃是因為國府原本就沒有壓制民營經濟力量的既定政策[28]，同時二二八事件使得國府更傾向扶植民營[29]，隨後施行的土地改革更促使民間資金轉入工商業，產業政策也支持民營企業參與工業化。台灣工業生產到了1951年已經恢復到戰前最高的水平[30]，這成果可部分歸因於資委會企業已逐步恢復生產，包括電力供應及基礎建設之恢復。如此較能解釋為何民營部門在1954年即可在製造業產值占到一半的份額。以下將從工廠數目及工業產值兩方面，來檢視此時期公民營部門比重的消長。

---

26 如本書第四章所述，當時美國為首的盟軍總部要求國府應儘速將日本人遣返。

27 這是依據表2.3中1941年的資本額來計算。從1945到1949年的公民營資本的統計資訊闕如，因此以過去日資比重為依據來作推估應較為可行。

28 貪腐的問題是吏制與治理不良，然應與「政策」有所區分。

29 陳誠在1949年接任省主席時，即認為「要想扭轉頹勢，固在爭取民心，而治台要義，則在不與民爭利。……所有輕工業與民營工業，都應該交由地方經營或民營」，薛月順（2005：9-10）。

30 林景源（1981：39）。

　　表6.2呈現了從1946至1953年戰後初期這幾年內，在工業部門中工廠數目的變化。這其中顯示了兩個重要的發展趨勢。一是民營工廠數目的快速增加，另一是公營工廠數目的慢速增長。表中第一列所列出的工廠數目是「日據時期最高工廠數」，不過這並非合適的比較基準，因為那時期這些工廠主要應是日資企業，而1946年後日資企業都已經被接收或拍賣，並且如洪紹洋（2012）所言，戰爭後期的民生工業多因急就章而在戰後難以延續。因此在1946至1950年之間，這些民營工廠應多為新興的，即或是接收日產，或是自行創業的民營企業。它們規模雖小但為數眾多，顯現了當時的創業熱潮。

　　因此，公民營工廠數目相對消長的趨勢甚為清晰。表中顯現1947年底的工廠總數為9081家，其中公營工廠僅515家，而民營有8566家。1949年前後的變動帶來動盪，使得工廠大幅更替並數目大幅減少。從1950至1953年中，公營工廠的數目從245增至264，成長7.7%，而民營廠的數目則由7229增為12175，增幅達68%。而工業員工人數的趨勢變化也甚為顯著，民營工廠員工數在1946年底約僅有2.5萬人，在工業就業總人數中所占比例只有34%，一年後人數即已倍增，至1952年底增至13.2萬人（占比64%），到1958年底更增為20萬人（77%）。而公營工廠員工人數則從1946年底的4.8萬人（66%），至1958年底僅增為6.1萬人（占比降為23%）[31]。這趨勢從此時開始就一直持續至今，即公營企業的擴張極為有限，而民營部門的絕對規模及市場份額，則從1946年開始就持續不斷的增長。因此，如圖6.1所顯示，就台灣工業的產值而言，民營企業所占的比例在1958年就趕上了公營的比重，並從此超越公營且至今已達90%。若只看製造業比例，則民營超越公營的年代更要提前到1954年。

　　這變化的背景絕非是公營部門的衰退，而是「不擴大公營部門營運範圍」的政策所致，即十大公司基本並未進入新的營運領域，台泥與台紙更是

---

31 1946年民營工廠的總員工數及平均員工數引自李國鼎（1976b：24, 30-32）；1947年公民營
　工廠員工數引自台灣省建設廳（1947：11）。

表6.2　台灣戰後早期公民營工廠數目及業別

		紡織	金屬製品	機械	窯業	化學工業	製材及水製品	印刷及裝訂	食品	瓦斯及電氣業	其他工業	總計
日據時期最高工廠數		147	124	385	704	538	595	224	5103	5	858	8683
8/31/1945		110	112	429	721	572	690	132	4150	0	247	7163
1946		108	116	651	775	698	424	181	3037	0	247	6237
1947		138	185	872	1101	1039	563	203	4707	2	271	9081
1947（民營）		102	158	802	1038	951	509	191	4573	0	242	8566
1948		211	214	928	1080	1246	580	212	4984	3	299	9757
1949		270	228	983	1070	1249	578	203	5001	2	287	9871
1950	公營	8	8	21	25	38	18	3	88	34	2	245
	民營	200	188	707	712	552	492	184	3971	0	223	7229
	合計	208	196	728	737	590	510	187	4059	34	225	7474
1951	公營	10	9	22	25	34	16	3	93	34	2	248
	民營	756	233	925	833	891	603	282	4933	0	574	10030
	合計	766	242	947	858	925	619	285	5026	34	576	10278
1952	公營	17	10	28	24	41	23	4	79	34	4	264
	民營	866	391	1072	1125	1041	614	303	6439	3	1162	13016
	合計	883	401	1100	1149	1082	637	307	6518	37	1166	13280
1953	公營	17	10	28	24	41	23	4	79	34	4	264
	民營	1228	184	1026	1224	1031	552	215	5405	2	1308	12175
	合計	1245	194	1054	1248	1072	575	219	5484	36	1312	12439
民營 1953/1947		12.04	1.16	1.28	1.18	1.08	1.08	1.13	1.18		5.40	1.42

資料來源：1945/8/31工廠數引自洪紹洋（2012：表5）；1947年民營工廠數引自台灣省建設廳（1947：3）；其他皆引自台灣省政府建設廳（1954：2-3）。

註：表中最後一列為1953年民營工廠數與1947年民營工廠數的比例。

進行了民營化。而新的美援工業計畫除了支持電力肥料等基礎發展之外，其他都為民營。這「不擴大範圍」的政策雖無明文規定，但清楚呈現在實際的政策作為與成效上。在當時，若有政策需要則公營企業會優先分配到稀缺資源，同時在人才、規模、設備與制度等方面都優於民營部門，如嚴演存（1989）曾提及當時一般人對民營事業其實甚為輕視[32]。因此這不擴大公營部

---

[32] 嚴演存（1989：68）提及在經安會工業委員會推動台塑PVC計畫時，曾商洽台糖出讓土地給台塑，台糖相關人士的反應是「民營事業，哪需要十甲土地」，呈現出「當時一般人對民

門營運範圍的政策，即意味著國府政策有意地給予民營部門增長的空間。若以1952年為基礎年，則到了1960年民營工業產值已增長為1952年的三倍，公營部門則為兩倍。到了1970年，則差距更大，民營增至為1952年的22倍，而公營為5.1倍。若排除水電等部門，只看製造業的變化則差距更大，1970年公民營倍數分別為29倍及4.2倍[33]。而同時期台灣的人均國民所得，則從1952年的213美元，增至1970年的393美元[34]。

若與日殖時期情況作比較，可以看到民營部門的動力在日殖時期受到政策及日資的壓抑，以及同樣的十大公司所代表的大型工業企業，在日殖時期是居壟斷地位並壓抑著本地企業的發展，而在戰後成為公營企業，卻因政策因素而不擴張範圍，並成為輔助民營部門發展的工具。

（三）國府在大陸與台灣的公民營政策比較

如上述，國府戰後在台灣確實在政策上扶植民營企業，以至於民營部門在工業部門的占比快速攀升。這是否表示國府在這方面的作為與其在大陸時期的有所不同？變或不變是基於何種考量？

首先，就不同時期公民營資本在工業資本或產值中的占比來做個比較。表6.3列出了抗戰前後中國大陸、台灣日殖後期以及台灣戰後初期這三個時期的工業資本或產值的構成。就工業資本而言，中國大陸在戰前與戰後的主要變化，在於國府得以因抗戰勝利而接收日資，而日資原為外資中的主要部分，民營資本的份額則維持在約四成左右。台灣的情況與大陸有部分類似之處，即國府得以接收大型日資為公營企業；不同之處在於台灣本地民營資本在日殖時期的分量遠較為小，是藉由承接中小型日資與自身的擴張，而在戰

營事業之輕視」。

33 CEPD（歷年）。公民營企業在工業產值的分配比例變化可參見圖6.1。此處所引用的關於工業產值的官方統計系列是從1952年開始。從1945到1952年間，由於惡性通貨膨脹使得價格難以掌握，實質產值也因此難以估算，因而官方至今沒有提供此段時期產值的估計。故此處只能以表6.2的工廠數目來呈現此段時期工業活動的變化。

34 CEPD（歷年），這是當期價格數值，若以2006年價格計算的實質人均所得，則是從1952年的新台幣2.8萬元，增至1970年的6.9萬元。

後大幅提升了自身在工業資本的占比。

　　換言之，在戰爭前後時期，台灣與大陸工業資本構成上的差異主要有兩個部分，一是大陸在1936年民營資本即已有38％的份額，遠高於台灣民資在1941年的8.2％，這應是源於日殖統治對台資的壓抑作用；另一是戰後台灣民資得以大幅新增份額（1946年增至35％），而大陸民資份額幾乎未增。而台灣民資在戰後較能擴張，或是源於台灣民資原已有所累積，一旦日資撤離即能踴躍投入，而大陸民資受到戰亂衝擊程度較為嚴重；或也源於在大陸中紡公司將日資紡織廠收歸公營；或是因大陸仍有17％是（非日資的）外資，而台灣則幾無外資威脅；此外，大陸接收情況遠較台灣混亂，隨後經濟環境也遠較為不利。

　　再則，依據表6.3所呈現的情況，在1946至1948年間，國府在大陸與台灣的公民營政策並沒有太大差異，都是由資委會接收主要大型日資工業，除了像中紡這樣有爭議性的例外，大致上輕工業是留給民營部門。

　　當然是在這階段之後，台灣的公民營比例發生了變化，就是其後十年內民營部門在工業產值中的占比從1946的35％，升到了1958年的56％。雖說在國府統治大陸時期民資占比並未曾如此大幅的提升，但是國府在大陸時期並未曾達到過相類似的、穩定快速工業化的階段。因發展處於不同的階段，所以是難以做此比較的，即不應以這階段民資占比的攀升來指證國府政策方向有所改變。因此，本章認為國府在台初期的公民營政策，其實並沒有根本性的轉向[35]。

---

35 郭岱君（2013：423-454）則認為戰後國府雖扶植民營，然而這是國府遷台後在政策上有所轉向，即從大陸時期的推動公營轉向扶植民營企業，而這轉向乃是因為贊成自由化的尹仲容得到了蔣中正與陳誠的支持。

表6.3 二戰前後中國大陸與台灣工業資本與產值構成

中國大陸工業資本構成		台灣日殖後期工業資本構成		台灣戰後初期工業產值分布			
1936	1947-48		1941		1946	1952	1958
外資	51%	17%	日本日資	67.60%	--	--	--
官資	12%	43%	在台日資	23.50%	公營	65%	57%	44%
民資	38%	40%	台資	8.20%	民營	35%	43%	56%

資料來源：中國工業資本構成計算自表6.1；日殖時期工業資本構成引自表2.3；後三欄引自李
國鼎（1976b：24, 30-32）。

此外，相較於戰後初期，到了1990年代，國民黨黨營事業的重要性已
大幅提升，成為政黨競爭中具高度爭議性的議題。而黨營事業的顯著存在是
否意味「黨國資本主義」的說法是有效的？接下將討論這議題。

1.黨營事業

公營企業在法定上屬於全民所有，此部分較為清楚，有爭執之處主要會
在於誰實質上掌有控制權，其是否為公利，以及其與民營部門的關係等。然
除此之外，國府治下還有一種企業類型本身即具爭議性的企業，即屬於國民
黨所有的國民黨黨營事業[36]。在1990年代政治轉型過程中，國民黨黨營事業
日益受到攻擊，反對者認為國民黨擁有黨營的生財工具，其原始資本與衍生
利益必是源自黨國的特權，在政黨競爭中更無疑是一種不正當的競爭優勢。
國民黨黨營事業在台灣數十年來的興衰與政治變化息息相關，當是值得深入
研究的課題。

然而，就本章所關切的戰後初期這段時期而言，即1970年以前，黨營
事業在經濟發展中的角色卻可說是微不足道的。這部分是因為當時黨國不
分，黨部的經費多直接由政府預算來負擔，並不特別需要經營事業來支持。
同時，在大陸時期CC派負責國民黨黨務以及黨營事業，但是蔣中正敗守台
灣後檢討在大陸失敗的教訓，認為黨務經營失敗是失去大陸的主因之一，而

---

36 依據陳師孟、張清溪（1991）的研究，在全球109國中有21個國家中共有28個政黨經營黨
　　營事業。

CC派應對此失敗負責。因此蔣於1950年對國民黨進行大幅度改造時，除要求其領導人陳果夫兄弟去職外，也決議限制黨營事業的發展[37]。

　　國民黨戰後為了籌措黨的經費，曾於1945年決議以經營黨營事業為主要籌款辦法，此階段主要以接收日偽資產來發展事業，並於1946年從接收資本中撥出資金為「黨營事業資金」。不過黨營事業多未遷台，只有齊魯公司將部分資產遷移到台灣。1950年國民黨進行改造並整肅CC派時，蔣中正免去陳果夫的中央財委會主任與中國農民銀行董事長的職位。該年底中央改造委員會也為此通過了《中國國民黨經營事業管理通則》。因而在1950至1960年代黨營事業發展有限，除了齊魯公司外，還有裕台貿易、裕豐紗廠、建台水泥、景德製藥、台灣建業、中央產保、中興電工等[38]，規模皆不大，「且較少與民間資本合作，而多為國民黨財委會獨資」，這樣的安排「隱含蔣中正希望政商適度分離，以防重蹈大陸時期官僚資本主義貪污腐化問題之用意」[39]。除了這些經濟事業之外，黨部為掌握文宣還經營文化事業。

　　此後，一直要到1971年國民黨設立了中央投資公司後，才開始大幅拓展黨營事業的版圖，進行轉投資並與民營資本合作，這變化想來與當時國內外的政治變局有關。隨後黨營事業在不同的領導者下進行了不完全相同的擴展，在1970與1980年代分別是「拓展期」與「轉型期」，到1990年代則進入「擴張期」[40]，而在國民黨失去政權後則開始衰退。亦即黨營事業在戰後初

37 參見邱麗珍（1997：16-67），該文整理了國民黨黨營事業從1945至1996年的發展歷史。蔣中正當時在改造國民黨時，為了排除CC派與黨營事業帶來的利益糾結，決定直接由國庫來解決黨的經費問題，由中央銀行總裁兼任國民黨中央財委會主委，財政部次長任副主委（頁31），黨務經費多以協辦政府工作為名而列於政府預算中（頁43-46）。

38 中國國民黨黨營事業專刊編輯委員會（1994），邱麗珍（1997：48-60）。

39 邱麗珍（1997：48-49）；不過這些黨營企業仍受到某程度保護，或因此常出現經營困難的情形（頁62）。

40 引自中國國民黨黨營事業專刊編輯委員會（1994），這份報告是國民黨在李登輝時代為大幅擴張黨營事業所提出的說法。李登輝在鞏固權力過程中，於1993年設立獨立於國民黨財委會的「黨營事業管理委員會」，由劉泰英負責，並正式大量納入民間企業負責人為委員，國民黨與民間財團的關係從1970年代即開始「拓展」，此時則更進一步「擴張」（邱麗珍

期並不重要，其稍後的發展與本章關係不大，就不在此詳述。

（四）小結

　　簡言之，關於國府在台灣戰後初期的公民營政策，可綜述如下：一、國府及早就建立了公民營政策原則，卻是一個公民營劃分不甚清楚，而以民營為主的市場經濟體制；二、國府統治能力有限，對地方民營經濟的管制能力，既不如日本殖民政府，也不如在大陸的中共新政權；三、國府在二二八事件及推動土地改革之後，為籠絡本地菁英而往民營更多傾斜；四、國府雖繼續保留主要的公營企業，但並沒有擴大公營企業的政策；五、在戰後初期推動產業發展的過程中，公營企業反而被要求擔負起幫助民營企業發展的任務，在人力、技術與原料上提供支援並給予優惠；六、這時期產業政策扶植對象以民營為主。

　　此處所討論的是國府在台灣戰後初期的公民營政策。而在1970年前後，國府開始推動第二次進口替代工業化，即重化工業計畫，此時公營企業的關鍵性角色再現。1968年的一輕石化廠由中油擔綱，而1970年一貫作業鋼鐵廠則在民營資本無意願承接下，由新設立公營的中鋼來負責。隨後國府在推動高科技產業時，1980的聯華電子與1987年的台積電都是準公營的工研院衍生公司。這些後繼的產業升級中，公營企業擔任了將重大投資風險社會化的任務，這模式與下節所討論的政府與財閥共同承擔風險的南韓模式有所不同。不過除了這些關鍵性公營企業之外，國府並沒有改變基本不擴大公營企業範圍的政策。

　　最後必須指出，國府在大陸時期缺乏足夠主權與條件來實施所謂外資政策，故難以保護民族工業。而到了台灣後，雖仍依賴美國而未有完整主權，然而美國此時卻容許國府施行產業政策扶植本地產業，同時國府在兩個時期中，在能力所及的範圍內皆大致表現出追求現代化與工業化的企圖。

1997：125-150）。

五、政商關係與公民營企業

本節將較一般性的討論政商關係，以及如何看待「官僚資本」、「黨國資本」等說法，並與南韓情況做比較，主要將從公營企業與經濟發展的關係的視野來進行討論。

（一）公營企業的制度與歷史性分析

如前述，台灣民主化運動所提出的「黨國資本」論，主要是依據自由市場理論認為黨營與公營企業壟斷經濟，並為國府統治基礎，因此都應該民營化。劉進慶（1992）則是依據左翼政經理論質疑國府公營企業的公共性，認為國府政權導致「公業的家產化」，而官僚自利帶來官商利益共生的「官商資本」。

然而，這「官商資本」概念或有可商榷之處。在台灣國府從戰後早期就開始扶植民營資本，然除了進入許可受限的特許市場之外，多容許市場競爭力量發揮作用，「官商資本」未必形成壟斷。同時，這官商主從關係會隨著民營部門的成長及政治情勢的演化而改變，即官商結合程度與關係也會不斷變化。

此外更重要的是，任何市場經濟國家都會有政商關係，公營企業的相關問題只是整體政商關係的一部分，兩者必須有所區分。在市場經濟體中，任何政權都必須和民營部門維持某種聯盟關係以維持統治，雖說各國模式各異。同時各國的公營企業比重也會有相當的差異，公營企業雖必然會承擔政策及統治的任務，但未必都可稱得上是該政權統治的基礎。既然台灣公營企業的重要性顯然從戰後初期就開始持續下降，若要理解台灣戰後政商關係及其變化，就不應持續將公營資本當作國府政權的代表，也必須解釋其比重的下降，才能有較為全面的掌握。

要如何分析公營企業確實是一挑戰，然而必須了解到本質化分析的有效性是有限的。就理解公營企業本身而言，要看其主事者與參與者的動力與目標為何，組織制度上對其約束監督力量為何；就理解外在環境的影響而言，

則要看其上一層執政者與其之關係為何，看執政者對其之期待與控制能力為何，同時企業身處的市場環境的競爭程度也會有影響。例如，就內在驅動力而言，本書第四、五章討論了資委會人員，是如何在國家危機激勵下創建資委會企業，來台後推動經濟發展，因而本書稱其為「以實業救國之儒官」。當時代變遷人物更替，後來在較富裕環境下成長者，必然不會有類似的動力與心態，雖然企業的名稱或許相同，但其行為必隨著時代與主事者的更替而發生變化。

　　而就外在環境而言，本書第四章曾提及資委會在行政上享有自主性，其設法取得了會計與財務部門的獨立性，執意擺脫官僚體制與派系政治的牽制，並爭取到財務運用的空間。因此該會的成功也源於整體管理的精進，全方位地建立現代企業的組織與制度，以及企業化經營的自主空間，而其本身的驅動力則提供了不濫用這自主性的自我約束力量。然而1949年後台灣的公營企業因各種因素開始失去了這自主空間，因此多年後資委會出身的趙耀東，在1969年接受創辦中鋼之重任時，必須堅持向蔣經國爭取「人事、會計與採購自主權」，認為如此才能在管理上達到「公營事業企業化」[41]。

　　這裡牽涉到公營企業的經營空間與監督機制的問題。在先進的市場經濟裡，股票上市企業即已部分具有社會性，而對其之監督機制包括：金融組織與制度、產品市場，與法律規範制度；而各國制度也有所不同，如日德等國的制度被認為是銀行為主的監督制度，而英美的則是以股市為主的制度，這些制度都需要經過長時間逐步建立，需要各種配套措施。如前所言，後進國家之所以運用公營企業擔負責任，主要目的是在市場制度尚未完善、私人投資因風險過高而不足的情況下，將投資風險社會化，以集體力量強制推進工業化進程。但公營企業之成功需要多種條件，包括主事者的能力與動力，以及企業自主的運作空間。而就像中鋼的案例所顯示，這空間要有政治力量的支持才得以存在，也是如趙耀東等那一代儒官才能爭取到這空間並成功利

---

41 如前述，國府為此特別通過了《中鋼公司管理辦法》，使其能不受一般公營企業規範之束縛，參見趙耀東（2004：30-41）。

用。數十年後,發展共識與相關條件不復存在,公營企業就很可能成為政治力量競相逐利的空間。換言之,隨著時代變遷各種內外在條件會隨之變化,很難抽象討論一般性的、本質化的公營企業的性質[42]。

(二)台韓產業結構的比較與中小企業的空間

因公營企業受政權管轄關係密切,因此對公營企業角色的評價,容易涉及對威權統治者的評價問題而難脫爭議。不過,若將台灣與南韓的情況作對比,就兩者的產業結構作比較,則應能拉高視野,超越歷史政治爭議,來正面面對「公營企業—集團企業—中小企業」相對比例變化的議題,以及政商關係對產業結構長期影響的問題。戰後南韓的政治情況與政策不同於台灣,也發展出不一樣的政商關係。

戰後南韓的日產先是由美軍當局接管,工業資產部分(共3551單位)在拍賣了少數(513單位)之後,於1948年交給李承晚政府處理。當時無論美軍當局或李承晚政府,因追隨美式資本主義模式,又缺乏自身組織能力(如資委會)與發展取向,故都將接收日產私有化,同時也都是以極低價格售出(低價出售可解決民間無力接收的可行性問題),因而造就了南韓戰後第一批財閥,例如在1961年的前十大財閥中就有7家曾參與標購日產[43]。這也促使日後朴正熙時代的發展模式高度依賴財閥,即朴正熙採取大力扶植財閥、政商高度結合的發展模式,以此開啟了高速成長的時代。南韓因此形成一個與台灣相異的政商關係模式。

在戰後早期,南韓政府以特惠政策扶植了第一批財閥,除了將日產低價售出之外,還包括給予其進口特權、美援物資、低利貸款,及政府合約之分

---

42 本書關於公營企業的討論,主要還是針對其在後進國推動工業化初期階段中所可能扮演的角色。至於當後進國進入較高的發展階段之後,公營企業的角色可能為何,則不在本章討論範圍。不過,新加坡的淡馬錫模式廣受注意(淡馬錫控股公司Temasek Holdings是一家新加坡政府全資擁有的投資公司),也成為中國大陸國企改革的重要參考範式,如2015年9月13日中國國務院發布的《關於深化國有企業改革的指導意見》,即提出了類似的建立以管理國有資本為主的國有企業體制的方向,參見史正富、劉昶(2015)。

43 以上資訊採自Kim(1987, Ch. 2)。

配等[44]。不過，李承晚時代政治較為腐敗，並未給予財閥發展的任務，不似朴正熙時代積極推動工業化。因而到了1980年代，朴正熙扶植的財閥取代了不少李承晚扶植的財閥[45]，而此時南韓的主要企業中除了浦項鋼鐵公司為公營之外[46]，其他多為財閥企業。

在台灣，國府則採取不同的策略，除將大型日資企業保留為公營卻不持續擴大範圍外，在分配重要資源時，則多採取雨露均霑的方式，以有限度且較平均的方式扶植民營大企業。如此的政策則給予中小企業較多的發展空間。

因此，在「公營企業—大企業—中小企業」的力量對比上，台韓形成不同模式，並各自有其發展路徑及優缺點。就產業升級而言，南韓從朴正熙時代開始就有清楚的national champion政策，賦予財閥成為世界一流企業的任務，因此升級可以依賴大財閥（如三星電子與現代汽車），而台灣則必須依靠公營或準公營企業（如中鋼及台積電）[47]，這也使得南韓在推動品牌上成績較為優異[48]。另一方面，台灣企業不像南韓財閥那般依賴高風險的財務槓桿操作，金融方面較為穩定，而台灣的中小企業相較於南韓，則一向遠為蓬勃，因而產業結構較為平均。南韓領導性財閥如三星等近年發展成績甚為優異，而隨著其國際市場地位之升高，其在國內的影響力也隨之高漲。

這兩種模式的孰優孰劣並非自明，值得進一步探討，而這較為長期的視

---

44 Kim（1987）。

45 Kim（1997, p. 126, Table 4-2）顯示到了1983年，排名前十大的財閥中，只有一家（三星）是在戰前成立的，3家是在美國占領期，5家在李承晚時期成立。不過日後除了三星與樂金之外，在朴正熙年代成立的財閥，平均表現超過了這些李承晚時期的財閥。

46 Amsden（1989: 291-318）討論了浦項鋼鐵迅速崛起、成為世界一流鋼廠的故事。而為何南韓朴正熙政府在1968年是以公營方式設立浦項鋼鐵，而不是像在其他產業那般，將此任務交給財閥，則至今仍是個謎。公營的浦項鋼鐵在1998年成為全球最大的鋼鐵公司，但在亞洲金融危機後南韓政府在2000年將其私有化了，http://www.posco.com/homepage/docs/eng3/html/company/posco/s91a1010010m.jsp。

47 Cheng（1990）對此有詳細討論。

48 可參照Chu（2009）關於台灣為何缺少品牌的討論。

野應能凸顯這問題在政治經濟多方面的複雜意涵。若只著重於批評公營企業，就會忽視公營企業所可能擔任的公共政策角色，也會忽略私營企業的成功發展可能會帶來的壟斷問題。就像南韓扶植財閥的模式，必然會壓縮中小企業的空間，模式的成功也會造成龐大具有巨大的政治、社會與經濟影響力的財閥。相較於南韓，台灣就是因為國府將日產保留為公營、未持續扶植特定大財團，中小企業的空間因此相對較大。

政府通常難以對數目眾多的中小企業直接提供服務，但其政策環境則會有深遠影響。例如，在1945年日殖歧視政策結束後，台灣本地資本立即活躍起來，然而當時本地資本是進入棉織布業，而不是進入門檻與風險較高的棉紡紗業；要到政府於1950年代初積極扶植棉紡紗業後，本地資本才競相爭取進入。再則，在出口導向成長時期，任何企業無論大小，在取得外國買者提供的信用狀後，即可獲得由政府補貼的出口低利貸款，這是一項中小企業可以直接享受到的優惠政策。簡言之，政府提供的整體環境、公民營政策，與對待民營大小資本的態度，都會決定中小企業的生存空間。南韓中小企業的重要性比台灣低，這不是因為他們較不努力，而是源於環境與政策的影響。

總之，產業結構（公營—大企業—中小企業）的政策選項必然是複雜的。南韓財閥模式成功推動了後進國家第一批世界級企業，但也帶來了國內政治經濟社會各方面力量的不均衡。在台灣模式中公營及準公營企業在產業升級中扮演較重要角色，但也不易推動世界級企業，政經社各方面發展則較為平均。這些問題會隨歷史時間與發展階段而變化，會帶來不同的政策挑戰，而都不是簡化的、非歷史的「私有化與自由化」主張所能「一次性」解決的。

六、結語

本書主要探究台灣戰後成功工業化的原因，而本章則聚焦於其中公民營企業所扮演的角色，以及國府的公民營政策的影響，並檢討了各種相關的說

法。本章主要強調我們必須歷史性地從經濟發展的角度，來探討公營企業**可能**擔任的角色與政策，而不是本質化、非歷史性地從所有權形式來為公營企業定性。註明為**可能**是因為公營企業的性質絕非既定，而是要看其主事者與參與者的動力與目標、組織制度的安排的合宜性、執政者的期待與所給予的自主空間，以及整體環境等。

　　因此本章用了不少篇幅歷史性地探討國府在大陸時期的公民營政策，並將其與台灣戰後初期情況作比較，主要是要將這問題放到一個後進國家試圖自立與進行現代化的歷史視野來看。而資委會的案例則可作為以歷史性視野看待公營企業角色之必要性的佐證，這視野也是與本書提出的補充後的結構學派理論相一致，即著重公營企業在後進發展中可能扮演的角色，並前瞻性的思考到發展路徑演化及政治社會影響的意涵。

　　此外，本章之所以未花太多篇幅討論國府的外資政策，是因為假設了國府推動工業化的策略是清楚以扶植本地資本為目標，並非主要依賴外資。只是國府在大陸時期缺乏條件來保護民族工業。到了台灣後，在美國允許下得以施行產業政策扶植本地產業，而實際作法則已在第四、五章詳述。在此前提下本章聚焦於公民營政策。

第七章

台灣戰後民營資本的發展
1945-1970

一、前言

　　上一章檢討了國民政府的公民營政策，指出國府戰後在台灣雖然將所接收的大型日資企業保留為公營，然而政策上則扶植民營經濟，使得它很早就開始快速擴張，增長速度遠高於公營經濟，更遠高於本地資本在日殖時期的增速。換言之，台灣的民營經濟在不同時期會有不同的發展成果，必須由環境、政策與制度層面來解釋，而本章就是要從此角度來探討台灣戰後民營工業資本的成長過程。因此，在此將區分出1945年之前、1945-1949年、1949-1970年三個階段。

　　如本書第二章所闡述，日殖時期台灣的經濟環境雖然大幅現代化並大致穩定，但本地現代資本力量卻受到壓制，而未能隨著整體經濟同步發展。亦即日本殖民統治雖在台灣進行了現代化基礎建設，然而因為其在政策上壓制本地現代工商業資本的發展，並且日資具有競爭優勢，因此台灣本地資本未得以發展。可以說，在1945年之前，（日後遷台的）外省籍企業當時是在大陸戰亂中艱苦成長，而本省籍企業則是在日本殖民者穩定但歧視性的統治下

尋找縫隙與出路。

　　而1945到1949年間，則是日本力量必須撤離，國府與民間接收日本資產與留下的空間的局勢。戰後經濟環境大幅變化且諸多混亂，然日資撤離且殖民歧視政策不再，在日殖時期被日本強勢壓抑的本地經濟力量遂得以釋放而大幅擴展。1949年以後，國民政府中央政權移到台灣，在經濟稍微穩定之後，開始以產業政策推動台灣本地的全面工業化，本地資本藉由參與工業化而快速發展。同時，國府為了安排地主菁英在土改後之投資出路，將一些產業保留為特許產業，而且限制執照的數目，包括水泥及保險業等。

　　本章對於台灣民營資本發展歷程的敘述，將依據歷史時期的變化為主軸。然而根據現有的資料，並不容易將民營資本作為一個整體依時期連續地呈現其發展。這一方面是因為整體民營資本的組成內容變化大，其中個別企業的狀況及位置可以有很大的起伏；另一方面是因為這部分缺乏完整的時間系列資料，戰後初期的資料更是闕如。

　　因此，以下討論時用到的民營資本的樣本，是以中華徵信所於1971年首次提出的台灣51大集團企業的名單為根據，以其作為台灣戰後「第一代」成功發展的資本家代表，在討論每個歷史階段時，將去回溯這一群第一代資本家在各階段的發展狀況。由此來探討這些企業的緣起與發展歷程，並檢驗相關的看法，探究戰後成功發展的民營企業，其多大程度依賴其戰前的資產、政策環境及其他因素。以下先介紹這份資料。

　　到了1970年，台灣民營工業部門在經過二十多年快速增長之後，已經成長為1952年的22倍，並培育出一些頗有規模的集團企業。換言之，此時這部門已經歷了長時期相當激烈的市場競爭的考驗，能夠存活下來並出頭的集團企業，應該可以做為我們分析戰後第一代新興資本家的樣本。同時，因為集團企業的份量比較重，採用集團企業而非個別企業應更具有代表性。中華徵信所是台灣第一家也是至今唯一的一家持續每年推出集團企業排名的機構，本章採用中華徵信所1971年出版的《台灣區企業集團彙編》，是因為這

是其第一次推出集團企業名單[1]。該《彙編》所用的排序只是「編號」，並不意味大小排序，為方便起見下文仍採用其編號。

這51大集團企業的名單完成於1971年，一般而言，當時統計資料的品質會有較多的問題，然該書對於資料的收集與整理的方法並未做太多說明，因此難以確定這名單是否有疏漏與統計資料是否確實。例如，就台灣五大家族而言，國府在戰後為籠絡本地菁英，曾將特許市場的寡占權利分配給他們，這些大家族皆高度參與其中。但在此51大名單中，台灣五大家族卻只有基隆顏家入列，其他如鹿港辜家、板橋林家及高雄陳家皆未納入，就不易確認這是因為這些家族集團實力不足，或是資料收集上的問題。不過，這份較早期的集團企業名單雖有這些問題，但應仍具有其代表性，可供我們作為分析台灣戰後第一代民營企業的根據。

依據集團中核心企業所在的產業來作分類，國民政府在1950年代主要扶植的對象紡織業的重要性至為凸顯，在51家集團中有17家的核心企業屬於紡織業，比例達三分之一，此外食品業有8家，電器、電機及機車共6家，塑膠化學工業共4家，紙業及木業共4家，水泥2家，電纜及金屬製品3家，服務業包括金融、航運、貿易及報業共7家。

本章所關切的問題是，這些戰後第一代民營企業，他們的出身背景與人力資源，他們在光復前所累積的經驗及各階段政策環境的影響。本研究依據目前所能掌握的不盡完全的資訊[2]，將這51位創始者的來歷表列於表7.1，並進一步作整理呈現於表7.2。主要區分的維度包括省籍以及歷史階段。以省籍分類是因為在戰後才遷來台灣的外省籍的創始者，其戰前經歷與本省籍者必然有很大差異。以歷史階段分，是因為歷史情勢變化迅速，而這些環境的變化，影響工商業發展至深。

如前述，本地民營資本的發展歷程將分為1945年之前、1945-1949年、

1　中華徵信所在這第一本《彙編》中採用「企業集團」名稱，之後則改用「集團企業」名稱至今，本章也將沿用這較為普遍的「集團企業」用法。

2　主要依據中華徵信所，1973，《工商人名錄》。

1949-1970年三個階段。以下各節將依序討論民營資本在這三個階段的發展。而第五節討論的是水泥及保險業作為特許產業案例的情況。

二、1945年之前的發展

在清朝被迫於1895年割台之前，來自福建與廣東的移民早已廣泛開墾了台灣土地，並移植了華南的土地制度，同時也持續與中國大陸維持密切的貿易關係，以農產品交換大陸的手工業產品，建立了相當商業化的農業經濟。從1860年起，清朝被迫也在台灣設通商口岸，對西方勢力開放。隨著洋行在台灣推動茶葉輸出到美國及砂糖輸出到大陸以外市場，商業化的農業更進一步發展，在日本入據台灣之前，台灣已有輸出米、糖、樟腦、茶葉的產業。這新擴大的出口產業主要是由洋行主導推動，實際工作則由大陸移植來台的地主經濟制度承擔，就是由地主身兼商人與高利貸者三職，而農產加工也是繼承中國千百年來已高度發達的傳統手工業的生產方式。可以說，在1895年之前，已有一些本地家族資本藉由從事外貿而有了相當的累積，至少有四個家族擁有千萬銀圓以上的資產，如板橋林本源家族不僅擁有大量土地，且是最大的茶園主，並從事相關的金融業務，而陳中和家族則藉由砂糖貿易成為富商[3]。

1895年之後，日本殖民政府強勢的統治對台灣帶來了巨大的變化。如前述，經濟上它切斷兩岸貿易關係並逐出洋行勢力，將農業轉成為日本市場而生產，而製糖業變為由日資現代企業壟斷，本地傳統糖廍幾被淘汰。日殖後期為配合戰爭而在台建立的軍需工業也是由日資主導。同時，戰爭時期日本殖民政府實施統制政策，在各方面大幅擠壓本地資本的空間。

日殖時期台灣最重要的五大家族資本的興衰有其代表性。板橋林本源家族、南部陳中和家族與霧峰林獻堂家族屬於既有力量，不同程度經營土地、商業與金融；新興的辜顯榮家族因與日本合作，得到經營專賣品樟腦與鹽的

3　涂照彥（1991：17-25, 368-378），林滿紅（1997）。

特權，享有壟斷利益；顏雲年家族則與日資合作承包北部礦山。在二戰前，五大家族勢力隨著經濟景氣榮枯而有所變化，也各自在各方面進行不同程度的投資，而除了既有經營範圍外，在新興現代產業部分他們則大致上難脫「從屬化」的地位，並未轉化成為具競爭力的現代工業資本[4]。再則，新時代會有新興力量的興起，現代資本主義經濟的特色是快速的產業變遷，而上述五大家族經營模式都與現代化競爭性的工商發展有所差異。

在日殖時期本地力量雖在現代工業部門受到甚大壓抑，不過，日本的現代工業必然有其示範作用，在日資未能完全填補的中下層空間中，本地力量也曾設法有所發展。不過，這部分的數據較為缺乏，就既有的資料來看，這時期本地現代資本的發展確實甚為有限。如本書第二章表2.3所呈現，在日殖時期現代形式的股份有限公司的總資本額中，台資所占比例從1929年的19.8%降至1938年的10.2%，1941年更降至8.2%。台資份額在1929年能占到近二成，反映了本地資本在中下層的發展，而其後之所以大幅減少，應反映了1930年代開始殖民政府所推動的經濟統制政策的影響。

洪紹洋（2012）探討了台灣在1930至1940年代工業部門的發展，對涂照彥（1991）等經典文獻作了補充。他發現殖民政府雖曾於1930年代起推動南進工業化計畫，然因戰時資源與運輸困難而進展有限；不過，在戰爭後期因戰爭影響使得台灣成為「接近閉鎖的經濟」，因而促進了一波進口替代性質的民生工業的興起，並引進了日本閒置設備，如紡織設備等。然因皇民化運動改名影響，並不易釐清這波新興民生工業裡台資涉入的程度。同時，他認為這些工業多為閉鎖時期缺乏原料下急就章的發展，在戰後就多被大陸進口品所取代，並未能延續到戰後。因此，當戰後日本力量撤離後產生了新一波的民生工業創業潮時，其中多是新興的發展而非延續性的事業，他的說法佐證了本章的論點。

此外，金融業的發展也有類似情況。如前述，日本殖民政府入據台灣之後即著手建立現代金融體制，除了於1899年設立台灣銀行整理幣制、建立

4　涂照彥（1991：388-463）。

金融主權並發行新紙幣之外，也曾鼓勵日人及本地人設立民營銀行。例如當它於1905年在台灣進行土地改革消除大租戶，以釐清小租戶的土地產權時，為了穩定金融，即引導地主利用大租戶的補償公債為股本，設立現代化銀行與金融會社，因此而成立了彰化銀行、嘉義銀行與台灣製麻會社。「台資銀行」中經營較為成功且合併其他銀行者包括彰化銀行與台灣商工銀行（戰後為第一銀行），而華南銀行則是日本政府為了南進政策而設立，邀板橋林家的林熊徵等人參與。然而正如葉榮鐘（2002）指出，主持這些銀行業務的還必須是日本人[5]，並且因為各種因素，在這幾家銀行後期發展及增資過程中，日本股東占資本的比例仍超過了台資，而存放款的業務也仍以日人與日企為主要對象，這也呈現出當時本地力量參與現代經濟部門及現代化金融機構的程度仍相當有限[6]。雖說如此，本地人還是有了實質參與現代金融機構的經驗。

再則，如洪紹洋（2015a）所指出，台灣較主要的民間資本在1950年之前還多是從事商業資本的積累。雖然日殖時期商業領域的上層主要由日本商社主導，但仍有些本地人在日本商社的下游，在台灣及日本帝國範圍內找到一些商業機會，藉此累積了財富，日後成為他們參與戰後工業化的資本。例如，永豐餘集團的創始人何義（1903-1956），在公學校畢業後於1917年進入日商安部幸商店工作，1923年自立經營米店，之後主要藉由代理三井會社經銷的德國化學肥料而致富；1934年與兄弟成立永豐商店株式會社，是當時極少數資本額超過百萬圓的的台資企業之一。1941年肥料貨源因戰爭擴大而斷絕，何義遂前往中國大陸發展，他在上海設立了永豐洋行，和三井物產建立關係，所做的事是到各地收購雜糧轉賣給三井物產，生意逐漸擴大以致在大陸東部多個城市設有分行，累積了相當的財富[7]。洪紹洋（2015a）也提及戰後成立味全的黃烈火（1912-2010）在此階段曾去滿洲國進行木材

5　葉榮鐘（2002：151）提及「在當時環境，彰銀的業務必須有一日人來主持（事實上總督府的最高方針也有透過主持業務的日人來控制的用意）」。

6　涂照彥（1991：17-25, 368-378），葉榮鐘（2002），徐振國（2002：19-59）。

7　義容集團編輯小組（2003），洪紹洋（2015a）。

買賣，而日後設立新光集團的吳火獅（1919-1986）則在台日間進行布匹貿易等。若以1971年台灣第一代集團企業為例，其中有不少集團創設者在1945年之前是在日本商社工作。

何義的發展案例顯示，本地人與日本商社所建立的人脈關係甚為重要，日後也在戰後工業化過程中發揮一定作用。不過這些發展還是主要在商業領域，而華人的商業傳統有千百年傳承可說其來有自。台灣全面的工業化仍有待戰後政策與環境的改變。

（一）51大集團企業1945年之前的經驗傳承

這51位企業創始者之中，戰後來台的外省籍者有16位[8]，其中有10位（62.5%）具有在大陸從事製造或與其本業相關的營運經驗，當然尤以紡織業為多，包括嘉新張敏鈺（#6）（以下集團的編號將以#表示）、遠東徐有庠（#8）、潤泰尹書田（#10）、申一王雲程（#43）、台元嚴慶齡（#49）、正大何朝育（#51）。其他還有經營航運的董浩雲（#31）與許廷佐（#40），以及從事營建、商業、公職各一位，3位不詳[9]。不過因為當時大陸的工業化才起步，並且歷經抗日戰爭與國共內戰所帶來的長期戰亂，這些工業經驗並不是長期的經驗。

在本省籍35位創始者中，其工業生產性企業則絕大多數是在1945年之後才創立，更多的是在1950年以後。在1945年之前具有工業生產經驗的只有7位（占兩成）。其中2位是經營礦業，一是台陽集團（#27），即是台灣戰前五大家族之一的基隆顏家，其在日殖時期即與日人合作經營礦業，這在戰後也延續下來。另外一個是賴森林集團（#38）。而義芳集團（#33）創始人陳義塗則經營窯業，也有相當規模，戰後則進入化工業。另一顯著的案例

8　華成集團（#14）是由高雄的方金炳與廈門的陳植佩與陳植津兄弟合資，而陳植津為泰國華僑以提供資金為主。因日後華成集團以方家為主，故在此仍將此計入本地集團。參見中華徵信所，1973，《工商人名錄》。

9　謝國興（2008）探討了〈1949年前後來台的上海商人〉。Wong（1988）則研究了當時遷到香港的上海商人。

是大同公司（#42），創始者林尚志於1918年設立協志商號從事營造業，更於1942年建立大同鐵公所，生產鋼筋及機械零件並做維修工作。到了1949年大同即開始生產電扇等電器電機產品，是台灣這方面的開創者，更於1950年代中得以參與第一個四年工業計畫而擴大生產規模。此外，陳江章（#32）也曾擔任營建包商。林商號集團（#35）則經營木材貿易及加工。大裕集團（#24）洪斗家族戰前主要從事花生買賣，進而也經營傳統榨油坊及木材業；戰後才正式成立機械化生產的洽發製油公司，並在申請到美援黃豆與花生後大幅擴大生產[10]。

在1945年之前，這35位本省籍創始人之中，較為知名並曾被列入《台灣人士鑑》及《台灣官紳年鑑》[11]等人物誌之中者，包括何傳（#4）、謝成源（#13）、顏欽賢、陳義塗、賴森林、林尚志及陳逢源（#45）。何傳為何義之兄，陳逢源則為知名的文化人。本省籍35位創始者中，除了上述7位有工礦經驗之外，其他創始者在1945年之前，主要是經營商業，規模較大者經營國際貿易，其中最大者應為永豐餘集團（#4）。再如謝成源則是父執輩在迪化街創設商號後，努力在日商夾縫中經營台日貿易有成[12]。

總之，在1945年之前，這35位本省籍創始人中，有自營工礦生產經驗者就只有前述之七位。而其餘超過半數（共有20位）是進行商業活動，規模大者從事國際貿易，規模小者則經營島內商業，主要包括布匹及木材批發等。其他包括三位教師、各一位記者與公職、三位不詳。這35位創始人中幾位最著名且最重要的集團創始人都是學徒出身，從商業白手起家。例如，台灣戰後最重要的一位企業家台塑的王永慶，戰前是先在米店當學徒隨後自己開米店；金融界最重要的國泰集團的創始人蔡萬春，則是從農村出來當菜販起家；而台南幫的吳修齊兄弟則與新光集團的吳火獅有相似之處，是戰前先在布店當學徒隨後自己開布行。他們都是在戰後才進入他們起家的生產行

---

10 洪掛（1996）。

11 台灣新民報社（1934, 1937, 1943），《台灣人士鑑》，台北：該社出版；林進發，1933，《台灣官紳年鑑》，台北：民眾公論社。

12 廖慶洲（編著）（2004）。

業，設立起工業性企業。簡言之，多數的本省籍創始人在1945年之前缺乏現代工業經驗。

三、戰後1945到1949年的變化

對於國府來台灣接收工作的評價，一般多從政治角度來看待國府接收工作的「失敗」，即接收不力使得台灣民眾對於祖國政府的態度，從原本的歡迎期待轉為失望怨懟，因而導致二二八事件的發生。此外，有論者認為國府在經濟方面的接收工作也是失敗的，即其讓大陸通貨膨脹波及台灣，將日產收為國有與民爭利等。上一章討論國府公民營政策時，已對此說法作出評述。而在此節要討論的是，實際上本地民間經濟力量對台灣光復及接收所做出的即時回應。

如前述，在日本殖民時期，除了殖民經濟範圍外，本地經濟力量受到雙重的壓制，即殖民歧視性政策與日資優勢力量帶來的壓抑作用。然而，由於殖民政府已建立了有利於現代化經濟發展的環境，日資企業也示範了現代工業的面貌，而台灣受到戰爭破壞程度相對有限，並且本地生活水準已有所提升，更加強了積極進取的本地人進一步發展的動力，因而使得這壓制作用更為凸顯。

台灣光復之後，雖然因日本帝國崩解而環境紊亂，但上述兩個壓制力量確實立即被去除了，本地經濟力量因而得以釋放。就政策面而言，如上一章所言，國府並沒有壓制民營經濟力量的既定政策，再則稍後的二二八事件更使得國府傾向於對民間讓利。而就競爭壓力而言，新的貿易對象中國大陸的工業產品的優勢也不如日殖時期的日本產品。因此，雖然要到1949年之後，國府才開始全面施行扶植本地工業的產業政策，但在這戰後最初四年中，雖然環境混亂，仍可以在各方面看到這股本地經濟力量被釋放出來的現象。

（一）民營部門「接收」日產

前文已敘述了台灣戰後公部門接收日資工業部門的大致情況。在現代工業部門中，依據表2.3，在1941年依資本額計算，大型日資占到總額的三分之二，中小型日資占23.5％，而台資只占8.2％[13]。因此如表4.2所呈現，資委會接收的十大公司的資本額占日產撥交給公營企業的67.7％，其中水泥與紙業共為7.5％。中小型日資被歸併為台灣工礦與農林公司，撥歸為省營，而資本額占到撥交公營的總資本額的20％。此外，到了1947年日產處理委員會結束工作時，準備標售與價讓的中小企業單位共484單位，實際只售出132單位，有些單位陸續標售出去，也有些許久未完成售出。未及標售的企業單位其價值僅約為撥交公營的總資本額之一成[14]。

在二二八事件之後，國民政府為了安撫民情，一再宣示將盡量把民生工業民營化。如洪紹洋（2015b）所呈現，當時劃歸省營的台灣工礦及農林公司各分別接收了121及56個日資企業單位，其中超過半數都是資本額不到百萬圓的小型企業單位，並且涉及諸多不同的產業，可說規模龐雜，而在省府無法全力支援下有些單位營運困難。因此，從1947年開始至1953年工礦公司民營化為止，工礦公司配合國府的民營化政策陸續縮減組織，包括出售廠房及撥交公部門單位。如本節下文將敘及，諸多有財力的本地商業資本是在戰後才開始進入工業生產，並多以標購日資工廠為起點，而這過程從1945至1949年間即已開始進行。

不過，真正較大規模的民營化則要到1953年國府實施耕者有其田時，將四大公司（水泥、工礦、農林、紙業）作為對地主的補償才發生。而如前述，這四家公司的資本額占到撥交給公營企業的27.5％。水泥與紙業在殖民時代是日本寡占資本的一部分，工礦與農林則是日資中小企業的結合，正如劉進慶所言，「以舊地主階層為中心的本地資本繼承了日人中小資本」[15]。如

13　從1945年開始接收到1949年底國府撤台，至1951年左右經濟稍微穩定，因為這段期間經濟混亂，關於公民營資本的統計資訊闕如，因此以過去日資比重為依據來作推估應較為可行。

14　台灣省接收委員會（1947）。時任省署財政處處長的嚴家淦兼任日產處理委員會主委。

15　劉進慶（1992：85）。

前述，台灣工礦及農林公司組織龐雜且涉及諸多不同的產業，而台泥與台紙公司的業務則較為單純，並且是由資委會接收，至此時已大致整頓的較為完善。因此四大公司在民營化時，台泥與台紙兩公司是整體公司民營化，即整售整營。台泥公司的命運尤為不同，政府介入民營化過程，協助大地主家族有秩序接手，因而成為地主家族順利轉型接手經營的範例，這部分本章第五節將再敘及。工礦與農林公司原先就曾出售工廠，此時則先進行公司整體的民營化，並繼續標售工廠，採分廠出售分售分營的方式。洪紹洋（2015b）認為在這過程中，有財力與能力的操作者（包括非地主）以較低價格蒐購股票，並率先購得一些條件較好的工廠，而眾多不諳此道的中小地主則或因低價賣股，或因難以有影響力而利益受損[16]。當時政府也通過了為期三年（1955-1957）的《實施耕者有其田案公營事業移轉民營輔導辦法》，然成效不一[17]。

上述這部分是關於有較清楚紀錄資料的正式部門，即是既存的日資現代化工業部門及接收的情況。在這部門之外則缺乏全面性的資料，但可推想民間力量應也高度參與了其他種類資產的接收，進而擴展了其經濟力量。

在日殖時期，日人在台灣的經濟優勢地位廣泛分布於各部門與層級，照規定日人財產（包括私人財產）皆應由國府接收委員會接收。其中正式現代工業部門的接收較為清晰可見，然而，其他日人各種資產包括小型企業、地

---

16 例如台紙小股東曾籌組聯誼會，於1957年6月向立法院陳情，抗議大股東們謀求私利危害公司營運，希望政府介入挽救。〈台灣紙業公司股東聯誼會籌備委員會請願書〉，《財政部檔案》，財政部，檔案號：0050/0124/3/5/001-001。

17 在輔導期即將結束之前，經濟部曾於1957年5月提出〈四大公司移轉民營後之現況與檢討〉，認為民營化兩年多後，台泥因仍相對享有市場寡斷地位，且經營較上軌道，雖有營銷成本過度增高的問題，然營運上較無問題。台紙則在經營上呈現營銷成本上升，且盈餘大幅下降的問題。工礦公司至此時只剩下19個單位，在加強成本管控之後，已轉虧為盈。農林公司則已將畜產、鳳梨與水產部門售出，主要剩下茶產部分，但在經營上呈現營銷成本不斷上升、資金週轉不靈的問題，以至於由盈轉虧，需要政府代管。亦即這四家公司在民營化後，都顯現出董監事人數倍增及待遇大幅提高，以至於營銷成本比例不斷上升的問題。再則，在經營出現問題後，經營者仍習以要求政府提供優惠為因應方法。引自〈四大公司移轉民營後之現況與檢討〉，《行政院檔案》，國史館，入藏登錄號：014000012204A。

方服務業及房地產等，其如何轉移並無清楚完整的紀錄，難以衡量。根據常理及一般印象，可推測應有不少本地人運用各種方法轉移了各類日產，因此官方的接收委員會接收到的日產應是低於實際的數額，雖說差額難以估計。例如，陳儀來接收時省署曾規定，1945年8月15日為禁止日人私有財產移轉的期限，其後的轉移不予承認，而應依法由接收委員會接管。但此日期後發生的移轉其實甚為普遍，尤其是房地產部分，因此陳情與爭議不斷。直到1947年二二八事件後省署改制為省府之後，行政院表示為「重視省民權利」，而令省府將此財產移轉期限改為1945年10月16日，讓諸多原為非法的移轉合法化[18]。此外，在此接收時期，省署對於日產的認定常易引發爭議，尤其是在日殖後期殖民政府曾強制徵收了一些台人的資產，省署若將其視為日產而接收必引起爭議。不過確實有些人能夠成功地運用政治關係，將日產轉變為個人私產[19]。

　　三家主要商業銀行（華南、第一、彰化）的接收與重整即是有趣的案例。如前述，三家銀行或是由日本殖民政府主導成立而邀台人加入，或是由其引導台人創立，雖都有台資參與，但仍由日人主導經營，到了日殖後期日資股份都已占到多數。因此，戰後國府接收日資為公股，照理這三家公股皆過半，應算是有民股的公營銀行。不過，經台人一再陳情，省署與中央雖為了掌控金融而未同意將公股售予民股，但仍同意採取妥協方案，即「章程中不提公股商股分別字句，由政府派公股代表出席股東會……是則政府公股既不失控制之權，而又符商業化經營之原則」[20]，同時在1946年10月中，省署財政處處長嚴家淦派令林獻堂、林熊徵、黃朝琴分別擔任彰化、華南、台灣工商（後為第一）銀行籌備處主任，清楚承認民股角色的重要性[21]。

---

18 廖彥豪（2013：145-150）。

19 陳明通（1995：46-49）。

20 引文出自1946年10月8日，當時省署財政處處長嚴家淦「發給財政部錢幣司司長的急密電」，「商工彰化華南等三家銀行改組擬派公股代表選舉董監事可否請電示由」，參見檔案管理局（2007：45-48，330）。

21 葉榮鐘（2002：265-266）。如前述，彰化銀行是於1947年二二八當日舉行成立典禮及股東

再則，依據林子新（2013：第四章）的研究，在戰後初期本地勢力積極「搶占殖民遺產」的努力並未受到國府太大的限制，在初期國府雖因控制通膨而對銀行業務有所限制，但在二二八事件之後，省府不但放寬對三商銀的放款限制，更容許其大幅增設分支機構積極拓展業務，三商銀的分支機構從1946年底的74家，至1948年底增為201家，這兩年應是其發展史上拓展最快速的時期[22]。此顯然是國府在二二八事件後進一步拉攏本地菁英的作法之一部分。日後二三十年內，官方限制新進銀行數目，既有的商銀雖某程度擔任政策銀行角色，但享有寡占地位與利益，應可說是本地既有經濟力量與官方合作的模式。

戰後初期尤其是接收時期，財產權易手可意味瞬間取得龐大財富，在混亂中財產的移轉非清晰合法者應所在多有，這部分因缺乏資料且當事人諱言故難以掌握全貌。再則，既有文獻多圍繞二二八事件而聚焦於「貪官污吏」對日產之掠奪，因而忽略了本地勢力在「接收」日產上的參與，即從前引案例來看，既存的本地地主經濟力量應是有不少機會「搶占殖民遺產」，擴展自身的經濟力量。因此在戰後初期，本地勢力即已具有相當的資金，可進入都市土地的投資以及工商業的發展機會，在農村土地改革之後則更是如此。

（二）民營工廠的增長

自國府接收台灣之後，省署工礦處（後為省府建設廳）即開始負責恢復及推動工業化的工作，其早期豐富的出版物呈現出其多方面的努力。1952年該廳出版的《台灣的民營工業》對於此段期間發展有如下的描述：「本省光復後……由於日據時代束縛的解除，新設工廠為數亦多。其經營方式和日據時代相較均有差別。在日據時代，一切工業都具有對日本高度的倚存性，

大會，而財政處長嚴家淦親赴台中參與此會，因而在當日爆發動亂之後，藏身於林獻堂家中。

22 葉榮鐘（2002：167-168）；林子新（2013：161）也認為當時「本地紳商土豪積極搶占金融機構龐大殖民遺產」，例如，台灣工商銀行在重新成立之時向財政廳提出申訴，說原先地政單位「誤」以為原台灣商工銀行的房地產均為日產，請其更正並允許將地產皆劃為該行所有，而後省署予以核定。

光復以後，除少數特殊工業外，一切工業的發展是基於客觀的需要和內在的
經濟因素，政府除予以相當輔導外，很少予以限制或干涉。所以各企業間自
由競爭之風漸趨明朗……」（頁4）。

在這本報告中，建設廳自述其在1951年度有關民營工業方面的業務，
除了其經常性之工廠登記、工業調查等工作外，並列了以下工作項目：收購
民營工礦產品、民營工業配合供應軍需、限制過剩工廠之設立、鼓勵海外工
廠之遷台、洽辦美援民營工業原料器材、工礦檢查、輔導特產手工業，及發
展紡織工業等項目。同時，該報告認為台灣工業在1945-1947年處於復舊階
段，積極恢復生產；在1947-48年工業生產則以大陸市場需求為重心，而紡
織品等則依賴自大陸進口；而1949年後又與大陸市場隔絕，台灣工業又再
次面臨變局，此後隨著進口替代政策而開始發展內需工業。

上一章表6.2中呈現了從1946至1953年，工業部門中工廠數目的變化。
其中顯示民營工廠數目快速的增加，而公營工廠數目則相對少有變化。如前
述，從1946至1950年之間，除了較大型的日產被接收為公營企業之外，這
些工廠應多為新興的民營企業，即或是接收日產，或是自行創業的民營企
業。它們為數眾多，雖然新設者多為條件粗略、規模甚小員工數4人以下的
小廠，但仍顯現了被壓抑的力量在釋放出來後所帶來的創業熱潮。它們多是
供給民生需求品，超過半數是小食品廠，還有磚瓦廠等。在1947年底共有
9081家工廠，其中公營工廠515家，民營8566家，而就工業員工數而言，
1946年底民營工廠員工約有2.5萬人，至1947年底則倍增至近5萬人，公營
員工則為7萬人[23]。1949年前後的政治經濟變動帶來一波動盪，使得工廠大幅
更替並數目大幅減少。

（三）貿易、商業與其他

上節呈現了在戰後初期諸多小型民生工廠持續設立的狀況。然而，當時
那些較有基礎、財力較為雄厚的勢力，轉投入生產事業的腳步則較為審慎，

---

[23] 1946年民營工廠的總員工數及平均員工數引自李國鼎（1976b：30-32）；1947年公民營工廠
員工數引自台灣省建設廳（1947：11）。

仍多主要從事商業與貿易活動。有些人在新環境中很快適應新的方向，轉為與大陸進行航運與貿易。例如永豐何義從上海回到台灣，藉由其與三井良好的關係，代理三井船運，參與上海與台灣間的貿易；新光吳火獅則訂製一艘船在沿海到處運載及買賣物資。當時雖通膨嚴重經濟秩序不穩定，但有識者仍能從中獲利累積財富。當時這些有財力者也開始考慮進入生產事業，不過進入的途徑多是由標購日產開始[24]。例如，何義於1948年買下豐原的日產紙廠成立了永豐原造紙公司，開啟了何家戰後的造紙事業[25]；而吳火獅也於1947年標購了日產台灣經建製糖與新竹榨油廠，不過他的主要事業紡織公司還是幾年後才設立的[26]。如下文將顯示，戰後第一代主要集團企業多數是於1950年以後進入工業生產行列。

在戰後這四年間，台灣重新建立與大陸的經貿關係，因為日殖時期台灣本地工業發展有限，因此主要還是以台灣農產品（米糖等）來交換大陸的工業品，形成與大陸的分工關係。雖說在1895年之前台灣也是以農產品交換大陸的工藝品，不過此時情勢當然已大為不同，除了米糖之外台灣也供應一些大陸缺少的工業品[27]。此外，如洪紹洋（2015a）提及當時曾有兩個有代表性的工業交流計畫，一是資委會曾計畫將台糖多餘的製糖設備轉移到缺乏製糖業的大陸去（廣東與四川），一是合作金庫曾推動「台灣省第一棉織合作工廠」，計畫由大陸供應棉紗，並引進大陸棉織設備與技術指導，可說是進口替代上海棉織布的工業計畫。只是尚未來得及完成，到了1949年計畫都必須終止。

（四）51大集團企業當時的情況

51大集團中外省籍創始人主要是因應國府在國共內戰中失利的1949年

---

24 如前述，戰後省署日產處理委員會準備標售的日資中小企業單位共484單位，到了1947年該委員會結束工作時，實際只售出132單位。顯然當時大家對此甚為審慎。

25 義容集團編輯小組（2003）。

26 黃進興（1990：76-84, 110-113, 130-151）。在日殖時期，吳火獅原在主要進口日本布匹的日本平野商店當學徒，後轉任平野新設的小川商行的家長（總經理）。

27 台灣省建設廳（1952：4-5）。

之後才搬遷資產來台。因此，在這期間主要的變化是發生於本省籍企業之中。

在本省籍創始人中，在1945年之前35位中只有7位從事工礦事業，到了1949年則數目增至為18位，即有11位由商轉工（表7.2）。除了前已提及的永豐與新光集團之外，其他包括布商開始進行織布生產（台菱、東和、林榮春、泰安等集團企業），木材商進入木材加工（利台、台山發），貿易商進入食品加工（陳合發、聯福），還有由廢鐵買賣進入鋼鐵生產的李天生。在戰後物資高度缺乏時期，這些民生物資的生產有立即的市場需求。不過，在這困難的初始階段，這些多只是小規模且未必很現代化的生產。例如，以棉紡織業為例，從表8.1可知民營動力織布機在1945年為170台，1947年增為659台，1950年大增為2187台，不過這其中包括大陸遷台部分。同時織布廠商數目大增，顯示其多為小廠。無論如何，這1950年的織布機數目只是1966年的17%。

總之，這些能夠登上1971年51大名單的集團企業，其中有近半數在1949年以前尚未進入現代工業生產或現代金融，並且已進入者其工業規模的擴大也是有待1950年以後的工業化的整體推動。

四、1949年後產業政策的推展與民營資本的角色

上一節呈現了戰後最初四年民營資本的發展。這階段最重要的特徵在於原被壓抑力量的釋放，本地力量開始尋找各種營利的機會。華人一向有積極進取的文化，除了經濟力量的累積之外，主要是由環境與政策決定經濟發展的步調。

在戰後最初四年中，國府除極力恢復台灣基本工業與環境外，也鼓勵民營工業的發展，不過都是在配合大陸整體規畫的角度下為之，而與大陸恢復密切貿易關係之後也自然帶來了某種產業上的分工。到了1949年底國府撤退至台灣，大陸也有些工廠尤其是紡織廠遷移來台，台灣與大陸貿易及產業分工關係斷絕，台灣的產業必須更加自給，同時在物資與外匯極為匱乏的情

況下，國府開始積極推動進口替代工業化，即以貿易保護及優先分配資源的
方式來促進民生輕工業的發展，環境與政策發生大幅的變化。民營資本也高
度關注政府意向與政策變化，掌握機會積極反應。

（一）1950年代的進口替代產業政策與土地改革

在1950年代初期，進口替代政策以及與其配合的美援工業計畫，是主
要的產業政策，這部分本書第四及第五章已經詳細陳述，就不在此複述。

此外，另一件相關的重要事件是本書第三章所討論的農村土地改革，即
土改使得原來投入於農地的資本必須轉移出來，尋找新的投資機會，而對地
主的補償包括工礦、農林、水泥與紙業四大公司的股票。如上一節所述，有
財力者戰後即已開始標購日產工廠，此次四大公司股份的釋出也是民營資本
進入生產事業的另一次機會。除台泥與台紙整體轉民營外，台灣工礦與農林
公司則是民營化後分廠出售，多由有財力與地位者購得條件較好的單位，包
括民意代表與已有事業者如吳火獅與何義等。水泥業部分將於下文第五節再
進一步討論。

再則，土地改革除了迫使既有的社會菁英將精力轉向投入現代工商業之
外，土改所創造出來的一批新自耕農之中，也有不少人藉由將承領到的土地
變為資本，而加入了民營中小企業的行列。這是因為如本書第三章所述，
《實施耕者有其田條例》允許承領地可以移轉使用為建築或工業用途，因此
新自耕農若承領到區位良好的土地，就有可能成為都市小地主或農村小企業
主，而加入加工出口的行列，這是台灣農村小工廠林立的原因之一，也是土
地改革的間接效果。

再以吳火獅為例[28]，他在光復後除了設立新光商行以商業為主要獲利途
徑外，也積極尋求投資生產事業的機會，於1947年買下兩家日產工廠，一
為製糖，一為榨油廠，後也標下一家茶廠。1952年他在欲進入紡織業不可
得的情況下，將茶廠改建為人造絲織廠，因人造絲不在當時被嚴格控管的棉

---

28 黃進興（1990）。

紡織範圍，因而終於獲得美援成功進入紡織業，並隨之快速擴展產能，於1954年成立新光紡織公司，多年來是新光集團企業的主體。1955年他也標下了工礦公司的王田毛紡及烏日紗廠。此外，他也曾嘗試進入諸多其他生產行業，包括食品罐頭、發酵、機車、成衣、玻璃、海洋漁業等，但多不甚成功。另一重要且成功的發展是他於1963年進入產險與壽險業。永豐何義也是類似情況，他繼1948年標購了日產紙廠之後，1951年買下大同醬園公司，改為永豐化工公司塑膠部門，進入塑膠加工業，1952再向政府拍購得三重的米糠廠，作為永豐化工的製藥工廠。如前述，何義於1953年曾受尹仲容主持的工委會之邀負責投資PVC的生產計畫，不過後來決定退出改由王永慶接手。1955成立永豐工業，進入汽機車工業，後與川崎合作生產機車，並有零組件企業。金融方面則參與台北區合會儲蓄公司[29]。

　　簡言之，像何義與吳火獅等有財力者，在戰後初期經營商業之外，也開始考慮進入工業生產行列，多以低價標購日產工廠為切入方式，降低初始投資的成本[30]。而到了1950年代，因國府促進工業化方向清楚且有美援協助，故參與工業更為積極，或標購日產及工礦與農林公司工廠，或伺機參與工委會的美援工業計畫，都持續在尋求各種多元擴張的機會。而藉由參與工委會計畫而成功者，最著名最重要的當推台塑王永慶了。

　　此外，此時期國府不擴張公營事業而扶植民營的政策，清楚呈現於公民營工廠員工數目的消長。公營工廠的員工數從1949到1953年，從5.2萬人只增為5.99萬人，僅增14％，而同時期民營工廠的員工數則從5.3萬人增至13.6萬人，增幅達155％[31]。從表6.2也可觀察到這段期間，民營企業對不同產業的參與程度不同。除了瓦斯與電氣業幾乎皆為公營之外，其他部門的擴張主要來自民營廠商，他們參與最踴躍的是紡織業，從1950年的200家，增至1953的1228家，而這個產業正是國府當時強力推動的目標產業。

29　義容集團編輯小組（2003）。在何義於1956年過世後，集團主要由何傳主持。

30　參見洪紹洋（2015b）。

31　台灣省政府建設廳（1954）。

（二）1958年以後的出口導向成長

　　如本書第五章所呈現，國府從1958年起開始推動外匯貿易改革，簡言之，這改革使得出口活動變得較方便可行而有利可圖。與此同時，1960年通過的《獎勵投資條例》更顯示了國府盡力排除投資障礙的政策方向，而租稅優惠也可惠及中小企業。再則，一般而言中小企業雖不易得到銀行融資，但國府設立的出口低利貸款辦法，卻可以讓出口企業憑藉著出口信用狀即可得到低利貸款。1961年也將1955年即已實施的《外銷品退還稅捐辦法》進一步改善簡化作業程序。這些政策環境的大幅改變，促使本地企業將巨大能量投向經營龐大的國外市場，而數年間成果立見，1958年工業產品在台灣總出口值中只占到14％，到了1966年則已占到55％，到了1970年則更達到78％！

　　在從1958到1970這12年間，總出口值以每年22％的速度成長，而紡織相關產品則更是以每年50％的速度增長，1970年的出口之中有四成是紡織相關產品。除此之外，台灣中小企業也開始嘗試將各種勞力密集的加工產品出口到國外市場。不過，值得注意的是，在這第一波的出口成長中，主角並非生產勞力密集加工品的小企業，而是紡織相關廠商，而他們多是在1950年代的進口替代時期即已有基礎的企業，即是如下文所述，在1971年的51大集團中紡織企業為大宗。在台灣的出口導向成長中，勞力密集的成衣業的出口成長，絕對是在資本密集度較成衣業高的紡織業之後的，也就是說台灣第一波的出口成長，一方面奠基於進口替代工業化的基礎，另一方面受惠於出口導向政策環境，與產業政策密切相關，絕非低工資下「自然」的發展。

（三）51大集團在1949年以後的發展

　　1949年之後台灣經濟環境的情況與戰後最初四年的不同，主要在於國府中央政府已遷台，在穩定經濟之後，國府開始積極推動產業政策，啟動了台灣戰後促進工業發展的新篇章。到了1949年，這51大集團已有18家加入了工業生產行列，而在此後，名單上其餘17家本省籍企業也陸續進入工礦生產事業或現代金融產業。而他們在這段時期的成功，使得他們到了1971

年得以登上前51大集團企業的名單。當然，無庸置疑，在這大變局中，也有無數的企業經營失敗而出局。

　　關於此段期間產業政策如何推動工業化，本書第五章已詳細討論，此處僅將提出數點觀察。首先，如前述國府政策相對限制公營事業進一步發展，積極促進了民營企業的成長。再則，當時民營工廠數目雖大幅增長，但仍是基礎薄弱的幼稚工業，產業政策扮演了積極扶植的角色。如棉紡織業的案例即顯示了幼稚工業的脆弱，當1950年因供給不足而開放日本紡織品進口後，就有很多本地工廠倒閉。本書第八章將詳述棉紡織業的成長，其歷經了不同的政策階段，不斷變化的政策環境誘使無數廠商在此一二十年中投入紡織相關產業。因此，這1971年前51大集團中，就有三分之一其核心企業是屬於紡織業。此外如著名的台塑企業，其1954年的PVC計畫即源自工業委員會已規畫好的投資計畫。再如，歷史較悠久的大同公司因其戰後製造電扇成績優異，於1955年得到工委會給予其投資電表廠的權利，並列入第一個四年工業發展計畫中，對其事業發展有很大助益[32]。在此工業起步階段，經建單位運用其掌控的資源與機制，對企業提供各種相關協助，甚至擔任提出投資計畫的企業家角色，能大幅提高投資計畫成功的機會。

　　另外要指出的是，雖然在此無法直接呈現土地改革的影響，但如本書第三章所言，土地改革間接的影響實在至為重要。若沒有土地改革，則就如以往傳統農業經濟一般，購買耕地以收取地租仍會是投資的首選，而在1945至1949年之間，確實也大至仍是如此。只有土地改革才迫使社會菁英必須將資金與精力投注於工商業的發展。

　　表7.1中右起第三欄列出了參與四大公司民營化的企業，在本省籍創始人中有7位參與。如前述，像吳火獅與何義等商人，在戰後即開始標購日產來加入工業生產。然如本書第三章所述，多數中小地主可能在短期內低價賣出股票，未必參與了下一波的發展。最終則仍是那些能夠優先購得條件較優的工廠者，與學習到如何經營現代工業者，才能從中得利，最後甚至得以躋

32　劉益昌、林祝菁（2008：141）；工業委員會（1955）。

身於1971年51大集團之中[33]。這過程仍待進一步的研究。

（四）第一代資本家的既有條件

簡言之，從1971年51大集團的名單中可作以下觀察。有三分之一的集團創始人是戰後自大陸遷台者，其中多數在大陸曾有經營相關的生產事業的經驗，有一些也將資產設備遷台。而本省籍的創始人中則只有七位在1945年以前曾有過工礦生產經驗，其中大同的事業在戰前與戰後的延續性最為顯著。不過，在本省籍創始人中，商業經驗（包括開商號與批發貿易）可說是最為普遍的背景，其中有一些是曾有向日資商社學習的經驗，另一些是依據較為傳統商業模式起家。這也呼應了前面所述，日殖時期雖然整體工商環境已經相當現代化，不過由於日資優勢及歧視性政策，本地企業在現代工業中並沒有太多發展空間。整體來說，只有三成多的創始人具有戰前的生產經驗，並且其中多半在企業組織上從戰前到戰後並不具有延續性。換言之，這51家集團企業絕大多數是在戰後新設立的，並且多數由不具相關經驗者所設立。這意味著當時經濟政策與經營環境必須要扮演重要角色。

雖說本章發現第一代本省集團創始者多非地主出身，然而從各種跡象可推斷地主資金應高度參與了戰後第一代工商企業的興起。戰後初期既有地主菁英因為得以參與接收日產，而有諸多機會擴大其投資範圍，並且國府也准許其部分擴大營運據點（如三商銀等）。而他們稍後受到土改的直接影響其實有限，土地改革雖逼使他們必須將資金從農村耕地上移出，然不少人即轉投資於都市土地，並於日後由此獲得土地增值利益[34]。因此中大地主資金應高度參與了當時新興工商企業，這些積累的投入應也是戰後初期民營工廠數目能夠快速增加的原因之一。不過，因為時代轉換進入現代工業階段，新時

---

[33] 例如在1952年四大公司尚待撥售之時，台灣省臨時省議會組織了公營事業考察團，到全省各地考察各事業。名義上是要給政府提供公營事業興革之建議，不過，也很可能是讓有財力有眼光的議員們，去對可能購買的目標事業進行調查。（聯合報，1952/01/14，1952/06/11）

[34] 廖彥豪、瞿宛文（2015）。

代要求不同的能力，既有地主未必擁有經營現代工商業所需要的能力與價值觀，因此較為適合擔任金主，而非第一代現代企業家。此外，51大集團企業的所有者也常投資於其他的集團企業，呈現集團間普遍互相交叉持股的現象，或也是一種結盟及共同分擔風險的作法。

　　表7.1也整理呈現了這些創始人的教育程度。眾所周知，企業家精神與教育程度無關，從台灣戰後最受推崇的企業家王永慶之案例即可見之。同時，在工業化初期階段，辦工業的知識要求相對較低，不似日後1970年代起興辦高科技產業那樣。不過，殖民統治在教育上歧視政策的影響為何，如何影響日後的經濟發展，仍是探討發展時必須要研究的議題。在16名外省籍創始人之中，有9位（56%）具有大學學歷，其中王雲程留學美國，嚴慶齡及吳舜文有國外碩士學位，其他7位則是中學畢業。而在35位本省籍創始人中，只有2位（5.7%）有大學學位（林挺生台大化學系、顏欽賢日本立命館大學），而13位（37%）是小學學歷，其他19位是10位中學、3位師範、6位專門學校畢業，還有一位不詳。相較於戰亂不斷的中國大陸，日殖時期台灣的經濟環境相對穩定，但因歧視性教育與職業制度的影響，這些有潛在經營能力的本省籍創始人教育程度反而較低[35]，呈現出不同省籍者其所面對的環境之差異。

　　名單上集團的核心企業所在產業的分布情況，明顯反映產業政策的影響。除了占三分之一比例的紡織業，是國府從1951年開始大力扶植的產業之外，塑化產業、木材業、電器業及金融業等也是當時進口替代政策支持的對象。

　　表7.1中也依據2008年中華徵信所台灣前百大集團企業的資料，註明這些1971年51大集團在2008年的排名，呈現了其中能留在榜上的比例。這原

35　吳濁流認為日本殖民者為台人提供的出路有三，醫生、下級官吏及律師。因此殖民政府「乃創辦醫學校及國語學校（師範學校），一為自費，一為公費。由於那是最巧妙的方策，遂使台灣中產階級以上的優秀分子爭逐於自費的醫學校，而中產階級以下的優秀分子則爭逐於公費的師範學校。因入學人數受到限制，故躍登龍門非相當優秀不可」。引自吳文星（1983：2）。

先的51集團中，至2008年只有11家仍留在前50大集團的名單上（若計入百大則有13家），留榜率只有兩成。不過，顯然由於大者恆大的法則，有4家集團其所分支出來的子集團，也登上了2008年前100大的名單，因此原來的51家集團衍生出的集團，至今有13家在50大，有17家在百大。原來51家中有17家（占三成）集團核心為紡織業，而隨著紡織業重要性的衰減，這位置就由新起的高科技集團所取代了。原先既有的集團要能留在榜上，必須能夠不斷求變因應一波波的挑戰，甚至轉換核心產業以求存。很多較為專注經營紡織業的集團，也如預期的退出榜外，呈現台灣產業結構迅速變遷的面貌。

瞿宛文、洪嘉瑜（2002）整理了2000年《天下雜誌》前30大集團企業的名單，依據集團核心企業所屬的產業，將集團分為高科技、新轉進高科技、傳統製造業、製造業轉進服務業、服務業等五類。因為高科技產業在近三十年來逐漸成為台灣產業的支柱，以高科技為核心的集團在30大集團中占到三分之一強，它們的興起成為台灣集團企業組成變化的最大項目。同時這些幾乎都是在1970年代之後起家的較新的企業，創始人多是戰後受教育的一代，且是在政府後期科技政策扶植下，產生的另一批創業者。他們的背景與創業模式，與前述的第一代創業者，因時代及環境的不同，有相當大的差異。

下文將再對這些相關因素作進一步的綜合討論。

表7.1　台灣51大集團企業，1971

1971編號	集團名稱	核心企業	2008年		創始相關人物	創立日期	核心企業行業別	創始人1945年以前之經驗	1945-49	1949以後	是否參加四大公司(與其他)民營化	學歷	出生年
			營收排名	相關集團名稱									
1	台菱	台菱紡織			林山鐘	1955	紡織	布商	油脂、紡織	人纖紡織	否	台北一中	1915
2	利台	利台紡織			張清來	1965	紡織	不詳	木業、磚廠	紡織、輪胎	台灣紙業	台南高等工業學校肄業	1920
3	台塑	台灣塑膠工業	2　32	台塑　威盛電子	王永慶	1954	塑膠、人纖	米店	木業	塑膠	否	嘉義商工專校	1917
4	永豐	永豐紙業	39	永豐餘	何傳	1955	紙業	進出口貿易	木業、紙業	紙業	小港紙廠	安平公學校	1895
5	國泰	國泰產物保險	37　25	國泰金控　富邦	蔡萬春	1961	保險業	菜販、販醬油	百貨、旅社	金融保險	否	新竹中學高中	1916

表7.1 台灣51大集團企業，1971（續1）

1971編號	集團名稱	核心企業	2008年營收排名	2008年相關集團名稱	創始相關人物	創立日期	核心企業行業別	創始人1945年以前之經驗	1945-49	1949以後	是否參加四大公司(與其他)民營化	學歷	出生年
6	嘉新	嘉新水泥			張敏鈺*	1954	水泥	紡織	紡織	水泥、紡織、麵粉	否	浙江鎮海中學	1922
7	太平洋	太平洋電線電纜			孫法民*	1933	電線電纜	電線電纜	電線電纜	電線電纜、建築	否	華北大學經濟系肄業	1907
8	亞東	遠東紡織	12	遠東	徐有庠*	1954	紡織	紡織	紡織	紡織、水泥	否	江蘇海門高中	1912
9	陳查某	榮隆紡織			陳查某	1959	紡織	青果輸出	青果輸出	青果輸出、船運、紡織	否	五股公學校	1902
10	國豐	潤華紡織、國豐麵粉	24	潤泰	尹書田*	1953	人纖紡織業	紡織	紡織	紡織	否	青島商業學校	1917
11	台南紡織	台南紡織、統一企業	10 67	統一 台南紡織	吳修齊	1955	人纖紡織業、食品	布店學徒布行店主	進出口貿易	紡織、漁業、水泥	否	國民學校	1913
12	東和	東豐印染			鄭旺/陳清曉	1948	紡織	商/務農	紡織	紡織	否	初中/初中肄業	1912 1912
13	台鳳	台鳳			謝成源	1955	食品	布商	進出口貿易	食品加工、紡織	台鳳公司	日本大阪商業學校	1903
14	華成	光華工業			陳植佩*/方金炳	1967	食品加工	貿易/銀樓	貿易、銀樓	食品加工、紙業、紡織	否	英士大學政治系/國民學校	1922 1912
15	陳合發協會	台榮產業			陳慶輝	1969	食品	進出口貿易	貿易、食品加工	貿易、食品加工、電器	否	法商學院	
16	聯華	聯華實業	7	聯華神通	苗育秀*	1955	食品	寶華商行	進出口貿易	食品加工、紙業、化學工業	否	山東牟平高中	1907
17	聯亞	聯合報社			王惕吾*	1951	報業	軍公職	軍公職	報業	否	中央陸軍官校	1913
18	新光	新光實業	55 29	台新金控 新光	吳火獅	1952	人纖紡織業	布店學徒布行店主	貿易、房地產	紡織、房地產、保險	中和王田紡織	新竹中學	1919
19	孫海	建昌木業			孫海	1967	木業	木材行	木業	木業、林場	否	國民學校	1917
20	李長榮	李長榮化工			李昆枝	1965	化學	木材行	木業	化工業	否	大同高中	1924
21	良友	良友工業			張鳴潛*	1959	紡織	不詳	不詳	塑膠製品、拉鍊、紡織	否	大學	1913
22	李天生	大榮製鋼中國力霸鋼架			李天生	1953	鋼鐵製品業電線電機業	廢鐵買賣	鋼鐵工廠	鋼鐵工廠	否	國民學校	1905
23	台山發	台山發食品			陳火旺	1948	食品	木業、運輸業	木業、運輸業、戲院	食品加工	否	國民學校	1915
24	大裕	大裕產業			洪斗	1954	食品	傳統油坊	製油	製油、食品加工	否	國民學校	
25	聲寶	聲寶電器			陳茂榜	1936	電子電器業	書店學徒、電器行店主	電器行	電器代理銷售製造	否	東京電氣學校	1914
26	龍口	龍口製粉			張添儔*	1950	食品	粉絲製造	粉絲製造	粉絲製造	否	大夏大學	1910
27	台陽	三陽金屬			顏雲年/顏欽賢	1965	金屬製品業	礦業世家	金礦、煤礦	金礦、煤礦	台灣水泥	日本立命館大學經濟學部經濟科	1901
28	國華	國華化工			薛伯輝*	1964	紡織	商	不詳	漁業、紡織	否	湘姚中學高中	1930
29	蕭氏兄弟	大同實業			蕭柏舟	1956	紡織	公職	公職	紡織	否	臺灣商工學校商科	1922
30	華夏	台達化學工業			趙廷箴*	1960	化學	不詳	商行	塑膠、木業	否	上海大學	1921

表7.1 台灣51大集團企業，1971（續2）

1971編號	集團名稱	核心企業	2008年 營收排名	相關集團名稱	創始相關人物	創立日期	核心企業行業別	創始人1945年以前之經驗	1945-49	1949以後	是否參加四大公司(與其他)民營化	學歷	出生年
31	董氏航業	中國航運			董浩雲*	1947	航運	航運	航運	航運	否	南開大學化工系	1912
32	陳江章	東南水泥			陳江章	1956	水泥	土木包商	營造廠	水泥、營造	否	高雄建築技術養成所結業	1919
33	義芳	大洋塑膠			陳義塗/陳芳鑄	1965	塑化	玻璃窯業、進出口貿易	窯業、進出口貿易、化工業	窯業、進出口貿易、化工業、塑膠	否	高級商工學校	1914
34	大宇	大宇貿易			李該博*	1959	貿易	不詳	不詳	貿易、紡織	否	廈門大同中學	1932
35	林商號	林商號合板			林番邦/林自西	1957	木業	木業	木業	木業	否	不詳	1905
37	許金德	士林電機廠、和泰汽車	81	仰德（士林電機）	許金德	1964	電機	教師、新竹州自動車運輸會社專務董事	新竹貨運公司	木業、飯店、電機	否	台北師範專科學校	1907
38	賴森林	天香化工、台紙			賴森林	1955	化學	互益煤礦主	煤礦	煤礦、化工	台紙天香化工廠	台灣商工學校	1905
39	三陽	三陽工業	59	慶豐	黃繼俊	1961	機車	教師	進出口貿易	貿易、機車	否	台北師範學校	1898
40	益利航業	益利輪船			許廷佐/許文華*	1927	航運	航運	航運	航運	否	上海滬江大學社會系	1919
41	賴清添	穩好紡織、華隆			賴清添	1921	紡織	進出口貿易	進出口貿易	貿易、紡織	否	國民學校	1903
42	林挺生	大同	19	大同	林尚志/林挺生	1918	電子電器業	營建、鋼鐵	機械鋼鐵	電器	否	台灣大學化學系	1919
43	申一	申一紡織			王雲程*	1950	紡織	紡織-上海	紡織-香港	紡織	否	留美學士	
44	林榮春	榮興紡織			林榮春	1941	紡織	棉布販售	紡織	紡織	否	國民學校	1908
45	陳逢源	台北合會			陳逢源	1948	金融	台灣文化協會參與者、新民報記者	金融	金融、鋼鐵	否	台北國語學校	1892
46	泰安	鈴木工業			王清宗	1962	鈴木機車	不詳	紡織、貿易	紡織、機車	否	國民學校	1909
47	功學社	功學社			謝子乾/謝敬忠	1966	樂器代理	國小校長文具行	文具樂器進口	樂器代理、自行車機車製造	否	台南師範專科學校	1910
48	聯福	聯福麵粉			何天數	1949	食品	進出口貿易	麵粉、貿易	麵粉、麥片	否	中學	
49	台元	台元紡織、裕隆	22	裕隆	嚴慶齡/吳舜文*	1951	紡織	紡織、機械	紡織、機械	紡織、機械	否	德國柏林高等工業大學/美國哥倫比亞大學文學碩士	1916 1914
50	吳清雲	新三東			吳清雲	1959	電機	無	無	新三東機車	否	國民學校	1929
51	何朝育	正大尼龍			何朝育*	1962	紡織	針織廠	不詳	人織紡織	否	溫州中學	1912

資料來源：中華徵信所，1971，《台灣區企業集團彙編》，台北：中華徵信所。中華徵信所，1973，《對台灣經濟建設自有貢獻的工商人名錄》，台北；中華徵信所。中華徵信所，2008，《2008年版台灣地區大型集團企業研究》，台北：中華徵信所。

其他資料來源：中國實業出版社，1953，《自由中國實業名人傳》，台北：中國實業出版社；洪掛（1996）；司馬嘯青，2005，《台灣新五大家族》，台北：玉山社（台塑、大同、國泰、新光、台南幫）；徐有庠口述，王麗美執筆，1994，《走過八十歲月：徐有庠回憶錄》，台北：聯

經；溫曼英，1993，《吳舜文傳》，台北：天下文化；黃天才、黃肇珩，2005，《勁寒梅香：辜振甫人生紀實》，台北：聯經；黃進興，1990，《半世紀的奮鬥：吳火獅先生口述傳記》，台北：允晨；謝國興，1994，《企業發展與台灣經驗：台南幫的個案研究》，台北：中央研究院近史所專刊73；吳三連台灣史料基金會網頁，台灣人物小檔案。

*外省籍。

表7.2　台灣51大集團企業創始人經歷，1971

1971 編號	集團名稱	創始相關人物	1945年前之經驗	1945-49	1949以後	1945年前之經驗	1945-49	1949以後
				外省籍			本省籍	
1	台菱	林山鐘				商—布	工	工
2	利台	張清來				不詳	工	工
3	台塑	王永慶				商—米	商	工
4	永豐	何傳				商—貿易	商、工	工
5	國泰	蔡萬春				商	金融	金融、工
6	嘉新	張敏鈺*	工	工	工			
7	太平洋	孫法民*	工	工	工			
8	亞東	徐有庠*	工	工	工			
9	陳查某	陳查某				商—貿易	商	商、工
10	國豐企業	尹書田*	工	工	工			
11	台南紡織	吳修齊				商—布	商	工
12	東和	鄭旺/陳清曉				商	工	工
13	台鳳	謝成源				商—貿易	商	工
14	華成	陳植佩*/方金炳				商—貿易	商	工
15	陳合發	陳慶輝				商—貿易	商、工	商、工
16	聯華	苗育秀*	商	商	工			
17	聯亞	王愓吾*	軍公職	軍公職	報業			
18	新光	吳火獅				商—布	商	工、金融
19	孫海	孫海				商—木材	商	工
20	李長榮	李昆枝				商—木材	商	工
21	良友	張鳴潛*	無	不詳	商貿、工			
22	李天生	李天生				商	工	工
23	台山發	陳火旺				商—木材	商、工	工
24	大裕	洪斗				商、加工	工	工
25	聲寶	陳茂榜				商—電器	商	商、工

表7.2 台灣51大集團企業創始人經歷，1971（續）

1971編號	集團名稱	創始相關人物	1945年前之經驗	1945-49	1949以後	1945年前之經驗	1945-49	1949以後
			外省籍			本省籍		
26	龍口	張忝儔*	工	工	工			
27	台陽	顏雲年/顏欽賢				礦	礦	礦
28	國華	薛伯輝*	不詳	不詳	商、工			
29	蕭氏兄弟	蕭柏舟				公職	公職	工
30	華夏	趙廷箴*	營建	商	工			
31	董氏航業	董浩雲*	航運	航運	航運			
32	陳江章	陳江章				工—營建	工—營建	工
33	義芳	陳義塗/陳芳鑄				工—窯業、商貿	商、工	工、商
34	大宇	李該博*	不詳	不詳	商、工			
35	林商號	林番邦/林自西				商、工—木材	工	工
36	味全	黃烈火				商	商	工
37	許金德	許金德				教、職	服務	服務、工
38	賴森林	賴森林				礦	礦	礦、工
39	三陽	黃繼俊				教	商	商、工
40	益利航業	許廷佐/許文華*	航運	航運	航運			
41	賴清添	賴清添				商—貿易	商	商、工
42	林挺生	林尚志/林挺生				工—營建、鋼鐵	工	工
43	申一	王雲程*	工	工	工			
44	林榮春	林榮春				商—布	工	工
45	陳逢源	陳逢源				記者	金融	金融、工
46	泰安	王清宗				不詳	商、工	工
47	功學社	謝敬忠				教、商	商	商、工
48	聯福	何天數				商—貿易	商、工	工
49	台元	嚴慶齡/吳舜文*	工	工	工			
50	吳清雲	吳清雲				無	無	工
51	何朝育	何朝育*	工	不詳	工			
	從事工業之企業數目		10/16			7/35	16/35	35/35

資料來源：同表 7.1。

五、特許行業與其他

上述討論顯示，在戰後初期較具有企業家精神的第一代企業主，帶著有限的生產經驗，及較豐富的商業經驗，在政府產業政策的引導下，建立戰後民營工業部門的情況。大致上這些民營部門的產業可以分為兩類，一類是市場競爭程度相當高的民生輕工業，如紡織、食品等，另外一類產業是特許行業。雖然棉紡織業的設廠限制是逐步取消的，但由於這產業較好的環境及政府對此產業的支持，仍使該產業吸引了最多數量的廠商爭相進入，因而很快成為高度競爭的產業。到了1971年，以這些競爭性產業為核心的集團企業仍能夠留在51大集團名單上的廠商，都已經經歷過市場競爭的考驗了。

要進入特許行業必須取得特許營業執照，而政府對這些行業的執照發放一直採取限制措施。以保險業為例，第一批執照多在戰後初期就已發放出去，發放後則採取基本凍結的作法，這一直持續到1987年台灣在美國壓力下開始施行自由化之後才開始逐步開放。這些特許行業主要包括水泥、金融、媒體及運輸等行業[36]。因此，這些行業的競爭程度相對而言較為有限，是寡占型產業。當初這些執照的分配過程並不透明，必然牽涉到執政者的政策方向以及各種政治上的考量。

因為這些執照的分配，及其所帶來的寡占利益的分配，必然會影響到各集團企業的實力。因此，本節將以水泥及人壽保險為例，來探討這部分的情況及其可能的影響。

（一）水泥業

表7.3列出了台灣水泥產業的廠商名單及其沿革。其中最主要的廠商——台灣水泥公司——是國府接收日產所組成的公司，原為公營，在實施耕者有其田之時，被售予地主做為地價補償的一部分。其他主要的水泥廠多成立於1950年代。到了1970年，水泥廠中屬於較大集團的計有台泥、嘉新、

---

36 依據朱雲鵬（1999：277），在1987年夏剛解嚴之際，特許行業有42大類。當年7月解嚴後不久，立法院立即通過提案，要求政府開放一些特許行業。

亞泥（遠東集團）、環球（台南集團），這四家在水泥產業的市場份額達到八成。而在1971年51大集團之中（表7.1），以水泥為核心產業的只有2家，即嘉新及陳江章的東南，後者也主要是依靠東南水泥列身於上述名單上。然而，在1970年最大的四家水泥公司除台泥外，都名列於當時的51大集團之中，它們雖不是以水泥為其核心產業，但也受惠於經營水泥業的特權與利益。而除了黨營的建台水泥之外，其他近十家小型企業市場份額甚小，分屬於各種不同方面及地方的利益。如前述，依常理推想當時以台泥為核心企業的辜振甫家族應該能夠列入51大集團，可見這名單並不完全。

水泥的生產牽涉到石灰石礦的採礦權，這當然是由政府所控制。關於礦權以及水泥的生產執照如何分配，恐怕不是可以清楚公開言明的政策。既然這產業的進入必然受到限制，並且長期屬於寡占型市場結構，利潤甚為豐厚，也因此不免有其他廠商意欲進入。不過，當實力雄厚的台塑集團於1980年代提出申請進入水泥業時，卻未能夠得到允准，難免引發台塑被既有的水泥業者阻撓的傳言[37]。或許因為事屬敏感，並無法找到任何官方文獻對此產業當初如何分配執照提出解釋。但可推論國民政府主政者，為了拉攏各種既有的社會力量，對於戰後興起的各民營集團，及各種既有的地方利益，多採取利益均霑的原則，將各種不同的利益分配給不同的集團。

例如，台泥作為五大家族在土改後轉入工業部門的標竿，必然會得到應有的照應。辜振甫在他的口述歷史書中，詳細描述了台泥民營化的過程。國府1953年施行的耕者有其田土改方案，給地主的地價補償中三成是以四大公司股票支付，股票分散在7萬多名地主手中，而四大公司中以台泥最為重要。在書中辜振甫陳述了他被國府「遴選為四大公司移轉民營工程的示範工程師」，負責邀集大地主在政府協助下共同接手改組經營台泥公司的過程，

---

37 台塑在1983年提出在花蓮崇德設立水泥廠的計畫，但經過多年反覆審核之後，因擬開發的地區後來被列為保護區，計畫因而未得通過。不過，是否既有的水泥廠曾力阻台塑的進入，坊間時有傳聞。例如，《經濟日報》於1990年，在報導台塑在花蓮崇德設立水泥廠的計畫失敗時，新聞的標題即為「台塑在崇德採礦觸礁 水泥業否認聯手封殺」（《經濟日報》，1990/04/21，2版）。

而1954年11月11日台泥第一次股東大會在總統府前廣場的三軍球場舉行，也可說是這時代重要見證之一[38]。

表7.3 戰後早期的水泥產業

公司名稱	成立時間	產權變化	負責人	1970年市場占有率（％）	類別
龜山興業（後更名東亞水泥）	1939	1977停業	邱冬結	0.03	本省籍
台灣水泥	1946成立；1954民營化		辜振甫	38.65	原為接收日產，土改後售予地主本省籍（五大家族）
嘉新水泥	1954		張敏鈺	10.53	外省籍（嘉新集團）
永康工業開發公司	1956	1992併入幸福水泥	劉天耳	1.04	本省籍-桃園
建台水泥	1956	2004停業	陳良	8.49	黨營事業
大陸水泥公司	1956	1962併入正泰	殷之浩	-	外省籍
啟信實業	1956	1992註銷	陳啟猛	0.06	本省籍-桃園楊梅
東南水泥	1956		陳江章	6.67	本省籍-高雄
台昌白水泥廠	1956	1958結束	徐恩曾	-	外省及國外資本
亞洲水泥	1957		徐有庠	20.14	外省籍（遠東集團）
環球水泥	1959		吳三連	10.76	本省籍（台南幫）
正泰水泥	1960	1982併入東南水泥	岑文華	2.14	外省籍
信大水泥	1964		楊塘海	0.69	本省籍-宜蘭
南華水泥	1969	1982併入亞洲水泥	蘇世英	0.8	本省籍-新竹
欣欣水泥*	1974		趙伯翹	-	退輔會系統
幸福水泥*	1974		陳兩傳	-	本省籍（三重幫）
中國力霸*	1973水泥部成立		翁明昌	-	外省籍（力霸集團）

資料來源：中華徵信所，1971b，《中華民國六十年台灣區產業年報第八輯——水泥工業》，中華徵信所，頁27。《中華民國最大民營企業民國70年版》，1981，中華徵信所，1981，頁52。程月初，1997，《漫談我國水泥工業》，台灣區水泥同業公會。

*1970年以後加入的三家水泥公司，在2004年的市場份額共占至一成左右。引自《2005年台灣區水泥工業概況》，台灣區水泥同業公會，2005，頁21。

---

38 黃天才、黃肇珩，（2005：315-338），辜振甫請出板橋林家掌門人林柏壽為董事長。如前述，辜振甫在1994年後發表了〈台灣水泥公司移轉民營四十週年感言〉，並自稱這是「一個舊地主所做的歷史見證報告」（頁310）。

（二）人壽與產物保險業

　　表7.4與表7.5呈現了台灣戰後早期，參與保險業的廠商的背景與市場位置。如前所述，保險業和其他的特許行業一般，除了接收日產與大陸遷台的單位之外，政府對於這些行業在戰後初期新發了一批執照之後，基本上就凍結了廠商數目。重新開放廠商進入，則是要等到1987年在美國壓力下逐步開放市場後，才開始先對美國保險公司開放，再於1993年對國內資本開放進入。經濟自由化之後的市場變化不在本書涵蓋範圍之內，故在此不多作討論。在此主要呈現戰後初期，這特許行業執照分布所顯現的利益分配的情形。特許行業既然限制進入，必然隱含著超額利潤的存在，執照的分布顯現當時國民政府如何分配寡占利益的情形。

　　最先一批執照，是發給了自大陸遷台的以公營為主的既有保險企業，以及接收日產形成的公營保險公司[39]。在經歷了1950年代經濟穩定發展之後，國民政府於1960年代初發出了一批新的執照，此後執照數目幾乎凍結，直至1986年經濟自由化後才再開放。此批執照除了發給華僑資本與黨營資本之外，主要應是依據政治考量而發給本地資本以及民意代表。其中包括台灣既有五大家族中的林家與陳家，也包括黨政關係良好者以及其他勢力，在1950年代已經嶄露頭角的新興力量，如國泰蔡家與新光吳家，也藉由政商關係而得以參與。同時這些保險公司的出資者涵蓋甚廣，與戰後台灣企業界通行的做法一致，籌資多是廣泛參與，由出較多股份的主事者主導事務，也有情況是在過程中由較有經營能力者取得企業的主導地位。

　　產物保險執照的分發先於人壽，而除了僑資與五大家族之外，多數的執照是分配給民意代表。例如，國泰產險的執照是分配給曾任省議會副議長的林頂立，林則找有財力的蔡萬春合作，由蔡負責經營。新光產險的執照則是分配給接替林頂立副議長職位的謝東閔，謝再與吳火獅合作[40]。這是民意代

---

39 1946年省署年接收了12家日資損害（產物）保險會社，合組為台灣產物保險公司，以及14
　　家日資生命（人壽）保險會社，合組為台灣人壽保險公司，1947年末正式成立，引自林蘭
　　芳（2014）。

40 司馬嘯青（2005：190-194, 284-286）。

表得到執照之後與新興資本進行結合的模式。

　　表7.4與表7.5的最後一欄，列出了這些保險公司在經過了十多年的競爭之後，到了1975年，各自所占的市場份額為何。產物保險或許因為牽涉到與各方企業的關係，市場中各方勢力分布比較平均。人壽保險則是一個直接面對消費者的行業，到了1975年國泰與新光人壽的市場份額超過四分之三，兩家企業的市場主導地位已經非常顯著。國泰與新光人壽雖然藉由其經營能力，在這產業發展初期占得鰲頭，但是這仍然是一個相對受到保護的寡占市場，這兩個重要集團在經濟自由化之前所累積的實力，仍部分奠基於政府限制進入所提供的保護。從1987年經濟自由化開展之後，新進入保險業的國內及國外廠商達到二十多家，市場競爭程度大增。以至於到了2008年為止，國泰與新光人壽兩家的市場份額，都只能達到1975年水準的一半[41]。

　　簡言之，國民政府在1960年左右，應是依據政治考量而將數目有限的保險業執照，發給了當時社會上各種既有的勢力。不過這是一種一次性的作法，此後在執照數基本不變下市場競爭雖因而受限，但仍發揮了作用，在得到執照的企業中，相對較有經營能力者得以勝出，在市場進一步開放之前得以藉此壯大集團的力量。

---

41 保險事業發展中心（歷年）；財政部保險司（歷年）。

表7.4　戰後早期的產物保險公司

	公司名稱	成立時間	主要負責人	資本別	1975年市場占有率（%）
1	太平產物保險	1929		大陸遷台	9.0
2	中國產物保險	1931	公營	大陸遷台	14.4
3	台灣產物保險	1946	公營	接收日產	16.4
4	中央信託局產物保險處*	1947	公營	大陸遷台	-
5	中國航聯產物保險	1948		大陸遷台	4.1
6	國泰產物保險	1961	林頂立、蔡萬春	本地資本（林曾任省議會副議長）	11.7
7	華僑產物保險	1961	丘漢平、施金水	華僑資本（丘曾任立法委員）	5.7
8	泰安產物保險	1961	游彌堅、林坤鐘	本地資本（游曾任台北市長）	5.1
9	明台產物保險	1961	林攀龍、林劍清	本地五大家族（霧峰林家）	7.6
10	中央產物保險	1962	俞國華、蘇曾覺	黨營資本	4.4
11	第一產物保險	1962	李建和	本地資本（曾任省議員）	4.8
12	國華產物保險	1962	林鶴年、林有福	本地五大家族（霧峰林家）（林鶴年曾任台中市長）	5.4
13	友聯產物保險	1963	莊萬里、黃秉心	華僑資本	3.5
14	新光產物保險	1963	謝東閔、吳火獅	本地資本（謝時任省議會副議長）	4.3
15	華南產物保險	1963	戴德發	本地資本（曾任台北縣議長及縣長）	3.8

資料來源：李永城（1993）；台北市產物保險商業同業公會（1980）；保險事業發展中心（歷年）；財政部保險司（歷年）。創始人背景則由本研究自行整理。

*1947年在台灣設立分公司，1972年併入中國產物保險。

註：此是以保費收入來計算市場份額，在1975年產險業保費總收入為95億元。到了2008年，產險業總保費收入增為1000億元，增幅遠低於人壽業；新進的外資保險業占5%左右，而市場領先廠商國泰產物保險的份額則增至兩成。

表7.5 戰後早期的人壽保險公司

	公司名稱	成立時間	主要負責人	資本別	1975年市場占有率（％）
1	中央信託局壽險處	1945年在台設分支	公營	大陸遷台	4.4
2	台灣人壽保險	1947	省營	接收日產	4.3
3	第一人壽保險	1962	董漢槎	外省資本	5.4
4	國泰人壽保險	1962	蔡萬春	本地資本	43.3
5	華僑人壽保險	1963	施性水、丘漢平	華僑資本	3.4
6	國華人壽保險	1963	林鶴年、林有福	本地五大家族	3.1
7	新光人壽保險	1963	吳火獅、吳煥堂	本地資本	32.2
8	南山人壽保險*	1963	陳啟清、郭雨新	本地五大家族（高雄陳家）（陳曾任國代等職）	3.9
9	國光人壽保險*	1962	黃國書、劉金約	本地資本（黃時任立法院院長）	-

資料來源：李永城（1993）；台北市人壽保險商業同業公會（1980）；保險事業發展中心（歷年）；財政部保險司（歷年）。創始人背景則由本研究自行整理。

*國光人壽於1971年破產停業；南山人壽於1970年由外資AIG入主。此後這產業主要的變化則是發生於1988年開放外資及其他企業進入之後。

註：此是以保費收入來計算市場份額，在1975年壽險業整體保費總收入為47億元。到了2008年，壽險業保費總收入增至為1.9兆元，外資保險業占一成左右；而國泰與新光人壽的份額都約各自降為1975年水準的一半。

六、結語

　　本書主要探討台灣戰後為何能夠成功的工業化，在第一章已論及後進國家經濟發展所需的條件與主觀動力，本章則是從民營企業的角度切入，歷史性地探討了台灣戰後民營資本的發展過程，主要呈現環境與政策的變化造成的影響，並檢驗各種相關說法，評估各種相關因素對此過程的影響。

　　台灣民營資本在戰後的發展趨勢甚為顯明清晰，即是快速興起並持續增長，很快就成為台灣戰後工業生產的主體。如何解釋這現象是一個具高度挑戰性的議題，爭議點會在於如何看待國府政策的作用，即國府是否有扶植民營資本的政策，若有，成效如何。

　　有一種說法是認為這是「自然發展」的結果，自由市場學派的經濟學者認為發展必依賴市場機制，原就反對政府干預，因此多會認同這看法。與此相呼應的有另兩種說法，一是強調中小企業的角色，重點是認為中小企業是藉自力更生而發展，不是靠政府，同時強調華人有久遠經商傳統文化[42]。一是認為日本殖民遺產帶來了戰後台灣經濟成長，即前述的「日殖延續說」。這後兩種說法其實假設了依賴市場機制自然發展的基本論述，可說是前者的衍生論述。

　　這爭議與更全面性的「如何解釋台灣戰後經濟成長」議題密切相關，只是聚焦於本地民營資本的角色，然而這焦點卻更能凸顯「自然發展說」與「日殖延續說」之無法成立。

　　這可從兩個方向來進行檢驗，一是縱向地從台灣發展的歷史來看，一是橫向地與戰後其他後進國家做比較。從台灣發展歷史觀之，首先必須指出台灣本地民營工業資本的發展主要是始於戰後，如此若依據「自然發展說」，如何解釋為何1945年之前未曾自然發展？為何這「自然的」發展要到1945年之後才發生，而不是之前？或許這時候該論述論者會要提起日本殖民歧視政策的壓抑作用，然而既然壓制性政策在戰前可以起到負面的作用，也意味著扶植性政策可以在戰後發揮正面的作用，亦即政策是重要的。同樣的，東亞文化下人民確實具有積極進取且習於經商的傳統，然而放大視野看長遠歷史的話，可看到只有在有限的歷史時間、地域與環境此等傾向才得以發揮。此外，聚焦於「本地」民營資本也更能凸顯日殖時期殖民政府是扶植日本（民營）資本，而非本地民營資本，使得「日殖延續說」更難以成立。

　　再則，若橫向地與戰後其他後進國家做比較，必須先認識到在戰後數十

---

42 如謝國興（2013）與石田浩（2007）等，此說法也是台灣社會流行的看法。

年來，台灣與南韓的整體經濟以及民營經濟的發展，成績遠領先於其他後進地區。同樣的，若依據「自然發展說」，如何解釋這橫斷面各國經濟發展成績的差異？若要引入其他解釋因素，則也意味著其他因素才是重要的解釋因素，而最重要的即是整體環境與產業政策。

然而，是否日殖歧視政策消失後，本地民間資本就可以「自然」地成長發展？這低估了後進國家發展現代經濟的困難度。如上述，戰後多數後進國家因各種因素難以「自然發展」，顯見成功發展並非易事。再則，幼稚工業若沒有得到保護與扶植則多會失敗，就如19世紀末台灣外銷茶業最後終於發展停滯，又如1950年日本棉布進口立即打敗了台灣本地產業等。幼稚工業的脆弱性以及傳統投資租佃土地的吸引力，一向是發展現代民族經濟的障礙，需要國家在政治上與政策上的支持，民族產業才有發展的機會，實難以「自然」發生。

不過，這涉及一個需要解釋的重要問題，即為何戰後初期台灣民營部門得以如此快速發展，以至於在1958年在工業產值上就趕上公營部門？尤其這部門在日殖時期並未能得到發展現代工業的機會。

總的說原因是多重的，即台灣戰後早期1945-1949年間，民營部門得利於：一、日殖遺產留下現代化基礎，戰爭破壞有限，本地力量有累積然而缺乏機會；二、光復後日本優勢力量的撤離，殖民歧視政策的消除，本地力量得以釋放，並參與接收大工業之外的日產；三、資委會人力成功的接收並恢復台糖台電等主力企業，穩定工業環境；四、國府在政策上不擴大公營事業範圍；五、國府在二二八事件後尤覺須多安撫本地菁英；六、1949年國府遷台之後即推行土地改革，迫使地主資金必須進入工商業，同時四大公司售予地主補償地價；七、更重要的是，產業政策成功推動工業化，主事者積極扶植幼稚工業與民營企業。

如上章所述，國府並未改變公民營政策，只是在大陸時期沒有條件正面規畫施行產業政策，而被現實需要逼迫進行各種權宜之計，到了台灣則較有條件施行產業政策，同時因政治考量更是將公民營界線往民營面多傾斜一些。

　　本章也以1971年51大集團為代表，探討戰後第一代成功的集團企業所依據的資源，研究發現也多支持上述說法。即在當時大集團企業中，除了大陸遷台的資本外，本地企業創始者在戰前多無工業生產經驗，主要是商業經驗。再則，在戰後早期有志於工商業者有兩種出路：一是受扶植但終屬競爭性的工業，包括1950年代輕工業的進口替代工業，及1960年代以後的出口導向工業；另一是特許市場，即執照數目有限的不完全競爭市場。因此，當檢視1971年台灣51大集團企業時，可發現他們分布在上述兩種領域之中，尤其集中於被政府大力扶植的紡織產業，也有不少集團企業享有特許產業的利益。此外，雖說第一代集團創始者多非地主出身，不過地主的資金應也高度參與了當時新興工商企業。

　　換言之，國府在戰後初期的作法，一方面以利益均霑的方式籠絡各方勢力，另一方面也由於引導了市場競爭，給予新興企業家發展的空間，市場的競爭則有助於促進台灣整體生產力的不斷提升；而特許行業的有限度競爭，可說是在促進競爭與保護既有利益之間的折衷作法。此外，國府除了維護公營及特定黨政軍相關事業之外，對於扶植民營企業顯示出利益均霑地域平衡的傾向，至於是否曾系統性扶植外省籍集團，則因趨勢不明尚待進一步研究[43]。落後國家執政者分配利益來籠絡既有勢力，是一個極為普遍的現象，而台灣與東亞經驗較為優異之處，在於政府積極開拓競爭性外銷市場，在其中以績效準則對資本予以規範以推動發展[44]。國府可說利用歷史條件所給予它的主導地位，運用產業政策推動了工業化，成功的在公營與民營之中、在保護及競爭中尋得折衷之道。

---

43 對此高度爭議的議題，至今尚無系統性的研究，也缺乏系統性的資料整理。本章引用的台灣戰後第一代51家集團企業中，有16家為外省籍，但因無確實營業額或其他數值可以計算份額，因此難以評估相對的比重。然舉例言之，相較於南韓現代汽車受到南韓政府長年大力扶植，裕隆所得待遇則無法比擬，政府在1960年代後就認為裕隆的表現不如預期，因而大幅開放新廠商進入，以至於汽車廠商數在1970年增為六家，遠超過狹小市場所需。再如董浩雲原與國府關係密切，以梅花為公司標誌，但在他於1982年過世後企業陷入困境，國府並未伸出援手，反而是中共予以援助。

44 Amsden（2001）。

第八章

台灣棉紡織業早期發展的案例

一、前言

在戰後初期，台灣紡織產業發展得很早並且成果顯著，是早期工業化的主角，可稱為是一個領先部門（leading sector）。幾乎所有後進國家在試圖工業化的初期，都優先發展紡織業，紡織業在後進發展中的重要性是一個普遍的現象。而台灣紡織業案例的特殊之處乃在於其發展成績不單特別優異，更能夠帶動後續其他的發展。因此，探討這早期重要產業部門成長的歷程，應該可以讓我們從個案微觀的角度來深入理解台灣經濟成長的原因，並以此案例來檢驗相關的理論說法。

在此先簡述一下台灣紡織業發展的成績。該產業在戰後的整體發展極為迅速，若以發展最早的棉紡紗及棉織布部門為例，其產量從1949年到產量最高峰的1991年為止，年複成長率分別為13.5％及9.2％（見表8.11）。在戰後早期外匯最拮据之時，代紡代織的進口替代政策，從1951到1953年，使得棉紡織品在短短兩三年之內達到了國內需求的自給自足。而同時期接受美國援助的其他亞洲國家雖也都試圖推動棉紡織業的進口替代，但多數並未成功。台灣棉紡織業在達到自給自足後，隨即因國內需求飽和成長趨於停滯，

政策改為推動出口。在1950年代末經貿及外匯改革之後，整體政策從進口替代轉向為補貼出口，紡織品出口因而快速成長，在1962年就遭到美國對台灣棉紡織品的出口設限。同時，棉紡織之外，政府也很早從1954年起就推廣人造纖維，陸續發展其中上游產業。配合著此時重化工業計畫中石化業的發展，人造纖維及其原料的生產也開始進行。到了1970年代，台灣紡織業上下游次產業已達到高度的整合。因此當工資也隨著經濟成長而逐步上升，使得紡織業的下游在1980年代開始外移後，遂有中上游產業能夠隨即擔任起直接出口的任務。

　　成功的後起者的成長速度，必然比先行者為快，不然就無法縮小與領先者的距離，談不上追趕了。日本在明治維新之後，紡織業雖是最主要的產業，但也花了近六十年的時間才趕上英國。而台灣紡織業則在發展了三十年後在美國市場地位超過了日本[1]。隨著產量的快速累積，台灣產業也迅速的走過學習曲線，改進了生產效率。其實，根據黃東之（1954：12-13），甚至早在1953年，台灣棉紡織業的單位錠時平均生產力，已相當於日本戰前水準，若是新購置的機器，則可比得上日本戰後水準[2]。日後，因台灣廠商投資新機器比例日增，生產力更為增進。

　　台灣紡織業產量增加快速，1960年代後主要是供應國外市場，因此在國際市場上的份額日增。到了1975年，台灣棉紡織品占美國市場的份額達到7.1％，首次超過日本。同時，因產業政策促進了各層面之連鎖效果（linkage effects），紡織業上下游皆高度發展，各個次產業中的本地成分（local content）高，因此即使比較利益不斷變化，而成衣等下游生產部分持續外移，但是中上游還是可以持續發展。雖然其他後進國家都曾先後發展紡織成衣產業，但就發展速度及整合程度，多半難以和台灣紡織業績效相比，多不能在比較利益移轉後仍持續的成長[3]。亦即隨著比較優勢的變遷，紡織業

1　參見Woo（1978: 186-87）與Farnie（2004）。

2　根據林邦充（1969：100），1952年美國技術顧問懷特公司專家也認為台灣棉布在當時已具有競爭力。

3　參見Farnie（2004: 581-2）。南韓的紡織業在戰後的成長模式與台灣類似，成績也很優異。

在台灣製造業總產值中所占的份額已從1970年代的兩成左右，下降到2011年約2%[4]，紡織品與成衣占台灣出口的份額到1971年高達38%，至2011年則已降至4%[5]。到了2011年，台灣仍居於全球第10大紡織品出口國，成衣出口則排在第34名[6]。人造纖維總產量則占全球產量約4%，全球排名第三，次於中國大陸（占到六成）與美國[7]。

　　本章將探討台灣紡織業的發展過程，試圖理解該產業發展優異的原因，並由此檢驗本書前文所提出的各種說法，包括日殖遺產、國府傳承與產業政策等因素，並就產業政策對於此產業發展之影響，與他國做多面向的比較。前文已述及關於台灣經濟發展的各家不同的解釋，至於針對台灣紡織業發展的說法，在當時及事後自由市場派學者多不認同國府早期對紡織業的干預，並認為此產業的成功歸因於自由市場「自然」的作用。本章擬探討台灣戰後早期棉紡織業發展的過程與成功的因素，同時檢討這些相關的爭議，以作為本書前文所提出的關於台灣戰後工業化源起論述的佐證。

　　為解釋台灣紡織業優異成績的成因，下節先從日殖時期的遺產說起。因早期紡織業是以棉紡織業為主，其他如毛、麻、絲紡織及針織等產業所占比例甚小，為簡化討論起見，本章在關於紡織業早期發展的敘述討論中，將只涵蓋棉紡織業。第三節將討論戰後初期棉紡織業的發展情況，呈現代紡代織成功帶來了棉紡織品的自給自足。而其隨即產生的產能過剩問題則因政策轉向出口導向而解決，這將是第四節的討論主題。第五節則將討論當時同步推進人造纖維產業的政策，而第六節將呈現隨後進一步推動人纖上游原料產業

　　不過韓國在日殖時期在殖民政府的扶植下，相比於台灣有較多的非日資的本地工業化，而朴正熙政權於1962年開始推動工業化時，已有台灣的發展經驗可供參考。參見Kim（1980）。

4　經濟部，2013，《工業生產統計年報》。

5　CEPD, *Taiwan Statistical Data Book*, 歷年。

6　計算自WTO, 2012 , International Trade Statistics, http://www.wto.org/english/res_e/statis_e/statis_e.htm. 台灣紡織品及成衣出口占全球出口總額的比例列於本章表8.9。

7　其中台灣聚酯纖維產量占全球3.5%，排名第二，尼龍纖維產量占全球6.4%，排名第三。參見中國紡織工業研究中心，《2012年紡織工業年鑑》。

的政策與發展。第七節針對此產業的發展經驗，推導出產業政策方面的經驗教訓，並在下一節將其與其他國家的經驗作一比較。第九節則回到上述的相關爭議做一評述。

二、日殖時期的棉紡織業

如前述，日本殖民政府遵循「農業台灣，工業日本」的發展政策，並無意在台灣推動全面的工業化。在日殖初期，因日本紡織業正在起步，台灣紡織品仍依賴上海與香港供應。不過隨著日本紡織業的發展，到1912年日本進口已占台灣紡品供應的三分之二。第一次世界大戰之後日本紡織業更是快速發展，成為日本工業的主體，而台灣市場為日本紡織品的消費市場。到1942年，台灣紡織品供應中，日本進口占82.2％，其他地區進口只占2％，本地生產占15.8％。不過本地生產的主要是麻袋，用以包裝要出口到日本的米與糖，而非本地人民所需的民生紡品[8]。單就棉紡織產業而言，當時台灣棉紗產量則僅達需求量的6.1％[9]，而棉布本地供應比例在1938年僅為5％，戰時1941年升為9.9％[10]。此外，一則因日本進口紡織品具有成本優勢，再則因殖民政府的歧視政策，本地人所有的企業雖也有相當數目，但絕大多數是手工業式的傳統式生產[11]。

在日殖後期，為了配合日軍南進的政策，日方開始在台設立現代化棉紡廠，由日資企業在殖民政府政策支持下來台投資生產，紡錠織機皆由日本拆運來台裝設。1941年後總計有三家日資棉紡廠設立：台灣紡績、台灣纖維、新竹紡績，當時總共運抵台灣的紡錠數為28694錠。動力織布廠則設立

8　參見黃東之（1952：81-82）。資料原引自《台灣貿易年表》，《台灣工業統計》及《台灣省五十一年來統計提要》。

9　李怡萱（2004：20，註15）。

10　黃東之（1951：51）。

11　江文苑（1951）。

較早，也是由日資的台灣織布株式會社於1921開始生產[12]。不過紡織業總體產值在1942年，只占當時台灣工業總值的1.7%[13]。這些企業也如本書第二章所描述，呈現飛地性質，主要是日資且技術及管理人才多為日本人。

三、棉紡織業在戰後初期的發展

（一）接收復產與擴張

　　戰後初期，國民政府接收日產時，日資的三家棉紡廠及台灣織布株式會社的新豐廠，被合併到省營的台灣工礦公司，三家日資棉紡廠分別被接收為台灣工礦公司的烏日廠、台北廠及新竹廠。經戰爭破壞，光復初期1945年能運用的紡錠數只有8268錠，後經修復及大陸紡織廠遷台，至1949年紡錠數才恢復到1942年數量[14]。這段期間日籍技術及管理人員撤離，銜接上產生落差，戰爭的破壞也有很大影響，不過生產逐漸恢復中。表8.1列出了所接收的日產設備，就現代棉紡織工業而言，日殖時期棉紡紗廠皆為日資，台資企業沒有棉紡廠，但有一些動力織布廠。在戰後初期前兩三年間，因為日本紡織品進口中斷，即如本書第七章所述，日殖統治結束後原本受到壓抑的本地力量興起，紛紛設立工廠。雖說其中有不少是日後很快被淘汰的手工織布機廠，但在1945到1947年間，民營動力織布廠與織布機數目有快速的增長，民營棉織布機數從170台增為659台，占織布機總數的份額從四成增為六成，其餘屬於接收日產的公營事業。

　　然而，值得注意的是，此時雖不少本地人投資棉織布業，但並無本地人投資棉紡紗業，想來是因為該產業被認為是較為資本密集且風險較高。也因此，數年後政府以代紡代織政策扶植棉紡織業時，被扶植的棉紡紗業者都是

12　至1941年，動力織布工廠共有10家，寬幅及狹幅織機各四百多台，主要以日資為主。參見黃東之（1952）。

13　黃東之（1952：88）。資料原引自《台灣工業統計》。

14　黃東之（1952：88）。

大陸遷台資本，關於此點下文將再作討論。

　　自1948年開始，大陸公民營紡織廠拆遷來台者日多。台灣棉紡錠的數目，從1945年工礦公司接收自日產的8268錠，增加到1951年的近9萬錠（主要是大陸拆遷來台的紡錠），至1953年擴張到近17萬錠（進一步擴張）[15]。1957年全面取消對內管制之後，產能更進一步大幅增長，至1966年紡錠數已增至74萬錠。

表8.1 台灣棉紡織業設備，1945-1966

年	紡廠總數/公營廠數	公營棉紡錠數	民營棉紡錠數	棉紡錠總數	織布廠總數	公營動力織布機數	民營動力織布機數	動力織機總數
1945	2/2	8268	0	8268	11	258	170	428
1946	2/2	10064	0	10064	26	274	520	794
1947	2/2	14564	0	14564	35	428	659	1087
1948	3/2	14988	3120	18108		--	--	1791
1949	4/2	15667	8120	23787		--	--	2557
1950	6/3	27868	22152	50020	84	1139	2187	3326
1951	10/5	49876	39660	89536		--	--	5205
1952	12/5	69052	70412	139464		--	--	9476
1953	13/5	71036	97864	168900		--	--	11288
1966	37/3	47000	694198	741198		0	12864	12864

資料來源：1945-47：李怡萱（2004：28）；1948-53：黃東之（1954）；1966：林邦充（1969：79-81）。

註：1941年的棉紡錠數為28,694（日資），動力織布機數約為800左右（日台資皆有，日資為主）（黃東之，1952）。

　　在1949年6月台灣省政府成立台灣區生管會之後，政策上就立即鼓勵棉紡織業的發展，在當時物資極端缺乏且供應混亂情況下，政府對棉紡織業優先配給電力、外匯與融資[16]。然而，因為當時國內供給不足必須進口，因此

15　此節關於紡織業早期發展情形，主要參考了黃東之（1952，1954）、林邦充（1969），及李怡萱（2004）。

16　本節內容引自李怡萱（2004）。她用了近年開放的生管會的檔案資料，呈現了此段時期的歷

當局將棉紗關稅降為5％，棉布關稅為20％，貿易保護程度大降。以至於1950年與日本貿易恢復之後，大量日本布疋傾銷至台灣市場，導致諸多織布廠倒閉。因此於1951年4月政府開始以管制棉布進口的方式來提供保護。

（二）代紡代織政策

　　如前述，因為肥料與棉紡織品不單重要且是當時支用外匯最多的進口品，為了節省稀缺的外匯，國府將這兩個產業列為優先發展的目標[17]。在1949年中至1951年中這兩年期間，相關管制措施皆不理想，以致棉紗價格飆漲市場時有混亂。生管會主事者認為是因原先管理不當、措施不夠嚴密所致，包括生管會紡織小組的成員幾乎全由民間紡織業者擔任，影響政策決策。因此於1951年5月解散這紡織小組，另於美援聯合會下成立一個排除業者的紡織小組。同時，決定採取全面管制性的代紡代織政策，原料與棉紗棉布的進口皆須經申請後由中信局統一為之，廠商不能自行進口。此外依據國內供給情況，採用暫停進口或者管制進口的方式對本地廠商提供保護[18]。

　　因此，自1951年6月至1953年6月止為期兩年的代紡代織政策，可說是既高度管制且又高度保護的扶植紡織業的作法。主要是由政府提供美援棉花委託紗廠代紡棉紗，成品繳回中央信託局再定價配售給下游的織布廠使用，織布廠所織的布則交由中信局限價配售。在此之前，國府曾採用過不同管制程度的代紡或代織，此次實施辦法的特點在於其全面性的高度管制，不容許廠商保留產品自行賣出影響市場價格。這期間廠商不需自購原料，也不須自行銷售產品，所需周轉資金不多，且利潤有保障。同時政府當然也必須限制新棉紡織廠的設立。除此之外，棉花原料及紡織機械進口得優先核配外匯，

　　史以及政策決策過程的演變，填補了這段空白，並修正了一直被後人引用的林邦充（1969）的論點，即林認為1951年的代紡代織政策是照搬大陸時期作法，但李怡萱則發現並非如此，在台施行此政策時經過了複雜的演變歷程。也參見尹仲容（1963，初編：62-68）。

17 參見尹仲容於1952年5月9日在紡織工業座談會上的講話，收錄於尹仲容（1963，初編：62-68）。

18 1951年4月管制棉布進口，再於1953年8月將棉紗類為暫停進口類，對國內生產予以保護。當時因修改關稅過程較為費時，貿易保護措施多以禁止或管制進口為主。

並在複式匯率制度下適用較低的匯率結匯。同時，經建當局在美國懷特工程公司的協助下，在提升技術與品質水準方面也多所戮力。例如，會定期派員到工廠進行生產與品質檢查；為了提升織布業的效率水準，請懷特公司技術推薦，主動撥外匯協助八家整合型紡織廠，引進當時最先進的豐田自動織布機[19]。

總之，除了高度栽培式的代紡代織之外，扶植措施還包括稅賦減免、優惠匯率、管制進口，以及技術協助等[20]。這兩年的扶植措施可謂保護至極。

不過，如日後諸多研究東亞經驗的學者所指出，更關鍵的作法在於這些保護措施是有條件並且有期限的，而不是如拉丁美洲等很多國家，多流為永久性的保護，因而帶來了怠惰[21]。1953年中在棉紡織品達到自給自足後，政府旋即結束了代紡代織措施，在此之後，除了維持對外的保護包括管制進口並提高關稅保護之外[22]，其他相關的對內管制措施，包括對國內價格以及擴產與新設工廠等管制，則逐步解除，以促進國內市場的競爭。從1957年7月起，政府廢止了一切對棉紡織業的對內管制措施。新進廠商不斷湧入，產能持續擴張，既有廠商面對競爭壓力日增。

管制期間與逐步解除管制期間難免產生相當多的混亂，例如其前後曾發生黑市旺盛、套利行為普遍、價格大幅波動與諸多小廠倒閉等現象[23]，因此政策曾受到諸多批評。但大體而言，管制下的那幾年仍是台灣棉紡織業發展最快速的時期，作為進口替代工業化政策下優先發展的目標，棉紡織業確實在此兩年內快速成長並達到了自給自足（見表8.2）。在1950年代美援輸入值占總輸入值約3至4成（見本書附錄附表A7），而其中美援棉花在1950年

---

19 K.Y. Yin（尹仲容）（1954）。

20 林邦充（1969：106）。

21 參見如Amsden（2001）與Jaspersen（1997）。

22 1949年因紡織品供給不足而必須以進口補充，故當時降低了關稅，棉紗稅率為5%，棉布為20%。隨後管制期間則是以管制甚至禁止進口方式為之。1953年開始準備逐步放寬進口管制時，即將關稅提高為棉紗50%，棉布為65%。引自李怡萱（2004：119）。

23 李怡萱（2004）論文中對此有詳細描述。

代前半占了棉花總進口量的 91%[24]。

表8.2 台灣棉紗棉布產量、進口量與自給率，1946-1955

年	棉紗			棉布		
	產量（公噸）	進口量（公噸）	產量/總供給（%）	產量（千平方公尺）	進口量（千平方公尺）	產量/總供給（%）
1946	410	134	75	2558		
1947	411	1180	26	6158		
1948	730	2682	21	12779		
1949	1805	784	70	29805	2500	92
1950	3115	2210	58	40763	58309	41
1951	7255	1292	85	57433	24274	70
1952	13576	3554	79	87639	13739	86
1953	19546	2416	89	133618	19540	87
1954	23614	99	100	166648	4453	97
1955	25111	121	100	167244	108	100

資料來源：1946-1949：黃東之（1954）；1950-1955：《自由中國之工業》，歷期。

四、進口替代轉為出口導向

　　戰後初期對紡織業的扶植政策，在短短幾年內至1954年就帶來了棉紡織產業的自給自足。這成就在當時就引起了注意，例如於1955年5月，菲律賓政府在美方建議下派遣紡織調查小組來台參觀訪問，調查觀摩台灣如何在四年內達到了棉紡織品的自給自足[25]。

　　這雖然是個明顯的成就，但顯然也不是個穩定的狀態。雖說當時市場已達飽和，然既有的棉紡織廠商在受保護下有相當的獲利，引發其他人意欲參

---

24 參見《自由中國之工業》，歷年。

25 經安會工委會第43次會議紀錄（1955/5/12），中研院近史所檔案館藏號30-07-01-013。

進市場的強烈要求。再則，主事者尹仲容很早就言明管制產能是暫時的措施[26]，因此在其後兩年逐步放寬棉紡業產能的限制，先是每年增加兩萬紡錠，至1957年則全面開放自由參進。但在產能擴張的同時，國內紡織品需求幾乎無成長，產能過剩是必然的發展。在1954-1958年間紡織業產量平均成長率只有3%。

　　在此情況下出口是多餘產能唯一的出路。從1954年起，政府就開始實施「外銷品退還原料進口稅辦法」。但如本書第五章所述，當時整個匯率與價格結構是為了進口替代，獎勵重點是鼓勵國內銷售，因此即使有了出口退稅等措施，但對推動出口仍然作用有限。直到1958-1960年外匯與經貿改革，政策上改為全面鼓勵出口，開啟了內銷貼補外銷時期之後，才使得出口大幅成長。

　　如前述，戰後初期產業政策的調整過程清楚顯現出摸索與學習的軌跡。生管會在1953年8月被裁撤，併入新成立的工委會。工委會接手紡織小組業務之際，仍必須負責諸多管制性工作，會議經常性地討論紡織小組所提出的重要議題。

　　不過，在工委會的紡織業相關議程中，除了仍需要決定美援原棉的配置方式外，管制性事項隨著管制項目的縮減而減少，主要精力逐漸轉而投入於如何推動出口以及管制產能上，並據此分配外匯等事宜。在工委會運作期間總共的112次會議中，有48次會議討論了紡織業相關議題，顯見此產業之重要性[27]。

　　從工委會的會議紀錄中，可觀察到該會在促進紡織業發展的各種作為上，呈現出不斷學習的過程[28]。例如在推動出口方面，工委會於1954年初即

26　尹仲容向來認為管制是不得已的權宜手段，他於1953年1月發表〈一年來台灣花紗布的管制工作〉中，即再次明確地說明扶植紡織工業的五個階段，依據生產發展進程，由管制到逐步開放到最後的自由競爭；收錄於尹仲容（1963，初編：69-73）。

27　工委會紡織小組於1953年9月4日舉行第一次小組會議，重新釐清小組功能，提出備忘錄。參見中研院近史所檔案館藏號30-07-01-009工委會第六次會議記錄。

28　較詳細的工委會相關會議摘要可參見本書第五章附錄5.2。

已提出了紡織品出口計畫,廠商出口後原料進口關稅等可獲退稅,不過出口產品皆須經過檢驗,並提供出口低利貸款。隨後陸續提出其他措施,如延展出口低利貸款以降低財務成本;調整原棉配置方式優先配予出口廠商;其所賺得外匯可進口原物料、機器與維修零件;蒐集市場資訊;退稅範圍擴大至其他稅金;退稅可提前在出口貨運出時就付給等額補助。工委會也持續依據實際數據探討產品出口的可能性。此外,在工委會逐步核准棉紡廠商擴大產能時,規模較大的廠商並未得到優先考慮,顯示其採用公平分配的原則,與南韓政府扶植大企業的作法相異。

當時工委會認定棉紡織品為基本民生用品,故以確保其充分供應為政策目標。而該會對人纖紡織的管制較鬆,因認為當時人纖紡織品並非民生必需品,只要廠商可以自備原料與設備進口所需外匯則允許其發展。因此人纖紡織逐漸有所發展,工委會也陸續核准了數家人纖紡織廠的成立或擴張申請案[29]。工委會也因而開始推動其上游的人造纖維廠,細節將於下節討論。再如,在1956年底,工委會負責一般工業的李國鼎提出台灣紡織工業檢討報告,檢討紡織業第一次四年計畫(1953-1956)成果,並提出第二次四年計畫之規畫。目標是要發展出口賺取進口原料所需的外匯,以減少對美援的依賴。他指出當時因產量增加導致對原棉需求增加,已部分抵銷外匯收支之改善。為了防範未來再產生此狀況,需要更進一步推動出口,並建議用原棉配額來激勵出口。

這些檔案資料顯現出當時決策者在摸索中不斷依據現實情況做出調整。在棉紡織品於1954年達到自給自足之後,調整政策推動出口已成為清楚的目標。在1950至1960年代後進國家普遍採行進口替代工業化政策,台灣在如此早期就開始試圖推動出口導向發展,可說是先驅。若從這些資料回到當時歷史情境,可看到這些政策的創新並非憑空產生,而是當時主事者緊密地

---

29 台灣從1954年起即有民營的人纖紡織廠出現,但其上游的人造纖維產業則因比較資本與技術密集,參進門檻較高,因而是在工委會大力推動下,才有中國人纖公司之成立。詳情見本章下節討論。

監督產業的發展，為了一步步解決問題而走出來的路，這是有目標的實用主義。

在這些努力之下，從1956年起各種紡織品的出口確實開始成長。不過直到1958年外匯改革起步，出口廠商能得到優渥的外匯匯率之後，出口才真正開始大幅成長。如本書第五章第四節所述，1958年4月行政院公布《外匯貿易改革方案》及《外匯貿易管理辦法》，將十多種不同匯率簡化為兩種，並廢除結匯防衛捐等措施。出口業者出口外匯收入每一美元原可得26.35台幣，在新方案下可提高至35元左右，同時廢止前述允許出口廠商保留外匯以補貼出口的作法。外貿會業務重心由進口管制轉變為出口發展。半年多後因施行情況良好，於同年11月實施單一匯率，訂為一美元36元台幣。

表8.3 台灣棉紗進口與內外銷的近似有效匯率，1953與1966

單位：NT$／美元

	棉紗進口匯率	內銷的棉紗生產者 面對的匯率	外銷的棉紗生產者 面對的匯率
1953下半年	22.16	22.13	15.55
1966上半年	40.85	46.41	60.35

資料來源：林景源（1981：67，表5-8）。

表8.3列出了林景源（1981：66-67）所估計的棉紗生產業者在出口時所實際面對的「近似有效匯率」，其在1953年為一美元兌15.55元新台幣，1966年則為60.35元新台幣。出口「近似有效匯率」主要是估算當時廠商出口1美元所能換得的新台幣數額，在1966年這數額包括當時官方訂定的新台幣匯率40元，加上轉移結匯證的溢價0.8元，原料進口稅、防衛捐及港口捐共減免5.21元，營業稅及貨物稅減免5.93元，出口低利貸款利息補貼1.71元，紡織業合作基金退還4.8元及給予出口獎勵1.9元等。這兩個不同時期出口有效匯率巨大的差異，清楚顯現政策環境極大的轉折，也在在證明當時出口快速的成長並非市場「自然」運作的結果。其實，台灣在1950年代物資與外匯高度缺乏，談不上「自然」市場匯率為何，而到了1960年代，還有

賴於出口的補貼來協助出口產業走過學習階段。後進國家市場制度尚未完整建立，其實沒有一般經濟學家所嚮往且又假設必然存在的自然的市場。

從下表8.4可得知外匯經貿改革以及出口導向的政策轉向，立即帶來了成效，使得台灣的棉紡織品出口，從1959年起就開始快速成長，以至於美國於1961年就開始對此設限。

表8.4　台灣棉紡織品出口金額

單位：百萬美金

年	1956	1957	1958	1959	1960	1962	1964	1967
出口金額	1.2	2.3	1.5	9.98	16.4	29.1	38	65.1

資料來源：林邦充（1969：89，表14）。

五、發展人造纖維產業

如前述在1950年代，負責產業政策的尹仲容等人在推動棉紡織業的同時，也早已注意到世界上人造纖維產業的發展。工業委員會下有一個小組負責推動化學工業，包括人造纖維業。他們除了積極推廣相關資訊之外，也派人赴美考察[30]。

上述第一個人纖廠計畫是尹仲容在主持生管會時就已開始推動的，但因資金及各種困難而未得實現。一直到1954年左右，數家民營人纖紡織廠出現以至於人纖廠下游需求有著落之後，工委會才又積極推動，在1954年7月由中信局與美國馮柯亨公司（von Kohorn）簽訂在台灣興建嫘縈絲工廠的協

---

[30] 參見嚴演存（1989：70-71），嚴演存當時負責工委會化學工業小組。工委會出版的《自由中國之工業》於第二卷第二期（1954/8）就刊登了一篇蔣實寫的〈人造纖維及其在台灣發展之可能性〉。尹仲容也於1955年2月演講〈台灣化學工業的前途〉中認定化學工業（包括人纖業）的發展是世界趨勢，也是適合台灣發展的工業（尹仲容，1963，續篇：48）。趙耀東（1993）也提及他在1949至1953年間主辦中本毛紡與台北紡織公司時，尹仲容常找他聊天以了解情況；趙即曾建議發展人造纖維業，而尹就派趙去美國考察並撰寫報告。

定。此計畫是由工委會在懷特公司協助下提出投資企畫案，並與馮柯亨公司洽談技術移轉並簽約，同時安排好日本進出口銀行與台灣銀行的投資貸款[31]。在整個投資案已準備好之後，工委會再公開徵求民間投資，當時民間業者多認為風險太高而意願闕如，不過在政府推動下，終由大陸遷台的原大秦棉紡的石鳳翔接手此計畫，成立台灣第一家人纖公司——中國人造纖維公司[32]。其後中纖於建廠期間又申請增設嫘縈棉的生產[33]，而於1958年開始生產嫘縈絲及嫘縈棉，政府除協助取得技術外，並確保本地投入要素的供給，匯率配合並有優惠融資。

中國人纖公司成立之後，數年內並無新的參進者，1963年在政府推動下，由中華開發與中纖聯合投資成立聯合耐隆公司開始生產尼龍絲，中纖並於1965年增加聚酯棉的生產。其後台灣產業的領導廠商——台灣塑膠，才終於在1968年前後大舉同時加入嫘縈、壓克力纖維與聚酯纖維的生產。同時，在一輕於1968年成功運轉之後，政府推動上游石油化學工業的決心已很明確，至此大勢底定，諸多廠商追隨參進，以至於到了1970年就已經有16家人造纖維廠商，多數為往上游整合的既存紡織企業[34]。

當1950年代後期棉紡織品出口正開始快速成長之際，1961年美國即已依據關貿總協定下所訂定的《棉紡織品短期協定》，開始對台灣棉紡織品進行數量上的管制。其後1962年及1967年又繼有《棉紡織品長期協定》，繼

---

31 此案會由中信局與美方簽約，應是因為當時尹仲容也擔任中信局局長，由其負責決定由中信局出面與美方簽約。參見《自由中國之工業》，1954/8，2（2）：27；及工委會第22次會議紀錄（近史所檔案館藏號30-07-01-011）。在會議中尹仲容維持其一貫立場，表明此計畫應由民間企業接手。

32 工委會第25次會議紀錄（近史所檔案館藏號30-07-01-011）。

33 工委會第67次會議紀錄（近史所檔案館藏號30-07-01-015）。

34 參見瞿宛文、蔡明祝（2002）。政府推動的投資案若能成功運轉並獲利，這樣的「示範效果」會對原先不願意投資的業者提供寶貴的資訊（瞿宛文，2002：1-36）。就如Hausmann and Rodrik（2003）所指出，在個別國家特定環境下，何種產業可以獲利，是必須經過實際學習才能獲知的，因此第一個進行「實驗」者為其他人提供寶貴資訊，他們文章篇名即為"Economic development as self-discovery"。

續進行配額限制。再則，國際上人造纖維已逐漸有取代天然纖維的趨勢，清楚顯示為了維持紡織業的成長必須要發展人纖產業。

1970年代上半是台灣人纖產業以驚人速度成長的時期，這五年期間人纖產能增加了5倍，聚酯纖維產能更是增了10倍（參見表8.13）。不過這產業立即受到1973年與1979年發生的兩次石油危機的衝擊，隨著市場的萎縮，廠商倒閉與合併皆有。政府積極推動合併與整合，並於1977年起兩年內禁止新廠設立與擴建。這產業在1980年代初期，經盤整之後，逐漸成熟而踏上較穩定成長的路途，並開始逐漸依賴中國大陸市場作為成長的來源。發展至今，對大陸市場的依賴度已達到相當高的程度，台灣的人纖產業也藉此維持著產量全球第三位的領先位置。

六、第二次進口替代：人纖原料產業

台灣的人造纖維產業之所以能夠在過去數十年中持續發展，並達到世界領先的地位，除了是由於下游紡織及成衣服飾業的出口擴張所帶來的需求成長之外，另一方面也是源於中上游產業的配合發展，使得所需的投入因素在本地有充分的供應，上下游互相扶持互為需求。而中上游產業因為屬資本密集產業，在早期投資風險較高，民營部門比較不願投資，因此中上游產業的及早發展，必須歸因於政府產業政策的及早推動[35]。

1950及60年代，雖然台灣工業化才起步，不過推動重化工業的工作也已經開始。經過各種周折，台灣第一個生產石化基本原料的輕油裂解廠由中油負責，於1968年完工開始生產，同時政府也推動台塑參與共同成立台灣氯乙烯公司，放棄原有的電石生產法，而改用一輕的產品氯乙烯來生產PVC，使台塑正式加入了石化產業。1973年類似輕裂的乙烷裂解廠投產，二輕則於1975年完工啟動。配合著輕油裂解廠的生產，或也因為政府以行動

---

35 參見瞿宛文（2002，2003）。

宣示推動石化業的決心，越來越多的廠商陸續加入石化業的行列，利用輕裂廠生產的基本原料，來生產人纖原料與塑膠原料，進一步帶動本地人造纖維以及塑膠的生產。

如表8.5所顯示，人造纖維生產自1958年開始，至2004年是以年複成長率18.3％的速度擴張，而其上游人纖原料，則自1976年開始生產，到了2004年則已擴張了一百多倍。來自下游的向後連鎖效果，對於中游人纖產業成長的正面影響，在早期比較顯著，在成長率較高的次部門（如聚酯）效果也比較顯著。在1980年代以後，隨著下游成長趨緩，聚酯與尼龍次部門則能藉由直接出口來維續他們的成長。

表8.5 台灣石化工業的中上游（紡織業部分）

起始年	上游 輕油裂解—石化基本原料—人纖原料 人纖原料總年產量（千公噸）	中游 人造纖維（聚酯、尼龍、壓克力等） 人纖總年產量（千公噸）	下游 紗—布—成衣服飾
1958		1.4	（見表8.12）
1976	56.7	341.8	
1998	2927.6	3245.9*	
2010	8050*	2246.8	
2011	7984	2053.5	
2013	5773.1	--	

資料來源：1958與1976年資料引自瞿宛文（2002）；1998-2013年資料：人纖原料產量引自《石化工業雜誌》，歷年；人纖產量見表8.13。
*該產業歷年最高產量。

七、經驗檢討

以上是就台灣早期的棉紡織業以及其後的紡織業整體發展，作了一簡要的陳述。對於這個台灣如此成功發展的產業，我們能得出如何的經驗教訓？這些經驗教訓對其他後進經濟體是否可以適用？本節將探討這複雜而重要的問題。

經驗教訓可以分為兩方面來討論。一是經濟理論層面，一是歷史條件層

面。相關經濟理論之論述已於本書第一章詳細陳述,簡言之,本章發現此產業的發展證實經濟發展中國家角色的重要性,支持結構學派的經濟發展理論。就歷史條件而言,此產業在台灣戰後發展初期所具有的歷史條件,相較於諸多後進國家,確實較為優異。但即使如此,這些條件本身並不能「自然地」帶來後繼的發展,國家經濟政策的主導作用實不可或缺。重要的是,經濟環境不斷變化,一個產業持續成功的發展,有賴於政策上持續不斷的支持。同時,每一次變遷都需要不同的政策配合。以下就來討論台灣紡織業發展各階段的產業政策的轉折,作為上述說法的佐證。

（一）產業政策上多次適應性的改變

此小節將簡要描述台灣紡織業發展的階段,指出產業在任何時刻所面對的問題都會隨著產業發展而變化。而台灣紡織業成長成績優異,實是因為每一次產業需要升級之際,產業政策都能夠做出相應的改變,因產業不同發展階段有不同政策配合,台灣紡織產業才有今日成績。

日殖時期。在此時期,雖日本殖民政府進行了相關基礎建設,但因殖民政策不予支持,本地人所有的現代棉紡織產業難以產生。

戰後初期。在1945-1949年之間,日本政經勢力撤走後,本地民營資本立即投資於動力棉織布廠,但並未投資於較資本密集的棉紡紗業。1948年以後幾年中,部分大陸公民營紡織資本遷台,尤其是棉紡紗業。

代紡代織。1949至1951年間,因本地供應不足,政府先以降低關稅因應,但日本紡織品大量進口導致諸多本地廠商破產。同時當時管制方式成效不佳。1951-1953年期間,政府對內採取高度扶植兼管制的代紡代織制度,對外採取對進口數量管制的保護措施,才讓產業快速成長並達到自給自足。

政策創新。此次產業政策用美援進口原棉,並同時扶植棉紡紗與棉織布兩個次產業,訂定規範協調上下游矛盾,在對上游提供貿易保護的同時,對上游業者的價格、品質與保護期限做出限制,發展整體產業目標明確,有助於紡織產業整合性發展。

促進出口。國內棉紡織市場至1953年已經飽和,但意欲進入者眾多,

政府也如約開放參進促進競爭。因而至1958年之前，紡織業產能過剩廠商破產頻傳。等到1958年開始施行經貿改革後情況顯著改善，政策轉向出口導向，棉紡織廠商面對的出口近似有效匯率，從一美元匯兌新台幣15.55元貶至60.35元，棉紡織品出口開始大幅成長。

　　人造纖維。因出口快速成長，從1961年開始美國就對台灣棉紡織品出口設限，同時國際上人纖業發展速度超過自然纖維紡品。不過，產業政策上推動人纖業的努力早已開始，1954年工委會推動成立了中國人纖，1960年代及其後也持續推動。到了1970年代，供應人纖原料的石化產業也在產業政策推動下快速發展，就地提供人纖產業所需的原料，有助於人纖業的發展。產業政策推動人纖產業發展，也是整體上推動向後連鎖發展的工業發展策略的一部分。

　　深化發展。紡織與人纖產業在1970年代快速擴張，而兩次石油危機攪亂了市場秩序，政府介入協助市場重整，1980年代初期市場秩序及成長步調大致恢復。隨後得以參與中國大陸市場的成長。產業政策的及早推動促使相關產業的發展，幫助形成一個上下游高度整合的體系，因而在比較利益持續變遷中，仍能不斷維持成長。

　　此小節的討論顯示後進國家市場制度不完善，因此產業政策的角色甚為關鍵。產業變遷甚為迅速，產業政策是否能與時俱進在每一個轉折點都甚為重要。

（二）政策思維的重要性

　　事後看來，台灣紡織產業整體發展的步調，似乎合理「自然」。但實際上，這背後隱含著明確的政策思維，在主導著這一切政策的方向，若非如此整合性發展必難以產生。從一開始，產業政策的目標就是追求產業整體的、長期的發展，並且要極大化產業的發展空間。這樣的思維並非理所當然。如本書第五章第二節已經闡明，尹仲容依據他對未來發展的願景，早於1950年就提出了「進口布不如進口紗，進口紗不如進口花」的政策方向，清楚的表達了以發展整體產業為目標。而在當時這絕非是無異議的共識。

　　但要同時扶植上下游相關產業並非易事。因為上下游產業之間同時存在利益與共及利益衝突之處。本地供應的便利性是利益與共之處，但在發展初期先進國產品的價格與品質皆較為優異，因此在此階段，織布業者寧願進口優質低價的日本棉紗，就如成衣業寧願進口日本棉布一樣。

　　這意味著向後連鎖效果不易由市場「自然」產生。政策推動時必須協調上下游的利益，在推動時如果主事者能清楚顯示其是以**整體發展**為目標，則阻礙必會減少。更重要的是，政策主導者必須先決定其政策目標為何，以紡織業為例，在「成衣—布—紗—纖維—纖維原料」的相關上下游產業中，要往上游推動發展到何階段，而政策措施則必須與此目標相配合。

　　尹仲容在1950年就清楚界定當時政策目標是要同時發展棉紡與棉織產業。同樣的，日後台灣經建體制持續推動人纖產業、石化產業與人纖原料產業等作法，可說是延續了早期這種以追求長期產業整體的發展為目標的政策思維。同時，推動工作皆是在已有下游需求的情況下進行，如此以務實態度追求極大化產業發展空間的目標，就成為台灣戰後經建體制的**制度使命**，這制度是在戰後初期奠立了基礎。

　　在進口替代階段，因下游產業以內銷為主，因此若其投入價格高，下游業者仍可以部分轉嫁給國內消費者，上下游利益衝突較小。但若下游以出口為主，則因其必須面對國外競爭壓力，對於其所面對的投入因素的價格與品質則會錙銖必較，此時推動上游的政策難度就較高。1954年起局部實施的出口退稅辦法，立意使出口業者以國際價格買到原料，也凸顯上游業者以及產業政策所面對的困難。

　　為了扶植上游產業，經建主事者一方面對下游出口業者提供出口補貼，另外也逐漸摸索出協調上下游利益的作法，即在對上游產業提供貿易保護的同時，對上游業者的價格、品質與保護期限做出限制。若上游產品的價格超過國際價格10-25％或品質不合規格等，則下游業者可以不用國產品而申請進口，同時保護期間限制為二至三年。這樣的框架在1950年代初期尹仲容主持經安會工業委員會時就已經出現。處理方案到了1960年正式訂定為《貨品管制進口準則》，其後不斷修正，價格超出比例也從原訂的25％，

1964年降為15％，1968年再降至10％，保護年限也於1968年從三年改為兩年[36]。

政策協調有助於紡織業上下游全面的發展，以及產業整合程度的提升。而台灣紡織業上下游整合程度確有增加，這可由紡織業中間投入之本地成分與進口品比例的變化看出[37]。從歷年的產業關聯表中，可以取得各產業的中間投入係數以及進口投入係數，兩者之比例即中間投入的進口比例，結果列於表8.6。此表中顯示紡織相關產業中間投入的進口比例皆呈現遞減的趨勢。棉紡織與毛紡織品的原料皆須進口，因此進口比例難以大幅降低。人纖紡織品的中間投入進口比例則呈現下降的趨勢，顯示本地人纖業生產的進口替代效果，尤其是自1960年代末期大批廠商投入人纖生產之後降幅顯著。人纖產業本身則是自1970年代後期石化業中人纖原料業的大幅擴產而進口比例顯著下降。至於最終成品成衣及服飾業的進口比例，則因其中上游產業的發展，在有資料的年代已降至相當低的水準。

表8.6 台灣紡織產業所需中間投入之進口比例，1969-2001

單位：％

	1964	1969	1974	1981	1989	1996	2001
棉紡織品	33	34	30	25	24	29	25
毛紡織品		45	35	32	51	50	45
人纖紡織品	34	27	11	8	9	12	9
其他紡織品	14	8	13	13	12	28	19
染整				21	27	37	31
成衣 *				11	10	11*	11*
人造纖維	67	50	35	11	25	27	18

資料來源：計算自主計處《中華民國台灣區產業關聯表》，歷年。

1964年的關聯表為49部門，1969與1974為76部門，1981與1989為99部門，1996與2001為162部門。1964年棉紡織品包括毛織品，1964、1969與1974年的各類紡織品包括成衣。

*1996及2001年數值只包括針織成衣，梭織成衣與服飾的進口比例比較高。1981與1989年數值涵蓋所有成衣。

註：各產業的總投入包括原始投入（勞動力與資本的投入）與中間投入，中間投入之進口比例是以各部門之進口投入係數，除以該部門之中間投入係數。

---

36 參見杜文田（1970：29-34）。

37 中間投入是指一個產品的生產過程中所用到的、從外購買的商品與服務，包括能源、原物料、半成品及服務等，亦即中間投入是用於生產過程中而非最終消費。

　　相較於其他後進國家發展情況，台灣戰後初期棉紡織業的發展歷史的特殊之處，在於：政府部門強力主導；政策思維明確的是要全面工業化，以發展完整的全套輕重工業為目標；以紡織業而言，以整體發展為目標，紡與織部門同時發展；並持續推動中上游產業的發展；為維持成長，隨即轉向推動出口導向成長。若與其他國家經驗作比較，則台灣戰後初期紡織業的產業政策的特殊性，就可以更為清晰，這將是下一節的討論內容。

八、與其他國家經驗的比較

（一）亞洲國家早期棉紡織品自給率比較

　　在戰後初期，美國因冷戰考量對亞洲的親美國家提供大量援助。而對多數亞洲後進國家而言，以進口替代方式發展紡織業是很普遍的選擇，不過，各國的政策方向與有效性有相當大的差異。例如，台灣與南韓是極少數利用美援進口棉花，來同時發展紡紗與織布的地方。而其他地方則多用美援進口棉紗或棉布，而未能採行較有一致性的產業政策，以至於成果遜色不少。

　　表8.7列出了一些亞洲地區在戰後早期發展棉紡織業的成果。台灣與南韓都不自產棉花，是運用美援進口棉花來同時發展棉紗棉布產業，他們都成功的在1950年代達到了棉紡織品的自給自足。第二類是印度與巴基斯坦，他們自產棉花，也用對棉紗棉布進口設限的方式發展了棉紡織業，達到了自給自足。不過他們與台韓的不同，在於印巴此後多年就停留在進口替代的階段，不像台韓於1960年代立即努力提升競爭力，並推動人纖紡織與下一階段出口導向的成長。印巴則直到近年才開始大力推動出口，同時，因為印巴忽視人造纖維的發展，在政策上只專注於棉紡織品，因此無法參與這發展更為迅速的部門[38]。中國大陸則是從改革開放之後才逐步經營出口。

　　在第三類國家或地區中，明顯為例外的香港案例將於下段討論。其他

38　Hasan（2007）。

國家在1950年代這段時期的發展成果不彰，自給率上升幅度有限，如印尼雖增加了棉布的生產，但棉紗的進口則大增。再則，例如菲律賓雖當時也在這方面試圖努力，並如上述曾在1955年派出訪問團來台灣考察，探究台灣棉紡織業為何能快速達到自給自足[39]，同時，如表8.7所示其自給率也確實有所增進。不過，菲國紡織業的進口替代因無法足夠提升生產力也難以出口，因此其所需要的機械設備及原料的進口，遠超過其所節省的紡織品的進口，反而使得國際收支惡化。到了1960年之後，因為進口替代陷入困境，以及既有的殖民時期輸出農產品的利益集團的反擊，菲政府改變政策不再扶植紡織業。既然菲國政府無法維持一個具持續性及一致性的發展計畫，就導致菲國棉紡織業以後難以進一步的發展。到了1970年，菲國紡織品出口占總出口比例為0.5%，紡品進口則高達總進口的8%[40]。

總之，這些第三類地區（除香港外）在當時並沒有清楚的要發展**整體**棉紡織業的目標，也因此多利用美援進口棉紗或棉布，而不是如台灣主事者利用美援進口棉花，再用其來自行生產棉紗與棉布。台韓與其他國家在早期紡織業的產業政策上，政策目標上的不同以及政策有效性的差異，在此表8.7中清楚呈現。

（二）台灣出口附加價值較高

從1960年代開始，美國跨國公司將部分生產外移到國外或將生產外包的現象日漸普遍，而美國政府很早就有措施通融美國企業這樣的運作。即在某些條件下，若進口品中用到美國原料，則製成產品再進口時，只需就國外附加價值部分繳納進口關稅，原美國原料部分就不課稅，此為美國關稅807.00及806.30條款。這部分的相關資料就提供了有用的資訊，即在這兩項條款下進口的產品中，進行生產的當地國家所貢獻的附加價值比例為何。由表8.8所呈現的資料顯示，從1966至1973年，就這兩條款下進口品中當地附加價值比例而言，源自台灣的進口品的附加價值比例從1966年的50%，升

---

39 見本章附註25。

40 Lee（1992: 280-290）。

為1970年之68％，至1973年為79.1％，清楚顯現台灣本地所貢獻的附加價值有逐步上升的趨勢。香港的比例為下降後再上升一些。墨西哥的比例則是清楚的沒有上升的趨勢。在當時這兩項條款下的進口品以紡織品與電子產品為多。這資料雖屬片面但也顯現出本章所強調的，在產業政策的引導下，台灣產業發展有不斷帶動相關產業發展的機制。

表8.7　亞洲地區棉紡品自給率，1951-1960

第一類

		棉紗進口量（千噸）	綿布進口量（千噸）	棉紡品自給率（％）
台灣	1951	1.1	3	65.1
	1960	-	-	112.8
南韓	1951	2.1	0.8	89.3
	1960	-	-	106.7

第二類

印度	1951	0.6	0.9	116.1
	1960	0.4	0.5	111.4
巴基斯坦	1951	33.3	43.6	27
	1960	0.2*	0.2*	126.8
中國大陸	1951	-	8.7*	99.7
	1960	-	-	104

第三類 其他

香港	1951	7.6	10.8	292.4
	1960	25.6	35.7	109.6
緬甸	1951	3.9	15.1	9.6
	1960	20.5*	18.9*	11.3
斯里蘭卡	1951	0.1	8.8	9.9
	1960	1.9	8.7	8.3
馬來西亞／新加坡	1951	1.5	39.8	0
	1960	1.9	21.5	7
印尼	1951	5.5	65.7	4.7
	1960	49.3	33.2	10.5
菲律賓	1951	1.6	30.7*	5.3
	1960	2.7	15.8	58.5
泰國	1951	1.5	9.6	31.9
	1960	3	28.1	25.8
南越	1951	2.7	12.9	19.3
	1960	6.2	6.9	21.1

資料來源：Nonami（1962）表3及表6。資料原引自FAO, Per Capita Fiber Consumption Level, Rome, 1960, 105-125.

＊部分為估計值.

表8.8. 美國807.00及806.30條款下進口品之當地附加價值比例變化

單位：%

	1966	1970	1973
發展中國家總計	51.7	45.4	54.3
墨西哥	48	37	44
台灣	50	68	79.1
香港	54	46	62.8
南韓	--	28	40.5

資料來源：Sharpston（1975: 114）。

再看較為近期的發展，根據Nordas（2004: 7-9）利用WTO資料所做出的估計，在2001年，台灣的紡織品及成衣出口所含的進口成分約為10%，一些曾成功進行進口替代的經濟體如中國印度等地的比例也低於10%，除此之外，其他多數後進經濟體（包括菲律賓）的該類出口的進口成分多高達30-40%。

（三）香港案例

香港的比較案例可作為本章所強調之政策思維的重要性的另一佐證。香港的紡織產業發展得比台灣早，尤其是在1949年前後，從上海移出的民營紡織資本，選擇遷到香港的遠比來台灣的要多得多，若以紡錠數來計算，遷香港約為遷台的三倍[41]。同時，在戰後初期香港發展條件各方面都比台灣好，因此香港紡織業當時發展比較快，成績比較好。其後數十年中，香港以成衣及紡織品進攻國際市場也成績斐然。不過，香港殖民政府並不刻意推動產業的升級與深化，並沒有如國民政府那樣大力促進實現向後連鎖效果。因此，雖然香港的紡織與成衣業蓬勃發展，成衣業的出口成績也一直優於台灣，但紡織業的向後連鎖效果不高，中上游產業的整合度比較低。如前述表

---

[41] 參見Wong（1988）。據估計1949年前後上海遷到香港的棉紡錠約20萬錠（p. 47），並多是新的紡錠。此後香港的棉紡織業中上海人所有的企業一直占絕對主導地位，雖然上海人只占香港人口約4%。相較之下，遷台的紡錠數目較少，1951年台灣棉紡錠總數約9萬錠，其中約1萬多為接收日產，遷台的約7萬多錠。

8.7所呈現，在1950年代隨著香港成衣業領先性的發展，紡織品的自給率卻從292％降為109％。等到1980年代以後成衣業逐步外移至中國大陸，以至於香港至今紡織業逐漸衰退，不似台灣能留下較多的中上游部分。

如表8.9所呈現，香港成衣業的出口占全球成衣總出口額的比例，在1980年高達11.5％，在全球排名第一！但同一年香港紡織品的出口占全球的份額則只有1.7％，遠低於成衣的地位，清楚顯示其成衣業的成功對紡織業的帶動效果有限。成衣份額至2004年已降為3.2％，紡織品份額也持續下降，該兩項至2011年皆已降至0.1％。相較之下，台灣成衣出口的全球份額在1980年為6％，只及香港一半。但同一年紡織品出口的全球份額則有3.2％，幾為香港兩倍。同時，台灣成衣出口份額雖也持續下降，然而台灣紡織品出口的全球份額則在1980年之後的二十年中仍持續上升，於2004年才又降至5.2％，至2011年仍有3.8％，在全球排名第10。再則，台灣人造纖維產量至今仍為世界第三。因而，至今雖然紡織成衣業仍是香港製造業的主體，但是製造業占香港產值的比重已降到一成以下。雖說香港因其特殊地緣政治條件，而能發展金融服務業，但其未能讓紡織業留下較多後續的附加價值確是事實。

此案例顯示，成功的下游並不一定會自然帶來中上游的發展，產業政策的推動是關鍵，同時，並非所有後進地區的政府都會有持續推動工業升級的政策思維。此外，必須指出台灣的紡織業發展先於成衣業，產業政策上優先扶植較為資本密集的紡紗業，可說是發展紡織相關產業的關鍵。

表8.9　香港與台灣紡織品與成衣出口的全球份額比較，1980-2012

單位：%

占全球該產品總出口之份額	1980	1990	2000	2004	2012
香港成衣出口	11.5	8.6	--	3.2	0.06
香港紡織出口	1.7	2.1	0.8	0.4	0.07
台灣成衣出口	6	3.7	1.5	0.6	0.23
台灣紡織出口	3.2	5.9	7.7	5.2	3.60

資料來源：WTO, 2000, 2005, 2013, International Trade Statistics, http://www.wto.org/english/res_e/statis_e/statis_e.htm.

（四）哥倫比亞案例

　　Morawetz（1981）以哥倫比亞紡織業為研究對象，探討如哥國這樣鄰近美國有地利之便的拉丁美洲國家，為何竟無法大量出口成衣到美國，反而是由數千里外的東亞搶去了市場，此書的書名就是《為何國王的新衣不是在哥國生產》。對著重時尚變化的成衣業而言，地利之便並不只是節省運輸費用，更重要的是掌握時機，拉丁美洲國家鄰近美國運輸所需時日短，地利優勢明顯。例如，哥國成衣空運至紐約的成本與東亞海運成本相近，更可以省下四周的時間。然而，在1970年代，美國進口商雖確實曾試圖在這些鄰近國家找尋成衣的供應商，也曾下過些訂單，但最終還是自拉美撒手，將主要訂單下到東亞。

　　哥國早期幾無成衣出口，但在1970至1975年間，哥國成衣輸美國有大幅的成長，至1975年成長為3250萬美金，顯示其確有發展潛能。但其後卻又急速下降，至1970年代末停留在約2千萬美元左右。當初成長的原因主要是，當時的政府有意推動此事，因此將匯率政策以及出口補貼措施改變得對出口比較有利。雖然這政策促進出口的成效顯著，但在1975年之後，這些有利的政策又改變了，總體環境又開始惡化。除了總體經濟環境問題之外，其他方面也有多重阻礙並未排除。例如，哥國成衣業者在購買本地紗布原料時，所須付出的價格高於國際價格一半甚至一倍。這是因為當地棉紡織業者受到保護，而人纖紡織業者不單受保護又缺乏經濟規模而成本高。政府雖提出一個類似出口退稅的辦法，以便成衣業者可以用國際價格購買進口紗布，但是這辦法在實際作業上曠日廢時，對於分秒必爭的成衣出口業者並未起到應有的效用。即因政策不配合，以至於既有的「運輸所需時日短」的優勢也無用武之地[42]。

　　這案例若和台灣當初情況相比較，兩地政府作法明顯大相逕庭。台灣經建當局在進口替代時期注意促進紡織產業各環節的均衡發展，其後推動出口成長時，不但盡力維持總體經濟穩定，並對出口提供高額補貼，盡一切力量

42　參見Morawetz（1981）。

排除出口的困難，使得出口業者確實能以國際價格取得原料維持競爭力。同時，推動出口成長時更進一步注重其相關的中上游產業的發展。在在顯示其政策思維與價值清楚的以長期經濟發展為最優先，這應是台灣紡織業發展的主要成因。

簡言之，以哥國成衣業為例，當哥國政府提供較有利的政策支持時，哥國成衣業確實較能利用其地利優勢而有所成長。但是，哥國政府並無能力與意志來堅持這政策，並排除產業發展上的障礙，因此那段期間的成長就如曇花一現，成衣出口發展即進入停滯。既然連促進成衣出口都難以為繼，當然就更談不上進一步推動其相關產業之發展了。這案例也凸顯東亞與拉美政府在推動產業發展上，除了國家意志與能力的不同之外，在政策思維與價值上的差異也不小。

（五）近年拉丁美洲發展狀況

近年來，區域性自由貿易協定盛行，美國陸續與北美及中南美洲等國簽訂自由貿易協定，因此就進入美國市場而言，拉丁美洲國家又新增了關稅較低及進口配額較多的優勢。來自拉美國家的成衣因此大大提高了在美國市場的份額，不過，這變化所帶動的發展之持續效用甚為有限。例如，加勒比海國家於1986年與美國簽訂《紡織品特別保障方案》，雖成衣輸美因此大為增加，至2004年占美國市場15％，但因本身缺乏紡織業，成衣業七成是使用美國紗布。且相關企業多是來自美國或東亞的外資廠商，將成衣生產外移至此自由貿易區域內生產，當地產業的發展仍極為有限[43]，而這地區在美國成衣進口的市占率到了2012年已降至11％[44]。再例如，墨西哥是受自由貿易協定影響最大的拉美國家，在NAFTA成立後，其成衣外銷占美國市場份額從1990年的2.9％，升為1994年的5.7％，2000年升為14％[45]，但到了2012年卻

43　參見紡拓會（2005），http://monitor.textiles.org.tw/。

44　Source: WTO, 2013 International Trade Statistics, http://www.wto.org/english/res_e/statis_e/its_e.htm, Table II. 68a.

45　參見紡織中心（2004：182）及USITC（2004）。2005年紡織配額取消之後，大陸與墨西哥

降至4.5％，主要是新世紀以來中國大陸成衣生產優勢日顯，在美市占率於2012年已升至近四成[46]，墨西哥成衣生產大受影響，也顯現出其發展上的相對弱點。

　　相對照，台灣的紡織成衣出口在1970至1980年代的發展高峰期間，其曾達到的全球份額較高，同時更主要的差異在於台灣此方面的出口並非如拉美國家一般以成衣為主，而更是以紡織產品出口為主，後者更帶動了上游的發展與出口。

九、相關的政治經濟分析與爭議

　　以上第七節陳述了當時產業政策在目標與思維上的特性，本節將轉而討論實施產業政策的客觀條件議題，即當時的環境是否意味著政府在施行產業政策時，有著非比尋常的自主空間，因此得以施行成功。這也涉及 Evans（1995）所提出來的鑲嵌自主性。此節也將綜合討論對國府扶植棉紡織業政策的相關爭議。

（一）政策空間

　　不少學者認為戰後初期國府在台灣的政策空間特別寬廣。一則國府接手了日本殖民政府原先在台灣的高度主導地位，而隨後國府又以中央政府的組織規模退守一省，再則，冷戰架構與政治鎮壓，皆有助於國府維續這主導地位[47]。涉及東亞發展型國家的討論也多有此假設。不過，近來有些文獻對此提出較細緻化的討論。王奇生（2010）認為國民黨在大陸時期的統治顯現其組織能力低落，是種「弱勢獨裁」。而廖彥豪、瞿宛文（2015）則發現國府在台灣實施農村土地改革時，對本地菁英採取兼顧拉攏的態度。

　　以此棉紡織產業情況為例，當1950年代初政府開始推動此產業發展之

　　表現之彼長此消則更為顯著。

46　同本章附註44。

47　參見如Cheng（1990）。

時，當時的既得利益力量看來確實微弱。棉紡織業規模從1945年的2家公營棉紗廠、1家公營及10家民營棉織廠，到了1950年也只有公民營各3家棉紗廠及數十家棉織廠，紡與織的規模也分別只有1966年的6.7％與26％。若以1966年為基準，其九成以上的紡紗及四分之三的織布產能，是在1951年之後的整個扶植過程中建立起來的。即事後來看，1950年的既有規模確實很小。這是否就意味著既得利益力量微弱，因此必然不會影響政策？

當時本地工業化正要起步，主要的工業力量是接收日產後的公營企業，而不是尋常會遊說政府的民營資本，因此政策空間確實廣大。然此處必須援引本書第三章所言，再次指出這空間實是源於國府同時間在農村進行了土地改革，使得既有的社會菁英無法再依賴耕地地租為生，傳統的農村地主利益不再是影響政策的主要因素。

然而，自主空間的存在並不必然決定政策結果，因為此牽涉到主政者的主觀意向。事實上，若檢驗1950年代早期政策演變以及政商關係發展的軌跡，可觀察到雖然政府主導力量顯著，政策空間確實廣大，但政商關係變化其實呈現多種的可能性。

在1950年代扶植紡織業時期，在每一個政策轉折點都有廠商提出請願甚或抗議，同時輿論意見分歧，黨政內部也常有各種批評、質詢，甚至控訴。大致來說，在早期的混亂中，廠商提出的請願自然都是依據其各自利益而要求保護或延續保護與優惠，包括棉紗棉布業者各自要求禁止紗或布的進口、棉布業要求開放棉紗進口、管制時期要求可以自行利用廢料生產出售、不要廢除代紡代織、既存廠商反對開放參進等。如尹仲容所形容：「往往工廠尚未籌備就緒，而請求保護之呈文已至，產品尚未大量應市，而限制設廠，以免生產過剩之要求已經提出。呈文要求之不足常繼之以登報呼籲。如將保護或限制設廠略為放寬，則原有生產者為維護其既得利益，不問情由，一概群起反對。一若保護與限制設廠為當然之權利……這豈是企業家辦工業之正道？這豈是政府實施保護與限制設廠之目的？我當時曾針對此種現象提

出兩個解決辦法：一是規定每一類工業之保護期間；一是開放設廠限制。」[48]

只是這些要求多未被主事者所接受。這並不表示主管單位不關切個別廠商與產業的狀況，如本書第五章所呈現，主事者是持續緊密地關注著產業的發展，亦即經建體制的**自主性**確實**鑲嵌**於產業中，但個別利益卻難以影響政策。當時經建主事者都能夠堅持依據其所認為的整體長期發展利益行事，而不是個別部門一時的利益，並堅持保護應有限度與期限。這顯示經建主事者有能力與空間抗拒個別既有利益的壓力，但更顯示他們抗拒壓力的意志，這是因為他們有清楚的工業救國的共識與願景。換言之，既得利益者未曾阻礙工業化，不只是因為存在政策空間，更是因為主事者的發展意志。

當時統治菁英中除了有些與主導者尹仲容理念相同者之外，持其他意見者所在多有，包括管制派官員與認為應多依賴公營企業者，更有反對保護的經濟學者，也有質疑有些措施是「圖利他人」者[49]。尹仲容本身更因被控「圖利」揚子公司而罷官兩年。此案雖或與政爭有關，但也顯現出當時菁英互相監督的氛圍。

由此建立的政商互動模式，意味著在戰後初期，國府經建體制與被扶植的民營資本保持某種距離，而非形成排他的政治聯盟。如本書第七章所述，相較於南韓的政府與財閥緊密結合、共同承擔投資風險的政商模式，台灣此種保持距離、風險自行承擔的模式，就在後來產業升級的階段遇到瓶頸。

（二）相關爭議

如前述，針對當初政府扶植棉紡織業發展的產業政策，近年來相關的負面批評包括以省籍為主軸者，認為政策是以扶植大陸遷台紡織資本為目的；或是強調代紡代織引發的問題，認為對當年經建主事者的肯定沒有根據；或

---

48 如前述，尹仲容曾於1954年4月發表過以〈台灣工業發展之逆流〉為題的文章（尹仲容1963，續編：27-31），此篇是他於1959年5月26-27日在《中央日報》發表的文章，題目是〈五年後再看「台灣工業發展之逆流」〉，所引的現象正是文中所指的「逆流」，引自尹仲容（1963，續編：115）。

49 可參見尹仲容（1963）演講或為文中對各種批評的回應。

是依據自由市場論認為進口替代政策是原就是不需要的,成長原本就會發生,無須扶植[50]。以下就這些說法作簡要討論。

且先回到當時的情境,以便理解當時為何要施行高強度的代紡代織政策。在此且以1951年3月15日行政院財經小組第一次會議為例[51],這也是尹仲容考慮施行代紡代織的時候。如前述,財經小組是美國藉此來監督國府處理財經事務的機構。在此次會議中,列席的美方顧問發表指導性的意見,提示要「避免台灣經濟的崩潰」。財政部長嚴家淦報告了國府財政狀況,預計1951年每個月會有近5千萬台幣的財政赤字,在計入美援後該年仍會有2千多萬美元的外匯缺口,庫存黃金正快速減少。因此會議中就討論如何減少進口及控制外匯數量的可能方案,而各種方案似乎都可能會帶來民生困苦或動搖民眾對新台幣的信心[52]。隨後尹仲容提及「因當時正進行的扶植棉紡織業的措施……是戰爭時期的權宜措施,既然已從大陸帶來了這些棉紡設備,就不要浪費它,故而將其重建以減少進口」。戰爭陰影下的急迫感與危機感昭然若揭。

在1951至1953年高度保護性的代紡代織政策中,棉織部分有諸多本地資本,棉紡部分則是以既有大陸遷台資本為主要扶植對象。如前述,1945至1947年間,本地人脫離日殖統治束縛後紛紛設立工廠,許多人投資動力織布廠,使得該產業中民營的份額從四成增為六成;然而卻沒有本地人投資較為資本密集的棉紡紗業!因此,數年後國府實施代紡代織時,因尚無本地人投資的棉紗廠,被扶植的棉紡紗業者就必然是遷台的大陸紡織資本了。

也是因為紡紗業門檻較高,代紡代織所要解決的問題,主要就是棉紡紗方面的不足。如前述,棉紡錠數目從接收自日產的8268錠,增加到1951年

---

50 如林忠正(1994)依據自由市場派理論,認為台灣紡織業當時的發展應可「自然地」發生,無須政府干預。

51 財政經濟小組委員會第1次會議紀錄,行政院經濟安定委員會檔案(近史所檔案館藏號30-01-05-001)。

52 在財經小組(1951/3/22)下一次會議中決議的方案是每個月減少台銀拋售外匯的數目,並要求人民增食番薯減少米的消費量,以增加稻米出口賺取外匯。

的近9萬錠（多為大陸遷台紡錠），至1953年擴張到近17萬錠（進一步擴張）。即如尹仲容所解釋，其道理是不要浪費大陸帶來的棉紡設備，不需要動用稀缺資源進行新的投資，既速效又合乎經濟理性[53]。換言之，在1950年之前台灣本地資本不願投資棉紡紗業，造成的不足正是大陸遷台紡紗業者可以補足之處。

國府在二二八事件後對本地菁英多採取拉攏與安撫態度。例如於1949年成立的生管會下的紡織小組，其成員就包括多位本省籍紡織業者，包括召集人是一直擔任棉紡織同業公會理事長的台籍織布業者李占春。扶植措施也涵蓋本省籍人士參與較多的織布業及其他紡織部門的既存業者[54]。

更重要的考驗是後續的政策方向，即對既有紡織資本的保護是否持續，而答案清楚是否定的。在1953年棉紡織達到自給自足之後，代紡代織立即結束。隨後政策上也逐步開放擴產與新設的限制，到了1957年完全撤銷了對設廠的限制，原先被扶植的特定廠商不再享有特殊待遇。同時，公營廠商在代紡代織階段雖為主力，但在1953年之後逐年減少，其占總棉紡錠數的比重至1966年已降為6%。

表8.10列出了不同時期中，棉紡業中前十大廠商在產業總紡錠數中所占的比例，其中第二類即至1953年為止最受扶植的廠商，其中主要是大陸遷台廠商，而這類廠商所占的份額，隨著產業規模的急速擴大，及其自身相對競爭力的削弱，從1953年的7成降為1964年的4成，至1987年則不到1成[55]。或許這結果會引發自由市場派學者的另一種批評，即當初扶植對象到

---

53 尹仲容（1963，初編：68）。

54 依據李怡萱（2004：60，76），大陸遷台的華南與彰化等紡廠，曾因經營不良而遭生管會拒絕其貸款申請（頁143）。如工委會第41次會議（1955/4/14）提及華南紡廠因轉賣所配得的原棉而受罰（近史所檔案館藏號30-07-01-013）。同時，這包括本省外省籍紡織業者的紡織小組，因為太讓業者私利影響決策，而在改組中被統統請出紡織小組，進而使生管會決心進行高度管制的代紡代織措施（李怡萱，77）。

55 根據劉昱立（2006）中所呈現的廠商地位變化資料，可看出因產業變遷快速，唯有最能即時應變的廠商，如多角化經營先後進入人纖紡織、人造纖維及其他產業者，才能最後仍在棉紡業領先。

頭來並非戰勝者，政策並未選對對象。然而，當初政策選擇的理由是在匱乏下利用既有資源，並非選擇優者，隨即的開放參進就意味著政策上要依賴市場競爭來選擇優者了。

如前述，戰後工業化中，本省資本家多為新興者。棉紡織業是台灣戰後早期的領先部門，是第一批民營部門資本家產生的主要領域。林邦充（1969，表35）依據第一商銀1968年所作的徵信調查，指出調查收錄著名企業家共42人，其中19人與棉紡織業有關，其中戰後自大陸遷台者僅4人。而如本書第七章所述，1971年中華徵信所收錄的51大集團企業中有17家以紡織業為核心產業。

表 8.10 各時期台灣前十大棉紡廠商占總棉紡錠數之比重

單位：%

類別	廠商成立年份／背景	1953	1964	1972	1987
1	接收日產	15.2			
2	1949-1953年	72	40	10.8	6
3	1953-57年管制漸除期	5.9	18.1	8.4	20.2
4	1957年設廠限制解除後	-	4.7	16.3	22.1
	前十大份額總計	93.1	62.8	35.5	48.3

資料來源：劉昱立（2006：59）。原1953年資料來自黃東之（1954）；1964年資料來自黃樹型（1965）；1972及1987年資料來自中華徵信所（1972，1987）。

再則，從棉紡業公民營的比例變化，也可看出國府戰後初期扶植民營的政策方向。從表8.1的資料可算出棉紡業中公營企業所占的比例（以棉紡錠數目計），在接收日產後此比例為百分之百，在1953年代紡代織結束時為42.1%，到了1966年則已劇降為6.3%。而1953到1966年這段時間內，棉紡錠數目增長了4.4倍，所增加的棉紡錠主要來自本省民營企業。

到了1980年代以後，原先1950年代起家的棉紡織廠商，其在紡織產業所占的份額越來越小。隨著產業不斷的變遷，只有能不斷依隨時代變化者，

包括盡早進入人纖產業者、進行多角化經營者，才能維持領先地位[56]。

有些經濟學者認為台灣當時扶植棉紡織業的政策是不必要甚至是失敗的。確實，在當時扶植政策未必是共識。例如《自由中國》雜誌1952年7月號（頁9-14）曾刊出陳式銳對扶植棉紡織業的批評，他認為「台灣缺乏棉花、設備、技術」，依據比較利益原則應該要進口物美價廉的先進國產品，保護措施平白損害消費者的權益，甚至連節省外匯的目的都達不到。這種批評主要從短期靜態效率角度出發，而缺乏長期推動經濟發展的視野[57]。而到了1990年代，林忠正（1994）則是在不同的時代環境下，也以自由市場理論來否定當初扶植棉紡織業政策的必要性。在理論層次，自由市場學派與修正學派的爭議由來已久，本書第一章已對此做出檢討整理，然而最真實的答案需由歷史中找尋。如本章第七節所述，台灣紡織業發展在每一個轉折都有賴於產業政策為適應新的環境而作出改變。再則，由歷史性跨國的比較來看，太多後進國家並沒有「自然地」發展出紡織業，即使發展了成衣業也不一定能發展織布業，以及後續相關的上游產業。這些跨國績效上的差異並不能由落後國家「自然的」秉賦差異來解釋。

十、結語

在成功發展經濟的國家中，紡織業常是其早期工業發展階段的領導部門，台灣也不例外。在戰後眾多亟於發展的後進國家中，台灣紡織業發展成績出眾。它在極短時間內完成進口替代，隨後轉向發展出口並快速成長。它從一開始就採取上下游整合方式發展了棉紡與棉織業，同時橫向多元化發展人纖紡織，更進一步縱向持續推動相關上下游產業的發展。以致數十年後下游雖已隨台灣比較利益的變遷而衰退，但中上游仍能持續。本章探討了此產

---

56 參見劉昱立（2005）。

57 本書前文已提及，經濟學的比較利益說是靜態理論，後進國家無法依據其來改變自身比較利益，以進行升級。

業早期發展的途徑，發現雖然歷史條件提供了有利的發展基礎，但產業政策確實扮演了關鍵性的角色。台灣紡織業的發展在每一個轉折點，皆有賴主事者以創新精神推出適應新環境的產業政策來協助升級，長期持續的發展實源於與時俱進、以整體產業長期發展為目標、能協調各相關產業利益的產業政策，而這樣的產業政策又必須以當時主事者清楚追求整體工業化的政策思維及堅定的發展意志為必要條件。

相較之下，發展較為失敗的後進國，則是因為各種因素而難以跨越必須跨越的各個政策轉折點。在1950年代，後進國家普遍採行進口替代政策來扶植紡織業，但多數並未能成功的完成進口替代階段，而有些雖完成了進口替代，但卻未能限制保護的期限，未能即時轉入出口導向的發展，且多未能成功協調促使上下游整合發展，因而發展停滯。其他國家的經驗比較，凸顯出產業政策思維清晰之重要性，以及主事者積極推動發展的意志的關鍵作用。

本章案例對本書前文所提出的論述提供了支持。依據結構學派理論，產業政策的必要性源自後進國家在追趕先進國家時的弱勢地位。在經濟發展的每一個階段，後進國家都必須用集體的力量去學習以改善自己的生產力，來逐步縮短和先進國的距離。雖然台灣在戰後的歷史條件相對優渥，但是所面對的與先進國的差距仍是殘酷的事實，必須依賴主事者推動適應性的產業政策來一步步往前行。一些有利的歷史條件皆有助於該產業的發展，包括日殖的基礎建設，現成的遷台大陸紡織資本，與大量的美援（包括棉花）等，但就長期來說並非關鍵因素，而是協助因素。檢視該產業的發展歷程，可知每個轉折點都是挑戰，必須由產業政策來改變環境，來推動產業進入下一個升級階段。這些產業政策雖然與時俱進而多變化，但幸運的是，幾乎每一次民營部門都有力量與意願在新的政策誘因出台後，做出相對應的快速回應。民營部門作回應的意願與能力，除源於過去積累等因素外，也與農村土地改革密切相關。同時，與時具進的產業政策，幫助推動了上下高度整合並持續成長的產業體系。台灣紡織業的發展成績實受惠於合宜的產業政策，可以作為結構學派理論的佐證。

表8.11 台灣重要紡織品產量，1946-2013

年	棉紗	棉混紡紗	棉布	混紡棉布	聚酯絲織物	聚胺（尼龍）絲織物
	公噸	公噸	千平方公尺	千平方公尺	千平方公尺	千平方公尺
1946	410		2558			
1947	411		6158			
1948	730		12779			
1949	1805		29805			
1950	3115		40763			
1951	7255		57433			
1952	13576		87639			
1953	19546		133618			
1954	23614		166648			
1955	25111		167244			
1956	24436		142426			
1957	27899		155453			
1958	27482		147186			
1959	30720		156101			
1960	40381		176202			
1961	41903	-	200105	216	-	-
1962	50429	-	209651	320	-	-
1963	45894	-	221056	438	-	855
1964	50973	580	241188	760	-	1603
1965	54420	1678	268018	1875	-	3222
1966	61132	4811	302644	2658	2117	9798
1967	73104	10344	345608	5929	4198	18098
1968	74555	13408	379201	13111	5156	26011
1969	87616	19065	426538	27678	11263	40317
1970	104849	23518	527835	64972	13895	69523

表8.11 台灣重要紡織品產量，1946-2013（續）

年	棉紗	棉混紡紗	棉布	混紡棉布	聚酯絲織物	聚胺（尼龍）絲織物
	公噸	公噸	千平方公尺	千平方公尺	千平方公尺	千平方公尺
1971	116574	31387	727622	104119	19645	87988
1972	94321	72298	565291	300313	20996	38782
1973	96349	90367	617692	372693	32288	42674
1974	111208	85198	630776	356847	31112	37965
1975	130884	105491	760765	441314	47165	68460
1976	147478	119847	811233	485612	68270	104746
1977	142205	135368	840200	520978	64501	112879
1978	131674	154111	765870	575103	61507	140002
1979	158862	163935	754399	566971	68431	161197
1980	171025	178618	807265	576279	84050	221905
1985	191799	112996	618464	449954	406129	410556
1990	203937	181802	728959	304328	674998	808243
1995	336451		895362		1820070	1564304
2000	337566		1059629		2343974	1875809
2005	261438		508877		1223032	1244233
2010	248339		274492		1209452	990797
2013	222647		215444		1084851	723739

資料來源：1.經濟部統計處，歷年，《中華民國台灣工業生產統計月報》。

2. 經濟部統計處，2006，《中華民國台灣工業生產統計年報》。

3. 行政院經濟安定委員會工業委員會編，歷年，《自由中國之工業》。

4. 2006-2013年資料引自經濟部統計處工業生產調查查詢系統，https://www.moea.gov.tw/Mns/dos/content/Content.aspx?menu_id=6819。

註：由於工業產品項目調整，部分產品數字有不連續現象。

表8.12 台灣紡織相關產業產值，1951-2012

單位：百萬元

年	紡織業	成衣服飾品業	人造纖維業
1951	666	-	
1952	1001	-	
1953	1642	-	
1954	2048	-	
1955	2361	-	
1956	2579	-	
1957	2760	-	
1958	2782	-	-
1959	4208	-	-
1960	4996	-	-
1961	5052	475	-
1962	5737	606	-
1963	6687	1010	-
1964	8619	1113	-
1965	9632	1291	-
1966	11157	1397	-
1967	13295	1613	-
1968	16214	2359	-
1969	22781	3297	-
1970	29505	4885	-
1971	38062	6772	-
1972	41322	8326	-
1973	55557	13953	-
1974	68024	13732	-
1975	78965	14402	-
1976	136178	14371	19481
1977	156447	16754	21652
1978	200156	26214	27403
1979	215313	32202	37976
1980	252324	39678	44106

表8.12 台灣紡織相關產業產值，1951-2012（續）

單位：百萬元

年	紡織業	成衣服飾品業	人造纖維業
1985	319635	90034	85503
1990	337406	91944	100390
1995	349577	106275	140011
2000	355339	86059	120250
2005	301051	46235	164064
2010	302758	26486	153078
2012	286248	23239	142983

資料來源：1.經濟部統計處，歷年，《中華民國台灣工業生產統計月報》。

2. 經濟部統計處，2006，《中華民國台灣工業生產統計年報》。

3.行政院經濟安定委員會工業委員會編，歷年，《自由中國之工業》。

4. 2001-2012年資料引自《紡織產業年鑑》，2012，2013，經濟部技術處。

註1：由於工業產品項目調整，部分產品數字有不連續現象。

註2：人纖業生產始於1958年，但確切產值闕如。

表8.13 台灣人造纖維年產量，1958-2012

單位：千公噸

年	嫘縈棉	聚酯絲	聚酯棉	尼龍絲	壓克力棉
1958	0.6				
1959	1.2				
1960	1.8				
1961	2.1				
1962	2.4				
1963	2.9				
1964	2.9		0	0.1	
1965	2.8		0.6	0.7	
1966	3.8		0.9	1.7	
1967	7.7		1.9	2.2	0.2
1968	18		2	7	3
1969	19	2	5	13	3
1970	23	5	8	23	6
1971	30	9	15	33	21
1972	46	22	24	40	18
1973	47	29	29	41	30
1974	45	42	30	42	26
1975	46	80	51	64	35
1976	65	86	70	72	46
1977	66	99	115	78	63
1978	70	133	158	90	83
1979	70	155	173	102	92
1980	74	182	194	109	99
1985	119	541	381	135	133
1990	146	676	622	190	133
1995	137	1226	753	292	133
2000	139	1525	932	421	106
2005	114	1275	732	416	140
2010	97	1111	578	358	102
2012	98	922	555	319	68

資料來源：1.台灣人造纖維製造工業同業公會，《台灣人造纖維業的現況》，歷年。

2.台灣人造纖維製造工業同業公會，《2004年化纖手冊》。

3.2005-2012年資料引自《紡織產業年鑑》，經濟部技術處，2010，2012，2013。

第九章

台灣發展經驗的普世意義

　　本章除了將對前面八章所討論的台灣經濟發展成因作一綜述外，也將釐清一些延伸的問題，包括威權統治是否為後進經濟發展的必要條件，台灣戰後現代化計畫的特殊面向，以及這模式的限制與延續的可能。最後將總結台灣經濟發展經驗的普世意義。

一、發展的意志與條件

　　1949年國府遷台後迅速地穩定了經濟恢復了生產，並開啟了台灣此後持續數十年的快速經濟成長，戰後經濟發展成績與南韓並列後進國之首。本書首先探討了造就這成果的原因，認為在**如何做到**（How and what）的層面，關鍵因素就如結構學派所強調的，是國府合宜的經濟與產業政策的作為。此外本書也進一步探究了一向被忽視的**為何發展**（Why）的層面，認為是源於中華民族為救亡圖存而追求現代化的動力，這個動力高度影響了國府的經濟與產業政策，提升了政策品質。

　　就**如何**達成發展而言，首先，國府當時運用黃金儲備與美援立即穩定了經濟，以保守的財政政策謹慎管理總體經濟，符合世界銀行在歸結東亞奇蹟

的經驗教訓時所提出的第一項基本條件[1]。再則，以發展而非純粹管制來解決物資匱乏問題，首先進行了民生工業進口替代化，並且一開始在作法上即已具備了**配合市場機制**與**促進長期整體發展**的清楚理念，以**發展取向計畫式市場經濟**模式為之，日後也持續如此作法。在進口替代初步完成後，實施外匯貿易改革，造就了有利於出口的環境，政策從進口替代轉為促進出口，並以出口來帶動整體產業的升級；而在推動工業化時，清楚以建立有競爭力的產業為目標，堅持有期限、有條件的保護原則，並且設立一套改善投資環境、引導民間投資、協助提升生產力與品質，並逐步開放競爭的產業政策作法。

　　這些經驗高度符合結構學派的基本理論，即後進國家越落後於先進國，就越缺乏推動經濟發展的制度與條件，因而所需要的國家干預的程度也越高。國家必須引導資本進入新興目標產業，並以補貼來扶植產業；同時國家需要投入更多心力來建立健全的現代市場制度。

　　國府能夠做到這些乃是因為它戰後初期在台灣建立了一個有效的**經建體制**，而這體制的**能力**基礎是國府在大陸時期所累積的人才與經驗，同時這體制之得以建立更也是源於主事者的高度動力，源於他們持續為解決問題而創建並逐步完善相關的組織與制度。亦即**為何**而發展是源自救亡圖存的中華民族主義，而抗日戰爭與國共內戰的經驗尤其帶來強大的激勵作用，因此當國府退守台灣時已經具備了發展的意志與能力。此外日本殖民統治的遺產與冷戰下美國給予的援助，提供了實現經濟發展的一些有利條件，然而這兩個條件只能扮演輔助性的角色，並不是如「日殖延續說」等說法所認為的關鍵因素。

　　經濟發展過程中顯示日殖時期留下的遺產並無法自動地帶來延續性的發展。殖民統治雖建立了一些現代化制度與基礎建設，但設立的只是一個以米糖為主體，並高度依賴日本的典型殖民地經濟，有限的現代工業是由日人主導的飛地，並沒有培育本地的資本與現代化工業所需的技術與管理人才，更沒有培植治理經濟與負責政策的人才。台灣的工業化是戰後的事業，日殖遺

1　World Bank（199: Ch.3）。

產只是提供了一些有利的輔助條件，而不構成在戰後工業化「自然延續」的可能。

美國的軍事援助使得國府能夠留在台灣，伴隨而來的經濟援助則在戰後初期提供國府穩定經濟的物質資源。國府能夠在1952年就達到財政平衡並穩定物價，雖高度依賴美援以及美國顧問的監督，然而最終還是有賴主事者的高度自制，有賴於蔣陳等國府高層記取大陸失敗的教訓所進行的黨政改革，並在此後數十年內對財政與物價問題高度戒慎恐懼，將維持經濟穩定列為優先目標。而美國顧問提供監督與技術協助，其實常成為主事者用來排除內部障礙的助力，而非指導原則。當時台灣享有的其他有利的條件還包括日本優勢經濟力量必須全然撤出，以及美國因冷戰而容忍國府扶植民族經濟的作法。然而這些特別因素對台灣經濟發展而言只能是輔助性條件，而非關鍵所在，因為再有利的條件仍有賴於國府經建體制的積極利用才得以發揮作用。

這裡牽涉到結構學派比較少涉及的**發展的意志**，也就是 Greenfeld（2001）所強調的**為何**發展的層面。她關於民族主義作為經濟發展動力的論點可說甚為貼切的解釋這部分的故事，即中國在危機中發展出來的救亡圖存的中華民族主義，是國府敗守台灣後推動經濟發展的動力，這動力因素比較能夠解釋經建主事者的相對自主性，以及這些人**為何**會去積極尋求**如何**發展的方案。

因此，本書對於台灣戰後經濟發展的成因所提出的解釋論點，是補充了結構學派的說法，一則延續結構學派強調後進國家經濟與產業政策的角色，再則，本書更為關注動力以及**發展意志**的關鍵作用，認為其他各種有利條件只能發揮輔助性的作用。當然單有動力並無法保證能得到成功，但若只具備有利的條件而缺乏發展的意志，卻是難以成事。正是因為認識到**為何**層面及**發展意志**的關鍵作用，本書的重點在於歷史性地說明台灣戰後經建體制的形成過程，而不只是聚焦於經濟問題**如何**得到解決，因為只有從這個歷史性的動力因素才能理解**如何**。

二、威權統治與現代化計畫

　　一般在論及東亞發展型國家模式的優劣點與可推廣性時，多會提及其與威權統治（authoritarianism）是否必然相關聯的問題，即發展型國家之所以能夠有效推動發展，是否因為它能夠用威權手段來壓制反對力量以維持經濟發展的環境。若然，則當會損及這發展模式的可欲性，因為那是有違於今日西方「自由民主」（liberal democracy）模式的「政治正確性」[2]，顯然這問題是一個重要且高度敏感的議題。同時這問題也曾被定義為經濟現代化先於政治現代化的策略選擇，即所謂「威權轉型」[3]。然而如前述，發展型國家之所以能夠成功推動發展，所需條件主要是發展的意志與能力，以及其他配合性因素包括穩定的環境，但威權統治並不會自動地帶來這些條件，甚至也不一定能夠維持穩定的環境。再則，若歷史性地來看，實際上戰後後進國家在脫離各自的傳統政治模式而進行現代化的過程中，並沒有歷史條件成功地施行所謂西方式的「自由民主」，無論經濟發展成功與否，某種傳統型態的威權統治是普遍的現象[4]。然而只有東亞國家成功地發展了經濟，而其他後進國則未能如此，因此實難以宣稱「威權統治」是經濟發展的必要條件。

　　Johnson（1999: 52）清楚地否認發展型國家與威權統治間有任何必然的關係。他認為威權統治或許在「不經意間」會有助於發展型國家動員大多數民眾來為發展目標作奉獻與犧牲，但這動員本身不是單靠威權統治可以達成的。發展型國家的正當性或權威來自人民願意獻身投入現代化計畫，並因此改變經濟、政治與社會秩序，這是一個有社會共識的革命性計畫，其正當性

2　可參照Woo-Cumings（1999: 1-31）與Johnson（1999: 50-54）的相關討論。

3　Fukuyama為Huntington（2006）所寫的再版序言。

4　Fukuyama（2011: 3-7）承認他老師Huntington所說的自1970年代開始的第三波民主化並不甚成功，雖說自其後「選舉式民主政治」（electoral democracy）日漸普及，但這風潮到了1990年代末達到頂峰後開始退潮，進入21世紀之後，諸多原先被認為已「民主化」的國家顯現出民主倒退的情況。這退潮現象普遍地引發了對西方民主政治的普世性的質疑，Fukuyama（2011）寫作也是為了回應這質疑。

來自國家推動發展的成績。與上述認為威權統治是經濟發展的必要條件的論點相對照，他的說法明晰地指認了發展型國家**動員人民的關鍵，是國家民族的現代化計畫**，這不是前述模糊的、運用脅迫的威權統治所能達到的。他是以戰後日本為主要觀察對象，但台灣也符合他的看法。

歷史性地來看，就如何解釋台灣戰後發展而言，國共競奪中國現代化的領導權是主軸，對此因應西方挑戰而推動中國現代化的大計畫，不單中國知識菁英且廣大社會對此目標都有共識，只是國共對如何達成目標的道路有分歧。同時，中國社會千百年來階級流動程度相對較高，主導推動現代化的社會菁英在儒家傳統影響下以天下為己任，其現代化計畫比較有可能不去保護既有支配性階級的利益，並得到社會較為廣泛的支持[5]。

這絕非說國府當時不是威權統治，而是必須掌握所謂「威權統治」的複雜性，必須理解為何在眾多「威權政體」中東亞比較能夠發展經濟，這與發展型國家動員策略有關，其與其他後進國家的差異之處，就在於東亞發展型國家較能夠以現代化計畫來動員人民而得到支持。這議題當需要更多更複雜的探討，較可確定的是，將所謂「威權」與「民主」做簡單的二元對立，並無助於對問題的理解[6]。

國府在台灣戰後初期進行過的殘酷鎮壓中，雖然1947年的二二八事件影響層面廣泛，但1950年代初期的白色恐怖牽涉人數更為龐大[7]。當時國府為了確定清除共產黨的勢力，針對左翼展開了全面的肅清[8]，影響所及使得台

5　如Campos and Root（1996）即認為東亞民眾相信他們能夠「分享到成長的果實」，因而願意共同努力，而這正是東亞成功的關鍵，他們的書名是 *The Key to the Asian Miracle: Making Shared Growth Credible*。

6　就如前附註4所提到，形式上的選舉政治未必就會在實質上實現被認為是普世典範的西方式「自由民主」。

7　本書第三章討論國共鬥爭時也曾論及此部分歷史。

8　台灣省主席陳誠於1949年5月19日宣布《台灣省戒嚴令》，該年6月20日中華民國總統府公布《懲治叛亂條例》，次年6月13日並公布《戡亂時期檢肅匪諜條例》，該條例規定各單位人員都應有二人連保切結，人民必須舉報有匪諜嫌疑者，知情不報需負刑責，而警備總部對嫌疑者得逕行搜查予以逮捕，並由軍法審判。台灣戒嚴令施行38年後於1987年7月才

灣社會從此因「失去了左眼」而失衡。重要的是，對於此時期心向祖國的本省年輕菁英而言，他們當時所面臨的選擇是「國或共」，是「左或右」，而不是「威權或民主」。而因為他們多傾向紅色祖國，因而多消失於此次整肅之中[9]，使得台灣戰後新生代面臨各種歷史的斷層，如日殖時期抗日、民國時期左翼與本省菁英心懷祖國的傳承等皆為之斷絕[10]。然而日本統治建立的殖民現代化意識形態卻得以延續，與國府的反共白色恐怖體系下的現代化計畫相銜接。

因此戰後國府這發展型國家確實成功地以現代化計畫對社會進行動員與召喚，然而卻是在一種高度反共恐共的氛圍下進行的。同時，因為政權依賴美國保護，故缺乏完全的政治主權，其親美反共的特徵使得其中華民族主義有著難掩的殘缺。換言之，國府版的中華民族主義作為動力雖成功的驅動了國府此時的經濟發展作為，然而卻是在美國圍堵中國大陸的考慮下而允許其進行的。

因此，台灣戰後的現代化有著清楚的親美反共色彩，戰後四十年間台灣留學生近九成是去美國留學，1990年代之後赴歐洲的比例才開始增加[11]。而從美國的外國學生的地區分布，也可以看出東亞地區和美國關係之特殊。在早年台灣留美學生占美國外國學生比例的排名常是前二三名，台灣學生所占比例在1949年度竟達13.76％，1959為9.4％，1960至1980年代約在6％左

解除，後兩項條例於1991年始廢除。

9 可參考坐牢21年的政治犯陳明忠的口述回憶錄，李娜、呂正惠（2014），陳明忠提到「敢反抗日本人的，就敢反抗國民黨」（頁325）。

10 何義麟（2012）討論了戰後台灣留日學生諸多左傾而未歸台的情況。日殖時期台灣留日學生為數不少，戰後他們成為中華民國管轄的留學生，因受到二二八事件、國共鬥爭之大環境以及國府最終之失敗的影響，這批留學生左傾者眾，他們或者於1949年後前往大陸，或者留在日本，回台服務者不多。

11 從1950到1988年間，台灣出國留學的學生總計113,642人，其中留美者為100,402人，占到88.3％；引自教育部國際及兩岸教育司業務統計出國留學，民國39至78年出國留學生人數統計表，http://www.edu.tw/userfiles/39-78（1）.pdf。到了2013年，出國留學者增至31,010人，其中只有47％是去美國留學；https://stats.moe.gov.tw/。

右，1990年代增為約8％後逐漸下降[12]。在2011學年度，美國的外國學生為數76萬多人，排名前六名的分別是中國大陸（25.4％）、印度（13.1％）、南韓（9.5％）、沙烏地（4.5％）、加拿大（3.5％）、台灣（3％）[13]。至今台灣留學生占比排名雖已下降，然而若以留美學生占本國總人口數的比例來看，台灣的比例就僅次於沙烏地阿拉伯與南韓了。這在在顯示台灣和美國關係特別深。

　　如前述，戰後早期台灣知識菁英留學後絕大多數留在美國[14]，然而在台灣工業升級過程中，這些留美人才無論出身大陸或台灣，尤其是在美國一流大學及高科技產業就職的理工人才，在國府建立高科技及相關產業的過程中，直接間接地扮演了重要的協助性角色[15]，而也是因國府與美國親善，因而技術移轉得以順利進行。

　　簡言之，戰後國府在台灣於美國保護下成功推動了現代化，因此該現代化的方式與內容高度受到了美國的影響。

---

12 Institute of International Education.（2009）. "All Places of Origin of International Students, Selected Years: 1949/50-1999/00." Open Doors Report on International Educational Exchange，引自 http://www.iie.org/opendoors。

13 引自 http://www.iie.org/Services/Project-Atlas/United-States/International-Students-In-US。

14 1950年代出國留學人數平均每年約501人、歸國者約48人，1960年代出國每年約2,266人、歸國約164人，1970年代出國每年約3,524人、歸國約522人，1980-1988年出國每年約6,314人、歸國約1,380人。隨著經濟發展就業機會增加，留學生歸國比例從1970年代開始顯著增長。1989年以後自費留學生不須教育部核准，統計方式變更不易比較故不在此呈現。留學生出國人數如上引，http://www.edu.tw/userfiles/39-78（1）.pdf；歸國人數引自 *Taiwan Statistical Data Book*, 1995。

15 如前述，1970年代中期由工研院執行的積體電路計畫就是一清楚且重要的案例。再例如，由詹天佑於民國元年創立的中國工程師學會，隨國府遷台後繼續運作，從1966年起定期舉辦近代工程技術討論會，邀旅美專家回國與會，此外該會在美國也有獨立運作的美洲分會，中國工程師學會（1973）。

三、國府發展模式的限制

國府在台灣戰後初期的政策清楚為「親美反共」，其中「反共」除了帶來了對內部左翼的整肅之外，也意味著中共的社會主義取向對國府的制約性影響。

實際上，如本書第三章所論及，中共對國府的牽制與制約可說從1924年國共合作時期就已開端，當時的大背景是1917年的俄國十月革命，以及1919年的五四青年運動，兩件大事直接影響了國共兩黨的政治文化與生命。國民黨的聯俄容共帶來了黨的復興，以及新的革命理想與有理想的年輕黨員。在當時國民黨雖已由孫中山提出了三民主義，但這仍是一個不甚清晰尚待進一步發展的理論，在當時的思想戰線上國民黨並無法應對中共激進的革命論述。國民黨1927年啟動的清黨運動雖然重創中共，然而對國民黨本身也有嚴重影響，一方面孫文遺教三民主義中的社會主義部分因反共而容易遭到質疑，因此造成黨的路線不明；另一方面清黨清洗了一批對革命有理想的青年，也失去了一些較開明的領導人物，原已入黨的下層農工黨員多繼而脫黨，因此清黨實際上是「一場黨內人才逆淘汰運動」[16]，大幅降低了日後該黨對理想青年的號召力；同時國民黨此後禁止民眾運動，於1928年撤銷了農、工、商、青年與婦女黨部[17]，這些變化的影響持續而深遠。

影響所及，到了二戰後，此時正是全球殖民地尋求民族獨立的革命時代，相較於中共戰後提出的較完整的新民主主義論述，國府雖然承載了中國為救亡圖存而推動現代化的動力，但是缺乏一套清晰有力的治國理論，而卻由反共求存出發的被動式考量所驅動。

因此如第三章所述，國府在戰後台灣，可說是在成功的中共革命的驅使下，施行了「從上而下的三民主義」。其中最主要的包括農村土地改革，即中共在大陸進行的暴力土地改革，促使國府在台灣進行了溫和且兼顧地主利

---

16 王奇生（2010：147）。

17 此段參照王奇生（2010：28-41, 62-93, 141-170）及Wilbur（1983: 34-538, 717-720）。

益的農村土地改革，並且這是不動員農民、由上而下的「德政」形式的土改，因此這場改革也未能使追求社會公平成為正面動員社會的論述[18]。

此外，國共競爭的影響範圍廣泛，除了使國府要彰顯對「現代化」的普遍追求外，也促使國府在各方面的政策上都呈現出一種自上而下的「平均主義」傾向。然而，就像上述農村土改的例子，這些措施雖有助於社會公平，但卻是採由上而下的「德政」形式而不進行動員，因此也未形成正面促進社會公平的論述。

例如，在公部門薪資待遇上，國府則一向有意壓縮高低階層間的差距，1950年代財政困難，雖公務人員待遇偏低，但需要避免增加支出刺激物價，而一時難以改善。而如前述，1952年夏遷台後首次提高軍公教待遇時，是以提高菸酒專賣價格來籌措財源，並優先改善基層人員——兵士與鄉鎮公所人員的待遇。因此在那年代，公教人員主要依靠實物配給制度來維持基本生活水準，直至1972年才開始規畫長期待遇制度方案[19]。而在1973年首次推出的公務員待遇方案之中，高低階公務人員本俸待遇差距只有2.55倍，至1990年也僅升至4.42倍[20]。同時，歷年來在經歷各種政治正當性危機的時刻，國府多會適時地提高公教人員薪資與勞工的基本工資等[21]。再如，國府在公民營企業政策上不進一步擴張公營事業，而刻意扶植民營企業，並且在分配公部門資源上，國府的作為多呈現雨露均沾的傾向，如經安會工委會的邀請民間參與投資計畫皆經過公告程序。

以上這些因素集合起來使得台灣戰後初期的成長，伴隨著所得分配平均化的趨勢，被稱為「公平的成長」（growth with equity）[22]。第三章已述及土地

---

18 再則，如本書第三章所提及，國府在施行了農村土地改革之後，雖立即於1954年通過了《實施都市土地平均地權條例》，然該條例卻是有名無實，遠未做到三民主義所揭櫫的土地漲價歸公。

19 配給品包括米、煤、油與鹽等。歐育誠（1987：71-72）。

20 歐育誠（1989：42）。

21 許甘霖（2000）把這稱之為「政治化薪資形構」。

22 Fei, Ranis and Kuo（1999）的書名即是 *Growth with Equity: the Taiwan Case*。

改革的平均化作用，因而農家每戶可支配所得與非農家的比例，在戰後數十年來大致能維持在80％左右（表3.6）。依據Fei, Ranis and Kuo（1999）對1964至1972年的台灣家庭所得分配變化的研究，台灣經濟於1968年因農村剩餘勞動力消失而達到轉捩點，1964至1968年間非農家戶的吉尼（Gini）係數小幅上升[23]，但因農村吉尼係數顯著改善由0.3115降至0.294，使得這四年間整體家戶吉尼係數只由0.321升至0.326（頁111）。1968年之後則因工業薪資上升，非農吉尼係數顯著改善，至1972年整體吉尼係數降為0.290（頁92-93）。這顯示早期的農村土地改革、工業進入農村以及政策對農業之重視，對早期所得平均化有顯著助益。而廣泛分布的勞力密集的出口產業快速吸收勞動力，持續有助於所得的平均化。台灣家戶所得最高與最低的五分之一之比例，在出口導向成長階段，由1964年的5.33持續下降至1980年之4.17，此後逐步上升，1990年升為5.18，進入新世紀後則再增至6倍以上[24]。同時家戶吉尼係數在1980年代仍平均為0.291，但1990年代後逐步上升，近十年來維持在0.34左右[25]。

　　在台灣戰後四十年中，工業實質平均薪資持續維持成長。在動盪的1950年代實質薪資平均年成長率為0.9％，然在隨後三個十年間分別為4.8％，5.4％及7.5％，帶來台灣持續數十年的生活水準堅實的改善。該成長率在1990年代下降為3.1％，進入新世紀至今則更降為負值-0.1％，使得1953-2013這六十年的平均只有3.5％[26]。

　　然而，這戰後初期的平均主義是由威權政府在白色恐怖的反共氣氛下，自上而下推動的。國府雖一方面為因應政治正當性危機而多次調高各部門勞

23　吉尼係數（Gini coefficient）是一個衡量收入分配公平程度的指標，是比例數值，分配完全不平均則係數為1，完全平均則為0。Fei, Ranis and Kuo（1999）認為1964年以前的統計資料問題較多，故其研究未涵蓋1964年以前的情況。

24　參見本書附錄附表A14。

25　主計處，《家庭收支調查報告》，歷年。

26　參見本書附錄附表A13。

工薪資，但另一方面更持續以戒嚴法壓制工人運動[27]。同時台灣社會成為一個「反共」的社會，例如，國府戰後初期施行的由上而下的土改，使得農民不僅不再被左翼分子提出的分田訴求所吸引，也隨之被動地加入了白色恐怖互相監督的網絡中，出獄的政治犯因此覺得面對的是「社會大牢」，「反共」影響極其深遠[28]。

後進地區多曾被迫成為殖民地，而必須依賴民族主義來動員社會，以反抗殖民者取得政治獨立，並隨後發展經濟以取得自立的基礎。到了戰後台灣，前述那些「以實業救國的儒官」的動力來源，其實來自於他們大陸時期所積累的反殖民反帝國主義的經驗。但到了台灣之後，在國府大方向親美反共，並且舊殖民者日本必須撤離，而新霸權美國卻容忍國府以產業政策扶植本地經濟的情況下，國府不特別需要以民族主義來動員經濟上的「反殖」，而「反共」的優先性取代了中華民族主義的反殖民反帝國主義的面向。影響所及應也是近年來台灣社會輕易地流行起美化日本殖民統治的說法，並將「反共」轉化為「反中」的原因之一。

更重要的是，上述這些因素應也使得台灣戰後早期的發展模式不易延續。一方面，當這一代承載著發展意志的儒官退出歷史舞台之後，接續的後代人就難以有如此的情懷與動力。另一方面，就作為動員社會的論述而言，雖說工業化現代化在戰後初期成功地擔任了動員社會的共同目標，但是就如何進一步建立一個現代化國家，在政治、經濟與社會各方面如何現代化，國府並未能提出正面的論述。如上述，在親美反共的大方向下，國府既未能完整展開作為發展動力的反殖民論述，而出於恐懼的被動與防衛性的反共論述則成為主軸，因而三民主義也未能得到進一步的發展而淪為形式化的教條。如此，進入1970年代以後，當國府喪失了國際上代表中國的權利，陷入了

---

27 相關勞工議題研究可參考陳信行（2010）。

28 「1950年代在台灣的國民黨則有意以共產黨土改中的暴力為反面教材，正當化『自上而下』、和平贖買的方式進行土改，而其作用，恰是去政治的。土改讓農民安分守己。某種意義上，這也是白色恐怖得以實行並令社會長期喑啞的『民意基礎』。」李娜、呂正惠（2014：334）。

統治正當性的危機，同時在經濟發展之後社會與政治運動潛在壓力日增的情況下，國府卻缺乏因應轉型要求的理論論述來做為前瞻指引。

以在蔣經國時期擔任要角的孫運璿為例[29]，依據楊艾俐（1989：78-79, 109-110, 137-141），孫在積極推動現代化時也一向注重社會公平，如主管台電時推動普及電力至偏遠鄉村，任交通部長時推行村村有道路，任經濟部長時因為怕台塑興建輕油裂解廠會優先供應自己的下游廠商而造成不公平競爭，兩次否決了台塑建輕油裂解廠的申請等等。而孫在訪談中表示，他最重要的工作是發展科技與復興文化，前者雖做了些，但後者做的不夠，這是因為對於文化的共識不夠，並且研究不足（頁283-300）；他認為他的「長處是工程師，短處也是工程師。對建設東西我了解，對社會科學……文化復興是外行，對許多準備工作、轉型期的許多問題我外行。……另外就是沒有這方面的人才」（頁290）；而他對未來工作的構想是「要把台灣變成科技國……做成自由貿易區」（頁286-287）。事後來看轉型的挑戰甚為艱鉅，這位儒官的表白也顯示了國府在進入1980年代以後，對於當時已迫在眉睫的政治、社會與經濟方面的轉型，可說在各方面都缺乏準備。

從1980年代開始，台灣政治、經濟與社會方面的轉型幾乎同時進行[30]。經濟政策的轉型可分幾方面討論：一是原先發展優先的經濟政策目標必須擴大，將環保與勞工等訴求納入考量進行折衝，然而近年來台灣社會議題之爭議趨向黨派化，使得這項工作不易完善進行；二是即使單就經濟發展而言，政策是否持續以整體發展為目標，政治競爭模式造成之分化，挑戰了過去追求發展的政策共識，但尚未能凝聚新的共識；三是關於主導性經濟理念的變化，原先的以發展為先的理念轉變為以新自由主義為主導，然而在如何因應

29　如前述，孫運璿於1945年來台參與接收台電後在台電工作多年，於1962年升任總經理，後於1964年受世界銀行之邀至奈及利亞擔任該國電力公司總經理三年，於1967年回台出任交通部長，1969年出任經濟部長，1978年擔任行政院院長，直至他1984年在任上中風後卸任。

30　本書主要探討戰後初期即1945至1970年的變化歷程，並不涵蓋1980年代後至今台灣經濟的轉型，在此僅作簡要敘述。這部分討論可參見瞿宛文（2011）。

全球化上尚難形成共識；四是關於台灣經濟願景與重新定位的問題，台灣政治轉型帶來了新的論述，但未能形成能夠實際面對兩岸關係的具可行性的發展方案，使得台灣經濟願景難以形成。如前述，發展型國家的政策模式主要包括執政者對經濟發展的堅定支持，經濟官僚體系有能力且具鑲嵌自主性，以整體發展為目標，發展的優先性必須在政策協調上顯現。而這些部分在近年台灣政治、經濟與社會轉型過程中並未能得以完全延續。

　　政治轉型對經濟政策的影響可從戰後台灣歷任經濟部部長的任期長短見其端倪。依據本書附錄中附表 A15 的資料，在 1950 年代，如第四與第五章所述，經濟部仍處於組織重建階段，美援機構的重要性遠高於經濟部，此時部長平均任期為 1.5 年。從美援會改組後的 1958 至 1984 年間這段經濟快速發展的重要時期，經濟部長平均任期則長達約 5.3 年，顯現此方面經濟政策執行的穩定性。此後開始逐步進入轉型期，1984 至 1990 年任期平均為 2 年，李登輝執政的 1990 年代則為 3.3 年。然而進入新世紀政黨輪替之後，民進黨執政的八年內經濟部長的任期大幅降到 1.3 年，2008 年國民黨重新執政後至今部長平均任期也僅只約 1.6 年，與民進黨執政時期差異不大，顯現政治型態的改變。

　　以最關鍵的產業政策為例，即政府主動推動新興產業誕生而言，如前述，台灣戰後初期最重要的幾次經濟轉型都有賴於合宜且與時俱進的產業政策，包括 1950 年代初的代紡代織與進口替代工業化政策，1958 年的外匯與貿易改革及出口導向工業化政策，1960 年代與出口導向相配合的獎勵投資相關政策以及推動初步重化工業，1970 年代開始推動高科技產業，並實施十大建設等重大基礎建設項目等。

　　然而進入 1980 年代以後，除了高科技產業政策仍得以延續之外，其他方面多呈現被動因應的情況。而即使在高科技產業政策方面，其最主要且成功的部分可說至 1980 年代末已告一段落，即 1987 年成立的台積電可說是台灣高科技產業政策扶植下，諸多工研院衍生公司中最後一個成功的重大案例。在這之後，幾個重要的開拓性計畫都停留在工研院實驗推動階段，包括面板與手機通訊技術等，而新世紀後更出現了推動 DRAM 與 WiMax 產業政

策的失敗。從1990年代至今，產業政策相關經費一部分用於高科技產業既有的進口替代關鍵零組件模式，另一部分則是以租稅優惠形式廣泛散發於各既有的產業，而未見推動重大新興產業的措施。換言之，不斷更替的首長也帶來不斷更新且匆促成形的產業政策計畫，政策難有成果並非意外[31]。與此相對照，南韓雖與台灣同樣處於政治轉型階段，並受到1997年東亞金融危機較大的影響，然而在產業政策上卻並未停歇。例如自1990年代後期起南韓陸續推動的網路強國計畫（Powerful Internet Nation）已有顯著的成效，使得南韓已在全球線上遊戲與數位媒體等產業方面占有一席之地[32]。

影響之餘，台灣近年來明顯缺乏重要的新興產業來作為產業投資的標的，這導致高科技產業的比重持續增加[33]，以及投資增長的趨緩。進入新世紀之後至今，台灣的實質總投資（固定資本形成）年平均成長率為負值-0.2%，其中民營、公營與政府部門年平均分別為1%、-1%與-2%。而在之前的1950至1980年間投資年平均成長率是14%，隨後二十年平均仍有7%，然而進入新世紀後則降為負值。至今，除民營部門動能不足外，前述公營及政府部門的投資成長率更低於民營，顯見政府已無法以公部門投資來彌補民營部門的不足[34]。同時政治轉型過程中，呈現出稅基下降的趨勢[35]，而過低的稅收比例必然削弱政府推動政策的力量。

換言之，台灣戰後前期發展型國家模式固然必須轉型，但至今轉型卻遠非成功。然而當初國府發展模式之難以延續，並非只是缺乏準備的問題，而是上述的模式原有的各種限制。即國府在台依靠美國保護而主權殘缺，發展上依賴大陸時期的救亡意志為驅動力，以親美反共取代了反殖民反帝國主義

---

31 因此，一位卸任的經濟部長表示該部「愈來愈不相信政府有能力指定特定產業」，亦即經濟部已不再如以往那樣施行產業政策。陳一姍（2015：40-43）。也參見Chu（2014: 240-245）。

32 Lee（2014: 194-197）。

33 參見本書附錄附表A10。

34 參見本書附錄附表A2及附圖A4。

35 在1990年代以前，賦稅收入占GDP的比例大致維持在14%-16%，從1990年代中期開始，這比例逐步下降，到了2010年已降為11.9%（見本書附錄附圖A6）。這也導致財政赤字問題日漸嚴重，參見本書附錄附圖A7。

的自主傾向，而未將三民主義發展為具有社會民主實質的治國理念，因此缺乏正面的治國論述，是這些限制與缺憾使得原有模式不易延續或成功轉型。

四、台灣發展經驗的普世教訓

雖說如上述當初國府發展模式有其限制以致不易延續，然而台灣戰後經濟發展的成績本身仍是極為優異並值得高度肯定的。無論如何，後進國能夠成功地現代化仍是其有尊嚴立足於地球村的必要條件，亦即成功的經濟發展是無可替代的立足要件。因此台灣戰後經濟發展的經驗值得探討，並設法從其中推導出普世性的教訓，探究台灣發展經驗對其他後進地區的適用性為何？本章前述呈現了諸多台灣經驗特殊之處，是否限制其對他處的適用性？在此將就此問題做一綜合性討論。

若單純就經濟層面來看，國府從1949年之後的經濟政策甚為成功，這部分的經驗教訓都是普遍適用的。首先在總體經濟管理上的作為符合經濟理論，先以黃金儲備改革幣制控制惡性通膨，再在美援的協助下，持續以謹慎保守的態度管理財政與物價，設法維持總體經濟的穩定，符合世銀（1993）所強調的維持良好基本條件的必要性，證實穩定的總體經濟是經濟發展的基礎，在這點上結構學派論者與自由市場論者的意見並無差異。

再則，就推動工業發展而言，台灣經驗則符合結構學派的理論，即後進國在推動初始工業化時缺乏推動發展的制度，需要政府高度干預以促進投資，並逐步完善市場制度，但是扶植產業補貼資本是以有績效條件、且有期限的方式為之，即國家規範資本、促進競爭以推動整體發展，而這正是公認東亞成績能優於拉丁美洲的原因。

若再進一步看較細節的相關產業政策的議題，台灣經驗則不單具有開創性並且也具有普世性。1950年代初期的民生工業的進口替代化政策，在當時外匯極端缺乏的情況下，就恢復生產穩定經濟而言是必要的選擇。而國府當時的作法的優異之處在於其具有前瞻性的長期發展理念，包括考慮到上下游整合性發展、持續提升品質、逐步開放競爭、引導民間投資等。再則，進

口替代初步完成後即開始推動出口，1958年開啟的外匯貿易改革改變了整體發展方向，且政策並不耽於保護剛在進口替代政策下發展起來的產業，而是運用補貼來誘使它們開始努力出口，並改善整體投資環境。在招攬外來投資之時，也提出各種條件，如逐步提高本地購買比例及要求全部或大部分外銷等，以確保外資能有利於本地的發展。因此 Gold（1986）即認為台灣雖然引進外資，然國家以發展本地產業為目的高度主導引進過程，因而能夠避免拉丁美洲發展受制於外資的困局。

在戰後初期，台灣經建主事者與日本通產省不約而同採取了有條件保護的作法，這是因為兩者企圖扶植有競爭力產業的目標一致，而在此目標下摸索出類似的方案。這也顯示推動發展的最困難之處或許不只在於擬定適宜的方案，更在於主事者的執行意志以及不受制於既得利益的自主性。

自由市場論者高度肯定台灣出口導向的發展政策，認為這是依賴自由市場的發展。然而回顧歷史過程，台灣戰後初期在轉向出口導向發展之前，曾經歷十餘年經濟困難時期危機不斷，每一樁經濟危機都有賴於合理的政策措施來因應，而百廢待舉中如何啟動工業化，產業隨後如何升級，也都有賴合適的產業政策來進行，也需要政策干預來逐步完善市場制度，上述種種絕非自由放任可以解決問題。再則，雖說出口導向政策是要產業去面對高度競爭的國際市場，然誠如結構學派學者早已反駁的，東亞及台灣所採行的出口導向政策是與扶植中上游產業的第二次進口替代方案並行實施的，政府對出口產業也有諸多補貼，出口導向政策是國家主導的發展政策，並不是如自由市場論者所以為的純依靠自由市場的作法。

其實，如結構學派一再指出，後進國缺乏推動發展的機制，國家必須完善市場與相關的制度，國府成功之處在於其不單建立制度，同時使其與市場機制相配合，這當然不是自由放任能帶來的成果。自由市場派認為人類應該「服從市場」，但正如前文提及 Polanyi（1957）所言，「如何使市場服從社會，又不至於妨礙市場發揮功能」才是一關鍵難題，而當時台灣經建主事者就是摸索出了因地制宜、解決這難題的方案，即採取了**發展取向計畫式市場經濟**模式。

而台灣當時的政策走向，顯示主事者具有前瞻性思維以及相對於既有利益的高度自主性，而他們以務實的態度對現實持續的調查與關注，更呈現了**鑲嵌自主性**。政策的品質可說有賴經建體制的相對自主性，對於這自主性以及其隱含的普世教訓，一般都以非歷史的角度來觀察，將其歸因於國府威權統治或其「尚未」與本地資本結盟，因而不需受制於既存的資本利益。然而，如前述，威權統治在後進國家中甚為普遍但多未能成功促進發展，此部分的普世意涵並非在於威權政治，而是在於這政權是以**革命性的現代化計畫**作為召喚，這些經建主事者更是懷有中華民族救亡圖存的高度動力來推動此計畫。

因此，台灣戰後這成功案例的普世教訓還必須是歷史性的說法，而不是非歷史的各種靜態變數的決定論式的解釋。這些經建主事者成功地推動了經濟發展，他們採取的政策措施有諸多創新且有效，而他們之所以能夠如此，並無法全由靜態變數的決定論解釋，如只認為因他們具有自主性等。其實，主要是因為他們亟於解決問題，因而積極任事、了解現實、摸索並調整方案，這除了有賴於他們在大陸時期所累積的能力外，更有賴於他們高度的動力與共識，並且互相督促，而那是一個藉現代化復興中國的共識。

誠然，企圖心雖然重要，但他們需要在一個穩定且可有效治理的環境中才能發揮力量，這是重要的先決條件。近百多年來，落後地區菁英曾發動過不少從西方殖民者取得獨立的民族主義運動，在尋求政治獨立之外，也曾發動現代化計畫以尋求經濟上的獨立，然而至今失敗者眾。國府在大陸時期也企圖推動現代化，然而卻是以慘敗收場。

若與國府在大陸時期的歷史作比較，其在台灣能夠成功推動發展有多種因素的歷史際遇。國府行政與組織能力有限，遠不如中共，無法有效治理龐大的大陸，然組織能力方面已有所累積，退守台灣後集中人才治理一省則較能處理。而失敗的經驗發揮作用，蔣中正遷台後改革黨務壓制派系，使得經建官僚有較大的權力與空間。日本殖民統治已進行初步現代化，興建了一些軟硬體基礎建設。美國軍援讓國府得以守住台灣，經援則提供初期穩定及發展經濟的重要資源。在這一省範圍內，國府首次享有政治與經濟上的穩定，

並且基本沒有戰爭。此外，戰後台灣還享有一些特殊的有利於發展的條件，即舊殖民者日本的政治與經濟力量必須完全撤離，而新霸權美國提供援助之餘並不覬覦台灣的市場，不但容忍國府施行扶植民族經濟的產業政策，並對台灣的出口開放市場。也就是說，一般常見的強國進行干預阻礙後進國發展自身經濟的作法，於台灣戰後初期可說幾未曾發生。確實，如果沒有這些因素，國府或許不一定能夠成功地在台灣發展經濟，然而，單有這些因素而沒有國府本身的動力因素，也將難以發展。

　　總之，就後進地區如何推動現代經濟發展而言，台灣戰後的經驗有其特殊且又值得借鏡之處。就**如何發展**而言，就經建官僚推動工業化的部分，前述管理總體經濟以及產業政策的擬定與施行的原則都是可以學習參考的對象，雖說其他後進地區在引進台灣經驗教訓時，必然要因地制宜做出相關的適應與修改。此外，重要的是成功的農村土地改革，使得農村地主階層不再是阻礙現代工業發展的阻力，大幅擴大了產業政策的自主空間，社會菁英必須將資金從農村移往都市工商業，而改革後的農村則又為工業化提供了資源與勞動力。土地改革的最後成功仍有賴於與其相配合的工業發展，使得農村的資金與勞動力有出路，並且日後終能回頭來回饋農業。

　　然而，**如何**推動發展的經驗教訓雖比較容易釐清，但是後進國家能否實踐這些方案，還是牽涉到**為何**的部分，而這正是比較難以逕行複製的部分，困難之處恐怕仍是在於統治菁英能夠在多大程度以革命性的現代化計畫來召喚廣大民眾，來共同為此目標作努力與犧牲。在中華文化下，階級、種姓與宗教等因素的隔離作用較少，因此這召喚普及面較為廣泛，追求現代化的社會共識度較高。當時在台灣，經建主事者將救亡與失敗的屈辱轉換成為**整體目標**努力奉獻的動力，因而有助於**革命性的現代化計畫**成功召喚社會共同為此努力。

　　簡言之，在有利的輔助條件配合下，因具高度動力的以實業救國的儒官學習掌握了如何推動發展的能力，同時成功以革命性的現代化計畫動員社會共同為此努力，台灣戰後得以成功發展了經濟。只是這經驗與一個完整的後進國家不同，台灣戰後的故事仍屬於兩岸分斷體制的一部分，國府帶來了在

大陸累積的能力、動力與失敗經驗，國共競爭持續發生影響，中共的社會主義革命迫使國府施行由上而下的三民主義，美國為了圍堵中共而援助國府。

因為這些特殊的情況以及台灣近二十多年來民主化運動所採取的路徑，現今台灣社會流行的論述在討論未來發展方向時，對於國府戰後初期推動發展的努力與成果多採取否定的態度。同時隨著全球思潮的變化，近年來反全球化、環保及反發展的說法也漸成為台灣社會流行的論述，這也帶引出我們如何反思自身現代化經驗的大問題。

確實，在今日，台灣早已成功的工業化現代化，我們該如何看待如何評估強制性現代化這重大社會工程？以土地改革為例，若把時間拉長，中國有悠久輝煌的農業文明，而地主鄉紳主導的鄉土社會是其主體。文明來自於社會生產的剩餘，讓少數人能不直接從事生產，而進行提升文明的活動。原先中國的農業文明下，農業的剩餘支持了中國的地主—仕紳—皇權的文明。如今現代化工業化已經初步達成，如果繼續延續革命論述，在道德上全盤否定整個制度以及地主階級，在今日顯然有些錯置。

但今日台灣社會流行的論述，並未正視**土地改革與推動發展**等政策在**後進國家推動現代化**過程中扮演關鍵角色的這段歷史，也無視於在西方威脅下，後進國家必須現代化才能自立的現實問題。就是說，追求現代化的政治革命，是為了救亡圖存，而「中國如何自救、如何現代化」更是無可迴避的現實問題。迴避這問題去否定土地改革與經濟發展，是去歷史的，因而也是無效的論述。

時至今日，強制性現代化引起的問題不斷浮現，亦即以革命手段將西方模式套用在具有不同文明傳統的中國社會，必然有適用性的問題，同時，因求存而被迫西化，也意味著社會以功利角度擁抱現代化，必然潛藏著價值體系的危機。但是，也是因為現代化已經成功之後，才有餘裕來反省現代化後遺症的問題。就如錢穆（2003：4）早於1940年，即提出對革新史學派的批評，認為「其縮合歷史於現實也，特借歷史口號為其宣傳改革現實之工具」，他認為這會失去真正的歷史知識，而沒有歷史就沒有靈魂。梁漱溟（2006）曾認為中國並非真正西方意義的階級社會，西方的階級分析與動員

方式未必適用。如今學習西方而推展出來的現代化模式，在達到溫飽完成現代化之後如何繼續前進？如何用此角度來看現在的農村問題？鄉土中國不在，我們能有什麼樣的農村？鄉土社會不在，已基本都市化的我們要有什麼樣的社會？這些問題真實而嚴峻，但否定土改與現代化，並無法讓我們迴避「中國如何自救、如何現代化」這關鍵的現實問題。

　　總之，台灣社會流行的論述以去歷史化方式否定戰後的發展經驗，導致了我們無法從中擷取自身發展的經驗教訓，難以在反省自身經驗的基礎上作出檢討與修正，也難以尋得可以動員多數人的共同目標，據而尋得再出發的願景與方向。換言之，重新歷史性地來正面面對這段歷史，理解我們為何經濟能夠發展，為何能走到今日，理解到兩岸歷史大背景與這**為何與如何**發展密切相關，才有可能走出台灣及兩岸的困局。

　　最後需在此說明一下，本書只是在此研究方向踏出了一步，仍有諸多相關問題待進一步探討。本書的理論性關切是自由市場學派與結構學派的爭論，其背景是Polanyi所提的我們是否要反對干預而服從市場的爭論。因此本書主要切入點是處於後進發展階段國家產業政策所扮演的角色，試圖論證在台灣成功的發展過程中，是合宜的產業政策而不是自由市場發揮了關鍵作用。換言之，本書從此點進行論述，雖盡量綜合相關研究的成果，但並非是一本涵蓋全面的歷史敘述；同時，因為關於台灣戰後初期發展的研究在很多方面並不足夠，例如關於與經濟成長相配合的金融發展歷史、城鄉土地開發政策與歷程，以及本地資本與產業政策的互動等方面，因此本書未能對這些重要議題做出討論。這些課題當有待進一步的探討，希望本書能引發學界對此方面議題更多的關注與研究。

後記

　　如前述，寫這本書的背後是一個歷時多年的探索過程，是我作為一位知識生產者長期求索而累積的成果。在這漫長的探索過程中，對於現今我們所處的相關知識狀態有了些體驗與領悟，因而想在此將心得記錄下來並與讀者分享。

　　為了說明我寫這本書的源起、求索的歷程與心得，必須把歷史拉得遠一點，從我大學時期說起。我在1970年代初上大學時，受到當時保釣運動很大的影響。這影響是多方面的，它讓我們跟世界上其他的運動產生連結，並且激發我們去連結五四以來中國民族復興的潮流。同時也因受到美國保釣運動的影響而開始探尋左翼的道路，開始有模糊的左翼認同。因此，當我於1975年去美國留學攻讀經濟學博士學位時，其實心中充滿困惑。上大學時學習主流新古典經濟學，雖對其並不太信服，卻也不清楚有何其他的可能。而在準備留學時，因仍希望學到理解複雜經濟現象的能力，還是決定繼續攻讀經濟學。

　　數年後雖取得了經濟學博士學位，然而原先的困惑仍在。在美國學院裡學的是主流新古典經濟學，那是一個非常強大成熟、主導全球學界的理論體系。但我仍對其難以完全信服，這部分源於自身仍保留了初衷，然也是因為覺得這學科的發展趨勢，越來越以自由放任原則為尊，研究方法日趨專精，領域分工日益細密，但是研究卻越來越脫離現實，難以成為我理解經濟現象的憑藉。另一方面，當時在美國學院裡包括左翼在內的非主流經濟學甚為微弱，不少西方左翼學者專注於解釋古典馬克思理論，有些則因反對資本主

義，而不樂見後進國如東亞能藉由加入資本主義體制而發展經濟，因而不願研究及肯定東亞發展的經驗，因此其所能提供的如何研究後進經濟發展的理論資源甚為有限。

1988年回台前後，在自行摸索並廣泛閱讀經濟發展相關文獻中，注意到一位研究後進經濟發展的美國學者安士敦（Alice Amsden）的研究取徑甚合我意，她的研究方法與問題意識正是我想要學習的。同時一位美國友人也寄來了安士敦（1989）當時正在撰寫的關於南韓經濟發展的書稿，其清楚地示範了一種研究東亞新興發展的路徑。那是一條不太一樣的研究之路，並且事後我也發覺她的心路歷程與我有些相似，也是以左翼做為認同，不滿意主流經濟學，但也認為既有的左翼經濟學不足夠，而她的方向正是研究後進經濟發展。

她雖有左翼認同，但不囿於左翼既有教條，不會像有些西方左翼學者因反對資本主義而不願探討東亞發展的經驗。相反的，因她是帝國的反叛者，知道只有當後進國能夠發展出真實的經濟力量，才能對西方霸權地位有所挑戰，同時後進國唯有透過經濟發展才能自立，也才有尊嚴，因此，她認為落後國家一定要能自己發展經濟，才是最踏實的。再則，她也認為左翼經濟學應該與時俱進，藉由研究後進發展經驗來拓展理論。而就主流發展經濟理論而言，她當然反對新自由主義學派自由化的主張，因為她知道該學派主張政府不應干預的政策處方只會讓後進國持續貧窮，她也不同意一些主流發展經濟學者以人道為名，單單強調消除貧窮與人道救援的說法，認為那其實無濟於事。因此，她的學術追求就是希望能幫助後進國家發展經濟，並且她亟於研究與推廣後進發展成功的經驗，東亞成功發展的經驗正好作為這研究的開始，而這研究必須以非主流方式為之。她務實的立場與研究取徑可說正合我意。

換言之，安士敦在理論上傳承了廣義的結構學派，有別於新古典經濟學與西方左翼經濟學，同時，在研究方法上也不同於主流的以數學模型與計量方法為主的模式，而強調以歸納法來整理落後國家真實的發展經驗，先做微觀研究再做到宏觀層次，並逐步擴大範圍形成整體論述。確實，既有的主流

經濟理論背後所隱含的制度與行為假設，都源自西方成熟的市場經濟環境，對於落後經濟體的適用性甚為可議。因此，以歸納法整理後進國家真實的發展經驗，是非常務實且更接近現實的作法。雖說在當今學術環境下，數量分析被認為是最「科學」的方法，她採用的歸納法絕非主流，並尚待進一步完善，但是相較於難以令人信服的主流研究取徑而言，我認為她的研究路徑是貼近現實、具有生產性的，是我可以援用的。因此，我回台後就開始依循這樣的路徑來研究台灣的經濟發展，先具體研究個別產業的發展，從最基本的層次去觀察經濟發展如何產生，累積了一些個案就能逐步去歸納、綜合這些經驗，當然同時需要與各種相關理論互動。

　　稍後到了1990年代中期，我有機會與安士敦教授相識並進而合作，一起研究了台灣產業升級的經驗，並將研究成果寫成了一本書《超越後進發展》，這對我來說是個很珍貴的學習經驗。這本合著探討台灣如何做到產業升級，將後進發展當作理論化的對象，發現後進廠商的特徵不同於先進國的先進廠商，據而提出了後起者理論。這研究證實經濟發展理論需要不斷發展，主流經濟理論必須不斷被修正。我也從此體認到普世理論應被不斷修正和擴大，研究特殊對象時，固然需要沿用既有理論，但是對特殊對象的研究成果，也可對於所謂普世的理論做出貢獻，這應是一個不斷發展的過程，同時，後進發展經驗也就因此能對理論整體做出貢獻。

　　在完成合著之後，我就開始了與現在這本書相關的研究。當時我與安士敦曾經討論是否進一步合作研究台灣產業升級的進程，因為經濟總是不斷地在變化。然而，我卻轉而開始進行對台灣戰後初期經濟發展的研究。

　　這是因為我作為一個台灣經濟發展的研究者，一直關注著這二十多年來台灣社會流行論述的演變，發現其越來越令我難以接受。例如就如何解釋台灣經濟成長的成績而言，日本殖民遺產竟日漸被推崇為主要原因，再如台灣戰後初期實施的農村土地改革，竟然不再被理解為是追求社會公平與現代化的重大改革而遭到否定。這類流行論述源於台灣近年民主化運動，雖說其為反對國民黨威權統治的動機可以理解，然而如此的論述令人困惑。而我既然是台灣經濟發展的研究者，深入探究台灣戰後經濟能夠發展的原因並提出解

釋，應是我要戮力以赴的。

　　但是要如何探討這重要的問題，如何設計研究取徑，並非易事。當時曾讀到幾篇論文，有幾位韓國與美國學者針對日本殖民遺產是不是南韓戰後經濟發展的主要原因有過一場論辯，一方說是，一方說不是。我讀後甚覺振奮，一則羨慕南韓學界可以如此正面地去辯論這問題，再則覺得其提供了一個可以參照的方向和框架，遂進而前赴南韓對相關學者進行了訪談。於是我從此開始了長達十多年的研究，逐步深入探索台灣戰後經濟發展的原因，包括評估日本殖民統治、美國戰後援助，以及國民政府的作為等因素的影響。

　　這是一組龐大且複雜的議題，牽涉到後進國家如何推動經濟發展的根本問題，也牽涉到研究方法與歷史觀。在摸索中我的領悟是，這研究必須是一個結合歷史與社會科學的計畫。在此之前，我所採的研究取徑並不完全是歷史性的，只是涵蓋時期較長的橫切面分析。如探討在某個歷史時刻，為何台灣或其他後進經濟體能夠成功因應挑戰，何種政策能有成效，哪些因素發揮了作用等。但是，在不同的歷史時刻，每個社會所累積的歷史條件與當時面對的內外環境都有所不同。因此，除了描述那個歷史時刻的內在外在客觀條件外，也必須要看到當時社會所累積的主觀能量和動力，而這必然是歷史性的。例如，在本書中為要解釋國府在大陸時期無法施行土地改革，但到台灣後卻做到了這件事，這就必須掌握國府在過去歷史中累積的動力及當時的環境，以及當時內外客觀條件，亦即需要結合歷史層面以及橫切面的具體分析，才能有較為全面的理解。換言之，這本書進一步深化了歷史的面向，基本成為一個歷史性的分析，但在各關鍵時刻則加入橫切面的社會科學分析。我是從社會科學出發，試圖將其歷史化，而與歷史學者的作法有所不同，因此，我將這研究取徑稱為是歷史化的社會科學研究，這可說仍是一種嘗試。

　　再則，在這過程裡我對歷史觀有了新的體悟。首先，涉及現在所謂「非歷史」分析背後的史觀。我們在台灣都接受西化教育，持續學習並跟隨歐美這一套研究方法。雖如前述，現代社會科學分析一般都是非歷史性的，然而，非歷史並不意味沒有歷史觀，其實它背後隱藏了一個歷史觀，是一個把西方現代化當作唯一典範的歷史觀。依據這史觀，我們接受說後進國的落後

是一個應該要擺脫的包袱，而現代化就是要去除包袱，是一種進步。如此的假設已被視為理所當然，我們已經將其內化而不必明言，因此所做的研究在形式上可以是非歷史的。同時，與其相配合的是一種非歷史的結構決定論，現在社會科學研究取向多是探討哪些結構變數可以解釋我們要解釋的主要變數，如GDP的變動等，背後假設是這些代表結構的變數可以「決定」要被解釋的對象。這樣非歷史及結構決定論的研究方法，是現在社會科學中普遍的方法，它背後其實是一種普世的、西方進步論的史觀。

　　我摸索至今，體驗到另一種歷史視野是較為合適、較能解釋後進發展經驗的。關鍵是要把自身放置於後進地區之中，認定自身是一個後進國家。從歷史時間來看，後進地區的「後進」是關鍵，由此凸顯出後進國是在西方強勢壓力下被迫推動自身的現代化的現實，而不是在自身發展軌跡上「自然地」追求現代化，亦即「後進者被迫現代化」是難以迴避的歷史現實。我將其稱為**後進發展視野**，這個發展視野脫離了西方進步論史觀，得以從歷史視野來看待後進發展，但也意味必須面對如何評價自身現代化的課題。

　　然而，必須要說明的是，提出後進發展視野絕非為了悲情與懷舊，而是為了看清自身的處境並思考未來。現實上，懷舊式的擁抱傳統，甚至進而否定現代化，並無意義，因為在今日地球村裡，後進地區原先被迫現代化的壓力依然存在。只是在東亞，我們已幸運地達到了基本現代化，也因此才較有餘裕與空間反思自身現代化的道路。一則我們必須檢討至今自身現代化的狀況，再則進而思考未來的方向。同時，我們是在各自傳統文化的基礎上進行現代化，並沒有脫離自身的既有文化，現代化後的狀態也必然與所謂的西方典範有所不同。只是因為我們服膺於西方進步史觀，以自身與西方的差異作為衡量「進步」的量尺，因而習於從規範性的角度來看待這差異，並且進而將其作為社會內部互相競爭的標準，而不是將其當作反省自身狀態的明鏡[1]。

　　我覺得這**後進發展視野**甚為關鍵，讓我能較清楚地掌握台灣後進發展的經驗，也關係到我們未來要如何進一步發展的問題。然而，就如後進國被迫

---

[1]　瞿宛文（2016）對此觀點做了詳細的說明。

現代化一樣，服膺於西方進步史觀或許也是與之相配合而難以避免的歷史階段。同樣地，若從歷史視野觀之，我們從西方進步史觀轉向後進發展視野，或許正是配合著自身現代化進程的、在認識上合宜的變化？

　　這些是寫這本書的體悟。我在探討台灣戰後經濟發展源起的過程中，也對自身的知識養成過程作了反思，體認到兩者必須同時進行，才能讓我真正理解這歷史，理解到後進發展的真實意涵。即是理解到落後國家後進知識分子，必須檢討西方進步史觀，建立自身的後進發展視野，才能理解過去並掌握未來。這體認也讓我稍覺這學術工作可以成為自我成長的一部分，稍減現代學術工作所帶來的疏離感。

　　簡言之，我摸索出的自我定位是，由後進國視野出發，來探討後進經濟發展。體認到必須脫離西方進步史觀，從後進發展視野了解自身。並以歸納式的、歷史化的社會科學研究方法，來整理探討後進發展經驗，來修正既有發展理論。促進後進發展仍至為重要，因唯有後進國能陸續發展經濟，世界才能日趨平等，只是作為較成功的後進者，實有責任對此做進一步的反思。

附錄

台灣戰後初期經濟成長相關統計

附圖A1 GDP依產業分配，1952-2013

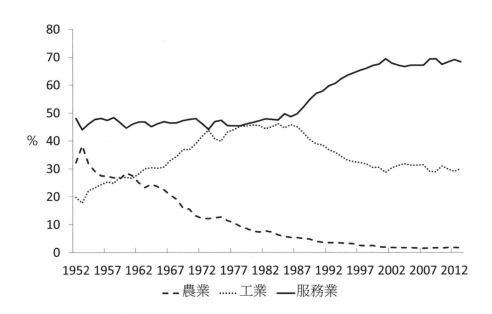

資料來源：*Taiwan Statistical Data Book*, various years.

附圖A2　出口占GDP之比例，1952-2013

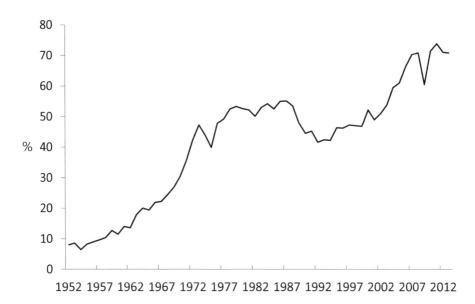

資料來源：

1. 中華民國統計資訊網，http://www.stat.gov.tw/mp.asp?mp=4.

2. CEPD, various years, *Taiwan Statistical Data Book*.

附圖A3 貿易餘額，1952-2013

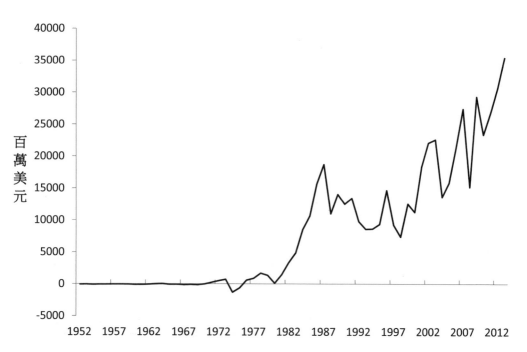

資料來源：CEPD, various years, *Taiwan Statistical Data Book*.

附圖 A4 部門別實質固定資本形成數額，2011 價格

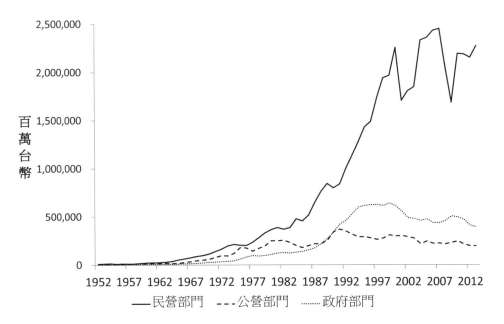

資料來源：CEPD, various years, *Taiwan Statistical Data Book*。固定資本形成平減指數引自：中華民國統計資訊網，https://statdb.dgbas.gov.tw/pxweb/Dialog/NI.asp。擷取日期：2015 年 6 月 17 日。

附圖 A5 固定資本形成：部門別成長率（十年平均）

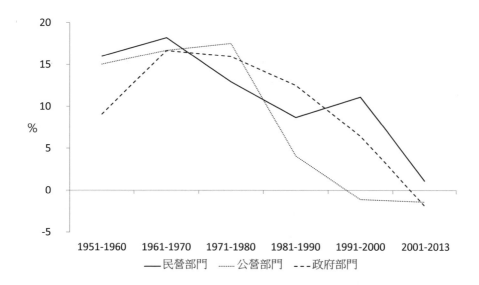

資料來源：同前附圖 A4。作者具此計算各部門實質固定資本形成的十年平均年成長率。

附圖A6 賦稅收入占GDP比例，1955-2010

資料來源：計算自財政部統計資料庫資料；

http://www.mof.gov.tw/ct.asp?xItem=53230&CtNode=2255&mp=6.

附圖 A7　財政餘絀占歲入淨額比例，1962-2010

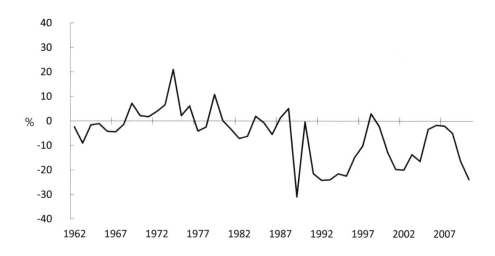

資料來源：計算自財政部統計資料庫資料；

http://www.mof.gov.tw/ct.asp?xItem=53230&CtNode=2255&mp=6.

附表 A1 GDP 相關指標，1951-2013

年	GDP（當期價格）			年平均成長率（％）	
	$ 百萬美金	人均GDP		實質 GDP	人均實質GNP
		NT $	US		
1951	1,228	1630	158	...	...
1952	1,711	2190	213	12	8.3
1953	1,506	2811	181	9.3	5.9
1954	1,656	2978	192	9.5	5.8
1955	1,973	3422	220	8.1	4.2
1956	1,420	3789	153	5.5	1.8
1957	1,658	4282	173	7.4	4
1958	1,856	4636	187	6.7	3.2
1959	1,456	5150	142	7.7	4.3
1960	1753	5977	164	6.3	3.1
1961	1,785	6472	162	6.9	3.5
1962	1,963	6894	172	7.9	4.7
1963	2,218	7542	189	9.4	6.2
1964	2,587	8527	213	12.2	9.1
1965	2,859	9140	229	11.1	7.9
1966	3,192	9917	248	8.9	6.1
1967	3,687	11163	279	10.7	7.9
1968	4,295	12682	317	9.2	6.6
1969	4,979	14156	354	9	6.6
1970	5,735	15730	393	11.4	9
1975	15,728	37179	978	4.9	2.5
1980	42,221	85851	2385	7.3	5.1
1985	63,149	131158	3290	4.1	3.3
1990	164,747	218456	8124	6.9	5.8
1995	274,728	342188	12918	6.4	5.4
2000	326,205	459212	14704	5.8	5.4
2005	364,832	516516	16051	4.7	3.4
2010	428,186	585633	18503	10.8	10.2
2013	489,132	623713	20952	2.1	1.5
年平均					
1951-1960	1,622	4,096	198	8.1	4.5
1961-1970	3,330	10,222	256	9.7	6.8
1971-1980	20,010	44,693	1,198	9.8	7.7
1981-1990	89,638	149,450	4,594	7.6	6.4
1991-2000	265,075	354,494	12,375	6.3	5.1
2001-2013	385,792	538,088	16,825	3.6	3.3
1951-2013	139,874	200,326.8	6,424.3	7.3	5.5

資料來源：1. 中華民國統計資訊網，http://www.stat.gov.tw/mp.asp?mp=4.

2. CEPD, various years, *Taiwan Statistical Data Book*.

附表 A2 固定資本形成，1952-2013

年	固定資本形成（%）		固定資本形成之組成（%）		
	占 GNP 比*	成長率	民營部門	公營部門	政府部門
1952	11.3	30.9	50.5	31.7	17.8
1953	11.7	13.4	53.8	33.4	12.8
1954	13.2	10.7	63.2	22.9	13.9
1955	11.3	-16.3	46.0	37.8	16.2
1956	13.3	15.8	48.9	37.6	13.5
1957	13.2	1.0	43.6	39.1	17.3
1958	15.0	9.6	39.6	44.7	15.7
1959	16.6	27.6	46.3	38.8	14.9
1960	16.6	28.3	52.6	33.5	13.9
1961	16.2	7.5	50.7	35.2	14.1
1962	15.1	1.2	51.7	33.9	14.4
1963	15.3	18.2	55.0	31.7	13.3
1964	14.6	12.6	60.9	24.2	14.9
1965	17.0	30.1	66.5	20.9	12.6
1966	19.1	4.3	64.0	24.5	11.5
1967	20.6	32.7	61.1	27.8	11.1
1968	22.0	16.7	59.3	29.7	11.0
1969	22.2	8.8	58.0	29.9	12.1
1970	21.7	21.3	57.2	29.4	13.4
1975	31.3	-14.5	45.8	40.3	13.9
1980	30.7	8.7	50.6	34.4	15.0
1985	19.5	-7.2	56.7	24.2	19.1
1990	23.1	6.7	54.0	23.0	22.9
1995	25.7	5.8	61.2	12.4	26.4
2000	24.4	8.3	71.3	9.4	19.4
2005	21.9	0.0	76.7	7.9	15.4
2010	20.7	36.8	74.8	8.4	16.9
2013	18.8	2.2	79.5	6.8	13.7
年平均					
1951-1960	13.6	13.4	49.4	35.5	15.1
1961-1970	18.4	15.3	58.4	28.7	12.8
1971-1980	27.0	13.2	52.8	33.0	14.3
1981-1990	22.4	6.7	56.1	25.5	18.4
1991-2000	24.5	7.7	62.0	13.5	24.5
2001-2013	20.3	-0.2	74.9	8.4	16.7
1951-2013	21.1	8.8	59.9	23.2	17.0

資料來源：CEPD, various years, *Taiwan Statistical Data Book*.

*1959 年以前數值為占 GDP 比例，1960 年以後數值為占 GNP 比例。

附表A3 核准華僑及外國人來台投資占台灣固定資本形成毛額之比例，
1952-2013

年	核准華僑及外國人來台投資 美金千元			匯率	核准華僑及外國人來台投資 新台幣百萬元	固定資本形成毛額 新台幣百萬元	核准華僑及外國人來台投資／固定資本形成毛額（％）
	華僑	外國人	合計		合計		
1952	1067	0	1067	15.69	17	1979	0.85
1953	1654	2041	3695	15.69	58	2726	2.13
1954	128	2092	2220	18.78	35	3409	1.02
1955	176	4423	4599	30.23	72	3502	2.06
1956	2484	1009	3493	30.23	55	4729	1.16
1957	1574	48	1622	30.23	25	5493	0.46
1958	1402	1116	2518	36.38	40	7062	0.56
1959	820	145	965	36.38	15	9000	0.17
1960	1135	14338	15473	40.00	243	10869	2.23
1961	8340	5964	14304	40.00	224	11964	1.88
1962	1660	3543	5203	40.00	82	12358	0.66
1963	7703	10347	18050	40.00	283	14230	1.99
1964	8007	11890	19897	40.00	312	15978	1.95
1965	6470	35140	41610	40.00	653	20418	3.20
1966	8377	20904	29281	40.00	459	25614	1.79
1967	18340	38666	57006	40.00	894	31891	2.80
1968	36449	53565	90014	40.00	1412	39569	3.57
1969	27499	81938	109437	40.00	1717	46318	3.71
1970	29733	110133	139866	40.00	2194	52301	4.20
1971	38017	128191	166208	40.00	2608	64959	4.01
1972	26466	100190	126656	40.00	1987	79371	2.50
1973	58806	193688	252494	38.00	3962	107632	3.68
1974	80640	115160	195800	38.00	3072	163354	1.88
1975	47235	82940	130175	38.00	2042	191565	1.07
1976	39487	102032	141519	38.00	2220	205808	1.08
1977	68723	97148	165871	38.00	2603	224527	1.16
1978	76210	138827	215037	37.04	3374	268033	1.26
1979	147352	181483	328835	36.02	5159	350057	1.47
1980	222584	243380	465964	36.00	7311	472346	1.55
1981	39463	356294	395757	36.84	6209	512978	1.21
1982	59720	320286	380006	39.11	5962	519884	1.15

附表A3 核准華僑及外國人來台投資占台灣固定資本形成毛額之比例，
1952-2013（續）

年	核准華僑及外國人來台投資			匯率	核准華僑及外國人來台投資 新台幣百萬元	固定資本形成毛額 新台幣百萬元	核准華僑及外國人來台投資／固定資本形成毛額（％）
	美金千元						
	華僑	外國人	合計		合計		
1983	29086	375382	404468	40.06	6346	518980	1.22
1984	39770	518971	558741	39.60	8767	549267	1.60
1985	41757	660702	702459	39.85	11022	529967	2.08
1986	64806	705574	770380	37.82	12087	594404	2.03
1987	195727	1223069	1418796	31.77	22261	715520	3.11
1988	121377	1061161	1182538	28.59	18554	845044	2.20
1989	177273	2241026	2418299	26.40	37943	992183	3.82
1990	220115	2081657	2301772	26.89	36115	1111414	3.25
1991	219462	1558957	1778419	26.81	27903	1239534	2.25
1992	312146	1149228	1461374	25.16	22929	1491975	1.54
1993	123501	1089975	1213476	26.38	19039	1715984	1.11
1994	106790	1523927	1630717	26.46	25586	1843656	1.39
1995	168554	2756786	2925340	26.48	45899	2027897	2.26
1996	170451	2290385	2460836	27.46	38611	2033277	1.90
1997	387463	3879166	4266629	28.66	66943	2231680	3.00
1998	184721	3554037	3738758	33.44	58661	2482879	2.36
1999	132380	4099024	4231404	32.27	66391	2540878	2.61
2000	50383	7557372	7607755	31.23	119366	2722595	4.38
2001	47223	5081295	5128518	33.80	80466	2238591	3.59
2002	44958	3226791	3271749	34.58	51334	2285679	2.25
2003	14917	3560757	3575674	34.42	56102	2365673	2.37
2004	13739	3938408	3952148	33.42	62009	2853709	2.17
2005	10318	4217750	4228068	32.17	66338	2924286	2.27
2006	45264	13923983	13969247	32.53	219177	3063352	7.15
2007	20949	15340224	15361173	32.84	241017	3205121	7.52
2008	33680	8203435	8237114	31.52	129240	3045433	4.24
2009	8898	4788993	4797891	33.05	75279	2761737	2.73
2010	12886	3798680	3811565	31.64	59803	3335881	1.79
2011	51533	4903901	4955435	29.46	77751	3346945	2.32
2012	11662	5547319	5558981	29.61	87220	3282131	2.66
2013	8971	4924480	4933451	29.77	77406	3371155	2.30

資料來源：1.經濟部投資審議委員會，http://www.moeaic.gov.tw/，2015/8/4擷取。

2.中華民國統計資訊網，http://statdb.dgbas.gov.tw/pxweb/Dialog/NI.asp，2015/8/4擷取。

3.台灣銀行（編），1958，《台灣金融統計月報》，85：47-48。

4.劉鳳文，1980，《外匯貿易政策與貿易擴展》，台北：聯經。

附表 A4 對外貿易，1952-2013

單位：百萬美元

年	商品貿易		
	出口總值	進口總值	貿易餘額
1952	116	187	-71
1953	128	192	-64
1954	93	211	-118
1955	123	201	-78
1956	118	194	-76
1957	148	212	-64
1958	156	226	-70
1959	157	231	-74
1960	167	297	-133
1961	195	322	-127
1962	218	304	-86
1963	332	362	-30
1964	433	428	5
1965	450	556	-106
1966	536	622	-86
1967	641	806	-165
1968	789	903	-114
1969	1,049	1,213	-164
1970	1,481	1,524	-43
1975	5,309	5,952	-643
1980	19,811	19,733	78
1985	30,726	20,102	10,624
1990	67,214	54,716	12,498
1995	113,342	104,012	9,330
2000	151,950	140,732	11,218
2005	198,432	182,614	15,817
2010	274,601	251,236	23,364
2013	305,452	269,897	35,555

資料來源：CEPD, various years, *Taiwan Statistical Data Book*.

附表A5 進出口之構成，1952-2013

單位：%

年	出口			進口		
	農產品	農產加工品	工業產品	資本設備	農工原料	消費品
1952	22.1	69.8	8.1	14.2	65.9	19.9
1953	13.8	77.8	8.4	15.6	67.1	17.3
1954	13.3	76.1	10.6	15.1	72.3	12.6
1955	28.1	61.5	10.4	16.5	74.7	8.8
1956	18.5	64.5	17.0	18.7	73.9	7.4
1957	15.9	71.5	12.6	20.6	72.5	6.9
1958	23.7	62.3	14.0	21.8	71.8	6.4
1959	23.6	52.8	23.6	25.1	67.5	7.4
1960	12.0	55.7	32.3	27.9	64.0	8.1
1961	14.8	44.3	40.9	26.4	63.5	10.7
1962	11.9	37.6	50.5	23.4	68.3	8.3
1963	13.5	45.4	41.1	21.4	72.1	6.5
1964	15.0	42.5	42.5	22.1	71.8	6.1
1965	23.6	30.4	46.0	29.3	65.6	5.1
1966	19.8	25.1	55.1	29.4	65.5	5.1
1967	15.2	23.2	61.6	32.1	63.2	4.7
1968	11.1	20.5	68.4	32.5	62.9	4.6
1969	9.3	16.7	74.0	34.7	60.8	4.5
1970	8.6	12.8	78.6	32.3	62.8	4.9
1975	5.6	10.8	83.6	30.6	62.6	6.8
1980	3.6	5.6	90.8	23.4	70.8	5.8
1985	1.6	4.5	93.9	14.1	76.9	9.0
1990	0.6	3.8	95.5	17.5	70.4	12.0
1995	0.4	3.4	96.2	16.2	72.0	11.8
2000	0.2	1.2	98.6	27.7	63.4	9.5
2005	0.2	1.1	98.7	18.3	72.4	9.3
2010	0.3	0.8	98.9	16.2	75.5	8.4
2013	0.3	1.0	98.7	14.5	75.6	9.9

資料來源：CEPD, various years, *Taiwan Statistical Data Book*.

附表A6 利率、匯率與物價變動率，1952-2013

年	利率（％）	匯率（新台幣／美元）	消費者物價指數成長率（％）
1952	-	15.60	...
1953	-	15.60	18.8
1954	-	17.17	1.7
1955	-	23.17	9.9
1956	-	27.73	10.5
1957	-	24.73	7.5
1958	-	30.43	1.3
1959	-	72.46	10.6
1960	-	40.05	18.4
1961	14.40	40.05	7.8
1962	12.96	40.05	2.3
1963	11.52	40.05	2.2
1964	11.52	40.05	-0.2
1965	11.52	40.05	-0.1
1966	11.52	40.05	2.0
1967	10.80	40.05	3.4
1968	11.88	40.05	7.9
1969	10.80	40.05	5.0
1970	9.80	40.05	3.6
1975	10.75	38.00	5.2
1980	11.00	36.01	19.0
1985	5.25	39.85	-0.2
1990	7.75	27.11	4.1
1995	5.50	27.27	3.7
2000	4.63	32.99	1.3
2005	2.25	32.85	2.3
2010	1.63	30.37	1.0
2013	1.88	29.77	0.8
平均			
1951-1960	-	25.2	9.8
1961-1970	10.69	40.1	3.4
1971-1980	2.06	7.8	11.1
1981-1990	1.63	7.6	3.1
1991-2000	1.33	5.4	2.6
2001-2013	0.65	7.4	1.0
1951-2013	9.19	34.5	4.8

資料來源：1. 中央銀行全球資訊網，http://www.cbc.gov.tw/ct.asp?xItem=995&ctNode=523&mp=1
2. CEPD, various years, *Taiwan Statistical Data Book*.

附表 A7 美援相關指標 1951-1968

年	貿易餘額（百萬美元）	美援物資到達金額（百萬美元）	美援物資進口分配比例（％）				美援物資進口占進口總值比估計（％）
			資本財	原物料	消費品	總計	
1951	...	90.8	10.3	85.6	4.1	100	50.9
1952	-71	75.8	8.1	88.6	3.3	100	46.3
1953	-64	100.3	15.0	82.2	2.8	100	44.8
1954	-118	108.3	16.5	80.1	3.4	100	41.9
1955	-78	132.0	18.8	74.2	7.0	100	46.2
1956	-76	101.6	25.6	68.3	6.1	100	50.4
1957	-64	108.1	27.9	64.9	7.2	100	42.7
1958	-70	81.6	23.7	64.2	12.1	100	34.4
1959	-74	128.9	32.9	60.4	6.7	100	35.5
1960	-133	101.1	28.9	65.1	6.0	100	33.5
1961	-127	94.2	34.0	58.3	7.7	100	29.2
1962	-86	65.9	22.9	70.1	7.0	100	25.7
1963	-30	115.3	10.8	84.0	5.2	100	16.0
1964	5	83.9	6.1	84.0	9.9	100	12.3
1965	-106	56.5	17.8	76.0	6.2	100	9.0
1966	-86	4.2	14.2	77.1	8.7	100	5.2
1967	-165	4.4	35.1	59.2	5.7	100	3.1
1968	-114	29.3	18.6	79.6	1.8	100	1.9

資料來源：CEPD, various years, *Taiwan Statistical Data Book*.

附表A8 工業年成長率，1952-2013

單位：%

年	總計	礦業及土石採取業	製造業	電力、燃氣、用水供應業	建築工程業
1952	26.0	35.1	32.1	6.7	-
1953	25.1	-4.9	33.0	6.2	-
1954	5.8	0.3	6.9	15.9	6.2
1955	13.1	13.0	10.6	6.3	33.3
1956	3.5	6.0	5.9	9.3	-25.0
1957	12.8	10.9	144.6	1.1	10.1
1958	8.6	7.5	7.9	20.3	51.3
1959	11.7	8.0	13.2	12.4	-33.9
1960	14.1	12.7	14.4	13.5	10.5
1961	15.7	17.3	12.4	6.9	-4.8
1962	7.9	10.0	8.1	13.6	15.0
1963	9.1	5.4	9.3	5.8	7.6
1964	21.2	6.2	12.2	17.8	19.2
1965	16.2	3.7	16.6	9*.2	249.2
1966	15.6	3.7	16.1	13.8	57.5
1967	16.7	4.8	17.4	14.4	24.7
1968	22.3	1.2	24.9	16.8	27.4
1969	19.8	-0.9	22.7	14.4	15.1
1970	20.1	1.0	22.2	19.1	6.4
年平均成長率					
1951-1960	13.4	9.8	29.8	10.2	5.8
1961-1970	16.5	5.2	16.2	12.3	41.7
1971-1980	13.8	-0.9	14.2	11.9	15.6
1981-1990	6.2	-6.8	6.6	7.0	-1.0
1991-2000	5.1	-4.0	5.4	7.0	2.7
2001-2013	4.1	-4.8	4.5	1.6	-1.3
1951-2013	9.7	-0.6	12.1	8.1	11.2

資料來源：CEPD, various years, *Taiwan Statistical Data Book.*

註1：1953-1977年指數以1981年為基期，1978-2005年指數以2001年為基期，2006-2013年指數以2011年為基期。

註2：2006-2012年的電力、燃氣、用水供應業數值，係以2011年為基期的工業生產指數，運用《工業產品生產總量質與淨值分配》（經濟部統計處，2013，12）之生產淨值結構分配權數加總計算所得。

附表A9 製造業中分類生產指數（以生產淨值為權數，1970=100），1946-2013

年	製造業	食品	飲料	菸草	紡織業	成衣及服飾品	皮革、毛皮及其製品	木竹製品	紙漿、紙及紙製品	印刷及資料儲存媒體複製業
1946	1.15	4.42	4.45	10.44	0.06	0.87	6.60	9.21	0.82	-
1947	1.92	3.14	3.15	12.35	0.21	1.09	8.51	10.45	2.12	-
1948	3.45	12.28	12.27	15.94	0.53	1.15	8.95	17.92	3.10	-
1949	4.41	23.92	23.91	17.40	1.87	1.25	7.69	17.78	2.70	-
1950	4.80	23.10	23.10	31.70	2.99	1.94	4.74	18.70	4.49	-
1951	5.95	15.66	15.64	37.53	5.39	2.99	22.24	23.68	6.29	-
1952	7.87	25.81	25.80	47.35	7.37	4.92	22.34	24.55	7.27	-
1953	10.36	37.11	37.08	51.82	17.64	5.83	17.34	25.37	7.68	-
1954	10.94	29.52	29.53	58.19	18.35	6.56	24.24	25.99	9.40	-
1955	12.09	35.47	35.51	65.25	16.79	7.85	23.40	26.08	10.87	-
1956	12.86	35.07	35.01	67.28	14.74	8.42	28.42	28.58	13.56	-
1957	14.78	40.31	40.31	64.60	13.41	9.18	31.69	32.95	16.26	-
1958	15.93	40.49	40.49	69.34	15.10	7.60	26.01	36.69	19.04	-
1959	17.85	41.59	41.57	73.27	18.44	9.37	22.04	34.20	22.88	-
1960	20.54	41.22	41.21	73.33	19.57	8.51	21.17	37.12	26.14	-
1961	23.03	47.11	47.10	75.92	26.05	11.05	22.07	42.71	28.35	41.50
1962	24.95	45.55	45.53	73.54	28.60	13.57	23.77	45.10	30.96	47.17
1963	27.45	49.48	49.48	76.74	29.19	16.76	24.35	53.07	32.60	47.17
1964	33.59	62.55	62.56	79.77	33.13	19.26	27.13	67.02	40.52	51.21
1965	39.16	72.73	72.67	84.59	37.48	22.51	30.48	68.98	43.46	55.47
1966	45.49	73.13	73.12	85.14	46.60	27.78	38.43	75.16	55.72	65.38
1967	53.55	78.03	77.98	93.73	56.48	41.46	49.95	77.74	64.54	69.43
1968	66.79	82.42	82.38	94.97	68.74	63.81	71.15	86.68	73.04	81.17
1969	81.77	86.68	86.65	100.79	80.97	82.64	77.70	97.00	83.01	89.68
1970	100.00	100.00	100.00	100.00	100.00	100.00	100.00	100.00	100.00	100.00
1975	181.96	140.77	140.72	128.64	196.83	184.42	229.01	119.36	161.03	200.00
1980	361.04	226.97	226.88	160.21	276.73	338.17	303.64	149.05	320.26	673.68
1985	495.20	290.25	269.44	190.43	322.38	370.78	477.43	173.57	412.50	840.08
1990	676.01	312.71	346.56	179.29	363.00	248.78	375.89	101.30	622.96	1078.14
1995	860.46	366.73	466.88	170.26	414.83	163.36	162.40	46.85	726.06	1210.73
2000	1136.28	315.30	456.90	130.13	496.21	123.96	99.46	35.46	815.03	1465.79
2005	1400.00	300.40	345.57	106.36	364.68	57.11	77.01	21.74	873.69	2051.82
2010	1833.40	302.56	411.64	118.27	315.42	33.39	51.99	15.41	813.48	2003.64
2013	1923.99	306.67	439.96	137.92	292.54	23.80	38.20	16.40	811.11	1832.19
年平均成長率										
1946-1951	41.43	64.29	63.98	31.42	159.53	29.90	70.15	23.18	59.93	0.00
1952-1960	15.14	13.82	13.84	8.03	21.25	14.28	1.14	5.31	17.27	0.00
1961-1970	17.28	9.57	9.57	3.22	18.02	28.50	17.45	10.64	14.58	9.35
1971-1980	14.16	8.77	8.76	4.90	11.11	13.51	13.89	5.59	12.53	22.94
1981-1990	6.62	3.32	4.42	1.30	2.83	-2.43	3.25	-2.92	6.99	5.11
1991-2000	5.35	0.20	2.96	-3.06	3.21	-6.54	-12.31	-9.62	2.76	3.27
2000-2013	4.48	-0.19	0.13	0.84	-3.76	-11.61	-6.73	-5.44	0.08	1.99

資料來源：經濟部統計處提供。

附表A9 製造業中分類生產指數（以生產淨值為權數，1970=100），1946-2013（續1）

年	石油及煤製品	化學材料	化學製品	藥品及醫用化學製品	橡膠製品	塑膠製品	非金屬礦物製品	基本金屬	金屬製品
1946	0.42	0.97	7.05	7.15	1.73	-	2.87	0.82	1.01
1947	1.99	0.97	8.76	8.86	1.73	-	5.48	1.10	1.35
1948	7.12	2.42	12.38	12.44	3.31	-	6.32	1.65	1.35
1949	7.23	2.90	11.81	11.66	4.41	-	7.30	1.92	2.70
1950	3.77	3.86	14.86	14.93	3.78	-	7.89	2.20	2.70
1951	9.01	6.28	21.14	21.31	5.04	0.72	9.91	2.75	4.39
1952	9.21	7.73	16.38	16.33	7.09	1.44	11.28	3.85	6.19
1953	10.47	8.70	19.43	19.28	8.82	1.26	12.65	6.32	15.32
1954	12.98	9.18	20.19	20.06	12.91	1.62	13.30	10.44	33.00
1955	15.92	9.66	26.29	26.44	13.39	1.62	14.21	11.81	19.37
1956	16.13	10.63	24.38	24.42	11.34	1.62	15.25	14.56	23.54
1957	17.70	11.11	24.38	24.57	14.65	1.98	15.19	16.76	28.15
1958	18.95	11.11	21.14	21.31	16.54	2.16	22.10	19.51	34.12
1959	21.47	12.56	23.81	23.79	21.73	2.52	23.66	28.57	30.97
1960	24.71	13.04	22.67	22.71	16.85	3.42	28.36	35.44	30.86
1961	25.97	14.01	23.24	23.02	20.79	5.77	32.79	35.99	27.14
1962	30.05	16.91	27.05	27.22	29.13	10.99	38.40	41.21	28.83
1963	29.63	20.77	30.67	30.79	26.30	14.05	47.07	41.76	33.45
1964	31.62	33.33	44.57	44.48	29.76	21.26	45.89	49.18	36.49
1965	37.91	42.03	51.62	51.79	32.91	25.77	53.72	56.59	40.77
1966	47.12	47.83	64.95	65.01	44.57	40.00	66.62	62.36	56.31
1967	52.04	57.00	79.43	79.47	45.83	53.33	79.53	69.51	65.32
1968	62.62	67.15	89.14	89.27	77.01	70.99	85.40	72.25	66.44
1969	82.62	80.19	94.10	94.09	83.94	87.21	90.42	87.09	92.23
1970	100.00	100.00	100.00	100.00	100.00	100.00	100.00	100.00	100.00
1975	145.13	226.57	138.86	138.88	193.86	223.60	181.88	144.23	150.34
1980	278.74	605.31	313.71	314.15	529.92	687.93	355.54	400.27	488.96
1985	307.54	909.66	527.43	523.79	881.73	1142.88	433.90	664.84	545.27
1990	377.07	1289.86	817.33	921.93	1372.28	2118.74	565.19	1030.77	805.74
1995	543.46	2246.86	1309.90	1013.37	1455.43	2090.81	720.86	1497.80	1066.89
2000	737.17	3026.57	1590.10	1230.79	1307.56	2302.88	669.04	2216.48	1192.91
2005	1335.50	4109.66	1662.86	1297.82	1482.83	2141.08	675.81	2324.45	1069.48
2010	1129.53	5169.08	1886.10	1562.52	1568.03	1783.06	612.19	2639.01	1028.15
2013	1155.60	5004.83	1917.90	1621.77	1481.89	1781.08	613.36	2716.76	1104.50
年平均成長率									
1946-1951	145.08	53.17	25.82	25.74	28.66	0.00	31.10	27.86	39.17
1952-1960	12.12	8.65	1.94	1.93	16.77	22.20	13.03	34.21	35.02
1961-1970	15.41	23.24	16.56	16.54	21.20	41.86	13.71	11.12	13.41
1971-1980	11.59	20.08	12.34	12.36	18.81	22.50	13.76	15.67	18.22
1981-1990	3.42	8.11	10.13	11.41	10.10	12.16	4.78	10.09	5.40
1991-2000	7.17	9.00	6.99	2.96	-0.41	0.96	1.80	8.10	4.10
2000-2013	3.87	4.11	1.71	2.22	1.52	-1.72	-0.39	2.06	0.00

資料來源：經濟部統計處提供。

附表A9 製造業中分類生產指數（以生產淨值為權數，1970=100），1946-2013（續2）

年	電子零組件	電腦、電子產品及光學製品	電力設備	機械設備	汽車及其零件	其他運輸工具及其零件	家具	其他
1946	-	-	-	1.57	-	-	-	15.77
1947	-	-	-	2.89	-	-	-	16.40
1948	-	-	-	4.72	-	-	-	17.46
1949	-	-	-	7.61	-	-	-	17.88
1950	-	-	-	10.76	-	-	-	22.75
1951	-	-	0.16	13.39	0.27	0.14	-	26.35
1952	-	-	0.33	14.17	1.36	1.23	-	31.11
1953	-	-	0.33	14.96	6.52	6.68	-	23.60
1954	-	-	0.66	20.21	11.14	11.19	-	28.57
1955	-	-	1.15	25.46	13.86	13.92	-	25.93
1956	-	-	1.98	21.52	10.60	10.78	-	31.96
1957	-	-	2.47	32.81	13.04	13.10	-	24.76
1958	-	-	2.80	31.50	13.04	13.23	-	29.21
1959	-	-	4.94	36.22	17.12	17.19	-	29.42
1960	-	-	5.77	37.27	14.95	15.01	-	31.85
1961	-	-	7.41	26.77	9.24	9.41	11.92	35.45
1962	-	-	9.39	30.45	13.04	12.96	18.49	39.58
1963	-	-	12.19	37.27	15.49	15.42	20.40	48.99
1964	-	2.67	19.77	49.08	22.28	22.10	21.85	55.77
1965	-	5.33	26.52	55.91	33.15	33.29	30.70	67.30
1966	-	8.00	32.62	63.25	44.57	44.47	48.18	77.57
1967	14.29	13.33	41.68	80.31	61.68	61.53	50.99	80.74
1968	42.86	57.33	56.67	101.05	73.37	73.53	63.06	92.17
1969	71.43	77.33	73.31	105.77	85.87	85.81	87.65	84.55
1970	100.00	100.00	100.00	100.00	100.00	100.00	100.00	100.00
1975	571.43	277.33	180.07	199.21	239.40	239.02	227.66	164.23
1980	1900.00	794.67	435.09	503.67	703.26	702.18	556.66	569.74
1985	3842.86	1344.00	627.51	664.83	758.97	891.95	822.35	1002.65
1990	8514.29	2193.33	1166.06	1090.03	1804.62	1108.87	992.52	1343.17
1995	16085.71	3257.33	1683.03	1448.82	2267.39	1312.14	729.29	1129.42
2000	31971.43	6388.00	2098.68	1711.29	2174.73	1149.80	761.32	1042.22
2005	59557.14	7600.00	1921.25	2037.80	3100.00	1418.42	395.92	999.15
2010	138185.71	9530.67	1626.85	2405.25	2512.77	1327.69	362.22	1051.01
2013	156685.71	10434.67	1529.65	2227.82	2669.57	1439.29	365.47	1115.87
年平均成長率								
1946-1951	0.00	0.00	0.00	54.77	0.00	0.00	0.00	11.19
1952-1960	0.00	0.00	53.10	13.71	99.26	150.38	0.00	3.71
1961-1970	30.67	61.09	33.39	11.87	23.97	23.80	25.26	12.47
1971-1980	39.03	26.50	16.23	18.22	22.21	22.19	20.48	20.41
1981-1990	17.08	11.50	11.03	8.32	10.75	5.19	6.59	9.54
1991-2000	14.38	11.42	6.30	4.70	2.15	0.47	-2.44	-2.41
2000-2013	14.09	5.08	-1.91	3.96	2.65	2.52	-4.69	0.75

資料來源：經濟部統計處提供。

附表A10 製造業中分類生產淨值結構變動，1971-2014

單位：%

	1971	1975	1980	1985	1990	2000	2010	2014
食品、飲料和菸草	12.83	11.94	7.85	8.44	6.79	7.08	4.23	4.18
紡織業、成衣及服飾品；皮革、毛皮及其製品	23.23	23.86	18.74	17.49	12.55	6.02	2.08	2.20
木竹製品、家具	4.32	2.88	2.65	4.31	2.61	1.04	0.31	0.35
紙漿、紙及紙製品；印刷	3.29	2.60	3.50	3.54	3.58	2.16	1.55	1.67
化學材料和製品	8.75	9.20	8.87	8.76	9.43	12.81	12.67	13.69
石油煉製	5.35	4.91	7.99	5.32	4.80	2.29	2.29	2.11
橡膠、塑膠製品	9.42	8.71	8.37	9.80	9.36	4.63	2.57	2.61
非金屬礦物製品	3.97	3.70	4.33	3.97	3.78	2.76	1.66	1.29
基本金屬	6.20	5.31	5.15	6.71	7.64	13.57	10.15	9.33
金屬製品	1.06	1.11	5.67	5.24	5.52	8.18	4.37	5.01
機械設備	4.20	3.05	3.96	3.73	4.75	5.80	4.99	4.90
電機電子；精密器械	11.86	16.81	13.25	13.80	18.58	26.85	48.19	46.39
運輸工具	4.30	4.71	6.55	5.75	7.10	4.68	3.58	4.06
其他	1.22	1.21	3.03	3.14	3.51	2.14	1.36	2.21
製造業	100.00	100.00	99.91	100.00	100.00	100.01	100.00	100.00

資料來源：1.《中華民國台灣地區工業生產統計月報》，歷年。

2.《中華民國工業生產統計年報》，2006，2010，2014。

註：1980年提供的原始資料製造業總和不足100。

附表 A11　戰後早期重要工業產品產量，1952-1970

年	電力	製糖	棉紗	人纖	聚氯乙烯	肥料	石油製品	機械器具	電扇	電視機	汽車	摩托車	電話機	收音機	積體電路	造船
單位	百萬度	千公噸	公噸	千公噸	公噸	千公噸	千公升	單位	台	千台	輛	輛	台	台	千片	總噸
1952	1,420	520	13,576	-	-	148	300	-	9,852	-	-	-	-	-	-	565
1953	1,564	882	19,546	-	-	163	359	-	14,052	-	-	-	-	-	-	880
1954	1,805	701	23,614	-	-	167	525	-	30,153	-	-	-	-	-	-	3,383
1955	1,966	733	25,111	-	-	167	726	-	53,183	-	-	-	-	-	-	1,045
1956	2,250	767	24,436	-	-	193	856	-	81,544	-	-	-	-	-	-	1,435
1957	2,555	833	27,899	0.8	1,035	216	860	-	102,775	-	-	-	-	-	-	1,582
1958	2,880	894	27,482	0.6	1,425	265	971	-	104,546	-	-	-	-	-	-	23,178
1959	3,213	940	30,720	1.2	2,337	313	1,164	-	169,024	-	-	-	-	-	-	36,074
1960	3,628	774	40,381	1.8	3,418	379	1,274	-	203,843	-	-	-	-	-	-	27,051
1961	4,084	924	41,903	2.1	7,260	413	1,375	2,319	188,135	-	608	-	16,676	1,251	-	8,753
1962	4,693	711	50,429	2.4	11,428	528	1,582	3,143	206,950	-	1,752	17	13,002	10,560	-	12,683
1963	5,019	752	45,894	2.9	16,751	583	1,557	4,784	185,299	-	1,291	1,517	10,746	24,984	-	19,503
1964	5,914	780	50,973	3.0	23,198	878	1,668	6,803	198,461	31	1,797	24,058	19,296	487,023	-	14,216
1965	6,455	1,006	54,420	4.1	25,305	1,034	2,097	8,735	226,817	50	3,261	56,046	30,404	1,244,785	-	16,063
1966	7,340	981	61,132	6.5	46,477	1,045	2,585	11,822	363,704	66	4,524	75,013	36,730	1,718,643	-	25,866
1967	8,412	752	73,104	12.0	61,775	1,118	2,814	13,466	374,198	112	4,808	117,317	41,811	3,184,033	375	67,472
1968	9,802	847	74,555	29.7	67,676	1,246	3,750	17,426	349,168	650	6,670	143,816	52,873	4,013,494	5,175	79,183
1969	11,119	736	87,616	42.2	68,085	1,467	5,060	19,617	413,654	948	11,913	121,150	70,099	3,923,490	19,975	117,329
1970	13,213	588	104,849	64.7	106,624	1,242	5,937	23,296	478,205	1,254	9,290	131,124	82,125	6,247,610	30,248	217,421

資料來源：1. CEPD, various years, Taiwan Statistical Data Book。
2. 經濟部統計處，http://dmz9.moea.gov.tw/gmweb/investigate/InvestigateDA.aspx。
3. 台灣人造纖維製造工業同業公會，《台灣人造纖維工業的現況》，歷年。
4. 台灣人造纖維製造工業同業公會，《2004 年化纖手冊》。
5. 經濟部技術處，《紡織產業年鑑》，2010、2012、2013。

附表A12 部門別就業人數與分配比例，1952-2013

年	就業人數（千人）					就業人數部門分配比例（％）			
	總就業人數	初級部門	工業部門	製造業	服務業	初級部門	工業部門	製造業	服務業
1952	2929	1642	495	362	792	56.1	16.9	12.4	27.0
1953	2964	1647	522	381	795	55.6	17.6	12.8	26.8
1954	3026	1657	536	392	833	54.8	17.7	12.9	27.5
1955	3108	1667	560	411	881	53.6	18.0	13.2	28.4
1956	3149	1675	577	415	897	53.2	18.3	13.2	28.5
1957	3229	1689	612	433	928	52.3	19.0	13.4	28.7
1958	3340	1707	659	471	974	51.1	19.7	14.1	29.2
1959	3422	1722	695	500	1005	50.3	20.3	14.6	29.4
1960	3473	1742	713	514	1018	50.2	20.5	14.8	29.3
1961	3505	1747	732	525	1026	49.8	20.9	15.0	29.3
1962	3541	1760	745	534	1036	49.7	21.0	15.1	29.3
1963	3592	1775	764	551	1053	49.4	21.3	15.3	29.3
1964	3658	1810	779	564	1069	49.5	21.3	15.4	29.2
1965	3763	1748	839	612	1176	46.5	22.3	16.3	31.2
1966	3856	1735	871	633	1250	45.0	22.6	16.4	32.4
1967	4050	1723	995	736	1332	42.5	24.6	18.2	32.9
1968	4225	1725	1072	785	1428	40.8	25.4	18.6	33.8
1969	4390	1726	1156	841	1509	39.3	26.3	19.1	34.4
1970	4576	1680	1278	958	1617	36.7	28.0	20.9	35.3
1971	4738	1665	1417	1053	1656	35.1	29.9	22.2	35.0
1972	4948	1632	1575	1218	1741	33.0	31.8	24.6	35.2
1973	5327	1624	1795	1419	1908	30.5	33.7	26.6	35.8
1974	5486	1697	1882	1479	1907	30.9	34.3	27.0	34.8
1975	5521	1681	1927	1518	1913	30.4	34.9	27.5	34.7
1976	5669	1641	2065	1628	1964	29.0	36.4	28.7	34.6
1977	5980	1597	2251	1767	2133	26.7	37.6	29.5	35.7
1978	6228	1553	2447	1886	2227	24.9	39.3	30.3	35.8
1979	6424	1380	2684	2078	2360	21.5	41.8	32.4	36.7
1980	6547	1277	2784	2152	2487	19.5	42.5	32.9	38.0
1981	6672	1257	2828	2162	2587	18.8	42.4	32.4	38.8
1982	6811	1284	2813	2168	2713	18.9	41.3	31.8	39.8
1983	7070	1317	2909	2282	2844	18.6	41.1	32.3	40.2
1984	7308	1286	3089	2497	2934	17.6	42.3	34.2	40.1
1985	7428	1297	3088	2501	3044	17.5	41.6	33.7	41.0

附表A12 部門別就業人數與分配比例，1952-2013（續）

年	就業人數（千人）					就業人數部門分配比例（%）			
	總就業人數	初級部門	工業部門	製造業	服務業	初級部門	工業部門	製造業	服務業
1986	7733	1317	3215	2635	3201	17	41.6	34.1	41.4
1987	8022	1226	3431	2821	3366	15.3	42.8	35.2	42.0
1988	8107	1112	3443	2802	3551	13.7	42.5	34.6	43.8
1989	8258	1066	3476	2796	3717	12.9	42.1	33.9	45.0
1990	8283	1064	3382	2653	3837	12.8	40.8	32.0	46.3
1991	8439	1093	3370	2598	3977	13.0	39.9	30.8	47.1
1992	8632	1065	3419	2585	4148	12.3	39.6	29.9	48.1
1993	8745	1005	3418	2483	4323	11.5	39.1	28.4	49.4
1994	8939	976	3506	2485	4456	10.9	39.2	27.8	49.8
1995	9045	954	3504	2449	4587	1.5	38.7	27.1	50.7
1996	9068	918	3399	2422	4751	10.1	37.5	26.7	52.4
1997	9176	878	3502	2570	4795	9.6	38.2	28.0	52.3
1998	9289	822	3523	2611	4944	8.8	37.9	28.1	53.2
1999	9385	774	3492	2603	5118	8.2	37.2	27.7	54.5
2000	9491	738	3534	2655	5220	7.8	37.2	28.0	55.0
2001	9383	706	3432	2594	5245	7.5	36.6	27.6	55.9
2002	9454	709	3388	2572	5356	7.5	35.8	27.2	56.7
2003	9573	696	3398	2600	5480	7.3	35.5	27.2	57.2
2004	9786	642	3514	2681	5631	6.6	35.9	27.4	57.5
2005	9942	590	3619	2732	5733	5.9	36.4	27.5	57.7
2006	10111	554	3700	2777	5857	5.5	36.6	27.5	57.9
2007	10294	543	3788	2842	5962	5.3	36.8	27.6	57.9
2008	10403	535	3832	2886	6036	5.1	36.8	27.7	58.0
2009	10279	543	3684	2790	6051	5.3	35.8	27.1	58.9
2010	10493	550	3769	2861	6174	5.2	35.9	27.3	58.8
2011	10709	542	3892	2949	6275	5.1	36.3	27.5	58.6
2012	10860	544	3935	2975	6381	5.0	36.2	27.4	58.8
2013	10967	544	3965	2988	6458	5.0	36.2	27.2	58.9

資料來源：CEPD, various years, *Taiwan Statistical Data Book*.

附表 A13 工業平均薪資，1953-2013

年	消費者物價指數 （2011=100）	工業平均薪資		
		名目薪資 （新台幣）	實質薪資 （新台幣）	實質薪資成長率（%）
1953	7.00	405	5789	-
1954	7.14	458	6419	10.9
1955	7.83	511	6522	1.6
1956	8.67	583	6721	3.0
1957	9.30	637	6847	1.9
1958	10.42	669	6418	-6.3
1959	11.59	724	6247	-2.7
1960	13.74	842	6128	-1.9
1961	14.81	1024	6914	12.8
1962	15.17	1077	7100	2.7
1963	15.50	1121	7232	1.9
1964	15.47	1158	7485	3.5
1965	15.46	1256	8124	8.5
1966	15.77	1338	8484	4.4
1967	16.30	1517	9307	9.7
1968	17.58	1677	9539	2.5
1969	18.48	1703	9215	-3.4
1970	19.14	1850	9666	4.9
1971	19.67	2162	10991	13.7
1972	20.26	2323	11466	4.3
1973	21.92	2254	10283	-10.3
1974	32.32	3078	9524	-7.4
1975	34.01	3637	10694	12.3
1976	34.86	4266	12238	14.4
1977	37.31	5068	13583	11.0
1978	39.47	5631	14267	5.0
1979	43.32	6727	15529	8.8
1980	51.56	8205	15913	2.5
1981	59.97	9914	16532	3.9
1982	61.74	10771	17446	5.5
1983	62.59	11489	18356	5.2
1984	62.57	12543	20046	9.2
1985	62.47	13099	20968	4.6
1986	62.90	14247	22650	8.0
1987	63.23	15563	24613	8.7
1988	64.04	17282	26986	9.6
1989	66.87	19918	29786	10.4
1990	69.63	22683	32576	9.4
1991	72.15	25359	35148	7.9

附表A13 工業平均薪資，1953-2013（續）

年	消費者物價指數 （2011=100）	工業平均薪資		
		名目薪資 （新台幣）	實質薪資 （新台幣）	實質薪資成長率 （%）
1992	75.37	27934	37062	5.4
1993	77.59	30039	38715	4.5
1994	80.77	31829	39407	1.8
1995	83.73	33435	39932	1.3
1996	86.31	34692	40195	0.7
1997	87.09	36174	41536	3.3
1998	88.56	37229	42038	1.2
1999	88.71	38404	43292	3.0
2000	89.82	39498	43975	1.6
2001	89.82	39005	43426	-1.2
2002	89.64	38836	43324	-0.2
2003	89.39	39851	44581	2.9
2004	90.83	40841	44964	0.9
2005	92.92	41908	45101	0.3
2006	93.48	42507	45472	0.8
2007	95.16	43306	45509	0.1
2008	98.51	43236	43890	-3.6
2009	97.66	40005	40964	-6.7
2010	98.60	42754	43361	5.9
2011	100.00	43746	43746	0.9
2012	101.93	44011	43178	-1.3
2013	102.74	44076	42901	-0.6
年平均成長率（%）				
1953-1960				0.9
1961-1970				4.8
1971-1980				5.4
1981-1990				7.5
1991-2000				3.1
2001-2013				-0.1
1953-2013				3.5

資料來源：1.名目平均薪資取自主計處網站，http://www.dgbas.gov.tw/np.asp?ctNode=2824；筆者再用主計處網站上的消費者物價指數予以平減，得出實質平均薪資。

2.行政院主計處，1975，*Statistical Yearbook of the Republic of China*，Table 171。

3.CEPD, 1975, *Taiwan Statistical Data Book.*

註1：1953-1972平均薪資為主要製造業。

註2：2010年的成長應非常態，而是在景氣恢復後，對前兩年危機時薪資劇降的回復調整，並不意謂下降趨勢的改變。

附表A14 社會指標

年	人口（千人）（1）	勞動參與率（%）（2）	失業率（3）	平均壽命（4）		嬰兒死亡率（5）	識字率（6）	所得最高五分位組為最低之倍數（7）
				男	女			
1951	7,869	...	4.5	53.4	56.3	...	65.4	...
1952	8,128	66.5	4.4	57.4	60.3	44.7	63.6	...
1953	8,438	65.3	4.2	58.2	61.4	43.7	67.7	...
1954	8,749	64.7	4.0	60.2	63.4	39.9	69.3	...
1955	9,078	64.3	3.8	59.6	62.8	44.8	70.7	...
1956	9,390	63.1	3.6	60.4	64.4	41.6	71.4	...
1957	9,690	62.8	3.7	59.7	63.3	45.9	75.0	...
1958	10,039	63.1	3.8	61.3	65.2	41.0	75.9	...
1959	10,431	62.9	3.9	61.9	65.9	39.1	74.8	...
1960	10,792	62.4	4.0	62.3	66.4	35.0	78.7	...
1961	11,149	61.8	4.1	62.3	66.8	34.0	79.5	...
1962	11,575	60.9	4.2	63.0	67.6	31.4	80.2	...
1963	11,949	60.1	5.3	63.9	68.3	28.5	81.1	...
1964	12,325	59.2	4.3	64.5	69.1	25.9	81.9	5.33
1965	12,699	58.2	3.3	65.1	69.7	24.1	81.2	...
1966	13,050	57.2	3.0	65.2	69.7	21.7	81.1	5.25
1967	13,371	57.5	2.3	65.3	69.9	22.6	83.9	...
1968	13,726	57.5	1.7	65.2	70.0	20.7	86.4	...
1969	14,412	57.5	1.9	65.3	70.9	19.1	87.2	5.28
1970	14,754	57.4	1.7	66.7	71.6	16.9	87.6	4.58
1975	16,223	58.2	2.4	68.3	73.4	12.6	87.1	4.25
1980	17,866	58.3	1.2	69.6	74.6	9.8	89.7	4.17
1985	19,314	59.5	2.9	70.8	75.8	6.8	91.5	4.50
1990	20,401	59.2	1.7	71.3	76.8	5.3	93.2	5.18
1995	21,357	58.7	1.8	71.9	77.7	6.4	94.4	5.34
2000	22,277	57.7	3.0	73.8	79.6	5.9	95.6	5.55
2005	22,770	57.8	4.1	74.5	80.8	5.0	97.3	6.04
2010	23,162	58.1	5.2	76.1	82.6	4.2	98.0	6.19
2013	23,374	58.4	4.2	76.9	83.4	3.9	98.4	6.13

資料來源：1.第（1）,（2）,（3）,（7）欄引自 CEPD, various years, *Taiwan Statistical Data Book.*

2.第（4）欄引自內政部，1994，內政統計提要；內政部統計處，1992-2013，http://www.moi. gov.tw/stat/life.aspx。

3.第（5）欄引自行政院主計總處生命統計，http://www.dgbas.gov.tw/ct.asp?xItem=15409&CtNod e=4595&mp=1；衛生福利部統計處，http://www.mohw.gov.tw/cht/DOS/Index.aspx；行政院衛生 署，1995，2003，衛生統計（一）公務統計。

4.第（6）欄引自內政部，1965、1968、1971、1976，內政統計提要；內政部統計處，1995、 2002，內政統計年報；內政部統計資訊服務網 ，1997-2013，http://sowf.moi.gov.tw/stat/year/list. htm；內政部戶政司全球資訊網，http://www.ris.gov.tw/346。

註1：平均餘命採用台閩地區資料。民國81年以前不含福建省金馬地區。2006年修正生命表編 算方法，並追溯修正至1996年。

註2：嬰兒死亡率自民國83年起含金門縣及連江縣。自民國97年起死因分類為ICD-10。

註3：1952、1965、1975年資料為足六歲以上的識字率；其餘為足十五歲以上的識字率。

附表A15　台灣戰後歷任經濟部長任期，1949-2014

姓　名	到職日期	離職日期	天數	年數	平均年數
杜紫軍	8/11/2014	12/7/2014	119	0.3	
張家祝	2/18/2013	8/10/2014	539	1.5	
施顏祥	9/11/2009	2/17/2013	1256	3.4	
尹啟銘	5/20/2008	9/10/2009	479	1.3	1.6
陳瑞隆	8/9/2006	5/19/2008	650	1.8	
黃營杉	1/25/2006	8/8/2006	196	0.5	
何美玥	5/20/2004	1/24/2006	615	1.7	
林義夫	3/21/2002	5/19/2004	791	2.2	
宗才怡	2/1/2002	3/20/2002	48	0.1	
林信義	5/20/2000	1/31/2002	622	1.7	1.3
王志剛	6/10/1996	5/19/2000	1440	3.9	
江丙坤	2/27/1993	6/10/1996	1200	3.3	
蕭萬長	6/1/1990	2/27/1993	1003	2.7	3.3
陳履安	7/22/1988	6/1/1990	680	1.9	
李達海	3/20/1985	7/22/1988	1221	3.3	
李　模	3/12/1985	3/19/1985	8		
徐立德	6/1/1984	3/12/1985	285	0.8	2
趙耀東	12/1/1981	6/1/1984	914	2.5	
張光世	6/1/1978	12/1/1981	1280	3.5	
孫運璿	6/10/1969	6/1/1978	3279	9	
陶聲洋	7/4/1969	10/11/1969	100		
李國鼎	1/25/1965	7/4/1969	1622	4.4	
楊繼曾	3/26/1958	1/25/1965	2498	6.8	5.3
江　杓	12/1/1955	3/26/1958	847	2.3	
尹仲容	6/1/1954	12/1/1955	549	1.5	
張茲闓	5/7/1952	6/1/1954	756	2.1	
鄭道儒	3/16/1950	5/7/1952	784	2.1	
嚴家淦	1/31/1950	3/16/1950	45	0.1	
劉航琛	6/12/1949	1/31/1950	234	0.6	1.5
		總平均		2.4	

資料來源：http://www.moea.gov.tw/MNS/populace/content/Content.aspx?menu_id=53.

註：以實際天數除以365轉換成大約年數，李模是政務次長代理部長任期僅8天，陶聲洋於任期中病逝未計入。

參考文獻

一、史料檔案

中央研究院近代史研究所檔案館館藏，〈行政院財政經濟小組委員會第1至87次會議記錄節略〉，《行政院經濟安定委員會檔案》，館藏號30-01-05-001至30-01-05-030。

中央研究院近代史研究所檔案館館藏，〈行政院經濟安定委員會第1至127次會議紀錄節略〉，《行政院經濟安定委員會檔案》，館藏號30-01-05-031至30-01-05-090。

中央研究院近代史研究所檔案館館藏，〈行政院經濟安定委員會第1至127次會議簡報〉，《行政院經濟安定委員會檔案》，館藏號30-01-05-104至30-01-05-106。

中央研究院近代史研究所檔案館館藏，〈工業委員會第1至112次會議記錄〉，《行政院經濟安定委員會檔案》，館藏號30-07-01-009至30-07-01-020。

中央研究院近代史研究所檔案館館藏，〈工業委員會會議議程及相關資料〉，《行政院經濟安定委員會檔案》，館藏號30-07-01-001至30-07-01-008。

中央研究院近代史研究所檔案館館藏，〈工業委員會個別工業計畫檔案〉，《行政院經濟安定委員會檔案》，館藏號30-07-03-001至30-07-06-013。

中央研究院近代史研究所檔案館館藏，〈經濟安定委員會組織規程〉，《行政院經濟安定委員會檔案》，館藏號30-01-02-001。

中央研究院近代史研究所檔案館館藏，〈行政院經濟安定委員會工業委員會職員名冊〉，《行政院經濟安定委員會檔案》，館藏號30-01-02-002。

中央研究院近代史研究所檔案館館藏，〈經安會裁撤後各所屬單位工作之劃分交接及人員資遣處置辦法〉，《行政院經濟安定委員會檔案》，館藏號30-01-02-005。

中央研究院近代史研究所檔案館館藏，〈薪給待遇〉，《行政院經濟安定委員會檔案》，館藏號30-01-04-004。

中央研究院近代史研究所檔案館館藏，〈召集人交接清冊〉，《行政院經濟安定委員會檔

案》，館藏號 30-07-02-001。

國史館，〈各種建議（五）—陳誠、王崇植呈行政院設置財政經濟小組委員會，並附該
　　會組織簡則與第一次會議紀錄及該會議中葛陸對台灣省經濟問題意見譯文〉，《蔣
　　中正總統文物》，國史館藏，典藏號：002-080109-00027-007，入藏登錄號：
　　002000001347A。

國史館，〈經濟報告（一）—黃少谷呈蔣中正請指定嚴家淦約集各主管及有關人員每週
　　舉行經濟會議〉，《蔣中正總統文物》，國史館藏，典藏號：002-080108-00008-
　　008，入藏登錄號：002000001315A。

國史館，〈委派尹仲容為駐美總代表等案〉，《資源委員會檔案》，國史館藏，典藏號：
　　003-010102-0106，入藏登錄號：003000008782A。

國史館，<土地改革資料彙編（八）—台灣省共黨對三七五減租之看法與破壞陰謀－內
　　政部調查局>，《陳誠副總統文物》，國史館藏，典藏號：008-010805-00011-034，
　　入藏登錄號：008000001182A。

國史館，<湖北省政府委員會議主席指示摘鈔等—行政院院會院長指示摘鈔：土地改革
　　部份共十條>，《陳誠副總統文物》，國史館藏，典藏號：008-010106-00001-015，
　　入藏登錄號：008000000049A。

國史館，〈台灣公營生產事業主要產品產量〉，《行政院檔案》，國史館，入藏登錄號：
　　014000012196A。

國史館，〈四大公司移轉民營後之現況與檢討〉，《行政院檔案》，國史館，入藏登錄
　　號：014000012204A。

財政部，〈台灣紙業公司股東聯誼會籌備委員會請願書〉，《財政部檔案》，財政部，檔
　　案號：0050/0124/3/5/001-001。

中央委員會秘書處編，1952，《中國國民黨中央改造委員會會議決議彙編》，台北：國
　　民黨。

台灣省文獻委員會，1999，《台灣省政府功能業務與組織調整文獻輯錄》，中興新村：
　　台灣省文獻委員會。

立法院內政委員會編，1952，《實施耕者有其田條例草案關係文書—附參考資料
　　（一）》，台北：立法院。

"The Foreign Assistance Act of 1948" in http://www-wds.worldbank.org/external/default/
　　WDSContentServer/WDSP/IB/2004/04/08/000009486_20040408110920/Rendered/PDF/
　　erm850R198000430BOX251024.pdf.

二、中文文獻

久保亨，2013，〈近代中國經濟政策與與經濟發展，1930-1960年代〉，吳淑鳳、薛月順、張世瑛（編），《近代國家的形塑：中華民國建國一百年國際學術討論會論文集》，台北：國史館，頁285-304。

土地改革編輯委員會，1948a，〈中國土地改革協會成立宣言〉，《土地改革》，1（1）：19-20。

土地改革編輯委員會，1948b，〈農地改革法草案〉，《土地改革》，1（8、9）：3-4。

土地改革編輯委員會，1948c，〈農地改革法案立法院舌戰記補遺〉，《土地改革》，1（14、15）：16-19。

中美技術合作研究會，歷期，《中美技術》，台北：中美技術合作研究會。

中國工程師學會，1973，《中國工程師學會一覽》，台北：中國工程師學會。

中國科學技術專家傳略，2005，〈台灣省化學纖維工業的開拓者──石鳳翔〉，中國科學技術專家傳略網頁，http://www.gmw.cn/content/2005-07/20/content_271774.htm。

中國紡織工業研究中心，2004，《2004年紡織工業年鑑》，台北：經濟部技術處。

中國國民黨黨營事業專刊編輯委員會，1994，《黨營事業的回顧與前瞻》，台北：國民黨黨營事業管理委員會。

中國統計局（編），2010，《中國統計年鑑：2010》，北京：中國統計。

中國實業出版社，1953，《自由中國實業名人傳》，台北：中國實業。

中華民國紡織業拓展會（紡拓會），2005，〈從CAFTA-DR看中美洲紡織業發展契機〉，中華民國紡織業拓展會，http://ttf.textiles.org.tw/Textile/TTFroot/us941011.doc。

中華經濟研究院（編），1999，《1980年代以來台灣經濟發展經驗論文集》，台北：中華經濟研究院。

中華徵信所，1971a，《台灣區企業集團彙編》，台北：中華徵信所。

中華徵信所，1971b，《中華民國六十年台灣區產業年報第八輯──水泥工業》，台北：中華徵信所。

中華徵信所，1972，《台灣地區產業年報──紡織工業》，台北：中華徵信所。

中華徵信所，1973，《對台灣經濟建設最有貢獻的工商人名錄》，台北：中華徵信所。

中華徵信所，1981，《中華民國最大民營企業民國70年版》，台北：中華徵信所。

中華徵信所，1987，《台灣地區產業年報──紡織工業》，台北：中華徵信所。

中華徵信所，2008，《台灣地區大型集團企業研究》，台北：中華徵信所。

內政部（編），1994，《台灣農地改革的故事》，台北：內政部。

內政部統計處，歷年，〈內政部統計處相關資料〉，內政部統計處，http://www.moi.gov.

tw/stat/index.aspx。

尹仲容，1958，〈保護工業與拓展外銷〉，《貿易週報》，新年號。

尹仲容，1963，《我對台灣經濟的看法全集》，台北：美援運用委員會。

尹仲容，1963a，〈初編代序〉，尹仲容，《我對台灣經濟的看法全集》，台北：美援運用
　　委員會，初編1-6。（原發表於1953年1月）

尹仲容，1963b，〈台灣生產事業的現在與將來〉，尹仲容，《我對台灣經濟的看法全
　　集》，台北：美援運用委員會，初編7-20。（原發表於1952年2月）

尹仲容，1963c，〈如何平衡台灣的國際收支〉，尹仲容，《我對台灣經濟的看法全集》，
　　台北：美援運用委員會，初編32-35。（原發表於1953年1月）

尹仲容，1963d，〈發展本省紡織工業問題的檢討〉，尹仲容，《我對台灣經濟的看法全
　　集》，台北：美援運用委員會，初編62-68。（原發表於1952年5月）

尹仲容，1963e，〈一年來台灣花紗布的管制工作〉，尹仲容，《我對台灣經濟的看法全
　　集》，台北：美援運用委員會，初編69-73。（原發表於1953年1月）

尹仲容，1963f，〈台灣工業投資的來源與通貨膨脹〉，尹仲容，《我對台灣經濟的看法
　　全集》，台北：美援運用委員會，續編1-7。（原發表於1953年10月）

尹仲容，1963g，〈台灣工業政策試擬〉，尹仲容，《我對台灣經濟的看法全集》，台北：
　　美援運用委員會，續編8-19。（原發表於1953年12月）

尹仲容，1963h，〈台灣工業發展之逆流〉，尹仲容，《我對台灣經濟的看法全集》，台
　　北：美援運用委員會，續編27-31。（原發表於1954年4月）

尹仲容，1963i，〈台灣經濟的困難與出路〉，尹仲容，《我對台灣經濟的看法全集》，台
　　北：美援運用委員會，續編36-47。（原發表於1954年11月）

尹仲容，1963j，〈台灣化學工業的前途〉，尹仲容，《我對台灣經濟的看法全集》，台
　　北：美援運用委員會，續編48-54。（原發表於1955年2月）

尹仲容，1963k，〈台灣經濟建設問題〉，尹仲容，《我對台灣經濟的看法全集》，台北：
　　美援運用委員會，續編55-83。（原發表於1955年4月）

尹仲容，1963l，〈改善經濟現狀之基本途徑〉，尹仲容，《我對台灣經濟的看法全集》，
　　台北：美援運用委員會，續編84-87。（原發表於1957年）

尹仲容，1963m，〈美援運用之檢討〉，尹仲容，《我對台灣經濟的看法全集》，台北：
　　美援運用委員會，續編88-94。（原發表於1959年）

尹仲容，1963n，〈五年後再看「台灣工業發展之逆流」〉，尹仲容，《我對台灣經濟的看
　　法全集》，台北：美援運用委員會，續編112-120。（原發表於1959年5月）

尹仲容，1963o，〈對當前外匯貿易管理政策及辦法的檢討〉，尹仲容，《我對台灣經濟
　　的看法全集》，台北：美援運用委員會，續編130-149。（原發表於1959年10月）

尹仲容，1963p，〈論經濟發展〉，尹仲容，《我對台灣經濟的看法全集》，台北：美援運用委員會，續編169-183。（原發表於1960年3月）

尹仲容，1963q，〈三編序言〉，尹仲容，《我對台灣經濟的看法全集》，台北：美援運用委員會，三編i-ii。（原發表於1963年）

尹仲容，1963r，〈從台灣及亞洲落後地區的經驗看經濟發展問題〉，尹仲容，《我對台灣經濟的看法全集》，台北：美援運用委員會，四編30-41。（原發表於1963年）

方德萬，2007，《中國的民族主義和戰爭（1925-1945）》，胡允恆譯，北京：三聯。

王全營、曾廣興、黃明鑒，1989，《中國現代農民運動史》，河南：中原農民。

王作榮，1964，〈尹仲容先生在經濟方面的想法和作法〉，《自由中國之工業》，21（1）：1-9。

王作榮，1999，《壯志未酬：王作榮自傳》，台北：天下。

王奇生，1992，《中國留學生的歷史軌跡（1872-1949）》，湖北：湖北教育。

王奇生，2006，《國共合作與國民革命（1924-1927）》南京：江蘇人民。

王奇生，2010，《黨員、黨權與黨爭：1924～1949年中國國民黨的組織形態》，北京：華文。

王昭明，1993，〈尹仲容先生和一本書、一個人〉，《經濟日報》，4月17日，第3版。

王昭明，1995，《王昭明回憶錄》，台北：時報。

王菊，2004，《近代上海棉紡業的最後輝煌（1945-1949）》，上海：上海社會科學院。

北京大學國家發展研究院綜合課題組，2010，《還權賦能：奠定長期發展的可靠基礎》，北京：北京大學。

台北市產物保險商業同業公會、台北市人壽保險商業同業公會，歷年，《保險年鑑》，台北：台北市產物保險商業同業公會、台北市人壽保險商業同業公會。

台北科技大學，未註明建立時間，〈校史館資料〉，台北科技大學，http://www.archive.ntut.edu.tw/bin/home.php。

台灣人造纖維製造工業同業公會，2004，《2004年化纖手冊》，台北：台灣人造纖維製造工業同業公會。

台灣人造纖維製造工業同業公會，歷年，《台灣人造纖維業的現況》，台北：台灣人造纖維製造工業同業公會。

台灣省文獻委員會，1989，《台灣土地改革紀實》，中興新村：台灣省文獻委員會。

台灣省市政建設考察小組，1954，《台灣省市政建設考察小組報告書》，台北：內政部。

台灣省行政長官公署，1946，《台灣省五十一年來統計提要》，台北：長官公署統計室。

台灣省行政長官公署人事室，1946，《台灣一年來之人事行政》，台北：台灣省行政長官公署宣傳委員會。

台灣省政府民政廳地政局，1955，《台灣地政統計（1955）》，台北：台灣省政府民政廳
　　地政局。

台灣省政府建設廳，1947，《台灣建設行政概況》，台北：台灣省政府建設廳。

台灣省政府建設廳，1952，《台灣的民營工業》，台北：台灣省政府建設廳。

台灣省政府建設廳，1954，《台灣建設概況》，台北：台灣省政府建設廳。

台灣省政府新聞處，1962，《台灣的建設》，台中：台灣省政府新聞處。

台灣省政府農林廳，歷年，《台灣農業年報》，台中：台灣省政府農林廳。

台灣省接收委員會，1947，《日產處理委員會結束總報告》，台中：台灣省接收委員會。

台灣區水泥同業公會，2005，《2005年台灣區水泥工業概況》，台北：台灣區水泥同業
　　公會。

台灣教育會（編），1973，《台灣教育沿革誌》，台北：台灣教育會。（古亭書屋復刻版）

台灣新民報社，1934，《台灣人士鑑》，台北：台灣新民報社。

台灣新民報社，1937，《台灣人士鑑》，台北：台灣新民報社。

台灣新民報社，1943，《台灣人士鑑》，台北：台灣新民報社。

台灣經濟年報刊行會（編），1941，《台灣經濟年報第一輯》，東京：國際日本協會。

台灣經濟年報刊行會（編），1943，《台灣經濟年報第三輯》，東京：國際日本協會。

台灣糧友會，2001，《緬懷李公連春先生紀念專輯》，台北：台灣糧友會。

史正富、劉昶，2015，〈談國企產權改革：民營化、國資委化、還是社會化？〉，觀察
　　者網，http://www.guancha.cn/ShiZhengFu/2015_09_15_334211.shtml。

史明，1980，《台灣人四百年史（漢文版）》，洛杉磯：蓬島文化。

司馬嘯青，2005，《台灣新五大家族》，台北：玉山社。

永豐餘集團，未註明建立時間，〈集團發展里程紀事〉，永豐餘集團，http://www.yfy.
　　com/。

矢內原忠雄，1985，《日本帝國主義下之台灣》，周憲文譯，台北：帕米爾。

石田浩，2007，《台灣經濟的結構與開展》，石田浩文集編譯小組譯，台北：稻鄉。

立法院內政委員會，1953，《內政考察團報告》，台北：立法院。

呂芳上（編），2015，《蔣中正先生年譜長編 七至十二冊》，台北市：國史館，中正紀念
　　堂，中正文教基金會。

朱江淮（口述），2003，《朱江淮回憶錄》，朱瑞墉整理，台北：朱江淮基金會。

朱雲鵬，1999，〈1980年代以來自由化政策的探討〉，中華經濟研究院（編），《1980年
　　代以來台灣經濟發展經驗論文集》，台北：中華經濟研究院，頁259-308。

江文苑，1951，〈台灣之民營工業〉，《台灣銀行季刊》，4（2）：170-207。

行政院主計處，歷年，〈行政院主計處相關資料〉，行政院主計處，http://www.dgbas.

gov.tw/mp.asp?mp=1。

行政院主計處，歷年，《中華民國台灣區產業關聯表》，台北：行政院主計處。

行政院主計處，歷年，《中華民國統計提要》，台北：行政院主計處。

行政院主計處，歷年，《家庭收支調查報告》，台北：行政院主計處。

行政院外匯貿易委員會（編），1969，《外貿會十四年》，台北市：外貿會。

行政院研考會檔案管理局（編），2007，《二二八事件與公營事業：二二八事件檔案專題選輯》，台北：檔案管理局。

行政院美援運用委員會，1956，《中美合作經援概要》，台北：美援會。

行政院財政部保險司，歷年，《保險年報》，台北：財政部保險司。

行政院財政部統計處，〈財政部統計處相關資料〉，財政部統計處，http://www.mof.gov.tw/lp.asp?CtNode=2799&CtUnit=11&BaseDSD=5&mp=62。

行政院教育部國際與兩岸教育司，〈民國39年至78年出國留學生人數統計表〉，教育部國際與兩岸教育司網頁，http://www.edu.tw/userfiles/39-78（1）.pdf。

行政院經濟安定委員會工業委員會（工業委員會），1954，《經濟建設四年計畫工業計畫》，台北：經安會工委會。

行政院經濟安定委員會工業委員會（編），歷年，《自由中國之工業》，台北：經安會工委會。

行政院經濟安定委員會工業委員會，1955，〈為台灣工業建設鋪路──介紹工業委員會及其工作〉，《自由中國之工業》，3（2）：27-30。

行政院經濟部，1951，〈六年來的台灣糖業〉，《經濟參考資料》，13：1-3。

行政院經濟部，1952，〈資源委員會過去與現況〉，《經濟參考資料》，21：1-9。

行政院經濟部，1953a，〈財經審議機構的調整〉，《經濟參考資料》，69：1-9。

行政院經濟部，1953b，〈我國經濟行政機構的沿革〉，《經濟參考資料》，70：1-9。

行政院經濟部，1957，〈行政院經濟安定委員會工業委員會組織規程〉，《經濟參考資料》，140：9。（參見本書第五章附錄5.1）

行政院經濟部技術處，歷年，《紡織產業年鑑》，台北：經濟部技術處。

行政院經濟部統計處，經濟部統計處工業生產調查資料庫網頁，http://dmz9.moea.gov.tw/gmweb/investigate/InvestigateDB.aspx。

行政院經濟部統計處，歷年，《中華民國台灣工業生產統計月報》，台北：經濟部統計處。

行政院農業委員會，2009，《農業統計年報》，台北：農委會統計室。

行政院衛生署，1995，《衛生公務統計》，台北：行政院衛生署。

行政院衛生署，2003，《衛生公務統計》，台北：行政院衛生署。

行政院衛生署，2010，《衛生公務統計》，台北：行政院衛生署。

何欣潔，2015，〈由鄉莊社會到現代社會〉，《台灣社會研究季刊》，第98期，147-193。

何莉萍，2006，〈南京國民政府土地政策和土地立法之評析〉，《法史學刊》，2006第1
　　卷。

何廉，1988，《何廉回憶錄》，朱佑慈等譯，北京：中國文史。

何義麟，2012，〈戰後初期台灣留日學生的左傾言論及其動向〉，《台灣史研究》，19
　　（2）：151-192。

吳三連台灣史料基金會，〈台灣人物小檔案〉，吳三連台灣史料基金會網頁，http://www.
　　twcenter.org.tw/wu12/00.htm。

吳文星，1983，《日據時期台灣師範教育之研究》，台北：台灣師範大學歷史所。

吳文星，2008，《日治時期台灣的社會領導階層》，台北：五南。

吳兆洪，1988，〈我所知道的資源委員會〉，政協文史會（編），《回憶國民黨政府資源
　　委員會》，北京：中國文史，頁63-141。

吳相湘，1981，《晏陽初傳：為全球鄉村改造奮鬥六十年》，台北：時報。

吳景平，1992，《宋子文評傳》，福州：福建人民。

吳景平，2011，〈蔣介石與戰前國民政府的財政金融政策〉，呂芳上（編），《蔣中正日
　　記與民國史研究》，台北：世界大同，頁417-442。

吳福元，1988，〈資源委員會的人事管理制度〉，政協文史會（編），《回憶國民黨政府
　　資源委員會》，北京：中國文史，頁197-208。

吳聰敏，1994，〈台灣戰後的惡性物價膨脹〉，《台灣經濟發展論文集——紀念華嚴教授
　　專輯》，台北：時報，頁141-181。

吳聰敏，1997，〈1945-1949年國民政府對台灣的經濟政策〉，《經濟論文叢刊》，25
　　（4）：521-554。

吳聰敏，2003a，〈台灣經濟發展史〉，台灣大學經濟學系吳聰敏教授個人網頁，http://
　　homepage.ntu.edu.tw/~ntut019/ltes/TEH2001.pdf。

吳聰敏，2003b，〈日本殖民統治與台灣的經濟成長〉，台灣大學經濟學系吳聰敏教授個
　　人網頁，http://homepage.ntu.edu.tw/~ntut019/ltes/colonization.pdf。

宋紅崗，1997，《孫越崎》，河北石家庄：花山文藝。

李元平，1992，《俞大維傳》，台中：台灣日報。

李文良，2006，〈晚清台灣清賦事業的再考察〉，《漢學研究》，24（1）：387-416。

李文環，2006，〈戰後初期台灣省行政長官公署與駐台海關之間的矛盾與衝突（1945-
　　1947）〉，《台灣史研究》，13（1）：99-148。

李永城，1993，《台灣金融業概況》，廈門：廈門大學。

李君星，1995，〈經安會與台灣工業的發展（民國42-47年）〉，台北：文化大學歷史所碩士論文。

李怡庭，1989，〈台灣惡性物價膨脹之始末（1945-1951）〉，《台灣社會研究季刊》，2（2）：55-85。

李怡萱，2004，〈台灣棉紡織業政策之研究（1949-1953）〉，台北：政治大學歷史所碩士論文。

李承嘉，1998，《台灣戰後土地政策分析——平均地權下的土地改革與土地稅制分析（1949-1997）》，台北：正揚。

李東華，2014，《光復初期台大校史研究（1945-1950）》，台北：台灣大學。

李剛、林笑峰，1963，〈台灣工業化與尹仲容（上、中、下篇）〉，《聯合報》，1/28~30，第2版。

李娜、呂正惠，2014，《無悔：陳明忠回憶錄》，台北：人間。

李國鼎（口述），2005，《李國鼎：我的台灣經驗》，劉素芬（編著），陳怡如（整理），台北：遠流。

李國鼎，1976a，〈答Hoover Institution所提之問題〉，台灣大學圖書館館藏李國鼎先生個人檔案。

李國鼎，1976b，〈台灣民營工業的成長〉，收錄於杜文田（編）《台灣工業發展論文集》，台北：聯經，頁13-48。

李國鼎，1983，〈一個難忘的日子——九月一日〉，《聯合報》，9月2日，第8版。

李國鼎，1993，〈尹仲容紀念專文系列之八：追思尹仲容先生〉，《經濟日報》，4月16日，第3版。

李登輝，1976，《台灣農工部門間之資本流通》，台北：台灣銀行經濟研究室。

李登輝，1980，《台灣農業發展的經濟分析》，台北：聯經。

李學通，2005，《幻滅的夢——翁文灝與中國早期工業化》，天津：天津古籍。

杜文田，1970，《工業化與工業保護政策》，台北：經合會。

杜聰明，1973，《回憶錄》，台北：杜聰明基金管委會。

杜繼東，2011，《美國對台灣地區援助研究（1950-1965）》，南京：鳳凰。

沈時可等，2000，《台灣土地改革文集》，張力耕（編校），台北：內政部。

沈雲龍（編著），1988，《尹仲容先生年譜初稿》，台北：傳記文學。

邢慕寰，1993，《台灣經濟策論》，台北：三民。

周塗樹，1993，〈尹仲容紀念專文系列之七：台灣經濟發展的導航者〉，《經濟日報》，4月15日，第3版。

孟祥翰，2001，〈台灣區生產事業管理委員會與政府遷台初期經濟的發展（1949-

1953）〉，台北：台灣師範大學歷史所博士論文。

林子新，2013，〈用城市包圍農村：中國的國族革命與台灣的城鄉逆轉（1945-1953）〉，台北：台灣大學建築與城鄉研究所博士論文。

林玉茹、李毓中（編著），2004，《戰後台灣的歷史學研究（1945-2000）》，台北：國科會。

林邦充，1969，〈台灣棉紡織工業發展之研究〉，《台灣銀行季刊》，20（2）：76-125。

林忠正，1994，〈台灣紡織工業發展政策之研究〉，台北：國科會。（研究計畫報告）

林益夫，1943，〈台灣工業化之資金動員〉，台灣經濟年報刊行會（編），《台灣經濟年報第3輯》，台灣經濟年報刊行會：東京，頁348-400。

林笑峰，1963，〈同聲悼念尹仲容〉，《聯合報》，1月26日，第2版。

林笑峰，1993，〈尹仲容紀念專文系列之十一：不畏毀謗，全心為國〉，《經濟日報》，4月18日，第3版。

林桶法，2010，〈政府機關遷台的問題〉，《國史館館訊》，5：74-99。

林景源，1981，《台灣工業化之研究》，台北：台灣銀行經濟研究室。

林進發，1933，《台灣官紳年鑑》，台北：民眾公論社。

林滿紅，1997，《茶、糖、樟腦業與台灣之社會經濟變遷1860-1895》，台北：聯經。

林毅夫，2012，《新結構經濟學：反思經濟發展與政策的理論框架》，蘇劍譯，北京：北京大學。

林獻堂，2011，《灌園先生日記（十九）：1947年》，許雪姬（編註），台北：中研院台史所。

林蘭芳，2013，〈戰後初期資源委員會對台電之接收（1945-1952）——以技術與人才為中心〉，《近代史研究所集刊》，第79期，頁87-135。

林蘭芳，2014，〈嚴家淦與戰後初期台灣保險業1945-1963〉，收錄於吳淑鳳，陳中禹（編）《轉型關鍵：嚴家淦先生與台灣經濟發展》，台北：國史館，頁159-191。

林繼文，1996，《日本據台末期戰爭動員體系之研究（1930-1945）》，台北：稻鄉。

邱麗珍，1997，〈國民黨黨營經濟事業發展歷史之研究（1945-1996）〉，台北：台灣大學政治學研究所碩士論文。

邵銘煌，2001，〈風雨飄搖中的柱礎——國民黨總裁辦公室之成立與結束〉，《五十年來的香港、中國與亞洲國際學術討論會論文集》，香港：珠海書院亞洲研究中心，頁42-60。

金志煥，2006，《中國紡織建設公司研究（1945-1950）》，上海：復旦大學。

侯坤宏，1995，〈光復初期台灣土地改革運動中的政府、地主和佃農〉，中華民國史料研究中心（編）《中國現代史專題研究報告第十七輯》，台北：中華民國史料研究

中心，頁273-314。

凃照彥，1991，《日本帝國主義下的台灣》，李明俊譯，台北：人間。

姚文秀，2009，〈甘乃光與國民政府行政革新〉，《廣西師範大學學報：哲學社會科學版》，45（2）：125-129。

姚洋，2000，〈中國農地制度：一個分析框架〉，《中國社會科學》，2：54-65。

政協文史委員會（編），1988，《回憶國民黨政府資源委員會》，北京：中國文史。

柯志明、Mark Selden，1988，〈原始積累、平等與工業化：以社會主義中國與資本主義台灣為案例之分析〉，《台灣社會研究季刊》，1（1）：11-51。

柯偉林，1997，〈中國的國際化：民國時代的對外關係〉，魏力譯，《二十一世紀》，44：33-46。

洪掛（口述）、黃玉峰（整理），1996，《看台灣成長：洪掛回憶錄》，台北：允晨。

洪紹洋，2010，〈戰後台灣機械公司的接收與早期發展1945-1953〉，《台灣史研究》，17（3）：151-182。

洪紹洋，2012，〈台灣經濟構造的轉換——以工業部門為中心的討論1931-1949〉，發表於戰後台灣歷史的多元鑲嵌與主體創造工作坊——經濟篇，中央研究院台灣史研究所。

洪紹洋，2013，〈台灣基層金融體制的型構：從台灣產業組合聯合會到合作金庫1942-1949〉，《台灣史研究》，20（4）：99-134。

洪紹洋，2015a，〈戰後初期台灣對外經濟關係之重整1945-1950〉，《台灣文獻》，66（3）：103-150。

洪紹洋，2015b，〈1950年代土地改革下的公營事業民營化——以省營台灣工礦公司為例〉，陽明大學人文與社會教育中心，工作論文。

胡台麗，1978，〈消逝中的農業社區——一個市郊社區的農工業發展與類型劃分〉，《民族學研究所集刊》，46：79-111。

胡春惠、林泉（訪問），1992，《祝紹周先生訪問錄》，林泉（紀錄），台北：近代中國。

孫文，1989，《國父全集》，國父全集編輯委員會（編），台北：近代中國。

孫文等，1948，《土地改革問題》，上海：國訊書店。

孫克難，1999，〈1980年代以來財政收支與財政改革〉，中華經濟研究院（編），《1980年代以來台灣經濟發展經驗論文集》，台北：中華經濟研究院，頁573-637。

孫克難，2008，〈賦稅改革應展現格局迎接挑戰〉，《經濟前瞻》，119：78-87。

徐大麟，2001，〈李國鼎台灣創投事業的推手〉，《經濟日報》，7月5日，第44版。

徐大麟，2004，〈懷念IBM/360之父：行政院科技顧問艾文斯〉，《經濟日報》，9月9日。

徐世榮，2010，〈悲慘的共有出租耕地業主—台灣的土地改革〉，謝國興（編），《改革與改造：冷戰初期兩岸的糧食、土地與工商業變革》，台北：中研院近史所，頁47-95。

徐世榮、蕭新煌，2003，〈戰後初期台灣業佃關係之探討——兼論耕者有其田政策〉，《台灣史研究》，10（2）：35-66。

徐有庠（口述）、王麗美（執筆），1994，《走過八十歲月：徐有庠回憶錄》，台北：聯經。

徐振國，2002，〈對葉榮鐘先生編著《彰化銀行六十年史》的一則解讀〉，收錄於葉榮鐘《近代台灣金融經濟發展史》，台中：晨星，頁19-59。

徐振國，2007，〈從歷史詮釋循環的角度解讀尹仲容的《年譜初稿》〉，黃兆強（編），《二十世紀人文大師的風範與思想——中葉》，台北：學生書局，頁343-363。

徐慶鐘先生周甲紀念籌備會（編印），1967，《徐慶鐘先生周甲紀念論文集》，台北：編者自印。

秦孝儀（總編纂），1978，《總統蔣公大事長編初稿：卷七下冊（1949年）》，台北：中國國民黨黨史委員會。

秦孝儀（總編纂），2002，《總統蔣公大事長編初稿：卷九（1950年）》，台北：中正文教基金會。

秦孝儀（總編纂），2003，《總統蔣公大事長編初稿：卷十（1951年）》，台北：中正文教基金會。

秦孝儀（總編纂），2004，《總統蔣公大事長編初稿：卷十一（1952年）》，台北：中正文教基金會。

秦孝儀（總編纂），2005，《總統蔣公大事長編初稿：卷十二（1953年）》，台北：中正文教基金會。

秦孝儀（總編纂），2008，《總統蔣公大事長編初稿：卷十三（1954年）》，台北：中正文教基金會。

秦暉（演講），2010，〈土地問題與國共內戰〉，「中央研究院近代史研究所演講」（12月10日），中研院近史所。

財團法人保險事業發展中心（編），歷年，《保險年鑑》，台北：財團法人保險事業發展中心。

高淑媛，2005，〈日治前期台灣總督府之企業管理政策（1895-1923）〉，《台灣史研究》，12（1）：43-71。

高雄市政府，1954，《高雄市實施耕者有其田工作概況》，高雄：高雄市政府。

康綠島，1993，《李國鼎口述歷史：話說台灣經驗》，台北：卓越文化。

張九如，1988，〈尹仲容先生年譜初稿序〉，沈雲龍（編著），《尹仲容先生年譜初稿》，台北：傳記文學，頁1-56。

張宗漢，1980，《光復前台灣之工業化》，台北：聯經。

張忠民、朱婷，2007，《南京國民政府時期的國有企業（1927-1949）》，上海：上海財經大學。

張炎憲、高淑媛，1996，《衝擊年代的經驗：台北縣地主與土地改革》，台北：台北縣立文化中心。

張景森，1992，〈虛構的革命：國民黨土地改革政策的形成與轉化（1905-1989）〉，《台灣社會研究季刊》，13：161-194。

張漢裕，1974，〈日據時代台灣經濟之演變〉，收錄於《台灣農業及農家經濟論集》，台北：台灣銀行經濟研究室，頁177-234。

張憲秋，1990，《農復會回憶》，台北：農委會。

張駿，1987，《創造財經奇蹟的人》，台北：傳記文學。

張繼正，1993，〈尹仲容紀念專文系列之三：永懷尹仲容先生〉，《經濟日報》，4月13日，第3版。

曹立瀛，1988，〈台灣工礦事業考察團紀要〉，政協文史會（編），《回憶國民黨政府資源委員會》，北京：中國文史，頁209-222。

梁漱溟，2006，《鄉村建設理論》，上海：上海世紀。

莊素玉，2006，〈蒸發了的經建會〉，《天下雜誌》，346：114-119。

許介鱗，2001，《戰後台灣史記：卷一》，台北：文英堂。

許介鱗，2005，〈後藤新平的鴉片謀略：駁李登輝的「分享文明論」〉，《海峽評論》，174：45-50。

許甘霖，2000，〈放任與壓制之外：政治化薪資形構初探〉，《台灣社會研究季刊》，38：1-58。

許滌新、吳承明（編），1993，《新民主主義革命時期的中國資本主義》，北京：人民。

郭岱君，2013，〈台灣經濟結構的重塑：五〇年代的兩次財經大辯論〉，吳淑鳳、薛月順、張世瑛（編），《近代國家的形塑：中華民國建國一百年國際學術討論會論文集》，台北：國史館，頁423-454。

陳一姍，2015，〈產業政策為何百發不中？〉，《天下雜誌》，3月4日，頁40-43。

陳永發，1998，《中國共產革命七十年》，台北：聯經。

陳兆勇，2011，〈土地改革與政權鞏固：戰後台灣土地政策變革過程中的國家、地主與農民（1945-1953）〉，台北：台灣大學社會學系博士論文。

陳光興、孫歌、劉雅芳（編），2010，《重新思考中國革命：溝口雄三的思想方法》，台

北：台灣社會研究季刊社。

陳式銳，1952，〈台灣棉布問題面面觀〉，《自由中國》，7（1）：9-14。

陳宗仁，1995，〈國民政府時期土地改革運動——以地政學會為中心的探討（1932-1949）〉，台北：政治大學歷史研究所碩士論文。

陳怡如，1998，〈行政革新與台灣財經組織之變遷（民42-47年）〉，桃園：中央大學歷史所碩士論文。

陳明通，1995，〈台灣地區政商關係的演變〉，陳明通（編），《當前兩岸政治研究論文集》，台北：月旦，頁43-57。

陳信行（編），2010，《工人開基祖》，台北：台灣社會研究季刊社。

陳思宇，2002，《台灣區生產事業管理委員會與經濟發展策略（1949-1953）》，台北：政治大學。

陳師孟、張清溪，1991，〈台灣黨營事業的演變及其政治經濟意涵〉，《政治經濟研討會論文集》，台北：中國經濟學會，頁5-34。

陳師孟等，1991，《解構黨國資本主義——論台灣官營事業之民營化》，台北：澄社。

陳添枝，1999，〈1980年代以來台灣的貿易自由化〉，中華經濟研究院（編），《1980年代以來台灣經濟發展經驗論文集》，台北：中華經濟研究院，頁365-411。

陳華洲，1946，《台灣省經濟調查初稿》，台北：台灣省工業研究所技術室。

陳慈玉、莫寄屏（訪問），1992，《蔣碩傑先生訪問紀錄》，台北：中研院近史所。

陳聖怡，1982，《工業區的開發》，台北：聯經。

陳誠，1951，《如何實現耕者有其田》，台北：正中。

陳誠，1961，《台灣土地改革紀要》，台北：中華。

陳鳴鐘、陳興唐（編），1989，《台灣光復和光復後五年省情》，南京：南京。

游美月，1993，〈李國鼎：他主張採單一匯率，奠定台灣經濟基石〉，《經濟日報》，10月24日，第2版。

湯惠蓀，1951，《地籍總歸戶的意義、方法及其效用》，台北：農復會。

湯惠蓀（編），1954，《台灣之土地改革》，台北：農復會。

湯惠蓀，1968，《湯惠蓀先生言論集》，湯沈蕙英（編），台北：作者自印。

湯惠蓀先生紀念集編印委員會，1967，《湯惠蓀先生紀念集》，台北：湯惠蓀先生紀念集委員會。

甯應斌，2015，〈中國作為理論：中國派的重新認識中國〉，收錄於甯應斌（編），《重新認識中國》，台北：台灣社會研究季刊社。

賀照田，2012，〈當自信的梁漱溟面對革命勝利〉，《開放時代》，第12期，頁74-96。

程月初，1997，《漫談我國水泥工業》，台灣區水泥同業公會。

程玉鳳，1996，〈從技術轉移看資源委員會的人才培訓——以三一會派為例〉，《國史館館刊》，20：139-175。

程玉鳳，2003，〈資源委員會與台灣糖業—— 1945-1952〉，台北：台灣師範大學歷史研究所博士論文。

程玉鳳、程玉凰（編著），1984，《資源委員會檔案史料初編》，台北：國史館。

程玉鳳、程玉凰（編著），1988，《資源委員會技術人員赴美實習史料——民國三十一年會派》，台北：國史館。

程麟蓀，2004，〈中國計畫經濟的起源與資源委員會〉，《二十一世紀》，82：88-100.

費孝通，1987，《江村經濟——中國農民的生活》，戴可景譯，香港：中華。

黃天才、黃肇珩，2005，《勁寒梅香：辜振甫人生紀實》，台北：聯經。

黃季陸等，1957a，《中央行政機關組織權責問題調查報告》，台北：行政院及所屬機關組織權責研討委員會。

黃季陸等，1957b，《中央行政改革建議案》，台北：行政院及所屬機關組織權責研討委員會。

黃東之，1951，〈台灣棉布可能自給嗎？〉，《中國經濟月刊》，9：47-53。

黃東之，1954，〈台灣的棉紡工業〉，《台灣銀行季刊》，7（1）：1-33。

黃俊傑，1988，《台灣農村的黃昏》，台北：自立晚報。

黃俊傑（編），1991a，《中國農村復興聯合委員會史料彙編》，台北：三民。

黃俊傑，1991b，《農復會與台灣經驗》，台北：三民。

黃俊傑（訪問、紀錄），1992，《中國農村復興聯合委員會口述歷史訪問紀錄》，台北：中研院近史所。

黃俊傑，2006，《戰後台灣的轉型及其展望》，台北：台灣大學。

黃修毅、許智博，2014，〈《潛伏》在台灣〉，《南都週刊》，4月8日。

黃進興，1990，《半世紀的奮鬥：吳火獅先生口述傳記》，台北：允晨。

黃樹仁，2002，〈台灣農村土地改革再省思〉，《台灣社會研究季刊》，47：195-248。

黃樹型，1965，〈台灣之紡織工業〉，《台灣銀行季刊》，16（3）：150-62。

楊天石，2010，《找尋真實的蔣介石：蔣介石日記解讀（二）》，香港：三聯。

楊艾俐，1989，《孫運璿傳》，台北：天下。

楊奎松，2008，《國民黨的「聯共」與「反共」》，北京：社會科學文獻出版社。

楊渡，2000，〈人生採訪：當代作家映象——專訪陳映真〉，《中國時報》，王妙如（整理），1月23-27日，人間副刊。

溫曼英，1993，《吳舜文傳》，台北：天下。

經濟日報，1990，〈台塑在崇德採礦觸礁，水泥業否認聯手封殺〉，《經濟日報》，4月

　　21日，第2版。

義容集團編輯小組，2003，《台灣前輩企業家何義傳略》，台北：允晨。

葉淑貞，1994a，〈台灣「新經濟史」研究的新局面〉，《經濟論文叢刊》，22（2）：127-
　　167。

葉淑貞，1994b，〈論台灣經濟史研究的歷史解釋觀點〉，《經濟論文叢刊》，22（4）：
　　477-503。

葉淑貞，1996，〈台灣工業產出結構的演變（1912-1990）〉，《經濟論文叢刊》，24
　　（2）：227-274。

葉淑貞，2001，〈日治時代台灣的地租水準〉，《台灣史研究》，8（2）：97-143。

葉榮鐘，2000，《日據下台灣政治社會運動史》，台中：晨星。

葉榮鐘，2002，《近代台灣金融經濟發展史》，葉榮鐘全集8，台中：晨星。

董中生，1997，〈為土地改革答客問〉，《東方雜誌》，11（1）：39-45。

廖正宏、黃俊傑、蕭新煌，1986，《光復後台灣農業政策的演變》，台北：中研院民族
　　所。

廖彥豪，2013，〈台灣戰後空間治理危機的歷史根源：重探農地與市地改革（1945-
　　1954）〉，台北：台灣大學建築與城鄉研究所碩士論文。

廖彥豪、瞿宛文，2015，〈兼顧地主的土地改革：台灣實施耕者有其田的歷史過程〉，
　　《台灣社會研究季刊》，第98期，頁69-145。

廖慶洲（編著），2004，《台灣食品界的拓荒者：謝成源》，台北：金閣企管。

熊式輝，2008，《海桑集：熊式輝回憶錄1907-1949》，香港：明鏡。

褚填正，2008，〈戰後台灣石化工業之濫觴：中油公司嘉義溶劑廠研究〉，《台灣文
　　獻》，163：175-213。

趙既昌，1985，《美援的運用》，台北：聯經。

趙耀東，1993，〈尹仲容紀念專文系列之六：愛才、育才、用才的長者〉，《經濟日
　　報》，4月15日，第3版。

趙耀東，2004，《中鋼推手：趙耀東先生口述歷史》，張守真（訪問），陳念南、陳慕貞
　　（整理），高雄：高雄文獻會。

劉志偉、柯志明，2002，〈戰後糧政體制的建立與土地制度轉型過程中的國家、地主與
　　農民（1945～1953）〉，《台灣史研究》，9（1）：107-180。

劉昱立，2005，〈從廠商角度看台灣棉紡織工業的發展〉，台北：中央大學產業經濟研
　　究所碩士論文。

劉益昌、林祝菁，2008，《林挺生傳》，台北：商訊。

劉進慶，1992，《台灣戰後經濟分析》，王宏仁、林繼文、李明俊譯，台北：人間。

劉鳳翰、王正華、程玉凰（訪問），1994，《韋永寧先生訪談錄》，王正華、程玉凰（整理），台北：國史館。

歐育誠，1987，〈公務員待遇沿革與發展〉，《人事月刊》，5（3）：70-77。

歐育誠，1989，〈公務員待遇福利現況與展望〉，《人事月刊》，9（4）：38-48。

蔡中曾，1993，〈尹仲容紀念專文系列之九：謀國深遠風範長存〉，《經濟日報》，4月16日，第3版。

蔣夢麟，1967，《新潮》，台北：傳記文學。

蔣實，1954，〈人造纖維及其在台灣發展之可能性〉，《自由中國之工業》，3（1）：10-14。

鄧文儀（編），1955，《台灣實施耕者有其田紀實》，台北：中央文物。

鄭友揆、程麟蓀、張傳洪，1991，《舊中國的資源委員會（1932-1949）——史實與評價》，上海：上海社會科學院。

鄭梓，1985，《台灣省參議會史研究》，台北：華世。

鄭梓，1994，《戰後台灣的接收與重建：台灣現代史研究論集》，台北：新化。

鄭會欣，2001，《從投資公司到「官辦商行」：中國建設銀公司的創立及其經營活動》，香港：香港中文大學。

蕭全政，1984，〈台灣地區稻米政策之結構性分析，1945～1973〉，「中國政治學會民國73年年會學術研討會」。

蕭富隆，2010，〈台灣省行政長官公署對台籍行政人員之接收與安置〉，《國史館館刊》，24：1-44。

蕭錚，1980，《土地改革五十年：蕭錚回憶錄》，台北：中國地政研究所。

錢艮，1964，〈十年來中美技術訓練之回顧〉，《中美技術季刊》，9（4）：21-32。

錢昌祚，1975，《浮生百記》，台北：傳記文學。

錢昌照，1998，《錢昌照回憶錄》，北京：中國文史。

錢穆，2003，《國史大綱》，台北：商務。

聯合報，1952a，〈臨時議會今進行省政總詢問 將組團考察公營事業〉，《聯合報》，1月14日，第2版。

聯合報，1952b，〈省議會公營事業考察團 分組報告考察意見〉，《聯合報》，6月11日，第2版。

聯合報，1952c，〈士兵及鄉鎮佐治人員本月起調整待遇〉，《聯合報》，9月4日，第1版。

聯合報，1953，〈調整軍公待遇 總統核准實施〉，《聯合報》，12月17日，第1版。

聯合報，1955，〈改善外匯管理，已定七項原則〉，《聯合報》，2月16日，第1版。

聯合報，1958a，〈尹仲容撰文稱產品過剩時，必刺激出口〉，《聯合報》，1月9日，第4版。

聯合報，1958b，〈嚴家淦談財政政策〉，《聯合報》，3月27日，第3版。

聯合報，1958c，〈尹仲容昨解說外貿改革問題〉，《聯合報》，4月13日，第4版。

聯合報，1958d，〈存誠與政風〉，《聯合報》，4月14日，第3版。

聯合報，1958e，〈一年外貿兩度改革，外銷進口均獲成效〉，《聯合報》，12月29日，第5版。

聯合報，1963a，〈尹仲容傳略〉，《聯合報》，1月25日，第2版。

聯合報，1963b，〈社論：發揮尹仲容精神〉，《聯合報》，1月30日，第2版。

聯合報，1963c，〈尹故主委遺靈昨日出殯〉，《聯合報》，1月31日，第3版。

聯合報，1963d，〈死得太傷人，活在大眾心〉，《聯合報》，1月31日，第3版。

聯合報，2013，〈孫運璿百年冥誕憶當年〉，《聯合報》，12月11日，第4版。

薛月順（編），1992，《資源委員會檔案史料彙編：電業部分》，台北：國史館。

薛月順（編），1993a，《資源委員會檔案史料彙編：光復初期台灣經濟建設（上冊）》，台北：國史館。

薛月順，1993b，〈資源委員會的人才培訓──以電業為例〉，《國史館館刊》，15：183-214。

薛月順（編），1995，《資源委員會檔案史料彙編：光復初期台灣經濟建設（中下冊）》，台北：國史館。

薛月順（編），2005，《陳誠先生回憶錄：建設台灣（上）》，新北市新店區：國史館。

薛毅，2005，《國民政府資源委員會研究》，北京：社會科學文獻。

謝國興，1994，《企業發展與台灣經驗：台南幫的個案研究》，台北：中研院近史所。

謝國興，2008，〈1949年前後來台的上海商人〉，《台灣史研究》，15（1）：131-172。

謝國興，2013，〈本省、外省與外資：戰後初期台灣民營企業的資本形成1946-1971〉，「戰後台灣歷史的多元鑲嵌與主體創造學術研討會」（8月30-31日），台北，中研院台史所。

瞿同祖，2011，《清代地方政府》，范忠信等譯，北京：法律。

瞿宛文，1995，〈國家與台灣資本主義的發展──評論《解構黨國資本主義》〉，《台灣社會研究季刊》，20：151-75。

瞿宛文，2002，《經濟成長的機制──以台灣石化業與自行車業為例》，台北：台灣社會研究季刊社。

瞿宛文，2003a，《全球化下的台灣經濟》，台北：台灣社會研究季刊社。

瞿宛文，2003b，〈反戰與反思聯想〉，馮建三（編），《戰爭沒有發生？》，台北：台灣

社會研究季刊社，（缺乏頁碼）。

瞿宛文，2004，〈後威權下再論「民營化」〉，《台灣社會研究季刊》，53：33-79。

瞿宛文，2007，〈戰後台灣經濟成長原因之回顧──論殖民統治之影響與其他〉，《台灣社會研究季刊》，65：1-33。

瞿宛文，2008，〈重看台灣棉紡織業早期的發展〉，《新史學》，19（1）：167-227。

瞿宛文，2009，〈台灣戰後經濟發展的中國背景──超克分段體制經濟史的盲點〉，《台灣社會研究季刊》，74：49-93。

瞿宛文，2010，〈台灣戰後工業化是殖民時期的延續嗎？──兼論戰後第一代企業家的起源〉，《台灣史研究》，17（2）：39-84。

瞿宛文，2011a，〈民主化與經濟發展──台灣發展型國家的不成功轉型〉，《台灣社會研究季刊》，84：243-288。

瞿宛文，2011b，〈中國發展經驗對經濟理論的挑戰：趨同抑或趨異〉，「中國經濟發展模式V」學術研討會（11月17-18日），台北，中研院人社中心。

瞿宛文，2015，〈戰後台灣農村土地改革的前因後果〉，《台灣社會研究季刊》，98：11-67。

瞿宛文、安士敦（Alice H. Amsden），2003，《超越後進發展──台灣的產業升級策略》，朱道凱（譯），台北：聯經。

瞿宛文、洪嘉瑜，2002，〈自由化與企業集團化的趨勢〉，《台灣社會研究季刊》，47：33-83。

瞿宛文、蔡明祝，2002，〈連鎖效果與不平衡成長──台灣人造纖維產業的研究〉，瞿宛文，《經濟成長的機制》，台北：台灣社會研究季刊社，頁93-115。

瞿宛文，2016，〈如何評估戰後台灣社會科學界的進展：現代化與普世性〉，《台灣社會研究季刊》，第102期，3月，195-202。

瞿荊洲，1964，〈台灣之對日本貿易〉，《台灣銀行季刊》，15（3）：41-84。

藍博洲，2004，《幌馬車之歌》，台北：時報。

藍博洲，2012，《台共黨人的悲歌》，台北：印刻。

魏文享，2009，《國民黨、農民與農會──近代中國農會組織研究》，北京：社會科學。

羅志田，2008，〈儒官與儒師〉，《南方週末》，廣州，10月23日。

羅明哲，1992，〈日據以來土地所有權結構之變遷──兼論土地改革〉，陳秋坤、許雪姬（編），《台灣歷史上的土地問題》，台北：中研院台灣史田野研究室，頁255-283。

羅家倫（編），1978，《革命文獻》，台北，國民黨中央委員會黨史史料編纂委員會。（第7-9輯、第25輯）

嚴前總統家淦先生哀思錄編纂小組（編），1994，《嚴前總統家淦先生哀思錄》，台北：

行政院新聞局。

嚴演存，1989，《早年之台灣》，台北：時報。

蘇立瑩，1994，《也有風雨也有晴：電子所二十年的軌跡》，新竹：工研院電子所。

蘇立瑩，1997，《走過一甲子：細數化學工業研究所成長歲月》，新竹：工研院化工所。

蘇聖雄，2012，〈蔣中正與遷台初期之立法院——以電力加價案為核心的討論〉，「蔣中正總統與中華民國發展：1950年代的台灣（貳）」（10月27日），台北：中正紀念堂。

顧維鈞，1983，《顧維鈞回憶錄》，北京：中華。

三、英文文獻

Acemoglu, Daron, S. Johnson, and James Robinson. 2001. "The Colonial Origins of Comparative Development: an Empirical Investigation." *American Economic Review* 91(5): 1369-1401.

Acemoglu, Daron, and James Robinson. 2012. *Why Nations Fail: The Origins of Power, Prosperity, and Poverty*. New York: Crown Publishers.

Amsden, Alice H. 1979. "Taiwan's Economic History: A Case of *Etatisme* and a Challenge to Dependency Theory." *Modern China* 5(3): 341-380.

Amsden, Alice H. 1989. *Asia's Next Giant: South Korea and Late Industrialization*. Oxford: Oxford University Press.

Amsden, Alice H. 1992. "A Theory of Government Intervention in Late Industrialization." In L. Putterman and D. Rueschemeyer(eds.), *State and Market: Rivalry or Synergy?*, Boulder, Co.: Lynne Rienner.

Amsden, Alice H. 1994. "The Specter of Anglo-Saxonization is Haunting South Korea." In L.J. Cho and Y.H. Kim (eds.), *Korea's Political Economy: An Institutional Perspective*, Boulder: Westview Press, 87-125.

Amsden, Alice H. 1995. "Inductive Theory in Economic Development: A Tribute to Wassily Leontief on his 90th Birthday." *Structural Change and Economic Dynamics* 6: 279-293.

Amsden, Alice H. 2001. *The Rise of "The Rest": Challenges to the West from Late-Industrializing Economies*. New York: Oxford University Press.

Arrighi, Giovanni. 2007. *Adam Smith in Beijing: Lineages of the Twenty-First Century*. London: Verso.

Arrighi, Giovanni, Nichole Aschoff, and Ben Scully, 2010, "Accumulation by Dispossession and Its Limits: The Southern Africa Paradigm Revisited." *Studies in Comparative International Development* 45: 410-438.

Bagchi, Amiya K. 1982. *The Political Economy of Underdevelopment*. Cambridge: Cambridge University Press.

Barclay, George W. 1954. *A Report on Taiwan's Population to the Joint Commission on Rural Reconstruction*. Princeton: Princeton University.

Barrett, Richard E. 1988. "Autonomy and Diversity in the American State on Taiwan." In E.A. Winckler and Susan Greenhalgh（eds.）, *Contending Approaches to the Political Economy of Taiwan*, New York: M.E. Sharpe, 121-137.

Bello, W., and S. Rosenfeld. 1990. *Dragons in Distress*. San Francisco: Institute for Food and Development Policy.

Bian, M.L. 2005. *The Making of the State Enterprise System in Modern China*. Cambridge: Harvard University Press.

Bianco, Lucien. 1986. "Peasant Movements." In John K. Fairbank and Albert Feuerwerker （eds.）, *Cambridge History of China, volume 13, Republican China 1912-1949, Part 2*. Cambridge: Cambridge University Press, 270-328.

Birdsall, Nancy, and F. Jaspersen（eds.）1997. *Pathways to Growth: Comparing East Asia and Latin America*. Washington, D.C.: Johns Hopkins University Press.

Booth, Anne. 2007. "Did It Really Help to be a Japanese Colony? East Asian Performance in Historical Perspective." In http://www.japanfocus.org/articles/print_article/2418.

Buchanan, J.M. 1980. "Rent Seeking and Profit Seeking." In J.M. Buchanan, R. Tollison, and G. Tullock（eds.）, *Toward a Theory of Rent-Seeking Society*, College Station, TX: Texas A and M University Press.

Campos, Jose Edgardo L., and Hilton Root. 1996. *The Key to the Asian Miracle: Making Shared Growth Credible*. Washington, D.C.: Brookings Institution.

Cardoso, F.H. and E. Faletto, 1979. *Dependency and Development in Latin America*. Berkeley, CA: University of California Press.

Castells, Manuel. 1992. "Four Asian Tigers with a Dragon Head." In R.P. Applebaum and J. Henderson（eds.）, *States and Development in the Asian Pacific Rim*, Newbury Park, CA: Sage, 33-70.

Chandler, Alfred D., Jr. 1990. *Scale and Scope: The Dynamics of Industrial Capitalism*. Cambridge: Harvard University Press.

Chang, Ha-joon, and A. Singh. 1993. "Public Enterprise in Developing Countries and

Economic Efficiency." *UNCTAD Review* no. 4.

Chang, Ha-Joon. 1994. *The Political Economy of Industrial Policy*. New York: St. Martin's Press.

Chang, Ha-joon. 1997. "The Economics and Politics of Regulation." *Cambridge Journal of Economics* 21(6): 703-728.

Chang, Ha-Joon. 2002. *Kicking away the Ladder: Development Strategy in Historical Perspective*. London: Anthem.

Chang, Ha-joon. 2006. "How Important Were the Initial Conditions for Economic Development? East Asia vs. Sub-Saharan Africa." In Ha-Joon Chang, *The East Asian Development Experience: The Miracle, the Crisis, and the Future*, London: Zed Press, 143-177.

Chang, Han-Yu, and Ramon H. Myers. 1963. "Japanese Colonialism Development Policy in Taiwan, 1895-1906: A Case of Bureaucratic Entrepreneurship." *Journal of Asian Studies*, August: 433-449.

Cheng, Tun-jen. 1990. "Political Regimes and Development Strategies: South Korea and Taiwan." In G. Gereffi and D. Wyman (eds.), *Manufacturing Miracles: Paths of Industrialization in Latin America and East Asia*, Princeton: Princeton University Press, 139-178.

Cheung, Steven N.S. 1969. *The Theory of Share Tenancy: with Special Application to Asian Agriculture and the First Phase of Taiwan Land Reform*. Chicago: University of Chicago Press.

Chu, Wan-wen. 2009. "Can Taiwan's Second Movers Upgrade via Branding?" *Research Policy* 38: 1054-1065.

Chu, Wan-wen, 2014, "Challenges for the Maturing Taiwan Economy," in Larry Diamond and Gi-Wook Shin (eds.), *New Challenges for Maturing Democracies in Korea and Taiwan*, Stanford: Stanford University Press, 216-249.

Council for Economic Planning and Development (CEPD). various years. *Taiwan Statistical Data Book*. Taipei: CEPD.

Cui, Zhiyuan. 2011. "Partial Intimations of the Coming Whole: The Chongqing Experiment in Light of the Theories of Henry George, James Meade, and Antonio Gramsci." *Modern China*, 37(6): 646-660.

Cullather, Nick. 1996. "Fuel for the Good Dragon: The US and Industrial Policy in Taiwan, 1950-1965." *Diplomatic History* 20(1): 1-25.

Cumings, Bruce. 1999. *Parallax Visions: Making Sense of American-East Asian Relations at the End of the Century*. Durham: Duke University Press.

Deaton, Angus, 2013. *The Great Escape: Health, Wealth, and the Origins of Inequality*, Princeton: Princeton University Press.

Dore, Ronald. 1984. *Land Reform in Japan*. London: The Athlone Press.

Dore, Ronald. 1990. "Reflections on Culture and Social Change." In G. Gereffi and D. Wyman (eds.), *Manufacturing Miracles: Paths of Industrialization in Latin America and East Asia*, Princeton: Princeton University Press, 353-367.

Dow, Shiela C. et al, 2009. "Letter to Her Majesty the Queen." http://www.feed-charity.org/user/image/queen2009b.pdf.

Duara, Prasenjit. 1988. *Culture, Power, and the State: Rural North China, 1900-1942*. Stanford, Calif.: Stanford University Press.

Easterly, William Russell. 2006. *The White Man's Burden: Why the West's Efforts to Aid the Rest Have Done so Much Ill and so Little Good*. New York: Oxford University Press.

Eastman, Lloyd. 1986. "Nationalist China during the Nanking Decade 1927-1937," and "Nationalist China during the Sino-Japanese War 1937-1945." In John K. Fairbank and Albert Feuerwerker (eds.), *The Cambridge History of China, vol. 13, Republican China, 1912-1949, Part 2*. Cambridge: Cambridge University Press, 116-167, 547-608.

Eckert, Carter, Ki-baik Lee, Young Ick Lew, Michael Robinson and E.W. Wagner. 1990. *Korea Old and New: A History*. Seoul: Ilchokak Publishers.

Eckert, Carter. 1991. *Offspring of Empire: the Koch'ang Kims and the Colonial Origins of Korean Capitalism, 1876-1945*. Seattle: University of Washington Press.

Eckert, Carter. 2000. "Korea's Transition to Modernity: A Will to Greatness." In Merle Goldman and Andrew Gordon (eds.), *Historical Perspectives on Contemporary East Asia*, Cambridge, Mass.: Harvard University Press, 119-154.

Elster, Jon. 1984. *Ulyssis and the Sirens: Studies in Rationality and Irrationality*. Cambridge: Cambridge University Press.

Evans, Peter B. 1979. *Dependent Development*. Princeton: Princeton University Press.

Evans, Peter B. 1992. "The State as Problem and Solution: Predation, Embedded Autonomy, and Structural Change." In S. Haggard and R.R. Kaufman (eds.), *The Politics of Economic Adjustment*, Princeton: Princeton University Press, 139-181.

Evans, Peter B. 1995. *Embedded Autonomy: States and Industrial Transformation*. Princeton: Princeton University Press.

Farnie, D.A, and D.J. Jeremy（eds.）2004. *The Fibre that Changed the World: the Cotton Industry in International Perspective, 1600-1990s*. London: Oxford University Press.

Fei, John C.H., Gustav Ranis, and Shirley W.Y. Kuo. 1999. *Growth with Equity: The Taiwan Case*. New York: Oxford University Press.

Feuerwerker, Albert. 1983. "Economic Trends, 1912-49," and "The Foreign Presence in China." In John K. Fairbank（ed.）, *The Cambridge History of China, vol. 12, Republican China, 1912-1949, Part 1*. Cambridge: Cambridge University Press, 28-127, 128-207.

Fishlow, A.（ed.）1994. *Miracle or Design? Lessons from the East Asian Experience*. Washington, D.C.: Overseas Development Council.

Frank, Andre Gunder. 1967. *Capitalism and Underdevelopment in Latin America: Historical Studies of Chile and Brazil*. New York: Monthly Review Press.

Frank, Andre Gunder. 1979. *Dependent Accumulation and Underdevelopment*. New York: Monthly Review Press.

Fukuyama, Francis, 2011, *The Origins of Political Order: from Prehuman Times to the French Revolution*, New York: Farrar, Straus, and Girous.

Fukuyama, Francis, 2012. The Future of History, *Foreign Affairs*, January/February.

Gellner, Ernest. 2008. *Nations and Nationalism, Second Edition*, Ithaca: Cornell University Press.

Gerschenkron, A. 1962. *Economic Backwardness in Historical Perspective*. Cambridge: Harvard University.

Gittinger, J.P. 1961. "United States Policy toward Agrarian Reform in Underdeveloped Nations." *Land Economics* 37（3）: 195-205.

Gold, Thomas B. 1981. Dependent Development in Taiwan. Ph.D. dissertation, Harvard University.

Gold, Thomas B. 1986. *State and Society in the Taiwan Miracle*. Armonk, New York: M.E. Sharpe.

Greenfeld, Liah. 1992. *Nationalism: Five Roads to Modernity*. Cambridge: Harvard University Press.

Greenfeld, Liah. 2001. *The Spirit of Capitalism*: *Nationalism and Economic Growth*. Cambridge: Harvard University Press.

Greenhalgh, Susan. 1989. "Land Reform and Family Entrepreneurship in East Asia." *Population and Development Review* 15: 77-118.

Haggard, S. 1990. *Pathways from the Periphery: the Politics of Growth in the Newly*

Industrializing Countries. Ithaca: Cornell University Press.

Haggard, S., David Kang, and Chung-In Moon, 1997. "Japanese Colonialism and Korean Development: A Critique." *World Development* 25(6): 867-881.

Hart, Gillian. 2002. *Disabling Globalization : Places of Power in Post-Apartheid South Africa*. Berkeley, CA: University of California Press.

Hart, Gillian. 2009. "Forging Connections: Giovanni Arrighi's Conceptions of the World." Paper for a conference in honor of Giovanni Arrighi, Madrid, May.

Hart-Landsberg, M. 1993. *The Rush To Development: Economic Change and Political Struggle in South Korea*, New York: Monthly Review Press, 1993.

Hasan, P. 2007. "Evolution of the Role of State by Major Periods in Pakistan." In http://www. businessrecorder.com.pk/.

Hausmann, R., and D. Rodrik. 2003. "Economic Development as Self-Discovery." *Journal of Development Economics* 72: 603-633.

Higgs, Robert. 1999. "From Central Planning to the Market: The American Transition, 1945-1947." *The Journal of Economic History* 59(3): 600-623.

Hirschman, Albert O. 1982. *Shifting Involvements: Private Interest and Public Action*. Princeton: Princeton University Press.

Ho, Samuel P.S. 1978. *Economic Development of Taiwan, 1860-1970*. New Haven: Yale University Press.

Ho, Samuel P.S. 1987. "Economics, Economic Bureaucracy, and Taiwan's Economic Development." *Pacific Affairs* 60(2): 226-247.

Huntington, Samuel P. 2006. *Political Order in Changing Societies*. New Haven: Yale University Press.

IMF. 2012. "Annual Report on Exchange Arrangements and Exchange Restrictions." In http://www.imf.org/external/index.htm.

IMF. 2014. "IMF World Economic Outlook." In http//www.imf.org/external/pubs/ft/weo/2014/01/weodata/weoselgr.aspx.

Institute of International Education. 2009. "All Places of Origin of International Students, Selected Years: 1949/50-1999/00." In http://www.iie.org/opendoors.

Itoh, M., K. Kiyono, M. Okuno-Fujiwara, and K. Suzumura. 1991. *Economic Analysis of Industrial Policy*, translated by A. Khosla. San Diego: Academic Press.

Jacoby, N. 1966. U.S. *Aid to Taiwan*. New York: Praeger.

Johnson, Chalmers A. 1962. *Peasant Nationalism and Communist Power: the Emergence of*

Revolutionary China, 1937-1945. Stanford: Stanford University Press.

Johnson, Chalmers A. 1982. *MITI and the Japanese Miracle: the Growth of Industrial Policy, 1925-1975*. Stanford: Stanford University Press. 中文版：詹鶽，1985，《推動日本奇蹟的手——通產省》，姜雪影、李定健譯，台北：天下。

Johnson, Chalmers A. 1999. "The Developmental State: Odyssey of a Concept." In Meredith Woo-Cumings（ed.）, *The Developmental State*, Ithaca: Cornell University Press, 32-60.

Johnson, Simon, and James Kwak. 2010. *13 Bankers: The Wall Street Takeover and the Next Financial Meltdown*. New York: Pantheon.

Karshenas, Massoud. 1995. *Industrialization and Agricultural Surplus*. Oxford: Oxford University Press.

Kim, Eun-Mee. 1997. *Big Business, Strong State: Collusion and Conflict in South Korean Development*, 1960-1990. New York: SUNY Press.

Kim, Seok Ki. 1987. Business Concentration and Government Policy: A Study of the Phenomenon of Business Groups in Korea, 1845-1985. Ph.D. thesis, Graduate School of Business Administration, Harvard University.

Kim, Y.B. 1980. "The Growth and Structural Change of Textile Industry." In C.K. Park（ed.）, *Macroeconomic and Industrial Development in Korea*, Vol. 3, Seoul: Korea Development Institute.

Kirby, W.C. 1984. *Germany and Republican China*. Stanford, Calif.: Stanford University Press.

Kirby, W.C. 1990. "Continuity and Change in Modern China: Economic Planning on the Mainland and on Taiwan, 1943-1958." *The Australian Journal of Chinese Affairs* 24: 121-141.

Kirby, W.C. 1992. "The Chinese War Economy." In J.C. Hsiung and S.I. Levine（eds.）, *China's Bitter Victory: The War with Japan, 1937-1945*, New York: M.E. Sharpe, 185-212.

Kirby, W.C. 2000. "Engineering China: Birth of the Developmental State, 1928-1937." In Wen-Hsin Yeh（ed.）, *Becoming Chinese: Passages to Modernity and Beyond*, Berkeley: University of California Press, 137-160.

Kohli, A. 1994. "Where Do High Growth Political Economies Come From? The Japanese Lineage of Korea's Developmental State." *World Development* 22（9）: 1269-1293.

Koo, Anthony Y.C. 1968. *The Role of Land Reform in Economic Development: A Case Study of Taiwan*. New York: Praeger.

Krueger, A. 1993. *Political Economy of Policy Reform in Developing Countries*. Cambridge: MIT Press.

Krugman, Paul. 2009. "How Did Economists Get It So Wrong?" *New York Times*, Sept. 2.

Kundu, Amitabh. "Rural Urban Economic Disparities in India: Database and Trends." In http://www.indiapolicyforum.org/node/21.

Lacey, Jim. 2011. *Keep from All Thoughtful Men: How U.S. Economists Won World War II*. Annapolis, MD: Naval Institute Press.

Ladejinsky, Wolf. 1964. "Agrarian Reform in Asia." *Foreign Affairs* April: 445-460.

Ladejinsky, Wolf. 1977. *Agrarian Reform as Unfinished Business: The Selected Papers of Wolf Ladejinsky*. Edited by Louis J. Walinsky, Oxford: Oxford University Press.

Lal, D. 1983. *The Poverty of Development Economics*. London: Institute of Economic Affairs.

Lall, S. 1994. "The East Asian Miracle: Does the Bell Toll for Industrial Strategy?" *World Development* 22(4): 645-54.

Lee, B.D. 1992. Politics of Industrialization: The Textile Industry in South Korea and the Philippines. Ph.D. dissertation, Northwestern University.

Lee, Yoonkyung, 2014, "Global Ascendance, Domestic Fracture: Korea's Economic Transformation Since 1997," in Larry Diamond and Gi-Wook Shin (eds.), *New Chanllenges for Maturing Democracies in Korea and Taiwan*, Stanford: Stanford University Press, 191-215.

Leftwitch, Adrian. 1995. "Bringing Politics back in: Towards a Model of the Developmental State." *Journal of Development Studies* 31(3): 400-427.

Lipton, Michael. 2009. *Land Reform in Developing Countries*. London: Routledge.

Lucas, R.E. 1988. "On the Mechanics of Economic Development." *Journal of Monetary Economics* 22: 3-42.

Maddison, Angus. 2001. *The World Economy: A Millennial Perspective*. Paris: OECD Development Center.

Maddison, Angus. 2010. Historical Statistics of the World Economy: 1-2008 AD, http://www.ggdc.net/maddison/oriindex.htm.

Marx, Karl. 1976. *Capital: a Critique of Political Economy; Volume 1*, translated by Ben Fowkes. New York: Penguin Books in association with New Left Review.

Morawetz, D. 1981. *Why the Emperor's New Clothes Are Not Made in Colombia: A Case Study in Latin American and East Asian Manufactured Exports*. New York: Oxford University Press.

Ngo, Tak-Wing, and Yi-Chi Chen. 2008. "The Genesis of Responsible Government under Authoritarian Conditions: Taiwan during Martial Law." *The China Review* 8(2): 15-48.

Nonami, K. 1962. "Development of the Cotton Industry and Changes in the Pattern of Cotton Products Trade in Southeast Asia." *The Developing Economies* 62(2): 111-134.

Nordas, H.K. 2004. "The Global Textile and Clothing Industry Post the Agreement on Textiles and Clothing" *WTO Discussion Paper* No. 5.

North, Douglass C., 1990. *Institutions, Institutional Change, and Economic Performance*, New York: Cambridge University Press.

OECD. 2014. "Revenue Statistics." In http://www.oecd.org/ctp/tax-policy/tableatotaltaxreven ueaspercentageofgdp.htm

Onis, Ziya. 1991. "The Logic of the Developmental State." *Comparative Politics* 24(1): 109-126.

Pepper, Suzanne. 1986. "The KMT-CCP Conflict, 1945-1949." In John K. Fairbank and Albert Feuerwerker (eds.), *The Cambridge History of China, vol. 13, Republican China, 1912-1949, Part 2*. Cambridge: Cambridge University Press, 723-788.

Polanyi, Karl. 1957. *The Great Transformation*. Boston: Beacon Press.

Posner, Richard A. 2009. *A Failure of Capitalism: the Crisis of '08 and the Descent into Depression*. Cambridge, Mass.: Harvard University Press.

Pritchett, Lant. 1997. "Divergence, Big Time." *Journal of Economic Perspectives* 11(3): 3-17.

Ray, Debraj. 1998. *Development Economics*. Princeton: Princeton University Press.

Ricardo, David. 1973. *The Principles of Political Economy and Taxation*. London: Dent, Everyman's Library.

Rodrik, Dani. 1994. "King Kong Meets Godzilla: The World Bank and The East Asian Miracle," in A. Fishlow and others, *Miracle or Design? Lessons from the East Asian Experience*, Overseas Development Council, Policy Essay No. 11, Washington, DC.

Rodrik, Dani. 2004. "Getting Institutions Right," working paper, Harvard University. In http://www.hks.harvard.edu/fs/drodrik/Research%20papers/ifo-institutions%20article%20_April%202004_.pdf.

Rodrik, Dani. 2011. "The Future of Economic Convergence," working paper, Harvard University. In http://www.hks.harvard.edu/fs/drodrik/Research%20papers/The%20Future%20of%20Economic%20Convergence%20rev2.pdf.

Romer, Paul M. 1986. "Increasing Returns and Long-run Growth." *Journal of Political Economy* 94(5): 1002-1037.

Romer, Paul M. 1994. "The Origins of Endogenous Growth." *Journal of Economic Perspectives* 8(1): 3-22.

Sachs, Jeffrey D. 2012. "Government, Geography, and Growth: The True Drivers of Economic Development." *Foreign Affairs* 91(5): 142-150.

Sachs, Jeffrey D., and Wing Thye Woo. 2000. "Understanding China's Economic Performance." *Policy Reform* 4: 1-50.

Schumpeter, Joseph A., 1975, *Capitalism, Socialism and Democracy*, New York: Harper & Row.

Shapiro, H., and L. Taylor. 1990. "The State and Industrial Strategy." *World Development* 18(6): 861-78.

Sharpston, M. 1975. "International Subcontracting." *Oxford Economic Papers* 27(1): 94-135.

Shin, Jang-Sup, and Ha-Joon Chang. 2003. *Restructuring Korea Inc.* London: Routledge Curzon.

Smith, Adam. 1976. *The Wealth of Nations*. Chicago: University of Chicago Press.

Stiglitz, Joseph E. 1994. *Whither Socialism?* Cambridge: MIT Press.

Stiglitz, Joseph E. 2002. *Globalization and Its Discontents*. New York: Norton.

Stiglitz, Joseph E. 2010. *Freefall: America, Free Markets, and the Sinking of the World Economy*. New York: Norton.

Strauss, Julia C. 1997. "The Evolution of Republican Government." *The China Quarterly* 150: 329-351.

Strauss, Julia C. 1998. *Strong Institutions in Weak Polities: Personnel Policies and State Building in China, 1927-1940*. Oxford: Oxford University Press.

Stuart, John Leighton. 1954. *Fifty Years in China: the Memoirs of John Leighton Stuart, Missionary and Ambassador*. New York: Random House.

Taylor, Jay. 2009. *The Generalissimo: Chiang Kai-Shek and the Struggle for Modern China.* Cambridge, MA: The Belknap Press of Harvard University Press.

The Economist. 2003. "Paradise Lost: A Survey of Brazil." *The Economist*. Feb. 20.

Tsai, Hong-Chin. 1984. "Rural Industrialization in Taiwan." *Industry of Free China* 61(6, 7) and 62(1).

Tsurumi, E.P. 1984. "Colonial Education in Korea and Taiwan." In R.H. Myers and M.R. Peattie (eds.), *The Japanese Colonial Empire 1895-1945*, Princeton: Princeton University Press, 275-311.

UNDP, 2011. Towards Human Resilience, United Nations Development Programme, http://

www.undp.org/content/undp/en/home/librarypage/poverty-reduction/inclusive_
development/towards_human_resiliencesustainingmdgprogressinanageofeconomicun.
html.

US International Trade Commission (USITC). 2004. "Shifts in US Merchandise Trade 2004."
in http://www.usitc.gov/tradeshifts/documents/TX.pdf#page=2.

Van Slyke, Lyman. 1986. "The Chinese Communist Movement during the Sino-Japanese war
1937-1945." In John K. Fairbank and Albert Feuerwerker (eds.), *Cambridge History of
China, volume 13, Republican China 1912-1949, Part 2*. Cambridge: Cambridge
University Press, 609-722.

Wade, Robert. 1990. *Governing the Market: Economic Theory and the Role of Government in
East Asian Industrialization*. Princeton: Princeton University Press.

Waldman, Don E., 2001, "Computers." in Walter Adams and James Brock (eds.), *The
Structure of American Industry*, 10th edition, Upper Saddle River, NJ: Prentice Hall, 137-
170.

Weiss, Linda. 1995. "Governed Interdependence: Rethinking the Government-Business
Relationship in East Asia." *Pacific Review* 8(4): 589-616.

Weiss, Linda. 2000. "Developmental States in Transition: Adapting, Dismantling, Innovating,
Not Normalising." *Pacific Review* 13(1): 21-55.

Wilbur, C. Martin. 1976. *Sun Yat-Sen: Frustrated Patriot*. New York: Columbia University
Press.

Wilbur, C. Martin, 1983, "The Nationalist Revolution: from Canton to Nanking, 1923-28," in
John K. Fairbank (ed.), *The Cambridge History of China, Volume 12, Republican China
1912-1949, Part 1*. New York: Cambridge University Press, 527-720.

Winckler, E.A., and S. Greenhalgh. (eds.) 1988. *Contending Approaches to the Political
Economy of Taiwan*. New York: M.E. Sharpe. 中譯本：張苾蕪譯，2005，《台灣政治經
濟學諸論辯析》，台北：人間。

Wong, Siu-Lum. 1988. *Emigrant Entrepreneurs: Shanghai Industrialists in Hong Kong*. Hong
Kong: Oxford University Press.

Woo, K.D. 1978. "Wages and Labor Productivity in the Cotton Spinning Industries of Japan,
Korea and Taiwan." *Developing Economies* 16: 182-198.

Woo-Cumings, Meredith (ed.) 1999. *The Developmental State*. New York: Cornell University
Press.

World Bank. 1993. *The East Asian Miracle: Economic Growth and Public Policy*. New York:

Oxford University Press.

WTO. 2000, 2005, 2012. "International Trade Statistics." in http://www.wto.org/.

Yang, Martin Mao-Chun. 1970. *Socio-Economic Results of Land Reform in Taiwan*. Honolulu: East-West Center Press.

Yin, K.Y. 1954. "The Development of Textile Industry in Taiwan." *Industry of Free China* 1(1): 5-18.

Young, Arthur N. 1971.*China's Nation-Building Effort, 1927-1937: The Financial and Economic Record*. Stanford, CA: Hoover Institution Press.

中文索引

一劃

二劃

三劃

七劃

八劃

十劃

十一劃

十二劃

十三劃

十五劃

十六劃

英文索引

F

G

H

中央研究院叢書

台灣戰後經濟發展的源起：後進發展的為何與如何

2017年1月初版　　　　　　　　　　　　　　　　　定價：新臺幣720元
2020年10月初版第三刷
有著作權‧翻印必究
Printed in Taiwan.

著　　　　者	瞿	宛	文
叢書主編	沙	淑	芬
校　　　對	吳	美	滿
封面設計	黃	瑪	琍

出　版　者	中　央　研　究　院	副總編輯	陳	逸	華
	聯經出版事業股份有限公司	總　編　輯	涂	豐	恩
地　　　址	新北市汐止區大同路一段369號1樓	總　經　理	陳	芝	宇
叢書主編電話	(0 2) 8 6 9 2 5 5 8 8 轉 5 3 1 0	社　　　長	羅	國	俊
台北聯經書房	台北市新生南路三段94號	發　行　人	林	載	爵
電　　　話	(0 2) 2 3 6 2 0 3 0 8				
台中分公司	台中市北區崇德路一段198號				
暨門市電話	(0 4) 2 2 3 1 2 0 2 3				
郵政劃撥帳戶第	0 1 0 0 5 5 9 - 3 號				
郵撥電話	(0 2) 2 3 6 2 0 3 0 8				
印　刷　者	世和印製企業有限公司				
總　經　銷	聯合發行股份有限公司				
發　行　所	新北市新店區寶橋路235巷6弄6號2F				
電　　　話	(0 2) 2 9 1 7 8 0 2 2				

行政院新聞局出版事業登記證局版臺業字第0130號

國家圖書館出版品預行編目資料

台灣戰後經濟發展的源起：後進發展的為何
　與如何/瞿宛文著 . 初版 . 新北市 . 中研院、聯經 . 2017年
1月（民106年）. 592面 . 17×23公分（中央研究院叢書）
ISBN　978-986-05-1065-2（精裝）
[2020年10月初版第三刷]

1.經濟發展　2.產業政策　3.台灣

552.33　　　　　　　　　　　　　　　　105023052